장 폴 사르트르(1905~1980)

에콜 노르말 쉬페리외르 프랑스 파리 고등사범학교
사르트르가 수석으로, 시몬 드 보부아르가 차석으로 졸업했다. 군 복무를 마친 사르트르는 1933년 프랑스 정부의 장학금으로 독일 베를린 대학에서 공부하게 된다.

레 되 마고 카페 사르트르는 이 카페를 안방처럼 드나들었다. 그곳은 만남의 장소이자 대화의 장소, 사색하고 집필하는 장소였다. 철학서 《존재와 무》(1943)에서는 이 카페에서 일하는 점원을 관찰하는 부분이 나온다.

사르트르와 시몬 드 보부아르 두 사람의 '계약결혼'은 그 무렵에 유행처럼 번지기도 했다. 그들은 '2년간'이란 계약기간을 정했지만 평생을 함께한 동지요 반려자였다.

▲베이징을 방문한 보부아르와 사르트르 1955.
사르트르는 언제나 공산당을 비판했지만,
1950년 이후 냉전시대가 시작되자 미국 제국
주의에 대항하기 위해 마르크스주의를 지지
하겠다고 공언했다. 그는 보부아르와 함께 구
소련, 쿠바, 중국 등 공산주의 국가를 찾아가
국빈에 가까운 대접을 받았다. 두 번 방문한
쿠바에서는 카스트로, 체 게바라의 환영을
받았다.

▶카스트로와 회견하는 사르트르 1960.

〈성 마르코 유해의 피신〉 틴토레토. 1562~1566. 베네치아, 아카데미아 미술관
사르트르는 여행을 좋아해 세계 곳곳을 여행했는데, 특히 1950년대부터는 해마다 로마나 베네치아에서 여름을 보냈다. 기행문 〈틴토레토에 대하여〉를 구상했으나 미완성에 그쳤다.

데카르트(1596~1650) 프랑스 철학자·수학자·물리학자·생리학자. '나는 생각한다. 고로 존재한다(Cogito, ergo sum)'에서 먼저 '나'라는 것을 진리의 바탕으로 확립했다. '코기토'는 '나는 생각한다'는 의미의 라틴어이다.

키르케고르(1813~1855) 덴마크 철학자·종교사상가. 실존주의 선구자 중 한 사람
'아이러니는 하나의 새로운 관점이며, 고대 그리스 정신에 대해 철두철미하게 논쟁적인 동시에 스스로 자기를 뛰어
넘는 관점이다. 아이러니는 모든 것을 먹어치우는 무(無)이고, 사람이 결코 그곳에서 자기 위치를 차지할 수 없는 그
무엇이며, 있는 동시에 있지 않은 그 무엇이다.'

마르크스(1818~1883) 과학적 사회주의·공산주의 창시자. 변증법적 사적유물론·과학적 경제학 정립자.
사르트르는 혁명적 좌파정치에 깊이 관련했고, 공산주의를 옹호하거나 변호했다. 마르크스주의와 실존주의의 조화
를 목표로 한 대작《변증법적 이성비판》을 쓰기 시작했으나 완성하지 못했다.

에드문트 후설(1859~1938) 독일의 관념론 철학자. 현상학 창설
사르트르는 후설의 현상학에 영향을 받았지만 후설과 구별되는 사르트르 현상학의 특징은 '대상이 의식 밖에 있다
는 것, 본질에 대한 거부, 본질적인 직관에 대한 반대' 등을 들 수 있다.

앙리 베르그송(1859~1941) 프랑스의 관념론 철학자. 생철학·직관주의 대표자
베르그송은 '의식적으로 지각하는 것은 선택을 의미한다. 그리고 의식은 무엇보다 이 실제적인 식별 속에 있다' 말했다.

지그문트 프로이트(1856~1939) 오스트리아 신경과 의사·정신분석 창시자
'어린이에게서 오이디푸스 콤플렉스 발생을 결정하는 것은 가족 속에서 이 어린이의 상황이다. 다른 형태의 가족으로 구성된 사회에서는 이런 콤플렉스는 형성될 수 없을 것이다. 나아가 사춘기에 이르러 이 콤플렉스가 깨끗이 사라질 것인가 아니면 반대로 극으로서 존재할 것인가를 결정짓는 것은 외적인 사정이다.'

쥘 로맹(1885~1972) 프랑스 극작가·소설가. 위나니미슴(일체주의) 제창

위나니미슴(Unanimisme)은 20세기 초에 일어난 문학 경향이다. 문학은 인간의 개인적 의지나 감정을 넘어서서 집단이나 사회전체의 일체적 의지나 감정을 표현해야 한다는 것으로, 로맹이 주창하고 뒤아멜, 빌드라크와 같은 작가들이 참여했다.

하이데거(1889~1976) 독일 실존주의 철학 대표자. 후설의 현상학에서 출발해 기초적 존재론을 이룩했다. 사르트르는
베를린 대학에서 하이데거를 연구하고 현상학에 심취한 철학논문 〈자아의 초월성〉(1934), 〈상상력〉(1936)을 썼다.

메를로 퐁티(1908~1961) 프랑스 실존주의 철학자.
사르트르의 현상학이 세계와 실존적 의식의 분리로부터 전개된 것과 달리, 메를로 퐁티의 현상학은 의식의 필연적
인 세계귀속성을 강조한다.

COLLECTION PENSEES

JEAN-PAUL SARTRE

L'EXISTENTIALISME

EST UN

HUMANISME

NAGEL

《실존주의는 휴머니즘이다》(1946) 표지

World Book 269

Jean Paul Sartre

L'EXISTENTIALISME EST UN HUMANISME
실존주의란 무엇인가

사르트르/ 이희영 옮김

동서문화사

디자인 : 동서랑 미술팀

실존주의란 무엇인가
차례

사르트르 생애와 사상 이희영

L'existentialisme est un humanisme

실존주의는 휴머니즘이다

실존주의는 휴머니즘이다

나는 실존주의*¹에 대한 몇 가지 비난에 맞서 지금부터 그 옹호를 시도해 보고자 한다.

먼저 "실존주의에서는 모든 해결 길이 막혀 있으므로*² 지상에서의 행동은 전면적으로 불가능하다고 생각하지 않으면 안 되고, 그렇기 때문에 실존주의는 사람들을 절망적 정적주의(靜寂主義)*³로 이끄는 것이며, 궁극적으로는 하나의

---

*1 이 말은 하이데거가 처음으로 썼다(《존재와 시간》, 1927). 사르트르의 철학은 적어도 그 출발점에서 하이데거에게 많은 신세를 졌지만, 하이데거의 경우 실존이 '존재의 빛 안에 나타난다.' 즉 인간이 주체성의 틀을 깨고 존재 자체의 빛 속에 돌아가서 서는 것을 의미하는 데 반해, 사르트르의 경우 실존이란 스스로의 존재를 스스로가 선택하는 주체성을 뜻한다. 같은 말이지만 이 차이는 처음부터 분명히 해둘 필요가 있다. 사르트르가 그의 철학 체계를 정리한 것은 전쟁 중에 출판된 700페이지의 대작 《존재와 무》인데, 그는 이 책에서 인간의 실존을 그 구조나 시간성 및 초월의 면에서 자세히 논하고 타자의 존재와 자유의 문제에 대해서도 다룬다. 지금 여기에서 말하는 《실존주의는 휴머니즘이다》는 매우 통속적인 형태이기는 하지만 《존재와 무》에서 한 발짝 더 나아간 것이다. 실존주의라는 말은 철학적 용어로 본디 일반적 흥미의 대상은 아니지만 사르트르는 소설가이자 극작가로 유명해지고, 특히 전쟁 전의 작품 《구토》나 전후의 《자유의 길》이 화제를 모으고 희곡 《닫힌 방》이 전쟁 중에 상연되어 주목을 끈 데다가 그 뒤 파리뿐만 아니라 스웨덴, 오스트리아, 스위스, 덴마크, 미국 등에서도 좋은 평을 얻었기 때문에 나란히 실존주의란 말이 유명하게 되어 1945년 무렵부터 하나의 유행어가 되었다.

*2 《존재와 무》에서는 인간의 행동은 모두 좌절된다는 것을 말하고 있다. 이를테면 나와 타인의 관계에서 나는 어디까지나 주체로서의 자유를 확보하려고 하지만, 타인이 내 앞에 나타나 나를 봄으로써 나는 객체화한다. 여기에서 주체가 되려고 하는 나의 생각은 좌절하지 않을 수가 없다. 이것은 연애에서도, 한 걸음 더 나아가 인간의 성생활에서도 전면적인 좌절이 되어 나타난다. 사르트르의 희곡 《닫힌 방》은 밀실에 갇힌 세 남녀를 서로 보고, 서로 보여지는 관계에서 파악하여 도저히 해결할 수 없는 대인 관계를 그린 것이다. 그러나 사르트르의 《존재와 무》는 일단 이와 같은 인간 행위의 불가능성을 강조하면서도 인간이 근본적으로 자유로운 존재이며 이 자유를 가치로서 인정하는 데에 구원이 있음을 암시한다.

*3 본디 신비주의에 속하는 종교 사상으로, 인간이 자기 의지를 신 안으로 소멸시켜 조용히 관조하며 살아가는 것을 이상으로 삼는다. 이것은 영혼의 구제에 대해서조차 적극적인 태도

정관철학(靜觀哲學)*⁴에 이르게 된다. 더욱이 정관은 하나의 사치 행위이므로 어떤 부르주아 철학으로 이끈다"는 비난이 실존주의에 대해 이루어졌다. 이것은 특히 공산주의자의 비난이다.

다른 한편으로 우리가 "인간의 저열성을 강조하고 곳곳에 추악한 것, 애매한 것, 점액적(粘液的)인 것을 지적하여 명랑한 몇 가지 아름다움, 인간의 본성이 갖는 밝은 면을 등한시한다"*⁵는 비난이 있었다. 이를테면 가톨릭파의 비평가 메르시에 여사에 따르면, 우리는 "어린아이의 미소를 잊고 있다"고 말한다. 마르크스파도 가톨릭파도 우리가 "인류의 연대 관계를 위반하여 인간을 고립된 것으로 생각한다" 비난하고 있다.

공산주의자에 따르면 우리가 인간을 고립적으로 생각하는 큰 이유는 순수주의, 즉 데카르트의 "나는 생각한다"*⁶에서 출발하고 있기 때문이다. 달리 말하자

를 가지지 않고 수동적이기 때문에 17세기 끝 무렵 이단으로 배척되었으나, 프랑스에서는 상당히 끈질긴 세력을 보였다. 본문에서는 적극적인 행동을 버리고 절망에 잠기는 것을 말하고 있다.

*4 명상에만 몰두하고 실제적 활동을 소홀히 하는 철학의 뜻으로, 여기에서는 물론 부정적으로 쓰이고 있다.

*5 《존재와 무》에서도 그렇지만 사르트르의 소설이나 희곡에서는 그것이 두드러진다. 이를테면 《구토》에서는 공원의 마로니에 뿌리가 추하고 일정하지 않은 모습을 보고 주인공이 구토를 일으키며, 단편 《내밀(Intimité)》에서는 불능자인 어느 남편의 육체가 점액적인 으스스한 분위기로 묘사된다. '점액적'이란 말은 사르트르가 자주 쓰는 말로, 《존재와 무》에서도 '점체 (粘體)'에 대한 분석이 이루어진다. '점체'는 사르트르의 세계관과 밀접한 관계를 갖는다. 짧게 소개하면 다음과 같다. 예를 들어 꿀 등을 인간이 쥐는 순간, 즉 인간이 그것을 소유했다고 생각하는 순간 이상한 주객전도가 일어나 '점체' 쪽이 인간을 소유하게 된다. 이것이 고체라면 포기하고 싶을 때에는 언제라도 내버릴 수 있다. 그런데 '점체'는 인간을 자기 쪽으로 끌어들인다. 그 빨판이 마치 거머리처럼 늘어붙는다. 즉 '점체'는 사물이 인간에게 행하는 복수이다. '점체'는 이렇게 해서 인간에게 공포를 준다. 시간이라고 하는 것이 금방이라도 찐득하게 되지는 않을까, 인간을 흡수하지는 않을까 하는 공포에 그것은 통한다. 다시말해 인간을 인간답게 하지 못하는 반대 가치로서 '점체'는 나타난다. '점체'는 협박적인 존재의 상징이라는 것이다. 사르트르의 문학 작품에 이와 같은 '점체'에 대한 두려움이 곧잘 나타나는 것은 그가 인간 존재를 위협하는 '사물'의 세계를 그리려고 하기 때문이다.

*6 두말할 것도 없이 철학자 데카르트(1596~1650)의 사상적 자서전 《방법 서설》에 나오는 말이다. 완전하게 말하면 "나는 생각한다. 고로 나는 존재한다"이다. 데카르트가 자신이 얻은 지식의 확실성을 의심하여 일체를 파기한 뒤에, "나는 지금 생각하고 있다. 생각하고 있다는 것은 의심하려야 의심할 수 없는 확실한 사실이다. 따라서 생각하고 있는 나라는 존재는 의심할 수가 없다" 말하고, 먼저 '나'라는 것을 진리의 바탕으로 확립했다. 여기에 나오는 '코기

면 인간이 스스로의 고독에서 스스로를 파악하는 그 순간부터 출발하고 있기 때문이며, 이렇게 되면 인류 전체와의 연대 관계로 되돌아가는 일은 이미 불가능해진다. 인류는 '우리' 밖에 있고 '코기토' 안에서는 파악할 수 없다는 것이다.

그리스도교 쪽에서는, 우리가 "인간이 어떤 것을 이루려고 꾀하는 여러 가지 기도(企圖)의 현실성이나 진지함을 부정하는 것이다"라며 비난한다. 신의 계율이나 영원 안에 규정되어 있는 여러 가치를 폐기하면 뒤에 남는 것은 이제 엄밀한 뜻의 무가치밖에 없다. 저마다는 자기가 원하는 대로 행할 수가 있고, 자기 관점으로부터 다른 사람의 관점이나 행위를 비난할 필요가 없기 때문이라는 것이다.

나는 지금 이러한 여러 비난에 대답하려 한다. 그렇기 때문에 나는 이 짧은 서술에 '실존주의는 휴머니즘이다'라는 제목을 붙였다. 내가 휴머니즘을 운운하는 일에 많은 사람들이 놀랄지도 모른다. 나는 이제부터 우리가 이 말을 어떠한 뜻으로 알고 있는가를 살펴보려 하는데, 어쨌든 맨 처음에 할 수 있는 말은 다음과 같다. 우리가 의미하는 실존주의란 인간 생활을 만능하게 하는 가르침이며, 다른 한편으로는 모든 진리와 모든 행동 안에는 환경과 인간적 주체성이 다 같이 포함되어 있다고 선언하는 가르침이라는 점이다.

우리를 향한 본질적인 비난은, 아는 바와 같이 인간 생활의 나쁜 면을 강조한다는 것이다. 최근에 들은 이야기이지만, 어떤 여자는 화를 내고 자기도 모르게 해서는 안 될 말을 하면 무례를 사과하면서 "나도 실존주의자가 된 것 같습니다" 말한다고 한다. 따라서 사람들은 추악성을 실존주의와 같은 것으로 보며, 그렇기 때문에 우리는 자연주의자*7라고 널리 공언하기를 주저하지 않는 것이다. 만약에 우리를 자연주의자라고 한다면, 본디 뜻으로서의 자연주의가 오늘날 사람들을 무서워하게 만들고 분개시키는 것보다도 훨씬 더 우리가 사람들을 무

토'는 앞서 말한 대로 '나는 생각한다'라는 뜻의 라틴어이다.
*7 이것은 문학 용어이다. 프랑스 문학에서 자연주의 문학은 19세기 끝 무렵에 일어난 것으로 흔히 사실주의의 연장이며, 그것을 한층 극단적으로 추진한 것이라 일컬어진다. 사실주의는 쓸데없는 공상을 배제하고, 현실을 있는 그대로 그리는 것을 목적으로 했다. 플로베르의 《보바리 부인》은 그 최초의 걸작으로 알려진다. 그러나 자연주의의 경우 같은 현실이라 해도 특히 추악한 것, 그동안 작가가 그리기를 삼갔던 것을 두려움 없이 충실하게 그리려고 하는 것으로 졸라가 그 주창자이다. 자연주의는 오늘날 사람들을 그다지 놀라게 하지 않고 또 문학으로서 널리 인정되고 있는데, 실존주의 문학을 자연주의로 규정하고 비난하는 것은 당치 않는 일이라는 게 사르트르의 생각이다.

서워하게 하고 분개시킨다고 말할 수도 있다.

예를 들어 《대지》*8와 같은 졸라의 소설을 무조건 받아들이는 사람도, 실존주의 소설을 읽으면 곧 혐오의 감정을 자아내 평소에 금언*9을 쓰는 사람은 자기가 매우 가엾게 여겨야 할 인간임을 제쳐놓고 우리를 한결 가엾은 인간이라 생각한다. 그러나 "질서 있는 자비는 자기 자신을 생각하는 데에서 시작된다"거나 "천한 자는 그에게 아부하면 찔러온다. 그를 찌르면 아부해 온다"*10는 말을 하는 것처럼 꿈을 잊은 덤덤한 이야기가 있을까?

위에서 말한 일에 관련해서 이용할 수 있는 문구는 여러 가지가 있으나, 그것들은 어느 경우에나 같은 사실을 알려준다. "기성세력에 맞서지 말아라" "힘에 대항하지 말아라" "신분에 어울리지 않는 계획을 세우지 말아라" "전통에 합치하지 않는 행동은 모두 낭만주의이다" "시험이 끝난 경험에 기초하지 않은 모든 계획은 반드시 실패한다" "경험에 따르면 인간은 늘 내리막길로 향한다. 따라서 인간을 지탱하기 위해서는 무엇인가 강한 것이 필요하다. 그렇지 않으면 무정부 상태이다" 등.

그런데 이들 동정해야 할 격언을 되풀이하는 사람들이나, 조금이라도 고리타분한 행위를 보이면 으레 "얼마나 인간적인가" 말하는 사람들이나, 현실과 샹송*11에 싫증이 난 사람들이 실존주의는 너무 어둡다고 비난하는 것이다. 그들은

---

*8 졸라(1840~1902)가 1887년에 쓴 소설로, 연작 《루공 마카르 총서》의 제15권에 해당한다. 이 소설은 농민의 야수성과 탐욕을 그린다. 이 소설에서는 딸이나 남의 아내가 둑에서 남자에게 몸을 맡기는 광경이 그려지며, 또 젊은이들은 나이 든 부모를 학대해서 한 조각의 빵도 아까워하여, 일을 할 수 없게 되면 죽어야 한다는 무정한 생각을 가지고 있다. 이 작품이 나왔을 때에는 제자들 사이에서도 비난의 목소리가 들렸을 정도로 농민의 추악함과 악덕이 철저하게 다루어지고 있다.

*9 처세훈이나 금언은 첫째, 어떤 행동을 일방적으로 규정하는 것이다. 그러나 사르트르에 따르면 인간은 자유이며, 언제나 자기 자신의 선택에 따라서 행동해야 한다. 그러므로 처세훈을 이용해서 행동하는 것은 실존주의 관점에서 보면 매우 가련한 인간이다. 둘째, 이들 처세훈은 인간을 전통과 체념과 사대주의 안으로 가두려고 한다. 따라서 처세훈의 이용자는, 인간은 언제나 자기 자신을 초월해야 한다는 실존주의 관점에서 본다면 가장 멸시할 부류에 속하는 셈이다.

*10 사르트르의 원문을 직역하면, "천한 사람은 그에게 아부하면 사람을 가엾게 여긴다"고 되어 있다. 그러나 이것은 사르트르의 기억이 잘못되었거나 틀린 글자일 것이다. 본문에서는 올바른 속담을 실었다.

*11 프랑스의 유행가, 이른바 샹송은 사랑을 노래한 것이 많지만 그 밖에 현실의 어두운 면을

실존주의의 비관론이 아니라 오히려 실존주의의 낙관론에 불복한 것이 아닌가 하고 나는 남몰래 의심할 정도이다. 결국 내가 이제부터 말하려는 주장에서 사람들로 하여금 공포를 느끼게 하는 것은, 이 주장이 인간에 대해서 선택의 가능성을 남기고 있다는 사실이 아닐까? 그것을 뚜렷이 하기 위해서는 엄밀하게 철학적인 면에서 다시 검토해 볼 필요가 있다. 도대체 실존주의는 무엇을 가리키는가?

이 말을 쓰는 대부분의 사람들이 정당한 정의를 내리려고 해도 어찌할 도리가 없다. 이 말은 오늘날 하나의 유행이 되어 저 음악가는, 저 화가는 실존주의라고 사람들이 떠들어대기 때문이다. 〈클라르테〉*¹²의 촌평가는 '실존주의자'라 불리고 있다. 결국 이 말은 지금 매우 폭이 넓어지고 부풀려져 있기 때문에 이미 아무런 의미도 없게 되어버렸다. 초현실주의*¹³에 견줄 만한 전위적 주장이 현재는 없기 때문에 추문이나 색다른 운동에 목마른 사람들은 이 철학에 도움을 요구하는 것 같지만, 이 철학은 실재로 그 방면에서 그들에게 아무것도 주지 않는다.

사실 이것은 가장 반(反)추문적이고 가장 엄숙한 주의이며, 엄밀하게 전문가용이자 철학자용이다.

이 주장은 쉽게 정의할 수 있다. 일을 복잡하게 만드는 것은 실존주의자에 두 부류가 있다는 점이다. 첫째는 그리스도교 신자로서 그중에 가톨릭교를 믿는 칼 야스퍼스*¹⁴나 가브리엘 마르셀*¹⁵을 꼽을 수가 있다. 둘째는 무신론적 실존

노래한 심각한 것도 많다.

*12 공산계 신문. 실존주의에 반대하는 이 파의 신문에 '실존주의'라는 이름을 내세우는 비평가가 나왔다는 사실이 한층 역설적이다.

*13 1924년 무렵, 즉 제1차 세계대전 후 6년쯤 지나서 프랑스에 일어난 새로운 예술 운동. 논리나 도덕을 무시하고 잠재의식 안에 잠들어 있는 것을 해방하여 표현하려고 했다. 이 파의 선언서에 따르면 '심적 자동 작용'에 기초한 예술 표현이다. 앙드레 브르통을 비롯해 폴 엘뤼아르와 루이 아라공 등도 처음에는 이 일파에 속했다.

*14 1883년에 태어난 독일 철학자. 그에 따르면 인간의 존재는 의식에 의해서밖에 파악할 수가 없다. 따라서 존재는 결코 하나의 전체로서 실현되는 것이 아니다. 이 상태를 뛰어넘기 위해서는 실존과 결별하는 일, 즉 종국적인 좌절에 따른 것밖에 없다. 그리고 이 좌절은 신을 불러들인다.

*15 1889년에 태어난 프랑스 철학자. 키르케고르나 야스퍼스 계열에 속하는 사람으로, 인간과 그 육체와의 관계를 밝혀 화신(化身)이라 보고, 또 인간과 인간의 관계를 밝혀 '충실' '희망' 등도 신비적인 관계로 돌려 그들이 마침내 '신'에 이르는 것이라고 했다. 주요 저서에 《존재

주의자들로 마르틴 하이데거*16나 프랑스의 실존주의자들,*17 그리고 나 자신을 포함하지 않으면 안 된다. 이 두 부류에 공통적인 것은 '실존은 본질에 앞선다'고 생각하는 점이다. 또는 '주체성에서 출발하지 않으면 안 된다'고 바꾸어도 좋다. 이것을 정확하게는 어떻게 이해해야 할까?

예를 들어 책이나 페이퍼 나이프(종이 자르는 칼)와 같은, 만들어진 하나의 물체를 생각해 보자. 이 물체는, 하나의 개념을 머리에 그린 직공이 만들어 낸 결과물이다. 직공은 페이퍼 나이프의 개념에 의지하거나, 또 이 개념 일부를 이루는 기존의 제조 기술—결국은 일정한 제조법—에 의존한 것이다. 따라서 페이퍼 나이프는 어떤 방식으로 만들어진 물체이면서, 다른 한편으로는 일정한 쓰임새를 가지고 있다. 이 물체가 무엇에 쓸모가 있는지도 모르고 페이퍼 나이프를 만드는 사람을 생각할 수는 없다. 그러므로 페이퍼 나이프에 대해서 본질—즉 페이퍼 나이프를 만들고 페이퍼 나이프를 정의하기 위한 제조법이나 성질의 전체—은 실존에 앞선다고 할 수 있다. 그러니까 내 앞에 있는 어떤 페이퍼 나이프, 어떤 책의 존재는 한정되어 있는 것이다. 다시 말해서 이것은 하나의 기술적 세계관이며 이 세계관에서는 생산이 실존에 앞선다고 할 수 있다.

우리가 창조주로서의 신을 생각할 때, 신은 곧잘 한 사람의 뛰어난 직공과 동일시된다. 데카르트*18의 주장이든, 라이프니츠*19의 주장이든 어떠한 학설을 가지고 생각할 경우에도 의지는 조금이라도 오성을 따른다는 것, 또는 적어도 오

와 소유》(1933)가 있다.

*16 1889년에 태어난 독일 철학자. 사르트르는 그에게 많은 신세를 지고 있다. 그러나 이 둘 사이에는 큰 차이가 있어서, 사르트르는 《존재와 무》에서 하이데거에 대한 비판까지 시도한다. 특히 사르트르가 인간의 행동성을 역설하는 것은 하이데거에게서 찾아볼 수 없는 것으로서 독특하다 할 수 있는데, 다른 한편으로 하이데거 없이는 사르트르의 실존 철학은 존재할 수 없었을 것이다. 주요 저서는 《존재와 시간》(1927).

*17 앞에서 든 가브리엘 마르셀 등을 제외한 이른바 유파로서의 실존주의자, 1945년 무렵부터 사회적으로 유명해진 일파로서 메를로 퐁티, 《제2의 성》의 저자 시몬 드 보부아르 등을 말한다.

*18 데카르트는 "나는 생각한다. 고로 나는 존재한다" 원리에서, 생각하는 주체로서의 '나'를 확립하여 '나'가 갖는 관념 안에 '완전'의 관념이 존재한다는 점에서 신의 존재를 확립했다. 인간은 자유 의지가 있고 자유롭게 행동하는 것이지만, 신은 손수 자유롭게 인간을 만들었으며 또한 신 자신이 고른 법칙에 인간을 종속시킬 수 있다고 주장한다.

*19 라이프니츠(1646~1716)는 독일 철학자. 모든 존재의 운동은 신에 의해서 미리 질서지워진 것으로(예정 조화설), 인간은 신으로부터 보편적 진리를 부여받았다고 주장한다.

성에 덧붙는다는 것, 창조할 때 신은 자기가 무엇을 창조하는가를 정확히 알고 있다는 것을 우리는 반드시 인정해야 한다. 즉 신의 머릿속 인간이라는 개념은 제조자 머리에 있는 페이퍼 나이프와 같은 것이라고 생각해도 좋다. 신은 직공이 하나의 정의, 하나의 기술에 따라서 페이퍼 나이프를 만드는 것과 마찬가지로 여러 기술과 개념에 따라서 인간을 만드는 것이다. 이렇게 해서 인간은 저마다 신의 오성 안에 존재하는 하나의 개념을 실현하게 된다.

18세기에 들어서면서 철학자들은 무신론 안에서 신의 개념을 폐기했는데, 그럼에도 본질은 실존에 앞선다는 생각은 버리지 못했다. 이런 생각은 여러 곳에서 볼 수가 있다. 디드로*20는 물론 볼테르*21와 칸트*22에게서까지도 그것을 볼 수가 있다. 인간은 인간으로서의 본성을 지녔다. 이 인간성은 인간이라는 것의 개념인데, 이는 모든 인간 안에 존재한다. 인간은 저마다 인간이라는 보편적 개념의 특수한 한 예라는 뜻이다. 칸트의 경우 이 보편성에서 미개인이나 자연인에게도 부르주아와 마찬가지로 같은 정의가 강요되어 똑같은 기본적 성질을 가지는 결과가 된다. 따라서 이때에도 인간의 본질은, 우리가 자연 속에서 만나는 역사적 실존에 앞선다는 것이다.

내가 대표하는 무신론적 실존주의는 한결 그 논지가 일관된다. 비록 신이 존재하지 않아도 실존이 본질에 앞서는 존재, 그 어떤 개념에 따라서 정의되기 이전의 존재가 적어도 하나 있다. 실존이 본질에 앞선다는 것은 무엇을 의미하는가?

인간이 먼저 실존하고, 세계 안에서 만나게 되며, 세계 안에 불쑥 나타나 나중에 정의되는 것을 뜻한다. 실존주의가 생각하는 인간이 정의 불가능한 것은 인간은 처음에는 아무것도 아니기 때문이다. 인간은 나중에 이르러 비로소 인

---

* 20 디드로(1713~84)는 프랑스 철학자로, 소설과 희곡도 썼다. 유물론자인 그에게는 인간의 정신도 마찬가지로 물질이며, 물질의 법칙에 지배되므로 미덕이나 악덕은 본디 존재하지 않는다. 그럼에도 디드로는 '미덕'에 강한 동경을 품고 있었다. 즉 인간에게는 '본성(자연)'이 있어서, 이 본성은 태어나면서 '선(善)'이라는 생각을 가졌다.

* 21 볼테르(1694~1778)는 프랑스의 계몽주의 사상가. 그의 인간관을 간단히 말하면, 그도 '본성(자연)'이라는 것을 인정하고, 인간의 '본성'이란 현세에서 행복을 바라는 데에 있다고 했다. 그래서 이 '본성'에 따라 사는 것이 '잘 사는 것'이라 생각했다.

* 22 칸트(1724~1804)는 도덕률을 논하여 인간은 자유로운 주체이며, 여러 현상에서 독립된 존재라고 했는데, 그런 칸트까지도 인간 안에 선험적 인식의 틀이 미리 갖추어져 있다고 말한다. 이 또한 인간의 본질을 실존보다도 먼저 두는 것이다.

간이 되며, 인간은 스스로가 만든 것이 된다. 이와 같이 인간의 본성은 존재하지 않는다. 그 본성을 생각하는 신이 존재하지 않기 때문이다. 인간은 스스로 그렇게 생각하는 것일 뿐 아니라 스스로 바라는 바인 것이고, 실존한 뒤에 스스로가 생각하는 것, 실존으로의 비약 뒤에 스스로 바라는 것에 지나지 않는다. 인간은 스스로 만드는 것 이외는 아무것도 아니다.

이상이 실존주의의 제1원리이다. 이것이 또한 주체성이며, 바로 이와 같은 이름으로 세상 사람들은 우리를 비난하는 것이다. 그러나 우리가 제1원리로 의미하는 것은, 인간이 돌멩이나 책상보다도 존엄하다는 사실이다. 왜냐하면 우리는 인간이 무엇보다 앞서 존재한다는 것, 즉 인간은 먼저 미래를 향해서 스스로를 내던지며 미래 안에 스스로를 투기하는 것을 의식한다는 것 때문이다. 인간은 이끼나 부식물, 꽃양배추가 아니라 먼저 주체적으로 살아가는 것이다.

이 투기, 곧 미래를 향해 스스로를 던지기 이전에는 아무것도 존재하지 않는다. 그 무엇도 명료한 신(神)의 뜻 안에 존재하고 있지 않다. 인간은 무엇보다도 먼저 미래를 향해 스스로 이렇게 되고자 투기해야 한다. 스스로 이렇게 되려고 의지한 것이 아니다. 우리가 보통 의지라고 말하는 것은 의식적인 결정이며, 이것은 우리 대부분에게 스스로 행위한 것 뒤에 오기 때문이다. 나는 어느 당파에 들어가 책을 쓰고, 결혼할 것을 결심할 수 있다. 그러나 이들은 모두 이른바 자신의 의지보다도 한결 근원적인, 한층 자발적인 어떤 선택의 발로(發露)이다.

하지만 과연 실존이 본질에 앞선다고 한다면, 인간은 스스로 존재하는 것에 대한 책임이 있다. 따라서 실존주의의 처음 절차는 저마다 스스로 존재하는 것을 파악하고, 스스로의 실존에 대해 모든 책임을 지게 하는 일이다. 인간이 스스로에게 책임을 갖는다고 할 때는 엄밀한 의미의 개인에 대한 책임이 아니라 모든 인류에 대한 책임을 뜻한다. 주체주의라는 말에는 두 가지 뜻이 있는데, 우리 논쟁의 적수는 이 두 가지 뜻을 교묘하게 사용하고 있다. 주체주의란, 한편으로는 개체 하나하나가 스스로 자기 자신을 선택하는 것이고, 다른 한편으로는 인간이 인간으로서의 주체성을 넘지 않는다는 것을 의미한다. 이 두 번째 의미야말로 실존주의가 갖는 깊은 뜻이다.

우리가 인간은 스스로를 선택한다고 할 때, 그 의미는 각자가 자기 자신을 선택한다는 것이다. 그러나 또한 각자는 스스로를 선택함으로써 모든 인류를 선택하는 것도 의미한다. 실제로 우리가 하는 행위 가운데, 우리가 존재하길 바라는 인간을 만듦으로써 인간은 바로 이러해야 한다고 생각하는 그와 같은 인간 모습을 반드시 만들고자 한다. 이것저것 무언가를 고르는 것은 우리가 선택한 그자체의 가치를 아울러 긍정하는 일이다. 왜냐하면 우리는 결코 악을 고르지 못하기 때문이다. 우리가 고르는 것은 언제나 선이며, 우리에게 선이면서도 만인에게 선이 아닌 일은 있을 수 없다.

그런데 진정 실존이 본질에 앞서는 것이라 한다면, 그리고 우리가 우리 자신의 형체를 만들면서 실존하길 바란다면 이 형체는 모든 사람과 우리 시대 전반을 위해 유효하다. 이와 같이 우리의 책임은 우리가 상상하는 것보다도 훨씬 크다. 우리의 책임은 전 인류에 앙가제*23하기 때문이다. 만약 내가 노동자이며, 공산당이 되기보다는 그리스도교적 연합에 가입하는 것을 선택하고 이 가맹에 의해 결국은 단념이 인간에게 어울리는 해결이며, 인간의 왕국은 지상에는 존재하지 않는다는 사실을 제시하려고 한다면, 나는 단지 나 한 사람만을 위해 앙가제하는 것이 아니다. 나는 모든 사람을 위해 단념하려는 것이다. 따라서 나의 행동은 인류 전체를 앙가제한 것이 된다.

좀더 개인적으로 만일 내가 결혼하여 아이를 낳기 원했다면, 이 결혼이 오직 나의 처지나 정열, 욕망에 기초한 것이었다고 해도 나는 그 바람에 의해서 나자신뿐 아니라 인류 전체를 일부일처제(一夫一妻制) 쪽으로 앙가제하는 것이 된다. 이렇게 해서 나는 나 자신에 대하여, 그리고 모든 사람에 대하여 책임을지고, 내가 고른 어떤 인간상을 만들어 낸다. 나의 인간상을 선택함으로써 나는 인간을 선택하는 것이다.

이것은 불안, 고독, 절망 등과 같은 조금 거창한 말이 그 안에 무엇을 간직하고 있는가를 이해하게 해주며 매우 간단하다. 먼저 불안이란 무슨 뜻인가? 인간은 불안하다고 실존주의는 자주 주장한다. 자기를 앙가제하고, 자기는 어떻게 되려고 선택하는 것일 뿐만 아니라, 자기 자신과 모든 인류도 함께 선택하는 입법자임을 이해하는 사람은 전면적이고 심각한 책임감으로부터 벗어날 수 없을

---

*23 사르트르의 논문에는 이 말이 자주 나온다. 원어는 engager라는 동사로, 이것을 명사로 하면 앙가주망(engagement)이 된다. 사전에 따르면 앙가제란 '(약속이나 업무에 의해서 사람을) 묶는다' 또는 '(사람을 어떤 일에)참여시킨다'는 뜻이다. 사르트르도 물론 앙가제를 이런 뜻으로 쓰고 있는데, 사람을 자기 안에만 가두지 않고 사회에 참여시키는 뜻으로 사용하는 경우가 많다.

것이다. 그런데 많은 사람들은 불안을 느끼지 않는다. 그러나 이 사람들은 자기 불안 앞에 눈을 가린 채 불안을 피하고 있다고 우리는 주장하는 것이다.

확실히 많은 사람들은, 행동함으로써 자기 자신만을 앙가제한다 믿고, "만약에 모두가 그렇게 한다면?" 이런 말을 들으면 어깨를 움츠리고 "모두가 그렇게 하는 것은 아니다" 대답한다. 하지만 근본적으로 사람은 늘 "만약에 모두가 그렇게 한다면 어떻게 되는가" 스스로에게 물어야 하며, 어떤 기만에 의해서가 아니면 이 불안한 생각에서 벗어날 수가 없다. 거짓말을 하고 "모두가 그렇게 하는 것은 아니다" 큰소리침으로써 그것을 모면하려는 것은 양심이 꺼림칙한 사람이다. 왜냐하면 거짓말을 한다는 사실은 거짓말에 보편적 가치를 주는 것을 포함하기 때문이다. 비록 가면을 쓴다 해도 불안은 그 모습을 나타낸다. 키르케고르가 말한 아브라함의 불안*24이 바로 이 불안이다.

이 이야기는 널리 알려진 것으로, 천사가 아브라함에게 자기 아들을 제물로 바치라고 명령했다. "너는 아라브함이로다. 너의 아들을 제물로 바쳐라!" 이를 알리러 온 존재가 만약 진짜 천사라면 두말할 것이 없다. 그러나 인간 누구나 스스로에게 이렇게 물을 수가 있다. 그것은 틀림없이 천사인가? 그리고 자기는 분명히 아브라함인가? 무엇이 그것을 증명하는가?

환각에 사로잡힌 미친 여자가 있었다. 누군가가 자신에게 전화를 해서 온갖 명령을 내린다고 한다. 말하는 사람은 누구냐고 의사가 묻자 미친 여자는 "그 사람은 자기를 신이라 말하고 있습니다" 대답했다. 그런데 무엇이 그가 신이라는 것을 이 여자에게 증명했는가? 천사가 나를 방문한다고 해도 그것이 천사임을 무엇이 증명하는가? 또 소리가 들린다고 해도 그 소리가 천국에서 온 것임을, 그러니까 지옥에서 온 것이 아니며 잠재의식이나 어떤 병적인 상태에서 들은 게 아니라는 사실을 무엇이 증명해 주는가? 그 소리가 나에게 이야기하고 있다는 것을 무엇이 증명하는가? 나는 나의 인간관과 내 선택을 인류에게 강요하도록 분명히 정해져 있다고 무엇이 증명하는가?

나는 그것을 받아들이기 위해 어떠한 증거, 어떠한 표지도 발견할 수는 없을 것이다. 하나의 목소리가 나에게 이야기한다고 하면 그것이 천사의 목소리라고 결정하는 것은 언제나 나 자신이다. 내가 어떤 행위를 선이라 생각할 때 그것을

---

*24 덴마크 철학자 키르케고르(1813~1885)의 저서 《공포와 전율》에서, 아브라함의 불안을 자세히 말하고 있다.

악이 아닌 선으로 말하고자 선택하는 것은 나이다. "아브라함이거라" 이렇게 나를 지명하는 것은 내가 시시각각으로 규범적 행위를 하도록 강요하는 것이다. 모든 인간에게는, 자신이 하는 일을 전 인류가 눈여겨보고 그 일에 인류의 운명이 달려 있는 것처럼 눈여겨보고 이루어진다.

그래서 인간은 누구나 이렇게 묻지 않으면 안 된다. "과연 나는 인류가 나의 행위에 따르는 행동을 할 수 있는 권리를 가진 인간인가?" 만일 그렇게 묻지 않는다면 사람은 불안에 눈을 가리고 있는 것이 된다. 그것은 정적주의나 활동치 않는 상태로 이끄는 불안이 아니다. 책임을 진 사람이라면 누구나가 알고 있는 단순한 불안이다. 이를테면 한 부대장이 공격의 책임을 지고 몇몇 부하를 죽음으로 내보내는 경우, 그는 그렇게 하는 것을 선택한 것이며, 더욱이 그것은 자기혼자서 선택하는 것이다. 명령은 위에서 내려오는 것이지만 그 폭이 넓어서 반드시 하나의 해석이 필요하다. 이 해석은 명령을 받은 자에게서 나오며 10명, 14명, 또는 20명의 목숨이 그 해석에 따라 좌우되는 것이다. 그는 결정을 내릴 때 어떤 불안을 품지 않을 수가 없다. 우두머리는 모두 이와 같은 불안을 겪기 마련이다. 그러나 그 불안이 그들의 행동을 방해하지는 않는다. 오히려 그것이 그들의 행동 조건 그 자체인 것이다. 그 밖에 이와 같은 불안—그것이 실존주의가 말하는 불안이지만—은 거기에 말려드는 다른 사람들에 대한 직접 책임에 의해서도 설명된다는 것을 알 수 있다. 불안은 우리를 행동으로부터 차단하는 커튼이 아니라 행동 자체의 한 부분이다.

또 고독을 말할 때 우리는 단지 신이 존재하지 않는다는 것, 그리고 거기에서 모든 결과를 이끌어 내야 한다는 것을 의미하는 데에 지나지 않는다. 실존주의자는 될 수 있는 대로 희생을 적게 하고 신을 말살하는 것 같은 세속적 도덕에는 크게 반대하는 위치에 있다. 1880년 무렵 프랑스 교육자들이 세속적 도덕을 만들어 내려 했을 때*25 그들은 다음과 같이 말했다.

"신은 쓸모없고 해로운 가설이다. 그렇다고는 하지만 도덕, 사회, 그리고 문명 세계가 존재하기 위해서는 어떤 가치를 진지하게 다루어서 선험적으로 존재한

---

*25 프랑스의 정치 사상 라디칼리즘(급진주의)은 민주주의에 의한 국가의 근본적 개혁을 노린 것으로, 1875년에 정당으로서 탄생해 1903년에는 급진당과 급진사회당으로 쪼개졌으나, 그 중요 정책의 하나는 국가와 종교의 분리에 있었다. 이것이 도덕 교육 면에서는 종교 교육 대신에 세속적 도덕을 낳게 된다.

다고 여길 필요가 있다. 정직하다는 것, 거짓말하지 않는다는 것, 아내를 때리지 않는다는 것, 아이를 만드는 것 등등이 선험적으로 의무가 되지 않으면 안 된다. 따라서 우리는 한편으로 신이 존재하지 않는데도 이들 가치가 뚜렷한 신의 뜻 안에 새겨져 여전히 존재한다는 것을 나타내는 조촐한 작업을 하려고 생각한다. 다시 말하면 (생각건대 이것이 프랑스에서 라디칼리즘*²⁶이라 불리는 경향이지만) 비록 신이 존재하지 않아도 아무런 변동이 없을 것이다. 우리는 스스로 정직, 진보, 휴머니즘 등과 같은 규준을 다시 발견할 것이다. 그리고 우리는 신을 효과 없는 가설로 여길 것이다. 한편 이 가설은 조용히, 서서히 사라질 것이다."

이에 반해 실존주의자는 신이 존재하지 않는다는 것은 곤란한 일이라 생각한다. 왜냐하면 신이 없어짐과 동시에 명확한 신의 뜻 안에 여러 가치를 발견하는 모든 가능성이 사라지기 때문이다. 이미 선험적으로 선은 있을 수 없다. 선을 생각하기 위한 무한하고 완전한 의식은 존재하지 않기 때문이다. 선이 존재한다거나, 정직해야 한다거나, 거짓말을 해서는 안 된다고 하는 것은 어디에도 쓰여 있지 않다. 우리는 다만 인간만이 존재하는 차원 위에 있기 때문이다.

도스토옙스키는 "만약에 신이 존재하지 않는다면 모든 것이 용서될 것이다" 썼는데, 이것이야말로 실존주의의 출발점이다. 만일 신이 존재하지 않는다면 모든 것이 용서된다. 따라서 인간은 고독하다. 왜냐하면 인간은 의지해야 할 가능성을 자기 안에서나 밖에서 찾을 수가 없기 때문이다. 인간은 달아날 핑계를 찾을 수도 없다. 과연 실존이 본질에 앞선 것이라고 한다면, 어느 주어진 고정된 인간성을 근거로 설명할 수는 결코 없을 것이다. 다시 말하면 결정론은 존재하지 않는다. 인간은 자유이다. 인간은 자유 그 자체이다. 만일 한편에서 신이 존재하지 않는다고 한다면, 우리는 자기 행동을 정당화하는 가치나 명령을 눈앞에서 찾을 수 없다. 그렇게 되면 우리는 우리의 뒤에도 앞에도, 명백한 가치 영역에 정당화를 위한 이유나 달아날 핑계를 가지고 있지 않은 것이다.

우리는 도망갈 명분도 없고 고독하다. 그래서 나는 인간은 자유의 형에 처해져 있다고 표현하고 싶다. 형에 처해져 있다는 것은 인간이 자기 자신을 만든 것이 아니기 때문이며, 그러면서도 자유인 까닭은 일단 세계 안에 던져진 바에

---

*26 앞의 항 참조.

는 인간은 자기가 하는 모든 일에 스스로 책임이 있기 때문이다. 실존주의는 정열의 힘을 믿지 않는다. 아름다운 정열은 파괴적 분류로서, 인간을 숙명적으로 어떤 행위로 이끄는 것이므로 도망가려는 핑계가 된다고는 결코 생각하지 않는다. 실존주의자는 인간이 자기 정열에 책임이 있다고 생각한다. 실존주의자는 또한 인간이 이 지상에서, 자기에게 가야 할 길을 가르쳐 주는 어떤 주어진 표지 안에서 도움을 발견하리라고 생각하지 않는다. 인간은 이 표지를 자기가 좋아하는 대로 스스로 해독하려고 하기 때문이다. 따라서 실존주의자는 인간이 의지할 곳 없고, 아무런 도움도 받지 못하며, 시시각각으로 인간 스스로를 만들어 내는 형벌에 처해져 있다고 생각한다.

퐁주*27는 그의 훌륭한 논문 안에서 "인간은 인간의 미래이다" 말했다. 맞는 말이다. 다만 이 미래가 신의 뜻에 새겨져 있고, 신이 이것을 보고 있다는 뜻이라면 그것은 잘못된 말이다. 나타날 인간이 어떤 것이 되었든 만들어야 할 미래가, 그를 기다리고 있는 알 수 없는 미래가 있다는 뜻이면 이 말은 옳다. 그러나 그렇다고 한다면 인간은 버림을 받고 있는 것이다.

이 고독을 더욱 잘 이해할 수 있는 실례를 하나 제시하기 위해, 내가 가르친 어떤 학생의 경우를 인용해 보기로 한다. 그는 다음과 같은 사정으로 나를 만나러 왔다. 아버지는 어머니와 사이가 틀어지고, 더욱이 대독 협력에 기울고 있었다. 큰형은 1940년 독일군의 공격으로 전사했다. 그래서 이 청년은 조금은 원시적이기는 하지만 숭고한 마음으로 형을 위해 복수하고 싶다고 생각했다. 어머니는 남편의 배신과 맏아들의 죽음 때문에 몹시 슬퍼하며, 오로지 남은 아들에게서만 위안을 찾았다. 이 청년은 그때, 영국으로 떠나 자유 프랑스군에 몸담을 것인가, 즉 어머니를 버릴 것인가, 그렇지 않으면 어머니 있는 곳에 머물러 어머니의 생활을 도울 것인가, 두 상황 가운데 하나를 선택해야 하는 처지에 있었다. 그는 어머니가 오직 그만을 의지하며 살아간다는 것, 그가 없어지면—아마도 전사할지도 모른다—절망에 빠지리라는 것을 잘 알았다.

그는 구체적으로 말해서 자기가 어머니를 위해 하는 모든 행위는 그가 어머니의 생활을 돕고 있다고 보증하지만, 그에 반해 출발하여 싸우기 위해 하는

---

*27 프랑시스 퐁주(1899~1988)는 실존주의 시인으로서 중요한 자리를 차지하고 있다. 산문 시집 《사물의 편(Le parti pris des choses)》(1942)은 '무거운 하나의 광물적 시'이며, '철학적인 흥미를 자극하는 작품'이라 일컬어진다.

모든 행위는 물거품이 될지도 모르며 아무런 쓸모가 없을지도 모르는 불확실한 행위임을 잘 알고 있었다. 이를테면 영국으로 떠난다고 해도 스페인을 지나갈 때 언제까지나 스페인의 병영에 있게 될지도 모른다. 영국이나 알제(Alger)에 도착해도 서류를 만들기 위해 사무소에 있게 될지도 모른다. 따라서 그는 매우 다른 두 유형의 상황에 마주해 있었던 것이다. 하나는 구체적이고 직접적이지만 한 개인에 대해 이루어지는 행동이다. 다른 하나는 그보다도 무한히 큰 전체, 국민의 집합체에 대해서 이루어지는 행동, 그러나 애매하고 도중에 중단될지로 모르는 행동이다.

그는 두 유형의 도덕 사이에서 망설이고 있었다. 한쪽은 동정의 도덕, 개인적 헌신의 도덕이고, 다른 한쪽은 좀더 넓은 범위지만 그 효과는 한결 의심스러운 도덕이다. 둘 중 하나를 고르지 않으면 안 된다. 그러나 누가 그 선택을 도울 것인가? 그리스도교의 가르침인가? 그렇지 않다. 그리스도의 가르침은 말한다. 자비로워라. 너의 이웃을 사랑하라. 남을 위해 희생하라. 좀더 고통스러운 길을 골라라 등등……. 하지만 가장 괴로운 길은 무엇인가? 누구를 형제처럼 사랑하란 말인가? 전사들을? 어머니를? 전체 안에서 싸운다고 하는 막연한 효과와, 어떤 특정한 사람의 생활을 돕는다고 하는 명확한 효과 가운데 어느 쪽이 더 큰가? 누가 그것을 선험적으로 결정할 수 있단 말인가? 아무도 없다. 기성의 그 어떤 도덕도 그것을 말할 수는 없다.

칸트파의 도덕은 말한다. "남을 결코 수단으로서 다루지 말고 목적으로서 다루어라." 매우 좋은 말이다. 그러나 만약에 내가 어머니 곁에 머물렀다면 어머니를 수단으로서 다루지 않고 목적으로서 다룬 게 되지만, 그렇게 되면 내 주위에서 싸우고 있는 사람들을 수단으로 다룰 위험이 있다. 또 반대로 싸우는 사람들에 참가하면 나는 그 사람들을 목적으로서 다루고, 그로 말미암아 어머니를 수단으로서 다룰 염려가 있다.

가치를 평가하기가 애매하고, 그 영역이 우리가 생각하는 명확하며 구체적인 경우에 비해 너무 지나치게 넓다면 우리는 자기 본능을 믿는 길밖에 없다. 이 청년이 시도한 게 바로 그것으로, 그는 나를 만났을 때 이렇게 말했다.

"결국 중요한 것은 감정입니다. 나는 나 자신을 정말로 어떤 방향으로 몰아세우는 방법을 골라야 할 것입니다. 만약에 내가 다른 모든 것—나의 복수심, 행동욕, 모험심—을 희생할 만큼 어머니를 사랑한다고 느끼면, 나는 어머니 곁에 머물 것입니다. 반대로 어머니에 대한 애정이 충분하지 않다고 느낀다면 나는 떠날 겁니다."

그러나 어떤 감정의 가치는 어떻게 결정하는가? 무엇이 어머니에 대한 그의 가치를 주는가? 그것은 그가 어머니를 위해 남는다고 하는 바로 그 사실인 것이다. "나는 이러이러한 돈을 희생할 만큼 어떤 친구를 사랑한다"고 말할 수가 있다. 하지만 그렇게 말할 수 있었던 것은 사실 그 행위를 했을 때이다. 내가 어머니 곁에 남았을 때 비로소 나는 "어머니 곁에 남을 정도로 어머니를 사랑한다" 말할 수가 있다. 이 애정의 가치를 결정할 수 있는 것은, 바로 이 애정을 확인하고 한정하는 하나의 행위를 했을 때이다. 그런데 나는 내 행위의 정당화를 이 애정에서 구하는 것이므로 논증되어야 할 명제를 논증의 근거로 삼는 순환론(循環論)에 말려들게 된다.

한편 지드는 "포장된 감정과 실감된 감정은 거의 구별할 수 없는 두 가지 것이다" 말한다. 어머니 곁에 머무름으로써 어머니를 사랑하고 있다고 결정하는 것도, 어머니를 위해 머문다는 연극을 하는 것도 일단 같은 일이다. 다른 말로 하면 감정은 사람이 하는 행위로써 형성된다. 따라서 나는 감정에 귀를 기울이고 감정에 기초해서 나를 이끌어 갈 수는 없다. 왜냐하면 나는 나 자신의 행동을 밀어붙이는 진정하고 확실한 상태를 내 안에서 찾을 수도 없으며, 또 내가 행동하는 것을 허락하는 개념을 하나의 도덕에서 구할 수도 없기 때문이다.

여러분은 이렇게 말할지도 모른다. 적어도 그는 조언을 구하기 위해 선생님을 찾아온 것이 아니냐고. 그러나 예를 들어 그가 신부에게 조언을 구하러 간다고 한다면, 그 신부를 고른 것이고, 신부가 어떤 조언을 하려고 하는가를 조금이나마 이미 마음속으로는 알고 있었던 것이다. 다시 말하면 조언자를 고른다는 것 또한 자기 자신을 앙가제하는 일이다. 그 증거로 만약에 당신이 그리스도교도라면 당신은 "신부와 상의하라" 말할 것이다. 그러나 대독 협력파의 신부도 있으며 기회주의 신부, 레지스탕스파 신부도 있다. 어느 쪽을 고를 것인가? 만일 그 청년이 레지스탕스파 신부나 대독 협력파 신부를 고른다고 하면, 그는 자기가 받게 될 조언의 종류를 이미 결정해 놓은 것이다.

따라서 그가 나를 찾아왔을 때, 그는 내가 하려는 대답을 알고 있었다. 나에게는 단 한 가지 대답밖에 없었다. "자네는 자유이다. 선택하라. 즉 만들어 내라."

그 어떤 일반 도덕도 무엇을 할 것인가 지시할 수는 없다. 이 세계에 지표는 없는 것이다. 물론 가톨릭 신자는 지표는 있다고 대답할 것이다. 그러나 그것을 인정한다고 해도, 그 지표가 갖는 뜻을 고르는 것은 나 자신이다. 나는 포로가 되었을 때 예수회의 훌륭한 인사와 알게 되었다. 그는 다음과 같은 사유로 예수회에 들어갔다.

그는 무척 괴로운 몇 가지 어려움을 겪었다. 어렸을 때 가난한 그를 남기고 아버지가 죽었다. 그는 어느 종교 시설의 급비생이 되었으나 거기에서는 늘 자비에 의해 그가 그곳에 있을 수 있다는 마음이 들었다. 그 뒤 아이들이 좋아하는 표창장도 몇 가지 받을 뻔했고, 열여덟 살쯤에는 연애를 하다가 실패했으며, 스물두 살 때는 군사 교련 시험에까지 떨어졌다. 어린애다운 일이지만 그것이 절망을 가속화해 버려서 청년은 모든 것에 실패했다고 생각하게 되었다.

이것은 하나의 표지이다. 그런데 무슨 표지인가? 그는 세상을 등지든가 의욕을 잃고 달아날 수도 있었다. 그런데 그는 자기가 세속적인 성공에는 알맞지 않은 인간이며, 종교적 성공, 성덕과 신앙의 승리만이 자기가 이룩할 수 있는 것이라고 자기 나름대로 판단했다. 즉 그는 그 순간마다 신의 말을 발견하고 종교에 심취한 것이다. 표지 뜻의 결정이 그 사람 혼자 힘으로 이루어졌다는 것은 누가 보아도 틀림없다. 이어지는 이 문제에서 다른 일을 결론 내릴 수도 있었다. 이를테면 자기는 목수가 된 편이 좋았다거나, 혁명가가 되는 것이 좋았다거나 하는…… 따라서 그는 해독의 완전한 책임을 지고 있는 것이다.

고독이란, 우리가 스스로 우리의 존재를 선택한다는 것을 그 안에 품고 있다. 고독은 불안과 함께 따라다닌다.

절망은 어떤가? 이 표현은 매우 단순한 뜻을 가지고 있다. 우리는 자기 의지에 좌우되는 것, 또 우리 행동을 가능하게 하는 몇 가지 개연성의 전체만을 문제로 삼는 것에 그친다는 뜻이다. 사람이 무엇인가를 바랄 경우, 거기에는 반드시 몇 가지 개연적인 요소가 있다. 나는 친구의 방문을 기대할 수 있다. 이 친구는 기차나 전차로 온다. 그것은 기차는 정각에 도착하고, 또 전차가 탈선하지 않는다는 것을 전제로 한다. 나는 가능성의 영역에 머물고 있는 것이다.

그러나 가능한 것에 기대한다는 것은, 우리 행동이 이들 가능한 것의 전체를 포함한다고 하는 엄밀한 범위 안에서의 일이다. 내가 생각하는 가능성이, 나의 행동으로써 엄밀하게 구속되지 않게 된 순간 나는 당연히 그와 같은 가능성에 관심을 가지지 않게 된다. 왜냐하면 어떠한 신도, 어떠한 의도도 세계와 그 가능성을 나의 의지에 적응시키지 못하기 때문이다. 결국 데카르트가 "세계보다도 자기 자신을 정복한다" 말했을 때 그는 '희망 없이 행동한다'는 것, 즉 위와 같은 말을 하려고 한 것이다.

나는 언젠가 마르크스주의자들과 이야기를 나누었다. 그런데 그들은 나에게 이렇게 충고했다. "당신의 행동은 분명히 당신의 죽음으로써 매듭이 지어지는데, 그 행동에서 당신은 타인의 지원을 기대할 수가 있다. 그것은 타인이 당신을 돕기 위해 다른 장소, 중국이나 러시아에서 그 행동을 하리라는 것을 당신은 기대할 수 있으며, 당신이 죽은 뒤에도 타인이 행동을 계속하여 혁명이라는 완성 상태를 이루기 위해 애쓰는 것도 당신은 기대할 수 있다는 뜻이다. 아니, 당신은 그것을 기대해야 한다. 그렇지 않으면 당신은 도의에 어긋난다."

나는 먼저 이렇게 대답한다. "나는 동지들이 나와 함께 어떤 정당이나 당파―적어도 내가 제어할 수 있는, 즉 내가 투사 자격으로 거기에 속하여 그 움직임을 시시각각으로 알고 있는 정당이나 당파―의 통일 속에서, 어떤 구체적이며 공통된 투쟁에 참가하고 있는 한 언제나 이들 동지에게 기대한다."

이 경우 그 정당의 통일에 기대하고, 그 의지에 기대한다는 것은 전차가 제시간에 도착하고, 기차가 탈선하지 않는다는 것과 완전히 같다. 그러나 나는 인간의 선량함이나, 사회 복지에 대한 인간의 관심에 기초해서 내가 모르는 사람들에게 기대할 수는 없다. 인간은 자유이며, 의지할 만한 인간의 본성 등은 하나도 존재하지 않기 때문이다. 나는 러시아 혁명이 어떻게 될지 알지 못한다. 러시아에서는 프롤레타리아가 다른 어떠한 나라에서도 하지 않는 역할을 하고 있다는 것을 나에게 증명해 준다. 따라서 나는 러시아 혁명에 감탄하고 그것을 하나의 본보기로 삼을 수가 있다. 하지만 나는 이 혁명이 반드시 프롤레타리아의 승리로 이끈다고는 단언할 수는 없다.

나는 지금 내가 보고 있는 일에 한정해서 생각하지 않으면 안 된다. 내가 죽은 뒤 동지가 나의 일을 계속해서 가장 높은 완성 단계에 올려놓을 것인지는 확신할 수가 없다. 그 사람들은 자유이며, 인간이 어떻게 될 것인가를 앞으로 자유롭게 결정할 것이기 때문이다. 사람들은 내가 죽은 뒤 파시즘 체제

실시를 결정할지도 모른다. 그리고 다른 사람들은, 그들이 하는 대로 내버려 둘 만큼 비열하고 무능력한 상태일지도 모른다. 그때 파시즘은 인류의 진리가 될 테지만 그것도 별수 없는 일이다. 사물은 인간이 이미 결정한 대로 되어간다.

그러면 그것은 정적주의에 몸을 맡겨야 한다는 뜻일까? 그렇지 않다. 먼저 나는 나를 앙가제하여, "사물을 기도하는 데에는 희망은 필요없다"는 오래된 말에 따라서 행동해야만 한다. 그것은 어떤 정당에 소속되어서는 안 된다는 뜻이 아니라, 꿈을 갖지 않고 자기가 할 수 있는 일을 한다는 뜻이다. 이를테면 '집단화는 그대로의 모양으로 닥쳐올 것인가' 생각해 본다. 나로서는 절대로 알 수가 없다. 내가 아는 것은 집단화를 위해서 나는 나에게 가능한 모든 일을 한다는 것뿐, 그 밖에 나는 아무것도 기대할 수가 없다.

정적주의란 "내가 하고 싶은 일을 타인이 할 수 있다"고 말하는 사람들의 태도이다. 내가 오늘 여러분에게 소개하고 있는 사상은 정적주의와는 반대되는 것이다. "행동 말고 현실은 없다"고 분명히 말하는 것이므로 이 생각은 한 걸음 더 나아가고 있다. "인간은 미래를 향해 자신을 던지는 존재일 뿐, 그 밖에는 아무것도 아니다. 그는 자기를 실현하는 한에 있어서만 존재한다. 따라서 그는 그의 행위 전체와 그의 생활 이외에 그 무엇도 아닌 것이다" 덧붙여 말할 수 있다. 그러므로 우리는 이러한 생각을 어떤 사람들이 아주 싫어하는 이유를 알 수 있다. 왜냐하면 그들은 자기 비참을 견디는 데 가끔 하나의 방법밖에 가지고 있지 않기 때문이다.

그것은 이렇게 생각하는 일이다. '주위의 사정이 나에게 불리했다. 나는 현실의 나보다도 훨씬 가치 있는 사람이다. 물론 내게 열렬한 연애도 깊은 우정도 없었으나 그것은 그럴 만한 남자나 여자를 만나지 못했기 때문이다. 나는 대단한 책도 쓰지 않았다. 나에게는 그렇게 할 겨를이 없었기 때문이다. 나는 헌신할 만한 아이를 낳지 못했으나 이는 평생을 함께 보낼 남성을 찾지 못했기 때문이다. 그러나 내 안에는 많은 소질과 경향과 가능성이 활용되지 않고 완전히 살아남아 있으며, 내 행동의 단순한 계열에 끌어낼 수 없는 하나의 가치를 나에게 준다.'

그런데 사실을 말하면 실존주의자에게는 형성되어 가는 연애 말고는 연애가 없고, 연애 속에 나타나는 가능성 말고 연애의 가능성은 없으며, 예술 작품에 표현되는 천재 말고 천재는 없는 것이다. 프루스트*28의 천재성은 프루스트 작품의 총체이며, 라신*29의 천재란 그가 쓴 일련의 비극 말고는 아무것도 아니다. 어떻게 하면 라신에게 새로운 비극을 쓸 가능성을 줄 수 있을까? 라신은 그러한 비극을 쓰지 않았기 때문이다. 한 인간이 생활에 몸을 던져 자기 모습을 그린다. 그런데 그에게는 이 모습 말고는 아무것도 없다.

물론 이러한 사고방식은 생활에 실패한 사람에게는 견디기 힘들다고 여겨질 것이다. 그러나 다른 한편으로 이와 같은 사고방식은 다만 현실만이 문제가 된다는 점, 꿈이나 기대나 희망은 인간을 배반된 꿈, 무익한 기대 좌절된 희망으로 정의하게 하는 데에 지나지 않는다는 점, 그것은 인간을 적극적이 아니라 소극적으로 정의하는 것이라는 점을 사람들에게 이해시키는 것이다. 하지만 "당신은 당신의 생애 말고는 아무것도 아니다" 말해도, 그것은 예술가가 오직 그 예술 작품에 의해서만 판정받는다는 뜻을 포함하고 있지 않다. 그 밖의 많은 일들이 다 같이 예술가를 정의하는 데 유용하다. 내가 말하려고 하는 것은 이처럼 인간은 일련의 기도(企圖) 말고는 아무것도 아니라는 점, 인간은 이들 기도를 구성하는 여러 관계를 합한 종합적 전체라는 점이다.

이러한 사정이므로 사람들이 우리에 대해서 비난하는 것은 결국 우리의 비관론이 아니라 낙관적 엄격함이다. 우리가 소설 작품 안에서 무기력하고 약하며 비열하고 아주 악랄한 인간을 묘사할 때 사람들이 비난하는 까닭은, 이들 인물이 무기력하고 약하며 비열하고 또는 악인이기 때문만은 아니다. 우리가 졸라*30처럼 유전 때문에 주위나 사회의 작용에 의해서 유기적 또는 심리적 결정

---

*28 마르셀 프루스트(1871~1922)는 프랑스 소설가. 대장편 《잃어버린 시간을 찾아서》로 인간 의식의 깊이를 추구하여 의식의 흐름 기법을 창시했다.

*29 장 라신(1639~99)은 프랑스 고전주의 대표적 비극작가. 우아한 시로 유명하다. 《페드르》 《아탈리》 등의 명작이 있다.

*30 에밀 졸라는 연작 소설 《루공 마카르 총서》를 써서, 알코올 중독의 유전이 어떤 일족의 많은 사람들을 지배하여 그 성격이나 행동에 작용하는 상태를 그렸다. 졸라의 이러한 생각은 그 시대 과학 사상, 구체적으로 말하면 특히 《실험의학 서설》의 저자 클로드 베르나르의 영향을 받은 것으로 졸라의 '실험소설론'이며, 그 안에는 다음과 같은 한 구절이 있다. "소설가는 관찰하고 실험하지 않으면 안 된다. 자기 작품의 소재가 되는 인간이나 사물을 관찰하여 이것을 실험대에 올려놓지 않으면 안 된다. 즉 연구하려고 하는 여러 현상이 결정적으로 진행되는 상황을 어떤 이야기 속에서 인물을 조작함으로써 증명하지 않으면 안 된다."

론에 따라서 악인이 되었다고 단언한다면 사람들은 안심하고 "과연 인간이라 그렇다. 누구든 이것을 어찌할 수가 없다' 말할 것이다.

그런데 실존주의자는 비열한 사람을 그릴 때, "이 비열한 사람은 그의 비열함에 책임이 있다"고 한다. 그는 비열한 심장, 폐, 뇌를 지녔기 때문에 비열한 것이 아니다. 그는 생리적 구조 때문이 아니라, 그의 행위에 따라서 자기를 비열하게 만들었기 때문에 비열한 것이다. 비열한 체질은 없다. 신경질적인 체질은 있고, 흔히 말하는 혈기가 많은 체질은 있다. 그러나 혈기가 적다고 비열한 것은 아니다. 비열을 만들어 내는 것은 포기하고 양보하는 행위이기 때문이다. 체질은 행위가 아니다. 비열한 사람은 그가 한 행위를 바탕으로 정의된다.

사람들이 막연히 느끼고 두려워하는 것은, 우리가 제시하는 비열한 사람이 비열한 죄를 저지르고 있다는 사실이다. 사람들이 바라는 것은 인간이 처음부터 비열한 사람이나 영웅으로 태어난다는 것이다. 《자유의 길》*31에 대해서 가장 자주 듣는 비난의 하나는 "결국 이런 무력한 인간들을 당신은 어째서 영웅으로 만들려고 하는가?"이다.

이 항의는 오히려 웃음거리이다. 그것은 인간이 태어나면서 영웅이라는 것을 전제로 하기 때문이다. 그리고 이것은 결국 많은 사람들이 생각하고 싶어하는 것이다. 만일 인간이 비열한 사람으로 태어났다면 아무런 걱정은 없다. 그것은 어찌할 수 없는 일로 무슨 일을 하든 그는 평생 비열한 것이다. 만약에 영웅으로 태어났다면 이 또한 아무런 걱정이 없다. 그는 평생 동안 영웅인 것이다. 영웅처럼 마시고 영웅처럼 먹을 것이다.

실존주의자가 말하는 것은 비열한 사람은 자기를 비열한 사람으로 만드는 것이고 영웅은 자기를 영웅으로 만든다는 것이다. 비열한 사람에게는 비열한 사람이 되지 않을 가능성이, 영웅에게는 영웅임을 그만둘 가능성이 반드시 있다. 중요한 것은 전적인 앙가주망이다. 인간이 전면적으로 앙가제하는 것은 하나하나의 경우나 행동이 아니다.

---

*31 사르트르의 소설. 제1부 〈철들 무렵〉(1945), 제2부 〈유예〉(1945), 제3부 〈상심〉(1949)이 발표되었고 제4부 완결편 〈마지막 기회〉는 그 일부가 발표되었을 뿐이다. 마티외 들라뤼라는 인물이 질서 없는 생활을 보내고 있는데, 뮌헨 회의를 거쳐 유럽 정세가 악화되면서 행동의 세계에 자유를 구하여 참가한다는 줄거리이다. 그러나 《실존주의는 휴머니즘이다》가 발표되었을 때(1945)에는 주인공 마티외는 아직 행동의 결의를 하지 않고 '행동 유예' 상태에 있으므로 본문과 같은 비난이 이루어진 것이다.

이로써 나는 실존주의에 관한 몇 가지 비난에 대답했다고 생각한다. 아는 바와 같이 이 사상은 인간의 행동에 의해서 정의하는 것인 한, 정적주의 철학이라고 생각할 수 없다. 또 인간의 비관론적 기술이라고도 생각할 수 없다. 인간의 운명은 인간 자신 안에 있는 이상, 이토록 낙관주의적일 수는 없기 때문이다. 또 인간에게 희망은 그의 행동밖에 없으며, 인간을 살리는 유일한 것은 행위라고 주장하는 것이므로, 행동에 대해서 인간을 절망시키기 위한 시도라고도 생각할 수 없다. 따라서 이것은 행동과 앙가주망의 도덕이다. 사람들은 이들 몇몇 여건에서 출발해, 우리가 인간을 개개의 주체성 안에 가두는 것이라고 비난한다. 그 점에서도 사람들은 우리를 매우 오해하고 있다. 우리의 출발점은 개인의 주체성이지만, 이는 엄밀한 철학적 이유에 따른 일이다. 우리가 부르주아라서가 아니라 진리에 근거한 주의를 원하기 때문이며, 희망에 차 있기는 하지만 현실적 기초를 가지지 않는 바람직한 학설의 축적을 바라지 않기 때문이다.

　출발점에서 "나는 생각한다. 고로 나는 존재하다" 말하는 진리 말고는 진리가 있을 수가 없다. 이것이야말로 자기 자신을 파악하는 의식의 절대적 진리이다. 인간이 자기 자신을 파악하는 이 순간을 제쳐놓고 인간을 파악하는 모든 학설은, 진리를 말살하는 학설이다. 왜냐하면 이 데카르트적 코기토를 빼놓고 모든 대상은 단지 개연성일 뿐이고, 진리에 기초하지 않은 개연성의 학설은 무(無) 안에 무너지기 때문이다. 개연성을 정의하기 위해서는 참된 것을 가지고 있지 않으면 안 된다. 어떤 진리가 존재하기 위해서는 절대적인 진리가 필요하다. 그리고 절대적인 진리는 간단하며 파악하기 쉽다. 그것은 모든 사람의 손이 닿는 데에 있다. 다시 말하면 중개 없이 자기를 파악하는 데에 있는 것이다.

　둘째로 이 학설은 존엄성을 주는 유일한 것, 인간을 물체로 보지 않는 유일한 학설이다. 모든 유물주의는 그 결과로서 자기를 포함한 모든 인간을 물체로 다룬다. 즉 책상이나 의자, 돌을 구성하는 성질이나 현상, 아무런 구분이 없는 일정한 반응의 전체로서 다룬다. 우리는 바로 인간계를, 물질계와는 구별된 여러 가치의 전체로서 구성하기 바라는 것이다. 그러나 우리가 여기에 진리로서 이르는 주체성은, 엄밀히 개인적인 주체성이 아니다. 왜냐하면 우리는 코기토 안에서 자기 자신만이 아니라 다른 사람도 발견하는 것을 증명했기 때문이다.

　데카르트의 철학이나 칸트의 철학과는 반대로, 우리는 "나는 생각한다"에 의해 다른 사람 눈앞에서 우리 자신을 파악한다. 우리 타자(他者)는 우리에게 우리 자신과 마찬가지로 확실한 것이다. 이렇게 해서 코기토에 따라서 직접 자신을 파악하는 인간은 타인도 발견한다. 더욱이 타자를 자기 존재의 필요조건으로서 발견하는 것이다. 그는 타자를 인정하지 않는 한 (그는 기지가 풍부하다거나, 마음이 나쁘다거나, 질투심이 많다거나, 사람들이 말하는 그런 뜻에서) 자기 스스로는 아무것도 아닌 것을 이해하고 있다.

나에 대해 어떤 진실을 파악하려면 다른 사람들을 통해야만 한다. 타자는 내가 나 자신에게 갖는 인식을 위해서, 또한 나의 존재를 위해서 반드시 필요하다. 이러한 상태에서 나의 내면 깊은 곳에서는 동시에 다른 사람들을 내 눈앞에 놓인 하나의 자유, 나에게 동조하고 또는 반대밖에 생각하지 않는, 또 의지하지 않는 하나의 자유로서 발견하게 한다. 이렇게 해서 우리는 곧 상호 주체성이라 부르는 하나의 세계를 발견한다. 인간은 이 세계에서 바로 자기 존재와 타자의 존재를 결정하는 것이다.

게다가 인간의 본성이라는 보편적 본질을 개개의 인간에게서 발견한다는 것은 불가능해도, 조건이라고 하는 인간적 보편성은 존재한다. 현대의 사상가들[32]이 인간의 본성보다도 오히려 인간의 조건을 즐겨 이야기하는 것은 우연이 아니다. 명확한 뜻에 차이가 있어도 그들이 조건이라는 말로 의미하는 것은, 세계에 있어서의 인간의 기본적 상황을 어느 정도 그리는 선험적 한계의 전체이다.

역사적 상황은 여러 가지로 변화한다. 인간은 이교적인 사회 안에서 노예로 태어날지도 모르고, 또 봉건적 영주나 프롤레타리아로 태어날 수도 있다. 변화하지 않는 것은, 인간이 세계 안에 존재하고 거기에서 일하며 타인들 속에서 살고 죽는다는 필연이다. 한계는 주체적이지도 객체적이지도 않다. 오히려 객체적인 면과 주체적인 면을 갖는다. 이들 한계가 곳곳에 나타나 곳곳에서 인정되기 때문에 객체적이며, 이 한계가 살 수 있는 것이고, 만약 인간이 그것을 살지 않으면, 즉 자기 존재에서 이들 한계와 관련해 자유롭게 자기를 결정하는 것이 아니라면 이 한계는 아무것도 아니기 때문에 주체적이다.

인간이 미래를 향해 자신을 던지는 행위, 곧 투기 방법은 여러 가지이지만, 그 가운데 나와 전혀 관계가 없는 것은 하나도 없다. 왜냐하면 모든 방법이 이들

---

[32] 이를테면 앙드레 말로의 소설에는 《인간의 조건》이라는 제목이 붙어 있다.

한계를 넘어서 확대하거나 부정하여, 또는 그것과 타협하기 하기 위한 시도로서 나타나기 때문이다. 그 결과로서 모든 투기는 비록 개인적인 것이라 해도 보편적 가치를 지녔다. 중국인, 인도인, 흑인의 시도라 해도 유럽 사람들에게까지 이해될 수 있다. 이해된다고 하는 것은, 1945년의 유럽인은 자기가 생각하는 상황에서 자기 한계를 향하여 같은 방식으로 자기를 던질 수 있다는 것, 중국인이나 인도인이나 미국인이 그렇듯이 자기 내부에서도 자기를 던질 수가 있다는 뜻이다.

모든 투기는 모든 인간이 이해할 수 있다는 뜻에서 보편성이 존재한다. 그것은 인간을 최종적으로 정의한다는 의미가 아니라, 언제나 재발견된다는 뜻이다. 충분한 자료만 있으면 바보나 어린아이, 원시인이나 외국인을 이해하는 방식을 반드시 알 수 있다. 이런 뜻에서 우리는 인간의 보편성이 존재한다고 말할 수가 있다. 그러나 이 보편성은 주어진 것이 아니라 끊임없이 만들어진 것이다. 나는 자신을 선택함으로써 보편을 쌓아 올리고, 상대가 그 어떤 시대에 속하든 모든 타인의 투기를 이해함으로써 보편을 구축한다. 선택의 이 절대성은 각 시대의 상대성을 말살하는 것이 아니다.

실존주의가 제시하려고 마음먹은 것은 자유로운 앙가주망—이 앙가주망에 따라 저마다 인간의 한 유형을 만들면서 자기를 실현해 간다. 그 어느 시대에서나, 또 그 어떤 인간에 의해서도 늘 이해될 수 있는 이 앙가주망—의 절대적 성격과, 이와 같은 선택의 결과로서 생길 수 있는 문화적 전체의 상대성 사이의 연관이다. 즉 데카르트 철학의 상대성과, 데카르트적 앙가주망의 절대적 성격을 동시에 제시하지 않으면 안 되는 것이다. 이런 뜻에서 우리 인간들은 저마다 숨쉬며 먹고 자고, 어떤 방식에 따라 행동함으로써 절대 행위를 한다고 해도 좋을 것이다. 자유롭게 존재한다는 것, 즉 현재를 초월하여 자기 본질을 선택하는 실존으로서 존재한다는 것과, 절대적이어야 하는 것 사이에는 아무런 차이도 없다. 또 시간적으로 위치가 매겨진, 즉 역사 안에 자기 위치를 매긴 절대자라는 것과 보편적으로 이해될 수 있는 것 사이에는 아무런 차이도 없다.

그러나 이로써 주체주의에 대한 비난이 완전히 해소되지 않는다. 사실 이 비난은 아직도 많은 형태를 취하고 있는 것이다. 첫째 형식은 다음과 같다. 사람들은 우리에게 "그렇다면 당신은 무슨 일을 해도 좋다는 이야기가 된다" 말한다. 그리고 이것을 여러 방법으로 표현한다. 먼저 사람들은 우리에게 되는 대로 비난을 퍼붓고, 이어 이렇게 선언한다. "당신은 타인을 심판할 수가 없다. 투기에 나음과 못함의 차이를 매길 이유가 없으니까." 그리고 마지막으로 이렇게 말할 지도 모른다. "당신이 선택하는 것은 모두 동기가 없다. 당신은 한 손으로 무엇 인가를 고르는 체하고, 다른 한 손으로 그것을 가치로서 사용할 뿐이다."

이 세 가지 반대에 대단한 근거는 없다. 먼저 "당신은 무엇이든지 고를 수가 있다"고 하는 첫 번째 반대는 정확하지 않다. 선택은 어느 의미에서 가능하지만, 가능하지 않은 것은 선택하지 않는다는 것이다. 나는 어느 경우에나 선택할 수 있다. 그러나 비록 선택을 하지 않아도 선택하고 있다는 것을 알지 않으면 안 된 다. 이것은 형식론적으로 보이지만, 착상이나 제멋대로 하는 생각을 제한하는 데에 큰 중요성을 가진다. 어떤 상황—이를테면 내가 성적 존재이며, 이성과 관 계를 가질 수가 있고 아이를 만들 수 있는 상황—에 맞닥뜨려서 어떤 태도를 취해야 하고, 나를 앙가제하면서 인류 전체를 앙가제하는 선택의 책임을 내가 진다면, 어떠한 선험적 가치도 나의 선택과 관계없이 그 선택은 자의(恣意)와는 전혀 무관하다.

만약에 이것을 지드의 동기 없는 행위의 이론*³³ 그대로라고 생각하는 사람 이 있으면, 그것은 지드의 생각과 이 생각이 큰 차이를 보이지 않기 때문이다. 지드는 상황이 무엇인가를 모른다. 그는 단순한 자의에 의해 행동하는 것이다. 그것과는 반대로 우리에게 인간은 조직화된 상황 안에 있으며 그 자신 안에 앙 가제되어, 자기 자신의 선택으로써 인류 전체를 앙가제한다. 더욱이 선택하는

---

*33 앙드레 지드는 소설 《교황청의 지하실》(1914)에서 라프카디오라는 청년을 창조하여, 그로 하여금 이른바 무상(無償) 행위를 하게 만든다. 라프카디오는 한 노인과 야간열차에서 만 난다. 노인은 창문을 거울삼아 넥타이를 고치고 있다. 그것을 본 라프카디오는, 노인이 자 기와는 아무런 인연도 원한도 없는 사람임에도 가까이 있는 문고리를 벗기고 문을 열어 노인을 열차 밖으로 밀어낸다. 그때의 라프카디오 마음의 독백—"문고리는 이렇게 내 손안 에 있다. 저 사나이가 넋을 잃고 저쪽을 바라보는 동안에, 이것을 생각했던 것보다 더 편하 게 벗기면 되는 것이다. 만약에 지금부터 내가 열둘을 세는 동안 밖의 들판에 불이 조금도 보이지 않는다면 이 사나이는 살려준다. 자 시작이다. 하나, 둘, 셋, 넷 (천천히, 천천히) 다 섯, 여섯, 일곱, 여덟, 아홉, 열, 아 불이다……"—이렇게 해서 무동기의 행위가 끝난다. 지드 는 인간이 인습적 행위에 사로잡혀 자유를 완전히 잃고 있는 데에 대해 절대적으로 자유 로운, 즉 동기에 의해서 구속되지 않는 행위를 실험적으로 하게 했고, 지드 자신도 "나는 이 무상 행위라는 것, 곧 아무런 동기가 없는 행위라는 것을 믿는다. 그것은 전적으로 승 인할 수 없는 것이다" 말한다. 그럼에도 이 소설을 발표한 뒤 무동기 행위는 많은 사람들로 부터 비난을 받았다.

것을 피할 수가 없다. 순결에 머물 것인가, 결혼하지 않음으로써 아이를 만들지 않을 것인가, 아니면 결혼해서 아이를 만들 것인가? 어쨌든 무엇을 한다고 해도 이 문제에 맞닥뜨려 전면적인 책임을 지지 않을 수가 없는 것이다. 물론 기성 가치에 따라 선택하는 것은 아니지만, 그에게 자의적이라는 비난을 퍼붓는다는 것은 당치 않은 일이다. 오히려 도덕적 선택은 예술 작품의 구성에 비교할 만하다고 하는 편이 좋다.

그러나 여기에서 바로 멈춰, 이것이 미적 도덕이 아님을 분명히 말해 두지 않으면 안 된다. 우리의 적은 정말 기만적이며, 때로는 우리에게 비난까지 퍼붓기 때문이다. 내가 고른 예는 하나의 비교일 뿐이다. 이것을 말하고 나서, 세상 사람들이 미술가에 대해 선험적으로 정해진 규칙에 기초해서 그림을 그린다고 비난한 예가 있을까? 그 화가가 그려야 할 그림은 어떠한 그림인지 말한 사람이 있을까? 그려야 할 일정한 그림 같은 건 존재하지 않고, 화가는 자기 그림의 구성 안에 자기를 집어넣는 것이며, 그려야 할 그림이란 바로 그가 다 그린 그림이다.

선험적인 아름다움의 가치는 존재하지 않고, 가치는 나중에 그림의 일관된 마무리 안에서 발견되어, 창조 의욕과 그 결과 사이의 여러 관계를 찾을 수 있다. 내일의 그림이 어떠한 것인지 아무도 말할 수 없다. 그림이 다 완성된 뒤라야 판단할 수 있다. 그것이 도덕과 어떤 관계를 가지고 있는가? 우리는 같은 창조적 상황에 있다. 우리는 어떤 예술 작품을 두고서 그것에 동기가 있다 없다 떠들지 않는다. 피카소의 그림을 이야기할 때 특히 그렇다. 피카소가 그려 나가는 동안 그 그림은 지금 있는 것처럼 구성된 것이며, 그의 작품 전체는 그의 삶과 하나가 되어 있음을 우리는 충분히 잘 이해한다.

도덕에서도 그것은 마찬가지이다. 예술과 도덕에 공통된 것은, 둘 다 창조와 창의가 있다는 점이다. 이것은 나를 찾아온 학생 이야기에서 충분히 다루었다고 생각한다. 이 학생은 비록 칸트적 도덕, 또는 그 밖의 도덕에 호소해도 거기에서 어떠한 종류의 지시도 찾을 수 없었다. 그는 스스로 자기 규범을 만들지 않으면 안 되었던 것이다. 그가 감정이나 개인적 행동이나 구체적 자비를 도덕의 바탕으로 해서 어머니 곁에 머물기를 선택했다 해도, 또는 희생의 길을 걷고자 영국으로 떠나는 것을 선택했다 해도 우리는 아무런 동기 없는 선택을 했다고는 결코 말하지 않는다.

인간은 자기가 만들어 가는 것이다. 처음부터 만들어져 있는 것이 아니라, 자기 스스로 도덕을 선택하면서 자기 자신을 만들어 간다. 더욱이 주위 사정의 압박이 강해서, 그는 어떤 하나의 도덕만 선택해야 한다. 우리는 앙가주망과의 관련에서만 인간을 정의한다. 그렇기 때문에 우리에게 아무런 동기 없이 선택했다고 비난하는 것은 잘못이다.

둘째로, 사람들은 우리에게 "당신은 타인을 심판할 수 없다" 말한다. 그것은 어느 척도로 말하면 정말이고, 다른 척도로 말하면 잘못이다. 인간이 자기의 앙가주망과 투기를 언제나 충분하고 진지하며 냉정하게 선택할 경우에는, 어떠한 것이 되었든 다른 것을 고르기란 불가능하다는 뜻으로 이해하면 옳다. 그것은 또한 우리가 진보를 믿지 않는다는 뜻에서는 옳다. 진보란 하나의 개선이다. 변화하는 상황에 맞닥뜨려 인간은 늘 동일하며, 선택은 어디까지나 어떤 상황 안에서의 선택이다. 예를 들어 남북전쟁 때 노예 제도 찬성파인가 반대파인가 하나를 선택할 수 있었던 시대 이래, MPR(인민공화파*34)과 공산당 가운데 한쪽을 고를 수 있는 현대에서도 도덕의 문제는 변화하지 않았다.

그러나 사람들은 다른 한편에서 판단할 수가 있다. 앞서 말했듯이 사람은 남 앞에서 선택하고, 남 앞에서 스스로를 선택하는 것이기 때문이다. 사람은 먼저 (이것은 가치 판단은 아닐지 모르나 논리적 판단이기는 하다) 어떤 종류의 선택은 잘못 위에 서 있고, 또 어떤 선택은 진실 위에 서 있다고 판단할 수 있다. 사람은 한 인간에게 기만적이라는 판단을 내릴 수가 있다. 인간의 상황을 변명이 통하지 않는, 구조할 손이 없는 자유로운 선택이라고 정의한 이상, 정열을 핑계 삼아 그 그늘에 숨는 모든 인간, 결정론적인 생각을 짜내는 모든 인간은 기만적이다. 또는 "기만적으로 자기를 선택해도 좋지 않은가" 반대할지도 모른다. 나는 그를 도덕적으로 판단하려는 것이 아니라고 대답한다. 나는 그의 기만을 하나의 잘못으로 정의하는 것이다. 이때 사람은 참 거짓의 판단을 벗어날 수가 없다. 기만은 분명히 거짓말이다. 그것은 앙가주망의 완전한 자유를 뒤집는 것이기 때문이다.

같은 차원에서 만약에 내가 어떤 가치는 나보다도 이전에 존재하고 있다

---

*34 Mouvement Républicain Populaire의 약자. 1943년 조르주 비도와 그 밖의 사람이 만든 정당으로, 그리스도교적 민주주의를 신봉하는 사람들이 모였다. 1946년 총선거에서 크게 이겼으나, 이듬해 지방 선거부터 세력이 차츰 약해지고 있다.

고 언명하는 것을 고른다면, 거기에는 역시 기만이 있다 말하고 싶다. 만일 내가 이들 가치를 바라고, 그와 함께 그 가치가 나에게 강제된다고 분명히 말하는 것은 자기모순이다. 만약에 누군가가 "내가 기만적이기를 바란다면?" 말한다면 나는 대답할 것이다. "당신이 기만적이어서는 안 된다는 이유는 하나도 없다. 그러나 나는 엄밀하게 일관된 태도야말로 성실한 태도라고 단언한다." 더욱이 나는 여기에 도덕적 판단을 제시할 것이다. 구체적인 하나하나의 상황에 따른 자유는, 그 자체를 의지하는 것 말고는 아무런 목적이 없다고 내가 분명히 말할 경우, 만일 인간이 자기는 고독 안에서 가치를 설정하는 것임을 일단 인정한다면, 인간은 이미 오직 한 가지 것만 의지할 수밖에 없다. 그것은 모든 가치의 바탕으로서 자유이다. 이는 인간이 추상적인 것 안에서 자유를 바란다는 뜻은 아니다. 성의 있는 사람들의 행위는 자유 그 자체로서의 자유 탐구를 궁극적인 의미로서 가지고 있다는 걸 말하려 했을 뿐이다.

공산당이나 조직에 가입하는 사람은 몇 가지 구체적인 목적을 바란다. 이들 목적은 자유에 대한 추상적 의지를 포함하지만, 그 자유는 구체적인 것 안에 요구되는 것이다. 우리는 자유를 개개의 특수한 상황에 따라 원한다. 그런데 우리가 자유를 원함으로써 자유는 전적으로 타인의 자유에 따른다는 것, 타인의 자유는 우리의 자유에 기대고 있다는 것을 발견한다. 물론 인간의 정의로서의 자유는 타인에게 의거하는 것은 아니지만, 앙가주망이 이루어지자마자 나는 나의 자유와 함께 타인의 자유를 바라지 않을 수 없게 된다. 타인의 자유도 목적으로 두지 않는다면, 나는 나의 자유도 목적으로 할 수 없다. 그에 따라 내가 완전한 본래성*35에서 인간은 그 본질이 존재에 의해서 앞선 존재이며, 여러 사정 안에서 자기 자유를 바라지 않고서는 있을 수 없는 존재임을 인정할 경우 나는 동시에 타인의 자유를 바라지 않고서는 있을 수 없는 것도 인정한 게 된다.

이렇게 해서 나는 자유 그 자체로써 의미하는 이 자유에의 의지라는 이름으로, 존재의 전면적 무동기성과 그 전면적 자유에 눈을 감으려고 하는 사람들에

---

*35 실존주의의 용어. 인간이 다른 인간과 대체되어도 아무런 지장이 없는 평화적 인간, 몰개성적인, 만인 공통의 '사람'인 상태(비본래성)를 벗어나, 자기의 독자적인 가능성에 눈뜬 상태, 인간의 본디 상태를 말한다.

대해 판단을 내릴 수가 있다. 근엄한 정신*36에서 또는 결정론을 회피하려는 말을 사용해서 자기의 전면적 자유에 눈을 감는 사람들을 나는 비겁자라 부르고자 한다. 또한 자기 존재는 인간이 지상에 나타난 우연성에 지나지 않는데 그것이 필연임을 증명하려고 하는 사람들을 나는 비열한 자라 부르겠다. 그러나 비겁자도 비열한 자도 엄밀한 본래성에서만 심판받을 수 있다. 따라서 이처럼 도덕의 내용은 변화하지만, 이 도덕의 어떤 형상은 보편적이다.

칸트는 자유는 그 자체를 의지하며, 타인의 자유를 함께하는 것이라고 분명히 말한다. 칸트는 하나의 도덕을 형성하기 위해서는 형식적인 것과 보편적인 것이 있으면 충분하다고 생각한다. 그러나 우리는 너무나 추상적인 원리는 행동을 정의하는 데에 실패한다고 생각한다. 다시 한 번 그 학생의 경우를 생각해 주기 바란다. 여러분은 그가 그 무엇인가의 이름으로, 어떤 위대한 도덕적 본보기의 이름으로 어머니를 버릴 것인가, 혹은 그 곁에 머무를 것인가를 평온하게 결정할 수 있었다고 생각하는가? 이 같은 경우에는 판단해야 할 아무런 수단도 없다. 내용은 언제나 구체적이며, 따라서 예견할 수가 없다. 거기에는 늘 창의성이 있다. 중요한 단 한 가지 일은, 그 창의성이 과연 자유의 이름으로 이루어지고 있는가를 아는 것이다.

다음 두 가지 예를 살펴보자. 이 두 가지가 어느 정도에서 일치하고, 어느 정도에서 서로 다른가를 알 수 있을 것이다. 《플로스 강의 물방앗간》*37을 들어보

---

*36 사르트르가 《존재와 무》에서 사용한 특수한 용어로 다음과 같은 특징이 있다. 첫째로 사물의 가치를 인간의 주관으로부터 독립된 초월적인 것으로 생각하는 정신, 이를테면 종교의 교의에 따라서 주어진 것을 가치로서 받아들이는 것을 말한다. 그러한 사람들은 흔히 근엄한 태도를 가지고 있으므로, 사르트르는 풍자적 의미에서 이 사고방식을 근엄한 정신이라고 했다. 둘째로 근엄한 정신은 사물의 성격을 사물의 존재론적 구조로서가 아니라, 그 물질적 구성에 인정하는 것을 특질로 한다. 사르트르가 든 예에 따르면, 근엄한 정신에게 빵이 '바람직한' 것은 인간이 살아야 하기 때문이며(이 경우 살아야 한다는 것이 초월적 가치가 되어 있다), 게다가 빵이 물질적 구조 면에서 영양적이기 때문이다. 근엄한 사람에게는 빵은 하나의 신이며 그는 수동적으로 그것에 복종하는 것이다.
*37 영국의 작가 조지 엘리엇(1819~80)의 소설로 1860년에 쓴 것이다. 플로스 강의 물레방앗간 툴리버 집안에, 톰과 매기라는 남매가 있다. 톰은 충실한 고집쟁이, 매기는 아름다운 시를 이해하는 현명한 아가씨이다. 매기의 첫사랑은 원수 집안의 아들이었기 때문에 오빠의 방해로 깨지고 만다. 그 뒤 사촌 누이동생의 약혼자인 스테판 게스트와의 애정도 오빠를 비롯한 세상의 비난을 불러와 결국은 스스로 이를 포기하고 만다. 마지막으로 매기는 어느 날 밤 홍수 속에서 오빠를 구하기 위해 보트를 내어, 보트 안에서 남매는 화해하지만 두

자. 거기에는 매기 툴리버라는 한 아가씨가 있다. 그녀는 정열의 가치를 구현하고, 더욱이 그것을 의식하고 있다. 그녀는 스테판이라는 젊은이를 사랑하는데, 이 젊은이는 보잘것없는 아가씨와 약혼했다. 매기 툴리버는 아무런 생각 없이 자기 자신의 행복을 고르지 않고, 오히려 인류 연대의 이름으로 자기를 희생하여 사랑하는 남자를 단념하는 선택을 한다.

이와는 반대로 《파르마 수도원》*38의 산세베리나라면 정열이 인간의 참다운 가치를 이룬다고 생각해, 스테판과 그의 결혼 상대인 어리석은 아가씨가 맺는 부부애의 평범함보다는 열렬한 연애를 선택해야 한다고 공언할 것이다. 그리고 어리석은 아가씨를 희생시켜 자기 행복을 이루려 할 것이다. 또한 스탕달이 제시하는 바와 같이, 만약에 생활이 요구한다면 정열을 위해서 자기 자신을 희생하는 것이 되기도 한다.

여기에서 우리는 정확하게 대립하는 두 가지 도덕에 맞닥뜨린다. 그러나 나는 감히 두 가지에는 똑같은 가치가 있다고 생각한다. 둘 다 목적으로서 설정한 것은 자유이기 때문이다. 한 아가씨는 단념해서 오히려 사랑을 버리려 하고, 또 한 아가씨는 성적 욕망에서 사랑했던 남자와의 옛 관계는 무시하려고 한다. 이 두 행동은 겉으로는 내가 지금 말한 행동과 비슷하지만, 사실은 전혀 다르다. 산세베리나의 태도는, 타인을 아랑곳하지 않는 탐욕이기보다 오히려 매기 툴리버의 태도와 훨씬 닮았다.

이처럼 두 번째 비난은 옳으면서 잘못되어 있음을 알 수가 있을 것이다. 그것이 자유로운 앙가주망의 차원이라면 사람은 무엇이든 선택할 수 있다.

세 번째 반대는 다음과 같다. "당신은 한 손으로 무엇인가를 고르고, 다른 손으로 그것을 가치로서 사용한다. 즉 가치라고 하는 것은 당신이 선택한 것인 이상 결국은 근거가 박약하다." 그에 대해서 나는 유감스럽다고 대답한다. 그러나 아버지인 신을 말살했다고 하면, 가치를 만들어 내는 무엇인가가 필요해진다. 일은 있는 그대로를 보지 않으면 안 된다. 게다가 우리가 가치를 만든다고 하는

사람 모두 익사해 버린다는 줄거리이다.

*38 스탕달(1783~1842)의 소설로 1839년에 썼다. 산세베리나 공작부인은 재색을 겸비한 열렬한 정열의 여인. 정열을 위해서는 다른 것을 희생해도 좋다고 할 정도이다. 부인은 자기 조카 파브리스를 사랑하여 그의 출세를 위해 전력을 다한다. 그러나 파브리스는 순결한 아가씨 클렐리아를 사랑한다. 그리고 대주교 보좌직에 있으면서 남의 아내가 된 클렐리아와 계속 만난다. 모든 것을 알아차린 산세베리나 공작부인은 파르마를 떠난다.

것은, 단지 인생은 선험적으로만은 의미를 가지지 않는다는 뜻일 뿐이다. 여러분이 살기 이전 인생은 무(無)이다. 인생에 의미를 부여하는 것은 여러분의 일이며, 가치란 여러분이 고르는 이 의미 이외의 것은 아니다. 이러한 일에서 하나의 인간 공동체를 만드는 가능성이 있음을 알게 될 것이다. 사람들은 내가 실존주의는 휴머니즘인가 아닌가를 운운하는 것은 잘못이라고 비난했다. "당신은 《구토》*39에서 휴머니스트는 잘못되었다 쓰고, 어떤 유형의 휴머니즘을 우롱했다. 왜 지금 당신은 문제를 되풀이하려고 하는가?"

사실 휴머니즘은 매우 다른 두 가지 뜻을 가지고 있다. 휴머니즘이란 말로써 인간을 궁극적인 목적으로 만들어, 최고 가치로서 생각하는 이론을 의미할 수도 있다. 이를테면 콕토*40는 이런 의미로서 휴머니즘을 지녔다. 그의 이야기

---

*39 사르트르가 전쟁 전(1938)에 발표하여 크게 문제가 되었던 소설. 어느 시골 도시에서 역사 자료를 모으고 있는 로캉탱이 우연한 기회에 사물의 존재에 심한 구토감을 자아내, 해결하기 어려운 고민에 빠지는 것을 쓴 것(《존재와 무》에 따르면 구토란 의식이 맛없는 맛을 파악하는 일이라고 설명되어 있다). 이 책에 휴머니즘을 비난한 대목이 있다. "불행하게도 나는 많은 휴머니스트를 알고 있다. 급진파 휴머니스트는 특히 관리의 친구이다. '좌익'이라 일컫는 휴머니스트는 인간적 가치를 보존하는 일을 주로 배려하고 있다. 그는 어떠한 당파에도 속하지 않는다. 왜냐하면 그는 인류를 배반하고 싶지 않기 때문이다. 그의 동정은 가난한 사람에게 쏠린다. 가난한 사람에게 그는 자기의 가장 훌륭한 고전적 교양을 바치는 것이다. (……) 공산주의 작가는 제2차 5개년 계획 이래 인간을 징계하고 있다. 그것은 인간을 사랑하기 때문이다. (……) 가톨릭의 휴머니스트, 선각자는 놀란 표정으로 인간에 대해 지껄인다. 런던의 부두 노동자 생활은 천사 이야기처럼 얼마나 아름다우냐고 그는 말한다. 그는 천사들의 휴머니스트를 골랐다. (……) 맏형처럼 동포 위에 허리를 굽히면서 책임감을 느끼는 휴머니스트 철학자, 인간을 본연의 모습으로 사랑하는 자, 승인을 얻고 나서 인간을 구하려고 하는 자, 인간의 의지에 반해서 인간을 구하려고 하는 자(……) 사람을 웃기기 위해 늘 농담을 준비하는 명랑한 휴머니스트, 특히 밤에 만나는 음울한 휴머니스트." 또 이렇게도 쓰고 있다. "만약 정면으로 휴머니스트에 반대하여 승부를 도전한다면, 휴머니즘은 그 반대에 의해서 산다. 그것은 완고하고 시야가 좁은 사람들의 종족, 대항하는 사람이 있을 때마다 그것을 쓰러뜨리는 강도의 종족에 속한다. 휴머니즘은 그들의 위반 행위나 폭행을 모두 소화하여, 그것을 가지고 하얀 거품이 이는 림프액을 만드는 것이다. 휴머니즘은 반지성주의도, 마니교도, 신비주의도, 염세주의도, 또 무정부주의나 자기중심주의도 모두 소화했다. 이와 같은 것들은 휴머니즘 안에서만이 그 정당성이 설명되는 단계이며, 불완전한 몽상에 지나지 않는다.(……)"

*40 장 콕토(1889~1963)는 프랑스의 시인, 소설가, 희곡가, 평론가로, 직접 영화의 시나리오를 써서 연출도 하는 다재다능한 사람. 쥘 베른 탄생 100주년을 기념한 《80일간의 세계일주》(1936년)는 그의 여행기이다.

《80일간의 세계일주》에서, 한 인물이 비행기로 산을 넘는다고 해서 "인간은 훌륭하다" 공언하는 경우가 그것이다. 비행기를 만들지는 않았지만 이 특수한 발견을 개인적으로 이용해 내가 인간인 한에 있어서 개인적으로 책임을 가지며, 명예가 주어지는 것으로 여길 수 있기 때문이다. 그것은 어떤 사람들의 지고한 행위에 의해서, 인간 전체에 가치를 줄 수 있다는 것을 전제로 한다. 이 휴머니즘은 부조리이다. 인간 그 자체에 전체적 판단을 내려, 인간은 훌륭하다고 말할 수 있는 것은 개나 말뿐이다. 적어도 내가 알고 있는 한, 개나 말도 그런 이야기를 한다는 것은 질색일 테지만, 어쨌든 한 사람이 인간 그 자체에 대해서 판단을 내릴 수 있다는 것은 인정할 수가 없다.

실존주의는 이와 같은 모든 판단을 인간에게서 벗어나게 한다. 실존주의는 인간을 결코 궁극 목적으로는 생각하지 않는다. 인간은 늘 만들어야 하는 것이기 때문이다. 우리는 콩트*41처럼 거기에 예배를 바칠 수 있는 인류가 있다고 믿어서는 안 된다. 인류의 예배는 콩트식 자기 폐쇄적 휴머니즘에, 분명히 말하자면 파시즘에 귀착된다. 그것은 우리가 바라지 않는 휴머니즘이다.

그러나 휴머니즘에는 다른 뜻이 있다. 그것은 결국 이러한 일을 의미한다. 즉 인간은 끊임없이 자기 자신의 밖에 있고, 인간이 인간을 존재하게 하는 것은 자기 자신을 투기해 스스로를 밖으로 내보내는 것에 의해서이다. 또 다른 한편으로 인간이 존재할 수 있는 것은 초월적 목적을 추구하는 것에 의해서이다. 인간은 이러한 뛰어넘기이며, 이 뛰어넘기에 관련해서만 대상을 파악하는 것이므로 뛰어넘을 때 그 핵심에 있다.

인간적 세계, 인간적 주체성의 세계 이외에 세계는 없다. 인간을 형성하는 것으로서의 초월―신은 초월적이라는 뜻에서가 아니라 뛰어넘는다는 의미에서의

---

*41 오귀스트 콩트(1798~1857)는 프랑스의 철학자. 실증주의 철학을 시작한 사람으로, 사회나 역사의 본질을 수학이나 물리학과 같은 정확한 과학에 따라서 설명해 사회학을 건설하려고 했다. 그가 과학적 발달 과정을 세 단계로 구분하여 (1) 신학적 시대 (2) 형이상학적 시대 (3) 실증 시대로 삼은 것은 유명하지만, 만년에 이르러서는 이른바 '인류교'를 주장하여 종교적이 되었다. 과거, 현재, 미래에 걸친 전 인류를 숭배 대상으로 하는 하나의 윤리적 종교이다. 즉 개인은 단지 동물학적인 추상에 지나지 않고, 인류 전체야말로 실재이자 개인 통합의 원리이며, 만물을 종속시키는 최고 존재이다. 따라서 콩트는 이것을 도덕과 사랑의 대상으로 삼아, 이 새로운 종교로써 모든 사회 문제를 해결하려고 했다. 이때 사회학은 그리스도교에서의 신학 역할을 다한다. 인류교는 프랑스, 영국에서 몇몇 신자를 얻었지만 결국은 대단한 힘을 가질 수는 없었다.

—과, 인간은 그 자신 안에 갇혀 있는 것이 아니라 인간 세계 안에 현존한다는 의미에서의 주체성 이 두 가지의 결합이야말로 우리가 실존주의적 휴머니즘이라 부르는 것이다. 휴머니즘이라고 말하는 까닭은 우리가 인간에 대해서 그 자신 말고는 입법자가 없다는 것, 인간이 그 자신을 결정하는 것은 고독 안에서임을 상기시키기 때문이며, 또 인간이 바로 인간으로서 자기를 실현하는 것은 자기 쪽을 둘러보는 것에 의해서가 아니라 어떤 해방, 어느 특수한 실현이라고 하는 하나의 목적을 언제나 자기 밖에서 구하는 것에 따르기 때문이다.

이상 몇 가지 고찰로써 우리에 대한 반박만큼 부당한 것은 없음을 알 수가 있다.

실존주의란, 일관된 무신론적 관점에서 모든 결과를 끌어내기 위한 노력 말고는 아무것도 아니다. 이 관점은 결코 인간을 절망에 빠뜨리려고 하는 것이 아니다. 그러나 모든 무신앙의 태도를 그리스도교식으로 절망이라 부른다면, 이 관점은 바로 근원적인 절망에서 출발한다. 실존주의는 신이 존재하지 않는다는 것을 힘이 닿는 한 증명하려고 하는 뜻에서의 무신론이 아니라, 오히려 비록 신이 존재한다고 해도 아무런 변함이 없음을 분명히 말하는 것이다. 그것이 우리의 관점이다. 신이 존재한다고 믿는 것이 아니라, 신의 존재가 문제가 아니라고 생각하는 것이다. 인간은 자기 자신을 재발견하여 신의 존재를 효과적으로 증명할지라도, 인간을 인간 자신으로부터 구할 수 있다는 사실을 받아들이지 않으면 안 된다. 이런 뜻에서 실존주의는 낙관론이며 행동의 가르침이다. 그리스도교도가 그들 자신의 절망과 우리의 절망을 혼동하여 우리를 절망자라 부르는 것은 오직 기만에 따른 일이다.

토론

물음 스스로를 이해시키려고 하는 당신의 의지가 정말로 당신을 한결 잘 이해시키는지, 아니면 더욱 이해하지 못하게 하는지는 모르지만 〈악시옹〉*¹에서 다시 논의한 것을 들으면 당신이 하는 말을 알 수가 없다. 절망이나 고독이라는 말은, 실존주의자들이 쓰는 문장에서는 훨씬 더 강력한 울림을 갖는다. 절망이나 불안은 자기가 고독하다 느끼고, 더욱이 결정하지 않으면 안 되는 인간의 단순한 결단만은 아닌 것 같다. 당신들 생각에 따르면 무엇인가 더욱 근본적인 것처럼 여겨진다. 이것은 인간의 조건을 의식하는 일인데, 이런 의식은 언제나 일어나는 게 아니다. 물론 인간은 끊임없이 자기를 선택하지만, 불안이나 절망은 일상적으로 일어나지는 않는다.

사르트르 물론 나는 밀푀유와 에클레르*² 가운데 하나를 고를 때 불안 속에서 고른다고 말할 생각은 없다. 불안은 나의 본원적 선택이 늘 같다는 의미에서 형성된 것이다. 나는 정당화가 전면적으로 존재하지 않으며 아울러 모든 사람에 대한 책임 때문에 불안이 생겨난 것이라고 생각한다.

물음 나는 〈악시옹〉에 다시 논의한 관점에서 말한 것이다. 그런데 당신의 관점은 〈악시옹〉에서는 조금 약화된 것으로 여겨진다.

사르트르 정직하게 말해서 나의 논리는 〈악시옹〉에서는 조금 약화되었을지도 모른다. 자격이 없는 사람들이 나에게 질문할 때가 자주 있다. 그럴 때 나는 두 가지 해결에 맞닥뜨린다. 대답을 거절하거나, 통속화의 바탕에서 토론을 승인하거나이다. 내가 두 번째 방법을 고른 것은, 결국 철학 수업에서 학설을 말할 경우 어떤 사상을 이해시키기 위해 그것을 희박하게 만드는 것을 사람들은 허용하지 않기 때문이다. 또 그것은 그다지 나쁜 일은 아니다. 앙가주망

---

*1 마르크스파의 주간지로, 젊은 공산주의자 10여 명이 편집을 맡고 있었다. 피에르 에르베, 피에르 쿠르타드, 에마뉘엘 다스티에, 이브 파르주 등.
*2 둘 다 과자 이름.

의 이론을 가지고 있는 인간은 철저하게 자기를 앙가제하지 않으면 안 된다. 실존 철학이 정말로 무엇보다도 "실존은 존재를 앞선다"를 주장하는 철학이라면, 그것은 진정으로 성실하기 위해 실천되어야 한다. 실존주의자로서 산다는 것은 이 주의를 위해 희생하는 일을 받아들이는 것이지, 책 안에서 이 주의를 강요하는 것이 아니다. 이 철학이 진정으로 앙가주망이기를 바란다면, 정치 또는 도덕에서 이것을 논의하는 사람들에게 설명하지 않으면 안 된다.

당신은 내가 휴머니즘이라는 말을 쓴다고 해서 비난하고 있다. 그러나 그것은 문제가 다음과 같이 제시되기 때문이다. 이 주의를 엄밀하게 철학적인 면에 두고서 작용하기 위해 우연한 기회를 기다려야 한다고 하거나, 그렇지 않으면 사람들이 다른 것을 요구하는 이상, 또 이 주의가 앙가주망임을 바라는 이상 통속화가 이를 왜곡하지 않는다는 조건으로 받아들여야 한다고 하거나 그 어느 쪽에 해당하는 문제이다.

물음 당신이 이해하기를 바라는 사람은 당신을 이해하고, 이해하기를 바라지 않는 사람은 이해하지 않을 것이다.

사르트르 당신은 사회에서 철학의 역할을, 현실의 사건에 뒤진 방식으로 생각하는 것 같다. 최근까지 철학자는 다른 철학자들로부터 공격을 받을 뿐이었다. 평범한 사람들은 아무것도 모르고 철학 같은 건 신경 쓰지도 않았다. 이제 철학은 공공 광장에 놓여 있다. 마르크스까지도 자기 사상을 끊임없이 통속화했다. 《공산당 선언》은 하나의 사상을 통속화하는 것이다.

물음 마르크스의 본원적 선택은 혁명적 선택이다.

사르트르 그가 자신을 먼저 혁명가로서 선택하고 다음에 철학자로서 선택한 것인가, 그렇지 않으면 먼저 철학자로서 선택하고 다음에 혁명가로서 선택한 것인가를 말할 수 있는 사람은 보통 사람이 아니다. 그는 철학자이자 혁명가이다. 그가 먼저 혁명가로서 자기를 선택한 것은 어떤 뜻인가?

물음 나는 《공산당 선언》을 통속화 작업이라 여기지 않는다. 투쟁의 무기로 생각한다. 그것이 앙가주망 행위가 아니라고 믿지 않는다.

철학자 마르크스가 혁명은 필요하다고 결론을 내렸을 때, 그가 맨 처음 한 행위는 정치적 행동인 《공산당 선언》이었다. 《공산당 선언》은 마르크스 철학과 공산주의를 연결하는 것이다. 당신이 어떠한 도덕관을 가지고 있든 간에 그 도덕과 당신의 철학 사이에는 《공산당 선언》과 마르크스 철학 사이 만큼 긴밀한 연관은 느껴지지 않는다.

사르트르 자유의 도덕이 문제이다. 자유의 도덕과 우리 철학 사이에 모순이 없다면 그 이상 아무것도 구할 것은 없다. 앙가주망 유형은 시대에 따라 다르다. 자기를 앙가제하는 것이 혁명을 일으키는 시대에는 《공산당 선언》을 써야 했다. 여러 당파가 저마다 혁명을 주장하는 현대와 같은 시대에는, 앙가주망은 각 당파의 어느 쪽에 가입하는 것이 아니라 관념을 뚜렷이 하려고 시도하는 일이다. 태도를 분명히 하기 위해서도, 또한 여러 혁명파에 작용하기 위해서도.

나빌[*3] 지금 당신이 꺼낸 여러 관점에서 문제로 삼을 만한 것은, 바로 이와 같은 시대에서 당신의 사상이 급진사회주의 전통으로서 다시 나타나는 게 아닌가 하는 점이다. 이상하게 들리겠지만, 지금은 그와 같은 문제를 제기하지 않으면 안 된다. 당신은 모든 관점에 서 있다. 그러나 이들의 관점, 실존주의 사상의 상태와 현재와의 합일점은 아무래도 자유주의적인 하나의 부활 안에서 찾아볼 수 있는 것 같다. 당신의 철학은 급진사회주의, 휴머니스트적 자유주의의 본질을 이루던 것을, 현재의 역사적 조건이라고 하는 아주 특수한 조건 안에서 되살리려 애쓰고 있다. 당신의 철학에 고유한 성격을 주는 것은, 세계적인 사회 위기는 이미 낡은 자유주의의 존재를 허용하지 않고 고뇌와 불안의 자유주의를 요구한다는 점이다. 이 평가는 당신 자신의 용어에만 한정한다고 해도, 몇 가지 꽤 깊은 이유를 찾을 수 있다고 본다. 다만 지금의 논술에서 실존주의는 휴머니즘, 자유의 철학 형태로 나타나는데, 이것은 결국 앙가주망 이전이며, 정의되지 않은 투기임은 분명하다.

당신은 다른 사람과 마찬가지로 인간의 존엄이나 인격의 탁월한 존엄 등을 끄집어 내는데, 이들은 결국 자유주의의 모든 낡은 제목과 그리 멀지 않다. 그 제목을 정당화하기 위해 당신은 휴머니즘의 두 가지 뜻, '인간의 조건'의 두 가지 뜻, 상당히 낡은 몇 가지 용어—하기야 이들은 의미 깊은 오랜 역사를 가지고 있고, 그 애매한 성격은 우연의 결과는 아니지만—의 두 가지 의미를 구별했

---

*3 본디 초현실파로 기관지 〈초현실주의 혁명〉(1924년 창간)의 편집을 맡으면서 작품을 발표했는데, 1925년부터 1926년에 걸쳐 초현실주의가 예술의 영역에 머물고 있는 것을 비난하고 마르크스주의적 혁명파와 손을 잡았다. 이것이 이른바 '나빌 위기'이며 초현실파가 나중에 분열하는 하나의 계기가 되었다.

다. 이들 용어를 얻고자 당신은 이들에게서 새로운 뜻을 만들어 낸다. 철학의 기술에 관계되는 특수한 문제는 물론 흥미롭고 중요하지만, 내가 지금 들은 용어에 한해서만 말하자면 나는 어떤 근본적인 한 가지를 문제 삼는다. 이것은 당신이 휴머니즘의 두 의미를 구별함에도 결국은 낡은 쪽의 의미에 얽매이고 있음을 증명하는 것이다.

인간은 해야 할 선택으로서 나타난다. 그것은 좋다. 인간은 무엇보다도 먼저, 지금 이 순간에서의 그의 존재이며, 자연적 결정 밖에 있다. 인간은 그 자신에 앞서 정의되지 않고, 개인적 현재와의 관련에서 정의된다. 인간을 넘은 인간적 본성은 없으며, 특수한 존재가 어떤 일정한 때에 인간에게 주어진다―고 당신은 말한다. 나는 그와 같은 뜻으로 이해한 존재는 인간적 본성 관념의 다른 형태이고, 이 관념이 여러 역사적 원인에 따라서 새로운 표현을 갖춘 것이 아닌가, 이런 뜻의 존재는 19세기에 정의되었던 인간의 본성, 그리고 당신이 그 관념을 배제한다고 공언하는 인간의 본성에, 처음에 그렇게 보이는 것 이상으로 매우 비슷하지 않은가 생각한다. 왜냐하면 실존주의가 사용하는 인간의 조건이라는 표현 뒤에 인간의 본성이 폭넓게 인정되기 때문이다. 인간의 조건에 대한 당신의 사고방식은 인간 본성을 벗어난 것이다. 이것은 당신이 비속한 경험이나 과학적 경험에, 살아온 경험을 대체하는 것과 같은 일이다.

인간의 조건을 그 자연적 관련, 그 실제적 한정에 의해서가 아니라 X(그것은 주체의 X이지만)에 의해서 정의되는 것이라고 생각하면, 이것은 인간의 다른 유형이 된다. 이것을 조건적 본성이라고 해도 좋다. 즉 그것은 단지 추상적인 본성으로서 정의되는 것이 아니라, 내 생각으로는 역사적인 이유 때문에 그것보다도 훨씬 더 정식화하기 곤란한 그 무엇인가에 따라서 표현되는 것이다. 현재 인간의 본성은 사회 제도, 계급의 전반적 붕괴, 이들을 관통하는 분쟁, 민족이나 국가의 뒤섞임이라는 사회적인 틀 안에서 정의된다. 이것이 있기 때문에 획일적이고 도식적인 인간성의 관념 그 자체가 18세기 무렵에는―끊임없는 진보라는 바탕 위에 이 관념이 표현되었던 것처럼 여겨지는 그 무렵과 같은 일반적 성격을 가지고 나타날 수도 없고, 그것과 같은 유형의 보편성을 띠는 일도 이미 할 수 없게 되어 있었다. 현재 이 문제를 소박하게 생각하고 소박하게 논하는 사람들이, 인간성을 인간의 조건으로서 나타내는 이유는 단지 그것뿐인 것이다. 그들은 그것을 혼돈된 애매한 방식으로, 그리고 대부분은 주위의 사정에 의해서 강제된, 말하자면 극적인 모습으로 표현하는 것이다. 이 조건의 일반적 표현을 버리고서 조건이란 실제 어떤 것인가 하는 결정적 검토에 옮기려고 하지 않는 한, 그들은 인간성의 그것과 비슷한 추상적 표현의 유형이나 도식을 가지고 있다.

이와 같이 실존주의는 인간성의 관념에 매달리지만, 이 경우 그것은 자신을 자랑으로 하는 본성이 아니라 겁 많고 자신이 없는 고독한 조건이다. 사실 실존주의자가 인간의 조건을 두고 이러쿵저러쿵할 때에는 실존주의가 말하는 투기 안에 진정으로 앙가제하고 있지 않은 조건, 따라서 하나의 조건 이전에 대해서 논하는 것이다. 이것은 앙가주망 이전이며, 앙가주망도 아니고 또한 진실된 조건도 아니다. 그래서 이 조건이 무엇보다도 먼저 일반적 휴머니즘의 성격에 따라서 정의되는 것도 우연이 아니다. 더욱이 과거에 인간의 본성을 이야기할 경우, 사람들은 조건 일반을 논하는 경우보다도 한층 규제된 무엇인가를 지향했다. 본성은 이미 조건과는 다른 것이고, 어느 정도 조건 이상의 것이다. 인간성은 인간의 조건 양식이라는 의미에서의 양식이 아니다. 그렇기 때문에 휴머니즘을 거론하는 것보다는 자연주의를 꺼내는 편이 낫다. 자연주의 안에는 적어도 휴머니즘이라고 하는 말이 당신이 가지고 있는 의미로서의 휴머니즘보다는 좀 더 일반적인 여러 현실을 포함한다. 어쨌든 하나의 현실이 대상이 되는 것이다.

하기야 인간의 본성에 관한 이 논의는 폭을 넓힐 필요가 있다. 역사적 관점도 끌어들여야 하기 때문이다. 첫 번째 현실은 자연적 현실이며, 인간적 현실은 그 함수에 지나지 않는다. 그러나 그러기 위해서는 역사의 진실을 인정해야 한다. 그런데 실존주의자는 흔히 역사의 진실을, 또한 자연사 일반의 진실도 모두 인간의 진실로 인정하지 않는다. 하나하나의 인간을 만드는 것은 역사이다. 개개의 인간이 그들에게 추상적인 조건을 부여하는 세계에 태어나 등장하는 것이 아니라, 그들 자신이 언제나 그 일부를 이루어 그것으로써 조건 지워지고, 그들 자신이 그것을 조건 지우는 데에 (어머니가 아들을 조건 지우고, 아들은 또한 임신되자마자 어머니를 조건 지우는 방식으로) 기여한다. 그와 같은 세계에 나타나는 것은 잉태된 순간부터의 역사 탓이다. 이 관점에 서서 우리는 인간의 조건을 첫 번째 현실로서 이야기할 자격을 갖는다. 오히려 첫 번째 현실이란 자연적 조건이지, 인간적 조건은 아니라고 해야 할 것이다.

지금 나는 평범한 통설을 되풀이하는 데 지나지 않지만, 이 설은 실존주의의 논술로써도 전혀 깨어지지 않는 것 같다. 요컨대 추상적인 인간성, 존재로부터 분리된 또는 존재에 앞선 인간의 본질은 없다는 것이 정말이라면, 일반적인 인간적 조건이 존재하지 않는 것도 확실하다. 비록 조건을 몇 가지 구체적인 사정이나 상황의 뜻으로 이해해도 그렇다. 왜냐하면 당신 눈으로 보면 사정이나 상황은 명확하지 않기 때문이다. 어쨌든 마르크스주의는 이 문제에 다른 생각을 가지고 있다. 즉 인간 안에 있는 자연(본성)과 자연 안에 있는 인간이라는 사고방식으로, 이 경우의 인간은 반드시 개인적 관점에서 정의되는 것이 아니다.

이것은 인간에게 그 밖의 모든 과학의 대상에 대한 것과 마찬가지로 기능의 법칙이 있고, 이것이 언어의 강한 뜻으로 인간의 본성을 구성한다는 것이다. 하기야 이것은 내용이 잡다한 본성이며 현상학(phänomenologie),*4 곧 상식, 아니 오히려 철학자의 이른바 상식이 주는 것 같은 실감적, 경험적, 체험적인 지식과는 전혀 다른 것이다. 이런 뜻에서 인간의 본성에 대해서 18세기 사람이 품고 있던 사고방식은 그것을 실존주의적인 것으로의 대체, 즉 단순한 상황의 현상학보다 아마 훨씬 더 마르크스의 생각에 가까웠던 것이다.

휴머니즘은 불행하게도 현재는 여러 철학 사조를 가리키는 말이 되었다. 그것도 두 가지 뜻에서가 아니라 셋, 넷, 다섯, 여섯 가지의 뜻에서 사용되며 지금은 모든 사람이 휴머니스트이다. 이전 세기의 자유사상으로부터 전환된 김이 빠진 뜻, 현재의 위기 전체를 통해서 굴절된 자유주의의 의미로서의 휴머니스트이다. 마르크스주의자가 스스로를 휴머니스트라 일컫고, 여러 종교—그리스도교도, 힌두교도, 그 밖의 많은 종파의 신자들도 스스로 휴머니스트라 불렀으며 또한 실존주의자도 예외가 아니어서, 일반적으로 모든 철학이 그러하다. 현재에는 많은 정치 사조가 함께 휴머니스트를 기치로 내걸고 있다. 이들 모두는, 자신들이 무엇을 주장하든 간에 결국은 앙가주망을 거부하는 철학을 부흥시키려고 하는 하나의 시도를 향하여 집중하고 있다.

더욱이 이 철학은 정치적 사회적 관점에서뿐만 아니라 깊은 철학적 의미에서 앙가주망을 거부한다. 그리스도교가 무엇보다도 먼저 휴머니스트로 자임하

---

*4 현상학, 여기에서는 독일 철학자 후설(1859~1938)이 주장한 철학을 가리킨다. 실증주의나 신칸트학파에 반대하여 관념 그 자체를 탐구하지만, 그때 관념의 존재에 대해서 모든 설을 거부하고, 직관에 직접 주어진 본질을 정확히 기술하려고 하는 것이다. 현대 철학에 준 영향은 매우 커서, 하이데거도 사르트르도 이 철학의 영향을 받았다. 사르트르에게는 후사르의 지향성에 관한 논문 말고 《존재와 무》는 '현상학적 존재론의 시도'라는 부제를 가지고 있다.

는 것은 앙가주망을 거부하기 때문이다. 앙가주망을 할 수가 없기 때문이다. 즉 진보 세력의 투쟁에 참여할 수 없기 때문이다. 이 혁명에 맞서서 반동적 관점을 지키고 있기 때문이다. 유사 마르크스주의자나 자유주의자가 무엇보다도 인격을 내세우는 것은, 세계의 현상(現狀)이 요구하는 것에 뒷걸음을 칠 수 있기 때문이다. 마찬가지로 자유주의자로서의 실존주의자가 인간 일반을 내세우는 것은, 현실의 사건에 의해서 요구되는 견해를 양식화할 수 없기 때문이다. 그런데 우리가 아는 유일한 진보적 관점은 마르크스주의의 견해이다. 현대의 참다운 문제를 제기하는 것은 마르크스주의이다

　인간이 선택의 자유를 가지고 있다는 것—인간은 이 선택에 따라서 자유 없이는 자기 행동을 가질 수 없는 하나의 의미를 행동에 부여한다는 의미로—은 진실이 아니다. 인간은 자기가 자유를 위해 싸우고 있다는 것을 알지 못한다. 더욱이 자유를 위해 싸울 수가 있다는 것만으로는 부족하겠지만, 이 인식에 충분한 의미를 부여해서 말하자면 다음과 같은 뜻이다. 인간은 그를 지배하는 사상을 위해 몸을 내걸고 싸울 수 있다. 즉 그를 초월한 틀 안에서 그 자신을 출발점으로만 하지 않고 행동할 수가 있다. 이것은 곧 한 인간이 어떠한 방식으로 또 무슨 목적으로 싸우는가를 모르고, 그것을 명백하게 정형화하지 않고 싸운다고 해도 그의 행위가 이윽고 일련의 결과를 불러와 이들 결과가 인과의 실 안으로 들어간다는 것을 의미한다. 인간은 인과의 실 모든 세부를 파악할 수는 없으나, 이들 세부는 그의 행동을 구속하고 타인의 활동, 아니 타인뿐 아니라 이들 인간이 행동하는 자연적 환경의 활동과의 관련에서 그의 행동에 의미를 주는 것이다.

　그러나 당신의 관점으로 보면 선택은 하나의 선택 이전이다—나는 이전이라는 부가어를 어디까지나 되풀이한다. 왜냐하면 이와 같은 선택 이전의 상태에는 무관심 이전의 자유가 있을 뿐이며, 거기에는 늘 보류가 있다고 여겨지기 때문이다. 하지만 조건이나 자유에 대한 당신의 사고방식은 사물에 대한 어떤 종류의 정의와 관련이 있기 때문에, 그것에 대해서 한마디 할 필요가 있다. 당신은 사물의 세계에 대한, 도구성에 대한 이 사상으로부터 다른 모든 것을 끌어내는 것이다. 인간 하나하나의 비연속적인 존재를 본떠서, 당신은 사물의 비연속적인 세계를 그려낸다. 거기에서는 수동적인, 불가해한, 경멸할 만한 도구성의 관계라고 하는 인과 관계의 이 이상한 변종을 제외하고는 아무런 인과 관계도 존재하

지 않는다.

실존주의적 인간은 도구의 세계, 불결하게 묶인 장해물의 세계에 발이 걸려 넘어지고 있다. 이들 장해물은 쓸모가 있으려고 하는 이상한 배려에 의해 서로 기대고 있는데, 이상주의자의 눈으로 보자면 이들은 순수 외면성의 가공할 만한 낙인이 찍혀 있는 것이다. 도구적인, 더욱이 원인 없는 결정론의 세계, 도대체 이 세상은 어디에서 시작하여 어디에서 끝나는가? 그 정의는 매우 자의적이며, 근대 과학의 여건과 전혀 일치하지 않는 이 세계는 그 어디에서도 시작되지 않고 그 어디에서도 끝나지 않는다. 왜냐하면 실존주의자가 자연과의 관계에서보다는 오히려 인간의 조건과의 관계에서 세계에 주려고 하는 고립화는 비현실적이기 때문이다.

우리에게는 단 하나의 세계가 있다. 그리고 이 세계 전체는 사람도 사물도 (당신이 이 구별을 고집한다면) 모두, 어떤 변화하는 조건들에서 객관성의 표지가 찍혀 있다. 별의 도구성, 노여움의 도구성, 꽃의 도구성은 무엇인가? 이 점을 나는 끈질기게 논할 생각은 없다. 그러나 나는 당신의 자유, 당신의 관념론은 사물에 대한 자의적인 경로로 성립되는 것이라고 주장한다. 그런데 사물은 당신이 말하는 것과는 크게 다르다. 당신은 사물 그 자체로서의 고유한 존재를 인정한다. 그것만으로도 하나의 성공이지만 그것은 순수하게 결여적인 존재, 끊임없는 적대심이다. 물리적, 생물적 세계는 당신의 눈으로 보자면 결코 조건은 아니다. 조건 부여의 원천이 아니다. 조건 부여라는 말은 그 강한 실천적 의미에서, 원인이라는 말과 마찬가지로 당신에게는 현실성을 가지지 않기 때문이다. 따라서 실존주의적 인간에게 객관적 세계는 실패의 기회에 지나지 않고, 걷잡을 수 없는, 결국은 있어도 없어도 좋은 세계, 부단한 개연(蓋然), 즉 마르크스주의적 유물론의 세계와는 정반대 것이다.

이들 모든 이유, 또 그 밖의 몇몇 이유로써 당신은 철학의 앙가주망을 자의적인 결정—그것을 당신은 자유로운 결정이라고 표현한다—으로밖에 생각하지 않는다. 마르크스는 하나의 철학을 앙가제했으니 그 철학을 한정했다고 지적하는 것은, 마르크스가 지나온 길을 전적으로 왜곡하는 것이다. 그렇지 않고 앙가주망, 아니 사회적 정치적 활동은 반대로 그의 가장 일반적인 사상의 결정 요소였던 것이다. 수많은 경험 안에서 비로소 그의 학설은 명확해졌다. 마르크스에게 철학 사상의 발전은, 정치적 또는 사회적 발전과 끊임없이 결부되면서 이루어진 것은 명백하다. 하기야 그것은 이 이전의 철학자에 대해서도 조금이나마 진실이다. 칸트는 모든 정치적 활동으로부터 멀리 떨어져 있었다고 알려진 체계적 철학자이지만, 그것은 그의 철학이 어떤 종류의 정치적 역할을 하지 않았다는 뜻은 아니다. 하이네의 말을 빌리자면, 칸트는 독일의 로베스피에르이다. 이를테면 데카르트 시대에 철학의 발전은 직접 정치적 역할을 하지 않았다는 것—하기야 그것은 잘못이지만—이 인정되었으나, 그러한 일은 이전 세기 이래 불가능하게 되어버렸다. 오늘날에는 어떠한 형태든 마르크스주의 이전의 관점을 취하는 것은, 이른바 급진 사회주의로 되돌아가는 일이다.

실존주의는 혁명의 의욕을 낳게 하는 한에 있어서, 먼저 자기비판을 시작해야 한다. 기꺼이 한다고는 여겨지지 않으나 그것은 필요하다. 실존주의는 그것을 옹호하는 사람들 안에서 하나의 위기, 변증법적 위기를 거쳐야 한다. 즉 신봉자의 일부에 무가치라고는 할 수 없는 관점을 어떤 의미에서 유지시키는 것 같은 위기를 통과해야 한다. 분명히 시대 역행적인 사회적 결론을 꺼내는 것을 나는 보았다. 그러니만큼 그것은 한층 필요하다. 그들 가운데 한 사람이, 어떤 분석 연구의 결과로서 이런 것을 쓰고 있었다. 현상학은 프티 부르주아 계급에 국제적 혁명 운동의 전위가 되게 하고 또 그렇게 만드는 철학을 줌으로써 이제는 매우 명확하게 사회적 혁명적 면에서 소용이 있을 수가 있다고, 의식의 지향성을 중개로 해서 프티 부르주아 계급에 그 독자적인 존재에 대응할 수 있는 철학, 세계적 혁명 운동의 전위가 되게 할 수 있는 철학을 줄 수가 있다고 한다. 나는 한 가지 예를 들었으나, 아직도 같은 유형의 예를 여럿 들 수 있다. 이들은 한쪽에서는 깊이 앙가제하고 있고, 더욱이 실존주의의 주장에 편을 들고 있는 일부 사람들이 결국은—처음에 내가 말한 것으로 되돌아가지만—신자유주의, 신급진사회주의의 색채를 가진 정치 이론을 전개하기에 이르렀음을 나타낸다.

이것은 확실히 위험한 일이다. 우리가 좀더 관심을 가진다는 것은 실존주의가 관여하는 모든 영역 사이에 변증법적 일관성을 탐구하는 일이 아니라, 이들 원칙의 행방을 밝히는 일이다. 이들은 아마도 본의 아니게 하나의 연구, 어떤 이론, 어떤 태도—그것을 당신은 분명히 한정된 것으로 믿지만—와 관련해서 차츰 그 어떤 것에 이른다. 그 어떤 것이란 물론 정적주의가 아닌—현대에서 정적주의를 말하는 것은 본디 불가능한 일이기 때문에—기회주의와 비슷한 무엇이다. 그것은 어떤 종류의 개인적 앙가주망과 모순되지 않을지 모르나 집단적 가치, 특히 규정적(規定的) 가치를 갖는 앙가주망의 추구와는 모순된다. 왜 실존주의는 지도 방침을 주어서는 안 되는가? 자유의 이름을 따라야 하기 때문인가? 만약 사르트르가 제시하는 방향으로 나아가고 있는 철학이라면, 거기에는 지도 방침을 주어야 한다. 그것은 1945년에 UDSR*5에 참가할 것인가, 사회당인가 공산당인가, 그렇지 않으면 다른 정당인가를 말하지 않으면 안 된다. 노동자 편을 들지, 프티 부르주아 편을 들지 말해야만 한다.

사르트르 당신의 질문에 충분히 대답한다는 것은 무척 어렵다. 당신이 너무 많은 이야기를 했기 때문이다. 나는 내가 노트한 몇 가지에 대해서 대답해보겠다. 먼저 당신은 독단적 관점을 가졌다고 생각한다. 당신은 우리가 마르크스 이전의 관점을 가지고 시대에 역행한다고 말했다. 그렇다면 당신은 우리가 마르크스주의 이후의 관점은 가지고 있지 않다는 것을 증명해야 한다고 생각한다. 이를 논의할 생각은 없으나, 그래도 당신이 진리에 대해 그러한 생각을 가지는 것은 도대체 어디에서 나온 건지 묻고 싶다. 당신은 절대적으로 진실된 것이 있다고 생각한다. 왜냐하면 당신은 확실성의 이름으로 여러 비판을 했기 때문이다. 하지만 모든 인간이 당신이 말하는 것처럼 사물이나 다름없다고 한다면, 그와 같은 확실성은 어디에서 오는가? 인간이 인간을 사물로서 다루는 것을 거절하는 이유는 인간적 존엄성 때문이라고 당신은 말했다. 그러나 그것은 틀렸다. 그것은 철학적이고 논리적인 영역에 속하기 때문이다.

만약에 사물의 세계를 설정한다면 진리는 소멸한다. 사물의 세계는 개연적인 것의 세계이다. 모든 이론은 과학적이든, 철학적이든 모두 개연적이라는 사실을 당신은 인정해야 한다. 과학적, 역사적 논술은 변화하며 가설의 형태로 이루어진다는 것이 그 증거이다. 사물의 세계, 개연의 세계가 유일한 것이라고 인정하면 이미 개연성의 세계밖에 남지 않는다. 그렇다고 한다면 개연성은 이미 획득한 몇 가지 진리에 따르는 것이니, 확실성은 도대체 어디서 오는 것인가?

우리가 말하는 주체주의는 몇 가지 확실성을 허용한다. 그리고 그 확실성에서 출발해 우리는 개연적인 면에서 당신과 일치할 수 있으며, 또 당신이 논술 가운데 제시한 독단을 정당화할 수 있을 것이다. 그 독단은 당신이 지니고 있는 관점으로는 이해하기 힘들다. 만약 진리를 한정하지 않는다면 마르크스의 이론

---

*5 Union Démocratique et Socialiste de la Résistance(민주사회주의 레지스탕스 동맹)의 약자.

을, 나타났다가 사라지고 또 변화하는 하나의 사상, 이론으로서의 가치밖에 가지지 않는 하나의 사상 말고 어떻게 다른 것으로 생각할 수가 있을까? 몇 가지 규제를 설정하는 일부터 시작하지 않고 어떻게 역사의 변증법을 세울 수가 있는가? 우리는 이들 규칙을 데카르트의 코기토 안에서 발견한다. 우리는 주체성의 바탕에 서지 않으면 이들 규칙을 발견할 수가 없다. 인간은 인간에게 끊임없이 사물이라는 사실을, 서로 다른 주장을 내세우며 다툴 일은 없다. 그러나 그와는 반대로, 사물을 사물로서 파악하기 위해서는 스스로를 주체로서 파악하는 주체가 필요하다.

다음으로 당신은 인간의 조건을 이야기했고, 그것을 때로는 조건 이전이라고 한다. 또 당신은 한정 이전이라는 것을 말하고 있다. 이 경우 당신이 간과한 사실은, 우리가 마르크스의 주장에 많이 찬성한다는 것이다. 당신은 18세기 사람들을 비난하는 것과 같은 논법으로 나를 비난할 수는 없다. 18세기 사람은 이 문제에 대해서는 아무것도 몰랐다. 한정에 대해서 당신이 한 말을 우리는 이미 알고 있다. 우리에게 참된 문제는 어떠한 조건에서 보편성이 성립되는가를 명백히 하는 것이다. 인간의 본성이 존재하지 않는 이상, 이를테면 스파르타쿠스 현상*6을 해석할 수 있을 만큼—그러기 위해서는 시대에 대한 최소한도의 이해가 전제가 된다—충분한 보편적 원리를 끊임없이 변화하는 역사 속에서 어떻게 유지하는가? 당신과 나는 이 점에서는 일치한다. 즉 인간의 본성은 존재하지 않는다. 다른 말로 하면 각 시대는 변증법의 법칙에 따라서 발전하며, 인간은 시대에 좌우되는 것이지 인간의 본성에 좌우되지 않는다.

나빌 당신은 해석을 시도할 때 "해석은 어떤 하나의 상태를 단서로 하기 때문에 가능한 것이다" 말한다. 우리로서는 그 시대의 사회생활을 현대의 그것과 비교해서, 그 유사점이나 차이점을 단서로 한다. 만약에 그것과 반대로, 이 유사점을 어느 추상적인 형식과의 관련에서 분석하려 한다면 어떤 결과도 얻을 수가 없게 될 것이다. 이를테면 200년 뒤, 현재의 상황을 분석하는 데에 인간이 조건 일반에 대한 논설밖에 참고할 수 없다고 가정한다면, 시대를 거슬러 올라가서 분석하기 위해서는 어떻게 하면 좋은가? 도저히 할 수 있는 일이

---

*6 1914년 독일에서 일어난 반정부 좌익 단체로, 카를 리프크네히트나 로자 룩셈부르크가 그 지도자였다. 리프크네히트의 비밀 문서 〈스파르타쿠스의 편지〉에서 온 이름이다. 1917년에는 사회당에서 갈라져 나왔고, 1918년 혁명에서는 가장 중요한 역할을 했다.

아닐 것이다.

사르트르 우리는 인간의 조건이나 개인의 지향을 분석할 필요는 없다고 생각한 적은 결코 없다. 우리가 상황이라 부르는 것은 물질적인 것뿐만 아니라 정신 분석적인 조건의 전체이며, 이들 조건은 어떤 시대에 있어서 그야말로 하나의 전체를 한정하는 것이다.

나빌 당신의 정의는 당신이 쓴 것과 일치하지 않는 것 같다. 그러나 어쨌든 당신의 정의로부터 뚜렷해진다. 즉 상황에 대한 당신의 사고방식은 마르크스주의적인 생각과는 전혀 일치하지 않는, 완전히 다른 것이다. 왜냐하면 당신의 생각은 인과론을 부정하기 때문이다. 당신의 정의는 명확하지가 않다. 하나의 관점에서 다른 관점으로 가끔 교묘하게 옮겨가서 이들 관점을 충분히 엄밀한 방식으로 정의하지 않는다. 우리에게 상황은 구성된 하나의 전체이며, 복잡한 일련의 한정에 따라 명백히 제시된다. 한정은 인과율적 형식을 갖는 한정이며, 거기에는 통계학적 형식의 인과율도 포함된다.

사르트르 당신은 통계학적 인과율을 말하는데 그것은 아무런 의미가 없다. 인과율이 무슨 뜻인가를 명확하게 설명해 주기 바란다. 만약 마르크스주의자가 그것을 설명해 주면, 나는 바로 마르크스주의적 인과율을 믿기로 하겠다. 당신은 사람이 자유를 말하면 "아니다. 인과율이 있다"고 끈질기게 되풀이하는데, 이 인과율은 헤겔에게만 의미가 있으므로 당신은 그것을 설명할 수 없다. 당신은 마르크스주의적 인과율의 꿈을 꾸는 것이다.

나빌 당신은 과학적 진리가 있다는 것을 인정하는가? 하기야 어떠한 진리도 허용하지 않는 영역은 있을 수 있다. 그러나 사물의 세계—이것은 당신들도 인정할 것이다—는 과학이 대상으로 하는 세계이다. 그런데 당신에게 과학은 개연성밖에 가지지 않는, 진리에 다다를 수 없는 세계이다. 따라서 과학의 세계인 사물의 세계는 절대적 진리를 인정하지 않는다. 다만 상대적 진리에 이를 뿐이다. 하지만 이들 과학이 인과 개념을 이용한다는 것은 당신도 인정할 것이다.

사르트르 절대로 인정하지 않는다. 과학은 추상적인 것이다. 또한 과학은 추상적인 여러 요소의 변화를 연구하는 것으로, 현실적 인과 관계를 연구하지는 않는다. 각각의 사이에 있는 연계가 늘 연구되는 차원에 섰을 때 보편적 요소가 문제가 된다. 그런데 마르크스주의에서는 유일한 전체를 연구하는 것이 문제이며, 그 전체 안에서 하나의 인과율을 구하려고 한다. 이것은 과학적 인과율과는 전혀 닮지 않았다.

나빌   당신은 하나의 예를 들어 그것을 길게 설명했다. 당신을 찾아온 청년의 예를 말이다.

사르트르   그는 (인과율 차원이 아니라) 자유의 차원에 서 있었던 게 아닌가?

나빌   당신은 그에게 대답했어야 했다. 나라면 그가 무엇을 할 수 있을지, 그의 나이와 경제 능력을 조사해 그와 어머니의 문제를 검토해 보았을 것이다. 그 의견이 가망성에 지나지 않았을지도 모르지만 명확한 관점을 밝히려고 한 것은 매우 확실한 일이다. 이 관점은 막상 행동으로 옮겼을 때 잘못된 것임을 알았을지도 모른다. 그러나 내가 무엇인가를 하도록 그에게 권고했으리라는 것은 틀림없다.

사르트르   그가 당신에게 조언을 구하러 왔다면, 그것은 그가 이미 대답을 선택했기 때문이다. 사실 나도 그에게 충분히 조언해 줄 수는 있었다. 그러나 그가 자유를 구하는 이상 나는 그 자신으로 하여금 결정하게 하고 싶었다. 나는 그가 어떻게 하려는가를 알고 있었다. 그리고 실제로 그는 그렇게 했다.

양식

나폴리에서 나는, 사랑과 '양식'의 오염된 혈연을 발견했다. 곧바로는 아니다. 나폴리는 처음부터 몸을 맡기거나 하지 않는다. 이곳은 자기 자신을 부끄럽게 여기는 도시이다. 나폴리는 외국인들에게 이 도시가 카지노나 대저택, 궁전으로 넘쳐나고 있음을 느끼게 하려는 것이다. 나는 9월의 어느 날, 바닷길로 이곳에 왔다. 도시는 하얀 분가루와 같은 빛을 내고 멀리에서 나를 맞았다. 나는 온종일 곧장 뻗은 넓은 길, 움베르토 거리나 가리발디 거리를 산책했는데 이들 거리들의 옆구리에 안고 있는 아리송한 상처는 연고를 바른 덕택에 금새 아물어 넘겨다볼 길도 없었다.

해거름에 나는 카페 감브리누스의 테라스에 올라와 있었다. 샤베트를 앞에 놓고, 그것이 사기 컵 안에서 녹는 것을 쓸쓸한 심정으로 바라보고 있었다. 나는 꽤나 실망했다. 돌아다니면서 매우 잡다한 작은 빛을 띤 도시 말고는 아무것도 파악하지 못했기 때문이다. 나는 마음속으로 이렇게 물었다. '나는 지금 나폴리에 있는가? 나폴리라고 하는 것은 실제로 존재하는가?' 나는 이와 비슷한 도시를 몇 군데 알고 있다. 이를테면 밀라노. 발을 들여놓기가 무섭게 무너져 없어지는 가짜 도시들. 나폴리, 땅 위에 아슬아슬하게 옥빛으로 빛나는 무수한 색채, 무수한 창유리에 비치는 무수한 빛, 고독을 느끼는 무수한 통행인과 대기 속의 무수한 웅성거림, 이러한 것에 주어진 하나의 이름이었을 뿐이다.

나는 고개를 돌렸다. 왼쪽에, 겨드랑 밑처럼 컴컴하게 로마 거리가 열려 있는 것이 보였다. 나는 일어서서 그 높은 벽 사이로 들어갔다. 그러나 또다시 실망한다. 저 뜨겁고 희뿌연 음란한 그림자, 그것은 열다섯 걸음으로 지나가 버리는 안개의 커튼에 지나지 않았다. 반대쪽으로 나는 살균이 끝난 도로를 발견했다. 나는 그 젖빛과 같은 빛 속에 젖었다. 거기에서 신선한 햄이나 모르타델라(볼로냐 지방의 굵은 소시지)나 갖가지 종류의 건조한 피(순대)를 늘어놓은 몇몇 식료품점의 화려한 빛, 네온 광고, 그리고 레몬에이드를 파는 상인들이 자기 가게 앞쪽에 걸어둔 레몬의 훌륭한 연결 장식 등이 눈앞에 보였다. 흐름을 따라 나는 이 눈부신 큰 거리를 거슬러 올라갔다. 흰 옷을 입고, 닦은 이와 빛나는 눈, 피로한 눈을 한 사람들을 스쳐 지나갔다. 그들을 바라보면서 왼쪽 쇼윈도 안에서 빛나고 있는 그들의 음식들도 바라보았다. 나는 생각했다. '이런 것들을 그들은 먹는구나.' 그 음식들은 그들에게 딱 알맞았다. 몹시 깨끗한 음식이었고 보기 좋았다. 이 신선한 햄, 이것은 모슬린 같다. 심홍색 혀, 호화로운 벨벳 같다. 사람들은 밝은색 옷으로 몸을 감고, 양복지와 벽지를 먹고 있었던 것이다. 그리고 유리 세공품을.

나는 카프리스라는 과자점 앞에서 걸음을 멈추었으나 그것은 보석점과 같은 느낌을 주는 가게였다. 흔히 과자라고 하는 것은 인간과 같다. 과자는 인간의 얼굴과 비슷하다. 스페인 과자는 금욕적이고 헛된 위세를 떨치는 모양을 하고 있다. 씹으면 산산조각이 난다. 그리스 과자는 작은 석유램프처럼 기름져서 누르면 기름이 뚝뚝 떨어진다. 독일 과자에는 면도용 크림과 같은 넉넉한 편안함이 있다. 과자들은 살찐 친구들이 입을 단것으로 채우기 위해 맛에는 신경을 쓰지 않고 가볍게 먹을 수 있도록 만들어져 있다. 그런데 이들 이탈리아 과자는 놀랄 만한 완전성을 갖추고 있다. 매우 작고 매우 청결하게—기껏해야 작은 쿠키 정도의 크기로—빛나고 있었다. 그 요란스러운 색채는 먹고 싶은 생각을 완전히 잃게 하고 말았다. 오히려 작은 도자기처럼 작은 탁자 위에 놓아두고 싶은 생각이 나는 것이었다. 나는 혼자서 중얼거렸다. '이제 됐어. 지금부터는 영화나 보러 갈 수밖에 없군.'

그때였다. 과자점 카프리스에서 20미터 떨어진 곳에, 이 메마른 수많은 상처의 하나를, 부스럼을, 어느 골목을 내가 발견한 것은. 나는 가까이 갔다. 그러자 배수구 안에서 처음으로 보인 것, 그것은 또다시 음식이었다. 어쩌면 먹이라고 하는 것이 좋으리라. 그것은 진흙으로 더럽혀진 한 조각의 수박으로(나는 아직도 커피콩을 뿌린 나무딸기와 피스타치오 아이스크림과 같은 딱 벌어진 로마의 수박을 기억한다), 썩은 시체인 양 파리떼가 달려들고, 마지막 햇볕 아래서 피를 흘리고 있었다. 넝마를 입은 한 아이가 다가가서 그것을 손가락으로 아주 자연스럽게 먹기 시작했다. 그때 나는 로마 거리 상인들이 그들의 식품점 뒤에 숨기고 있는 양식의 진실을 알 수 있으리라는 생각이 들었다.

나는 왼쪽으로 돌았다가 오른쪽으로 돌았다가 다시 오른쪽으로 돌았다. 어느 골목이나 모두 비슷했다. 누구 하나 나에게 주의를 기울이지 않았다. 이따금 기운이 없는 눈동자를 만난 정도였다. 남자들은 말을 하지 않았고, 여자들은 오랜 간격을 두고 두서너 마디 이야기를 나누고 있었다. 그녀들은 대여섯씩 모여서 서로 몸을 가까이 대거나, 그 너덜너덜한 옷으로 잿빛 칸막이 위에 선명한 무늬를 만들고 있었다. 나는 아침부터 이미 나폴리 사람들의 창백한 얼굴에 감탄했었는데, 지금 그 놀라움이 사라졌다. 그들은 그늘에서 찜통이 되어 있었다. 특히 여자들의 몸은 때가 묻은 채 찜질을 당한 것 같았다. 골목이 그녀들의 뺨을 녹여버리고 있었다. 뺨은 아직 붙어 있었으나, 손가락으로 당기면 떨어질 것 같았다. 한 아가씨가 두터운 입술 주위에 엷은 수염을 기르고 있는 것을 보고 나는 안심했다. 적어도 이 입술은 생생한 느낌이었다. 이 사람들은 모두 자기 자신 쪽을 향하고 있는 것 같았다. 그들은 꿈을 꾸는 일조차 없었다. 그들 또한 자기들의 음식, 생생한 쓰레기, 비늘, 골풀, 고기, 쪼개지고 더러워진 과일 등에 둘러싸여 관능적으로 스스로의 유기체적 삶을 즐기고 있는 것이다. 아이들이 생선 내장 옆에서 벌거벗은 등을 드러낸 채 가구 사이를 기어다녔다. 그런가 하면 배를 깔고 수영이라도 하는 것처럼 손을 휘저으며, 떨리는 작은 성기(性器)를 돌에 문지르면서 방으로 통하는 계단을 올라가는 것이었다.

이번에는 내가 녹아버리는 듯한 생각이 들었다. 그것은 구역질부터 시작되었다. 그러나 매우 가볍고 달콤한 것이었다. 그리고 나서 구역질은 무엇인가 기묘한 간지러움이 되어 몸 전체로 내려갔다. 나는 이들 고깃덩이, 피를 흘리는 고깃덩이, 창백한 고깃덩이, 눈에 보이지 않는 늙은 여자의 드러난 팔, 하얀 뼈에 아직도 늘어붙어 남아 있는 붉은 기가 섞인 넝마, 이들 모든 고깃덩이를 바라보았다. 그러자 이들 고깃덩이를 어떻게 하지 않으면 안 된다는 생각이 들었다. 하지만 어쩌자는 것인가? 먹는가? 애무하는가? 토하는가? 골목 한쪽 구석에 알전구의 조명등이 켜지고, 벽감(壁龕) 안의 성모 마리아를 비추기 시작했다. 두 팔로 예수를 안은 흑인 여자였다. '밤인가?' 나는 얼굴을 들었다. 집집마다 시체의 가죽처럼 매달려 있는 빨래들 위에, 저 멀리 저 높게 아직 푸른 하늘이 보였다.

구멍 안쪽 침대에 누운 한 사람이 보였다. 젊은 여자, 병든 여자였다. 그녀는 괴로워하고 있었다. 얼굴은 길 쪽으로 향해 있고, 유방이 이불 위에 부드러운 무늬를 만들고 있었다. 나는 걸음을 멈추고 오랫동안 그녀를 바라보았다. 내 손으로 그녀의 야윈 목을 문지를 수가 있다면…… 나는 몸을 세차게 흔들고 빠른 걸음으로 멀어져 갔다. 그러나 이미 늦었다. 나는 붙잡히고 말았다. 이제 육체밖에 보이지 않았다. 푸르스름한 어둠 속에 떠도는 육체의 꽃들, 닿고 빨고 먹어야 할 육체, 땀과 오줌과 젖으로 젖은 육체. 갑자기 한 남자가 소녀 곁에 무릎을 꿇고 웃으면서 그녀를 바라보았다. 소녀도 웃었다. 그녀는 "아빠, 아빠" 말했다. 그러자 남자는 아이의 옷을 조금 걷어 올리고 그 잿빛 엉덩이를 빵처럼 깨물었다.

나는 미소를 지었다. 이전에 그 어떤 동작도 이토록 자연스럽고 이토록 필연적으로 보인 일은 없었다. 같은 시각에 흰 옷을 입은 우리 형제들은 로마 거리에서 저녁 식사를 위해 광칠을 한 장식물을 사고 있었다…… '자, 이것으로 좋아, 자 이것으로 좋아' 나는 생각했다. 나는 자신이 엄청난 육식성 삶 속에 젖어 있는 것을 느꼈다. 내 위에서 굳어가는 더러운 장밋빛 삶 안에. '자, 이것으로 좋아. 나는 지금 나폴리에 있다.'

나폴리, 1935년

위인의 초상

"납과 같은 얼굴빛을 한 살찐 남자를 보았다. 네 마리의 말이 끄는 마차를 타고, 빠른 속도로 달려갔다. 그는 나폴레옹이었다는 것이다." 이 문장을 쓴 사람은 누구인가? 나는 기억하지 못했으나, 어쨌든 이 문장은 소박한 인식 과정을 상당히 이해하게 해준다. 먼저 우리 눈에 비치는 것은 인간 그 자체로서, 그 인간은 누르스름한 비만체로 다른 사람들, 즉 고관이나 장성 계급에 둘러싸여 모습을 나타낸다. 그리고 마침내 그의 이름이 밝혀졌을 때, 그는 네 마리가 끄는 마차를 타고 모습을 감추었다. "그는 나폴레옹이었다는 것이다. 그였던 모양이다."

내가 황제를 보았다는 사실은, 어디까지나 개연적인 채 머무를 것이다. 그러나 인간, 그 누렇고 음침한 육체를 본 것은 확실한 일이다. 그리고 나폴레옹 자신에게도 제1집정 또는 황제라고 하는 가장 높은 지위는, 마찬가지로 개연적인 것밖에 되지 않았다. 그는 나폴레옹 그 자체가 아니라, 단순히 상상력을 총동원해서 자기가 나폴레옹이라 믿는 한 남자에 지나지 않은 것이다. 그리고 거울이 위인에게 너무나 인간적인 무미함을 띤 모습을 비추어 주고, 본인의 음울하고 혼탁한 체액 말고는 아무것도 발견하지 못할 때, 나와 나 자신의 눈에 나의 중요성과 권리를 끊임없이 확증해 보이지 않으면 안 된다는 것은 참으로 쓰라린 일이다. 그래서 정식 초상이 필요하다.

정식 초상은, 왕후가 자기의 신성한 권력을 스스로 생각해야만 하는 수고를 덜어주는 셈이다. 나폴레옹은 초상화 이외의 그 어디에도 존재하지 않고, 또 존재하지 않았다. 주문을 받은 화가는 소박한 인상과는 반대로, 즉 지식에서 대상으로 향하기 때문이다. 일반 사람들은 살찐 남자를 보고 '저 사람은 나폴레옹 같다'고 생각한다. 그러나 초상화를 본다면 제1집정 또는 황제가 가장 먼저 눈에 들어올 것이다. 프랑수아 1세나 루이 14세 주변에 어떻게 권세의 표지가 쌓여 있는가를 보는 것만으로도 충분히 이해할 수 있으리라.

우리의 눈은 처음에 왕으로서의 위엄을 만난다. 만일 벽걸이나 여러 상징을 열어젖히는 시간이 있다면 우리는 껍데기 안쪽에, 정식으로 예고를 받아서 다소곳이 기다리고 있는 드러난 작은 머리를 발견할 것이다. 즉 얼굴이다. 하지만 아주 노출된 것은 아니다. 왕의 얼굴은 언제나 옷을 입고 있다. 정식 초상이란 정당화를 지향하는 것이기 때문이다. 초상화로써, 통치자가 통치의 권리를 갖는 것을 암시하려는 것이다. 따라서 자기 직책에 짓눌린 인간의 마음이 움직이는 모습을 표현한다는 것은 논의 밖의 일이다. 그려내는 것은 결코 사실이 아니라 순수한 권리이다.

정식 초상화는 약점이나 강점도 알려고 하지 않는다. 그것은 공적 말고는 신경을 쓰지 않는다. 조금도 강함을 나타내고 싶어하지 않기 때문에—강하다는 것은 사람을 겁먹게 하지 않는다 해도 언제나 반감을 사는 법이다—그것은 될 수 있는 한 육체를 감추려고 한다. 샤를 대머리왕이나 프랑수아 1세의 손발을 덮은 사치스러운 천을 유심히 바라보자. 그들은 육체를 지녔을까? 천 가장자리에 손이 내밀어져 있다. 아름답고 특징 없는 손으로, 이 손 또한 지팡이의 황금빛 손과 같이 상징에 지나지 않는다. 그러나 약점을 나타내려고 하지 않기 때문에 화가는 육체로서의 얼굴도 눈에 띄지 않게 깎아내고, 단순한 몸의 개념으로 만들어 버린다. 프랑수아 1세의 뺨은 과연 뺨일까? 아니다. 순수한 뺨의 개념에 지나지 않는다. 뺨 그 자체는 왕의 본성을 폭로하는 것이므로 경계하지 않으면 안 된다. 그렇게 해놓은 뒤에 화가는 그럴듯한 닮은꼴에 신경을 쓴다. 본디 이러한 닮은꼴도 지나쳐서는 안 된다. 프랑수아 1세의 코는 길게 늘어져 있었다. 따라서 초상에서도 그러한 코가 등장한다. 하지만 그것은 육체로부터 따로 떨어져 있는 것이다. 현실적으로 그의 코는, 얼굴의 모든 선을 땅 쪽으로 당기는 종류의 것이었다. 그런데 초상화에서는 그의 코는 세심하게 용모에서 분리되어, 얼굴 전체에서 아무런 뜻도 가지지 않는 것으로 되어 있다. 매부리코였다고 해도 얼굴 표정을 바꾸지는 못했을 것이다. 왜냐하면 이들 초상화에는 진짜 표정, 교활함, 겁먹은 불안, 저열성과 같은 부분은 없기 때문이다.

모델과 마주하기 전부터 이미 화가는, 어떠한 분위기를 화폭에 담을 것인가를 알고 있다. 그 분위기란 조용한 힘참, 맑고 명랑한 기운, 엄숙, 공정과 같은 것이다. 안심시키거나 이해시키거나 억누를 필요는 전혀 없을까? 공공질서와 선량한 풍속을 중요시하는 사람들은, 무례함으로 갈 염려가 있는 소박한 인상에서 보호받기를 원한다. 그들은 태연히 무례함을 범하는 일은 없다. 따라서 정식 초상의 역할이란 왕후와 신민의 결합을 실현하는 일이다. 이렇게 해서 인간을 인간 자신으로부터 지키는 것인 정식 초상은, 하나의 종교적 품목임을 알았다. 도시의 중앙 광장에 깃대를 세우고, 자기 초상화를 매달아 그것을 향해 절을 하라고 명령한 그 폭군은 잘못되지 않았다. 깃대 끝에 토템처럼—이것이야말로 의식용 그림에 어울리는 장소이다. 깃대의 끝, 그리고 거기에 절을 해야 한다는 것은 대단히 좋은 일이다. 절만 하면 실제로 그것을 볼 필요는 그다지 없으리라.

얼굴

조각상의 사회라는 것이 있다면 매우 따분하기는 할 테지만, 정의와 이성에 따른 생활을 할 수 있을 것이다. 조각상들은 얼굴을 가지지 않는 신체이며, 두려움도 노여움도 없이 오직 정확의 법칙, 즉 균형과 운동의 법칙에 따르는 것만을 생각한다. 맹목적이고 벙어리인 몸이다. 도리아식 둥근기둥의 왕자와 같은 위풍이 있고, 머리는 기둥머리이다. 인간 사회에서는 얼굴이 군림한다. 몸은 노예이며 이중 삼중으로 천에 싸여 감추어진다. 그 역할은 당나귀처럼, 납(蠟)처럼 노란 기가 있는 성유물(聖遺物)을 위에 얹어서 옮기는 일이다.

이런 식으로 안장을 단 신체가 소중하게 짐을 지고 인간들이 모여 있는 닫혀 있던 넓은 방으로 들어가는 모양은, 종교적 행렬이라고 해도 좋을 정도이다. 그것은 어깨 위, 목 끝에 금단(禁斷)의 물건을 얹어서 앞으로 나아간다. 그리고 그것을 여기저기로 돌려 이것 보란 듯이 내보인다. 다른 인간은 흘끗 시선을 던지고는 곧 눈을 내리깐다. 한 여자가 뒤를 따르고 있다. 그 얼굴은 에로스의 제단이다. 죽은 제물, 과일, 꽃, 잡은 새가 그 위에 가득 놓여 있다. 뺨과 입술 위에는 빨간 무늬가 찍혀 있다. 얼굴의 사회란 바로 마법사의 사회인 것이다. 전쟁이나 부정, 우리의 어두운 격정, 사디즘이나 공포 정치 등을 이해하기 위해서는 우리가 신체라고 하는 노예 위에 얹어서, 또 격노의 시대에는 창끝에 꽂아서 시내를 누비고 다니는, 얼굴이라고 하는 저 둥근 우상들에게까지 되돌아갈 필요가 있다.

이러한 일은 심리학자가 부정하는 일이다. 심리학자들은 타성적인 것들에 둘러싸여 있지 않으면 안정되지 않는다. 인간을 기계 장치의 인형으로, 그리고 사람 얼굴을 자동 가면으로 만들고 말았다. 게다가 자기 주장을 입증하기 위해서 전동 미소까지 고안했다. 실업자의 협력을 바라든가, 정신 병원에 무료로 입원하고 있는 미친 사람을 데리고 오면 더욱 좋다. 그 피험자(被驗者)의 얼굴 신경을, 저압 전류로 교묘하게 자극하는 것이다. 입꼬리가 조금 올라간다. 이렇게 해서 피험자는 미소를 짓는다. 이 모두는 의심의 여지가 없는 일이다. 실험 보고서도, 계산도, 사진도 제대로 갖추어져 있다. 그리하여 표정의 움직임이란, 작은 기계적 진동의 총체라고 하는 증명이 이루어진 셈이다. 남은 것은, '인간의 얼굴이 우리 마음을 움직이는 것은 무엇 때문인가'라는 문제이다. 그러나 그것은 거의 두말할 필요가 없는 것으로, 여러분은 조금씩 단서를 모아 해석하는 방법을 학습한 것이라고 심리학자는 말한다. 여러분은 자기 자신의 얼굴과 비교함으로써 타인의 얼굴을 모두 알고 있다. 이를테면 여러분은 노여울 때에는 눈썹 근육이 수축하고, 피가 뺨으로 달아 올라오는 것을 자주 관찰하고 있다. 타인의 얼굴에서 이와 같이 눈썹이 찌푸려지고 뺨이 빨갛게 되는 것을 보면 여러분은 그가 화를 내고 있다고 결론을 내린다. 그것뿐인 것이다.

그런데 불편하게도 나의 얼굴은 나에게는 보이지 않는다─적어도 처음에는 보이지 않는다. 내가 그것을 나로서는 알아차리지 못하는 이야기처럼 앞쪽에 세워 놓으면, 내 앞의 타인 얼굴이 나에게 나의 얼굴을 가르쳐 주는 것이다. 게다가 인간의 표정은 분해할 수가 없다. 화가 난 남자의 노여움이 가라앉는 것을 보자. 입술은 늘어지고, 물방울이 무겁게 떨어지는 것처럼 미소가 그 어두운 표정 아래쪽으로 서서히 퍼진다. 국소적 교란이라고 말하는가? 이들 교란의 총계를 낼 생각인가? 움직인 것은 입술뿐이다. 그러나 그것만으로도 얼굴 전체가 미소를 띤 것이 아닌가? 게다가 노여움이나 기쁨은 단순히 여러 징조로부터 생각되는 데에 지나지 않는 영혼의, 눈에 보이는 사건일 리가 없다. 그것은 우거진 나뭇잎 안에 붉게 변한 녹색이 살고 있는 것처럼 얼굴에 깃든다. 우거진 나뭇잎의 녹색을 인정하는 것이나, 쓰디쓴 입의 슬픔을 인정하는 것은 그다지 배워 익힐 필요는 없다.

얼굴은 하나의 사물이기도 하다. 나는 얼굴을 손가락으로 집을 수도 있으며, 사랑하는 사람의 머리의 무겁고 따뜻한 무게를 지탱할 수도 있다. 뺨을 천처럼 비빌 수도, 입술을 꽃잎처럼 찢을 수도, 머리뼈를 도자기 꽃병처럼 깰 수도 있다. 그러나 얼굴은 단순히 하나의 사물에 지나지 않는 것도, 먼저 하나의 사물인 것도 아니다. 뼈나 머리뼈, 작은 입상(立像)에 토끼의 다리, 이러한 타성적 물체, 그 침묵의 관습 안에 녹슬고 있지만 그래도 정신적 특성의 힘을 띠고 있는 물체를 사람들은 '마술적'이라 일컫는데, 얼굴이란 바로 그러한 것이다. 자연의 물신(物神)인 것이다.

다음에 나는 사람의 얼굴을 완전히 처음 보는 존재물로서, 그것에 대해 아무 것도 모르며 그것이 영혼에 속해 있는 것조차 모른다는 생각으로 기술해 보겠다. 이제부터 이루어지는 고찰을 제발 은유로 보지 않기를 바란다. 나는 단순히 눈에 보이는 것을 말하고 있는 것이다.

얼굴은 사람 몸의 끝이므로, 이를 이해하기 위해서는 몸에서부터 시작할 필요가 있다. 얼굴은 다음과 같은 신체와의 공통점을 갖는다. 즉 그것이 하는 운동은 모두 몸짓이라는 점이다. 그것은 얼굴이 세계의 시간 한가운데서 그 자신의 시간을 만들어 내고 있다는 뜻으로 해석하지 않으면 안 된다. 세계의 시간은 딱 맞추어진 여러 순간으로 이루어져 있다. 메트로놈의, 모래시계의, 못의, 당구공의 시간 바로 그것이다. 구체(球體)는 우리가 잘 알고 있는 대로 영원한 현재 속에 떠돌고 있으며, 그 앞날은 물에 녹아든 것처럼 세계 안으로 퍼져나가 구체 밖에 있다. 그 현재의 운동은 무수히 가능한 다른 이동 방식으로 자락을 넓힌다. 당구대 표면에 주름이 잡힌다거나 당구대가 기울면, 그것만으로 이미 속도가 달라진다. 공이 멈추는 일이 있는지조차도 알 수가 없다. 그 정지는 밖에서 오는 것이며, 어쩌면 전혀 오지 않을지도 모른다.

그러한 모든 것을 나는 공 위에서 본다. 그것이 도는 것은 볼 수가 없다. 그것이 돌려지는 것을 보는 것이다. 무엇에 의해서 돌려지는 것인가? 아무것도 아닌 것에 의해서이다. 타성적인 사물의 운동은 무(無)와 영원의 기묘한 혼합이다. 이와 같은 정체된 땅 위에서 생물체의 시간은 뚜렷하게 구별되지만, 그 이유는 방향성을 갖기 때문이다. 그리고 이 방향성 또한 나는 가정하는 것이 아니라, 이 눈으로 보는 것이다.

쥐 한 마리가 뛰어서 구멍 안으로 도망가려고 한다. 이 구멍은 이 쥐의 목적이다. 그의 목표이자 종착점이다. 쥐가 달릴 때, 팔이 올라갈 때 나는 먼저 그 쥐나 팔이 어디로 가는가를 안다. 적어도 어디로 가고 있는가는 알고 있다. 어딘가에서 공허가 뚫려 쥐나 팔을 기다린다. 그 주위에서 공간은 기다림으로 가득 차고, 필연적 지점이 무수히 번식한다. 이들 지점 하나하나가 진행 과정의 짧은 멈춤 지점, 휴식 지점, 또는 목적지이다.

얼굴도 마찬가지이다. 난 현재 안에 푹 젖어 닫힌 방에 혼자 있다. 나의 앞날은 눈에 보이지 않는다. 안락의자나 탁자, 벽, 그런 으스스한 무기력함을 간직한 모든 것에 의해 앞날은 나의 눈으로부터 감추어져 있다. 그리고 나는 이와 같은 것들의 저편에, 내 앞날을 막연히 상상하는 데에 지나지 않는다. 거기에 누군가가 들어와서 얼굴을 내민다. 그러면 모든 것이 변해 버리는 것이다. 현재 안에 늘어져 있는 종유석 숲 사이에 나타난, 활발하고 호기심 넘치는 얼굴은 늘 나의 시선 앞을 지나간다. 그것은 무수한 개별적인 완강함으로, 흘끗 본 눈동자의 이동으로, 사라져 가는 미소의 끝으로 급히 향하는 것이다. 만약에 내가 그 얼굴을 해독하고 싶으면 그 앞으로 가서, 앞질러 가는 사냥꾼처럼 아직 그것이 없는 곳에서 표적을 노릴 필요가 있다.

나도 미래의 속, 상대방 기도의 한가운데에 몸을 놓고, 현재 상대가 나에게로 오는 모습을 보는 것이어야 한다. 약간의 앞날이 나의 방으로 들어왔다. 앞날의 안개가 얼굴 주위에 떠돌고 있다. 그의 앞날이다. 작은 안개, 두 손을 모아 거두면 거두어질 만큼 작은 안개. 그러나 나는 인간의 얼굴을, 그 앞날을 통하지 않으면 볼 수가 없다. 그리고 이 눈에 보이는 앞날은 이미 마술이다.

하지만 얼굴은 단순히 신체의 윗부분만이 아니다. 신체란 하나의 닫힌 형태로, 흡수지가 잉크를 빨아들이는 것처럼 세계 전체를 빨아들이고 만다. 열, 습기, 빛이 이 다공질의 붉그스름한 물질의 조직 틈으로 스며들어 전 세계가 몸속으로 침투하는 것이다. 그런데 여기에서 눈을 감은 얼굴을 유심히 바라보기 바란다. 아직은 육체의 양상을 띠고 있지만 무엇인가 그 이상의 것, 탐욕스런 식욕이 있다. 탐욕스런 구멍이 여러 개 나 있어서, 가까이 오는 것을 덥석 물고 만다. 소리가 귓속으로 들어와 웅성거리면, 귀는 그 소리를 삼켜버린다. 냄새는 솜을 재어두듯이 콧구멍에 쟁여진다.

눈이 없는 얼굴은 한 마리 짐승이나 다름없다. 배의 몸체에 상감(象嵌)으로 끼워져, 물에 떠도는 파편을 끌어당기려 다리로 물을 젓는다. 그러한 짐승의 하나이다. 그러나 이제 눈이 보이고 눈초리가 나타난다. 사물은 황급히 물러난다. 눈초리 뒤에 보호되어 귀나 코 등, 얼굴에 새겨진 음탕한 입은 냄새나 소리를 계속 씹는 것이다. 하지만 아무도 그 위험을 알아차리지 못한다. 눈초리란 얼굴 안의 귀족이다. 왜냐하면 그것은 세계를 멀리 떨어진 곳에서 지배하여, 사물을 그것이 있던 처음 장소로 징집(지각)하기 때문이다.

여기에 상아의 구체가 있다. 탁자 위에 놓여 있다. 그리고 저쪽에 안락의자가 하나 있다. 이 두 타성물 사이에는 무수한 길이 똑같이 가능하다. 왜냐하면 길이라는 건 전혀 없고, 단순히 다른 타성물의 무한한 흩어짐이 있을 뿐이라는 점에 이르기 때문이다. 만일 내가 손가락 끝으로 한 줄기 길을 그어, 이들을 결부시키려는 자의적인 마음을 일으킨다 해도 그 길은 내가 그어가는 뒤를 이어 허물어져 버린다. 길은 운동 안에서만 존재한다.

이번에는 다른 두 개의 구, 즉 내 친구의 눈을 살펴본다. 먼저 아는 것은, 이것과 안락의자 사이에도 무수한 길이 있다는 것이다. 다시 말해서 친구는 보고 있지 않은, 안락의자와의 관계에서 그의 눈은 아직 사물인 채로 있다는 뜻이다. 그러나 이제 두 개의 구는 그 궤도를 돌기 시작한다. 두 눈은 눈초리가 된다. 그러면 하나의 길이 갑자기 방 안에 열린다. 운동을 가지지 않는 길, 가장 짧은 일직선의 길이다. 안락의자는 그것이 차지하는 자리에서 떠나지 않고, 타성적인 물체의 퇴적을 뛰어넘어서 이 눈에 대해 직선적으로 나타난다. 안락의자가 눈=사물로부터 멀리 떨어져 있는데, 눈=눈초리에 대해서는 한 번에 나타나는 것을 나는 안락의자 위에서 지각한다. 그 본성이 깊은 변질을 겪는 것처럼 보인다. 방금까지 쿠션 의자, 긴 의자, 소파, 등받이가 있는 긴 의자 등은 내 주위에 고리를 이루고 있었다. 그런데 이제 방의 중심은 다른 곳으로 옮아가고 말았다. 이 침입자의 눈이 생각한 대로 가구나 물건들은 차례로 부동의 원심적 속도를 띠고, 뒤와 옆은 펑 뚫려 그러한 특질을 가지고 있었다고는 생각지도 못할 특질로써 가볍게 떠오르고 있다. 나의 눈에는 절대로 보이지 않을 테지만, 이들 특질은 이제 그것들 안에 치밀하게 간직되어 존재하고 있으며 바닥에 쌓여서, 햇볕을 보기 위해 다른 사람의 눈초리를 기다리고 있음을 나는 안다.

안락의자 등에 기댄 친구의 미지근한 복숭앗빛 목, 그것만이 그의 얼굴 전체가 아니라는 것을 알게 된다. 그것은 얼굴의 일부에 지나지 않는다. 그의 얼굴이란 가구의 응고된 이동이다. 그의 얼굴은 곳곳에 있다. 그의 눈초리가 닿는 범위에 존재한다. 그리고 이번에는 그의 눈을 유심히 바라본다면, 그의 눈은 보석 같은 청량함을 가지고 있는 것이 아니라, 그것이 보는 당사자에 의해서 순간마다 새로이 만들어지는 것임을 알게 된다. 그 자신 밖, 나의 뒤, 나의 머리 위, 또는 나의 발밑에 그 의미와 완성을 가지고 있는 것이다. 낡은 초상의 마술적 매력은 이렇게 다가온다. 나다르*¹가 1860년 무렵에 사진으 찍은 얼굴들은 죽은

---

*1 프랑스의 사진가(1820~1910). 1859년에 들라크루아, 보들레르 등을 모델로 한 초상 사진집 발간.

지 이미 오래되었다. 그러나 그들의 눈초리는 여전히 남아 있고 제2제정기 세계는 그들의 관찰에 따라 영원히 현존한다.

　여기까지 오면 결론을 낼 수가 있다. 나는 본질적인 것밖에 지향하지 않기 때문이다. 사람은 사물들 사이에, 얼굴이라 이름 붙일 수 있는 어떤 종류의 존재물을 발견한다. 하지만 이들 존재물은 사물과 같은 존재 형태를 가지고 있지 않다. 사물은 앞날을 가지고 있지 않지만, 얼굴 주변에는 앞날이 머플러처럼 둘러싸고 있다. 사물은 세계 한가운데에 단지 내던져져 있으며, 세계는 사물을 조이고 눌러 으깬다. 그러나 사물에게 세계는 없다. 있는 것이라고는 딱 늘어붙은 덩어리와 덩어리가 부조리하게 밀치는 것뿐이다. 눈초리는 반대로, 바로 거리를 두고 지각하기 때문에 갑자기 우주를 출현시킨다. 그리고 그것으로 말미암아 우주로부터 빠져나간다. 사물은 현재 안에 갇혀서 움직일 수가 없으며 그 자리에서 겁먹고 떨고 있다.

　얼굴은 연장(延長)에서나 시간에서나 자기 자신 앞으로 몸을 내던진다. 정신이 갖는 스스로 넘어서고 또 모든 것을 넘어서는 특성, 여기저기에 자신만 아니면 어디든 다른 곳으로 탈출해 가는 특성을 초월이라 부른다면, 얼굴의 의미란 눈에 보이는 초월이 될 것이다. 이 밖에는 이차적인 것에 지나지 않는다. 육체의 풍만함이 이 초월을 반죽한 가루로 감싸버리는 일도 있을 것이다. 때로는 반추적(反芻的) 감각 기관이 눈초리보다 우세해 우리가 먼저 두 개의 물렁뼈나, 축축한 털 난 콧구멍에 끌리는 일도 있을 수 있다. 얼굴의 살이 영향력을 드러내, 뾰족하고 둥글고 늘어지고 붓는 특성에 따라서 목을 형성하는 일도 있다. 그러나 얼굴 생김새를 결정하는 그려진 선 안에서, 우리가 초월이라 이름 붙인 이 원초적인 마술에서 먼저 그 의미 부여를 받아들이지 않는 선(線)은 하나도 없는 것이다.

실존주의에 대해—비판에 대답한다

　오늘의 신문, 잡지는—그리고 〈악시옹〉까지도—즐겨 실존주의 비판 논문을 싣는다. 〈악시옹〉은 나에게 대답할 기회를 주었다. 이 논쟁이 많은 독자들의 흥미를 끄는지 나는 모른다. 달리 긴급한 문제가 없는 것도 아니기 때문이다. 그러나 실존주의라는 철학 안에서 사상의 원칙과 행동의 모범이 되는 표준을 발견했을지도 모른다. 그런데 이들의 터무니없는 비판에 의해서 실존주의로부터 벗어난 사람들 가운데 단 한 명이라도 내가 마음을 사로잡아 오해를 풀 수 있다면, 그 한 사람을 위해 쓸 가치는 있을 것이다. 내가 여기서 나의 이름으로 대답하는 점을 너그러이 헤아려 주기 바란다. 다른 실존주의자들을 이 논쟁에 끌어들이는 것은 본의가 아니기 때문이다.

　여러분은 우리에 대해 어떠한 점을 비난하는가? 먼저 독일의 철학자로 나치이기도 한 하이데거로부터 발상을 얻고 있다는 점과, 실존주의의 이름 아래 불안의 정적주의(靜寂主義)를 말하고 있다는 점을 비난한다. 우리가 차원 높은 절망을 부추김으로써 젊은이들을 타락시키고 행동에 등을 돌리게 하려는 것이 아닌지, 또한 모두가 다시 만들어야 하거나 만들어져야 할 이 시기, 전쟁은 아직도 이어지고 있으며 저마다가 전쟁에 승리하여 평화를 얻고자 온갖 정력을 짜내야 할 이 시기에 허무주의 교리를 주장하는 게 아닌지 비난하는 것이다. (기독교 좌파 일간지 〈로브〉) 논설위원 말을 빌리자면, 그 증거로 나의 저서 《존재와 무》를 들고 있다. 워낙 '무(無)'라는 것이다. 마지막으로 세 번째는, 실존주의는 기꺼이 더러움에 잠기고, 자칫 인간의 아름다운 감정보다는 그 악의와 낮은 수준을 제시하려고 한다는 점에 대한 비판이다.

　나는 바로 단언한다. 당신들의 비난과 공격은 자기기만과 무지에서 생긴 것처럼 보인다고. 여러분이 스스로 문제 삼고 있는 해당 작품을 하나라도 읽어본 적이 있는가조차 확실치가 않다. 당신들은 인신 공양물이 필요한 것이다. 왜냐하면 그토록 많은 것을 예찬만 하고 있으니까 때로는 조금 자극도 필요하기 때문이다. 당신들은 실존주의를 표적으로 골랐다. 이것은 실제 알고 있는 사람이 거의 없는 추상적인 학설이며, 당신들이 무엇을 말해도 그 참 거짓을 확인하려고 하는 사람이 없음을 알고 있기 때문이다. 그러나 나는 당신들의 비난에 하나하나 답변할 생각이다.

하이데거는 나치가 되기 훨씬 이전부터 철학자였다. 그의 히틀러주의 가담은 공포로 설명할 수 있다. 출세욕이 있었을지도 모르고, 순응주의 때문이기도 했다. 훌륭하다고는 할 수가 없다. 그것은 확실하다. 다만 이것만으로도, 당신들의 훌륭한 추론을 돌파하는 데에 충분하다. "하이데거는 국가사회당의 당원이다. 그러므로 그의 철학은 나치적인 것이 되지 않으면 안 된다"고 당신들은 말한다. 그런데 그렇지가 않다. 하이데거는 기골이 없었다. 그래서 그의 철학은 겁쟁이의 변호론이라는 결론을 내릴 생각인가? 때로 인간은 자기 자신의 작품 높이까지 이르지 못하는 일이 있다는 것을 왜 알지 못하는가? 루소가 어린아이를 버린 것으로 《사회계약론》을 단죄할 것인가? 게다가 하이데거가 무엇이란 말인가? 만약 우리가 다른 철학자의 사상을 계기로 자기 자신의 사상을 발견하여 그 철학자로부터 새로운 문제를 다루는 것을 가능하게 하는 기술과 방법을 구했을 경우, 그것이 그의 모든 이론에 공감했음을 의미하는 것일까? 마르크스는 헤겔로부터 그의 변증법을 빌렸다. 그렇다면 당신들은 《자본론》은 프로이센적 작품이라고 말할 것인가? 우리는 경제적 자급자족의 비참한 결과를 눈으로 보아왔다. 지적 자급주의에는 더 이상 빠지지 않고 싶은 것이다.

점령시대 친독파의 신문과 잡지는 실존주의와 부조리 철학자를 한 묶음으로 해서, 같은 비난과 공격을 퍼부었다. 페탱파(派)의 〈학생의 반향(反響)〉지에 기고하던 알베레스*¹의 독을 품은 '아는 체'는, 매주마다 우리 엉덩이에 짖어댔다. 그때는 이러한 인심 교란적 수법도 당연한 일이었다. 공격이 수준 낮고 어리석을수록 우리는 재미있었던 것이다.

그러나 무엇으로 여러분이 비시파*²의 언론 수법을 채택했는가?

무엇 때문에 이 혼잡이 통용되는가? 당신들이 만들어 낸 혼동을 이용해서

---

*1 R.M. 알베레스. 비평가(1921~1982). 《현대 작가의 반역》(1949), 《20세기의 지적 모험》(1950), 《20세기 문학의 결산》(1956) 등의 문학사 및 사르트르를 포함한 많은 작가론이 있다.

*2 나치 독일 점령하에 있던 남부 프랑스를 1940년부터 1944년까지 통치한 정권. 파리 남쪽의 비시를 수도로 함. 친독일파인 앙리 페탱(1856~1951)이 수립.

이 두 철학을 동시에 공격하는 편이 당신들에게 훨씬 쉽기 때문이라고밖에 생각하지 않을 수 없다. 부조리의 철학은 일관되고 헤아리기 어려울 만큼 깊다. 알베르 카뮈는 혼자 그것을 옹호하는 힘이 있음을 보여주었다. 나는 나대로 실존주의에 대해서만 이야기하겠다. 당신들은 최소한 독자들에게 이 철학을 정의했을까? 매우 간단한 일이다.

철학적으로 말하면 그 어떤 사물에나 본질과 실존이 있다. 본질이란 특성의 항구적 총체이며, 실존이란 실제로 세계에 존재하고 있다는 뜻이다. 많은 사람들은 본질이 먼저 오고 다음에 실존이 온다고 믿는다. 이를테면 완두콩은 자라서 완두콩의 본질에 따라 둥글게 되고, 피클은 피클의 본질에 참여하기 때문에 피클이라는 식이다. 이러한 사고방식은 종교 사상에 그 근원이 있다. 실제로 집을 지으려는 사람은 어떤 종류의 물건을 만들려고 하는가를 정확히 알고 있지 않으면 안 된다.

본질은 실존에 앞선다. 그리고 신이 인간을 창조했다. 이 두 명제를 믿는 모든 사람에게는 신은 인간을 창조할 때 자기가 품고 있던 관념에 따라 만든 것이 된다. 신앙을 드러내지 않았던 사람까지도, 사물은 그 본질에 따라서 존재한다는 이 전통적 견해를 간직했으며, 18세기 전체는 모든 인간에게 공통된 본질, 인간의 본성이라 이름 붙일 수 있는 것이 존재한다고 생각했다.

그러나 실존주의는 반대로 인간에게는—오로지 인간에게만—실존이 본질에 앞선다고 생각한다.

이들이 의미하는 바는 단순히 인간은 먼저 존재하는 것이며, 그런 뒤에 그는 비로소 무엇인가가 되는 것이다. 인간은 한 마디로 자기 자신의 본질을 스스로 만들어 내지 않으면 안 된다. 세계에 몸을 던져 세계 안에서 괴로워하고 싸우면서 인간은 조금씩 자기 자신을 정의하는 것이다. 그리고 정의는 늘 열린 채 존재한다. 이 하나의 인간이 누구라는 것은 그의 죽음에 이르기까지 말할 수 없고, 인류가 무엇인가는 인류가 소멸할 때까지 말할 수가 없다. 이렇게 보면 실존주의는 과연 파쇼적인가, 보수주의적인가, 공산주의적인가, 또는 민주주의적인가 묻는 그 자체가 어리석은 일이다.

이러한 일반성의 단계에서 실존주의는 인간에게 영원불변한 본성을 부여하는 것을 거부하면서, 인간의 여러 문제를 다루려고 하는 방법일 뿐이다.

키르케고르에게 있어서, 실존주의는 종교적 신앙과 분리할 수 없는 것이었다.

오늘날 프랑스의 실존주의는 무신론을 주장하는 방향을 추구하지만 그것이 절대적인 것은 아니다. 내가 말할 수 있는 것은—그리고 다음의 유사성을 강조할 생각은 없지만—실존주의란 마르크스 안에서 찾아볼 수 있는 인간관과는 그다지 멀리 떨어져 있지 않다는 사실이다. 마르크스라면 인간에 대해서, 인간이란 만들고, 만들면서 스스로를 만들어 가고, 스스로 만든 것 이외에는 아무것도 아니라는 말을 받아들이지 않을까?

만약에 실존주의가 인간의 행동에 의해서 정의되는 것이라면, 이 철학이 정적주의가 아님은 물론이다. 사실 인간은 행동하지 않을 수가 없다. 인간의 사고는 투기와 참가이며, 인간의 감정은 기획이다. 인간이란 바로 그 일생이며, 일생이란 그 행동의 첫 번째 특징이다. 그렇다면 불안은 어떤 관계가 있는가? 이 약간 그럴듯한 말들은 매우 단순하고 일상적인 현실을 감싸는 것이다. 만약에 인간이 존재하는 것이 아니라 스스로 만드는 것이고, 스스로 만들면서 인류라고 하는 종(種) 전체의 책임을 떠맡는 것이라면, 만약에 선험적으로 주어진 가치나 윤리가 없고 그때마다 우리는 어떤 의지할 점이나 지침도 없이 모든 사람을 위해 혼자서 결단하지 않으면 안 된다면 행동에 직면해서 어찌 불안을 느끼지 않을 수가 있는가?

우리의 행위 하나하나는 세계의 의미와 우주에서의 인간 위치를 포함한다. 그 하나하나에 의해서, 설령 우리가 그것을 원하지 않는다 해도 우리는 전 우주적 가치의 서열을 설정하고 있는 것이다. 이와 같은 전 우주적인 책임을 앞에 두고 우리는 불안에 사로잡히면 안 된다는 것인가? 퐁주[*3]는 매우 훌륭한 한 문장으로, 인간은 '인간의 미래'라고 말했다. 그 미래는 아직 만들어지지 않았다. 결정되어 있지 않다. 그것을 만들어 내는 것은 우리의 일거수일투족이 그 윤곽을 만들어 내는 데에 공헌한다. 우리 각자에게 주어진 무서운 사명을 깨닫고도 불안과 싸우지 않는다면 매우 위선적이라고 할 수밖에 없을 것이다.

그러나 여러분은 우리를 더욱 정확하게 논파하기 위해, 불안과 신경쇠약을 혼동해 보였다. 실존주의가 말하는 만성적인 불안을 여러분은 무엇인가 알 수 없는 병적 공포로 착각해 버린 것이다. 꼼꼼하게 정확을 기해야 하므로 다음과

---

*3 〈실존주의는 휴머니즘이다〉 역주 27 참조. 사물에 대한 특이한 묘사의 집성인 산문시집 《사물의 편》(1942) 대표작. 사르트르는 1944년에, 《인간과 사물》이란 제목의 퐁주론을 썼다. 또 그는 프랑스의 공산당으로, 주간지 〈악시옹〉의 문예 부문 책임자였다.

같이 말하겠다. 불안이란 행동의 장애이기는커녕 행동의 조건이며, 우리의 고뇌와 위대함을 이루는 만인에 대한 만인의 책임이며, 이 압도적인 책임의 뜻과 하나를 이루는 것이다. 한편 절망에 대해서 말하자면 인간이 희망을 갖는다는 것이 잘못임을 이해하지 않으면 안 된다. 그것은 희망이란 행동에 대한 최악의 장해라는 뜻이다. 전쟁이 우리 없이 저절로 끝난다는 것, 나치가 우리에게 손을 벌리는 일, 자본주의 사회의 특권 계급이 새로운 '8월 4일의 밤'(1789년 8월 4일, 봉건적 특권의 폐지)의 환희 속에서 그 특권을 포기한다는 것, 이러한 일을 우리가 희망해야 한단 말인가? 만약에 희망한다고 하면 우리는 단지 팔짱을 낀 채 기다리기만 해도 좋다는 이야기가 된다.

인간이 의욕을 낼 수 있는 것은 무엇보다 먼저 자기 자신 말고는 아무것도 의지할 수 없으며, 자기는 무한한 책임에 둘러싸여 도움도 구조도 받을 수 없고, 자기가 자기에게 주는 목표 이외의 목표를 가지지 않으며, 스스로 이 지상에 그려내는 운명 이외의 운명을 가지지 않고, 또한 혼자서 이 지상에 내버려져 있다는 사실을 이해한 뒤에 비로소 가능한 것이다. 이 확신, 자기가 놓인 상황에 대한 이 직관적 인식을 우리는 절망이라 부른다. 절망이 낭만적인 화려한 방황이 아님은 이제 알았을 것이다. 그것은 인간의 상황에 대한 냉철하고 명석한 깨달음이다. 불안이 책임과 떨어질 수 없듯이 절망은 의지와 하나를 이룬다. 절망과 함께 진정한 낙관성이 시작된다. 그 무엇도 기대하지 않는 인간, 그 어떤 권리도 가지지 않고, 당연히 받아야 할 것을 아무것도 갖고 있지 않음을 아는 인간이 자기 자신만 의지하고, 모든 사람의 이익을 위해 혼자서 행동하는 일에 기쁨을 발견하는 인간의 낙관성이다.

실존주의가 인간의 자유를 주장한다고 해서 비난하는가? 그러나 여러분 누구나 이 자유를 필요로 한다. 위선으로 자기 눈에서 숨기고 있을 뿐이며, 우리는 본의 아니게도 끊임없이 자유로 되돌아가는 것이다. 당신들은 한 인간에 대해 그 원인, 사회적 처지, 손익이라는 것으로부터 설명을 하고 난 다음 갑자기 해당 인간에게 화를 내어, 그의 행위를 신랄하게 비난한다. 그러나 반대로 당신들이 존경해 복종하고, 그 행위가 당신들의 본보기가 되는 인간도 있는 것이다. 그렇게 되면 당신들은 악인을 진드기라 생각하는 것도, 선인을 동물과 똑같이 보고 있는 것도 아니라는 게 될 것이다. 그들을 비난하거나 칭찬하는 것도, 그들이 실제로 행한 일과는 다른 일을 할 수도 있었기 때문이다.

계급 투쟁은 하나의 사실이다. 그것에 나도 완전히 동의한다. 그러나 무엇 때문에 계급 투쟁이 자유의 평면 위에 위치한다는 것을 모르는가? 우리는 사회의 배반자 취급을 받고 있다. 이와 같은 자유에 대한 생각을 가지고 있는 당신들은, 인간이 자신의 쇠사슬을 털어버리는 일을 방해하는 것이다. 얼마나 어리석은 일인가! 우리가 "실업자는 자유이다" 말하는 것은, 그 실업자가 원하는 일을 마음대로 할 수 있다거나 곧바로 돈이 많고 편안한 부르주아로 변신할 수 있다는 뜻이 아니다. 그는 체념하고 자기 처지를 받아들이든가, 그렇지 않으면 반발하든가 어느 하나를 선택하는 일이 언제나 가능하기 때문에 자유인 것이다. 물론 그는 가난을 피할 수는 없다. 하지만 그는 가난과 싸우는 일을 선택할 수 있다. 가난이 인간의 숙명임을 거부하는 인간이 된다는 것을 선택할 수가 있다.

우리가 사회의 배반자인 것은, 때로는 이러한 근본적인 진실을 지적하기 때문이 아닐까? 그렇다고 한다면 마르크스는 사회의 배반자가 되어버린다. 그는 "우리는 세계를 바꾸기를 원하다" 말하고, 이 간단한 말로 인간은 운명의 주인임을 나타낸 것이 아닌가! 여러분 자신 또한 모두 사회의 배반자가 되어버린다. 이전에는 쓸모가 있었으나 이제는 낡아빠진 유물론의 한계를 벗어나고자 할 때, 당신들도 같은 생각을 하는 게 아닌가? 그리고 만약 당신들이 그와 같이 생각하지 않는다면 인간은 하나의 물체, 기껏해야 한 줌의 인(燐)과 유황에 지나지 않으며, 인간을 위해서 손가락 하나 들어 올릴 필요가 없는 것이다.

여러분은 내가 지저분하고 더러운 것에 휩싸여 작품을 쓴다고 말한다. 그것은 알랭 로브로(대독 협력과 비평가)도 했던 말이다. 이에 대해 나는 대답을 삼갈 수도 있다. 이 비난은 실존주의자로서의 나에 대한 비난이 아니라 나 개인에게 한 것이기 때문이다. 그러나 여러분은 매우 성급하게 사물을 일반화해 버리니 나로서도 변명을 해둘 필요가 있다. 나만의 불명예로 끝나면 좋지만, 그것이 내가 선택한 철학에까지 미칠 염려가 있기 때문이다.

할 말은 단 한 마디뿐이다. 나는 문학이 위대한 감정을 진열함으로써 그러한 감정을 찬양하기를 요구하는 사람들, 연극이 영웅주의와 순결한 쇼를 제공하기를 바라는 사람들을 믿지 않는다. 결국 그러한 사람들은, 선을 행하는 일은 손쉽다고 이해하고 싶어 견딜 수가 없는 사람들이기 때문이다. 어림도 없는 소리다. 그것은 쉬운 일이 아니다. 비시파의 문학과, 오늘날의 문학 일부 또한 우리에게 그것이 쉽다고 믿게 하려고 한다. 자기만족은 그토록 기분 좋은 일인 것이다.

그러나 그것은 전적으로 기만이다. 영웅주의, 위대함, 고결함, 자기희생 모두 좋은 이야기이다. 그 이상의 것은 없다. 최종적으로 인간 행동의 참된 의미이기도 하다. 하지만 영웅이 되기 위해서는 반더포겔*4 활동이나 청년 가톨릭 동맹, 또는 좋아하는 정당에 들어가서 순진한 후렴구를 부르고, 일요일에는 야산에 나가면 그만이라고 주장한다면, 당신들은 스스로 옹호하기를 바라고 있는 해당 미덕을 깎아내리고 세계를 비웃는 것이 된다.

내가 실존주의란 음울한 쾌락이 아니라 행동, 노력, 투쟁, 연대의 인간주의적 철학임을 이해받기 위해 충분히 논했다고 할 수 있을까? 이와 같은 설명을 한 뒤에도 언론인의 빈정거림이 나오게 될지도 모른다. 두고 볼 일이다. 나로서는 나를 비판하는 여러분에게 이렇게 말하고 싶다. 그것은 모두 여러분에게 달려 있다고. 결국 당신들의 자유인 것이다. 우리 또한 혁명을 위해 싸우는 사람으로 자부하고 있지만, 혁명을 위해 싸우고 있는 당신들은 우리와 마찬가지로 혁명이 선의 안에서 이루어지는가, 기만 속에서 이루어지는가를 결정할 수 있다. 권력이 없는 몇 사람에 의해 옹호되는 데에 지나지 않는, 추상적 철학인 실존주의의 사례는 매우 시시하고 가치 없는 것일지도 모른다. 그러나 이 사례에서도, 다른 무수한 사례에서도 당신들이 계속 헛소리를 하느냐, 아니면 비판을 다만 비판으로서 하고 인정할 것은 인정하느냐에 따라, 인류가 앞으로 어떻게 될지 결정된다. 바라건대 이 점을 이해하여 조금이라도 정신을 건전하게 만드는 불안을 느끼기를.

---

*4 1901년 독일에서 일어난 자발적인 청년 운동. 독일어로 '철새'라는 뜻이며, 철새처럼 산과 들을 돌아다니며 심신을 다지는 일을 목적으로 한다.

파리 해방·묵시록의 일주일

만약에 오늘 파리가 스스로 자기를 해방시켰다고 말하지 않는다면, 당신은 인민의 적으로 여겨질 것이다. 그러나 만일 연합군이 우리에게 가까이 오지 않았다면, 도시는 저항하려는 생각조차도 하지 못했으리라는 사실은 분명해 보인다. 또 만약에 러시아군이 독일 사단의 대부분을 저지하고 쳐부수지 않았더라면 연합군은 상륙할 생각을 하지 못했을 테고, 전 세계에 퍼진 전쟁의 한 일화로서 파리의 해방은 연합군 전체의 공통된 성과였다고 결론 내리지 않으면 안된다. 게다가 상대가 스스로 떠나는 이상, 추방한 것이 아니다. 봉기가 일어났을 때 독일인은 이미 도시를 옮겨가기 시작한 것이다.

항독파의 목적은, 현재 사람들이 그들의 목적이었다고 보는 것의 반대였다. 항독파는 적의 퇴각 시기를 늦추고, 파리 점령군을 이 도시에 가두려고 했던 것이다. 그리고 특히 미래의 승리자들에게, 레지스탕스는 신화가 아니라는 것을— 외국인은 지금도 그렇게 생각하는 경향이 너무 강한 것 같지만—보여주고 싶었던 것이다. 해방된 영토 관리를 자국의 장교에게 맡기려고 생각하던 연합군의 정부에 대해, 그들은 프랑스 인민의 주권을 주장하려고 했다. 그리고 프랑스 인민에게서 나오는 권력을 정당화하기 위해서는, 스스로의 피를 흘리는 일 말고는 그 어떠한 방법도 가지고 있지 않았다는 것을 깨달았다.

파리의 운명은 파리에서 50킬로미터 떨어진 곳에 달려 있었다. 운명을 결정하려고 한 것은 독일의 전차와 미국의 전차였다. 그러나 레지스탕스의 투사들은 사실을 인정하려고 하지 않았다. 그들은 자신이 계획한 투쟁의 결말을 알려고 조차 하지 않았다. 그들은 봉기의 횃불을 올림으로써 순간적으로 자기들을 부서뜨릴 수 있는 강대하고 포착하기 어려운 적군의 사슬을 풀어버린 것이 된다. 그리고 그것이 8월 한 주간 고대 비극의 모습을 부여했던 것이다. 하지만 바로 그들은 숙명을 거부하려 하고 있었다. 독일군이 상원을, 또 상원과 함께 한 구역 전체를 폭파하는가의 여부는 그들에게 달려 있지 않았다. 퇴각 중인 사단이 갑자기 파리로 방향을 바꾸어, 우리의 도시를 제2의 바르샤바로 만들지 않는가의 여부는 그들에게 달려 있지 않았다. 그들에게 달려 있었던 것은 스스로의 행동에 의해서—더욱이 그들이 계획한 대등하지 않은 투쟁의 결말이 어떠한 것이 되었든—프랑스의 의지를 증명하는 일이었다. 그렇기 때문에 그들은 모두, 그 희망을 자기 내부 이외의 자리에 놓기를 거부하고 있었다. 무기를 들지 않은 파리 시민들은 시시각각 연합군이 곧 도착하지 않을까 불안한 마음으로 있었다. 전사들은 결코 그와 같은 것을 마음에 묻지는 않았다. 암묵의 협정에 의해서 그것에 대해 이야기하는 것이 금지된 것처럼 보이기까지 했다. 그들은 할 일을 하고 있었던 것이다.

그 주의 어느 오후, 내가 어떤 레지스탕스 신문을 맡고 있던 친구를 급히 만나러 갔을 때, 사람들이 와서 어느 건물 주위에 독일군이 잠입해 있다고 그에게 알렸다. 그는 나에게 이렇게 말했다.

"만약 오늘 밤 그들이 공격해 온다면 우리는 독 안에 든 쥐와 마찬가지일세. 출구는 두 곳밖에 없는데 그 두 곳마저 감시당하고 있네."

"무기를 얼마쯤 가지고 있는가?"

그는 어깨를 움츠리며 나에게 대답했다.

"아무것도 없네."

이와 같이 그들을 스치고 지나가는 희미한 위험 가운데 이 신문 기자들은 자기들 일을, 신문을 인쇄하는 일을 수행하고 있었다. 다른 일—즉 자기 몸의 안전이나 모험을 무사히 해결하는 가능성—에 대해서는 그들은 생각하지 않으려고 했다. 그러한 일은 어느 것이나 자신의 행동으로 결말을 낼 수 없는 이상, 자기들과는 전혀 관계가 없다고 생각했던 것이다.

따라서 파리 봉기의 또 하나의 측면은 축제 분위기였고, 봉기는 그러한 분위기를 줄곧 유지했다. 시내가 모두 화려한 옷차림으로 장식되어 있었다. 그렇게 해서 무엇을 축하했을까? 인간과 그의 힘이라고 나는 생각한다. 파리 봉기 일주년이 최초의 원폭이 나타난 바로 뒤에 일어났다는 것은 든든한 일이다. 원폭이 나타내고 있는 것은 인간의 부정이다. 원폭은 전 인류를 파멸시킬 위험이 있다는 것뿐만 아니라 가장 인간적인 특질, 용기나 인내, 지성이나 진취의 정신을 공허하고 효과 없이 만들기 때문이다.

반대로 FFI(프랑스 국내 항독군의 대원)의 대부분은 1944년 8월, 자기가 단지 프랑스를 위해 독일군과 싸우고 있을 뿐만 아니라, 인간을 위해 기계의 맹목적인 힘과 싸우고 있다는 것을 막연히 느꼈다. 우리는 이러한 말을 귀가 따가울 만큼 들어왔지 않은가? 20세기 혁명은 19세기의 혁명과 같지는 않을 것이다. 군중의 폭동을 진압하는 데 비행기 한 대, 대포 하나로 끝나게 될 것이다. 독일이 대포의 행렬로 파리를 포위할 것이라는 말을 귀가 아프도록 들어왔지 않은가! 그리고 실제로 그들의 기관총이나 전차에 우리가 저항할 수 없다는 게 충분히 증명된 것이 아니었던가! 그런데 이 8월, 거리에서 마주치는 전사들은 셔츠 차림의 젊은이들이었다. 그들이 무기로 사용한 것은 권총 몇 정과 소총, 몇 발의 수류탄 그리고 몇 개의 휘발유를 채운 병뿐이었다. 그들은 거창하게 무장한 적을 앞에 놓고 돌아다니는 자유 속에 가벼운 몸을 느끼며 들떠 있었다. 한 순간마다 만들어지는 그들의 규율이, 교육을 받은 규율을 이겨내고 있었다. 그들은 인간의 벌거벗은 힘을 으스대고, 또 우리에게 으스대게 했다.

우리는 앙드레 말로가 《희망》에서 '묵시록'의 실현이라 부른 것을 생각하지 않을 수가 없었다. 그렇다, 그것은 '묵시록'의 승리였다. 언제나 질서의 힘에 억눌린 '묵시록'이 이 시가전의 한정된 범위에서 승리를 차지한 것이다. '묵시록', 즉 혁명 세력의 자발적인 조직화가 파리 전체가 이 8월의 일주일 동안 아직 상처를 입지 않고 남아 있다, 인간은 아직 기계를 이겨낼 수 있다, 또 싸움의 결말이 폴란드에서 그랬던 것처럼 레지스탕스 세력의 괴멸이었다 해도 이 며칠 동안만으로 자유의 힘을 충분히 증명할 수 있으리라 느끼고 있었다. 따라서 FFI가 파리를 독일로부터 문자 그대로 해방시킨 것은 아니었다 해도 그다지 중요하지가 않다. 그들은 순간마다 각 방어벽 그늘에서, 하나하나의 포장도로 위에서 자신을 위해서, 모든 프랑스인을 위해서 자유를 행사했으니 말이다.

앞으로 해마다 공식적으로 마땅한 일을 축하해 가는 것, 그것은 자유의 작렬, 기성 질서의 붕괴, 그리고 유효하고 자발적인 질서의 건설이다. 축제가 그 뜻을 곧 잃게 되지는 않을까 하는 염려는 있다. 그러나 우리 의식 안까지 인계할 수 있는, 봉기의 어떤 측면이 존재한다. 1789년 군중이 바스티유 감옥으로 몰려갔을 때, 그들은 자기들이 무엇을 하고 있는지 그 의미와 결과를 몰랐다. 자신들이 한 일에 대해서 뚜렷한 의식을 가지고서 그것을 하나의 상징으로 높인 것은, 나중에 이르러 서서히 나타났다.

하지만 우리 시대는 역사를 만든다는 의식을 가지고 있다. 놀라운 일은 1944

년 8월, 봉기의 결말이 아직 불확실했을 때 곧 그 상징적인 성격이 결정되었다는 점이다. 폰 콜티츠*¹는 파리 파괴를 주저함으로써, 연합군 수도 입성의 날을 단축하는 것을 승낙함으로써, 레지스탕스 투사들은 파리에서의 격전을 선택함으로써 이 모든 사건이 '역사적'이 되는 것을 결정했다. 누구나가 파리의 갖가지 격노를 생생하게 떠올리고 있었다. 누구나가 이 사건을 전쟁을 놓고 도박하는 중요한 일 가운데 하나로 보았다. 그리고 어느 전사든지 투쟁 안에서 역사를 쓰고 있다는 인상을 품고 있었다. 파리의 모든 역사가 저 햇빛 속에, 뒤집어 엎어진 저 포석 위에 있었다. 그런 까닭으로 이 비극, 인간의 자유에 대한 대담한 긍정은 '의식'과 같은 그 무엇이었다. 성대하고 피비린내 나는 의식, 주의 깊게 순서가 갖추어진 인신 공여와도 같은 무엇인가 죽은 자를 가지고 숙명적으로 종결하는 의식이기도 했다.

비극의 거부, 묵시록, 그리고 의식이라고 하는 이 세 가지 양상이야말로 1944년의 봉기에 그 깊고 인간적인 성격과, 우리의 심정을 울리는 지속하는 힘을 주었던 것이다. 이 봉기는 오늘날에도 여전히 우리 희망의 가장 좋은 이유 가운데 하나가 아닐까? 우리에게는 우리의 힘만으로 스스로를 해방시켰다고 생각하는 일, 외치는 일 등은 불필요하다. 길을 돌아 또한 샤를 모라스*²를 만나 '프랑스, 프랑스만이' 등의 어리석은 말을 다 같이 되풀이하고 싶다는 것인가? 또 발을 구르면서 커다란 몸짓으로 트집을 잡아, 국제협조의 장에 날마다 자리를 요구하여 날마다 거절을 당하는 것도 마찬가지로 쓸데없는 일이다.

그러나 언젠가는 우리를 짓눌러 죽일 위험이 있는 초강대국의 힘을 앞에 두고 시작한 1944년의 봉기는 우리에게 진짜 힘을 명백히 해주고 있지 않은가? 의식 같고 균형이 잡히지 않은 이 투쟁에서, 파리는 독일의 전차에 맞서 인간의 힘을 입증했다. 큰 환상을 품는 일도 없이, 지나치게 희망을 가지는 일도 없이 방금 승리를 얻은, 약간은 비인간적인 데가 있는 젊은 힘에 대항하여 인간적인 면을 지킨다는 것은 오늘날에도 여전히 우리가 할 일이 아닐까?

---

*1 1944년 무렵 파리 방위사령관. 퇴각 전에 파리를 폭파하라는 히틀러의 명령에 따르지 않았다.

*2 프랑스 평론가·시인(1868~1952). 군주제 부활을 표방하는 단체를 결성하고 왕정주의를 주장했다.

Vérité et existence
진리와 실존이란 무엇인가

진리와 실존

아무런 제약을 받지 않는 실존의 유일한 유형은 헤겔의 절대주관[*1]이다. 그 자신이 독립적으로 존재하는 상태인 즉자(卽自)는 자기 의식을 가진 인간의 존재인 대자(對自)[*2]가 되지 않으면 무너지기 마련이다. 불행하게도 여러 개의 의식이 있고, 즉자존재가 있다. 의식이 개별적이라면 이 절대주관의 무엇이 남을까? 먼저 이 의식이 하나의 절대적인 주체라고 하는 것이다. 왜냐하면 의식은 대자적으로 있기 때문이다. 그러나 의식이 (절대적인) 대자인 것은, 즉자에 관한 의식인 한에 있어서이다. 그리고 즉자는 결코 자기에게 즉자일 수는 없으며, 자기가 아닌 하나의 의식에 대해서 즉자인 것이다. 이렇게 해서 인식이 나타난다. 즉자—대자는 존재의 순수한 유형이다. 그렇기 때문에 의식은 인식이 아니라 실존인 것이다.[*3]

존재의 이중화는 실존에 대해서 필연적이다. 이 이중화는 자기에 대해 눈앞의 변화를 가져온다. 절대주관은 비실체적이다. 스스로가 그것에 관한 의식인 즉자와의 관계로 말하자면, 의식은 스스로가 의식하는 그 자체일 수는 없다. 의식이 즉자를 존재에 매어두는 것은, 즉자가 하나의 절대주관에 있을 때뿐이다. 이와 같이 인식된 존재는 서로 섞여서 이루어진 것으로 불완전한 존재이다. 그것은 조건이 붙지 않으면 될 수 없는 대자존재이며, 하나의 절대주관에 대한 존재가 될 수 있는 대자존재이다. 주체는 절대적이지만 즉자에 대한 의식 말고는 그 무엇도 아니다. 즉자는 그 무엇이기는 하지만 그 존재에서 스스로를 유지할 수 있는 것은, 스스로가 아닌 절대주관에 의해서뿐이다. 이처럼 인

---

*1 절대 주관의 원어는 absolu-sujet이다. '절대적인 것의 주체'라고 번역될 테지만 뒤의 논지와의 관계에서 자주 나오는 것을 고려하여 이 책에서는 감히 절대주관이라고 옮겼다.

*2 즉자(en soi)란 인간에 의해 의식되건 않건 간에 그 자체로서 본디부터 존재하는 것이고, 대자(pour soi)란 그 자체로서 존재하지 못하고 늘 다른 존재와의 관계를 통해서만(그 무엇에 관한 의식으로서만) 존재하는 것이다.

*3 《존재와 무》 '반성 이전적인' 코기토와 '지각'의 존재 참조.

식이란 존재를 존재의 어둠에서 끌어내는 일이지만, 그렇다고 해서 존재를 대자의 투명성까지 이끌 수는 없다. 그래도 인식이란 존재에 존재 차원, 즉 '밝음(luminosité)'을 준다.

진리란 의식에 따라서 존재로 도래하는 어떤 종류의 차원이다. 절대주관에게 진리는 어떤 존재(자)의 '있어야 할 존재'이다. 진리를 이야기한다는 것은 코기토의 수준에서는 쓸데없는 일일 것이다. 왜냐하면 우리가 가지고 있는 것은 그 어떤 존재(실존)뿐이기 때문이다. 진리의 본질이란, '그 어떤 존재가 있다'고 할 때의 '있음(il y a)'이다. 진리에 대한 사랑은 존재에 대한 사랑이며, 존재 눈앞의 기능에 대한 사랑이다. 만약에 진리의 탐구가 나와는 전혀 관계없는 존재가 무엇인가를 규정하는 일뿐이라고 한다면, 이렇게 사람을 열중시키는 일은 없을 것이다. 진리가 창조라고 해도 마찬가지이다. 그러나 진리란 내가 그것에 새로운 존재 차원을 부여하는 범위 속에서만 존재 그 자체인 것이다. 존재는 어둠이다. 밝은 곳으로 나온 존재는 이미 무엇인가 다른 존재이다. 밝은 곳으로 끌어냄으로써 절대주관은 한계에 이른다. 그 한계에서 절대주관은 즉자를 회복하고 아울러 대자로 만듦으로써 스스로의 실존을 정당화한다. 그러나 실존은 비존재의 넘기 어려운 한계인 무(無)에 의해서 정지된다. 그러나 절대주관은 즉자 존재의 관계를 가지고 있다. 왜냐하면 그것은 그 어떤 즉자 존재가 있기 위한 존재이기 때문이다. 순수한 사건으로서, 즉 즉자의 잠재적인 새로운 차원으로서 즉자를 찾아오는 즉자의 드러남, 그것은 절대주관이다. 이와 같이 진리란 절대적인 사건이며, 이 사건이 나타나면 인간적 현실과 역사의 출현이 겹치게 된다.

진리는 존재의 한 역사로서 시작되며, 진리는 존재의 하나의 역사이다. 왜냐하면 진리란 존재의 점진적인 폭로[4]이기 때문이다. 인간이 소멸하면 진리도 소멸하며, 그때 존재는 감찰관이 없는 어둠으로 또다시 가라앉는다. 그러므로 진리는 존재 그 자체의 시간성이지만, 그것은 절대주관이 존재에 새로운 존재

---

[4] 이 책에 자주 나오는 '폭로한다'의 원어는 dévoiler, 명사 dévoilement는 폭로라고 번역한 경우도 있다. 우리말로서는 약간 강한 느낌이 들지도 모른다. 이 프랑스어는 일상적으로도 쓰는 말이지만 《진리의 본질에 대해서》의 프랑스어판에서 dévoilement는 하이데거의 Entbergung의 역어로서 사용되고 있다. 따라서 이와 같은 의미 관련을 고려하면서 노현(露現)으로 옮길 수 있었을지 모르나 사르트르의 경우 '베일을 벗긴다'고 하는 능동성이 강조되어 있기 때문에 '폭로하다'로 번역했다.

차원인 점진적 폭로를 부여할 때에 한해서의 일이다. 절대주관은 전체화를 행하는 것이므로, 진리가 전체적인 것은 마땅하다. 절대주관이 존재 안에 출현함으로써 존재 또한 전체성을 있게 한다. 진리인 것은 존재의 이 구체적인 전체성이지만, 그것은 다만 보이는 것이 이 전체성이기 때문이다. 진리는 추상적인 '진리'의 논리적이고 보편적인 조직은 아니다. 진리는 존재가 인간적 현실의 역사화에 있어서의 하나의 '있음(il y a)'으로서 나타나는 범위에서 존재의 전체성이다. 하지만 진리는 단 하나의 절대주관에 대해 존재할 수는 없다. 만약에 내가 영험을 전달한다면, 나는 그것을 폭로하는 행동과 함께 그리고 내가 그 위에 심은 흔적 및 선별과 함께, 즉 윤곽과 함께 영험을 전달한다. 그 경우 다른 사람에게 건네지는 것은 하나의 즉자–대자이다. 만약에 내가 "탁자는 둥글다" 말하면 나는 일련의 대상*5 안에서 하나의 폭로된 것, 즉 이미 전달된 것을 타자에게 전달하는 것이다. 그것은 바로 내가 하나의 펜대(이미 가공된 나무)를 건네는 식이다. 그때 즉자는 새로 오는 사람에 대해서는 대자로서, 주관성으로서 나타난다. 그것은 즉자이지만, 동시에 어떤 주관성이 즉자에 대해 폭로한 것이기도 하다. (나는 자기 동반자를, 그가 풍경 안에서 제시한 것에 따라서 판단한다.) 아울러 대자는 즉자가 된다. '영상=시각'과 '진술'을 나 고유의 목적을 향해서 초월함으로써, 나는 나 자신의 과정에서 이들을 대상으로 하며, 이를 곧 진리라고 말한다. 그것은 주관적인 것에서의 객관성이 진리라는 뜻이다. 예를 들면 갈릴레이가 본 것이 법칙이 된다.

만약에 피에르가 탁자를 나에게 보여준다면, 나는 그 탁자를 피에르의 의식을 통해서 본다. 이 단계에서 새로운 절대주관이 우주를 인간적인 것으로 통합한다. 실제로 대상은 이미 즉자로서 폭로되어야 하는 것이 아니라, 이미 폭로된 것으로서 간접적으로 제시되어야 한다.*6 즉 나는 폭로된 것을 되돌려 받는다.

---

*5 원어 object는 대상, 물건, 객체를 의미하며 사르트르의 경우는 이 세 의미가 교차해서 쓰이고 있다. '객관=대상=물체'라 하고 싶은 대목이지만 복잡해지므로 '대상'으로 했다.

*6 간접 제시의 원어는 apprésenter. 이 말은 《진리의 본질에 대해서》에서는 apprésentation으로서 Vor-stellen의 역어로 쓰인다. 그러나 뜻으로 생각건대 여기에서는 후설이 《데카르트적 성찰》(제50절)에서 '간접 제시'라는 뜻으로 사용하고 있는 Appräsentation의 역어로서의 apprésentation이라고 여겨진다. 후설에 의하면 간접적 제시는 눈앞에 현존하는 것의 지각인 Präsentation에 입각하는 상상적 제시(Vergegenwätigung)를 말한다. 즉 눈앞에 현존하는 것의 지각 안에 당연히 포함되어 있어서 그와 함께 현존하는 것(예 : 집의 앞면에 대해서 보이지

이 폭로는 대상이 주관적인 형식으로서 존재하는 '바탕' 그 자체가 된다. 내가 보고 있는 대상은 타자에 의해 '이미 보인 것'인데, 그는 폭로를 '그 이상 진행하지 않았다'. 만약에 내가 더욱 진행시킨다면 발견된 총체는 주관적인 것이 된다(주관적 유한성이야말로 나에게 나타나 나의 출발점이 된다). 이때 우리가 이미 아는 것은 그것이 한정된 이 폭로인 한, 하나의 즉자(대상, 법칙)이며 나는 그것을 새로운 폭로 쪽으로 이 즉자를 불러냄으로써 대자로서 거두어들인다. 이와 같이 진리를 발견하는 절대주관은 타자를 위해 그것을 발견하는 일을 바랄 필요가 있으나, 그것은 진리가 즉자의 단계를 통과한 뒤, 대자로서 거두어들여지기 위한 것이다. 자기 혼자라면 절대주관이 할 수 있는 일은 대자로서, 또 확실성의 수준에서 폭로하는 행동을 하고 실존할 뿐이다. 절대주관은 그것을 폭로해야 할 즉자의 단계에서, 즉 진리의 단계에서 스스로 그것을 뚜렷이 나타나게 할 수는 없다. 그러나 만일 그것을 선물한다면 폭로된 것은 뜻을 가진 사물, 즉 지시하는 사물이 되어 결국은 거두어들여지고 만다. 왜냐하면 타자에게는 이 지시가 그 자신의 행동과 일치하는 수단이 되어버리기 때문이다.

따라서 판단이라는 것은 개인적인 현상이다. 나만 존재한다면 판단할 필요는 없다. 내가 판단하는 것은 오직 타자를 위해서이다. 판단은 타자에게 지시하는 하나의 몸짓이며, 객관적인 동시에 주관적이기도 하지만(즉 즉자적이고 대자적이다) 다른 사람에 대한 것이다. 반대로 말하면 나는 공(共)−존재(Mit-Sein) 안에 살고 있는 것이고, 내가 보는 것은 타인에게 지시하기 위한 것뿐이다. 더 자세히 말하자면 나는 자주 지시함으로써 더 많이 보게 된다. 이렇게 해서 사람은 타인을 위해서 본다. 또는 이미 보인 것을 본다. 이처럼 절대주관에 의해 폭로되어 어둠에서 나온 즉자의 새로운 차원은 견고한 것이 되어간다. 그리고 이 즉자의 폭로가 다른 절대주관에 대해서는 이미 실존하며, 그는 그것을 먼저 즉자로서 파악하고 그 뒤에 자기 것으로 만든다. 이것이 바로 진리라고 불리는 것이다. 즉 그것은 어떤 대자로 나타난 즉자인데, 그때 주관적인 그 출현은 다른 대자에 대해서 즉자로서 폭로된다. 반대로 말하자면 처음에 폭로한 절대주관을 지닌 나에게 자기 폭로는 순수하게 생긴 것이었는데, 다른 사람으로 말미암아 절대적 객체가 되어버린다. 비록 내가 그것을 먼저 타인에게 주

않는 집의 뒷면)의 예측을 말한다. 이 간접 제시를 후설은 타자경험의 원칙으로 삼는다.

었다고 해도 그렇다. 그렇게 되면 나 자신은 스스로에 대해 즉자가 되어버린다. 왜냐하면 타인은 나의 살아 있는 폭로를 인식된 진리로서 되돌리기 때문이다. 그러나 내가 폭로하는 직관을 새로 실현한다면 나는 '진리—로서의—즉자'를 되돌려 받아, 나의 진리는 나에게 즉자이자 대자가 된다. 이와 같이 전체적인 진리는 구체적인 현실이다. 이 진리는 인간의 전체 역사를 통해서 나타난 전개이며, 그 나타남은 전체의 나타남이기 때문이다. 그러나 진리의 이상은 전체성으로서 해석된 주관성에 따라서 객체 전체를 되돌려 받는 것이 아니다. 즉자는 스스로를 나타내면서 즉자인 채 머물며, 결코 그 어떤 대자 가운데에서도 해소되는 일이 없기 때문이다. 또 폭로하는 주관성은 스스로의 폭로를 즉자– 대자로 변환하는 하나의 주관성을 언제나 구한다. 왜냐하면 인류는 전체화를 벗어난 전체성이기 때문이다. 진리의 이상이란 존재 전체가 명백하게 되고 그 대로 존재를 이어가는 것이다.

진리라는 것은 말하자면, 즉자가 자기 자신을 되돌려 받는 일이기도 하다. 왜냐하면 존재가 늘 어느 관점에 대해서 폭로되기 때문에 사람은 이 관점을 주관성으로 생각하기 쉬운데, 사실 그렇지 않기 때문이다. 주관성이란 단지 밝은 곳으로 끌어내 놓는 것에 지나지 않는다. 실제로 관점은 내부 세계의 언어에 따라서 객관적으로 정의될 것이다. 이를테면 펜대는 광학의 물리 법칙에 따른 망막의 기능으로써 정의되는 세계 내부의 존재에 대해서, 나타날 만하기에 나타난다. 감각론의 오류는 관점을 객관적으로 정의하여, 지각 현상이 객관적 법칙에 따른다고 믿는 데서 온다. 즉 지각에 의해서 우리는 세계 밖으로 나갈 수가 없는 것이다. 물론 그것이 지각이라고 한다면 이야기는 달라진다.

그러나 지각이란 이미 즉자가 표현된 중첩(redoublement)이다. 관점은 즉자라는 말로 (신사실주의자[*7]가 파악한 것처럼) 완전히 정의될 수 있다. 그 밖에는 아무것도 없다. 오로지 체계 전체를 명백히 할 뿐이다. 문제가 되는 것은 존재로 나타나는 존재이다. 그런데 나타남 자체는 존재가 아니며 주관성이다. 이처럼 끊을 수 없는 연결고리가 여기에 있다. 그러나 이 정지된 중첩은 진리에, 그 실재성이라고 하는 성격을 보증한다. 즉자는 초세계적인 존재 앞에, 즉 즉자에 대해서 외적이고 무관심한 상태의 관계에 있는 듯한 존재 앞에 함께 나타나는

[*7] 사실주의의 단순한 묘사에서 한 걸음 나아가 인생의 내면적 진리를 파악하려고 하는 예술 상의 태도나 사상을 신사실주의라 한다.

것은 아니다. 세계는 세계의 한가운데에 있는 존재(자)에 나타난다. 즉자가 나타나는 조건은 즉자에 의해서 정의된다. 따라서 지각은 세계의 내적 화합이며, 어떤 의미에서 세계가 자기 자신에 나타나는 일이다.

내가 벨벳을 만질 때 실존시키는 것은, 절대적이면서 그 자체인 벨벳도 아니고 초세계적인 의식에 상대적인 벨벳도 아니다. 나는 벨벳을 육체에 대해서 실존시킨다. 음식은 이 세계 안의 존재를 위하여 나타난다. 따라서 그것은 절대적인 성질이다. 현실이란 진리를 드러내는 존재가 세계 안에 존재하고, 세계에 속하여, 세계 안에서 위험에 드러나 있다는 것이다. 현실이란 밝은 곳으로 끌어낸 사람이 자기가 꺼낸 것에 의해서 파괴될 (강화될 또는 채워질) 수 있다는 것이다. 진리의 세계에 대한 이 귀속성을, 또는 현실을 진리가 체감되거나 체험된다고 하는 사실로서 정의할 수도 있을 것이다. 어떤 의미에서는 모든 진리는(비록 '과학적' 진리라고 해도) 위험이나 노력으로서 체험되는 것이고, 반대로 말하자면 (노여움이나 공포, 수치심, 사랑, 도피나 성실, 자기기만 안에서) 체험된 모든 일은 진리를 드러내는 것이다.

진리는 유일한 절대주관의 소유물로 머무를 수는 없다. 진리는 주어지기 위해서 있다. 절대주관은 이름이나 권력을 전담하는 것처럼(모성 계승), 스스로가 보는 것을 전한다. 진리는 선물(don)이다. 그러나 이 선물이 우리를 무한으로 향하게 한다면 진리는 위험에 처하게 된다. 만일 진리로부터 이상적인 요청을 고려한다면 역사는 하나의 선율처럼 마무리될 필요가 있다. 즉 역사는 주관성을 실을 필요가 있고 진리에 의미를 부여하고 결론 지우는 마지막 주관성을 필요하게 한다. 그렇게 되면 진리는 이미 주어진 것이 아니게 되고, 그 최종적 의미는 안정된 자기 본위적인 모습이 된다. 우리는 수단이 되고 최종적 의식은 목적이 되어버린다. 그리고 진리의 의미는 살아 있는 선물이 되지 못하고 하나의 상이 된다. 이 모든 것을 아는 세대는*8 세계에 대해 하늘 위로 날아오르는 하나의 초월을 발견하게 된다. 이 세대는 자신 앞에 알 수 있을 뿐만 아니라 조작 가능한 여러 대상의 총집합을 얻게 된다. 이렇게 해서 우리는 어떤 존재가 위

---

*8 사르트르는 아마도 부주의에 의해서 하나의 가정(나중의 주관성)에서 다른 가정(나중의 세대)으로 비약하고 있는데 추론에는 큰 차이는 없다. 아는 바와 같이 사르트르는 집필하면서도 생각하고 다시 쓴 것을 지우지 않는 일도 있었다. 게다가 이것은 맨 처음 원고인 것이다.

로 떠오름으로써 세계를 관상한다고 하는 구식 이론으로 되돌아가게 된다.

그뿐만이 아니다. 만약에 역사가 하나의 목적(=종언)을 갖는다면, 역사는 사라지게 될 것이다. 왜냐하면 수단(=중간)은 비본질적이고, 목적(=종언)만이 본질적이기 때문이다. 시간성은 부정되고 만다. 생성된 진리라고 하는 헤겔적 개념(이것은 옳은 것이지만)까지도, 진리의 정지 상태를 감추고 있다. 왜냐하면 진리가 생성되었다는 것이 필요하다고 해도, 이 '생성했다'는 종언에 있어서는 진리의 움직이지 않는 성질만을 의미하기 때문이다. 잘 살고 잘 사랑했다고 하는 사실이 노년의 움직이지 않는 성질인 것과 같다. 이리하여 역사가 역사로서 의미를 갖는 것은 그 종언이 파국적인 경우뿐이다. 그 내적이고 비극적인 충돌은 하나의 목적=종언밖에 가지지 않는 최종항을 정립한다. 다른 말로 하면 역사의 목적=종언은 외적 한계이지만 내적 한계로서 요청되는 것이다. 또 복수성은 뛰어넘을 수가 없으므로, 복수적 의식의 개념 자체 안에는 어떠한 경우에도 전체화가 이루어질 수 없는 것이 포함된다. 이리하여 역사의 목적=종언이 어떠한 것이 되었든, 그것은 과학=앎에 대해서 파국적인 것이다. 왜냐하면 진리가 결정되지 않았기 때문이다. 이를테면 원폭으로 말미암아 지금 세계가 파괴된다면 마르크스주의가 역사의 해석으로서 옳은가 아닌가, 과학 세계에서의 하이젠베르크, 브로글리, 아인슈타인 이론의 참된 장소는 어디인가, 진화론의 참다운 개념은 무엇인가, 멘델과 리센코*⁹ 중 어느 쪽이 옳은가와 같은 일은 절대로 결정되지 못한다. 그리고 오늘날 과학은 그 이전의 여러 진리를 그 참된 장소로 통합하는 것이므로 그리스의 과학까지, 아르키메데스의 원리*¹⁰까지 적어도 의미로서는 의문으로 돌려보내진다.

그러나 역사의 유한성을 발견함으로써 철학은 우리를 해방시킨다. 왜냐하면 이제 진리의 기준은 그것을 뚜렷이 나타내는 자가 정하는 행위로서 결정되기 때문이다.*¹¹ 구체적인 증여나 선물이 익명의 것이 아니라 필연적으로 받는 사

---

*9 리센코(1898-1976)는 소련의 농학자·생물학자. 환경과 조건의 변화가 생물의 유전적 성질을 결정하여 변화시킬 수 있다고 주장했다.

*10 아르키메데스의 원리는 사르트르가 좋아하는 예의 하나이며, 《유물론과 혁명(1946)》에서도 예로 들고 있다.

*11 이 근처의 기술은 약간 애매하다. 진리를 탐구하는 스스로가 전체화를 바라지만 전체는 결코 다다를 수 없다는 사실을 기억할 필요가 있다. 또 전체화에 이르는 것은 바람직한 일도 아니다. 왜냐하면 '선율처럼 끝나는' 목적=종언이 우리 밖 의미가 있는 역사의 언저리

람의 주소를 가지고 있는 것과 마찬가지로, 증여로서의 진리 또한 익명은 아니다. 나는 나의 친구, 나의 아내에게 어떤 광경이나 현상을 지시한다. 그리고 이에 따라서 나는 진리의 전체 범위 곧 외연(外延)도 결정한다. 이 경우로 말하자면, 나는 자전거로 길을 지나는 사람으로까지 외연을 넓힐 생각은 조금도 없다. 대자는 과거, 현재, 미래의 관계 중에서 자신의 장소에 대해서 살아온 인식을 가지고 또 절대적인 것으로서 이 장소를 정의하는데, 이와 같은 대자의 전체적인 역사화에서 여러 의식의 선택이 이루어진다. 이 진리는 그들이 그것을 살기 때문에 의식으로 주어진다. 이것이 바로 오늘날의 그리고 내일의 보편적 구체(具體)이다. 나의 능력은 무한히 뒤로 이어지는 세대를 그림자 속에 남겨놓는다. 다시 말하면 나는 나의 진리를 그들에게 인도하게 되는데, 그것은 마치 나의 역사 외부에 있는 자유(로운 존재들)로 인도하는 듯한 것이고 이들 자유(로운 존재)는 자기들이 원하는 대로 사용하기 위해서 선택된다. 나는 지금 어떤 의미에서 좀더 광대한 역사 속에 있는 우리의 '역사의 종언'을 정의하는 것이다. 나는 유능한 역사를 선택함으로써 역사의 한계를 내면화한다. 이것은 동시에 미래도 정의하게 된다는 것을 이해해야 한다.

사람들은 '자기가 사는 시대를 위해 쓴다'[*12]는 표현을 자신의 현재를 위해 쓴다는 뜻으로 이해했다. 그러나 그것은 틀린 말이다. 그것은 구체적인 미래를 위해, 즉 각자의 행위에 대한 희망과 두려움과 가능성에 따라서 한정된 미래를 위해 쓰는 것이다. 내가 활동하는 그 안에서 진리의 영역을 한정하기 위해서는 최근 50년이나 100년의 역사로 충분하다. 진리는 주관적이다. 한 시대의 진리는 존재의 발견으로서 산 의미나 풍토 등이다. 주관적으로 말하자면 슈펭글러가 옳다. 시대 전체가 태어나고 그러고 나서 죽는 것이다. 객관적으로 말하자면 마

에서 우리를 기다린다고 하면, 혹은 신이 그 주인공이라면, 혹은 역사의 마지막 말을 알게 되는 마지막 세대가 있다고 가정한다면 우리는 단지 맹목적인 수단(=중간점)이 되어버려 우리라고 하는 수단을 통해서 이 의미가 나타나는 것이 되어 모든 진리의 탐구는 소용없어지기 때문이다. 그러나 만약에 우리가 유한성을 받아들여 신학적이거나 과학적인 확대 적용을 하지 않고 자기에 대해서는 역사의 어떤 목적만을 확정한다면 진리와 역사적 행위는 가능하게 된다. 이 문제는 이 책 마지막에서 다시 한 번 다루어지지만 그것으로 이제까지의 고찰이 결론에 이른다.

[*12] 〈레 탕 모데른〉지 제32호(1948년 6월) 참조. 1946년에 집필된 이 논고는 프랑스에서도 큰 반향을 일으켰다. 작가가 시대 속에서 시대를 위해 (=시대를 향해서) '절대'를 선택할 수가 있다는 것을 사르트르는 강조한다.

르크스가 옳다. 시대는 죽지 않고 죽으며, 그 죽음에는 확정된 하나의 날짜는 없다. 시대는 다시 되풀이되고 극복되어 분석된다. 시대의 온갖 진리는 그 의미를 바꾸면서 통합되어, 다시 각자가 산 과거를 그가 산 미래로서 결정한다. 그러나 슈펭글러도 마르크스도 객관성, 주관성에 의존하고 있는 점에서 잘못되었다. 슈펭글러는 죽음에 이르기까지 자신을 만들어 가는 주관적 유한성을 애초 운명이라는 이름의 객관적인 사물로 밀어 넣는다. 그러나 시대가 이러이러한 운명을 가지고 있다고 정하는 것은 다음 세대의 일이다. 왜냐하면 시대는 죽었기 때문이다. 마르크스에게 앞의 시대에 대해서 객관적인 것을 결정하는 것은 현재의 시대이다. 이와 같이 세대를 이어간다. 그러나 객관적인 전통이 있으므로, 사람들은 객관성의 한가운데에 있는 주관성의 요소를 지우려고 한다. 객관성은 단절되어 있다. 그것은 주관적인 것으로부터 변함없이 나타나는 요소로 유지된다. 그리고 사람들은 객관성을 모든 주관성의 뼈대와 지속적인 원칙으로 삼으려고 한다.

이는 내가 주장하는 진리가 나에게 자기 시대에 상대적인 것처럼 여겨진다는 것을 의미하지는 않는다. 진리는 나에게 절대적으로 참이며, 나는 그것을 절대적인 참으로 타자에게 준다. 그것은 절대적이다. 다만 진리가 살아 있는 시대를 결정하는 것은 나이다. 그 진리가 살아 있다는 것은, 남에게는 해명이며 보이기이고 앙가주망인 동안뿐이다. 갈릴레이 시대의 지구 자전, 하비 시대의 혈액 순환, 뉴턴 시대의 만유인력이 그러했다. 그 시대에 사람들은 그 진리를 원했다. 따라서 판단하는 것은 바라는 것이며, 위험을 저지르는 일이고, 보이는 데 목숨을 거는(앙가제하는) 일이었다. 진리는 다음 세대에 전달되면 죽고 만다. 이는 진리가 확실성이라고 하는 성격을 잃는다는 뜻은 아니다. 오히려 진리는 순수한 도구, 또는 사실의 선험적이고 자명한 구조가 되어버리는 것이다. 어떤 주관성에 따른 즉자의 계시였던 관념이 법칙으로 되어버리는 것이다. 그리고 이 법칙은 다음 세대에게는 사실이 된다(지구가 돌고 있다는 것은 '사실이다' 하는 식으로). 그것은 죽어 있다. 영원한 진리란 죽은 진리이며, 즉자로 되돌아간 진리이다. 그러나 진리란 생성된 것이 아니라 생성하는 것이다. 생성을 그만두면 진리는 죽고 만다. 이것은 진리가 허위가 된다는 뜻이 아니다. 진리는 규정되지 않는 것이 된다. 즉 이미 그 자신의 맥락이나 분절에 의해서는 파악할 수가 없게 되어 새로운 유기체를 구성하기 위한 뼈처럼 취급받게 된다. 진리가 생성된 과정 따위는 상관없는 것이 된다. 아르키메데스 원리의 죽은 생성에는 누구도 흥미를 가지지 않는다. 그러나 인간은 오랫동안 영원한 것에 바탕을 두고 스스로의 위치를 정해 왔기 때문에 산 진리보다도 죽은 진리 쪽을 좋아했고, 죽음의 이론과 다름없는 진리의 이론을 만들어 온 것이다.

진리의 근거는 자유이다. 따라서 인간은 비진리를 선택할 수가 있다. 이 비진리가 무지나 거짓말이다. 한편 폭로는 폭로된 것이 원래는 은폐되어 있었다는 뜻을 함축한다. 주관으로서 이것은 인간의 상태가 본디 무지임을 의미한다. 결국 폭로라는 행위는 능동성 [=활동(activité)]이다. 존재 자체를 나타나는 대로 두기 위해 우리는 존재를 찾으러 가야만 한다. 여기에서 오류가 생긴다. 우리는 이와 같은 여러 문제점을 검토할 필요가 있다.

모든 것은 보는 것에서 시작되고, 보는 것(직관)으로 끝난다. 그러나 순수하게 관상적(觀想的)인 휴식으로 여겨지는 본다는 것은, 대상이 어떻게 존재하는지도, 대상의 다양한 양상(faces)도 폭로할 수가 없다. 본다는 것은 이미—비록 그것이 쉬고 있는 절대적 수동성으로서 실존할 수 있다고 해도—그 무엇인가에 대한 관계일 것이다. 의식은 무엇인가를 파악하는 정신이 되지 못하고는 실제로 존재할 수 없다는 사실만으로도 그렇게 추측하지 않을 수가 없다(《존재와 무》의 존재론적 논증). 하지만 이 무엇인가는 성질 없는 순수한 나타남일 것이다. 따라서 드러나는 순수한 영속성이나 동일성, 무변화는 변함없는 의식 앞에서 지속되는 것을 전제로 한다. 그리고 이 지속은 그 자신이 하나의 행동은 아니라고 해도 모든 행동의 근거이다. 이와 같이 순수한 의식은—그와 같은 것을 생각할 수 있다는 가정에서의 이야기이지만—존재를 폭로하는 것으로서 실존하는 것이지, 그 어떤 존재 양태를 폭로하는 것이 아니다. 대상이 아무리 다양하다 해도, 다양성이라는 개념 자체는 통일적인 행동으로써만 획득할 수가 있다. 사실 순수한 의식은 존재의 내적 부정으로서 정의될 수 있을 것이다(나는 이것을 《존재와 무》에서 제시했다).*13

그러나 이 부정이 스스로를 선택하지 않는다면 그것은 그저 특질 없는 실존에 지나지 않고, 특정화되지 않은 즉자 존재에 대한 부정밖에 되지 않을 것이다. 사실 이 관계는—여기에서는 순수한 추상으로서 여겨지지만—매우 근본

---

*13 대자는 즉자가 아닌 것으로 스스로를 구성한다.

적이다. 존재 의식 겉으로의 출현은 모든 현상의 존재로서의 즉자존재를 보이는 것이기 때문이다. 그리고 이 존재는 존재 현상도 아니고 특정한 존재(자)의 존재도 아니며, 즉자의 구체적인 존재이다(복수의 즉자나 하나의 즉자라 할 수 있지만 모든 즉자는 아니다. 그것은 사후적인 성격 부여에 지나지 않는다). 따라서 존재는 의식에 대해서 미분화 상태로 눈앞에 나타난다. 이것은 움직임이 없다고 여겨지는 출현에 있어서까지 의식이 행위이기 때문이다(의식은 자신을 스스로 있는 것으로 만든다). 존재가 인간적 현실로 폭로되는 것은 인간적 현실이 눈앞에 보이는 것, 즉 현재 이외의 차원을 가지고 있기 때문이며, 또한 그 자신이 가져야 하는 인간적 현실이 투기로서 이뤄져야 하기 때문이다. 요컨대 인식은 예측이라고 하는 '바탕' 위에서 이루어지는 것이다. 모든 투기는 폭로이며 모든 폭로는 투기의 경과이다. 그러나 여기에서 문제가 되는 것은 여러 존재의 미분화적인 보이기일 수밖에 없는 어떤 행위를 가져오는 여러 순간의 순수한 연장선은 아니다. 장래를 향하여 투기하고, 스스로의 존재 양태를 결정하는 존재(자)에 대해 즉자존재는 보이게 된다. 즉 진리는 행위에 대해서 보이게 된다. 모든 행동은 인식이며(물론 많은 경우, 지적이라고는 말할 수 없는 폭로이지만) 모든 인식은 지적인 경우일지라도 행위인 것이다. 왜냐하면 지(知)가 순수하게 계속되는 것은 수동적인 개념은 아니기 때문이다.

그것은 대상의 실천적인 사용을 거부하는 일이지만, 예측을 거부하는 것은 아니다. 물리학자는 자신의 가설을 세우고 자기 실험 장치를 구축한다. 예견되는 일이 없으면 우리는 아무것도 볼 수가 없다. 그러나 바로 이 예견이나 예측 그 자체가 순수하게 주어진 것일 수는 없다. 이 예견이나 예측은 우리 기억의 안쪽 깊은 곳에서부터 우리에게 다가오는 것이 아니며, 순수한 연합 작용으로서 떠오르는 것도 아니다. 하물며 미래의 바닥에서 우리에게로 오는 것도 아니고, 신과 같은 것에 의해 미래의 미립자로서 보내져 방출되는 것도 아니다. 만일 그렇다고 한다면, 우리는 새로운 가정에 따라 이들 예견이나 예측을 해독하지 않으면 안 되기 때문이다. 의식의 '내용'은 바로 즉자가 되어, 이 즉자에 대해 예측으로써 결정을 내려야 하고, 비결정적인 순수한 눈앞의 상태에서 이 즉자를 풀어놓지 않으면 안 될 것이다. 그리고 우리는 마침내 아무것도 얻지 못하게 된다. 우리는 오히려 분명히 자기가 행한 생각을 가질 필요가 있다. 다시 말하면 생각된 대상을 예측하고 보여주는 행동으로서 자기 생각을 현실 속에 살릴 필요가 있다. 이것은 후설이 '공허한 지향*14이라는 말로 표현하고자 했던 것이고, 이 지향은 아직 결여된 직관을 필요로 한다. 그러나 후설은 그의 시간 이론에서, 이와 같은 공허한 지향이 현재를 건너뛰어 미래가 된다는 것을 알지 못했다. 우리로서는 공허한 지향 대신에 발견하는 투기를 사용할 것이다. 대자의 풍부함은 투기의 다양성으로 측정되며, 투기를 바로 대자가 보여줄 수 있는 존재(자)의 양을 측정하는 것이다.

이와 같이 모든 보이는 존재의 근거가 자유라는 것은 틀림없다. 달리 표현하자면, 자유란 자기 자신에 대해서 미래를 지향하는 존재(자)의 존재 양식이다. 인식이 가능한 것은 자유가 있기 때문이다. 칸트가 말하는 비시간적인 자유가 여기에서 우리가 살펴보고 있는 자기 시간화하는 자유를 대신하는 것은 절대로 불가능하다. 왜냐하면 칸트적인 자유는 형상적 우주 밖에 머물러 있고, 선험적 판단의 종합적인 작업은 자기 자신을 꿰뚫어 볼 수 없으며, 자신의 근거=이성을 자기 자신 바깥에 가지고 있기 때문이다. 그러나 폭로의 가능성은 같은 자격으로 자신의 폭로를 하지 않는 가능성을 내포하게 된다. 내가 폭로를 예측하는 행위에는 마찬가지로 내가 이 폭로를 단념할 수도 있는 가능성이 포함되어 있다. 그렇지 않으면 폭로는 순수한 필연성이 되어 앞서 논증한 것과 같이, 인식이 아닌 것이 되고 만다. 인식하거나 폭로한다는 생각 자체는 자유에 대해서만 그 의미를 갖는다. 반대로 말하자면 자유의 출현은 존재를 폭로하는 것 같은 양해나 폭로한다고 하는 투기를 함축하지 않는 일은 불가능하다. 요컨대 진리가 없으면 자유도 없다.

이것은 앞서 우리가 폭로를 하지 않는 가능성에 대해서 말한 것과 모순되지는 않는다. 왜냐하면 자유에 의해서, 은폐와 폭로가 동시에 존재에 도래하기 때문이다. 그리고 자유인 인간적 현실은 진리에 대한 스스로의 책임을 필연적으로 받아들이지 않으면 안 된다. 무엇을 결단해도 자기와 함께 존재 위에 나타난 진리가 존재하지 않도록 한다는 것은 인간적 현실로는 불가능하다. 다만 자기가 존재로 도래하는 이 진리를 발견하지 않겠다는 것을 결단할 수는 있다. 자기 동일성의 원리는 좀더 일반적이고 근본적인 원리의 특수화에 지나지 않는다(자기 동일성의 원리는 영역적이다). 그 원리란, 존재는 인식 가능하다는 것

---

*14 공허한 지향(intention vide)은 《존재와 무》에서도 다루지만 이것은 후설의 《데카르트적 성찰》을 번역할 때에 페이페르와 레비나스가 bloßer Meinung을 번역한 역어.

이다. 그리고 이것은 조금도 존재가 합리적이라는 것을 의미하지 않는다. 다시 말해 존재는 일련의 수적 통일법에 따르는 것은 아니다. 다만 합리적이든 비합리적이든 존재는 그 합리성이나 비합리성에서 폭로된다. 그리고 그 원인은 존재가 아니라 자유 쪽에 있다. 자유가 선험적인 범주 (비록 동일성이라 해도) 안으로 들어오는 것은 전혀 없다. 오히려 모든 전제에서 자유로운 것으로서의 자기를 인식하고, 주어진 상황에서 어떠한 유형의 존재에 의해 이끌리는 대로 존재할 수가 있다.

이미지를 사용해서 말하자면, 자유는 동일성의 원리와는 전혀 관련되지 않는다. 자유는 어떤 존재가 동시에, 또한 같은 관계 아래 자기 자신이면서 다른 것일 수 없음을 전제로 하지 않는다(심리학이나 사회 영역에서 많은 예를 들 수 있다. 그와 같은 영역에서는 동일성의 원리는 어떤 작용도 가지지 않는다. 통제적인 작용조차도 가지지 않는다—그리고 이것은 전체성으로서 파악된 인간적 현실이 문제가 될 경우에 특히 그러하다). 오히려 자유가 전제하는 것은 어떤 존재가 세계 안에 있는 경우, 그것을 동일적이지 않은 현실 안에서 보는 것을 가능하게 하는, 여러 예측을 창출하는 힘을 선험적으로 가지고 있다는 것이다. 이는 현대 수학의 원리 그 자체이기도 하다. 사람은 모든 전제에 의해서 수학적 논리를 만들 수가 있다. 이를테면 만일 내가 오른쪽에서 왼쪽으로의 연산 결과와 왼쪽에서 오른쪽으로의 연산 결과가 같지 않은 덧셈을 가정했다고 하면, 이와 같은 연산을 포함한 수학을 구축하는 것을 방해할 이유는 아무것도 없다. 이들 연산을 정의하는 것만으로 충분하다. 이런 뜻에서 합리적인 것과 비합리적인 것의 대립은 자유의 바탕에 있는 요청으로 건너뛰어졌다고 할 수 있다. 이 요청이란 존재를 선험적인 이러이러한 과정에 따라서 아는 것이 아니다. 오히려 자유는 원리적 인식이므로 존재는 단순히 인식 가능하다는 것이 된다. 인식이나 이성의 모든 '원리'는 외부에 있다. 이들 원리는 숨은 현실이나 반쯤 드러난 현실을 예측하기 위해 각 시대에 자유가 새로 만들어 낸 도구이다. 마찬가지로 모두가 오성에 따라서 (즉 분석에 의해서) 또는 곧잘 말하는 것처럼 표상으로써 인식 가능하다고 주장하는 것은 논외이다. 오히려 행동이 자유이고 세계 안에, 즉 존재의 한가운데에 있기 때문에 모든 행동은—지적이든 실천적이든 감정적이든—그 어떤 존재를 폭로하여 여러 진리를 나타나게 한다.

우리는 앞서 진리는 자유로운 투기에만 나타난다는 것을 제시했다. 이번에는 그 반대로 모든 자유로운 행동이란 폭로하고 보여준다는 것을 말할 필요가 있다. 이것은 자유 구조의 해명으로 명백하다. 모든 자유로운 행동은 하나의 목적을 정립한다. 그러나 자유로운 행동은 존재의 한가운데에 위치하는 존재(자)에 의해서 존재를 불러내는 일이다. 목적은 존재로 도래해야 한다. 목적은 존재를 불러내 그 안에 존재를 간직한다. 목적은 존재의 양해를 포함한다. 왜냐하면 목적이 존재로 도래해야 한다는 것은 바로 존재 안에 있기 때문이다. 목적이라고 하는 성질상, 그것은 의미 작용의 통일 안에 나타나는 여러 존재(자)를 모은다. 이들 존재(자)는 수단이 된다. 그리고 이미 설명한 것처럼 모든 수단의 종합은 목적과 구별할 수가 없다.*[15] 목적은 여러 수단을 밝은 곳으로 끌어내는 조직화이다. 이리하여 진리의 구조는 필연적으로 존재하는 것이 존재하지 않는 것에 의해 밝은 빛을 받는 것이 된다. 진리–검증*[16]의 움직임은 존재하지 않는 미래로부터 존재하는 현재로 향한다. 아직 자기 자신이 아닌 그 어떤 존재(자)에 의해서만 진리는 존재로 도래할 수가 있다. 불러냄 안에서, 그리고 불러냄에 의해서만 존재는 진리이다. 이것은 진리가 필연적으로 시간화한다는 것, 즉 진리가 앞과 뒤라는 범주에 따라서 나타나는 것을 의미한다. 사실 존재를 밝게 내리쬐는 것은 투기이므로 존재는 투기 이전에는 암흑이며 와야 할 목적이 현재에 가까워짐에 따라 존재는 차츰 밝은 곳으로 나타나게 된다. 목적은 실현됨에 따라서 변경되어 간다. 왜냐하면 목적은 늘 한층 복잡해지고 차츰 세부까지 명백해진 존재의 영역을 밝은 곳으로 내놓기 때문이다. 이렇게 드러난 존재는 투기된 목적과 상관적이다. 목적이 아주 간결하고 아직 분화되지 않았을 때, 이 과정 가운데 나타난 존재는 대략적이며 추상적이다. 내가 그것을 이루고자 노력함에 따라 목적은 존재에 의해서 자상하게 되고 또 존재를 상세하게 만들면서 반응한다. 최종적으로 존재와 실현된 목적은 어느새 하나가 되고 이렇게 해서 폭로가 완성된다.

그렇다고 하면 진리가 조금씩 드러나게 되어도 무지는*[17] 근원적으로 전제

＊15 《도덕을 위한 노트》 참조.

＊16 이후에 자주 나오는 '검증하다'의 원어는 vérifier이며, 어원적으로 보면 진리라는 말을 포함하고 있다. 그 때문에 감히 진리검증이라고 번역한 곳도 있다.

＊17 프랑스어 ignorer는 크게 두 가지 뜻이 있다. 하나는 '모른다', '무지'이다. 또 하나는 '무시하다', '무관심하다', '모른 체하다'이다. 사르트르도 여기에서도 예에 따라서 이 말의 다의성을 충분히 살려 논의를 전개하고 있다. 이하의 문맥으로 적당히 나누어서 번역했다.

될 것이다. 즉 여기에서 문제가 되는 것은 절대적인, 또는 외부의 무지는 아니다. 어떤 물리적 현상이 한국에 있는 한 도시에서 일어나고 있다고 하자. 나는 그것을 조금도 생각하고 있지 않았고, 그렇기 때문에 나의 무지에 대해서도 무지이다. 이런 뜻에서 나는 아주 무지하다. 그러나 내가 그 물리적 현상과 아무런 관계도 없고, 그것과 세계와의 관계를 지향하지도 않는 일정한 사실을 고찰할 때에만 실제로 존재하는 이 절대적인 무지는 진리와 나와의 근원적인 관계를 특징짓는 무지는 아니다. 사실 나의 맨 처음 관계는 세계 전체와의 관계이며, 나의 출현은 이미 세계에 대한 기획이다. 세계는 근본적으로 통일성을 띠며 이 통일성은 나의 근본적인 기획, 즉 실존한다는 기획과 관련하여 존재 안에 나타난다. 그런데 세계는 존재의 충실로서, 또 나의 가능한 투기의 무한성과 구별되지 않는 무한히 풍부한 물질로서 직접적으로 주어진다. 나는 이와 같이 세계 안에 나타남으로써 이 세계의 밝기가 나의 일관된 가능성이라는 것을 이해한다. 이것은 세계의 진리가 직접적으로 나의 가능성이며, 나의 고유한 시간화가 진리를 시간화한다는 뜻이다. 즉 여러 영역을 밝은 곳으로 꺼냄으로써 세계는 차츰 상세하게 된다고 이해할 수 있는 것이다. 처음에는 모두가 미분화한 모습으로 주어지고, 그것은 실존하는 나의 미분화 상태의 투기와 상관된다. 그리고 나는 자기가 자신의 존재 양식을 선택함으로써 세계 안의 몇 구역을 밝은 곳으로 꺼내기를 선택한다는 것을 근원적으로 받아들인다.

따라서 내가 근본적으로는 무지하다고 하는 것은 진리가 나의 가능성이며 진리가 나를 기다리고 있고, 나는 진리를 세계 내부에서 도래케 하는 존재라는 것이다. 내가 무지하다고 말하는 것은 내가 알 수 있는 것은 알고 있다는 것이고, 세계는 이미 인식 가능하다고 말하는 것과 같은 의미이다. 소크라테스가 "나는 내가 아무것도 모른다는 것을 알고 있다" 말했을 때, 그의 겸허함은 인간의 가장 진보적인 긍정이기도 했다. 왜냐하면 이것은 모두가 알아야 한다는 것을 전제로 하기 때문이다. 따라서 무지는 세계가 나에게 수수께끼를 밝히기를 거부하는 데에서 오는 것이 아니다. 오히려 반대로 존재 전체는 내가 나타나자마자 내 앞에 현존하고 있다. 아이들이 맨 처음 만나는 것은 추상적 감각이 아니라 세계인 것이다. 나의 무지는 내가 내 앞에 있는 것을 이해하기 위해서는 미래를 지향하는(=생각하는) 여러 행동 중에서 자기를 시간화하지 않으면 안 되기 때문에 생겨난다. 인간적 현실은 수동적으로 받을 수 없고 언제나 정복하지 않으면 안 된다. 그리고 이 정복은 저주와 같은 것에 의해서가 아니라, 자신의 존재 양태로써 이루어진다. 아이들이 아무것도 모른다는 것은 아무것도 행하지 않기 때문이다. 아이들은 무엇인가를 하면서 배운다. 어떤 사회나 어떤 사람들은 동일한 전통의 둥근 고리 속에서 영원히 활동을 하기 때문에, 그들에게 진리의 드러남은 멈춰 있다. 이와 같이 사람들은 경험으로부터 아무것도 배우지 않는다고 말하는데, 그것은 옳지 않다. 왜냐하면 그들의 전통을 바꿀 수 있는 것은 경험 등이 아니라 스스로 전통을 바꿈으로써 자신의 경험을 바꾸는 것이기 때문이다. 사람이 어떤 대상을 직시할 수 있다고 해도 행동이라는 관점에서 그 대상이 주어지지 않는다면 그것은 보이지 않게 된다.

이와 같이 존재를 밝은 곳으로 끌어낸다는 것은 비존재로부터 이루어진다. 나는 프랑스의 현 상태를, 나의 정당의 현 상태를, 내가 속하는 종파의 현 상태를 내가 바라는 것으로부터, 즉 내가 그렇게 되게 하려고 하는 것으로부터 받아들인다. 비존재는 직접적으로 진리의 구조로서 즉 비존재를 밝은 곳으로 끌어내는 것으로서 개입한다. 이 지적이 중요한 까닭은 이것으로써 오류가 무엇인지 받아들이는 일이 가능해지기 때문이다. 플라톤 이래 진리를 존재로 간주하고 오류를 비존재로 여기는 것은 습관처럼 되어 있다. 거기에서 끝없는 문제가 생긴다. 왜냐하면 존재하는 진리의 본성과 존재하지 않는 오류의 본성 사이에 있는 이질성은 너무나 크기 때문에 어떻게 이 두 가지를 서로 잘못 선택하는 일이 일어날 수 있는지 이해할 수 없기 때문이다. 또한 참, 유효성, 존재의 충실로서 선이 정의된다면, 오류의 어떤 유효성이 비존재의 어떤 존재라는 것을 이해할 수 없게 하기 때문이다.

그러나 행위의 범주가 존재에 대한 어떤 종류의 우위를 비존재에 준다면, 그리고 또한 진리가 하나의 구조나 행동의 한 계기라고 한다면 그 지평에는 어떤 종류의 비존재가 있게 된다. 만약에 진리가 존재의 어떤 종류의 비존재라고 한다면 비존재의 그 어떤 존재, 즉 오류가 있다는 것이 한눈으로 이해하기 쉬워진다. 허무(虛無)는 진리에서 세 가지 계기로 개입하게 된다.

(1) 즉자에서는 대자가 아닌 존재를 붕괴시키는 힘으로서 개입한다. 그것은 존재의 어둠이다.

(2) 대자에서는 비존재에 의해 존재를 밝은 곳으로 이끄는 것으로 개입한다. 그 함축하는 의미는 존재가 언제나 존재하지 않는 것의 한가운데서 공중에 매

달려서 나타난다는 것이다. 그것은 모든 진리의 잠정적인 성격이다. 또한 시간화의 필연성이란 뜻을 함축하며, 따라서 밝은 곳으로 끌어내는 것이 필연적으로 무지라고 하는 바탕에 나타난다는 뜻도 함축한다. 왜냐하면 나의 투기는 내가 가능화를 행하지 않는 여러 가능성이 만드는 차별화되지 않은 바탕 위에 나타나기 때문이다.

(3) 그것은 대자와 즉자의 관계에서도 개입한다. 왜냐하면 허무의 단층 때문에 즉자는 대자가 될 수가 없고 대자는 즉자 안에 해소되어 즉자를 다시 가질 수가 없기 때문이다

즉자—대자에서 오류는 불가능할 것이다. 따라서 헤겔이나 스피노자의 경우 오류는 불가능한 것이다. 그러나 우리는 바로 여기에 '존재-하지 않는-일(Ne-pas-être)'을 발견한다. 왜냐하면 즉자는 대자가 아니기 때문이다. 만약에 진리가 이와 같은 존재와 존재-하지 않는-일의 복잡한 장난이라고 한다면, 오류라고 하는 존재-하지 않는-일과 존재의 복잡한 장난을 우리는 훨씬 잘 이해할 수 있을 것이다.

즉자는 예측에 의해서 밝은 곳으로 나오게 된다. 그러나 이 예측이 어떠한 것이 되었든, 그 객관적 본질은 즉자를 생각하는 데에 있다.[18] 왜 예측이 즉자를 생각할 수 있는가 하면(그 형상적인 실재에 관해서는 주관적인 지향이다), 그것은 바로 즉자가 존재하기 때문이다. 즉 내가 오류를 범할 수 없는 현실=실재는 두 가지밖에 없다. 내가 바로 대자의 여러 형태와 즉자의 드러남이다. 나는 하나의 나무를 이정표로 잘못 알고 완전히 잘못을 저지를 수 있을지도 모르고, 어둠 속에서 아무도 없는데 '누군가 거기에' 있다고 생각할지도 모른다. 그러나 적어도 나무가, 적어도 어둠이, 즉 즉자적인 그 무엇인가가, 그 근원적인 폭로가 나 자신의 출현과 동시적인 무엇인가가 있다. 따라서 존재는 필연적인 것이다. 그리고 만일 즉자가 존재하지 않았다고 한다면 나 자신은 순수한 대자이므로, 나는 그것을 구상할 수조차 없다. 하지만 나는 나에게 닥쳐오는 즉자를 예측하고, 나의 목적인 그 어떤 목적을 향해서 즉자를 불러낸다. 그러나 이 목적은 세계 안에 있고, 즉자를 예측할 것을 명령한다. 이 예측은 하나의 객관적 실재를 지녔으며, 즉자의 존재 양태를 예측하는 것이다.

---

*18 원어는 visée. 후설의 Meinung(생각)의 역어이지만 사르트르는 그것뿐 아니라 일상적인 의미, 즉 '지목된 것'도 아울러 사용하고 있다.

예를 들어 이 '무엇인가'는 한 그루의 나무이다. 이 나무는 아직 보이지 않고, 시각에 앞서 있으며, 시각을 이루는 것이고, 나무로서는 하나의 비존재이다. 그것은 그 실존을 장래의 바탕에서 나에게로 도래하는 나 자신의 주관성(자기성의 회로[19])으로밖에 가지고 있지 않다. 그러나 그것은 비존재인 한, 무(無)가 아니다. 그것은 내가 아닌 그 무엇이며, 아직 없는 그 무엇이다. 그것은 자기가 먼저 갖는 즉자 존재로부터 자신의 존재를 끌어낸다. 예측은 드러난 존재를 미래로 향하여 불러내고 이 존재(자)로부터 그 존재를 끌어낸다. 예측은 빌려 쓰는 사물의 하나인 존재를 바로 의식처럼 가지고 있다. 그러나 사태는 반대이다. 의식은 대자의 자격으로, 즉 자기 눈앞에 있다는 자격으로 즉자에 의해서 지탱되고, 즉자는 즉자라는 사념(思念)의 자격으로 예측을 지탱하는 것이다. 예측은 그 시각의 주도적인 기준과 도식의 역할을 다하고 있다. 이미 말했듯이 시각은 수동적인 예측이 아니라 행동이기 때문이다. 나는 무엇인가가 나무라고 확신함으로써, 이 무엇인가의 위에 나무를 낳는 것인데, 그것은 칸트가 (선을 지각한다는 것은 선을 긋는 일이다) 생각한 것과 같다. 이것이 의미하는 바는 내가 나무의 영상을 모방한다는 것, 내가 '나무'라고 하는 하나의 조직 안에 영상의 각 요소를 머물게 하는 일이다. 나는 존재하는 것을 창조한다.

만약에 즉자가 나무로서 자신을 보이는 대로 둔다면 그것은 즉자가 나의 시선에서 스스로를 조직하고, 나의 눈이 제시하는 물음에 응답하여, 이 애매한 덩어리를 '가지로서 보기' 위한 시도가 성공을 거두고, 이미 내가 무너뜨릴 수 없는 하나의 모양이 갑자기 이루어지는 것을 의미한다. 이와 같이 내가 판독 그림 안에서 모자를 발견했다고 하면, 나는 이미 모자만 보게 된다.[20] 이렇게 해서 나의 작업에서 나타난 모양은 갑자기 나에게 맞서 파괴할 수 없는 것으로서 앞을 가로막는다.

그러나 내가 그것을 동시에 무너뜨릴 수 없다고 하더라도, 무한히 생산할 수 있으므로 나는 창조적이면서 수동적이기도 하다. 이때 바로 진리가 나타나거나 행위 안에 나타나는 존재가 있다. 주관적인 관점에서 말하자면 인식은 창조와 다르지 않고, 반대로 말하면 창조란 하나의 인식이다. 그러나 동시에 존재의 고착된 드러남은 자립해 있고 독립되어 있다. 그것은 응답이다. 만약에 반대로

---

[19] 《존재와 무》 참조.
[20] 여기에서 문제가 되는 것은 게슈탈트 심리학에서 말하는 '그림 / 바탕'의 관계이다.

존재가 '나무로서 보이는' 것을 단호히 거부하는 경우, 예측은 소멸한다. 예측은 이미 주관성에 의해서만 지지되는 것인데, 주관성은 예측을 객관성의 볼모로서, 즉 객관적 지향으로서 지지할 수는 없다. 이 관점에서 보자면 예측이란 허무 또는 존재한 일에 대한 주관적인 회상에 지나지 않는다. 대상은 마땅히 물음에 대답(만약에 대답하지 않으면 대답하지 않는 것이 하나의 대답이다. 왜냐하면 그것은 잠정적인 비결정의 표시이며 대상은 우리 행위의 영역에는 없기 때문이다)하지만 그것은 오로지 물음에 대해서만 대답하는 것이다. 이렇게 해서 조금씩 투기가 복잡해지고, 목적이 가까워지며 자상해져서 '시각'이나 직관이 다양해짐에 따라서 물음도 다양화된다. 대상의 검증된 대답 총체가 그 진리를 이룬다. 물론 투기의 빛을 받는 진리를 구성하는 것이다. 다른 투기는 이 최초의 진리와 함께 다른 진리도 나타나게 한다. 왜냐하면 대상은 질문한 진리 이외의 것을 인도하지 않기 때문이다(물론 대답이 물음을 넘은 경우도 있으나 그것조차도 미리 정의된 탐구의 틀 안에서의 이야기이다. 그리고 그 경우 대답은 새로 낸 물음을 지시하는 것이다).

따라서 어떤 의미에서는 오류라는 것은 없다. 예측은 하나의 비존재여서, 그것은 예측된 즉자로부터 그 존재를 끌어내어 검증되기 위해 있고, 만약에 올바른 구축을 할 수 없다면 소멸된다. 그리고 목적의 실행은 검증이라는 행동을 통해서 추구되는 것이므로 검증의 끝이 목적의 실현이다. 제임스가 말한 대로 "푸딩의 진리는 먹을 수 있는 데에 있다". 소금 그릇 안 소금의 검증은 내가 고기에 소금을 뿌리고, 그것을 먹었을 때 짠맛이 나는 데에 있다. 만일 설탕 맛이 나면 그것은 설탕이었던 것이다. 사실 나는 잘못되었다는 표현을 고를 수도 있지만, 그것은 검증이 나의 쓰라린 경험[=내가 치른 희생으로(à mes dépens)] 이루어지기 때문이다. 실제로 내 예측을 없애버리는 부정적 검증만이 문제가 된다.

오류라고 일컬어지는 것은 파국을 가져오는 검증인데, 그것은 공리적인 관점에서 보면 그러하다. 희생이 조금 더 적은 검증 쪽을 좋아하는 것도 가능하지만 그 우위를 차지하는 것은 경제와 공리성에만 있다. 하지만 검증은 늘 진행 중이며 즉자는 미검증인 여러 예측으로 둘러싸여 있다. 예측은 즉자에서 그 존재를 끌어내며, 나로부터 미래라는 성격을 끌어낸다. 따라서 사람은 이들 예측을 문제가 된 즉자의 현재 성질(단, 개연성 내지는 가능적인 성질), 또는 미래 검증의 투기라고 간주할 수 있을 정도이다. 이렇게 해서 받아들이는 접시의 숨은 바닥은 내 동작의 미래 목적과 다름없는 존재의 현재이다.

따라서 현재의(=눈앞에 나타난) 존재는 앞으로 올 (=미래의) 비존재이다. 곳곳에서 이 현존하는 존재를 둘러싼 존재의 비존재가 있다. 특히 일단 검증된 예측은, 예측이라고 하는 성격으로 되돌려질 가능성이 충분히 있다. 나는 수용 접시를 뒤집었다. 검증과 직관이 있었던 것이다. 나는 원상태로 수용 접시를 되돌린다. 바닥은 나에게는 숨겨져 있다. 바닥이 실제로 존재하는가의 여부는 다시 새로운 예측이 된다. 그러나 이번에는 이것을 앎(지식)이라고 할 수 있을 것이다. 왜냐하면 그것은 이미 실행된 시각과 관련되어 있기 때문이다. 하지만 그것은 하나의 비존재이며 그 비존재는 그 존재를 고찰된 즉자에서 끌어낸다. 그리고 대상의 성질에서, 그 쉽게 반응치 않는 성질에서, 나의 그때까지의 체험에서 끌어낸 여러 가지 이유에서 나는 대상의 지각 그 자체 안에 그것을 통합할 결의를 한 것이다. 이것은 내가 이 바닥을 나의 현실 영상을 통해서 곳곳에서 지각한다는 의미이다. 즉 대상을 통해서 곳곳을 지각하고, 또 반대쪽에서 말하자면 이 바닥 쪽으로부터 나는 대상물을 해석한다는 것이다. 이 경우에는 단언, 즉 긍정이 있다. 그것은 나의 판단 안에 있는 것이 아니라 나의 지각 자체 안에 있다. 이 긍정은 여전히 행동이다. 왜냐하면 나는 새로운 예측 위에 이전의 견고한 바닥에서 출발하여 나의 시각을 이루기 때문이다.

이 긍정은 자유이다. 나는 의심할 수도 있기 때문이다. 물론 의심한다는 것은 행동하는 것이 아니다. 그것은 하나의 계획이므로 장래에 어떤 목적을 투기하는 일이기도 하다. 나는 행동하기를, 즉 위험을 저지르는 것을 결의한다. 이 단계에서 진리는 위험 요소이다. 곧 존재의 그 어떤 비존재가 있다(이 비존재는 그것이 나타난 존재에서 미래의, 그리고 이미 이루어졌다고 여겨진 진리 검증에 의존한다. 다른 말로 표현해 보자. 그 현재 존재의 주요한 차원 그 자체가 있는데, 이 현재의 존재는 직관에서는 주어지지 않고, 그러면서도 부재라고 하는 성격 그 자체로 눈앞에 있다). 그리고 비존재의 그 어떤 존재가 있다(이를 받아들이는 그릇의 눈앞에 있는 요소는 자기 존재를 보이지 않는 것에 빌려준다. 존재하지 않는, 또는 아마도 존재하지 않는 이 보이지 않는 것이, 시각 그 자체 안에 존재로서 모습을 보이는 것이며, 전체화 가운데 그 무게를 간직하고 있으며 대상에 그 성질을 부여하는 것이다). 그리고 비존재에 그 존재를 주는 것은, 바로 존재의 비존재이다. 아니 오히려 존재의 비존재, 그것이 비존재의 존재인 것이다.

그러나 비존재의 이 존재야말로 오류의 존재이다.

사실 오류에서 언급된 것이 존재가 아니라 비존재이지만, 그것이 믿어지고 주장(=긍정)되므로 그래도 어떤 종류의 존재를 가지고 있다. 이 시점에서 참-사물 밖에 있는 운명에 의해서 우리는 진리나 오류와 관계하게 된다. 나는 앞서 고기에 소금을 뿌렸다. 그래서 나의 오른손에 있는 용기를 소금 그릇으로 간주한다. 만일 누군가가 내가 보고 있지 않은 틈에 소금과 설탕을 바꿔치기 했다고 해도, 나의 검증 행동 구조는 바뀌지 않는다. 우리는 늘 비존재의 지지체인 하나의 존재와 관계하는 것으로, 진리는 그 성격을 바꾸지 않고 오류로 변한 것이다. 즉 순수하게 검증이라고 하는 시점의 틀을 벗어나면 진리는 오류가 될 위험성이 있다. 그러나 우리는 검증적 시점의 틀을 언제나 뛰어넘게 된다. 그것은 검증이 지속적이기 때문이다. 검증이 지속적인 것은 우연이 아니라, 진리가 스스로 시간화되지 않을 수가 없기 때문이다.

따라서 오류란 검증이 멈추어 다시 시작하지 않는 끊임없는 위험이라고 할 수 있다. 만약에 내가 검증을 중단한다면, 내가 멈춘 단계에 파악된 대상이 참인가 거짓인가는 나에게 의존하지 않는다. 검증은 순환적이고 지속적인 과정이어야 한다. 그러나 대상의 검증이란, 대상을 나의 목적을 위해 쓰는 것이므로 사용이 계속되는 한 검증은 순환적이고 지속적으로 이루어진다. 나는 수용할 그릇을 사용한다. 따라서 나는 나의 앎으로 되돌아가지만, 그때 앎은 다시 예측되어 그때마다 자신을 무효로 하거나 자신을 (참이라고) 검증하거나 한다. 운동 안에 있는 진리는 오류가 될 수 없다. 그러나 예측은 여기에서는 진리가 되어 머무를 수가 없고 예측의 비존재는 잠정적인 것이며 예측은 시각을 위한 단순한 도식인 것이다. 오류는 정지이며 연장된 순간이고 수동성이며, 모든 수동성과 마찬가지로 외부에서 조건이 주어진다. 만약에 검증이 멈추면 소금 그릇 안에 소금이 들어 있는가의 여부를 결정하는 것은 순수한 우연이 된다. 그것에 대해 식사 시간 동안에 소금 그릇을 계속 사용한다는 것은 서로 분리되어 파악된 순간마다 전체적인 경과에서는 위험성을 갖는다고는 하지만, 절대적인 진리 검증이다. 따라서 우리는 이것으로부터 적어도 모든 오류는 그 대상이 인간적 주관성과 도구적 관계에 머무는 한, 잠정적이라는 결론을 내릴 수 있다. 머잖아 진리 검증의 과정이 다시 시작되기 때문이다. 그렇지 않다고 하면 대상은 허무에 매몰되고 오류는 망각에 파묻힐 것이다.

진리를 가능하게 하는 것은 오류이므로 오류가 진리에 필요하다는 것은 마땅하다. 오류의 가능성이 없으면 진리는 필연적인 것이 되어, 이미 그때에는 진리는 진리가 아닌 것이 되어버린다. 왜냐하면 진리는 예측이라고 하는 행동에 따라서 자유롭게 이루어진 시각을 포함하기 때문이다. 오류 가능성이 진리를 하나의 가능성으로 만드는 것이다. 오류는 진리 검증의 과정을 멈추거나 다시 시작하지 않는다는 것을 결정한 결과에서, 인간적 현실 밖에서 온다. 그러나 검증 과정을 멈추지 않는다는 것은 인간적 현실에 속하는 것이다. 그때에는 잘못된 예측은 오류로서 나타나지 않는다. 그것은 자신을 무효로 하고 시각의 구축에 필요한 조건이 되는 단순한 시도로서 나타난다.

따라서 죽음이나 세대 교체나 폭력 등으로써 검증이 멈춘다는 점에서 본다면, 인간 역사를 인간 오류의 역사로 보는 것은 가능하다. 한편 각 정지는 잠정적 성격을 가진 것으로, 그 뒤를 이어 바로 진리 검증이 다시 시작된다는 점을 생각한다면 인간의 역사는 진행 중인 거대한 진리 검증이라고 보는 것도 가능하다. 또 실천에 따른 진리 검증의 순환성을 볼 수도 있다(배는 온종일 밤낮으로 쉬지 않고 몇 번이고 아르키메데스의 원리가 진리임을 검증하고 있다).

다만 여기에서도 다른 경우처럼 내가 검증 중에 나의 정지된 진리(또는 오류)를 다른 사람에 대한 선물로 한다면, 복수성 때문에 또는 탈전체화된 전체가 실존하기 때문에 오류가 실체화하게 된다. 실제로 어떤 절대 주관에 따른 존재의 폭로가 타인에게는 즉자가 되고 결국은 사실(지구는 돌고 있다)이 참이라고 한다면 선물이 오류의 선물이라 해도 같은 과정이 일어나게 되는 셈이다. 오류는 사실이 되고 인류의 소유물이 된다. 그러나 그 실체의 깊이에서는 허위이다. 그리고 검증의 재개가 관습이나 전통에 따라서 정지되어 있는 한 그것은 허위에 머문다. 즉 그 핵심에서 내적 취약에 물들어 있는 것이다.

하나의 같은 구축이 어떤 관점에서는 오류이고 다른 관점에서는 진행 중인 진리 검증의 계기가 되는 일도 있을 수 있다. 전통은 의심할 여지가 없는 순수한 유산으로서 그것을 채용해서 그 이상 앞으로 나아가지 않는 자에게는 오류이지만, 앞으로 더 나가려고 하는 자에게는 진행 중인 진리 검증이다. 중세의 많은 그리스도교도에게 그리스도교의 이데올로기는 순수한 오류이지만, 그 이데올로기를 통해서 비판이나 자유 검증(자기 이성이 인정한 것만을 인정하는 것)의 권리를 주장하기를 바랐던 이단자들에게는 진리 검증이다. 아리우스파는 받아들일 수 없는 신화를 이성화하려고 시도하며, 진리 검증의 움직임 안에 있다. 그 둘의 관점은 어느 것이나 같은 정도로 현실에서 멀리 떨어져 있음에도, 신화를 받아들이고 싶다고 해서 고집하던 반대자 쪽은 오류 안에 있는 것이다.

이와 같이 존재의 한가운데에 자유가 나타남으로써 무지와 앎, 오류와 진리가 불가분의 가능성으로서 나타난다. 그러나 진리는 행위에 따른 조명이며, 행위는 선택이므로 나는 진리를 정해야 하고 진리를 바라야 하며, 그렇기 때문에 진리를 바라지 않을 수도 있다. 진리가 존재하기 위한 조건이란 진리를 끊임없이 거부할 수 있는 가능성이다. 이처럼 인간의 자유는 자신을 밝은 곳으로 내놓는다. 사실 인간에 의해 나타나는 모든 것은, 이와 같은 뚜렷한 나타남이 실존하지 않았던 하나의 바탕 위에 시간화에 의해 나타난다. 그러나 이와 같이 선행하는 바탕을 인간이 개입하기 이전의 존재 그 자체라고 생각하는 것은 잘못이다. 왜냐하면 이 시간화 자체가 인간과 함께 나타난 것이고, '이전'이라고 하는 것도 인간적인 것이기 때문이다. 이처럼 진리도 선도 없는 이 바탕은 인간에 의해서 세계에 도래한다. 그러나 그렇게 되면 이 바탕이 다시 드러남 이전(선이나 결과나 참 이전)으로서 규정되는 것은 이 내용에 의해서이지 무차별(=비결정)의 부정성에 의해서가 아니라는 것이 된다. 이와 같이 바탕은 그 내부구조에서 미래에 의해서 명령받고 있다. 반대로 말하면 허무에서 몸을 이탈하는 드러냄으로써 나타남을 가능하게 하는 것은 이 바탕인 것이다. 이처럼 양자가 다른 사람에게 명령하고 다른 사람에 의해서 명령받고 있다. 그러나 이전에 있던 허무는 하나의 상태가 아니다. 그 자체가 하나의 가능성이며, 이와 같은 것으로서 무한정 자신을 유지하는 가능성 안에 연장되어 있다. 폭로되어야 할 존재의 '은폐된 존재'는 현재와 마찬가지 정도로 앞으로 올 것이기도 하다. 그것은 나에 의해서 은폐된 채로 있는 가능성이다.

이처럼 인간의 순수한 출현에 따라서 세계에 도래할 모든 것은 이중의 가능성(선과 악, 진리와 오류, 아름다움과 추함 등이며 아이를 가질 것인가/갖지 않을 것인가. 이야기를 할 것인가/침묵할 것인가와 같은 세세한 일에 이르기까지 그러하다)으로서 도래하는 것이며 이것은 그 구조에 생겨난다. 사람은 가능하기는 했지만 거부된 침묵이라고 하는 '바탕' 위에서 이야기하는 것이고, 가능성으로서의 침묵이라고 하는 '바탕'이 없으면 말은 그 성질로 보아 불가능하게 되어 버릴 것이다. 다시 말하면 가능한 것은 가능인 한 실현되지 않을 수도 있다. 그러나 가능한 것의 비실현은 무(無)가 아닌, 그 자체는 대립하는 가능이며, 반가능이다. 즉 반대물의 가능성이다. 이리하여 아무것도 받지 않고, 그것으로써 모든 것이 이루어져야 할 실존자, 그것이 인간이라면 이것이 의미하는 것은 인간의 행위가 짝을 이루는 두 개의 가능성 사이의 끊임없는 선택이며(이것은 숙려나 주제화를 의미하지 않는다), 따라서 무엇을 하든 행위 그 자체 안에서 그 본질의 한가운데에 반대물의 가능성이 포함되어 있다는 것이다. 자유는 둘 또는 그 이상의 외적 가능성 사이의, 즉 무차별한 외부성 안에 있는 것 사이의 선택이 아니다. 자유가 있는 것은 실현된 것도 포함해서 모든 행위가 반대의 가능성에 따라 정의되기 때문이다. 또 모든 생산이 생산을 정의하고 생산에 의해서 정의되는 사전성이라고 하는 '바탕' 위에서 성립되기 때문이다. 무지는 앎을 조건짓고 앎에 의해서 정의된다. 즉 무지란 앎의 가능성이면서 무지에서 머무는 가능성으로서 존재한다. 그렇다고 한다면 무지 안에 머물려고 하는 의지는 무엇인가?

진리—검증이라고 하는 투기로 자기를 내던지는 실존의 존재 방식으로 되돌아갈 필요가 있다. 이 개념은 필연적으로 존재에 대한 관심을 전제로 한다. 사실 폭로에 의해서 나는 존재가 있을 수 있도록 작용한다. 나는 존재를 어둠으로부터 끌어낸다. 이것을 폭로하는 순간 존재 이상으로 나에게 가까운 것은 아무것도 없다. 왜냐하면 존재는 거의 내가 되려 하거나 내가 그것이 되려고 하기 때문이다. 단순한 허무만이, 하나의 무(無)만이 우리를 영원히 격리시키고 있기 때문이다. 나는 존재의 의식 이외의 그 무엇도 아니고(rien), 나를 존재로부터 격리시키는 것은 무(Rien)이며, 내가 나의 목적을 자상하게 그려냄에 따라 존재는 자상하게 밝혀지므로 이 평행 관계는 나를 존재의 공범자로 만든다. 즉 나는 존재에 의해 말려드는 것이다. 더 나아가 분명히 주관적인 나의 예측에 존재는 객관적 예측으로서 자신의 존재를 빌려준다. 나의 주관성은 예측하면서 그 존재를 존재에서 빌리고 반대로 존재에 대해서 미래의 존재를 지지한다. 존재에 의해서 나의 미래가 존재 안에서 생긴다. 나에 의해서 즉자존재는 미래를 가지며 나 자신으로 도래할 성격의 것이다. 존재에서 출발하여 존재를 창출하는 것이므로, 또 존재의 표면에 존재를 그리기 위해 존재 위로 되돌아가는 것이므로 나는 바로 창조자의 상황 안에 있는 것이 된다. 그러나 반대로 말하자면 나의 행동적인 시각 아래 모이고 내가 행하는 시간적인 관계 아래 고정적이고 파괴 불가능한 것으로서 나타남으로써(직관은 순간적인 것이 아니다. 모든 직관은 스스로를 시간화한다), 존재는 내 예측의 진리가 된다. 또는 존재는 존재 안으로 나의 예측을 유출한다. 존재는 즉자 안에 나의 대자의 투기를 각인한다. 이렇게 해서 존재는 존재의 차원에서 나의 투기를 나에게 드러내 보인다.

대자가 자신이 아닌 것에 대해서 갖는 이 거리가 없는, 신경에 거슬리는, 그러면서도 즐거움에 찬 근접성은 바로 향수(享受)이다.*²¹ 어떤 것을 향수한다는 것은 무엇을 말하는가? 그것은 존재하는 사물을 창조하는 일이다. 사물을 밝은 곳으로 내놓고, 그 사물에 의해서 우리 즉자의 차원에서는 무엇인가 하는 것으로 되돌아가게 하는 것을 말한다. 우리가 자신의 나타남인 것과 마찬가지 정도로 사물의 나타남이며, 그러면서도 우리는 사물과는 완전히 다르다는 것이다. 즉 향수란 거부 당하면서도, 유령처럼 이원성에 따라다니는 통일성이다. 향수란 스스로가 향수하는 것 이외의 아무것도 아님에도, 우리가 향수하는 그 자체의 것이 아니라는 것이다. 곧 절대적인 근접성에서 동일화하면서 자신의 것으로 하는(영유하는) 마법 같은 소묘인 것이다. 참된 것을 사랑한다는 것은 존재를 향수하는 것을 말한다. 그것은 즉자를 위해 즉자를 사랑하는 일이다. 그러나 그것은 동시에 이 분리를 바라는 것이기도 하다. 즉 즉자가 대자와 같다는 것을 거부하는 일이다.

왜냐하면 즉자는 자기의 조밀한 밀도를 잃게 되기 때문이다. 그것은 절대적인 존재의 밀도 표면에서 미끄러지는 빛이 되고자 한다. 그렇기 때문에 긍정한다는 것은 창출된 것이면서도 진리 검증이 가능한 예측에 따라서, 또 존재에 대한 진리 검증적인 회귀로써 마치 자기가 만든 것처럼 세계를 인수하는 일이며, 그 관점을 취하는 일이고, 존재의 처지를 취하는(사물의 편*²²) 일이며, 우리의 창조물인 것처럼 세계에 대해서 책임지는 일이다. 사실 사람들은 세계를 존재의 어둠으로부터 끌어내어 세계에 새로운 존재 차원을 준다. 진리를 바라는 것(나는 당신이 진리를 말하는 것을 바란다), 그것은 무엇보다도 존재를 앞세우

---

*21 《존재와 무》 참조.
*22 《사물의 편》은 프랑시스 퐁주의 시집 제목. 사르트르는 이 작품의 분석을 중심으로 한 퐁주론 〈인간과 사물〉(《상황 I》 수록)을 쓰고 있다.

는 일, 비록 파국적인 형태에서도 그것이 존재한다는 오직 그것만의 이유로 존재를 앞세우는 일이다. 그러나 그것은 하이데거가 말하는 것처럼 '존재(자)를— 있는 그대로—존재하게 하는 것(=존재 방임)'이기도 하다.[*23] 따라서 그것은 모든 동일화를 물리치는 일이기도 하다(비본래적인 인식, 즉 자신의 것으로 한다는—인식한다는 것은 그것을 소유하는 일이다 등등). 본래적인 인식은 희생=자기부정(abnégation)이며, 본래적인 창조도 전적으로 마찬가지이다(자기가 만든 것과의 사후적인 관계를 거부하는 일). 희생=자기부정이란 존재에 관해서 그것이 나라는 것, 나에 속해 있다는 것, 내 안에 있다는 것을 거부하는 일이다. 이렇게 볼 때 비로소 선택에 의해서 연장된 무지의 기원과 거짓의 기원이 이해 가능해진다.

사실 결단된 무지라고 하는 것이 전혀 그릇된 것이라고 말할 수 없는 까닭은 명백하게 나타나 있지 않는 존재란 실재에서 좀더 애매한 존재라는 것을 그 무지가 포함하기 때문이다. 무지와 싸운다는 것은 그것을 거부하는 것에 의해서이다. "상황을 직시하지 않는 것이 도대체 무슨 소용이 있는가?" 이렇게 사람들은 그에게 말한다. 그리고 여기에서도 언제나처럼 '이성적인' 관점은 참이면서 거짓이기도 하다. 인간적 실천적 세계에서는, 즉 존재론이 은폐되어 있는 수단의 세계에서는 그것은 참이다. 한편 존재론의 세계에서는 그것은 거짓이다. 방해가 되는 사실을 무시하는(=모른다고 하는) 것은 인간 세계에서는 실천적으로 아무런 쓸모가 없다. 그러나 다음과 같은 일이 있다.

(1) 사람이 자기 목적을 이미 골라버린 것은 이 세계에서이다. 이것은 존재를 조직하는 어떤 종류의 조명을 전제로 하며, 그 안에서 존재는 당신에 맞서서, 그 역행률을 전개하여 파국적인 진리 검증을 당신에게 강요한다. 다시 말하면 실천적으로 그것은 불합리한 것이다. 라 퐁텐의 〈마법의 술잔〉[*24]에서 남

[*23] 《진리의 본질에 대하여》 참조.

[*24] 1664년에 출판된 《보카치오와 아리오스토에서 가져온 운문 이야기》에 실려 있는, 매우 정숙한 아내를 가진 질투 많은 남편 이야기이다. 의심이 많은 다몽은 아내가 바람을 피우고 있지 않으면 흘리지 않고 마실 수 있지만 바람을 피우고 있으면 반드시 엎지르고 마는 이상한 술잔을 마법사로부터 받는다. 그러나 너무 자주 이 잔을 사용하기 때문에 마침내는 술을 엎질러 아내가 바람을 피고 있다고 생각한다. 절망한 다몽은 주위 남자들에게도 시험해 보게 한다. 마침 지나가고 있던 샤를 대제의 조카 르노에게도 권하지만 르노는 자기 아내를 믿고 있으며 그것만으로 충분하다 해서 거절한다. 다몽은 르노의 태도야말로 현자

자들은 유리잔으로 마시지 않는 것을 선택하는데, 그것은 그들이 자신들의 아내가 바람을 피우고 있는가를 알고 싶지 않기 때문이다. 그러나 만약에 아내가 바람을 피운다면 머잖아 그들은 고통에 사로잡히게 될 것이다. 사람들의 비웃음을 받고 자기로서는 바라지 않아도 바람피우는 것을 발견하게 되어 아내는 떠날 것이다. 즉 그들은 결혼을 함으로써 두 사람이라는 관계를 선택했으나 그것은 평생에 걸쳐 있고, 무엇을 하든 늘 검증 중인 것이다. 그들은 부부 됨의 행복이며 자기 아내의 정숙 등을 바라고 있었던 것이다. 그리고 그들은 그것을 계속 바라고 있었으므로, 검증은 무정하게도 계속된다. 검증이 체계적으로 가능한데(유리잔은 조직된 활동 전체의 상징이다), 그것을 의도적으로 멈추어도 진리 검증 자체가 행위 하나하나의 정밀한 결과로서 실시될 뿐이다. 여러 결과는 우리의 투기 밖에서 생기게 된다. 즉 우연이 진리 검증의 지배자가 된다—그것은 오류의 경우와 마찬가지이다. 그녀의 행동에 대해서 아내에게 물어보기를 나는 거부한다. 이렇게 해서 나는 조사하는 사람이 아니게 된다.

그러나 예정보다도 하루 빨리 집으로 돌아간다는 행위가(《천일야화》의 샤리야르 왕),*25 바람피우는 현장에 나를 들여놓게 할 가능성도 있다. 그 경우에는 발견은 나의 행위 방침과는 관계없이 이루어지는 것이며, 여러 현상의 우연한 만남으로부터 비롯되는 것이다. 사실 모두가 엄밀하게 진행된다. 내가 여행을 떠남으로써 아내는 애인을 집으로 맞아들인다. 전체는 이렇게 엄밀하게 되어 있으므로 일련의 사실을, 진실을 밝히는 덫의 모양으로 하나에서 열까지 꾸며진 것처럼 하기 위해서는, 질투 많은 남편이 바깥으로 출발하는 것만으로 충분하다. 남편은 아내가 애인을 맞이할 수 있기 때문에 출발하고, 아내는 남편이 여행을 떠나니까 애인을 맞아들이고, 남편은 갑자기 출발하여 그들의 허를 찌르기 위해 갑자기 돌아오고 남편은 출발했기 때문에 그들의 허를 찌른 것이다. 그러나 이 발견이 단순한 우연이 되기 위해서는 남편이 정말로 출발하여 우연히 (이를테면 어떤 물건을 잊어서) 집으로 돌아오는 것만으로 충분하다. 이렇게 해서 모르는 체하려는 것은, 결국 자기를 우연에 맡기는 일이다. [하지만 유리

에 어울린다고 해서 무지를 현자의 덕으로 간주한다.

*25 세헤라자데가 이야기를 들려주는 왕. 자기가 외출한 동안에 아내가 부정을 저지르고 있다는 것을 알고 나서 여성을 믿지 않게 되어 매일 밤 새로운 처녀와 잠자리를 함께한 뒤 죽였다.

잔을 비우는 일을 거부하는 일의 양가성(兩價性)에 주의하자. 거기에는 또한 자기가 하지 않은 인식을 수동적, 관상적으로 받아들이기를 거부하는 모습도 볼 수 있다. 진리란 행위, 나의 자유로운 행위이다. 마시기를 거부하는 남편은 우연과 수동성을 거부한다. 왜냐하면 그는 이 기도가 고유한 진리 검증을 포함한다는 것을 알아차리고 있기 때문이며, 또 그는 진리 검증의 내부에서 나타나지 않는, 즉 외부에서 오는 진리를 모두 거부하기 때문이다. 우리가 익명의 편지를 믿지 않는 까닭도 이와 같은 감정에서이며, 그것은 한 여성과의 공동생활이라는 기도에 대해서 외부의 개입이 가해진다고 여겨지기 때문이다. 인식을 거부하는 양의성(兩義性)은, 이를테면 나의 아내가 어디에서 밀회하고 있는가를 알고 있는 지인이 현장을 덮치자고 제의하는 경우 등에 나타난다. 이 권고를 받아들인다는 것은 기도에 대해서 외재적인 진리를, 즉 신의 시점에서 나타나듯이 갑자기 존재하는 하나의 진리를 받아들이는 것이 아닌가? 그것을 거부한다는 것은 진리가 분명할 때 눈을 의도적으로 감는 것이 아닌가? 이와 같은 상황에 선 남편에게서 흔히 볼 수 있는 망설임은 이 점에서 비롯한다.]

(2) 이미 구성된 진리, 즉 타인들에 의해서 그 존재의 충실함이 전개하는 진리가 문제가 된 경우에는 이를 모르고 있다는 것은 효과적이지 않다. 타인들이 이미 알고 있는 것을 무시하는 (=모르고 있는) 일이 무슨 소용이 있는가? 그때에는 흔히 말하듯이, '나쁜 일은 이미 저질러지고 있는' 것이다. 나의 무지는 즉자에서 존재의 어떤 종류의 차원을 제거할 수는 없다. 이 차원은 이미 타자에 의해서 즉자에게 주어졌다. 나의 무지가 촉발할 수 있는 것은, 나의 주관성 안의 나뿐이다. 이미 드러나 있다는 것을 모른다는 것은, 보다 더 적은 존재로 존재를 촉발하는 것이 아니라, 세계와의 보다 더 적은 관계 안에서 나를 촉발하는 것이다. 그것을 나를 가장 밖에 놓는 일이다. 이상이 합리적인 것을 정당화하는 이유이다.

그러나 무지는 사실 존재론적이며 근본적인 지평에 자리한다. 그것은 아직 아무도 폭로하지 않은 것을 폭로하지 않음이 문제가 되는 경우이다. 어떤 특수한 존재 영역에 대해서 존재가 드러나야 할 것인가의 여부를 일반적이고 선험적으로 결정하는 것이 문제가 되는 경우이다. 그때 앎의 거부는 존재의 폭로가 즉자에 보충적인 존재 차원을 준다는 것에 대한 근원적 받아들임을 포함한다. 무지로 있으려고 하는 것은, 먼저 존재가 그 어둠 안에서는 보다 적게 실존하는 것에 대한 받아들임이다. 보이지 않는 존재는 허무로 무너진다. 그것은 '붕괴를 향한 존재'이다. 무지(=무시)는 존재를 붕괴한다는 결의이다. 의욕된 무지는 받아들이거나 보는 것의 거부도 아니다(사람이 자신에게 불쾌한 것을 거부한다는 뜻에서는). 무지는 현재 분명히 밝혀진 것을 받아들이거나 보거나 하는 것을 거부하는 일에 관여되어 있다. 이를테면 나의 경쟁자가 물에 빠져 죽으려고 하는데 그가 익사하는 것을 보고도 아무 일도 하지 않고 방관하는 것과 같다. 그것은 존재를 반드시 파괴하는 것은 아니지만 아무런 개입을 하지 않고 이 허무화의 모든 책임을 존재에게 강요하여, 존재가 어둠 속에 붕괴되어 가는 대로 맡기는 일이다(경쟁자를 죽이는 것은 내가 아니다. 그가 이 배에 기어오를 수가 없었을 뿐이고, 그것은 그의 책임이지 나의 책임이 아니다).*26 무지는 '책임을 지지 않는다', 즉 인간적 현실의 사명이 진리—검증에 있다는 것에 반론하는 일이다. 즉자존재는 대자존재에게 사면을 명령할 수는 없다. 우리는 뒤에서 무지가 모순이며 자기기만이라는 것을 살펴보게 되지만, 그것은 대자 자신이 그 출현 자체에 의해서 자신에게 이 사명을 명하고 있기 때문이며, 대자는 근원적으로 즉자를 폭로하는 불러냄 이외의 그 무엇도 아니고, 대자가 자기에 대해서 갖는 의식은 존재를 불러내어 폭로하는 한에서의 자기의식이기 때문이다.

이와 같이 투기로서의 무지는 인식의 한 양상이다. 왜냐하면 만일 내가 존재를 모르고 있기를 바란다면, 나는 그것이 인식 가능하다는 사실을 긍정하고 있기 때문이다. T는 결핵일지도 모른다고 두려워하고 있는데 의사의 진찰을 거부하고 있다. 왜냐하면 의사는 그녀를 걱정과 두려움에서 분명히 해방시킬 수 있지만 이 걱정과 두려움을 진리라고 검증할 수도 있기 때문이다. 그때는 가능성이었던 결핵은 명확한 것이 되어 그 밀도와 함께 세계 안에 나타나 뢴트겐선이나 검사를 통해서 드러나, 그때까지 따로따로 나타났던 것(열 등등)의 의미가 된다. 결핵은 존재한다. 그러나 만일 T가 의사의 진찰을 받으러 가지 않는다면 존재의 과소평가의 복잡한 사실과 관여하게 되어 그것은 다음과 같이 기술되어야 한다. 즉 만약에 무지가 전체적일 수 있다면(만약에 결핵의 가능성조차 무시할 수 있다면) 결국 현실의 결핵은 존재의 허무로서 생각할 수도 있는 이 존재 안에 한정적으로 머물게 될 것이다. 그 경우 결핵이 존재한다고 해도, 그 존

---

*26 '책임은 없다'의 원문은 je m'en lave les mains, 문자 그대로 손을 씻다, 손을 뗀다의 뜻.

재는 누구를 위한 것도 아니고 그 자신에 대해서(즉자적으로)도 아니다. 결핵은 고려의 대상이 아니기 때문에 치료가 필요하지도 않고, T가 그것을 앞에 놓고 그것을 넘겨받아, 자기 결핵에 대한 책임을 질 것인가의 여부를 선택할 필요도 없어진다. 진리─검증이란 존재하는 것을 창조하는 일이다. T는 지하나 어둠의 세계에서 막 싹튼 실존밖에 가지고 있지 않은 것을 인간 세계로 접근시키는 일에 대해서 책임지기를 거부한다. 그녀는 결핵 환자라는 것을 스스로 선택하는 일을, 그리고 결핵을 자유로 창조하는 것을 거부한다. 따라서 그녀는 '존재하는 것을 창조한다'는 정식(定式)에서 '창조한다'는 요소는 강조하지만 '존재한다'고 하는 요소는 버린다. 그녀는 자기 책임(이 경우는 자기 자신에 대한 책임이지만 타인에 대한 경우도 있을 수 있다)을 앞에 놓고, 자기 창조의 자유를 앞에 놓고 두려움을 느끼는 것이다.

따라서 나중에 상술하는 것처럼 진리에 대한 공포란 자유에 대한 공포이다. 앎은 세계 안에서의 존재 출현의 공범자로서 나를 구속하고, 새로운 책임 앞에 나를 놓는다. 정숙한 여성 앞에서의 음담은 삼갈 일이지만 그녀는 음담 듣기를 거부하는 것이다. 그것이 그녀에게 관계가 있기 때문에 그녀는 그것을 존재시키기를 거부한다. 왜냐하면 그런 말을 듣는다는 것은 약화된 방법으로 그것을 말하는 것이 되기 때문이다(베르그송이 분명히 나타낸 것처럼 사람은 타인의 이야기 내부에서 다시 이야기를 하는 것이다).[27] 저 고상한 신사는 고기를 좋아해서 '샤토브리앙[28]이라고 하는 작가의 이름을 가진, 기묘하고 뭐라 표현할 수 없는 모양을 한 고기를 먹지만, 도살장에 가는 것(건전치 못한 호기심)은 거절한다. 만일 그가 거기에 가면 도살장은 부르주아의 세계에 완전히 드러나게 된다. 그렇게 되면 도살장은 실제로 존재하고 샤토브리앙은 죽은 동물의 고기가 된다. 그러나 도살장은 사회 밖에, 대자 자신이 즉자의 친척인 것 같은 어두운 지대에 숨겨진 채로 있는 편이 좋다. 동물을 죽인다는 것은 '짐승과 같은 사람들'로 현상을 지배하지 않는 어두운 의식의 소유자들이다. 도살장은 어둠의 변경에 존재하여 그 장소에 머무는 것이 좋다.

---

*27 베르그송, 《물질과 기억》.
*28 두툼한 소고기 스테이크의 이름인 동시에 프랑스 작가로 《그리스도교 정수》 등으로 알려진 프랑수아 르네 드 샤토브리앙(1768~1848)의 이름이기도 하다. 일설로는 이 작가의 요리사가 발명했기 때문이라고 말하지만 관계는 분명치 않다.

만일 샤토브리앙이 앎에 의해서 회식자들 눈앞에서 죽은 고기로 변했다면 고기를 먹는 신사는 공범자가 되어버릴 것이다.

T의 경우로 돌아가자. 그녀는 자기의 무지(=무시)에 의해서 결핵이 없어졌다고 주장하는 것이 아니라 모든 존재가 뜻한 바를 이루는 이 세계에, 즉 인간 세계에 결핵이 존재하지 않는다고 주장하는 것이다. 따라서 아직은 새싹 상태라 해도 그대로 주저앉으면 결핵은 그 효력을 발휘하게 되는데, 그 결과 하나하나는 수동적으로 예측됨 없이 살 수 있게 된다. 기침이나 각혈이나 열은 그 자체로서 살게 될 것이다. 그리고 이런 증상을 본다는 것은 예측 행위에 의해서만 가능하므로 그 이상 그것을 볼 수 있는 일은 없을 것이다. 그것들은 불투명하고 단절된 상태로 거의 눈에 띄지 않는 것으로서 지나간다. 그것은 마치 N이 알아차리지 못하는 M의 냄새와 같은 것이다. 그것은 그녀가 악취의 자유로운 창조자로서의 행위(더러운 것, 추한 것을 창조하는 것)를 행하는 것을 바라지 않기 때문이며, 그 때문에 갑자기 냄새는 이름도 기억도 없는 애매한, 그저 불쾌한 일 속으로 사라져 버린다. 결국 그녀는 결핵으로 말미암아 죽는데, 죽음이야말로 무지를 완전히 수행하게 되는 것이다. 왜냐하면 죽음은 나에게 관계하고는 있지만 원칙적으로 내가 그 증인일 수 없는 현상이기 때문이다. 나에게는 내 죽음의 진리는 없는 것이다. 이런 의미에서 무지는 죽음과 관계가 있다. 죽음이란 명백히 되어야 하는 것이고 진리의 개념을 뚜렷하게 하는 것이다.

사실 죽는다는 것은 내 주체성의 사건이지만 나는 그것을 인식할 수가 없고, 그렇기 때문에 나에 대한 진리를 가지지 않는다. 그러나 그 몇 가지 측면은 다른 사람에게 인식 가능하기 때문에, 내가 인식하지 못하는 이 인식 가능한 것이 나에게 허용된 무지를 규정한다는 착각을 갖는다. 나의 죽음은 내가 인식하지 않는다는 권리를 가진, 인식 가능한 사실인 셈이다(그것은 궤변이다. 왜냐하면 만약에 내가 그것을 인식하지 않는 권리를 갖는다면 그것은 나에게 그것이 인식 가능하지 않다는 것에서 올 텐데, 그것은 타인에게는 인식 가능한 것이므로 타인에게 그것은 '인식되어야 할' 것이기 때문이다). 그러나 그렇게 되면 나의 죽음은 인식하지 못하는 인식 가능한 것으로서, 내가 행하는 모든 진리—검증 작업을 중단하여 진행 중인 검증을 결정되지 않은 채로 남기고, 예측에 대해 확인도 부정도 하지 않은 채로 남기게 된다. 죽음은 내 인식의 불확실성을 일으키는 것이다. 그것은 나의 앎 전체성을 무지 안으로 가라앉힌다. 죽음은 또한 현재 진행 중인 과학 연구에 대해 나의 무지를 결정한다. 내 죽음의 존재는 '앎'을 '알지 못함'으로 전환한다. 죽음의 관점에서 보자면 무지는 정당화된다. 진리 자체가 죽음에 의해서 타격을 받는다. 왜냐하면 내가 죽음에 이를 때까지 내 아내의 정숙에 관한 진리—검증을 하지 않은 채 살았다면 나는 구원을 받기 때문이다. 이 바람기를 '실존하고 폭로하는 존재'가 소멸함으로써 이 문제로부터 모든 인간적 의미가 제거되니 말이다. 나는 이윽고 죽을 테고 아내도 죽을 것이다. 바람기의 사실은 아마도 그 존재를 유지하겠지만, 이 존재는 이미 그 어떤 대자에 대해서도 존재하지 않고 회복될 수도 없으며 존재의 인간적인 차원 밖에서 생긴다. 만약에 내가 반대로 자기 실존을 무제한으로 계속해야 한다면 나는 아내의 바람기를 마지막까지 모를 수가 있다는 개연성은 매우 낮을 것이다. 그래서 반대의 일이 나타나는 셈이다. 즉 방어 수단으로서의 무지는 죽지 않음으로써 부인된다.

이와 같이 모르는 채로 있다는 것은 죽을 때까지 모른다는 것이다. 또는 망각까지(제한부 기간) 모른다는 것이다. (구조 전체를 분석할 필요가 있다. 은폐하는 기억이나 검열에 의한 망각도 포함해서이다. 망각은 어느 경우든지 묻어버리는 일이다. 망각과 매몰에는 상호 연관성이 있다. 사람은 사건을 묻어버린다. 즉 땅 아래, 존재의 보다 더 깊은 어둠의 지하 세계에 묻는다. 망각=상징적인 죽음.) 마지막으로 제3의 구조로서 모른다는 사실은 유한성에 내기를 거는 일이다. 나는 동시에 모든 것을 알 수는 없다. 내가 인식에 신경을 쓰면 모르는 일도 드러나게 된다. 왜냐하면 (예를 들어 역사를) 인식하는 조건을 (예를 들어 물리학을) 모르기 때문이다. 따라서 모른다는 것은 존재에 대해서 유한성의 관점, 망각의 관점, 죽음의 관점, 수동성의 관점을 취하는 일이다.

T는 자기 유한성을 이용한다. 그녀는 자신에게 연극적 재능이 있는지에 대한 검증에 몰두함으로써 자기가 결핵에 걸려 있는가를 검증하는 시간을 없앤다. 결국 그것은 히스테릭한 기분 전환이라고 할 수 있다. 어느 영역을 늘 강력하게 밝은 곳으로 내놓고 다른 부분은 그늘로 남겨두는 셈이다. 결국 무지(=무시)는 부정이다. 나는 아픔이나 주사의 감각을 무시하지만, 그것은 이미 다리가 말을 듣지 않는다고 내가 주장하기 때문이다. T는 망각을 이용해서 허무 안에 자기의 발병을 가라앉히고 몸의 통일적인 변화 안에 그것을 전체화하지 않

는다. 이 각혈은 망각된다. 결국 망각은 살인이다. 자기 남편을 미워하는 이 건강 염려증 환자는 남편의 얼굴을 잊는다. T는 수동성을 이용해서 모든 예측을 거부한다. 즉 무시해야 할 사실에 관계가 있는 자기의 자유를 부정하는 것이다. 그녀는 자신의 기침에 신경을 쓰지 않는다. 그것은 그녀 앞에 있지 않다. 그녀는 그것을 기침으로 예측하지 않는다. 즉 그녀는 기침을 밝은 곳으로 내놓기 위해 미래라고 하는 '바탕'에서 기침 쪽으로 향하는 일은 없는 것이다. 그녀는 그것을 일련의 의미 없는 경련으로서 흔들리게 해둔다. 수동성이 망각을 쉽게 하는 것은 당연하다. 사람은 자기가 조직한 것밖에 기억하지 않는 법이다. 수동성, 기분 전환, 망각은 유기적으로 결합되어 있다. 기분 전환(A에 몰두하는 일)은 B가 의식에 떠오르는 것을 방해하지는 않지만 단순히 의식은 이 건에 대해서 수동적이다(불감증 여성은 쾌감을 느끼지만 집안일만 신경 쓰고 있기 때문에 쾌감에 대해서 태도를 정하지 않고, 현재 내용을 불러냄으로써 미래 안에 그보다 더한 것을 기대하려고 하지 않는다. 갑자기 그녀의 몸이 고함을 지르거나 움직이거나 해도 그녀는 이 순수한 수동성을 잊을 수 있다). T는 자기 죽음을 이용한다. 왜냐하면 죽음은 인식 불가능한 것이며, 그녀 병의 반론 불가능한 증거도 되기 때문이다. 그것은 증거의 모든 가능성을 소멸시켜, 그 누구의 것도 아닌 증거가 되어버린다. 그러나 알려고 하지 않는 자는 투기로써 유한성을 벗어나기 위해 유한성의 관점을 취한다. 진리에 의해서 드러나는 것은 관점의 유한성이기 때문이다. 이렇게 하여 죽음을 두려워하기 때문에 죽음의 관점을 취하게 된다. 왜냐하면 죽음이 진리를 지워버리는 일이 정말이라고 해도, 우리가 죽는다는 것은 진리이기 때문이며, 또 그것으로써 갑자기 무효가 된 진리 전체가 진리 안으로 다시 통합되기 때문이다. 알려고 하지 않는 자가 수동성의 관점을 취하는 것은 세균이나 다름 아닌 결핵의 침범을 받은 자기 신체(능동성에 필요한 구조)의 수동성을 두려워하기 때문이다.

이처럼 우리는 무지 안에 자기기만의 찢어진 세계를 다시 발견하게 된다. 요컨대 무지란 존재와 관련되어 있다는 사실을 거부하는 일이다. 이것이 뜻하는 바는, 자기를 존재와 결부시켜, 존재에 의해서 휘말려 들어간 방식으로만 실존하는 내적 부정의 관계를 무지가 부정하는 일이다. 무지는 자기와 즉자존재 사이에, 단지 무관심한 외재성의 관계를 세운다. 이와 같이 진리와 앎은 임의적인 것이 되어버린다. 그러나 이 외재 관계를 긍정하기 위해서는 무지는 자신의 탈

(脫)−자적(自的)*²⁹인 구조를 부정하지 않으면 안 된다(무지는 진리—검증이 자기 조건이라는 것을 부정한다). 그 결과 즉자와의 위험한 관계를 피하기 위해 무지는 자기 자신을 즉자로 바꾸어 버린다. 물론 이와 같은 변용은 참으로는 실현할 수 없지만 무지는 마치 자기가 즉자이며 자신이 형상하는 이 즉자에서 소외된 것처럼 자신을 다룬다. 그것은 자연스럽게 즉자−대자를 쫓아가는 것이 아니다. 여기에서 문제가 된 즉자는 그 밖의 여러 존재에는 무관심한 삼투 불가능성으로서의 순수한 즉자를 말한다. 그 결과 즉자는 내가 다른 곳에서 제시할 것처럼*³⁰ 대자와의 관계로 마치 자기 자신이 대자인 것처럼 생기게 된다.

이를테면 내가 뒤쫓아오는 추적자로부터 벗어나려고 나뭇가지로 덮여 보이지 않는 도랑 쪽으로 뛸 경우, 나와 이 도랑의 관계는 무관심한 외재 상태에 있다.*³¹ 도랑은 나를 위해서 존재하는 것은 전혀 아니고, 나의 투기는 그것을 전혀 고려에 넣지 않고 있다(그것은 모를지도 모른다고 하는 의심까지도 갖지 않는, 무지−투기의 이상이라고도 할 수 있다. 한계—로서의—무지이다). 그러나 거기에는 도랑이 기다리고 있다가 갑자기 나를 덮친다. 나는 한 발자국씩 도랑 가까이 가지만 나는 그것을 모르므로 이 걸음이 나를 도랑 가까이 가게 할 수도, 멀리 떨어지게 할 수도 없다. 그 외재성 가운데 이 접근의 내재적 유대를 형성하는 것은 도랑 쪽이다. 도랑이 나를 기다리고 나에게 가까이 와서 나의 다리를 움직이게 하고 있다. 외재적 안이 있고 또 상호성이 결여된 이 내재적 관계, 또는 다른 말로 한다면 투기에 대한 뒤바뀌고 고착된 이 이미지, 그것이야말로 운명이라 부를 수 있는 것이다. 무지는 운명에 대한 호소이다. 치료를 거부할 때 흔히 말하는 "자연에 맡겨둘 일이다", "죽을 사람이라면 죽고 살 사람이라면 살 것이다" 하는 표현이 그 증거이다. 무지한 자는 자신 죽음을 살고 자기의 자유를 거부함으로써 자유가 운명(숙명)이라고 하는 형식 아래 그에게 되돌려지는 세계를 향해 자유를 투기한다. 무지의 세계란 숙명의 세계이다.

그러나 다른 한편으로 T는 자기 이상을 실현할 수 있는 것이 아니다. 한계—로서의—무지는 존재와의 모든 관계를 없앰으로써 무지라고 하는 자기 자신의

---

*29 원어는 ek−statique.

*30 《도덕을 위한 노트》 참조. 사르트르는 거기에서 무지에 대해 긴 고찰을 전개한다.

*31 사르트르는 《도덕을 위한 노트》에서의 분석을 여기에서 다시 하고 있는데 상황은 약간 바뀌어서 《노트》에서는 두 사람이었던 것이 여기에서는 한 사람의 기술로 되어 있다.

의식을 지우고, 이렇게 해서 즉자와의 달갑지 않은 모든 관계(특히 신체에 대한 즉자의 위협)와의 단절을 상징화한다. 사실 T는 자기가 모른다는 것을 알고 있다. 그녀는 자기가 무엇을 모르는가조차도 알고 있다. 그녀가 의사에게 가지 않으려고 하는 까닭은, 의사가 그녀의 결핵을 밝히는 것을 두려워하기 때문이다. 따라서 그녀가 모르기를 바라는 것은 결핵이다. 좀더 정확하게 말하면 그녀는 자기가 결핵에 걸렸다는 사실을 모르는 것이다. 이 경우 단순히 그것을 잊는 편이 좋다. 그녀는 결핵이 가능하다는 것을 알고 있다(또는 알고 있다고 생각한다). 그녀가 알려고 하지 않는 것은 이 결핵이 '현실적인가' 하는 점이다. 요컨대 그녀는 이 결핵의 가능성을 잊기를 바라는 것이고, 이 진리가 현실이 되었을 경우에는 차라리 이 결핵의 진리를 모르기를 바라는 것이다. 그녀는 이 현실적인 결핵에 진리를 부여하기를 바라지 않는다. 이것은 다른 형태로 밝힐 수가 있다. 이 변경이 중요하다는 것을 다음에서 보기로 하자. 그녀는 결핵의 사실적 존재가 자기의 공허한 지향을 방해하기를 바라지 않는다. 사실 T에게는 결핵만 신경 쓰이는 것이다. 그것은 그녀의 '고정관념'이며 '강박관념'이다. 그녀는 그것을 무시하고 잊고 싶은 생각으로 가득 차 있다. 이렇게 해서 그녀의 내면적 사건을 조직하는 주제는 즉자적이고 초월적인 존재로서의 '결핵'이다.

그녀의 의식은 상태의 주제적 통일로서 결핵 또한 하나의 존재를 갖지 않으면 안 된다. 다만 이 존재는 빌린 존재이다. 이제 우리는 이 빌린 존재가 무엇인가를 알고 있다. 그것은 기침이나 각혈로부터 빌려온 것이다. 그러나 결핵의 현실적 관념과는 달리 이 빌린 사물의 존재는 결핵을 밝은 곳으로 끌어내기 위해, 또 이 현상을 그대로 포함한 가시적인 모양을 드러내기 위해 다시 현상으로 돌아가지는 않는다. 그것은 (객관적 실재성이라는 자격으로) 가능한 존재로 머물러 있다. 즉 존재와 비존재의 장난에 머무는 것이다. 그리고 빌린 사물의 존재로서, 그것을 빌려온 주관성에 따라서 존재를 유지한다(그것이 가능한 것은 내가 그것을 투기하기 때문이다). 그것은 대자에 의해서 되돌릴 수 있는 즉자이다. 왜냐하면 나는 언제나 그것을 주관성으로 바꿀 수 있기 때문이다. 즉 나는 이 점에 대해서 에포케*32를 행하고, 그것을 내 의식의 순수한 하나의 대상적 상관자로 간주할 수가 있다. 이런 점에서 즉자와 대자와의 희미해져 가는

---

*32 고대 그리스 철학에서 대상에 대해서 판단을 중지하는 일.

다른 장난이 나타난다. 또 때로는 그것을 존재하는 것으로 여기고 그러고 나서 존재하지 않는 것으로 간주한다. 즉 가능한 것으로 간주한다. 또 때로는 그것을 즉자로 간주한다(가능한 결핵). 또 때로는 즉자적으로는 존재하지 않는 것(내 불안의 산물)으로 간주한다.

이렇게 해서 이 장난에 의해, 나는 물론 결핵을 나의 체험*33의 주제로서 유지한다. 그러나 동시에 이 주제는 변함없이 존재보다도 적은 존재 말고는 가지고 있지 않다. 그것은 내 불안의 의식 대상이고 기호의 의미(작용)이며, 상상적 행위의 상관자이다. 아울러 그것은 현실적으로 행동을 일으키는 그 어떤 행위와도 상관하지 않고 있으므로 불확실한 미래 안에 보존되어 있다. 현재로서는 (나는 아마도 결핵에 걸려 있다) 그것은 보다 적은 존재이다. 장래로서는 (나는 결핵에 걸려 있는가를 보게 될 것이다) 그것은 불확정한 일이다. 그러나 불확정한 장래는 나의 장래가 아닌 장래이다. 나와의 관계로 말하자면 그것은 외재성 안에서 생긴다. 반대로 말하자면 나는 나의 장래와의 관계에 따라서 무관심한 외재성 상태로 들어가지만, 이것은 단지 자기의 초월성을 부정하는 것을 뜻한다.

사실 인간적 현실에 있어 자기의 초월성이나 자유를 내놓는 것은 불가능하다. 그러나 자신의 초월성에 대항해서 그 어떤 초월성을 투기할 수는 있다. 가능한 행동의 총체(의사에게로 간다는 것, 요양한다는 것 등등)는 언제나 투기되는 다른 행동에 의해서 차단될 것이다. 그러나 환자는 자기가 의사에게로 가기를 바라고 있지 않다는 일에 자각적이어서는 안 되기 때문에(왜냐하면 의사에게로 간다는 것은 자기 병에 대한 명백한 결단이나 책임을 취하는 것을 전제로 하기 때문에), 방해가 되는 행동은 그의 의지와는 독립된 것으로서 그에게 나타날 필요가 있다. 즉 의사에게 가는 것을 방해하도록 하는 것이다. 이를테면 의사에게 가기보다는 어떤 친구에게 가는 것이 중요하다고 하는 가치 체계를 자기에게 더 유리하게 만들어 낸다. 또는 여러 일 때문에 바빠서 의사에게 갈 수가 없다. 시간이 없다는 것이다. 신체가 그의 변명에 사용된다(연쇄를 모방한다). 결국 그것들을 통일하는 주제는 불가능성이다. 결국 초월성은 할 수 없다는 일 아래에 자기 자신을 숨기는 것이다. 이렇게 해서 나를 위협하는 것에 더

---

*33 '경험'의 원어(독어)는 Erlebnisse. 후설로부터 빌린 이 말을 사르트르는 《존재와 무》에서도 자주 사용하고 있다.

욱 적은 존재를 부여하기 위해 나는 스스로에게 좀더 적은 자유를 부여한다. 그리고 마침내 나는 진리의 관념 자체를 은폐한다. 왜냐하면 진리는 보다 더 적은 주관성에 의한, 보다 더 적은 존재의 폭로가 되어버리기 때문이다. 왜 보다 더 적은 주관성이냐고 하면 그것은 보다 더 적은 자유이며, 참다운 폭로를 절대로 행할 수가 없기 때문이다. 왜 보다 더 적은 존재냐고 하면 그것은 결코 직관에 주어지지 않고, 결코 개연성을 드러내지 않기 때문이다.

결국 진리가 견해에 대치되는 것이다. 견해는 이미 존재에 대해서 진리 검증 가능한 자유로운 예측은 아니다. 견해는 미래적인 성격을 잃고 있다. 따라서 그것은 단순한 현재 또는 단순한 우연으로서 나타난다. 사람은 견해를 가지고 있지만 왜 그런가는 알지 못한다. 설명하려고 할 때에는 미래에 따른 설명과는 반대의 설명을 찾을 것임에 틀림없다. 즉 인과성(과거)에 의해서 설명하곤 한다. 견해는 유전이나 환경이나 교육에서 온다. 동시에—플라톤은 옳았다—견해와 상관하는 것은 존재와 비존재 사이에서 존재가 놀아나는 영역이다.[34] 왜냐하면 영상=시각은 존재의 폭로인데, 여기에서는 행동할 수가 없다고 하는 명목으로 영상=시각이 거부되기 때문이다. 따라서 견해는 존재의 망령에 관한 우연적인 신념이다. 나는 자기 견해에 책임은 없다.[35] 사실 견해는 미래와 모든 초월의 부정이므로, 자유의 부정이다. 견해는 이와 같은 것이므로 나는 그에 대해서 진리 검증을 하지 않으면 안 되는 필요성을 조금도 느끼지 않는다. 나는 그것에 책임이 없는데, 그것이 참인가를 탐구할 의무가 있을까? 결국 견해란 단순한 성격의 특징인 것이다.

요컨대 견해의 세계를 바란다는 것은, 보다 더 적은 진리를 바라는 일이다. 다시 말하면 좀더 적은 존재를 바라고, 좀더 적은 자유를 바라며, 더 나아가서는 폭로하는 자유와 즉자 사이에 더욱 이완된 관계를 바라는 일이다. "그것이 나의 견해다" 말하면 "나로서는 이렇게 생각하지 않을 수 없는데, 당신이 그 반대라고 생각하지 않을 수 없는 것 또한 인정한다"는 뜻이다. 그럼에도 나는 누군가가 이 문제에 대한 진리를 소유할 수 있다고는 판단하지 않는다. 왜냐하면 그렇게 되면 나의 견해는 오류가 되어버리기 때문이다. 따라서 나는 진리가 가능하지 않다고 단순히 생각하는 것이다. 그리하여 자기가 결핵인지 아닌지를

---

*34 《소피스트》 참조.
*35 견해와 책임 문제에 대해서 사르트르는 《유대인 문제에 관한 성찰》에서도 언급하고 있다.

알고 싶어하지 않는 환자는 의사들에 대해 이렇게 말할 것이다. "홍, 그들이 무엇을 안다는 것인가? 이 사람이나 저 사람이나 지레짐작이 심한 사람들이다." 이렇게 해서 진리를 알지 못하고 있다는 의지는 필연적으로 진리가 있다는 일의 부정으로 바뀐다.

이상의 기술에 따라서 왜 사람들이 모르는 것을 바라고 있는가를 이해했으리라고 생각한다. 앞에서 본 것처럼 무지는 결합되는 세 가지 걱정과 두려움을 전제로 한다. 즉 폭로된 즉자에 대한 공포, 폭로를 행하는 대자에 대한 공포, 폭로된 즉자와 폭로하는 대자와의 관계에 대한 공포이다.

I. 무지는 순수한 존재가 아니라 빌린 존재하고만 관련을 가지려고 한다는 것이다. 그렇다고 한다면 도대체 존재 그 자체는 공포를 불러일으킬 만한 것을 가지고 있는가? 사실 근원적인 진리, 가장 뚜렷이 나타나는 진리, 자신에 대한 대자의 실존과 마찬가지 정도로 마땅한 명증성은 존재 한가운데에서의 대자의 실존인 것이다. 또는 존재는 주관의 그 어떤 표상에도, 또 이 표상의 내용에도 환원 불가능한 것으로서 존재하기 때문이라고 말해도 좋을 것이다. 따라서 이 존재의 폭로는 대자에게 가장 직접적이다. 대자는 그 출현 때부터 존재를 앞에 둔 자기 의식이기 때문이다. 그런데 이 직접적인 인식은 반대로 가장 은폐된 것이다. 존재의 존재 양태는 곧잘 존재 그 자신보다 명백한 것으로서 나타난다. 이 꽃의 빨간색은 추상 작업이 없으면 그 모양으로부터 분리할 수가 없는 것처럼 보인다. 그러나 이 빨간색이 그 존재(빨강에 대한 주관적 감각)로부터 분리된다고 하는 것은 쉽사리 인정할 수 있을 것이다. 그리고 이 '빨갛다는 것'이야말로 그 존재 양태의 존재이다.

그렇다면 왜 존재를 무시하려고 하는가? 이를 알기 위해서는 존재에서 우리가 모르고 있으려고 하는 것을 인식할 필요가 있다. 진리 검증을 하고 있는 대자에 나타난 것처럼 존재의 기술로 되돌아가지 않으면 안 된다. 먼저 존재는 연역 불가능한 것, 부조리한 것, 불투명한 것, 여분의 것, 우연적인 것으로 나타난다. 진리 검증을 하는 인간적 현실은 존재를 발견함으로써 자기가 비인간적인 것 안에 내던져져 있다는 사실을 발견한다. 왜냐하면 세계는 인간적이면서도 비인간적이기 때문이다. 세계가 인간적이라고 하는 것은, 존재하는 것이 인간의 출현으로써 생겨나는 하나의 세계에 나타난다는 의미이다. 그러나 이제까지 이 일이 세계가 인간에 알맞은 것이라는 의미를 가진 적은 없다. 자유야말로 세계에 자신을 적용하려고 하는 끊임없는 투기이다. 세계는 인간적이지만 인간적인 것을 모방하지는 않는다. 달리 말하면 대자는 먼저 존재에 대해서 자기 자신의 실존에 관한 침묵된 거부를 파악한다. 대자는 자기가 행하지 않으면 아무것도 가질 수 없는 존재이므로(자유에서의 처형), 세계는 먼저 인간에게는 아무것도 주어져 있지 않은 것으로서 인간이 자기 장소를 만들어 내지 않으면 자기의 장소 같은 건 없는 것으로서 나타난다. 존재가 인간과의 관계에서 나머지 것이라고 한다면 인간 또한 존재와의 관계에서 나머지 것이다. 존재란 존재의 모든 밀도에서 배제된 대자이다. 존재 안에 대자의 장소는 없다. 존재는 채워지지 않는 경직된 초과잉(hyperabondance)*36이다.

그러나 또 즉자 그 자체 안에는 기묘한 유형의 존재가 있다. 그것은 분명히 나타내는 대자에 대해서 끌어당김과 밀어냄의 양가적(兩價的)인 혼합을 한다. 물론 대자(인력)는 즉자-대자이기를 바란다. 즉 자신의 실존을 잃지 않고 존재의 존재에 동화할 것을 바란다. 하지만 대자가 아닌 순수한 존재 안에는 밀어냄의 요소가 있다. 존재는 두려움을 자아내는 것이다. 먼저 그것은 대자가 아니기 때문에 단순한 어둠으로서 그 존재에서 자신을 드러낸다. 즉 그것은 대자에 대해서, 완전히 어둠이 될 이미지를 내보낸다. 이 의식은 대자적으로 무의식인 의식, 직접적으로 자기가 되는 의식이다. 요컨대 즉자존재는 완벽하고 완전히 명백하며, 배후—존재를 가지지 않는다. 그 배후에는 실체나 그것을 설명하는 다른 존재는 없다.

---

*36 이 대목을 하이데거의 《진리의 본질에 대해서》 관점과 비교할 수도 있을 것이다. 사르트르가 앞서 배척한 비밀의 개념으로 되돌아가지 않으면 안 된다. 사르트르는 그것이 현 존재(내지는 인간적 현실)를 진리와의 근원적 관계에서 정의하기 때문에 비밀을 배척한 것이다. 비밀이란 다시 말하면 현존재에 의해서 전체성으로서의 존재자가 '숨겨지는 일'이며 따라서 존재 문제의 '숨김'이고 이 숨김의 은폐를 말한다. 우리 행위의 윤리적 규정을 탐구하려는 전망을 가지고 있던 사르트르에게는 비밀을 인정한다는 것은 아무런 해결도 되지 않는다. 하이데거에 의해서 기술된 것처럼 인간은 헛되고 침착함이 없는 데서 공허한 관상(觀想)이나 행위의 마비를 이행하는 위험성이 있다. 그래서 사르트르는 묻는다. 왜 이와 같은 은폐가 있느냐고. 하이데거에 따르면 존재의 진리로 접근하기 위해 현존재는 '지배되는 일이 가능한, 흔한 현실'에 집착하는 것을 단념할 필요가 있다. 한편 사르트르는 실존자는 생생한 실천적인 조직이며 '욕구의 사람'이고, 그렇기 때문에 그와 같은 존재를 폭로하는 일도 무시하는 사건이 있을 수가 있다. 그러나 존재는 인간에게 적용되어 있지 않으므로 인간적 현실이 계속 실존하기 위해서는 개별적 존재자에 관한 점진적이고 끊임없는 진리 검증이 필요한 것이다.

그러나 이 명증성 자체 안에서 자기에 대한 어둠이나 절대적인 삼투 불가능이 주어진다. 즉 한낮의 빛 속에서[37] 비밀이 주어진다. 존재는 전체적으로 자기로서 대자에 자신을 인도한다. 이것은 조명이 그 어둠을 비추는 것이 아니라 어둠으로써 그것을 비치는 것을 의미한다. 존재의 밤, 존재의 얼어붙는 추위가 우리에게 직접 접근 가능한 것이다. 대자존재 안에 즉자존재를 회복하기 시작한 의식에게 존재는 회복이 불가능한 일로서, 거부로서, 한계로서 나타난다. 존재는 소화할 수 없는 것이다.

이에 따라서 의식은 갑자기 자기가 존재를 낳을 수도, 없앨 수도 없다는 것을 의식한다. 진리 검증도 창조도 존재를 전제로 하지만 어느 것이나 의식적 존재의 중개로 존재자에 이르는 존재가 갖는 양상에 지나지 않는 것이다. 의식은 존재를 이미 있는 것으로서 발견하여, 그 존재 양상을 존재 안에서, 또 존재에 의해서 바꿀 수가 있다. 그런데 자신의 존재에서 존재는 대자 실존의 가장 친밀하고 가장 필연적인 조건이면서도 변경 불가능한 조건으로서 나타난다. 대자가 만약에 존재로부터 도망가지 않는다면 대자는 그 출현에 있어 존재가 없으면 자기는 존재할 수 없다는 것을 발견한다. 왜냐하면 대자는 존재에 대한 의식이라는 것에 대한 의식밖에 되지 않기 때문이다. 그러나 거기에는 상호성은 없다. 왜냐하면 존재는 '이미 있는 것으로서' 나타나기 때문이다.

대자는 존재에, 존재의 차원을, 즉 드러난 존재를 부여한다. 그러나 이 차원은 존재의 '이미−존재−한' 바탕 위에 있다. 게다가 뒤에서 말하는 바와 같이 그렇다고 안심은 할 수 없는 것이다. 왜냐하면 대자는, 대자존재 한가운데의 불투명한 조건인 동시에 부정성인 하나의 존재를 자기 존재에서 자유롭게 확인하는 것을 의식하기 때문이다. 대자는 자기의 적이 존재하는 것을 돕는다. 그뿐만이 아니다. 존재는 되찾음이 불가능하기도 하다. 존재는 자기 자신으로부터 변화하지 않는 '운동'이나, 그 존재 양상에서 변경되지 않기(변이, 구축, 파괴) 때문이 아니다. 그러나 의식이 어느 임의의 순간, 존재 AB를 드러냈다고 가정해 보자. 그리고 AB가 변화했다고, 또는 허무화되었다고 생각해 보자. 드러냄은 과거화라는 변용을 받았다.[38] 그리고 우리도 알고 있는 바와 같이 과거

---

[37] 원어 le mystère en pleine lumière는 모리스 바레스의 작품(1926) 제목. 사르트르는 《존재와 무》에서도 이 표현을 사용하고 있다.
[38] 과거화에 대해서 《존재와 무》 제2부 '시간성'에서 자세히 논하고 있다.

가 된다고 하는 것은 내가 있었어야 할 즉자로 변용해 버리는 것을 말한다. 이렇게 되면 존재했던 것을 존재하지 않은 것처럼은 할 수 없고, 또 그것은 내가 그렇게 되어야 할 과거이므로 나는 자기가 거부할 수 없는 책임, 내가 드러낸 것을 영원히 존재시키고 계속시키는 책임을 가지게 된다. 더 나아가 진리는 타자에 선물로서 수행되므로 이 드러냄은 고유의 실존을 넘어 이어지고 나의 죽음 저편에까지 나의 책임을 구속한다.

이처럼 모든 진리 안에는 되찾음이 불가능한 측면이 있다. 진리는 저마다 날짜를 가져서 역사적인 동시에 미래의 무한성을 저당 잡힌다. 그리고 내가 보는 모든 것에 존재했다고 하는 이 무한의 실존을 주는 것은 바로 나이다(즉 그는 그 자신에 의해서 자신이 존재하는 것이며, 존재하든가 존재하지 않는가의 그 어느 쪽이지 존재했다는 것은 있을 수 없다.) 이와 같이 의식은 희극이며, 속이는 것이며, 응급조치이며, 또 자신이 그것인 존재에 자신을 두지 않으면 안 되므로 자기 순응이기도 하지만 이와 같은 의식은 존재의 눈부신 밤을 앞에 두고 타협도 순응도 허용하지 않은 가차없는 존재의 유형을 발견한다. 즉 우리가 존재 그 자체의 것으로—영원히 또 모든 변화를 넘어서—존재한다고 하는 절대적이고 손을 쓸 수 없는 필연성을 발견한다. 망각은 되찾음 불가능한 것에 대한 반어인 것이다. 그것은 존재가 존재했었다는 상징적인 허무화이다. 요컨대 의식은 존재가 아니라, 존재에 의해서 구석에서 구석까지 관통되며, 자기가 창조한 것이 아닌 것을 존재하게 한다는 책임을 다하지 않으면 안 된다고 하는, 받아들이기 힘든 필연성과 싸우는 것이다. 이처럼 내가 제시한 것은 자기가 창조도 바람도 하지 않은 일에 대해서 사후적으로 책임을 늘 가지고 있다는 것, 그것이 자유라는 것이다(나는 차에 치었다. 그것은 나에게 불가항력이었으나 나는 팔을 하나 잃었다. 나의 자유는 거기서부터 시작된다. 즉 내가 만든 것이 아닌 이 장해를 떠맡는 것에서 시작된다). 자유는 그 조건을 벗어날 수가 없다. 다음에 존재가 대자에 세우는 조건을 자상하게 기술해야 할 것이다.

존재가 대자의 실존 조건이라고 나는 말했다. 이는 맞는 말이지만 조건에는 두 가지 존재 양식이 있다. 하나는 원인적으로 조건이라는 점이다. A가 B를 낳는다거나 A를 조정(措定)하면 B가 필연적으로 나온다는 의미에서 A는 B의 조건이라고 말할 수 있다. 그러나 전혀 다른 경우도 있다. 즉자는 대자에 대해서 불가결하다고 말할 때, 나는 즉자가 의식을 산출한다(적어도 의식에 대면하는 독립적 존재에 대해서는)고 말하려는 것이 아니다. 다만 의식은 즉자의 드러남에 의해서만 자신을 의식한다고 말하려는 것이다. 그런데 자유인 의식은 '~을 위해서'를 세계로 도래시키는 존재이다(목적성). 의식은 ~을 위하여 (=~에 대해서) 존재한다. 그러나 그 투기의 각각은 존재의 진리 검증적 드러냄의 기반 위에서만 이룩된다. 의식이 실존하는 것은 이 드러냄에 의해서이기 때문이다. 이리하여 의식은 실존하기 위해서 드러낸다. 한편으로 모든 행동은 드러냄을 포함하기 때문에 의식은 자기 목적을 조정하기 위해서 드러낸다. 따라서 드러냄은 의식이 실존하기 위한 수단이며, 그렇기 때문에 한편으로는 모든 수단의 수단이다. 의식은 목적을 선택하기 위해서는 동시에 진리를 선택해야 하고, 자신을 존재시키기 위해서는 존재 앞에서 자신을 존재시키지 않으면, 즉 드러내지 않으면 안 된다. 그러나 하나의 수단 그 자체가 목적이다. 그것은 최종적인 목적이라고 하는 원근법 안에서 하나의 목적이다. 이처럼 존재의 드러냄은 근본적인 목적이다. 그러나 그것은 최종 목적이 아니라(이에 대해서는 뒤에서 말할 것이다), 근원적 목적인 것이다. 의식은 실존하기 위해 드러낸다. 아마도 실존하기 위해 인간적 현실은 마시거나 먹거나 호흡하지 않으면 안 된다. 하지만 마시는 일 등 안에 존재의 드러내기가 하부구조로서 포함되어 있다. 이처럼 의식의 근본적인 목적은 인간적 현실에 주어져 있다.

그러나 비록 인간적 현실이 자기를 돌아보거나 주위를 찾거나 해도 이 목적을 그에게 부과하는 누군가는 절대로 발견되지 않을 것이다. 인간적 현실은 자신에게 부과하지 않으면 안 된다. 인간적 현실은 목적을 자유로 선택하는 상황에 있고, 이 목적을 선택하지 않는다는 것은 불가능하다. 그렇다고 해서 이 선택밖에 없다는 것, 불가능성은 인간적 현실 존재의 수학적, 변증법적인 필연성에 속한다고 하기보다 오히려 그 우연성에 속한 것이다. 인간적 현실은 '존재–해야 한다'는 형식 아래 드러내는 선택이다. 그렇기 때문에 무지이고자 하는 의지는, 어떤 조건에 대한 '무익한' 반역이다. 물론 이 조건은 주어진 것도 주관적으로 의욕된 것도 아니지만 선택인 것이며, 여러 책임을 낳는다. 여기에서는 의식이 자기 자신에 대해서 반역하는 것인데, 그것은 성인들이 신에 대해서 반역하는 것과 마찬가지이다. 즉 왜 나는 자기를 무서워하게 만들고 있는 것을 발견하지 않으면 안 되는가 등등. 그러나 이 반역 자체 중에 근본적인 투기로서 진리가 스며든다.

Ⅱ. 존재를 폭로한다는 것은 자유의 위치 안에서 이루어진다. 폭로는 투기에서, 또 투기로써 이루어지기 때문이다. 따라서 존재의 모든 인식은 자유스러운 것으로서 자의식을 포함한다. 하지만 이 자유라고 하는 의식은 인식이 아니라 실존이다. 그렇기 때문에 자기(에 대한) 의식에 관한 진리는 없고 오히려 도덕이 있는 것이다. 의식은 선택이고 실존이며 실존하기 위해 자신의 실존에서, 또 실존에 의해서 규칙을 자기 자신에게 주기 때문이다. 그러나 다른 한편으로 존재를 폭로한다는 것은 자유를 전혀 다른 형상 아래에서 인식에 제시한다. 왜냐하면 존재는 늘 계획의 빛 아래에 나타나게 되며 언제나 어떤 목적의 빛 아래에서 수단으로서 드러나기 때문이다. 진리는 모든 수단의 수단이며, 참다운 존재를 수단으로서, 또는 수단이라는 사실에 대한 단호한 거부로서 이루어진다. 산보를 한다는 것은 하나의 가정을 검증하는 일이다(사람은 지도를 본 뒤, 지리적 도식의 도움을 빌려서 풍경을 해독하려고 한다). 이 오솔길은 바로 그 순간 나의 걸음을 통해서 앞으로 나아갈 것인가, 나아가지 않을 것인가로 드러난다. 그리고 나의 걸음이야말로 지리적 도식의 도움을 빌려서 이 오솔길을 동쪽이나 남쪽으로 가는 것으로 구성한다. 한 마디로 말하면, 동쪽으로 가는 것과 동쪽으로 난 길과는 마찬가지이다.

그렇기 때문에 모든 진리는 나의 자유에 대한 권리 요구이며 나의 미래를 저당 잡히는 일이다. 그리고 한 가지 뜻의 통일성으로써 통일되어 계층화되어 있는 여러 수단의 전체는 투기된 목적과 같은 것이고, 더 나아가 목적은 세계 안에서의 자유 자신에 의한 자유의 구체적이고 자립적인 결정이기도 하므로, 드러난 진리는 나의 자유인 그 무엇인가로서가 아니라, 변함없이 요청되어 있는 그 무엇인가로서 나에게 나타난다. 공(共)-존재의 세계(금지와 명령) 안에 살기 이전에, 우리는 객관적인 요청의 세계 안에 살고 있다. 세계는 나의 여러 목적에 의해 밝은 곳으로 나와 있는데, 반대로 나의 목적이 존재하도록 지탱하여 나에게 객관적—존재라고 하는 모양으로 그것을 보내주는 것은 세계 쪽이다. 주체가 앞으로 올 존재의 예시에서 존재를 불러내어 자기 자신에게 객체로서 나타날 때, 객관=객체성이 있다. 대자의 자유는 드러난 즉자 요청의 전체화로서 대자에게 인식이 가능하다. 앞으로 존재하는 것의 인식은 내가 바라는 것의 인식이다.

그러나 내가 목적을 이루려면 수단을 바라야 하므로 나는 내가 원하는 것을 얻기 바라는 서열이 매겨진 뜻의 모양대로 인식하는 것이 된다. 그리고 내가 바라는 것(목적)은 내가 원해야 하는 것의 전체(수단의 총체)와 엄밀하게 같으므로 요청과 자유로운 선택 사이에는 늘 양의성(兩義性)이 있다. 만약에 내가 8시에 회사에 있기를 선택한다면 나의 선택은 직장에 있다고 하는, '앞으로—올—존재'로서 나에게 나타남과 동시에 수단의 총체로서도 나타난다. 즉 빨리 잠자리에 들기, 알람시계, 옷을 입고 얼굴을 씻는 일, 가스불을 켜는 일 등과 같은 나의 현재는 자유에 대한 앞으로의 저당으로서 나타난다. 진리는 세계가 '나'라는 장(場)에서 '요청'이라는 모양으로 나에게 자유를 제시한다. 또는 이렇게 말하는 것이 좋다면, 나는 즉자존재를 끊임없는 요청으로서 인식한다. 실현이 쉬워지면 쉬워질수록(이를테면 일상 행위의 반복), 수단이 지속적이고 자발적으로 하나로 정리가 될 것이다. 그 경우 나의 시선은 여러 수단의 막다른 지경으로서 목적에 고정되어, 여러 수단의 진리는 뜻있는 것에 머문다. 즉 수단 그 자체는 조정되지 않는 (내가 담배에 불을 붙이려고 할 때) 담뱃갑을 찾고 성냥을 그어야만 하는데, 그와 같은 것들이 정해진 장소에 있으면 행위는 완벽하게 잘 알려지고 제어되어 있으므로 나타나는 것은 목적이다. 그리고 나의 자유는 요청으로서가 아니라 자유로운 투기라는 모양으로 나에게 나타난다. 즉 목적인 대상, 불을 붙인 담배, 담배 연기의 맛은 실현되어야 하는 것이지만 가언명법 곧 조건부 명령의 모양 아래 있지 않다. 오히려 대자에 의한 즉자를 거두어들이는 모양 아래에 있는 것이다. 나는 세계 안에서 자기 자신을 세계의 대상이라는 모양으로 찾고 있다. 나 자신과의 일치란 맛을 보아야 할 담배의 맛이라는 모양으로 나에게로 도래한다.

그러나 수단이 목적에서 떠나 드러나게 되어 목적을 창출하는 것이 곤란해져서, 진리가 사물의 적대계수(敵對係數)*39나 수단이 되는 일의 거부를 보다 많이 보이게 되면 될수록, 목적은 여러 수단의 변증법적 통일이라는 모습으로 나타나서 한층 요청, 즉 조건부 명령이 된다. 그러나 조건부 명령이 정언명법

---

*39 적대계수의 원어는 coefficient d'adversité, 불운의 계수라고도 번역되는 바슐라르의 말. 사물은 도구로서 사용되는 일도 있으나 인간이 취하는 행동 여하에 따라서는 그 적대성을 드러내는 경우도 있다. 이 측면을 나타내는 표현이 적대계수이다. 이 말은 바슐라르가 현상학적 지향성을 비판하는 문맥에서 사용되고 있지만 저작에도 가끔 나타난다. 그러나 주도적 개념이라 할 정도는 아니다. 사르트르는 이 표현을 즐긴 것 같으며 《존재와 무》나 《유물론과 혁명》 등에서도 쓰이고 있다.

과 다른 것은 그 진술 형식에서일 뿐이다. 사실 "당신이 x를 바란다면 y를 바라지 않으면 안 된다" 한다면 보편화의 방향으로 주제화되기 때문이며, 아직 선택되지 않은 순수한 가능성으로서 그것이 진술되고 있기 때문이다. 살아 있는 현실 안에서 x는 언제나 '이미 선택이 되어 있고' 현재나 미래의 큰 형상으로서 내가 거기에서 여러 수단을 파악하는 환경으로서 살아 있다. 따라서 이 순간, 수단은 정언명법으로서 나타난다. 내가 이미 x를 바라고 있으므로 대상은 정언적인 모양으로 우리에게 말하는 것이다. "당신이 한 선택의 전망은 전반적으로 보아 당신은 나를 바라야 한다"고. 이렇게 해서 상황이 유리한 경우에는 여러 통일이 생성 중인 무차별적인 바탕이며, 그 바탕 위에 형상으로서의 목적이 실현된다. 불리한 경우는 목적이 바탕이며 밝은 곳으로 내놓는 순수한 환경이며, 거기에서 수단이 특이한 형상으로서, 즉 존재의 특별한 요청으로서 분명히 나뉘어 있다.

그렇기 때문에 일반적인 말에서는 '해야 한다'가 '나는 바란다'로 사용될 때에 변함없이 쓰인다. 흔히 있는 회화의 유형을 예로 들어보자. 흥분한 환자는 신경을 곤두세우면서 말한다. "P를 맞이하기 위해 나는 내일 깨어 있어야 한다." 이에 대한 친구의 대답은 "안 된다. P도 알아주겠지. 자네는 그럴 필요는 없어" 등등. 요컨대 조건부 명령을 소용없는 수단으로 제기함으로써, 조건부 명령을 완화하는 시도이다. 나의 욕망이 나를 세계 안으로 던져넣어, 세계는 여러 요청의 형상 아래 그것을 나에게로 다시 던지는데, 나는 이미 그것이 나의 욕망이라는 것을 알 수가 없다. 이 의미에서는 존재를 모르고 있으려고 하는 투기, 존재를 은폐하려는 투기, 존재에 좀더 적은 존재만 주려고 하는 투기는 나의 욕망에 욕망의 변함없는 성격을 주려고 하는 투기인 것이다. 즉 이것은 절대로 실존한 일이 없는 내재하는 주관성을 나의 욕망에 남기는 투기가 아니라, 앞으로 올 욕망을 북돋우는 순수한 직접적 접촉으로서 나의 욕망을 견지하려고 하는 투기이다. 나의 욕망은, 욕망하는 것 안에 스스로를 인정하고, 마침내 충족 안에 욕망하는 대자와 욕망되는 즉자와의 폭로적인 통일을 투기한다. 갈증은 음료수 안에 흡수되는 것이지만, 그 음료수가 의미를 갖는 것은 갈증에 의해서이다. 갈증은 소멸하는 것을 고르는 게 아니라, 물이나 와인 등 성질을 흡수하는 것을 고른다. 그러나 우리가 세계를 열어 보이자마자 일련의 명법으로서 여러 수단의 조직은, 욕망과 욕망되는 것의 순수한 눈앞에 드러나는 일치에 의해서 대치된다. 투기의 근원적인 원칙은 욕망의 조명 아래에서 즉자를 파괴하고, 조직적으로 동화함으로써 즉자를 대자로 변화하려고 하는 것—욕망하는 것에 욕망되는 것을 마시게 함으로써 대자에게 즉자와 맞서 겨룰 기회를 주는 일—이지만 그 원칙이 실현되자마자 원칙은 변용되어 우리는 수단-명법의 세계로 던져 넣어지게 된다.

사실 여기에서 문제가 되는 것은, 자유의 절대적인 구조이다. 왜냐하면 목적은 와야-할 것(=장래)이며, 그렇기 때문에 필연적으로 세계의 저편에 있고 세계의 저편에서 실현되어야 하는 것이기 때문이다. 그러나 바로 내가 욕망의 세계의 절대적인 관점에서 부정하는 것은 이 요청이다. 욕망의 세계 또는 반영의 세계, 즉 나는 사물 안에 나 자신을 보고, 사물 안에 녹아들어 사물을 내 안에 녹아들게 하기를 바란다. 이 세계가 실현되는 것은 직접적인 것 안에서뿐이다. 왜냐하면 목적이 수단에 의해서 실현되자마자 목적은 다른 것이 되어버리기 때문이다. 따라서 욕망의 영원한 속임수가 있다(다른 속임수가 있다. 즉 욕망이 충족됨에 따라 충족된 욕망은 지워 없어진 욕망으로 변하여 목적이 완전히 실현된 바로 그 순간에는 나는 나의 욕망 저편에 있다). 마치 인간의 기능은 수단을 축적하는 일이며, 목적은 이들 수단을 쌓게 하기 위한 수단인 것처럼 일어난다.

이러한 속임수에 대해서 젊은이는 이의를 제기한다. 안티고네는 말한다. "나는 바로 모든 것을 원한다"고. 그것은 "나는 존재를 배제한다. 그것은 내 욕망의 근원적인 이화(異化)이다"라는 뜻이다. 존재를 거부한다 것(무시하다=무지하다), 그것은 해야 할 자유를 희생해서 향수하는 자유이기를 바라는 일이다. 그 바탕에 있는 관념은 "수단은 목적을 더럽힌다"는 것이다. ("아, 나의 욕망을 실현하기 위해 이 모든 것을 해야 한다면 단념하는 편이 차라리 낫다.") 이처럼 무지는 억압의 세계에서밖에 완전히 이루어지지 않는다. 이와 같은 세계에서는 오직 억압자만이 자기 목적에 대해서 직접적 의사소통 상태에 있다. 즉 수단의 제국은 피억압자에게 남겨진다. (억압자의) 아이나 딸의 세계에서도 마찬가지이다. 그러나 자유란 인간에게는 결코 아무것도 주어지지 않는다는 불가능성이므로, 그리고 자유란 노동을 할 필요성이 있는 것이므로 수단의 세계 거부는 자유의 거부이다. 따라서 무지를 바라는 것은 자유를 거부하는 일인 것이다.

더 나아가 그것은 앞서 지적한 바와 같이(제1절) 스스로의 책임에 부딪히기를 거부하는 일이다. 존재는 사실 원칙적으로 우리가 그것을 바라지 않고 책임을 떠맡아야 할 것으로 드러나게 되는데, 대자는 그것을 떠맡을 의무를 지지 않기 때문에 존재를 은폐하려고 투기할 수 있다. 부르주아인 내가 프롤레타리아의 상태에 대해서 무지 상태로 있기를 바라는 것은, 자기가 그에 대해 책임이 있다는 것을 모르고 있기 위해서이다. 노동자인 나는 이러한 상태에 무지로 있기를 바랄 수 있지만, 그것은 내가 그 상태에 관련하고 있기 때문이며, 그 폭로가 나의 태도 결정을 강요하기 때문이다. 나는 나 자신과 모든 사람에 대해서, 모든 일에 관해서 책임이 있지만 무지는 세계에서의 나의 책임을 제한하는 것을 지향한다. 이렇게 해서 내 무지의 지리학은 부정적인 것에서의 나의 존재 선택 유한성을 정확히 나타낸다. 무지는 곧 책임의 거부인 것이다. 반대로 말하면 책임이 적으면 적을수록 알 필요도 적다. 만일 사회 안에서 책임이 면제된 상황에 놓여 있다고 한다면 진리에 대해서 전혀 신경을 쓰지 않는다. 타인으로부터 돈을 받는 것처럼 진리를 타인으로부터 받는 것이다. 여성의 무지는 단순히 우연적인 교육의 결여 같은 것은 아니다. 그것은 여성에게 밖으로부터 와서, 세계에 대한 모든 영향력의 박탈로서 여성을 내부에서 변화해 버리는 것이다. 반대로 자기 욕망과 욕망을 불러일으키는 것과의 직접적 접촉이라는 환영이, 적어도 (가장 유리한 경우에서는) 여성에게 주어진다. 그렇다고 한다면 이 단계에서 무지에의 의지에 의해서 투기된 이상적인 세계란 어떠한 것일까?

(1) 모르는 것은 존재하지 않는다.

(2) 아는 것은 아는 한에서 존재한다.

(3) 사람은 자기가 좋아하는 대로 아는 것이나 모르는 것을 선택한다.

따라서 무지란 세계의 소망이거나, 그렇지 않으면 폭로, 곧 창조 가운데 어느 한쪽이다. 무지는 진리의 방식을 역전시켜, 존재하는 것을 창조하라고 말한다. 무지는 자기가 창조하는 것 그 밖의 것은 존재하지 않는다는 것을 요청한다. 따라서 다음과 같은 것도 요청한다.

(1) 욕망은 창조의 보편적인 원동력이며, 그것은 욕망을 불러일으키는 창조이다.

(2) 욕망을 불러일으키는 것은 즉자의 요소 안에 존재한다. 다시 말하면 그것은 대자의 바깥에 있으며 존재 안에서 일어난다. 그것은 자율의 계기를 가지고 있다.

(3) 그러나 욕망되는 것은 욕망의 충족에 의해 거두어들여져, 정신적인 일이 된다. 그것은 대자 안으로 되돌아온다. 〈아르 에 메티에 그라피크〉지 창간호에서 발레리는, "읽기 쉽다는 것은 어떤 글이 정신에 의해 소화되고 파괴되어 정신적 사건으로 변질되는 것을 내다보고, 그것을 손쉽게 하는 장점이 그 글에 갖추어 있다는 것이다" 쓰고 있다.[40] 이 읽기 쉽다는 것을 소화하기 쉬운 것으로 글을 대체하면 무지의 금언이 될 것이다. 이렇게 해서 책임의 계기는 존재의 독립 단계에 제한되어, 이윽고 존재가 정신에 동화함으로써 사라져 버린다.

다른 말로 하면, 무지는 헤겔적인 절대주관의 향수(鄕愁)인 것이다. 절대주관이란 세계를 좁은 길에서 산출하여 다시 좁은 길로 수확하는 유일하고 순수한 정신적 의식이다. 무지란 책임을 갖는 것에 대한 거부이다. 유일한 예외는 자기 자신에 대한 책임이다. 그리고 이 거부는 필연적으로 절대주관의 실정적인 세계의 그림에 수반된다. 즉 꿈의 세계이다. 조현병자가 꿈을 좋아하는 것은 꿈속에서는 백만장자나 황제로서 자기가 나타나기 때문이라고 여겨지는데, 이는 사실이 아니다. 그가 꿈의 세계를 좋아하는 까닭은 거기에서는 존재가 폭로되는 바로 그 순간에만 존재하기 때문이다. 즉 그는 존재의 빈약함을 좋아하는 것이고, 그것은 존재가 바로 주관에 흡수되는 더욱 적은 존재밖에 가지지 않기 때문이며, 욕망되는 존재와 욕망하는 존재 사이에 그 어떤 중개자도 가지지 않기 때문이다.[41] 물론 사람은 자신에게 욕망의 충족을 금지하지만 그것은 일부러 그렇게 하는 것이다. 왜냐하면 충족은 욕망과 속임수의 지위 없앰이나 다름없기 때문이다. 꿈의 세계란 욕망의 세계이며 그 욕망이란 욕망이 계속되기를 바라고, 욕망이 그 자체의 대응물인 존재에 의해서 자신을 예고하게 하기를 바라는 것이다.

무구(無垢)[42]는 인간사회에서 특히 귀중한 무지의 한 형태이다. 이는 쉽게 이해할 수 있다. 왜냐하면 다음과 같은 사실 때문이다.

(1) 무지 곧 책임의 부재. 무구란, 어떤 범죄나 과실에 책임이 없는 사람을 말한다. 우리는 인위적으로 어떤 부류의 사람들을 세계에 대해서 무-책임의 상

---

*40 폴 발레리, 《책의 두 가지 미덕》, 발레리 전집 제10권.
*41 이 대목에 관해서는 《상상계(L'imaginaire)》 참조.
*42 무구의 원어 innocence는 '죄가 없음'이며 이곳에서의 논의는 무구라는 것과 무죄라고 하는 두 가지 뜻으로 전개되어 있다.

태로 방치해 둔다(여성, 소녀, 아이들). 이렇게 해서 이와 같은 사람들은 인간[*43]
이 그렇게 되기를 바라는 것의 살아 있는 영상이 된다. 그들은 세계와는 그 어
떤 관계도 가지지 않는 가능성을 나타낸다.

(2) 이렇게 해서 무구는 곧 무지가 된다. '추한' 세계의 '현실'을 모르는 일. 인
간(=어른)은 알고 있을 의무가 있다. 그러나 그는 세계 한가운데에 자기가 향
수를 품는 이 무지의 상징을 그대로 둔다. 그리고 이들 무지한 사람들에 의해
서 그 자신은 알려지지 않은 일을 아는 것이다. 그는 자기가 성(=섹스)을 가지
고 있다는 것을 알지만, 자기 현실에서 다른 사람에게는 그것을 알지 못하도록
자신을 실존시킨다. 어딘가에서 자신의 추함(그 자신은 그것을 모르고 있을 수
는 없다)이 알려지지 않은 것으로서 실존하기 위하여, 죄가 없는 무지한 것을
그는 창조한다. 그는 자기가 아는 일에 대해서 자기 대신 모르고 있는 일을 누
군가에게 맡긴다. 무구한 사람들의 무지나 무구가 더럽혀지면 추문이 일어나
는 것은 그 때문이다. 이렇게 해서 나의 섹스나 악덕은 세계에 다시 한 번 실존
해 버리는 것이다.

(3) 그리고 마땅히 무구한 세계는 꿈의 세계가 될 것이다(어린이를 위한 옛 이
야기 '젊은 아가씨가 꿈을 꿀 것 같은 일').

그리고 앎에 관한 무구를 옳다고 여김으로써, 사람들은 이와 같은 허구를
만들어 낸다. 무구한 자의 무지 안에 참다운 앎이 있다는 것이다. 변증법적 역
전에 의해서, 앎의 가장 좋은 존재 양식은 무지라는 이야기가 된다. 여기에서
문제는 도덕적이며 존재론적 개념이다. 무지의 도덕을 조정(措定)하기 때문에
세계는 무구의 세계(절대주관, 유일한 의식, 존재의 회복 가능성, 무책임성)이어
야 한다고 조정한다. 그리고 무구는 이 세계에 관한 직관적 포착이므로, 사람
들은 이와 같은 세계가 정말로 존재한다고 조정한다. 실재 세계의 더욱 적은
가치가 좀더 적은 존재가 된다. 실천 활동, 투쟁, 공포, 이해 등이 우리가 세계
를 있는 그대로 보는 것을 방해한다. 책임이 없는 사람이 그것을 본다. 그것이
도스토옙스키의 《백치》이다. 특히 이 주인공은 비밀의 조화에 의해서, 우리에
게는 은폐되어 있는 잃어버린 무구에 (즉 무지이고자 하는 우리의 숨은 욕망에)
적응하고 있다. 이를테면 그는 악을 모르기 때문에 악인 안에 선밖에 보지 않

[*43] 인간이라고 번역했는데 원어는 homme로 남자라고 해석할 수도 있을 것이다.

지만, 그것은 순수한 지혜인 것이다. 왜냐하면 악은 단순한 겉보기, 불행, 사고에 지나지 않은 것으로, 극악의 범죄자라도 그 바탕에는 아직도 선의 가능성이 있기 때문이다.

동시에 무구는 자기 자신의 일을 모른다. 예를 들면 소녀는 자기가 성(性)을 가지고 있다는 것도 모른다. 그리고 그녀의 무지를 존중해서 나 또한 그것을 모르는 방책을 취한다. 그러나 그때 참다운 인간끼리의 관계인 비-성적인 관계에 이르기 위해 우리 두 사람 어느 쪽으로부터도 성을 없애버린다. 우리는 이에 따라서, 참다운 인간관계는 천사가 되는 일이라고 파악한다.[*44] 이와 같이 변증법적 역전은 무지를 인식의 수단으로 삼는 데에 있다. 앎은 무지이며 (인생의 추악성의 발견은 아름다움의 순수한 영상을 흐리게 한다), 오히려 모르고 있는 것이 아는 일이다. 따라서 인간(=어른)은 어떤 종류의 헌신자(獻身者)나, 스스로 원해서 그렇게 된 것이 아닌 무구의 처녀[*45]를 골라, 과학과 기술 사회 속에 있으면서 앎의 모든 형식에 우월한 절대적인 무지의 상징이라고 하는 역할을 그들에게 부과하는 것이다. 이에 따라서 인간(=어른)은 무엇인가를 무시하려고 결단할 때에는 언제나 존재의 성육신(成肉身)한 가치임과 동시에 직관이기도 한, 하나의 근원적 무지를 참조할 수가 있다. 만약에 부르주아가 노동자의 조건이나 스테이크의 내력에 무지임을 선택한다면 그는 그것으로써 자신을 젊은 처녀와 동일화하는 것이다. 역사적으로도 〈창세기〉 안에서 앎은 타락한 죄로 제시된다. 지혜의 나무는 덫이었던 것이다.

Ⅲ. 위와 같은 일로 해서 무지의 새로운 정당화의 존재 양식이 나온다. 확실히 세계는 알려져 있어야 하고, 세계의 근본 구조가 진리이다. 진리 없이 세계는 존재하지 않는다. 그러나 진리가 존재하지 않으면 안 된다고 해서 그것이 나에게 존재해야 한다는 것은 아니다. 아담과 하와에게는 앎이 중요하지 않았다. 왜냐하면 신이 그들을 위해 대신 알고 있기 때문이다. 하지만 그렇게 되면 신적 의식이 창조적이고 진리 검증적이기 때문에 존재와 진리는 하나가 되어버린다. 따라서 진리는 인간—이전의 것이 된다. 인간으로 말미암아 진리

[*44] 사르트르는 유고로 남긴 《변증법적 이성비판》 제2권에서 스탈린을 비판하고 있는데, 거기에서도 추상적인 이상으로서 천사의 비판을 볼 수가 있다.
[*45] 불과 화로의 여신 베스타를 섬긴 무녀. 그녀들은 순결을 지키지 않으면 안 되었다.

가 존재에 도래하는 것이 아니라 존재의 참다운—존재는 우리 이전에 이미 완전히 이루어져 있는 것이 된다. 그러나 그렇게 되면 이제 우리는 진리를 앞에 놓고 수동적인 것, 즉 바라보는 것밖에 되지 않는다. 이렇게 해서 진리와 자유의 관계는 끊기고 만다. 그리고 우리는 진리를 받아야 하는 것이 된다. 하지만 그렇게 되면 진리는 검증에서 분리되고 만다. 참다운 것이란 참을 실존시키는 자격을 가지는 실존자에 의해 우리에게 전해진다. 따라서 우리에게는 이 실존자를 인지하는 것만이 문제가 된다. 그리고 그 실존자의 특징이 가치이다. 그의 힘이나 강력함, 선함 등이 참된 그의 힘에 대한 보증이다. 그와 같은 것은 신일 것이다. 그러나 그렇게 되면 우리에게는 이제 참된 것에 대한 책임은 없어진다. 우리의 필요에 따라서 우리에게 참된 것이 주어지게 된다. 그러므로 주어지지 않은 것은 몰라도 좋은 것이 된다. 이 경우에는 우리에게 고유한 본성은 무지이며(왜냐하면 참을 만드는 것은 창조하는 일이며 그것은 우리가 하는 일이 아니므로) 각 진리는 우리에게는 어찌할 수 없는 신적 은총이 된다.

사실, 진리를 실존케 하는 일이 존재에 새로운 존재 차원을 준다는 것을 인간적 현실은 완벽하게 의식하고 있다. 불쾌한 진리를 발견하는 사람은 자기에게 책임이 있다 생각하고, 진리의 불쾌한 면에 대해서 책임이 지워진다. 추문을 불러일으킨 자에게 화가 있으리이다. 존재에 대한 어떤 종류의 침입은 벌을 받는다는 널리 퍼진 신화가 있고, 그것은 많은 소설가에 의해서 새로이 고쳐 써진다. 그와 같은 침입자는 미치거나 범죄자가 되기도 한다(범죄적인 과학자의 신화나 사물의 정체들을 알았기 때문에 벼락을 맞거나 미치게 되는 남자의 신화, 지식이 슬픔을 가져온다는 신화). 원자물리학에 관한 현재의 고찰도 있다. "오늘날 과학자들은 과학이 죄가 될 수 있다는 사실을 발견했다." 그것은 원자력의 발견이 과학자들에게 인류의 절멸 가능성에 대한 책임을 지워버린 것 같은 일이다. 사실 모든 접촉은 일정 범위 내 모여 있는 것이다. 드러난 존재는 드러나게 하는 존재에 깊은 영향을 미친다. 내가 존재를 보았다고 하면 나는 존재의 촉발로서 마술적으로 스며든다. 존재하는 것을 창조함으로써 나는 내가 창조하는 당사자가 된다. 이 점에는 완벽하게 옳은 그 무엇이 있다. 즉 나는 자신의 투기를 통해서 존재를 발견한다. 그리고 진리는 주어지고 인류 전체의 내력을 통해 진리 검증이 되어 보편적인 진리가 되기 이전에 나의 진리인 것이다. 진리는 내가 고른 존재 방식이나 나의 관점에 따라서 나에게 나타난다. 그것은 누군가 다른 사람에게 나타날 수는 없었다. 그것이 절대적 진리인 것은 이 절대 주관에 대해서이다.

이런 뜻에서 '각인각색의 진리'라는 말은 옳다. 저마다 자기가 드러낸 산 진리에 의해서 자신을 규정하기 때문이다(즉 자기의 기도에 의해서라고 바꾸어 말해도 되지만 그것은 진리와 계획이 서로 포함관계에 있기 때문이다). 이미 말한 바와 같이, 세계의 추한 면만 보는 사람이 그것만 보는 까닭은 우연이 아니다. 그리고 만일 그가 그것밖에 보지 않는다면 마땅히 그것은 그에게 영향을 미치지 않을 수가 없다. 그러나 그뿐이다. 비록 진리 검증이 있다고 해도 나 한 사람에게만 보였던 것을 다른 모든 사람들에게 보일 수 있기 때문이다. 내가 세계와 사람들 모두에게 진리를 가져오는 사람임에는 틀림없다. 나는 불행의 예언자일 수가 있고 카산드라가 될 수 있다. 그리고 나는 자기 자신을 카산드라라고 느끼는 것이다. 왜냐하면 만약에 내가 없으면, 만약에 내가 그것을 지시하지 않으면 이 존재는 다른 사람에게는 실존하지 않았을 것이기 때문이다. 나는 어떤 존재가 인간 세계에 출현하기 위해 그 존재에 의해서 선택된 매개인 것이다.

위와 같은 일 때문에 이런 유형의 무지는 두 가지 목적을 지향한다고 말할 수 있다. 즉 첫째로 자기가 말한 것(드러냄)에 관한 책임을 면하는 일, 둘째로 존재의 '영상'을 회피하는 일이다. 존재의 영상은 가장 마술적으로 사람을 끌어들이는 형식이다. 알고 싶은 것은 많으나 보고 싶지 않다는 것이다. 얇은 공허한 지향의 유형에 속하여 미래나 과거의 존재와 같은 빌린 사물의 존재를 생각하기 때문이다.*46 이에 대해서 시각=영상은 존재로써 앎을 충실하게 하는 일이 아니다. 피에르가 죽었다는 사실을 간절히 알고 싶으나 나는 그가 죽은 모습을 보고 싶지 않다. 즉 나의 실존으로 말미암아 폭로된 존재로서 그의 죽음을 실존시키고 싶지 않은 것이다. 그러니까 나는 실존에 의해서 폭로된 존재로서 그의 죽음을 인정하고 싶지 않은 것이다. 나는 완성된 진리를 받아들여 그것을 내 행위를 위한 수단으로 쓰고 싶지만, 그 때문에 진리를 열거나 실현=

---

*46 대상은 단지 생각되는 경우와 생각한 대로 대상이 주어져 있는 경우가 있다. 후자가 추방되어 있다는 것과 대비해서 전자는 '공허한 지향'이라 불린다. 단지 사념이라고 할 경우에는 전자를 가리키는 일이 많다.

실감*47하고 싶지 않은 것이다. 프루스트와 마음의 간헐*48의 예를 들어보자. 할머니의 죽음에 관한 그의 앎은 갇힌 진리, 즉 타인에 대한 진리이며 그를 말려들게 하여 위태롭게 하는 것은 아니다. 그러나 어느 날 그는 이 진리를 실감=실현한다. 즉 할머니의 결정적인 부재, 할머니가 이제는 이 세상에 존재하지 않는다는 사실은 여러 사물 사이에서 드러난 부재가 된다. 우리 행위에 대하여 이롭고 언제나 우리에게 사용되는 그 얼마나 많은 진리가 이와 같이 갇힌 진리, 봉인된 편지인가? 그것이야말로 사람들이 어리석게도 '상상력의 결여'라고 부르는 것이다. 피고에게 10년의 형을 선고하는 재판관은 10년 동안의 고통을 상상하지 않는다고 하는데, 상상하지 않는 것이 아니라 그 진리 검증(감옥의 시찰 등등)을 거부할 뿐이다. 이와 같이 '관념주의적' 진리의 유형이 만들어진다. 다시 말하면 그것은 존재와 접촉이 결여된 채로 존재에 대해서 진술되는 진리이다. 이렇게 해서 어떤 유형의 사고가 만들어진다. 그것은 진리를 추론과 언설의 산물로 보고 직관이 갖는 근본적인 드러냄의 가치를 거부하는 것과 같은 사고이다.

이렇게 해서 추상적으로 존재하는 것을 선택하는 유형의 인간이 나타난다. 즉 참다운 것을 폭로하지 않고 엄밀하게 도구성이라고 하는 모습으로 사물을 아는 것을 선택하는 유형의 인간이다. 보지 않고 아는 것, 그것이 추상이다. 그것은 공존재에 의해서만 가능하다. 추상적 인간은 다른 사람에 의한 드러냄을 이용하여 자기의 예측 진리—검증을 타인에게 맡긴다. 추상적 인간은 타인의 생각에 근거를 두고서 생각한다. 즉 자기가 실행한 것이 아닌 폭로에 바탕을 두고 생각한다. 이와 같은 사람은 복잡한 공식 차원에 몸을 두면서, 해야 할 연산 조작 쪽은 결코 실행하지 않는 수학자와 같다. 추상적 인간이 추론하는 것은 보이지 않기 때문이 아니라 보지 않도록 하기 위한 것이다. 그 자신은 (상관관계에 의해서) 추상적이다. 이를테면 그는 먹는 일이 나타내는 가치에 대해서 주의하지 않고, 추상적으로 먹는다. 그는 읽거나 이야기를 하면서 먹는데 그것은 불감증의 여자가 무엇인가 다른 일을 생각하면서 섹스를 하는 것과 마찬가

＊47 '실현=실감하다'의 원어는 réaliser. 사르트르는 이 말을 자주 이중의 의미로 사용하고 있다.
＊48 주인공이 할머니의 죽음을 1년 넘게 시간이 흐른 뒤에 비로소 실감하는 모양을 그린 '마음의 간헐(間歇)'이라는 제목의 유명한 장면. 사르트르는 《존재와 무》에서도 이를 다루고 있다.

지이다. 추상적 인간이란, 자기가 지금 하는 행위가—그것이 무엇이 되었든 간에—드러내는 가치로부터 벗어나기 위하여 언제나 무엇인가를 생각하는 사람이다. 추상적 인간은 부재이다. 추상적 인간에게 진리는 존재도, 존재의 폭로도 아니고 존재에 관한 인식이며 거기에서 존재는 없는 것이다. 따라서 전체적인 진리는 인식의 총체이며 존재는 진리 밖에서 생긴다. 존재는 단지 인식이 관계하는 애매한 근거이다. 결국 추상적 인간에게 인식이 존재에 의해서 대치된다. 즉자존재를 두려워하기 때문에 그는 관념주의자가 된다. 존재를 향수하는 대신에 그는 단지 존재를 생각한다. 그는 모든 것에 무지로 존재하면서 모든 것을 인식할 수가 있다.

이렇게 무지는 존재에 대한 공포이거나 자유에 대한 공포이거나 존재와의 눈에 띄는 접촉에 대한 공포이거나 동시에 이 세 가지 모두에 대한 공포인 것이다.

필연적 무지에 대해서

하지만 무지인 채로 있으려는 이 투기가 계속 발전할 수 있기 위해서는 두 가지 조건이 필요하다. 먼저 무지가 진리의 출발점이라는 것(이에 관해서는 이미 보아왔다), 그리고 모든 진리가 언제나 무지에 의해서 테두리가 붙여진다는 것이다. 제2의 조건을 검토해 보자. 다른 표현을 하자면 무지는 모든 진리에 살지 않을 수 없지만, 그것은 단지 진리가 자신의 기원을 끌어내면서, 진리에서 자신의 시간화로서 불러내는 방식으로 다시 발견되는 비옥토뿐만이 아니다(생성된 진리란, 모든 진리는 진리가 된 무지라는 것이며, 진리 또는 진리 검증의 필연적 시간화란 진리의 근거로서의 자유 자신이 무지에서 탈출하기를 요구하는 것을 말한다). 더 나아가서는 진리의 유한성, 진리의 그늘 부분으로서도 무지는 진리 안에 살지 않을 수가 없다. 우리가 알다시피 모든 규정이 부정이라고 한다면,[49] 인간은 자신의 유한성을 내면화하는 존재이다. 진리는 인간적인 절차로서 무지를 내면화하는데, 그것은 무지가 진리의 유한성이기 때문이다. 이를 안다는 것은 이것 말고는 모른다는 것이다. 즉 이 밖의 일을 (먼저) 배제해서 이것만을 보기를 선택한다는 것이며, 그 바탕으로서, 무차별적인 존재 충실(무지)로서 여

---

*49 사르트르는 이 스피노자적 표현을 《존재와 무》를 비롯하여 많은 곳에서 언급하고 있다.

겨진 세계의 나머지 부분 위에 이것을 드러내는 일이다. 존재하는 세계 안에 있는 그 어떤 것도 무차별적인 바탕 위에 나타나는 것으로 실존한다고 주장하기도 한다. 그러나 진리의 유한성으로서의 무지에는 이상의 것 말고도 여러 측면이 있다. 이제부터 그것을 살펴보기로 한다.

I. 앎의 근거는 자유이다.[*50] 앎의 한계, 그 또한 자유이다. 자유가 유한을 만드는 것이 아니다. 이야기는 반대여서 유한성에 따라서 자유가 있는 것이다. 스스로의 존재 근거가 아니라 세계에서 위험에 드러나 있는 어느 우연적인 관점으로서만이 나는 자유로서 존재한다. 그리고 진리가 있는 것 또한 이 관점과 관계가 있다. 이 관점으로써 세계는 실존하고 일련의 사건 가운데 폭로된다. 그러나 유한성은 선택에 의해서 내면화된다. 달리 말하면 선택한다는 것은 나의 유한성이 구체적으로 나에 대해서 실존하도록 작용하는 것이다. 자유는 유한성의 내면화이다. 인간은 자기 자신에 대해서 자기 자신의 규정, 즉 자기 자신의 한정, 곧 자기 자신의 부정이다. 선택은 내가 그것 이외의 모든 것을 배제해서 자기 자신의 것을 선택하는 일이다. 이런 뜻에서 근원적인 선택은 그 이전에 있던 것을 건네받는 일이다. 이 선택으로써 나의 우연성은 우연성의 필연성으로서 실존하게 된다. 이 선택이 이제까지 존재하지 않았던 쪽으로 되돌아가, 그것에 하나의 의미와 시간화하는 방향을 주는 것이다.

이와 같이 하나의 진리를 드러내게 하는 선택은 언제나 모르는 것의 내면화이다. 모든 진리 안에 나 자신의 자유와의 내적인 관계가 있다. 사실 나의 자유가 유한성을 내면화하고, 아울러 유한한 현재와의 관계에서 자유의 미래를 조정하는 한(그리고 시간화를 통한 자신에게서 벗어난 거친 그림에 의해서 유한성 안에 무한성을 거칠게 그리기도 하지만), 자유는 무—한정한 미래를 조정하는 것이며, 그 장래에서 자유는 즉자의 자유로운 폭로로서 파악된 현재와의 관계에서 의식적이며 결정을 내리는 자유가 될 것이다. 이처럼 이 현재 자체에서, 그 한가운데에서 이중의 구조가 있다. 현재란 나의 가장 직접적 구체적 가능성인 장래로부터 자신을 시간화하는 한에서 하나의 절대자이다. 그와 동시에 현재의 한가운데에는 운명이 있다. 그것은 예견이 불가능한 나의 자유라고 하는

[*50] 하이데거, 《진리의 본질에 대하여》 참조.

하나의 자유가 필연적으로 사물이 되어버린다는 뜻이다.

내 미래의 자유는 내가 이제까지 그것을 살고 나중에는 과거가 될 현재로 되돌아간다.

어떠한 투기도 탈—자적(脫自的)이며 시간성의 구체적인 세 가지 탈자가 살아 있는 종합으로서 유한성의 내면화이다. 그와 동시에 투기는 앞으로 올 자유의 자유—존재가 이 유한성을 다시 바깥화한다는 것의 의식이다. 절대적이고 유일한 폭로를 하는 투기에서 'A를 산다'는 것은 'A를 살았다' 하는 미래이며 그것은 'A밖에 살지 않았다'는 것으로 파악된다. 그리고 모든 자유는 폭로이므로 내 현재의 진리가 재—바깥화된 유한성이 되는 것은 아직 규정되지 않은 또 하나의 진리—검증 관점에서이다. 이것이 객관적으로 뜻하는 것은, 폭로된 진리는 절대자이면서 미규정자라는 것이다. 진리의 기준은 무엇일까? 그에 관해서는 의문의 여지가 없다. 그것은 눈앞에 나타난 것으로서의 존재이다. 우리가 우리 자신의 실존과 마찬가지 정도로 존재의 눈앞에 드러남에 확신을 가지고 있다는 것을 나는 이미 설명했다. 이렇게 해서 폭로가 이루어질 때 우리는 존재를 파악하는데 그것은 '나는 생각한다'를 의심할 수 없을 정도로 의심할 수 없다(구조는 연관되어 있다).

따라서 나는 진리를 파악하며 그 진리는 절대이고 진리 검증 과정의 의심할 수 없는 도달점이다. 진리의 유일한 기준으로서의 명증성은 관념에 따라서 진리의 어떤 종류의 상징을 파악하는 것이 아니다. 명증성이란 대자에 나타나는 한에서 존재 그 자체인 것이다. 그러나 이 명증성이 나에게 존재를 이끌어 내가 그것에 의해서 그 어떤 장래로부터도 절대적으로 몸을 지킴과 동시에 (verum index sui, 곧 진리는 자기 자신을 나타낸다)*51—또는 오히려 진리로 자신을 나타내는 것은 진리가 아니라 존재와 합쳐진 어떠한 특징으로 자신을 나타내는 관념도 아니라 존재야말로 진리 속에 자신의 눈앞에 명증성으로 나타낸다. 어쨌든 어떤 미래, 어떤 타인이라도 이 순간 이 진리 검증 과정 속에서 내가 폭로한 것은 존재하고 있다.—"나중에 내가 자신에게 무엇을 바라며 어떻게

---

*51 "진리는 자기 자신을 나타낸다"라고 하는 이 라틴어 표현은 스피노자가 제자인 알베르토 브루흐에게 보낸 편지에서 볼 수가 있다. 마찬가지로 스피노자적인 진리관은, 예를 들어 《윤리학》 정리 43 주석 등에서도 볼 수가 있다. 이것은 스피노자에 의하면, 진리는 진리 자신의 규범일 뿐만 아니라 허위의 규범이라는 것도 함축한다.

생각하든 내가 무언가를 내 현재의 투기에서 바라며 바랄 것이라는 사실은 절대적인 진리이다" 이런 말과 상관있다) 나는 모든 장래에 대해서 나의 유한성을 결의적으로 내면화함으로써 또는 그것밖에 보지 않는 나의 권리 요구에 따라서 나 자신을 지키는 것이다. 또 동시에 나의 순수한 자유가 이 미래의 저편에 있는 미래의 한없는 가능성으로서 나의 투기 외부를 이루어, 이에 의해 나의 진리에 관한 불확정한 외부를 구성한다.

실제로 이 미래의 자유는 나 자신이 앞으로 구성할 이 타자이다. 그것은 매우 특수한 한 사람의 타자이며, 말하자면 '다른 성이 일반적으로 갖는 상호성이 결여된 타자'이다. 이것은 나에게는 완전히 타자이지만, 그의 관점에서 나는 같은 사람인 것이다. 그 의미는 나의 현재 체험이라고 하는 절대적인 것에 그가 들어올 수 있다는 것이 아니다. 오히려 나의 현재 체험이 그에게는 친근하다는 것이며 그가 자기 뒤에 존재해야 하는 것을 가지리라는 것이다. 즉 그가 무엇을 하든 그는 그것을 떠맡아야 하며, 내가 그에게 현재로부터 명령하는 하나의 유한성을 내면화해야 한다는 것이다.

나는 별개의 자기가 내년에 할 것이라고 여겨지는 것에는 책임이 없지만 (지금부터 내가 그것을 예견할 수 있으며 준비하고 동의하는 경우에는 별도의 일이다) 그는 자신에 관해서 책임이 있고, 나의 그에 대한 관계는 미성년의 어린이와 아버지의 관계와 같은 것이다. 즉 나는 그를 구속하지만 그는 나를 구속하지 않는다. 그는 나를 위해 지불하지만 나는 그를 위해 지불하지 않는다.

이러한 일로 해서 앙가주망, 서약 등에 관한 윤리적인 문제가 제기될 테지만 지금은 진리만을 문제삼기로 한다.*[52] 나 자신에게 다른 사람인 (미래의) 나는

---

*[52] 여기에서도 또한 본래성에 관한 사르트르의 관점과 하이데거의 관점을 비교해 본다는 것은 흥미로운 일이다. 왜냐하면 결국 이 (현존재 내지는 인간적 현실의) 본래성은 진리와의 관계와 얽혀 있기 때문이다. 다른 자기(alter ego)의 관념은 《존재와 시간》에 있어서의 반복과 치밀함의 관념에 대해서 사태를 더욱 복잡하게 만듦과 동시에 그 숙명적 성격을 적게 함으로써 호응하려는 것처럼 여겨진다(우리는 여기에서 이들 술어를 코르뱅의 《형이상학이란 무엇인가》 역어에 의해 인용한다. 왜냐하면 사르트르는 대부분 이 번역서를 참고했기 때문이다). 어떤 투기는 본래성의 보증으로서 '하나의─현전─이었던 실존의 가능성'(=본래적 기존성의 반복) 그것이 이 실존이 나의 것이었다고 해도 그렇고 조상으로부터 이어받았을 때에는 더욱 그러지만─사르트르를 만족하게 하는 것은 아니었다. 비록 여기에서 문제가 되는 것이 이 가능성의 응답이며 과거를 단순히 되돌리는 것이 아니라고 하이데거가 분명히 말했다고 해도 말이다. 사르트르의 개념은 그것의 움직임 안에서 (분리─지속) 파악

현시점의 내가 발견한 진리를 넘겨받지 않을 수 없는데, 여기에서 문제가 된 진리란 이미 검증되고는 있지만 언제나 새로운 검증이 가능한 것이다(진리가 이미 검증이 가능하지 않았다 해도 내 미래의 자아는 그것을 의심할 수도 있다. 나는 어느 날 어떤 사람이 지나가는 것을 보았다. '진리는 자기 자신을 나타낸다'라는 뜻에서 그것이 참이었다는 것은 확실하다고 인정하자. 그것은 명증적이었다. 그러나 다시 한 번 경험하는 일은 불가능하다. 기억이 충분히 확실하고 새로운 자아의 반성이 넉넉한 존재 양식으로 주어진다고 한다면, 그 기억은 그 자체가 '자기 자신을 나타낼' 것이다. 즉 뚜렷했던 일의 기억에 관한 직관은 그 자체가 명백한 것이 되리라. 정도의 차이는 있지만 기억은 공허한 생각의 대상이므로—저항이나 조직적인 망각 등 때문에—공허하게 근심하고 염려하는 생각이 된 것은 진리 검증이 가능하지 않은 경우 이미 그 어떤 확신도 가져오지 않을 것이다. 다른 말로 하자면 활용되었던 폭로는 기억됨으로써 즉자적인 폭로가 되어버린다. 그렇기 때문에 그 자체도 폭로의 대상이 될 수 있다. 이 폭로는 생기하는 의식에, 나갔던 즉자의 드러남이다. 그리고 즉자로서 자기를 나타내는 것이다. 그러나 오직 생각하는 단계에 머문다면 이 폭로는 나와는 다른 초월적인 독립적 존재의 경우와 같은 개연성밖에 가지지 않는다.

하지만 우리가 넘겨받아야 할 것으로서 의식에 주어지는 검증 가능한 진리를 가정한다 해도 그것이 어떠한 전망에서 넘겨져야 하는가는 우리로서는 알 수가 없다. 사실 미래의 자유는 이 진리를 새로운 투기 내부에서 파악하여, 이

되어 있기 때문에 모든 행위의 독특한 성격을 유지하고 있고, 그렇기 때문에 인간적 현실의 절대자에 대한 그 어떤 관계를 유지하고 있다. 그리고 사르트르가 여기에서 말하고 있는 것처럼 유한성의 도덕에 있어서 '무한한 것의 소묘'도 유지하고 있다. 이것은 당연히 폭로하는 행위에도 합당하고 무한한 진리에의 사명은 그 이후에 페이지에서 확인된다. 본래성에 관한 두 철학자의 대립에 대해서 기억해 둘 일이 있다. 그것은 사르트르가 인간적 현실의 구조에 관해서 하이데거의 '죽음을 향한 존재'라는 생각을 거부한 일이다. 하이데거가 말한 것처럼 모든 본래적인 행위가 죽음의 징조 아래 있다고 하면 인간적 현실은 재활성화시키지 않으면 안 되는 과거의 가능성과, 유일하고 '고유한' 가능성으로서의 죽음의 예측 사이에서 붙잡히고 질식 당하게 된다고 사르트르는 생각한다. 사르트르는 《존재와 무》에서 '죽음을 향한 존재'의 개념을 비판했다(제4부 제1장). 죽음이란 사르트르에게는 하이데거의 경우와는 반대로 '나의 여러 가능성에 대해 언제나 가능한 무화(無化)인 한, 나의 여러 가능성 밖에 있는 것이고, 나는 여러 가능성의 하나로 향해서 자기를 내던지는 식으로는 죽음을 향해 자신을 내던질 수는 없는 것이다.

투기 안에 짜넣는 것이 될 것이다. 즉 미래의 자유는 이 진리에 새로운 의미를 준다. 현재가 결정하는 것은 과거의 존재가 아니라 오히려 그 의미임을 나는 제시했다.[53] 이전에 나였던 그 소년이 14세 때 종교적인 위기를 겪은 것은 취소할 수 없는 진리이다.[54] 그러나 내 유한성의 구체적인 총체에서 이 위기가 어떠한 중요성을 가지는가는 조금씩 결정되어 가야 한다. 마찬가지로 이 진리는 의심할 수는 없으나 그 의미 쪽은 열려 있다. 특히 그 뒤에 발견된 온갖 진리에 대해서, 이 진리는 외적인 관계에 있는가 내적인 관계인가는 미결정 상태로 머문다. 즉 그것이 나의 다른 미래를 위한 의식에 덧붙을 수 있는가, 내적인 제2의 구조로서 앎의 종합적인 전체성 안에 들어갈 것인가는 결정되지 않는 상태로 머물게 된다.

이를테면 유클리드 기하학, 데카르트의 해석학, 뉴턴의 물리학은 참이다. 그러나 그 뒤에 발견된 다른 진리의 관계는 다르다. 예를 들면 유클리드 기하학의 비유클리드 기하학과의 관계는 외적인 관계이다. 이들은 서로 배제하는 각 공리로 구성된 다양한 가능성이다. 아마도 어떤 전체를 이야기할 수 있을 것이다. 그 전체성이란 모든 가능한 공리를 체계적으로 받아들임으로써 얻어지는 기하학 총체가 되는 것과 같다. 하지만 이 전체성은 실제와 비슷한 전체성이다. 왜냐하면 그것이 의미하는 것은 단지 다른 공리가 없는, 따라서 다른 기하학은 없다는 것뿐이기 때문이다. 그것은 여러 기하학의 내적 통일성이 있음을 뜻하는 것은 아니다. 이에 뉴턴의 물리학은 현대 물리학에 포함된 셈인데, 현대 물리학에 따라서 부정된 것은 아니고 내적인 한정을 받았을 뿐이다. 즉 뉴턴 물리학은 겉치레(=현상) 물리학, 유사 물리학, 특별한 경우의 물리학이 되었다. 그리고 그것은 하나의 존재를 유지했으나 그 이유는 바로 겉치레의 존재가 있기 때문이다. 그러나 진리가 고립되고 그 자신에 한정되었던 상태는 끝나고, 헤겔적 부정성이 장벽을 터뜨리는 방식으로 진리의 고립은 무너진다. 즉 지양되는 것이다.

더 나아가서는 검증되지 않고 아마도 검증 불가능한 예측적 가정 안에 나타나는 진리도 있다. 이 경우 진리는 이 가정에 자신의 존재를 (빌려온 것으로) 전

---

*53 《존재와 무》 참조.
*54 사르트르 자신은 소년 시절 신의 부재에 대한 종교 체험을 《야릇한 전쟁 수첩》이나 자서전 《말》에서도 다루고 있다.

달하는 것이며, 가정 쪽은 진리에 좀더 넓은 의미 작용의 여지를 준다. 어떤 신앙과 신화의 체계 안에 나타난 진리는 이들 신앙이나 신화를 확증할 수 있다(바꾸어 말하면 우리는 진리 검증을 그만둘 것을 결정한다). 예를 들면 라이프니츠에게 미적분학의 발견은 자기의 형이상학관이 진리라는 증거로서 나타났다. 그러나 반대로 말하자면 이것은 라이프니츠주의자에 의해서 형이상학적 의미가 통용되는 영역이 이 미적분학에 대해서 주어졌다는 것을 뜻한다. 하지만 바로 이들 의미가 검증되지 않고 있기 때문에 다른 자기[55]는 늘 이들의 의미를 버리고 진리를 다른 철학적·신비주의적 체계로 편입할 수도 있다. 이렇게 해서 아르키메데스의 원리는 그가 그것을 발견했을 때와 우리 시대에서는 서로 다른 전망에서 기능한다. 어떤 진리가, 물체가 그 자연스러운 장소를 가지고 있다고 믿어지던 시대에 발견되었다는 것, 그것이 갈릴레이·데카르트적 역학시대에도 보존되고 있다는 것과는 그 진리가 가지는 의미는 같지 않다. 예를 들면 물속의 물체가 받는 부력은 달리 이해되고 파악된다. 부력은 아르키메데스 시대에는 아직도 살아 있는 듯했다. 그러나 데카르트 시대에는 관성이 나타난 것이다. 그러나 진리는 그 바닥에 남아 있다. 뿐만 아니라 이 직관은 아르키메데스에게까지도 잠재적인 상태에서 의미 작용의 부정적 거부를 포함한다.

그리고 이 의미 작용은 직관으로써 확증된 것이며 직관에 그 의미의 전망을 열어주는 것이다.

이렇게 해서 각 진리는 갇혀 있으면서 또한 열려 있다. 진리는 즉자 그 자신의 드러남으로써 시선을 닫는 의미 작용의 원환적인 지평과 함께 나타난다. 그리고 동시에 진리는 그 의미 작용이 검증되어 있지 않고 다만 추정되어 있다는 한에서, (본래의 자기인) 다른 자기나 뒷날 시대의 타자들이 이 진리를 어떻게 사용하는가는 불확정한 것에 멈춘다는 의미에서 열려 있다. 객관적으로는 이것은 진리에 대한 필연적이고 변증법적인 이율배반이 있다는 것을 뜻한다. 즉 진리는 전체적인 것으로밖에 존재하지 않는다(정립)—부분적인 여러 진리가 있을 수 있어야 한다(반정립). 이 이율배반은 다음과 같이 해결된다. 즉 반—변증법적 세계는 섬유질적인 구조를 가지며 탈—전체적 전체성에 대해서 또 진행 중인 여러 주체성에 대해서 열어 보이는 것인데, 그러한 세계에서는 그것

---

*55 여기에서도 '미래의 나'를 가리킨다.

이 어떻게 나타나든 어떤 의미에서 전체적인 것이다. 왜냐하면 현시(顯示)는 하나의 절대적인 체험에서 내화되는 그 어떤 유한성에 존재 전체를 이끌기 때문이다.

관점을 바꾸어서 본다면 현시는 세계라는 바탕 위에서, 즉 세계로서 통일된 존재 전체의 통일성이라는 바탕 위에서 스스로를 드러낸다. 그리고 그것이 현시의 나타남인 것이다. 왜냐하면 현시는 그 질서에 관해서도, 그 장소에 관해서도 결정되어 있지 않기 때문이다. 그리고 이 질서나 장소가 그 내적 결정의 일부라고 하는 것은 잘못일 테고(자신의 장소에 없는 진리는 오류라고 말하거나 하는 의미에서), 마찬가지로 이 질서나 장소의 현시와는 전혀 관계하지 않는다고 말하는 것도 잘못일 것이다. 그것은 경우에 따르며 그것을 결정하는 것은 장래이다. 예를 들면 유클리드 기하학에서 기하학 전체가 아니라고 하는 것은 외적인 우발적 일에 지나지 않는다. 뉴턴의 물리학이 물리학 전체가 아니라는 것은 내적인 돌발이다. 이렇게 해서 진리는 늘 무지라고 하는 전망에서 열어 보이는 것이며, 이 무지의 지평은 명증적 드러냄의 핵심을 진리가 발전하여 사는 가능성을 구성하는 것이다. 진리 검증을 하는 인간적 현실이 이처럼 무지를 인정한다는 것은 너그러움이며 해방이다. 왜 해방이라고 하는가? 그것으로써 우리는 부차적인 오류의 가능성(여백적인 의미 작용에 관계하는)으로부터 해방되기 때문이다. 왜 너그럽다고 이르는가 하면 미래의 나인 다른 자기나 다른 사람들이 좋을 대로 하게 만들려고 진리가 주어지기 때문이다.

이를 달리 표현해서, 미래의 다른 자기가 아니라 현재의 타자들을 참조항으로 할 수도 있다. 실제로 진리는 세 가지 가능한 모습으로 나타난다. 진리는 나의 진리이며, 타자에게는 만들어진 진리이자 보편적인 진리이다. 진리가 나의 진리라고 하는 뜻은 폭로가 나에 의해서 나의 풍토 안에서 가치나 목적이나 의미 작용의 어떤 일정한 전망과의 관계에서 이루어진다는 것 때문이다. 내가 진리를 타인에게 줄 때 그가 그것을 보고 있다는 직관을 나는 가질 수가 있다. 타인은 나에게 나 자신이나 즉자와 같은 정도로 확실하므로(나는 즉자 앞에, 그리고 다른 대자들 사이에 실존하는 대자로서 자기 자신을 발견한다), 나는 바라보는 시선으로 그를 바로 포착한다. 내가 그에게 대상을 지시하면 그는 그것을 바라본다. 그는 그것을 나의 손가락 끝에서 바라본다. 그러나 그때부터 대상은 나에게서 선험적으로 빠져나갈 존재 차원을 펼친다.

내가 어떤 빨간 꽃을 손가락으로 가리킨다(이를테면 진기한 품종으로 일반적으로 이런 종류의 꽃은 노란색이라고 하자). 이렇게 해서 나는 이 종류의 꽃에 빨간색이 있다는 사실을 다른 사람으로 하여금 발견하게 한다. 그러나 갑자기 빨간색은 부분적으로 나에게서 달아나고 만다. 왜냐하면 나는 다른 사람은 그 것을 어떻게 다루는가를 알지 못하기 때문이다. 나는 진리의 다른 체계에 산 형태로 짜인 이 빨간색으로부터는 추방되고 있다. 나는 그것이 빨간색으로 보이는 것이 어떠한 풍토 환경에서인지, 어떤 의미와 연결되는지를 모르고 타인이 그것을 어떻게 하는지를 모른다. 그때부터 나 자신의 진리가 나에게 전달 불가능한 것이 되어 나의 바깥에서, 다른 하늘 아래에서 다른 차원으로 살게 되어 존재는 나로부터 달아나고 만다. 그리고 그렇게 되면 산 직관으로서의, 내 재된 유한성으로서의 나의 진리는 외적 제한을 받게 된다. 즉 그것은 이미 나의 진리가 아닌 것이다(타자는 나를 불러내고 있다. 그것은 비판 때에도 마찬가지여서 '그는 ~라는 것은 잘 파악했으나 ~라는 것은 파악하지 못했다'는 것이다). 그리고 아마도 다른 사람과 교류하면 그가 나보다 잘 파악한 것을 지적해 받고 훔쳐간 것을 돌려받을 수 있다. 그러나 그는 또한 돌려주지 않을 수도 있다. 이처럼 나의 진리는 타자의 자유에 의해서 한계가 주어진다. 그리고 특히 그는 나에게 완전히 돌려주지 않을 수도 있다. 왜냐하면 어떤 종류의 예측적 뜻이나 어떤 종류의 드러나는 관점조차도 그에게는 주제화가 되어 있지 않기 때문이다.

이와 같이 모든 진리는 내가 언제까지나 알 수 없는 외부를 갖추고 있다. 여기에서 문제가 되는 것은 나의 진리를 구성하는 뛰어넘기가 불가능한 무지이다. 이렇게 해서 내가 거만하게도 나야말로 세계에 이 진리를 가져오는 사람이다 하고 주장할 수 있는 순간에 나는 겸허하게 이 진리는 나로부터 달아날 무한한 측면을 가지고 있다는 것을 자진해서 인정해야 하는 것이다. 이들 다양한 측면이나 도망가는 차원이 실제로 존재하는 것을 피하기 위해 발견한 진리를 자기만의 것으로 가지고 있는 사람이 있다. 그러나 그들은 증여의 특전을 잃고 만다. 그런데 이 증여야말로 상호 주관성의, 곧 많은 주관 사이에 서로 공통되는 것이 인정되는 성질의 절대성에 대한 통로이다. 게다가 다른 한편으로 진리 전체가 그 자체로써 외부를 가지기 위해서는 다른 사람의 실존에 의해서 이들 측면이 잠재적으로 포함되어 있는 것만으로 충분하다. 이렇게 해서 아낌없는,

즉 너그러운 태도란 진리가 나로부터 도망간다는 뜻으로 무한이 되기 위해 타자들에게 진리를 던져주는 일이다. 하지만 이 무한성은 자주 잠재적인 것으로 머문다. 왜냐하면 비록 주어진 진리를 타자들이 이해한다고 해도 그들은 그것을 그 무엇인가로 만들지 않고 단지 되풀이할 뿐이기 때문이다. 그러나 이 단계는 잠정적인 것에 지나지 않는다. 이 단계는 창조자가 다만 자랑스럽게 여기는 단계이다. 그는 연못에 돌이 떨어지는 것처럼 사람들의 정신 속으로 떨어지는 진리를 준다. 그는 진리를 불러내지만 사람들은 진리를 불러내지 않는다. 하지만 진리의 본질 자체 안에는 불러내야 하는 점이 있다.

그렇기 때문에 세계를 포용하려고 하는 모든 철학 체계(데카르트, 칸트, 헤겔)는 맹목적인 순수한 교만의 단계에 머물러 있는 것이다. 게다가 이 교만은 절망으로 바뀐다(헤겔)는 것도 덧붙일 필요가 있다. 왜냐하면 만약에 진리가 살아 있는 것이어서는 안 된다고 한다면, 체계는 죽은 진리가 되고 세계는 그저 그 정도의 것이 되어버리기 때문이다. 풍요가 가난이 되는 것이다. 환희는 열린 진리로부터 온다. 즉 나는 세계를 그 전체성에서 이해했는데, 그래도 세계는 여전히 이해되어야 할 존재로 남는다. 왜냐하면 만약에 진리가 멈춰 버리면 진리는 주어지는 것이 되어 자유는 수동성에 자리를 양보하게 되고, 아울러 나는 자신의 진리에 의해서 무방비하게 타자에게 인도되어 있으므로 타자의 시선에 의한 나의 발견은 모두 대상으로 바뀌고 말기 때문이다. 내가 존재 안에서 본 것은 나의 주관성을 재는 것이 되어 나는 실존 그 자체로서 타자에 대한 대상이 되어버린다.

이처럼 세계 안에 내가 파악한 진리의 부분을, 나의 태도*56나 나의 콤플렉스나 나의 역사적 환경에서 설명할 수 있다. 그렇다고 한다면 내 정신의 자유로운 활동으로서의 개시(開示) 그 자체에도 외부가 있는 셈이다. 이 외부는 내가 이 개시를 자유롭게 행하고 있을 때에도 나로부터 빠져나가고 있다. 나는 내가 모르는 객체성에 전율한다. 그렇기 때문에 그것을 밀어제치려는 비관적인 시도가 이루어진다. 즉 내가 보는 것이 나의 역사나 기질이나 교육 등과의 단순한 관계로서 나에게 나타난다고 해석하는 것이 그것이다. 이와 같은 사태에서는 그 누구도 나로부터 그것을 빼앗을 수 없는 절대적인 접촉으로서의 명증

---

*56 원어는 Einstellung(심적 태도). 후설의 용어.

성에 의존하지 않을 수가 없는 한편으로, 이 명증성이 그 내부에서까지 타자의 시선에 의해 목적을 이루고 있다는 것도 인정하지 않으면 안 된다. 그리고 이 시선은 이 명증성을 없앨 수는 없지만 결정하는 것이다. 이렇게 해서 세계의 어떤 양상을 열어 보이는 자유로서의 불안이 타자들에 의해서 소시민 계급의 객관적인 상황에서 설명되는 경우도 있음을 나는 받아들이지 않으면 안 된다. 그러나 이 명증성이 이 상황과 상관한다고 생각하는 것은 잘못이다. 즉 이 명증성이 그 어떤 드러나는 것이 아니고 단순히 주관적인 부대현상이라고 생각해서는 안 된다. 비록 실제로 이 명증성이 몰락하는 소시민과 그의 투기라고 하는 바탕 위에서 전개된 것이라고 해도 그것은 절대적이며 절대적으로 전달 가능한 존재의 개시인 것이다.*[57]

보편적인 진리에 대해서 말하면 그와 같은 것은 단순히 추상적인 진술밖에 되지 않는다. 즉 어떤 종류의 폭로를 자유롭게 실현한다고 하는 그 누구에게나 타당한, 항상적인 가능성을 단순히 지시하는 것밖에 되지 않는다. 그렇게 되면 폭로는 이미 실행되지 않고 진리는 죽은—진리 또는 사실이 되고 만다. 그렇다고 한다면 내가 폭로하는 산 진리는 그 안에 고유의 죽음을 숨기고 있는 것이 된다. 진리가 보편화되기를 요청하기 때문이다. 다른 말로 하자면 내 자유가 타자들의 여러 자유의 한가운데 자유이고자 하기 때문이다. 진리는 (하이데거가 말하는 인간 이상으로) 죽음으로 향한 존재인 것이다. 사실을 말하자면 이것을 요청하는 것은 드러난 존재 그 자체는 아니고 내 안에 제한되어 있는 드러남도 아니다. 오히려 그것은 개시하는 자유가 그것을 요청하는 것이다. 왜냐하면 이 개시하는 자유는 자유인 한, 타자가 자유이기 위한 노력 안에서 그리고 그 노력에 의해서만 실존하기 때문이다.

---

*57 이것을 쓰고 있던 무렵, 사르트르는 공산당 이데올로기의 가차 없는 비판을 받았다. 사르트르 철학은 '역사적 과정'과는 대립되는 병적인 소시민적 사상의 퇴폐적 산물이라고 해서 전면적으로 부정된 것이다. 이제 사르트르의 작품을 정신분석적으로, 더 나아가서는 정신병리학적으로 해명할 필요가 있다고 여겨진다. 어떠한 관점에서든 텍스트를 앞에 놓고 과학적인 태도를 취하는 것이 중요하다. 다시 말하면 텍스트를, 자신의 의도와는 관계없이 개시하는 재료로 간주하는 일이다. 그때 그 의도된 전달 내용이나 현재에는 시대에 뒤떨어진 것은 희생될지도 모른다. 사르트르가 여기에서 자기 자신의 경우를 말하려고 하는 것은 명백하다. 사르트르는 자기 철학을 물상화하려는 기도에 대해 자기 철학 그 자체로 반론하고 있는 것이다.

Ⅱ. 무지가 행위에 의해서 강요된다는 것을 우리는 이미 보았다.

ⓐ 그것은 진리가 주어진 것이 아니라 활동의 결과 나타나지 않으면 안 되기 때문이다.

ⓑ 그것은 존재가 존재-하고-하지 않는 목적에 의해서 밝혀지기 때문이다. 이처럼 진리는 먼저 존재로 도래하는 비-진리이다.

ⓒ 그것은 대자가 존재가 아니기 때문이며, 또한 독립-존재가 다음과 같은 뜻을 포함하기 때문이다. 즉 즉자에 관한 의식이 즉자를 존재하게 하지 않는다는 것이다(그 점이 대자와는 반대된다. 대자가 실존하는 것은 실존하는 의식을 가질 때에 한한다). 따라서 존재는 늘 이미 있었던 것으로서, 먼저 그리고 본질적으로는 알려지지 않은 것으로서 개시하는 대자에 나타난다는 것이다.

그러나 이상과 같은 일이 진리에 대한 무지(나는 편지를 열고 있다. 나는 그 알맹이를 알지 못한다)라고 하는 바탕 위에 나타나는, 현재 검증 중인 진리에 관해서 해당된다고 하면, 이 일은 진리의 총체에 대해서도 마찬가지로 해당된다. 여기서 말하는 진리의 총체란 내가 지금 관여하는 진리, 앞으로 관여할 것이라는 것을 내가 아는 진리, 내가 앞으로도 끊임없이 관여하지 않을 수 없는 것을 아는 진리이다. 사실 나는 이 진리 검증을 뛰어넘어 살아가고 실존하기 위해 검증을 이어가는 것이다. 이와 같이 나의 진리는 다른 무수한 진리를 모른다고 하는 바탕 위에 나타나며 나의 유한성 또는 선택의 내면화는 알기 위해 모르는 일을—즉 이 일을 알기 위해 나머지를 모르는 일을—결정한다는 것을 포함한다. 그렇다고 한다면 나의 진리는 자신의 바깥에 있는 것에 대한 무지와 내적인 관계를 가지게 된다(비록 외부가 진리와는 외적으로만 관계한다 해도). 이를테면 어떤 수학 문제를 풀기 위해서 나는 정치 상황에 관한 정보 수집을 단념하지 않으면 안 된다. 문제와 상황의 관계는 외적인 것이다. 그러나 이 문제를 검증하기 위해 상황에 대해서는 무지라는 것을 결단함으로써 주관적 무지가 진리 검증을 위한 자유에 선택된 조건이 된다.

더 나아가 일반적으로는 인간은 지(知)와 마찬가지로 비(非)-지를 세계에 가져오는 존재일 뿐만 아니라 행동하기 위해서는 무지여야 하는 존재이기도 하다. 사실 행동이란 목적으로부터 출발, 존재를 수단으로 해서 밝은 곳을 내는 일이다. 즉 행동이란 해당 존재의 앞으로 올 상태에서 출발하여 존재를 가능한 수단으로서 규정하는 일이다. 하지만 바로 이 구조 때문에 존재가 당장은 알려지지 않는 것이고, 우리가 존재에게 시키려고 하는 작업의 역할을 완전히 담당할 수 없는 것으로서 나타나는 일도 있을 수 있다. 이와 같이 목적은 단지 가능적인 것에 지나지 않고 나는 존재를 알 수 없으므로 이 목적을 실현할 수 있는가도 알 수 없다. 이것은 단지 나의 존재에 대한 관계의 결과일 뿐만 아니라 자유 그 자체의 조건이기도 하다. 만약에 실제로 우리가 수단의 명확한 지식에서 출발해서 목적을 결정한다고 하면, 현재가 미래를 산출하는 일이 되어버릴 것이다. 내가 먹기를 선택하는 것은 식탁 위에 놓인 나이프와 포크와 고기를 보았기 때문에 가능한 것이다. 그러나 만일 그렇다면 내가 비록 개시하는 자라 할지라도 이들 대상과 그 결과를 연결하는 매개자에 지나지 않는다. 나에 의해서 이와 같은 것들은 자신의 기능을 실현하고, 그 결과를 확실하게 산출하게 된다. 이것이야말로 결정론이다. 우연히 만난 수단이 자기가 가지는 작용적인 기능의 순수한 결과로서 목적을 드러내는 셈이다. 목적은 제안이 아니라 강제가 되어버린다. 그리고 아마도 하나의 수단이 앞에 나타남으로써 목적이 암시된다. 목이 마르지는 않지만 홍차를 따를 컵을 봄으로써 마시는 일이 알려지는 셈이다. 그 경우 어떤 의미에서 행동을 암시하는 것은 행동을 수행하는 용의성이라는 것이 된다. 그러나 다음과 같은 점을 유의할 필요가 있다.

(1) 이 수단이 암시적인 것은 욕망이 없어도 마신다는 가능성이 수단을 발견하기 전에 나 자신의 가능성이 되는 세계에 있어서뿐이다. 즉 나의 신체 조직은 액체를 필요로 하고 나의 머리에 떠오르는 생각은 이를테면 "지금 마셔두면 나중에 바빠졌을 때 마실 필요가 없을 것이다"와 같은 것이다. 이렇게 해서 눈앞에 나타난 수단은 잠자고 있는 목적을 깨우게 되는데, 그것은 다른 구체적인 목적의 전망에 섰을 때의 일이다(시간의 절약이 여기에서 이 참다운 목적이고, 마시는 일은 단순한 수단일 수가 있다. 지금 마시는 것은 나중에 시간을 절약하기 위한 것으로, 목이 마르지 않게 하기 위해서이다. 구체적인 목적은 모든 전망을 미래 쪽에서 결정하는, 행해야 할 어떤 종류의 행동이다). 만일 반대로 어떤 수단을 보는 것이 새로운 목적의 추구를 불러온다고 가정한다면, 우리는 미리 결정한 것이 되어버릴 것이다. 그러나 이와 같은 자체는 불합리하다. 왜냐하면 목적의 범주가 이미 명백히 규정되어 있는 것이 아니라면, 수단이 스스로의 목적을 산출할 수 없기 때문이다.

반관념론적이고자 하는 미적 개념은 음향이나 언어와 같은 물질적인 것이 작품(목적)을 창조한다고 생각한다. 사상을 창조하는 것은 시구(詩句)의 필연성이며(발레리), 셰익스피어로 하여금 오필리아를 창조케 하는 상황에 놓은 것은 극단의 필요성(배우에게 역할을 주는 일)이며 또는 이 대리석의 모양 등등이다. 확실히 그럴지도 모른다. 그러나 그것이 참인 것은 일반적인 사상의 전망 안에서만이다(투기로서의 '젊은 파르크', 이전의 극도 성공했으니까 햄릿의 복수극을 쓰려고 하는 투기). 그리고 이 경우 결과는 평범한 것이 된다. 즉 가능한 수단 안에서 드러난 적과 같이 대하는 경우들 때문에 예술가는 다른 수단을 탐색하지 않을 수 없게 되었다. 그 수단은 더욱 먼 것으로 곤란한 것이었지만 작품에 한결 복잡성과 행복을 가져오게 되었다는 것이다. 요컨대 물질이나 예측하지 않는 것, 저항의 중요성, 즉 상황의 중요성을 나타내려고 하는 현실주의 사상가들의 실없는 말에 지나지 않는 것이다.

(2) 만약에 많은 사람들이 꿈꾸듯 이 목적을 실현하려고 하는 단순한 결단이 여러 수단의 기계적인 복종을 일으킨다면, 여러 수단은 목적에 의해서 실존하지만은 않게 될 것이다. 세계와의 관계로서, 목적에 의해 규정된 관계 말고는 존재하지 않을 것이다(그렇지 않으면 세계 변화의 영향은 진행 중인 현실화를 멈출 위험이 있을 것이다). 요컨대 목적은 존재자를 밝은 곳으로 내는 것이 아니라 수단을 구하는 나머지 자기 고유의 수단을 무에서 산출하는 것이 되어버린다. 목적은 창조적으로 될 것이다. 그러나 그 경우에는 다음의 한 가지가 되어버린다. 먼저 한쪽의 경우는 이와 같이 개체로서의 인간을 통해서 자기를 실현하는 것은 정신이며, 우리는 이미 행동도 자유도 갖지 않는다. 하지만 그렇게 되면 인간 자신은 목적 실현을 위한 수단이 되어, 인간은 수단—목적이라고 하는 방향성 위에서 어지럽혀져 결국은 목적으로써 만들어진 것이 되어 자신 안에서 없어지고 만다—다른 경우에는 인간이 개체로서의 그 무상성에서 하나의 목적을 투기한다. 그러나 목적이 실현되기 위해서는 그것을 투기하는 것만으로 충분하며, 그렇게 되면 우리는 소원의 나라, 또는 상상의 나라에 있는 것이 되어 일을 하는 나라에는 없는 것이다. 그리고 이러한 세계에서는 그 어떤 결단도 불가능해진다. 왜냐하면 어떠한 일이나 생각하면 바로 실현되어 욕망과 깊이 헤아려진 선택의 구별은 이제는 할 수가 없기 때문이다. 시간을 늦추는 일은 불가능하며, 체념하는 결단도 마찬가지로 불가능하고, 가장 좋은 수단을 생각해 내는 것 또한 불가능하게 되어버린다. 요컨대 가능성이 전반적으로

불가능하게 되는 것이다. 자기가 생각하는 일이 바로 현실이 되는 것을 눈앞에 보는 처지가 된다. 즉 나는 자유의 세계에서 떠나 꿈이 이어진 세계로 옮겨 버리는 것이다. 어떤 가능한 일이 현실이 되기 위해서는 그것을 가능한 것으로서 구상하는 것만으로 충분하다고 하면 가능과 현실의 구별은 이미 사라지고 만다. 만일 우리가 그와 같은 세계에 있다고 하면 그것은 어떤 가능한 일이 운명적으로 현실이며, 반대로 현실이 언제나 가능한 것의 차원에 머무는 것 같은 세계이다.

이처럼 행동은 어떤 목적에 의해서 이미 존재하는 현실을 밝은 곳으로 내는 것을 요청한다. 그리고 이 현실은 뛰어넘어야 할 장애나 지연이나 고정으로서 나타날 수가 있다. 이와 같이 자유의 요청은 현실이 나의 의도에 어긋나는 것으로 늘 나타날 수가 있다는 것이다. 단, 이 현실이 절대적이고 언제나 적대적인 것으로 나타난다면 구상 가능한 목적조차도 이미 사라지고 말 것이다. 그 경우에는 다만 존재를 넘어 되새겨져 거품처럼 사라져 버리는 가능성의 덧없는 꿈만이 남게 될 것이다. 만약에 현실이 늘 형편이 좋거나 늘 적대적이라면 우리에겐 이미 꿈밖에 남지 않을 것이다. 그러나 현실적인 것이 적대적인가 아닌가를 알 수 없는 가능성은 바로 무지이다(또는 행동에 관한 말로 하자면 위험이다). 자신의 존재에서 자유는 이 위험의 요구이며 자유에게만, 그리고 자유에 의해서 말고는 위험이 존재하지 않는다. 그리고 결국 위험에 자신을 드러내는 것은 자유 자신이다. 왜냐하면 늘 적대적인 현실의 확실성이 자유를 죽인다고 하면 언제나 적대적인 현실에 의해서 살해되는 가능성은 반대로 자유에 의해서 명백히 규정되기 때문이다. 자유는 출현함으로써 세계가 자유를 불가능하게 한다는 가능성을 제기한다. 그리고 이 가능성은 단순한 추상적인 한계 같은 것이 아니라 세계가 늘 어떤 종류의 자유를 불가능하게 한다는 것이나(죽음에 이르는 국면이나 노예제), 모든 자유가 그 뒤에는 불가능한 세계가 되어 버린다는 것(지구의 붕괴)도 가능하다는 것이다. 이것은 참이다. 자유는 존재에 대해서 그 어떤 요구도 제기할 수 없다. 나의 자유가 지금 세계 안에서 불가능하다는 것은 원리적인 기반을 가지지 않은 사실이다.

이러한 뜻에서 스스로의 수단을 충분한 책임에서 발견하고 창출하는 구체적인 행위는 모두, 언제나 우연성이라고 하는 전망에서 완전히 파악이 가능하다. 즉 다른 점이 모두 같다고 하고 세계의 질서가 자유(이 자유)를 가능하게 한다는 조건으로 파악이 가능하다. 그러나 세계의 질서는 전체적이고 세부에 걸친 지식의 대상이 될 것이고, 이 지식은 나에게 주어졌으며 또 나는 자기 자신의 유한성(개별적인 목적의 선택)을 내면화함으로 그것을 거부하는 것이다. 이처럼 자유는 세계가 인간적인 기도에 마련해 두는 운명 일반에 대해서 근본적으로 무지임을 요청한다. 이 무지는 자유를 순수한 자유로서 자기 자신의 눈에 대해서 폭로한다. 다시 말하면 이 무지는 어쨌든, 그리고 그 결과가 어떠한 것이든 자기 자신의 권리를 주장한다. 이것이 의미하는 바는, 반대로 목적을 지시하는 것은 수단이 아니라는 것이다(실재론). 또한 수단의 실존에의 권리를 행사하는 것은 목적의 아름다움이 아니라는 것이다(관념론). 그렇지 않고 목적은 스스로를 조정(措定)하고 스스로를 추구하지만 그것은 기회의 바깥에 서이고, 결과가 어떻게 되든 간에, 또 상황이 확실하게 적대적인 것으로서 나타나지만 않는다면 그렇게 된다. 게다가 자유는 결국 자기 자신이 목적한 선택으로써 파괴되는 것을 선택할 수도 있다(절망적인 저항). 왜냐하면 자유의 실패는 자유가 세계의 질서와는 다른 질서임을 증명하기 때문이다.

인간적 현실은 행위의 정확한 가능성을 모르므로 그 모든 결과는 아닐지라도 그 대부분 또한 알지 못하게 된다. 실제로 문제는 다음과 같이 세울 수가 있다. 즉 나의 선택은 내 유한성의 내면화로서 하나의 유한한 목적의 선택이다. 그러나 그 한편으로 세계에서 실현된 대상물은 여러 존재의 무한한 집합과 무한한 관계를 갖고, 더 나아가 인간의 세계에서 실현된 대상물은 무한한 양상으로 파악되어 무한한 행위를 위한 도약판으로서 사용하게 될 것이다. 사실 그것은 하나의 가능성에 지나지 않는다. 행위 중에는 일정한 문턱을 넘지 않고 소멸되는 것도 있으며, 이 문턱을 넘는 것도 있고, 또 다른 일련의 간섭으로 말미암아 바로 길이 막혀버리는 것도 있다. 하지만 나의 행위가 끝없이 무한한 결과를 갖는다고 하는 가능성은 여전히 남는다. 나의 행위인 이들 결과는 나의 것이고 나는 그것을 건네받지 않으면 안 된다. 그러나 유한한 나는 이들 결과를 알고 있지는 못하다. 따라서 자유의 상황이란 자기가 모르는 것(자기 행위의 결과)을 요구하기 위해 자기가 한 일이 아닌 것을 건네받는 것(상황의 수락)이다. 여기에서는 이 요구의 구조(행위에서 객관적인 것으로의 이행) 검토는 하지 않는다. 이 무지, 또는 유한성 그 자체에 따른 무한한 요구를 지적하는 것만으로 충분하다. 선택이란 유한성의 내면화이다. 선택 결과의 수락(무지와 미래 안에서 이루어진 수락)은 무한한 것의 내면화이다.

이는 행위가 유한성의 결단이어서는 안 된다는 뜻은 아니다. 나는 유한한 수의 결과밖에 관심이 없다(나는 나의 세대와 다음 세대의 전망에 바탕을 두고 행동한다). 그러나 이 결정 자체가 무한성이라는 바탕을 포함한다. 사실 나는 그것에 따라서 무한한 결과에 대한 나의 관계를 완전히 자유롭게 결단하고, 전면적인 책임을 가지고 어떤 종류의 한계를 넘은 무차별한 방법으로 이들 결과를 책임지기를 결의한다. 요컨대 나는 미래의 법정에 대해서 이 무차별적인 존재 양식에 대한 책임을 떠맡는 것이다(이것은 내가 이들 결과와의 관계를 수립하는 것을 뜻한다. 왜냐하면 나는 어쨌든 이들 결과를 그다지 관심이 없는 것으로 보고 있기 때문이다. 따라서 이들 결과가 어떠한 것이든 받아들이지 않으면 안 되는 것으로 나는 떠맡는다. 그리고 만일 이들 결과 가운데 하나에 내가 직면하지 않으면 안 된다고 하면 나는 '후회 같은 것은 하지 않고, 만약에 다시 한 번 되풀이하게 된다고 해도 같은 일을 할 것이다' 말할 수 있어야 한다—적어도 그것이 가끔 실망을 느끼게 되는 나의 투기이지만). 하지만 또한 위험성은 있다. 왜냐하면 내 결단이 어떤 종류의 결과에 무지하려고 하든, 이들 결과를 모두 건네받으려고 하든 예측 밖의 결과가 예상된 결과를 무너뜨리는 가능성이 있기 때문이다. 즉 이러이러한 사회 집단이나 인물의 행복을 보장하기를 바라고 내가 어떤 목적을 세워서 그것에 다다랐다고 하자. 그러나 그 목적의 먼 훗날의 결과가 바로 바랐던 행복을 파괴하는 경우도 있다. 요컨대 위험성은 이 목적의 실현(수단의 적대성)뿐 아니라, 이 목적의 먼 결과, 또 직접적인 결과에도 미치게 된다.

자유는 그 어떤 유산을 건네받아야 하고, 자유가 무엇을 하든 간에 그 어떤 유산을 남기는 것이다. 자유는 이 유산이 도대체 무엇인가도, 상속인이 그것을 어떻게 하는가도, 그 상속인이 누군가도 알 수 없다. 자유는 자기가 목적에 다다르는가의 여부도, 달성된 목적이 저절로 무너지는가의 여부도 모른다. 그러나 이와 같은 위험성과 무지의 원근법에서 자유는 스스로를 역사화하고 존재를 진리로서 폭로한다. 그리고 자유의 상황이란 어느 경우나, 비록 위험을 회피하려고 바랄 때에조차《사마라 마을의 약속》*58도 이와 같은 위험을 넘겨받는다는 데에 있다. 만일 자유가 위험을 회피하는 데에 여념이 없다면, 자유는 자

───────────

*58 미국 작가 존 오하라의 소설로, 1948년 스위스에서 번역 출판되었다. 원작의 출판은 1934년.

기와 위험과의 관계를 끊고 이 우발적인 일을 불러온 당사자라고 주장할 수 없게 된다. 따라서 우발적인 일이 일어났을 때에는 그것은 운명이라는 모습으로 자유를 향해 닥쳐오게 된다. 이를테면 내가 비행기나 전차를 타는 일이나 외출이나 입당하는 것을 피하고 생명의 보전을 꾀한다면 티푸스나 콜레라와 같은 나의 투기에 대해 완전히 외적인 죽음이 운명이 되고 만다. 반대로 앞에서 말한 것과 같은 모든 앙가주망에 의해서 내가 죽음의 위험성을 항상적인 것으로 (무지한 가운데) 받아들인다면 병에 따른 죽음은 우연이라고 하는 모습을 취한다. 그것은 예측되어 넘겨받은 위험이 취한 하나의 형태인 것이다. 즉 이 죽음은 인간적인 것이 된다. 근본적인 반대를 만나는 가능성이 있는 세계에서 자유가 자신의 실존 자체를 위험에 드러내기 위해서는 진리의 그림자 면에서 무지가 필요한 것이다. 이렇게 해서 진리는 진리를 불가능하게 할 수 있는 세계라는 바탕 위에 나타난다. 스스로의 불가능성이라고 하는 이 가능성에 맞서서 진리는 싸우며, 자기 실존 그 자체로써 자기 긍정을 한다. 지금 보고 있는 것을 봄으로써 나는 가능성을 출현시킨다. 그것은 이미 세계의 그 어떠한 장소에서도 다른 비전이 불가능하다는 가능성이다. 그러나 동시에 나는 진리가 세계를 밝은 곳으로 내놓는 이 시간적 계기(그 세 가지 탈—자적 차원과 함께)가 있을 수 없었다는 불가능성도 창조한다. 이렇게 해서 하나의 절대자가 나타난다. 진리는 지고의 위험성이라고 하는 '바탕' 위의 절대자이다.

Ⅲ. 하지만 우리가 이제까지 검토한 모든 무지는 비록 그것들이 진리를 그 본성에서 본질적으로 결정한다고 해도 자신을 시간화하는 무지, 즉 모르는 것에서 앎으로 이행하는 무지이다. 현재로는 모르고 있는 자기 행동의 결과를 나는 나중에 알게 될 것이다. 또 다른 사람들은 다른 결과를 알게 될 것이다. 이들 결과가 나에게 중요성을 가지는 것은 그것이 개시되었을 때, 즉 진리가 되었을 때이다. 인간적인 자유에 주어진 것은 아무것도 없으므로 나의 유한성과 진리가 시간화하는 필연성만이 나를 둘러싼 이 무지의 지평을 구성한다. 그러나 그 밖에 구조적인 무지도 존재한다. 다시 말하면 절대로 진리로 시간화되지 않는 무지도 존재한다. 인간은 곳곳에서 진리를 담당하지만 그 인간이 진리 검증성이 금지된 영역에서 가능적인 진리의 지대를 창조한다. 이것으로 말미암아 지금 말한 무지가 도래한다. 다시 말하면 인간은 실존 그 자체에 의해서, 그

리고 대답이 불가능한 물음으로써 미리 취하게 되는 것이다. 이것은 물음이 공상의 산물이라거나 환상이라는 것은 아니고 인식의 선험적인 구조에 유래하는 순수하게 주관적인 물음이라는 것도 아니다. 전혀 그렇지 않은 것이다. 오히려 이들 물음은 존재와의 관계이며 검증 가능한 것으로서 존재를 이루는 일이다. 이들 물음의 진리는 존재한다. 하지만 동시에 이 진리가 진리라 해도 그것은 그 누구에 대한 진리도 아니다. 이러한 필연적인 무지의 한가운데에 우리를 끌어들이는 예를 하나만 들기로 한다.

인간은 타자를 의미 작용을 행하는 대상으로서 파악한다. 그리고 다른 사람의 죽음이라는 것으로써 다른 사람의 삶의 진리가 운명으로 나타난다. 대자는 다른 사람의 명증성에 근거해서 자기 자신의 삶 또한 어느 날 운명으로서 진리를 갖는다는 것을 알고 있다. 다만 이것은 아직 근원적인 무지는 아니다. 왜냐하면 내 인생의 객관적인 의미가 나로부터 도망치는 일이 있다고 해도 그 의미는 다른 사람에게는 존재할 수 있고, 나는 자기 행동이나 위험성 안에 내가 그래 주기를 바라는 의미를 그려낼 수 있기 때문이다. 이로 말미암아 이미 우리는 공—존재의 외면성에서밖에 의미를 가지지 않는 하나의 진리를 파악한다. 우리가 살고 있는 시대는 그 자체가 하나의 객관적인 의미를 가지고 있다. 그러나 이 의미는 스스로 살아감으로써 이 시대가 창조하는 것임과 동시에 시대 자신으로부터 도망쳐 버리는 것이기도 하다. 시대가 이 의미를 창조하는 것은 타자들에 대해서이기 때문이다. 하지만 그 의미 작용의 문제는 그 시대에 대해서는 살아 있다. 왜냐하면 이 시대는 나중에 이 의미를 갖게 되는 것을 알고 있으며 그것을 미리 파악하려고 하기 때문이다. 그러나 시대가 그 의미를 파악하려는 방법 자체가 다음 세대의 눈에는 그 시대의 의미를 부여할 때 소용이 있게 된다. 이를테면 사회적 현상을 경제적 원인으로써 해석하려고 하는 우리의 노력은 뒷날의 세대에게는 우리 세대의 정신적인 특징으로서 아마도 나타나게 될 것이다. 즉 스스로 탐구하는 시대에 의해서 폭로된 물질적 진리는 다음 세대에게는 정신적 진리가 될 것이다.

이렇게 해서 시대는 자기 자신에 대해서는 진리이지만 알려지지 않은 진리인 것이다. 이 시대에 대한 개시된 진리라고 하는 것이 미래에는 있다. 그리하여 정신이 전체성인 이상 어떤 집단의 진리가 다른 집단에게, 또는 한 개인에게 늘 존재한다. 그러나 그 결과 탈전체화적 전체성으로서의 정신은 자신의 전체적 의미에 대한 물음을 세우게 된다. 인간에 의한 전체화가 있는 한(이를테면 역사의 파국적인 종언), 그리고 인간적인 것의 죽음이 직접적이고 언제나 자유의 불가능성을 가능성으로서 가능케 한 인간의 전체성은 보편적으로 모든 인간에게 나타난다. 만일 인간의 전체성이 전체화 가능한 전체성이었다면, 즉 그것이 보편적 인간의 의식이었다면 전체성은 자기 자신의 의식으로서 있는 것이므로 전체성이 될 것이고, 존재와 진리가 하나가 되는 영역에 다다를 것이다. 하지만 탈전체화적 전체성인 한 인간의 운명이 나타나는 것은 늘 한 사람의 타자에 대해서인 것이다. 전체성이란 늘 한 인간이 행하는 전체화이며 그는 과거를 오늘까지 거기에 있는 모든 인간과 함께 전체화한다. 그러나 이 전체화는 주관적인 것에 머물고 결산의 자의적 정지에 의한 하나의 역사적인 전체화라는 모습으로 그 자체도 역사 안에 들어가지 않을 수가 없다. 물론 만일 인간의 죽음이라는 것이 있다면 그것은 결산의 절대적인 정지에 의한 현실적인 전체화가 될 것이다. 그리고 이 정지에 관한 끊임없는 의식이—그것이 비주제적으로밖에 의식되지 않는다 해도—인류의 진리에 관한 예측을 모든 사람을 향해 출현시키는 것이다. 인류의 전체화가 언제나 가능한 한 인류의 진리가 있다. 인류는 하나의 운명을 가지며 역사는 하나의 의미를 갖는다(비록 그것이 일련의 파국적이고 부조리한 사건의 의미라고 해도 말이다. 왜냐하면 그때에는 인간이 세계에 의미를 가져오게 하는 것인데 존재에 의미를 주는 존재자, 즉 인간에게 하나의 의미가 불가능하다는 것이 역사의 의미가 되어버리기 때문이다).

그러나 역사의 이와 같은 의미는 역사의 외부에 위치하는 존재에밖에 나타나지 않을 것이다. 왜냐하면 역사에 관한 그 어떤 양해도 그 자신이 역사적인 것이고 그 어떤 미래로부터의 전망에서, 그러니까 새로운 목적의 전망에서 시간화되기 때문이다. 하기야 신이나 창조자가 문제가 되는 것은 아니다—그것은 인류 안에서 마지막으로 남은 인간일지도 모른다—. 어쨌든 인류의 눈을 감게 해주는 누군가가 필요하다. 그리고 이 누군가는 원리적으로 불가능하므로 인간은 그 누구와도 결코 그것을 아는 일이 없는 진리의 제작자인 것이다. 다시 말하면 자신의 종말에 이른 대자가 존재로 이행하여 밤 안으로 가라앉고 마는 것이다. 그러나 대자는 스스로의 실존에 의해서 존재를 밝은 곳으로 내는 것이므로 자기 자신의 죽음을 넘어 자신을 밝은 곳으로 나타나게 하려고 투기하고 이에 따라서 밝은 곳으로 나올 수 있다. 참고로 인간적인 것을 전체화하기 위해 우리의 것과는 다른 정보의 수단이나 지성 등은 원리적으로는 필요하지 않다. 이를테면 고립하고 절멸한 인류의 삶에 대한 전체화적인 정보를 현재의 과학자 집단에 준다면 그들은 아마도 조금씩 그 의미를 끌어낼 수 있을 것이다. 진리가 불가능한 것은 인간이 역사를 만들기 때문에, 그것도 역사를 인식하면서 만들기 때문이다. 이처럼 자유라는 사실에 의해서 인간은 인간의 절대 진리에 사로잡혀 있다. 이 절대 진리는 완전히 접근 가능한 잠재성으로서 실존하여 역사 과학의 동력으로 쓸모 있는 플라톤적 이상도 있지만, 그럼에도 원리적으로 인간으로부터는 달아나고 만다. 인간이란 자기 자신의 무지이다. 인간이 자기 자신을 모르는 것은 인간이 스스로를 만들기 때문이며, 과거의 자기를 밝은 곳으로 내기 위해 누군가 타자를 필요로 하기 때문이다. 인간이 자기 자신을 모른다는 것은 인간이 자연이 아니라 운명이기 때문이며, 또 인간의 모험이 그것에 의미를 부여하는 누군가가 남아 있는 한 끝나지 않기 때문이며, 그 뒤에 증언자가 없으면 허무로 파묻혀 버리기 때문이다. 이렇게 해서 존재를 밝은 곳으로 내는 빛은 존재에서 생기지만, 이 존재는 주관적인 의식으로서 순수한 명석성(진리 저편의)이면서 또한 운명으로서 순수한 어둠(진리 바로 이전의)이기도 하다.*[59]

이를테면 '왜, 즉 무엇을 위해 인간은 사는가' 하는 고전적인 문제를 생각해 보자. 이 물음 자체가 인간이란 세계에 무엇인가를 가져오는 존재라는 것에서 유래한다. 그러나 그것은 인간이 자신의 정신 안에 범주와 같은 것, 즉 세계에 관한 그 어떠한 선험적인 권리도 가지게 하지 않는 목적성의 범주를 가지고 있다는 뜻은 아니다. 왜라는 것은 행위와 자유에 의해서 세계에 도래한다. 이처럼 세계에 왜(=무엇 때문에)를 드러내는 존재는 이 왜를 자기 자신에게 세우기 위해 자신을 되돌아보게 된다. 하지만 고립된 인간의 주관적인 답은 명백하다. 사실 그의 존재 '이유'가 있는 것이다. 그러나 이 '이유'는 그에게는 주어질 수가 없다. 왜냐하면 그 자신의 자유가 모든 '이유'의 근거이기 때문이다. 내 실존의 '이유'는 궁극의 투기이며 그것을 향해서 내가 자신을 투기하는 본질적인 가능성이다. 나의 실존 '이유'는 나의 실존 자체 안에 나타난다. 하지만 타자들이, 특히 후대 사람들이 실존한다는 것에 따라서 내 실존의 '이유'는 나의 즉자 존재

---

*59 사르트르는 나중에 역사의 의미 문제를 변증법적 이상의 빛 아래서 다시 검토하게 된다.

의 객관적 이유로서 주어져 버리게 된다. 나는 마침 형편이 좋을 때 나타나, 나의 존재 의미는 시대 전체로 보아 숙명적인 양상에서 파악된다. 나의 실존이 앞을 향해서 던지는 '이유'는 시대에서의 나의 역할을 대체하게 된다. 그러나 이 역할은 반드시 같은 것이 아니라, 오히려 그 반대인 일이 자주 일어난다. 이처럼 나는 객체=객관적이 되어버린다. 나는 자신의 '이유'를 내가 표현하는 시대로부터 받는다. 그때 나는 자신의 '이유'를 운명으로서 받아들인다("X씨의 작품은 매우 졸렬하지만 그것이 나타내는 시대성 때문에 귀중한 것이다 등등"). 결국 우리는 인간의 존재 이유를 발견하지만, 그 존재 이유란 역사의 종말에 입회하는 초월자에 의해서 인간의 운명으로서 파악된 '이유'가 될 것이다. 이렇게 해서 내 안에는 자신이 모르는 '이유'가 살고 있다[그것이 카프카의 불안의 의미이기도 하고 또 헤겔의 '이성의 교지(狡智)'의 뜻이기도 하다]. 이성의 교지는 자유로운 선택으로서의 주체성 안에서 그 어떤 장소도 가지지 않는다. 그것은 바로 객관적인 것으로 옮아가는 통로이다. 이렇게 해서 자신의 운명을 선택하면서 나는 프랑스인으로서, 부르주아로서 20세기의 인간으로서······ 행동하게 된다. 나의 객관성은 알려지지 않는 현실로서 나의 주체성을 따라다닌다.

이전 세기의 농촌적인 것을 특징짓는 신체 충동과의 연결은 그 사람들에게는 삶의 절대적인 양태이다. 우리에게 그것은 객체=대상=물(物)이 된다. 상황의 역전이 있는 것이다. 와야 했어야 했던 '이유'가 이제 내 일련의 객관적인 나타나 보임의 초월적 의미가 되어버린다. 이와 같이 자기의 근본적인 '이유'의 주체적 선택을 통해서 인간에 의해 만들어진 인간의 '이유'가 있고, 그것이 바로 그것을 선택한 자에 따라서는 알려지지 않은 경우가 있다. 왜냐하면 이 '이유'는 주체적으로 실존된 선택이 객체적인 것으로 옮아가는 통로에 지나지 않기 때문이다. 이민하려고 하는 나의 자유로운 선택은 이민 통계에서 객체화되고 역전되어 버린다. 그리고 나는 나를 밀치는 거대한 이민 흐름의 한 토막이 되어 버린다. "18세기에는 이민의 경향이 늘어났지만, 그 배경은 그 밖에 여러 가지가 있다." 또는 내가 행한 행위는 객체화되어 타자의 행위와 결부되어 '부르주아의 쇠락 움직임'이 되어버린다. 그렇게 되면 모든 것은 이성이 속이는 것인 것처럼, 그리고 사회적 원인이나 경제적 원인이 역사적 행위자의 무의식인 것처럼 생기게 된다.

나는 역사성과 사실화를 구별하고 싶다.*60 내가 역사성이라고 말하는 것은 역사 안에서 대자가 자기에 관해서 행하는 투기를 말한다. 브뤼메르 18일에 쿠데타를 단행하려고 결단함으로써 보나파르트는 자신을 역사화한다. 한편 내가 사실화라고 말하는 것은 역사화가 객체적인 것으로 옮아가는 것을 말한다. 사실화의 결과가 사실화이며 시대에의 객관적인 소속이다. 역사성이 어떤 시대를 객관적으로 불러내는 것임에 대해서 사실화는 시대의 단순한 표현에 지나지 않는다는 것은 명백하다. 사실화란 뒷날 시대의 관점에서 고려됨으로써 불러냄이 실추하는 일이 되기도 하고 역사화에서 사실화로 이행하는 것이기도 하다. 따라서 거기엔 영속적인 속임수가 있다. 만약에 종료된 역사가 있다고 하면 그것은 참가하지 않은 초월적 의식에 대한 인류 전체의 사실화일 것이다. 즉 사람들의 자유로운 역사화가 고정된 운명이 되어버릴 것이다. 사람이 역사를 만들지만 기록이 되면 그것은 다른 것이 되어버린다. 빌헬름 2세*61는 영국의 제국주의와 싸울 것을 결의했다. 그런데 이 역사화가 사실화가 되면 "빌헬름 2세에 의해서 프롤레타리아 계급과 유산 계급이 서로 대립하는 세계적인 내전이 시작되었다"가 되어버린다. 그러나 여기에서 단단히 주의해서 볼 일은 구체적인 적대자도, 절대주관에서 이뤄지는 진리 폭로도 역사성 안에 있다는 것이

---

*60 역사성, 사실화의 원어는 hisrtorialité, historisation. 여기에서의 사르트르 기술(記述)은 약간
정리가 안 되어 있으므로 도식화해서 설명한다. 하이데거의 Geschichte와 Historie의 구별은
프랑스어로 번역할 때에 곤란이 따랐다. 왜냐하면 프랑스어에는 historie라는 말이 없기 때
문이다. 역자 콜벵은 (그의 번역어 선택은 공과 죄가 반반이지만) historie의 형용사(보통
historique)의 옛 모양 historial을 사용해서 이 구별을 나타내려 했다. 거기에서 historialité,
historicité라는 역사성을 의미하는 두 개의 말이 고안되어 현재에 이르기까지 하이데거의
문맥에서 쓰이고 있다. 사르트르는 여기에서 다시 s'historialiser(자기 역사화하다),
historialisation(자기 역사화)과 같은 말을 사용해서 하이데거를 인용하면서도 그 의미를 약
간 바꾸어 독자적인 역사관을 전개하려 하고 있다. 정리하면 한편으로 주체가 그 안에서
살며 본래적인 의미의 역사에 관한 말의 계열 historialité, s'historialiser, hostorialisation이 있
고, 다른 한편으로는 객관화되고 대상화된 사실로서의 역사에 관한 말의 계열 histioricité,
(historiser), historisation이 있다. 이 책에서는 전자를 역사성, 후자를 사실성이라고 번역해서
구별했다.
*61 빌헬름 2세에 관해서는 스위스의 작가 에밀 루드비히(1881~1948)의 평전《빌헬름 2세》
(1930)를 전시 가운데도 사르트르가 흥미 깊게 읽었었다는 기술을《야릇한 전쟁 수첩》에
서 볼 수가 있다. 사르트르는 자신의 일기 안에서도 이 대목과 유사한 분석을 더욱 자상한
방법으로 하고 있다.

다. 거기에 사실성의 부대 현상을 본다는 것은 잘못이다. 오히려 사실성은 나의 지향점에 주어진 뜻이기는 하지만 그것은 이미 체험된 구체적인 것은 없고 단순히 추상적인 즉자밖에 없다는 점에서의 의미이다.

이처럼 속이는 역사에 맞서서 자신을 역사화할 필요가 있다. 즉 사실성에 대항해서 자기를 역사화할 필요가 있다. 그것은 내면성으로서의 체험의 유한성에 매달림으로써만 가능할 것이다. 자기 시대를 영원 쪽으로 초월하는 시도도, 그리고 우리의 영향이 미치지 않는 미래 쪽으로 초월하는 시도 또한 사실성으로부터 벗어날 수는 없다. 사태는 반대인 것이다. 오히려 이 시대에서만 그리고 시대에 의해서만 자신을 초월하는 일을 받아들이고, 자신에게 제기하는 구체적인 목적을 시대 그 자체 안에서 탐구함으로써 비로소 사실성에서 벗어날 수 있다. 물론 나는 나 자신을 알고 자기를 이 시대에서 바라며 또 아직 도래하지 않은 시대 쪽이 아니라 이 시대를 그 자신 쪽으로 불러내는 것이므로 그러는 한에서 나는 사실화를 면할 수가 없다. 그러나 그것은 최소의 사실화, 즉 나의 시대에서만의 사실화이다. 나는 나의 손자들과 함께 살기를 주장하지 않음으로써 그들이 자기들 기준으로 나를 따지는 것을 금지한다. 나는 그들이 사실화를 사용해서 자기가 하고 싶은 일을 할 수 있도록 나의 행위를 그들에게 제시한다. 그렇게 함으로써 내가 바라는 것 이외의 일을 그들이 내 행위로서 행한다고 하는 위험에서 벗어나는 것이다.

Marxisme et Subjectivité

마르크스주의와 주체성이란 무엇인가

마르크스주의와 주체성

이 강연에서 문제로 삼고 싶은 것은 마르크스주의 철학의 틀 안에서 생각하는 주체성입니다. 즉 마르크스주의를 이루는 여러 원칙과 많은 진리로부터 과연 주체성은 존재하는가, 관심사가 될 수 있는가, 그렇지 않으면 단순히 인류의 발전에 대한 여러 변증법적 연구 말고도 그 밖에 일어나는 온갖 현상의 총체에 지나지 않는가 이런 것을 검토하고 싶습니다. 여기에서 루카치를 예로 들어 명백히 하고 싶은 것은 마르크스의 두 가지 뜻을 가진 텍스트를 잘못 읽었을 경우에 관념론적 변증법이라고 내가 말하는 것이, 즉 주체를 고려하지 않는 변증법이 어떻게 생겨날 수 있는가 하는 점입니다. 이와 같은 관점은 마르크스주의적 앎의 진전에 매우 위험합니다.

이에 앞서 주체(주관)와 객체(객관)는 언급하지 않고 객관성과 객체화, 주체(주관)성과 주체화를 문제로 삼는 것에 이해를 얻고자 합니다. 왜냐하면 주체 그 자체는 별개의 문제, 더욱 복잡한 문제이기 때문입니다. 다만 유념해야 할 일이 있습니다. 주체성이라고 할 경우에 문제가 되는 것은 나중에 보게 되는 내적 활동의 어느 유형, 어떤 시스템, 내면성에서의 보편적 시스템이며, 주체에는 사실 직접 관여하지 않는다는 것입니다.

마르크스주의 철학을 매우 표면적으로 살펴본다면, 거기에 범객관주의라는 이름을 붙이고 싶어질 것입니다. 즉 마르크스주의의 변증법을 고찰하는 사람들이 처음에는 객관적 현실에만 관심을 갖지는 않았으리라 여겨진다는 것입니다. 실제로 마르크스의 매우 심원한 텍스트 몇 가지는 잘못된 것처럼 해석되어 왔습니다. 예를 들어 《성(聖)가족》과 같은 잘 알려진 글이 그렇습니다. "이러저러한 프롤레타리아 또는 모든 프롤레타리아트가 먼저 무엇을 목적으로 마음에 두는가는 문제가 아니다. 문제는 프롤레타리아트가 무엇인가, 또 그 존재에 따라 역사적으로 그들은 무엇을 하도록 강요받았는가 하는 점이다." 여기에서 주체적인 것은 그 자체가 어떤 관심도 끌 수 없는 표상에 놓여 있는 것처럼 여겨집니다. 즉 심오한 현실은, 프롤레타리아 계급은 부르주아 계급의 파괴자가 되는 과정이며 프롤레타리아 계급이 '실제로' 그 담당자가 되는 과정에 놓여 있다는 것입니다. 여기서 '실제로'라는 말은 '객관적으로' 또는 '사실상'이라는 말입니다. 다른 텍스트에서는 이 경향이 더욱 부추겨진 것처럼 보입니다. 주체적인 것은 아주 없어졌고, 주체나 개인의 모임에 속하는 듯한 표상까지도 중요성을 가지지 않는 것처럼 여겨지기 때문입니다.

예를 들어 《자본론》을 생각해 봅시다. 《자본론》에서는 경제적 여러 관계가 먼저는 표면에, 그 현실의 존재 안에 드러나고, 나중에야 비로소 표상 안에 나타나는 것으로 되어 있습니다. 그리고 그러한 표상을 통해 경제적 여러 관계의 담당자나 행위자는 명확한 관념을 만들어 낸다고 되어 있습니다. 그런데 경제적 여러 관계가 완성된 형태는 그러한 관념과는 전혀 다르고, 실은 내적이고 본질적이지만 감추어진 형태와는 전혀 다르며, 《자본론》이 그린 경제 차원에서 경제적 여러 관계에 대응할 관념과는 반대되는 것입니다. 이 점은 매우 뚜렷한 사실이며, 누구나 이해할 수 있습니다. 그러나 표현의 모호함에 속는 사람도 있습니다. 루카치도 그 가운데 한 사람입니다. 그 이유는 주체성이 완전히 사라진 것처럼 보이기 때문입니다. 실제로 《자본론》에서 외관은 경제 상황이나 경제 과정에 의해 생기는 것이기 때문에, 여느 기초와 마찬가지로 객관적이고 현실적이라 여겨지는 것입니다.

루카치 비판

사물화를 예로 설명하겠습니다. 사물화는 기초에 속하는 요소가 아니라 기초에 의해서, 즉 자본의 과정에 따라서 생기는 요소입니다. 물신화(物神化)도 마찬가지입니다. 물신화에 따라서 상품은 그것이 밑바탕에서는 갖고 있지 않은 어느 특성을 가지고 있는 것처럼 보입니다. 이러한 상품 숭배는 자본 과정의 직접적인 결론처럼 보입니다. 따라서 우리가 상품을 물신화된 것으로 볼 때, 또 마르크스주의 이론을 배우고 있음에도 우리가 사려고 하는 상품이 숭배되었음을 알 때, 더 나아가서는 상품을 숭배할 때 우리는 현실적으로 요구되는 것을 행하고 있을 뿐입니다. 어떤 수준에서 상품은 객관적으로나 현실적으로 숭배되고 있기 때문입니다. 아는 바와 같이, 주관적 현실은 완전히 사라지는 것처럼 보입니다. 경제 관계의 담당자는 그 관계를 자기가 놓여 있는 수준에서 실현해야만 하기 때문이며, 경제관계의 담당자가 그 관계에 품는 관념은 경제 관계를 실천하는 수준 그 자체에서 한정적으로 반영하기 때문입니다. 상인과 구매자는 경제 관계를 실천하는 직접적 수준에서 상품을 숭배된 것으로 파악합니다. 비록 경제학자나 마르크스주의자가 다른 수준에서 이 상품 숭배를 실제로 '자본의 흐름에 바탕을 둔 변환'임을 알아차리고 있다 해도 그렇습니다. 이 때문에 루카치와 같은 이들은 객관적 변증법에 따라 아주 객관적인 계급 의식의 이론을 제출하게 되는 것입니다. 비록 그가 주체성으로부터 출발한다고 해도, 그것은 오직 주체성을 잘못의 원천 또는 단순히 부적절한 현실화로 상징되는 개인적 주체로 되돌리기 위해서일 뿐입니다. 특히 루카치에 따르면 계급 의식에는 진도나 명백성, 애매함이나 모순, 유효성 정도의 차이가 있다고 하지만, 그 이유는 해당 계급이 생산의 본질적인 과정에 직간접적으로 속해 있는가에 따릅니다. 이를테면 소시민의 계급 의식은 객관적으로 애매하고 뚜렷하지 않은 채로 있으며, 루카치가 설명하는 이유 때문에 참다운 자기의식에 이르는 일은 결코 없습니다. 다른 한편으로 프롤레타리아는 생산 과정의 가장 깊은 곳에 관여하므로 자기의 노동이라고 하는 현실로써 전면적인 계급 의식을 얻어낼 수 있다고 생각합니다.

이러한 생각에 따라 객관주의에 의해 주체성은 완전히 사라지고, 우리는 변증법적 관념론으로 빠지게 됩니다. 아마도 물질적 조건에서부터 출발하는 관념론이겠지만, 그래도 관념론임은 틀림없습니다. 그런데 마르크스 본인이나 마르크스주의가 이렇게 생각하고 있다는 것은 전혀 아닙니다. 깊이가 있어 두 가지 가능성으로 해석할 수 있지만, 이들 텍스트에서 마치 범객관주의가 바로 목표인 양 해석되는 것은 결코 아닙니다. 그것은 특히 《정치경제학 비판서문》 등의 텍스트에 알맞습니다. 마르크스는 이렇게 쓰고 있습니다.

"어느 역사적 사회적 과학의 경우에서처럼, 여러 범주의 경제학적 과정에도 언제나 기억해야 할 일이 있다. 주체, 곧 근대 부르주아 사회는 현실계와 마찬가지로 머릿속에 그려져 있다. 따라서 여러 범주는 이 특정한 사회의, 그 주체의 실재 여러 형태나 여러 규정을 단지 개별적으로만 표현한다. 그래서 근대 부르주아 사회는 과학적으로 보았을 경우에는 그 자체가 문제의 시작은 결코 아니다."

전체적 인간

물론 여기에서 말하는 '실재(existence)'는 실존주의 또는 실존주의적 의미에 있어서 실존(existence)을 의미하지 않습니다. 텍스트를 반대 방향으로 이끌 생각은 없지만, 그래도 텍스트는 우리를 전체적 인간으로 여기고 있는 것이 사실입니다. 그렇다면 전체적 인간이란 무엇일까요? 아는 바와 같이 젊은 마르크스의 텍스트에서—그리고 그것은 마르크스가 나중에 다시 다루는 주제이기도 하지만—전체적 인간이란 욕구=필요(besoin), 노동(travail), 쾌락(jouissance)이라고 하는 세 가지 항(項)으로 이루어진 변증법에 의해 정의됩니다. 마르크스에 따르면, 생산의 변증법 총체를 이해하고 싶다면 어쨌든 맨 먼저 밑바탕으로 돌아갈 필요가 있습니다. 그리고 그 기초에 있는 인간이란 욕구를 가지고 욕구를 채우려고 하는 인간, 즉 노동으로써 스스로의 삶을 생산하고 재생산하려고 하는 인간, 그리고 거기에서 이루게 되는 경제적 발전에 따라 (정도의 차이는 있을지라도) 불완전하거나 감퇴하거나 혹은 전면적인 쾌락을 누리는 인간을 말합니다.

그런데 이 세 요소를 살펴보면 어느 것이나 현실적 인간이 현실적 사회나 자기를 둘러싼 물질적 존재 등과 맺는 관계, 즉 자기가 아닌 현실(실재)과 맺는 엄밀한 관계를 규정한다는 것을 알 수 있습니다. 다시 말해서 이 요소들은 인간과 물질 세계와의 종합적 결합 관계이며, 또한 그러한 관계에서 그러한 관계로써 인간끼리 매개된 관계입니다. 달리 말하면 바로 이 텍스트에서 인간의 현실이란 그 어떤 초월적인 것과의 관계, 그 어떤 저편과의 관계, 외부에 존재하고 또한 눈앞에 있는 그 무엇인가와의 관계라고 여겨집니다. 사람에게는 나 말고도 그 무엇인가가 필요합니다. 유기체에는 산소가 필요합니다. 이것은 이미 환경과의 관계, 초월과의 관계입니다. 인간은 자신의 굶주림을 채우는 도구를 얻기 위해 노동하고, 경제 발전에 의거하는 그 어떤 형태로 자기 존재를 재생산합니다. 여기에서 욕구는 다른 곳에도 있는 것이고, 쾌락은 욕구가 구하는 것을 내적 작용에 따라서 다루는 일, 즉 외적 존재를 끌어들이는 것을 말합니다.

그러므로 마르크스가 이 세 항목으로 밝히는 기본적 관계는 외부 존재와의 관계, 곧 우리가 초월성이라고 하는 것과의 관계입니다. 즉 이들의 세 특성은 하나의 '무엇인가로 향한 자기 열정'을 일으키면서 자기에게로 되돌려 보내기도 하고, 자기에 대한 회복(reprise)도 일으킵니다. 따라서 이와 같은 세 항목은 객관적으로 기술할 수 있고, 특정한 차원에서 앎의 대상이 될 수도 있습니다. 그러나 이들은 앎의 대상일 수 있음과 동시에, 그 무엇인가에 거슬러 올라가는 것으로 여겨지기도 합니다. 그 무엇인가란 스스로를 유지하면서 스스로를 부정하여 자신을 뛰어넘는 자신과 같은 것입니다. 또는 마르크스의 용어로 다음과 같이 물을 수도 있을 것입니다. "노동이 삶의 재생산에 의한 객관화라고 한다면 노동에 의해서 객관화되는 것은 무엇인가? 욕구=필요에 의해서 위협을 받은 것은 무엇인가? 쾌락에 의해서 욕구=필요를 제거하는 것은 무엇인가?" 답은 물론 실천을 행하는 생물 유기체입니다. 또는 주체성이 여기에서의 관심거리이므로, 감히 그와 같은 말을 사용한다고 하면 심신통일체입니다. 이렇게 그 내면성에 의해서 직접적 인식에서 빠져나오는 하나의 통일체를 우리는 포착하게 됩니다. 이것은 다음에 자세히 말하기로 하겠습니다.

앎 그리고 알지-못함

먼저 말하고 싶은 것은 다음과 같습니다. 노동이 어떤 도구를 써서 실행된다고 합시다. 그 경우 어떤 목적을 향해서 상황을 실천적으로 뛰어넘을 통일성(통일체)이 있어야 합니다. 그러므로 몇 가지 인식이 전제되는 것입니다. 목표와 수단의 인식, 재료 성질의 인식, 도구의 타성적 요구(exigence)의 인식, 그리고 자본주의 사회에서는 노동의 장소인 공장이나 여러 규범의 인식 등입니다. 이러한 인식 속에는 하나의 전체적이고도 기술적인 앎[知]이 있다고 할 수 있습니다. 이러한 인식은 모두 유기적인 앎의 대상이 됩니다. 동시에 실천적 앎의 대상이 되기도 합니다. 훈련으로 얻게 되는 인식도 있기 때문입니다. 그러나 도구를 손에 들거나, 재료를 이용하도록 하기 위해 취해야 할 자세 그 자체는 인식을 전혀 필요로 하지 않습니다. 하물며 어떤 자세를 유지하는 것을 가능하게 하는 근육, 뼈, 신경조직 등을 가리킬 필요는 없습니다. 다시 말하면 앎을 벗어날 그 무엇인가에 의해서 지탱되고 있는 객관성(객체성)이 있습니다. 그것은 인식되지 않을 뿐 아니라, 경우에 따라서 인식하는 것이 행동의 방해가 되기도 합니다. 잘 알려진 예가 있습니다. 계단을 내려갈 때 자기가 무엇을 하고 있는가를 인식하거나 어느 순간에 의식적이 되어서 자기 행동을 결정하여 그 행동에 어떤 수단으로 작용하거나 하면, 발이 걸려 넘어지고 맙니다. 왜냐하면 그 행동에는 지녀야 할 특별한 인식적 특성이 없기 때문입니다.

이러한 예로 알 수 있는 일이 있습니다. 사회에서의 분업이 기계에 미치는 경우까지도, 따라서 반자동 기계가 노동자에게 세분화된 일을 강요하는 경우까지도 노동자에게 요구되는 가장 단순한 동작은 신체의 인식을 낳지 않는 동작이라는 것입니다. 실행해야 할 동작은 제시할 수 있지만 이동이나 자세의 변화, 부분에 따른 전체의 변화와 같은 유기적 행동은 직접적으로 인식에 속하는 것이 아닙니다. 왜 그럴까요? 그것은 결국 사람에게는 어떤 시스템이 있고, 나중에 검토할 여러 이유에 의해서 '알지─못함[非─知]'이 구성적 부분으로서 포함되었기 때문입니다. 또한 여러 부분은 이미 초월성이 아니라 내면성을 바탕으로 규정되기 때문입니다.

내면성이라고 말했는데, 여기에서 논의되는 소재를 좀더 뚜렷하게 하기 위하여 '내면적 시스템'이라는 표현을 명확한 정의로 부여하겠습니다. 하나의 물질적 시스템이 내면성을 지녔다거나, 실재 세계에서 어떤 영역을 확정하고 있다는 것은 부분들 간의 상호 관계가 여러 부분과 전체와의 관계를 거쳐가는 경우를 말합니다. 반대로 말하자면 정돈된 것으로서의 총체가 여러 부분이 서로 이룩하고 있는 관계에 개입한다는 뜻으로, 전체란 여러 부분의 총체에 지나지 않습니다. 그런데 인간을 내면적 시스템으로서의 유기체라고 인정한다 해도, 인간이 동시에 비유기적이라는 사실을 잊어서는 안 됩니다. 인간을 세포의 총체로 간주하는 일은 물론 가능하지만, 인간을 비유기적 시스템으로 취급하는 것도 정당합니다. 이를테면 인간이라는 유기체의 80%에서 90%는 수분이라고 말할 때, 우리는 자기를 비유기적 차원에서 고찰하는 것입니다. 반면 역학적인 여러 힘의 대상인 경우, 인간은 비유기적이며 비유기적 세계에 자리매김이 되어 있습니다. 따라서 이렇게 말할 수 있을 것입니다. 유기적인 것이란 자연에서 비유기적인 것에 덧붙는 특정한 사물의 총체를 말하는 것이 아니라, 어떤 종류의 비유기적 총체의 특수한 신분이라고. 이 신분은 외적인 것을 내면화한다고 정의할 수 있을 것입니다. 즉 유기체란 내면성의 관계라는 형식으로 산다는 의미인데, 그것은 물리화학적 총체로도 파악할 수 있습니다. 이것은 물리화학적 총체가 그 자체만으로는 충분히 결정되지 않는 것을 말하며, 어떤 영역 어떤 분야에서는 외재성에 있는 물리화학적 총체가 내면에 있는 그 어떤 법칙에 따라서 결정될 수 있다는 것입니다.

두 개의 외재성(外在性)

그러므로 적어도 처음에는—나중에 다시 살펴보겠지만—외재성을 두 종류로 구분할 수가 있습니다. 한편으로는 내부의 외재성, 이쪽의 외재성, 바로 앞의 외재성이라는 것이 있습니다. 이 외재성은 유기체라고 하는 신분이 덧붙여진 것이며, 따라서 우리의 유기체 신분 아래에 있는 것으로 죽음으로써 우리가 어딘가로 보내어지는 것 같은 외재성입니다. 다른 한편으로는 저쪽의 외재성이 있습니다. 이 외재성에 대응하는 것은 유기체가 자신의 유기체로서의 신분을 유지하기 위해 노동의 대상으로서, 또 욕구나 충족의 수단으로서, 눈앞에서 찾아내는 사물을 말합니다. 따라서 여기에는 삼항(三項)으로 된 변증법이 있습니다. 이 점을 잊어버리면 안 됩니다. 즉 유기체가 외재적인 것을 어떻게 내면화하는가를 기술할 필요가 있습니다. 그것은 유기체가 갖는 능력, 곧 노동의 행위나 요구 결정의 기회인 초월적 존재 안으로 자신을 다시 외재화하는 능력을 이해하기 때문입니다. 그렇다고 한다면 내면성이라고 불리는 계기는 하나밖에 존재하지 않습니다. 그것은 하나의 매개 작용으로 초월적 존재의 두 계기 사이를 매개합니다. 다만 이 두 계기가 그 자체로서 언제나 구별되어 있다고 생각해서는 안 됩니다. 이 구별은 시간을 통해서 이루어지고, 영역을 구분함으로써 생기는 것입니다. 결국 같은 존재, 외재성으로 있는 같은 존재가 자신과의 매개를 행하는 일을 내면성이라고 하는 것입니다. 그런데 이 매개 자체는 두 종류 외재성의 통일이 이루어지는 장소인 셈이므로 자신에 대해 필연적으로 직접적입니다. 그러니까 이 매개 작용은 자기 자신에 대한 앎을 포함하지는 않습니다. 그 이유는 나중에 살펴보겠지만, 그 자신은 매개되고 있지 않은 이 매개 작용에서 바로 순수한 주체성이 발견됩니다. 그리고 이로부터 몇 가지 마르크스주의적 기술을 고려하고, 기술을 더욱 신중하게 다시 살펴봄으로써 이 매개 작용이 무엇인가를 이해하는 것이 과제입니다. "인간의 발전 총체에서 이 매개는 어떤 역할을 가지고 있는가? 그러한 매개는 객관적 인식을 갖는 변증법에서 없어서는 안 될 계기로서 정말로 존재하는가? 또는 단순히 뒤따르는 현상에 지나지 않는가?" 이들 문제 설정은 이미 마르크스주의 내부에 있으며, 우리는 지금 여기에서 마르크스주의 안에는 본디 없었던 주체성이라는 개념을 끌어들이자는 것은 아닙니다. 이야기는 그 반대로 욕구, 노동, 쾌락과 같은 개념과 함께 마르크스주의 그 자체 안에 이미 있지만, 루카치와 같은 관념론적 객관주의자들이 놓쳤던 개념을 명시하여 재발견하려고 하는 것입니다.

먼저 자기에게 직접적인 것인 이 매개가 왜 특성으로서 '알지-못함'을 포함하는가를 생각해 보기로 합시다. 인간은 왜 실천에서, 즉 인식인 동시에 자신에 대한 앎을 낳은 행동인 실천에서 우리가 주체성이라고 부르는 차원에서는 동시에 자기에 관한 '비(非)-인식'이어야 할까요? 아울러 이러한 조건 아래에서 인간은 자기 자신에 대한 '비-인식'인데 어떻게 해서 우리는 주체성에 이르게 되는 겁니까? 주체성이 실제로 '비-대상(객관)'이라는 인식에서 달아나 버린다면 우리가 어떻게 주체성에 대한 진실을 말하고 있다고 주장할 수가 있을까요?

반유대주의

이와 같은 일은 단순한 상황에서 출발한다면 모두 쉽게 해결할 수 있습니다. 반유대주의자를 예로 들어봅시다. 반유대주의자란 유대인을 싫어하는 사람, 유대인의 적입니다. 그러나 반유대주의자가 이러한 성향을 뚜렷이 드러내지 않는 일은 흔히 있습니다. 1933년에 나치스가 일으킨 것과 같은 큰 사회적 배척이 있으면, 반유대주의자는 "나는 유대인이 싫다"고 주장하는 용기도 쉽게 낼 테지만, 일반적으로는 그렇지 않습니다. 그는 말합니다.

"내가 반유대주의자라고요? 아닙니다. 나는 반유대주의자가 아닙니다. 나는 다만 유대인에게는 여러 결점이 있기 때문에 정치에서 지위를 차지하게 하지 않는 것이 좋다고, 상거래에서는 유대인이 다른 사람과 접촉하는 기회를 제한하는 것이 좋다고 생각할 뿐입니다. 유대인이 사람들을 타락시키는 등 여러 이유가 있기 때문입니다."

요컨대 그는 자기가 알고 있다고 여기는 유대인의 특징을 제시합니다. 다만 자기를 반유대주의자라고 인식하지 않는 한에서 그렇게 말합니다. 그것이 첫 번째 계기입니다. 그런데 여러분, 누구나가 유대인에 대한 매우 불쾌한 일을 말하면서도 그것은 객관적일 뿐 주관적이 아니라고 단언하는 사람들을 만난 경험이 있을 것입니다. 그러나 그로 인해 무엇인가가 일어난(사태가 돌변하는) 일도 있습니다.

내 친구인 파리에 사는 공산주의자 모랑 주로부터 최근 들은 이야기를 소개하겠습니다. 전쟁(제2차 세계대전)이 일어나기 훨씬 이전의 일입니다. 세포(공산당 지부)에 곧잘 드나드는 노동자가 있었는데, 그는 으레 모랑주가 하는 말에 반대했고 자주 화를 냈습니다. 그래서 말다툼이 생길 가능성도 많았지만, 그런 일은 결코 일어나지 않았습니다. 뜻밖에도 자주 볼 수 있는 육체노동자와 인텔리의 불화와는 전혀 달랐습니다. 왜냐하면 그는 같은 세포에 있는 다른 인텔리들과 잘 어울렸기 때문입니다. 이 노동자는 그 까닭을 바로 '마음이 통했기' 때문이라고 말했습니다. 어느 날 그는 모랑주에게 와서 말했습니다.

"이제 겨우 알았습니다. 실은 평소에 당신이 마음에 들지 않았던 것은 당신이 유대인이기 때문이었습니다. 지금 알게 된 일이지만, 그것은 내가 부르주아 사상의 찌꺼기로부터 충분히 해방되지 않았기 때문이었습니다. 나는 잘 몰랐습니다. 하지만 당신이라는 본보기가 이해를 도와주었습니다. 내가 싫어한 것은 당신 안의 유대인입니다. 그것은 내가 바로 반유대주의자였기 때문입니다."

여기에는 갑작스런 변화가 있었다는 사실을 알 수 있을 것입니다. 일반적 태도와 특수적 태도 사이에 하나의 모순이 생기는 사실을 말이죠—이 모순은 유감스럽지만 소시민에게는 작용하지 않습니다. 소시민은 반유대주의를 제지하는 어떠한 제동 장치도 없기 때문입니다—공산주의가 일반적으로 가지고 있는 인도주의와 특수적 태도 사이의 모순에 따라 반성적 의식의 자각에 이른 것입니다. 그런데 이 경우 반유대주의는 그 본디 존재 방식에서는 소멸될 상태에 있다는 점도 알 수 있을 것입니다. 그것이 대상에게 옮아가는 경우도 있습니다. 하지만 그보다는 이 노동자가 자신의 반유대주의를 인정함으로써 어느새 반유대주의를 버리기 직전까지 와 있습니다. 아직 버리기 어려울지도 모르고, 원상태로 되돌아갈지도 모르며, 자기로서는 버렸다고 생각하겠지만 다시 반유대주의에 빠질지도 모릅니다. 그러나 여기에서 문제의 핵심은 그가 반유대주의를 버리기 직전에 있다는 점입니다. 왜냐하면 반유대주의는 어떤 대상에 대한 주관(주체)적 구조물이 아니기 때문입니다. 즉 자신의 일을 모르는 내부가 외부에 대해 갖는 관계가 아니기 때문입니다. 반유대주의는 반유대주의를 행하는 자의 눈앞, 그리고 그의 반성 작용 앞에서 한 번에 대상=객체로 옮아간 것이며, 그렇기 때문에 마땅히 객체에 대해서 어떠한 태도를 취하는가는 그의 자유입니다. 즉 이제까지와는 다른 관계가 문제인 것입니다. 이 두 관계의 차이, 곧 유대인이라는 대상을 파악하는 주체성으로서의 반유대주의자와 자신을 반유대주의자라고 하는 대상=객체로 파악하는 반유대주의자 사이의 관계 차이가 가르쳐 주는 것은, 주체적인 것을 인식한다는 것에는 주체적인 것을 파괴하는 무엇인가가 있다는 사실입니다.

이제까지의 이야기를 듣고, 여러분은 반론하고 싶어질지도 모릅니다. 그러니까 어떻다는 것인가요? 그 남자는 자기가 반유대주의자라는 사실을 모르지만 대부분의 사람들은 어느 지역에 어떠한 석유 광상(鑛床)이 있는지 모르며, 아직 발견되지 않은 별에 대한 것도 모릅니다. 그런데 어느 날 그 석유 광상을 발견하거나 그 별을 발견하는 것과 마찬가지로, 자기가 반유대주의자라는 사실을 발견하는 일은 가능합니다. 거기에는 숨은 요소, 인식될 가능성이 있는 하나의 '광상'이 있고, 그것이 인식되었을 경우 석유 광상이라면 채굴하게 될 것입니다. 그것은 채굴 가능한 유전 지대 조사를 통해서 이루어지겠지요. 다른 경우, 즉 반유대주의자의 경우에는 자신이 그것을 인식한다는 것은 부르주아 사상의 잔재인 '광상'을 읽어내는 것이며, 이를 발견하면 한 번 웃게 됩니다. 그러나 사실은 전혀 다릅니다. 왜냐하면 발견된 별과 천문학자 사이에 세워진 인식 관계는 그 어떤 점에서도 별에 변화를 주지는 않기 때문입니다. 만약에 그 관계가 별에 틀림없이 변화를 줄 것이라고 생각한다면, 그 사람은 어떤 종류의 관념론자가 될 것입니다. 누군가에게 별이나 유전, 석유 광상이 인식되기 때문에 그 존재에 틀림없이 변화가 생길 것이라고 생각한다면, 인식 그 자체가 인식되는 대상에 작용을 미친다고 생각하는 것이므로 관념론에 빠졌다고 해야 할 것입니다. 실제로는 인식(앎)에 따른 발견으로 생기는 것은 인식되는 대상과의 외재적 관계입니다. 물론 뒤에서 보는 바와 같이 인식 안에는 내면성의 한 부분이 있습니다.

그러나 그것은 관념과 대상의 일치로 향하는, 즉 인식이 시작되면 인식하는 자와 인식되는 대상 사이의 차이는 작아진다는 것입니다. 극단적으로 말하면, 완전한 인식이란 인간을 움직이는 그 안에서 함께 작용하는 대상이라고 할 수 있습니다. 유전이나 석유 광상에 대한 완전한 인식이란, 유전이나 석유 광상 그 자체를 말하는 것으로, 거기에는 아무런 변화도 없습니다. 이에 반해 소박한 태도로 반유대주의자였던 노동자에게 인식이 미치는 작용은 인식 대상을 근본적으로 바꾼다는 것을 잘 알 수 있습니다. 왜냐하면 그는 자신을 사회주의자나 공산주의자인 노동자라고 인식하지 않게 되거나, 자신을 반유대주의자라고 인정하지 않게 되거나 둘 가운데 하나이기 때문입니다. 그를 완전히 바꾸는 무엇인가가 일어난 것입니다. 즉 그는 두 가지 시스템을 만들어낸 것입니다. 한 편으로 유대계 동지를 "유대인이다" 말함으로써 상대를 외적으로 전체화하고, 다른 한편으로 "나는 반유대주의자다" 말함으로써 자신을 전체화하는 것입니다. 이때 한 말은 그가 자신에게 미친 작용을 훨씬 넘어서 그의 계급을 바꾸고, 그를 한 집단 속 객체성 안에 놓고, 여러 가지로 이루어지는 가치 체계를 도입하게 되는 것입니다. 이로 말미암아 그에게는 미래가 약속되고, 자기 구속이 강요되기도 합니다. 왜냐하면 만약 내가 '반유대주의자'라면 그것은 '모든 유대인이 싫다'는 의미이고, 다음 주에 유대인을 만난다면 마찬가지로 그 사람을 싫어할 것을 뜻하기 때문입니다. 가치의 관점에서 말하자면 이미 그는 동지들과 가치를 공유하는 사람은 아니라는 결론에 이르게 됩니다. 반대로 동지들의 가치라는 이름 아래에 자기 자신이 비난받게 되어 동지를 비난하든가, 자기 자신을 비난하든가의 선택을 하지 않을 수 없게 됩니다. 요컨대 대상 그 자체가 객관적인 것으로서 취급되어 근본적으로 다른 일이 일어나는 것입니다. 대상의 사회 참여에, 객관적 행위에, 가치 판단되는 것에, 공동체 전체와의 관계에 미래에 대한 가설(假說)이 생깁니다. 이미 문제가 된 것은 앞에서 본 바와 같은 유대인 개인이야말로 유일한 대상일 뿐, 주체성의 계기가 되지는 않는다는 것입니다.

그렇다고 한다면 반유대주의자적 언동을 했을 때, 그는 반유대주의자가 아니었다는 것일까요? 그가 자신 안에, 해소되어 있지 않은 부르주아 사회나 부르주아 사상의 찌꺼기를 아직도 가지고 있었다는 의미에서는 물론 그는 반유대주의자였습니다. 그러나 그를 반유대주의자로 만드는 '광상'이 그의 내부에서 나중에 발견되었다는 의미에서 반유대주의자는 아니었습니다. "그는 반유대주의자는 아니었다" 말하는 것은, 그에게는 세계 안에서 자신을 정립하려고 하는 주체적인 시도가 있었을 뿐이며 거기에는 그 자신의 인식, 그 자신의 자기와의 거리, 그 자신의 서약(그 자신의 자기 구속)은 포함되지 않았기 때문이었습니다. 이것으로도 알 수 있는 바와 같이, 주체성이 대상이 되어 나타나면 당사자에게 변화가 일어납니다.

스탕달의 사랑

스탕달의 두 소설에 유명한 예가 있습니다. 하나는 《파르마 수도원》입니다.

산세베리나 공작부인의 연인인 모스카 백작은 그녀가 의조카 파브리스와 함께 이 주일 동안 코모 호숫가에서 지내기 위해 떠났다는 사실을 알게 됩니다. 이 두 사람은 서로 막연한 친밀감을 가지고 있지만, 모스카 백작은 그들이 함께 간 것을 보고 "만일 사랑이라는 말이 두 사람 사이에서 언급된다면 나는 끝장이다" 예언을 합니다. 즉 지금은 인식되지 않은, 아직 인식되려고도 하지 않은, 이름을 붙일 수 없는 그 감정이 혹시라도 '사랑'이라고 불린다면 그는 끝장이라는 것입니다. 왜냐하면 이름을 붙인다는 것은 반드시 명확한 행위와 구속을 가져오게 되며, 그렇게 되면 사회적인 것이 낳은 진전이 되고, 그 진전으로써 그는 어떤 방식으로든 그들은 서로 사랑한다고 생각하게 되기 때문입니다.

두 번째는 《적과 흑》이라는 소설인데, 앞서 《파르마 수도원》과는 반대로 레날 부인은 본디 혼외 연애나 불륜에 혐오를 느끼고 있음에도 쥘리앵 소렐에게 몸을 맡기는 이야기입니다. 왜냐하면 그것을 사랑이라고 이해하지 못하기 때문입니다. 그녀는 자기 안에 일어나고 있는 일에 '사랑'이란 이름을 붙일 수가 없습니다. 그녀에게 사랑이란 예수에 의해서 전의된 것, 책이나 결의론(決疑論)을 통해서 사랑을 아는 사람들에 의해서 정의된 것이기 때문입니다. 더 나아가 그녀가 만난 남자들, 즉 남편의 친구들은 그다지 아름답지도 젊지도 않으면서 그녀를 유혹하거나 불륜을 저지르도록 시도했기 때문에 그녀에게 혐오감을 느끼게 했습니다. 이렇게 그녀에게는 '사랑'이라고 하는 말과 관련된 교리적인 연애관 때문에 아이들의 가정교사인 이 젊은이(쥘리앵)에게 품은 감정을 결코 사랑이라고 보지는 않았습니다. 그녀에게 이 감정은 사랑과는 전혀 다른 것이며, 아무것도 아니고, 단순히 살아갈 수 있는 행위일 뿐이었습니다. 그런데 어느 날 갑자기 그녀는 이 감정에 사랑이라는 이름을 부여하게 됩니다. 왜냐하면 그녀는 사랑의 몸짓을 시작하고 있었기 때문입니다. 그러나 만일 누군가가 그것은 사랑이라고 말하기 위해 그녀에게 다가오기라도 했다면, 그녀는 곧바로 관계를 끊었을 것입니다. 하지만 그런 말을 한 사람은 아무도 없었습니다. 이상은 주체적인 인식이 언제나 대상을 변화시키는 예입니다.

레날 부인은 사랑이라고 이름 짓기 전에 사랑의 몸짓을 했지만, 산세베리나와 파브리스의 경우는 사랑이라는 말을 언급하지 않았기 때문에 애인 관계를 면하거나 빼앗긴 것입니다. 따라서 이름 부여라고 하는 인식의 계기가 주체성에 얼마큼 중요한가를 알 수 있습니다. 그리고 객관적인 것으로 이해하는 것이 어떻게 주체를 변형시키는가도—한편 별에게는 이름을 주어도 대상이 바뀌는 일은 없습니다—알 수 있습니다. 이로써 '알지—못함', 즉 매개 내부에 있어서 직접적인 것이 왜 중요한지를 알 수 있을 것입니다.

따라서 '알지—못함' 기능의 중요성에 관한 이해를 돕는 둘째 물음을 세울 필요가 있습니다. 심신통일체가 자기에게 외적인 존재를 주체적으로 내면화하는 (외적 존재에 대해서 실천적 부정이 이루어지고, 실천적 부정에 의해 심신통일체는 자기 앞에 세워진 외적 존재에 대해서 노동하는) 것이 진짜이고, 더 나아가 사람이 주체성을 인식하자마자 끊임없이 주체성에 변화가 일어난다고 한다면, 어떻게 해서 주체성에 관한 진실을 말할 수 있기를 기대하겠습니까? 또는 어떻게 단지 주체성에 대한 진실을 말하려고 노력할 수 있겠습니까? 왜냐하면 그렇게 하려고 할 때마다 반드시 주체성이 왜곡되는 일이 생기기 때문입니다. 그렇다면 어떻게 해서 주체성을 대상으로 하지 않고 주체성에 대해서 말할 수 있을까요? 비록 주체성이 생기고 있는 그 장소에서 주체성을 파악했다고 해도, 즉 외재적인 것의 내면화라고 하는 형태, 외재화 시스템을 내면화 시스템으로 바꾸는 형태로 파악했다고 해도 주체성은 왜곡될 것이며, 주체성은 나에게 외적 대상이 되어 나는 주체성과 거리를 두게 됩니다. 그래도 내가 주체성을 가장 잘 인지하는 장소는 상황에 대한 반응으로서의 노동이나 실천의 결과 안에 서일 것입니다. 내가 주체성을 발견하게 되는 것은 일반적으로 상황이 요구하는 반응과 내가 이루는 반응 사이에 차이가 있는 경우입니다. 이 차이를 하찮은 반응으로 생각해서는 안 됩니다. 반응에는 나중에 진전하는 풍부한 그 무엇인가의 가능성도 있습니다.

어떠한 것이 되었든 상황을 하나의 시금석으로 본다면, 상황은 사람에게 무엇인가를 요구합니다. 반응이 객관적 요구에 대해서 완전히 일치되는 일은 없습니다. 반응은 객관적 요구를 넘어서 있거나, 요구한 대로가 아니거나, 예상을 벗어난 것이거나, 요구에 미치지 않거나 하기 때문입니다. 따라서 반응을 대상이라고 파악했을 경우, 주체성이란 그 자체로 무엇인가를 파악할 수 있습니다. 주체성이란 외부입니다. 그 어떤 반응의 성격이라는 의미로, 또 구성된 대상인 어느 대상의 성격이라는 의미에서 외부인 것입니다.

반맹증(半盲症)

이 생각을 더욱 전개하기 위해서 세 가지 예를 들어보겠습니다. 참고로 말하자면 세 번째 예가 가장 흥미롭습니다. 먼저 유기체에 가장 가까운 의학적 사례인 '반맹증에 대한 인간의 반응'을 생각해 보기로 하겠습니다. 이 경우가 주의를 끄는 첫째 이유는, 심신통일체가 문제이면서도 단순한 유기적 결합에 한없이 가깝기 때문입니다. 둘째로는 한정된 사회적 영역에서의 개인적 활동이라고 하는 특수한 상황에서 출발하여 상호 주체성을 포함한 경우에 이르게 되고, 상호 주체성을 통해 전체적 변증법에서 주체성의 정확한 역할을 분석할 수 있기 때문입니다. 여기서 반맹증인 사람을 살펴보기로 합시다. 어떠한 상태인가 하면, 대뇌의 신경 종말이 손상되어 시신경이 대뇌엽에 이르는 곳에서 문제가 일어납니다. 그렇게 되면 손상이—어떠한 경우인지 특정할 수 없지만—기능 장해를 일으키는 경우가 있습니다. 그러면 두 눈 시야의 측면 절반이 소실됩니다. 말하자면 뇌막의 반만으로 보고 있는 셈이지요. 눈은 유기 조직이지만, 망막이 반응하는 것은 망막 중심부의 황반(黃斑)이라 불리는 노란 반점의 중심입니다. 황반은 상(像)이 가장 뚜렷하게 형성되는 장소입니다. 그런데 만약 여기에서 문제가 되는 것이 완전히 외재적이고 비유기적 시스템이었다면, 이 결합의 결과로 현실은 반만 보이게 될 것입니다. 반맹증인 사람은 이미 대상물의 반밖에, 시야의 반밖에 보지 못합니다.

그럼 여기에서 잠깐 상상해 봅시다. 자기야 몸에 무슨 일이 일어나는가를 알면서, 실험이라고 하는 형태로, 어떤 물질을 섭취하여 같은 손상을 일으킬 수가 있다고 상상해 봅시다. 그런 경우 사람들은 무엇을 할까요? 이 손상을 알고 있기 때문에 실험에 거리를 두고 대할 것입니다. 예를 들어 시야의 오른쪽 반이 보이지 않으리라는 사실을 이미 알고 있습니다. 정면을 보고 싶을 때에는, 머리와 눈을 동시에 움직이지 않을 수 없을 것입니다. 이렇게 해서 결함을 상쇄하는 틀림없는 실천의 도움을 빌려, 새롭게 전체화된 영역을 재구성할 것입니다. 다시 말해서 새로운 전체적 시야를 실천적으로 구성할 것입니다—그것은 진정한 실천일 것입니다. 이렇게 해서 장해와 거리를 두고, 장해를 인식하여, 그 결과 장해를 부정합니다. "이 남자는 정면에 있습니까?" 물음을 받는다면 "네, 나의 정면에 있지만 그를 좀더 잘 보기 위해 머리를 움직입니다. 왜냐하면 나의 눈은 반으로 나누어져 있기 때문입니다" 대답할 것입니다.

여기에서 이 가설을 버리고, 이번에는 진짜 반맹증인 사람, 손상이 생리학적 차원에서 일어난 과정의 결과인 사람을 상대로 한다면 그로부터 시야의 반을 빼앗고 있는 이 결함에 대한 그의 반응을 기술해야 할 것입니다. 그가 취하는 반응은 어느 쪽일까요? 한쪽은 세계의 반밖에 보지 않는다는 것, 다른 한쪽은 자기 손상을 인식하여 남은 눈의 반을 도구로 이용함으로써 어려움을 해결한다는 것입니다. 그러나 실은 그 어느 쪽도 아닙니다. 왜냐하면 그는 한편으로 자기의 결함을 알지 못하고, 다른 한편으로 자기의 실천적 영역의 일관성을 유지하기 때문입니다. 이 둘은 함께 일어납니다. 그 사람은 시야의 반이 손상되어 있다고 말하지 않고, 대부분은 조금 잘 보이지 않으며 전보다 약간 피곤하다고만 말합니다. 그가 말하는 것은 이것뿐입니다. 시야는 완전하다고 느끼면서도, 그는 또한 정면을 보기 위해 눈을 움직입니다. 왜 시각 시스템이 완전한가 하면, 다음과 같은 방법으로 회복되었기 때문입니다. 즉 시야의 측면이 닳았기 때문에, 중심점 주위에 시각을 만들어 낼 수가 없게 되었기 때문에 망막의 점 전체가 변화한 것입니다. 남은 반쪽에 구성되는 이 시스템은 완전합니다. 재편성된 중심은 가로로 이동한 것인데, 동시에 굴레의 가장자리에는 희미한 부분도 새로 생깁니다. 이렇게 해서 어느 망막점도 새로운 기능을 가지게 됩니다. 그 결과 기묘한 일이 일어납니다. 이전에는 시각 구분이 가장 뚜렷했던 장소, 즉 황반 주위에서 시각은 가장 흐려지고 맙니다. 망막뿐 아니라 조절 작용, 운동, 시야도 변화하여, 그 때문에 원래는 시각이 흐려진 측면에 있는 망막점이 이제는 중심이 된 것입니다. 그런데 본인은 그 사실을 모르기 때문에 조금 보는 법이 나빠졌다고 말할 뿐입니다. 누군가가 정면에 있는 것은 무엇이냐 물으면, 새로운 망막의 정면에 있는 것을 대답할 것입니다. 왜냐하면 이제 시야의 구조는 그 새로운 중심부에 있기 때문입니다. 이처럼 무지(無知)는 반맹증이 있는 사람의 행동과 본질적으로 관련되어 있습니다. 자기 행동을 할 수 있는 것은 그가 그것을 이해하지 못하고 있는 데 지나지 않는 것입니다.

　갑자기 전체성에 관한 무지 안에서 일어난 이 변화에 의해서, 주체성이 무엇인가 하는 것을 한결 잘 이해할 수 있는 것이 아닐까요? 무엇보다도 여러분은 우리가 주체적인 것을 객관적 요소에서 출발해 파악한다고 이해할지도 모릅니다. 객관적 요소는 우리에게 어떤 때에는 통상적인 적응 범위를 넘은 것으로 보이지만 어떤 때에는 반대로 통상의 적응 범위 안에 머무는 것으로 보이기도 합니다. 반맹증인 사람—우리가 그와 같은 것으로 인지하는—에게서 무슨 일이 일어나고 있는가를 우리가 이해할 수 있는 것은—그 사람이 우리에게 "나의 정면에 있는 것은 이것입니다" 말해 주기 때문입니다. 그것이 주체적 현실의 객관적, 실천적 구조입니다. 동시에 우리가 확인하는 일은, 환자는 손상으로써 영향받을 뿐인 존재가 아니라—단지 손상으로 영향을 받을 뿐이라면 이와 같은 일은 일어나지 않습니다—세 가지 전체성을 재조직하려는 존재라는 것입니다. 세 가지 중 하나는 그의 배후에 있는 유기적 세계, 그 자체가 하나의 세계인 한에서의 유기적 세계이며, 두 번째는 그 사람 안에 더러움도 결손도 없는 시각의 바탕, 세 번째는 그의 정면에 있는 손으로 잡거나, 먹거나, 살기 위해 보아야 할 대상입니다. 나는 이미 이 세 항의 규정을 말한 셈인데, 이렇게 해서 환자는 내면성 안에서의 결핍으로 살아가지 않으면 안 됩니다.

실천과 알지-못함

그런데 앞서 상상한, 실험실에서의 실험이라고 하는 형태로 반맹증 상태에 있는 남자와 반맹증 그 자체의 차이는 무엇일까요? 실험실의 남자는 실천을 개시하여, 그 결락(缺落)과 거리를 두고 부족한 부분을 그 타성에 맡깁니다. 그는 분명히 말할 것입니다. "이런 일은 외적 대상밖에 되지 않는다. 물론 나의 본다고 하는 행위의 일부이기는 하지만 그것은 전적으로 수동성, 결락에 지나지 않으므로 외재성 안에 있다. 실제로 결락보다 더 수동적인 것이 있을까? 언어의 현실적인 의미에서, 이 정도로 수동적인 것은 없다. 하지만 그런 일은 아무래도 상관없다. 나는 나 자신을 조정하고, 잘 해결하며, 머리를 오른쪽이나 왼쪽으로 돌려, 하고 싶은 일을 하는 거다." 이 남자는 단순한 실천이 아니라, 이론적 인식 위에 바탕이 주어진 실천을 행하는 사람입니다. 이에 대해서 진짜 반맹증인 사람은 어떨까요? 그 또한 이와 같은 일을 만나고, 마찬가지로 시야를 변화시키지만, 본인은 자기 결락을 모르기 때문에 이를 통합하는 것입니다. 외적인 것이었던 결락이 전면적으로 내적인 것이 됩니다. 결락은 내적인 것에 의해서 다시 넘겨져 버립니다. 왜냐하면 이제 결락은 유기화된 것 전체의 실천적, 주도적 도식으로 간주되기 때문입니다. 이 물질적이며 결락이 따르는 사태는 갑자기 '알지-못함' 덕택으로 행위 안에 통합되어 버립니다. 이 사태가 거리 없이 체험되며, 외재성에 속하는 그 어떤 것을 거리 없이 받아들이는 것을 행위가 보증하기 때문입니다. 이것이 반맹증인 사람입니다. 확실히 부정은 존재하지만, 그것은 통합에 이르는 부정입니다. 즉 거리를 취하는 실천이라는 것의 전면적인 부정은 일어나지 않고, 무지에 따른 수락이 되어버린 부정입니다. 새로운 유기적 삶의 중심에 그를 앉히는 것은 결함의 중심에 대한 맹목적인 부정입니다. 이와 같은 맹목적인 부정, 즉 변화의 부정에는 결락이 있는 존재의 승인은 수반되지 않습니다. 부정은 결락된 존재를 부정하면서도 그것을 전체에 통합하는 것입니다.

다른 말로 하자면 무엇이 일어나든 전체는 그대로 머무르지만, 변화하지 않았다고 단언할 때에도 변화하고 있습니다. 이 변화가 인식되지 않기 때문입니다. 그 환자는 시야의 반을 잃었기 때문에 반맹증인 것은 아닙니다. 현재로는 치료되지 않는 결함이지만 수동적 결함입니다. 한편으로 그 결함은 절대로 그 상태로 있는 것은 아닙니다. 환자가 반맹증인 까닭은 그가 자기 자신을 반맹증으로 만들고 있기 때문입니다. 그는 결함을 통합함으로써, 안쪽에서 이 전체화를 유지하고 있습니다. 이것이야말로 우리가 생각하는 주체성의 본질적 성격의 하나입니다. 즉 주체성이 정의상 의식의 수준에서까지도 '알지-못함'인 것은 개인, 즉 유기체가 스스로의 존재가 되어야 하는 것이기 때문입니다. 그 점에 대해서는 이미 지적한 대로 두 가지 방법이 있습니다. 하나는 순수한 물질적 시스템과 같이, 스스로의 물질적 존재가 되는 것입니다. 결손은 그때 거기에 있습니다. 단지 그뿐인 것입니다. 또 하나는 현상을 그대로 유지하기 위해 그 어떤 실천에 따라서 전체를 전적으로 변용하는 또는 총체를 유지하기 위해 조금의 변용을 받아들이는 일, 즉 실천입니다. 물론 훨씬 복잡하지만, 시스템의 타성적 상태와 본래의 실천 사이에는 이 전면적인 내면성의 조건이 있습니다. 그러니까 전체란 본디 주어져 있고, 그것을 유지하지 않으면 안 되는 그 무엇인가가 아니라 끊임없이 유지되어야 할 그 무엇인 것입니다. 유기체에서는 주어진 바와 같은 것은 없습니다. 실제로 있는 것은 전체의 구축과 일치하는 끊임없는 욕동(欲動) 성향입니다. 그리고 이 구축하는 전체는 각 부분에 직접적으로 눈앞에 있는 것인데, 그것은 단순한 수동적 현실이 아니라 여러 부분을 필요로 하는 도식의 형태로 모든 상황에서 다시 이루어지는 전체화인 것입니다.

여기에서 문제가 되어 있는 존재 내면성의 정의란, 자기에 대해 직접적으로 눈앞에 있는 형태로 자신의 존재가 되어야 한다는 것인데, 이와 동시에 될 수 있는 대로 사소한 거리를 가짐으로써 그렇게 되며, 그때 제한된 그것도 자기 제어된 전체성이라고 하는 형태, 모든 부분에 눈앞에 있음과 동시에 자신 안에 있는 전체라는 모양으로 거리를 취하는 것입니다. 즉 그것은 이러한 것을 의미합니다. 실제로 전체란 내면화의 법칙이며, 끊임없는 유기화의 법칙입니다. 유기체라고 하는 것은 먼저 전체라고 하기보다는 오히려 전체화라고 바꾸어 말해도 좋을 것입니다. 전체란 하나의 주도적인 자기 제어이며, 전체화로서의 내면화를 끊임없이 일으키고 있습니다. 전체화는 혼란이나 변화를 불러오는 외적인 것을 통합함으로써 생깁니다. 반맹증인 사람이 바로 그 한 예입니다. 결국 전체란 일반적 욕동 바로 그것입니다. 다시 말하면 욕동과 욕구는 일체를 이루고 있습니다. 먼저 여러 욕구가 있는 것이 아니라 하나의 욕구=필요가 있는 것이며, 그것은 존속의 필요성으로서의 유기체 자체입니다. 사후적으로만, 여기까지 검토해 오지 않았던 외적인 것과의 복잡한 변증법에 따라서 특수한 여러 욕구가 비롯된다고는 하지만, 원래 욕구란 전체를 유지하는 일입니다. 그래도 '자신의 존재가 되어야 한다'고 하는 것은 내면성에서의 존재가 직접적으로 눈앞에 있다는 것을 전제로 한다는 점에는 변함이 없습니다. 그것은 영원성에서 그러한 것입니다. 왜냐하면 그것은 직접적이고, 거리가 없이 현존하는 것이기 때문이며, 또한 내면화 시스템으로서의 주체성은 우리가 주체성을 어떠한 수준에서 파악하든 결코 주체성 그 자체에 대한 인식을 생각하지 않기 때문입니다. "그래도 의식이 있지 않습니까?" 말할지도 모릅니다. 틀림없이 그렇습니다. 하지만 이미 보아온 것처럼 의식이라고 하는 것은 보다 고차적인 단계에서 주체성을 스스로의 대상=객체로 만들어 버립니다. 그리고 그렇게 되면 주체성은 객관성이 되어버립니다. 완벽하게 반유대주의자이기 위해서는 자신이 반유대주의자라는 사실을 알아서는 안 되는 것입니다. 알아버리면 자기의 재조직화가 시작되기 때문입니다.

독자성

두 번째 예를 보기로 합시다. 어떤 사람이 자기도 모르게 자기의 주체성을 명백히 하지만, 주위 사람들이 알아차리지 못하는 일이 있습니다. 여기에서 제시하고 싶은 것은 다음과 같습니다.

앞에서 본 존재의 내면화가 받아들여지는 것은, 내면화가 다음 세 가지 조건 부여의 수준에서 실천될 때뿐입니다. 세 가지 조건 부여란 눈앞의 존재(être d'en deçà), 저편의 존재(être d'au—delà), 상황의 존재(être de la conjoncture) 또는 현재 일어나는 일의 존재입니다. 주목해야 할 가장 중요한 일은 이 주체성에서 무엇인가가 생겼다는 점입니다. 이미 본 바와 같이 반맹증인 사람은 자동력을 가지지 않는 결락일 수밖에 없는 무언가를 통합하여, 그것을 하나의 행동으로 나타냈습니다. 그 행위는 확실히 지각이라고 하는 기본적인 행위이지만, 그래도 행위입니다. 왜냐하면 우리는 갑자기 그가 성육신이 되었다고 할 수 있기 때문입니다—뒤에서 보는 바와 같이 그것에는 사회적 관점에서 의미가 있습니다. 즉 단순히 자동력을 가지지 못하는 부정의 원천에 지나지 않았던 존재가 행위로써 성체화된 것입니다. 첫째로, 반맹증인 사람은 어떤 뜻에서 이 타성적 결락을 떠맡을 것을 선택한, 즉 그것을 내면화에서의 자기 자신의 현실로 할 것을 선택했다—자기도 모르게 선택했다고는 하지만 그것은 그의 존재 자체입니다—고 말할 수 있습니다. 둘째로, 독자성 또는 독자화는 바로 거기에서 유래한다는 것을 확인할 수가 있습니다. 인간은 여러 자격에서 독자적인 존재인 셈인데, 무엇보다도 각 상황에서 실제로는 사소한 우연이나 외적인 것밖에 되지 않는 것, 또는 중요하지만 거리가 있는 우연적인 것밖에 되지 않는 것을 내면성에서 건네받아, 행위로 명백하게 하는 것으로써 독자적인 존재라고 말할 수가 있습니다. 반맹증인 사람의 독자성, 즉 우리가 바로 그 사람 안에 있는 독자적인 것으로서 알아차리는 것은 손상의 사실 그 자체는 아닙니다. 손상은 이해하기 쉽고 보편적인 유형이기 때문입니다. 하나의 손상에 대해서는 원인이 제시된다면 손상을 입은 사람이 있다는 것을 이해할 수가 있습니다. 반맹증인 사람의 독자성은 내가 그 사람에게 "당신의 정면에 있는 것은 무엇입니까?" 물었을 때, 거기에 없는 사람을 지목한다는 사실입니다. 이것이야말로 그 사람의 독자성입니다. 이 독자성은 그 무엇에 의해서도 주어지지 않습니다. 그 사람이 결락으로 고통받고 있지 않을 때에는, 유기체 자신에 의해서도 주어지지 않습니다. 보편적인 것의 차원에 속하는 결락 자체에 의해서도 주어지지 않습니다. 그렇지 않고 보편성을 떠맡음으로써, 그것을 떠맡는다는 사실로써 보편성을 바꾸고, 보편성을 통합함으로써 주어지는 것입니다. 바로 거기에 보편적인 것의 독재화라고 부를 수 있는 것이 실행되는 것을 볼 수 있습니다. 이것은 사회적으로는 매우 중요한 점이며 나중에 다시 언급해 보고자 합니다.

다만 현재로서는 단순히 다음과 같은 점을 지적하는 것으로 그치겠습니다. 주체성이 존재하는 것은 내면성 안에 있는 시스템이, 즉 존재와 존재의 매개가 '되어야 한다'는 모양을 취하여 모든 외적 변용을 내면화할 때이며, 또 외적 독자성의 모양을 취하여 그러한 변용을 다시 외재화하는 때라고. 물론 전체는 충동의 형태로 만들어집니다. 즉 자동력을 가지지 않는 무엇인가가 문제가 아니라, 어느 의미에서나 바로 유기적 에너지의 격렬한 재분배가 문제입니다. 그러나 "여기에서 검토된 것은 기본적인 행위뿐이다" 말할지 모릅니다. 좀 더 음미하면 일반적으로 주체성으로 여겨지는 수준, 즉 인간적 수준에서 펼쳐지는 마찬가지 사항을 제시하려고 합니다.

친구 폴의 예

이를 위해 한 가지 실례를 들어 될 수 있는 대로 완전히 전개를 해보겠습니다. 나에게는 매우 친한 친구가 있습니다. 그는 우리의 잡지 〈레 탕 모데른〉의 협력자였고, 지금도 협력자입니다. 처음에 우리는 열 명쯤 함께 잡지의 제목을 생각했습니다. 아는 바와 같이 이 잡지 노선은 프랑스의 부르주아지 및 우파 일반에 대해 비판적인 관점을 취하는 것이었습니다. 아울러 우리 자신들에게도 경우에 따라서는 비판적인 관점을 취하는 것이었습니다. 우리는 원칙적으로는 좌파이며, 좌파 세력의 동맹자였습니다. 또 그러한 관점에 서서 우리는 세계의 변혁에 참여하기 위해 사회 참여와 비판을 되풀이하면서 세계를 검토했습니다. 창간을 함에 있어 우리는 잡지 이름을 생각하고 있었는데, 이 친구는 극히 단순하게 '소동(Le Grabuge)'이란 제목이 어떠하냐고 제안했습니다. '소동'은 알기 쉬운 프랑스어라고는 하지만 일상적으로 잘 쓰이는 말은 아닙니다. 그것은 주로 18세기의 작품 안에서 찾아볼 수 있는 말로서, '무질서한 폭력'을 의미한다고 할 수 있습니다. 이를테면 카페에서 사람들이 서로 고함을 지르기 시작했을 때, "돌아가자. 소동이 시작된다" 말하는 부르주아 친구들을 떠올릴 수가 있습니다. 이 말이 상기시키는 것은 대부분 폭력, 피―반드시 그렇다고는 할 수 없지만―와 추문입니다. 갑자기 질서를 어지럽히는 무엇인가가 일어났다는 말입니다. 그 친구가 그와 같은 잡지 이름을 제안한 것이 계기가 되어, 바로 그의 주체성이 나타나 우리 사이에서 차질이 생겼습니다. 물론 우리는 부르주아 체제에 반대였고, 가능한 만큼 부르주아 체제를 한꺼번에 없애서 사회주의 체제를 세우는 데에 쓸모가 있게 되기를 바라고 있었습니다. 그러나 1945년쯤 되면, 소동이라는 형태로 그러한 일을 할 시대는 이미 지났습니다. '소동'은 다른 의미도 나타냈습니다. 나의 친구는 모든 추문이 부르주아 의식을 해체하는 데에 쓸모가 있을 것이라고 확신했기 때문에, 벌거벗고 샹젤리제의 큰 거리를 산보할지도 모른다는 것이었습니다. 이러한 까닭으로 기묘한 차질이 있었던 것입니다. 이 차질이 주체성을 나타나게 한다는 것을 설명하고자 합니다.

　이를테면 이 친구의 이름을 폴이라고 합시다. 그를 아는 사람이나 그에 대해서 들은 일이 있는 사람이라면, '과연 폴답다'고 생각했음에 틀림없습니다. 즉 단순히 그가 말을 선택한 방법을 본 것만으로 누구나 그를 인정한 것입니다. 왜 그럴까요? 첫째, 폴이 한때 초현실주의자였기 때문입니다. 그는 현재 그것에서 벗어났지만 과거에 대한 그리움은 계속 가지고 있었기 때문에, 그때에 대한 반복(répétition) 차원에 머물고 있었던 것입니다. 초현실주의적 행위 가운데 가장 단순한 것은 플라톤이 말한 것처럼 소동입니다. 요컨대 권총을 손에 들고 누구라도 좋으니 쏜다는 것, 이는 충격적인 행위입니다. 그러나 또 그것은 완벽하게 개인적인 행위이기도 하고, 타인을 파괴하는 행위이면서 스스로를 파괴하는 행위입니다. 초현실주의자들은 젊었을 때 함께 모여 오직 폭력을 배양하고, 그러한 폭력을 언어 차원에서 몇 가지 문학적 예술적 추문을 통해서 계속 표현했습니다. 하기야 도시 안에서 누구라도 함부로 쓰기 위해 권총을 손에 드는 일은 결코 없었습니다. 그들 대부분에게 초현실주의의 그 무엇인가가 남아, 그것은 끊임없이 조건 부여가 수정되어, 새로운 상황에서 되풀이되었습니다. 초현실주의를 떠난 뒤에도 오랫동안 나의 친구 폴은 술집에 가서, 자기보다도 크고 훨씬 더 강한 남자에게 모욕 주기를 즐기고 있었습니다. 그 뒤에 계속 '소동'을 일으켰기 때문에 결국 땅에 엎드려 처벌을 받았습니다. 사실 그는 그다지 두려워하지는 않았습니다. 그는 처벌을 구하고 있었다고 해도 좋을 것입니다. 여기에 바로 반복적 행동이 나타나 있습니다. 이 행동은 그와 같은 이유로 주체에는 알려지지 않고, 또 이 행동은 선행하는 조건 부여에 반응함으로써 다시 내면화되는 것입니다. 초현실주의자는 영원히 초현실주의자로 남을 것입니다. 아주 다른 운명을 경험한 초현실주의자도 있다고 지적할지도 모릅니다. 예를 들어 아라공은 공산당에 들어갔고, 만약에 그라면 새로운 잡지에 '소동'이라는 제목이 아니라 '융화(Concorde)'나 그런 종류의 제목을 붙이려 했을 거라고 말이죠.

따라서 문제가 되는 것은 매우 개별적인 상황이며, 그와 같은 것으로 해석되지 않으면 안 됩니다. 개별 상황을 이해하기 위해서는 마땅히 폴에 관한 사회사로 향할 필요가 있습니다. 폴 자신이 즐겨 이야기하는 사회사입니다. 왜냐하면 그는 '소동'을 제안했을 때 자기가 벌인 일을 몰랐다고는 하지만, 그래도 자기 자신을 알고 있었기 때문입니다. 그는 훌륭하게 자기를 알았습니다. 그는 자기 자신에 대해서 훌륭한 책을 쓰기까지 했습니다. '소동'을 제안했을 때 그는 자기가 그리는 것이 표면에 나타났다고는 조금도 생각하지 않고, 단순히 잡지에 어울리는 제목을 골랐다고 생각했습니다. 그는 소시민, 유복한 가정의 소시민이었고, 여전히 그렇습니다. 그가 보낸 유소년기 때문에—유소년기를 말하면 이야기가 길어집니다—부르주아지는 그를 억누름과 동시에 그를 받아들인 셈입니다. 그는 그 속에서 완전히 빠져나올 수가 없습니다. 개인적으로 그는 받은 교육에 의해 몇 가지 부르주아적 확신을 필요로 했으며, 어떤 종류의 부르주아적 안락한 처지를 필요로 하고 있습니다. 다른 한편 그는 그것을 싫어하기도 합니다. 그는 무정부주의자라고 불리는 사람들이—하기야 그들은 우파 무정부주의자는 아닙니다—흔히 취하는 관점에 서 있었습니다. 왜냐하면 그는 마음속으로부터 반부르주아이기는 하지만, 몇몇 부르주아적 요소가 그대로 남아 있다는 사실을 자각하기 때문입니다. 그런 그가 끊임없이 되풀이하는 행동이란 어떠한 것일까요? 그것은 자기 파괴적 행동입니다. 즉 나쁜 소문을 통해서 사회 질서를 파괴하면서 자기 자신도 파괴합니다. 이 두 가지는 떼어놓을 수가 없습니다.

1920년에 폴은 클로즐리 데 리라 카페 계단의 위쪽에 나타나서 "독일 만세, 꺼꾸러져라, 프랑스" 하고 외쳤습니다. 그것은 1920년에 외칠 일은 아니었습니다. 예상할 수 있을 것으로 생각하지만, 계단 아래에 있던 사람들은 그에게 내려오라고 명령했습니다. 그는 서둘러 내려갔는데, 그 결과 사나흘 병원에서 지내게 되었습니다. 그때 그는 무엇을 했을까요? 그는 나쁜 소문을 퍼뜨려 부르주아의 현실을 될 수 있는 대로 파괴한 것입니다. 동시에 자기 몸도 파괴에 내맡겼습니다. 다시 말하면 그는 될 수 있는 대로 타인 안에 있는 부르주아지를 파괴하려고 함으로써 자기 안에 있는 부르주아지도 파괴하는 것인데, 그것은 자살이라고는 말할 수 없어도 자기 파괴의 폭력 행위라는 것입니다. 소동에는 그러한 측면이 있습니다. 소동을 일으키는 사람은 이를테면 뉴욕에서 볼 수 있는, 해가 지면 따분하다고 해서 서로 치고 때리기 위해 술집에 가는 미국인입니다. 누군가의 얼굴을 두들겨 패든, 누군가로부터 얻어맞든 간에, 그는 만족해서 집으로 돌아갑니다. 폭력으로써 자기 파괴가, 삶의 파괴가, 삶의 부정이 가능했기 때문입니다.

이름 짓기와 사회 참여

이 관점에서 주체성의 깊은 부분으로 더 들어가 봅시다. 소비에트 혁명으로부터 몇 년이 지나, 소동이 좌익의 모든 정당에게 '지식인이 취할 수 있는 가장 좋은 태도'라고 여겨지는 시기가 있었습니다. 부르주아지는 매우 강력했고, 소련은 모든 방면에서 위협에 놓여 있었습니다. 그래서 많은 공산주의자는 뒷날의 트로츠키와 비슷한 이유 때문에 다음과 같이 주장했습니다. "당신들 지식인의 역할은 부르주아지를 없애는 일, 이데올로기로서 부르주아지를 제거하는 일이다. 당신들은 이데올로그이므로, 그들로부터 말을 훔치고 그들을 깎아내리며 뒷소문으로써 그들을 도발하라……."

이러한 태도에는 의심할 바 없이, 1925년에서 30년에 걸친 전술상의 가치가 있었지만, 오늘날에 와서는 이미 아무런 의미도 없습니다. 사회 문제도 국제 문제도 전혀 다른 용어로 고찰되기 때문입니다. 다시 말하면 1925년에 어떠한 추문이라도 불러일으킨다는 것은 정치적으로 의미가 있었습니다. 어쨌든 유익했고, 성과도 있었습니다. 그러나 오늘날에는 아무런 의미도 없습니다. 왜냐하면 현재는 부르주아적 양식과 싸우기 위해서는 분석, 연구, 토론 쪽이 단순한 추문보다도 훨씬 중요하기 때문입니다. 그런데 폴은 어떤 종류의 과거, 즉 자기 자신의 과거뿐 아니라 몇 가지 문학이나 정치 그룹에 참가했던 과거도 결코 놓지 않았습니다. 하지만 그러기 때문에 그의 제안에는 차질이 있는 것입니다. 그것은 그 자신의 부르주아적 현실성일 뿐만 아니라 1925년에는 타당했지만 오늘날에는 이미 타당하지 않은, 자신이 건너뛰지 못한 어떤 전술을 계속 유지하고 있다는 것을 말합니다. 그는 그 전술을 고수한 채로 있었습니다. 바로 그 점에 주체성이 있는 것입니다. 게다가 그가 '소동'을 제안한 것은 선택지의 하나로서가 아니라, 우리를 구속하는 것으로서였습니다. 만일 우리가 그것을 받아들였다면 성생활 등에 관한 매우 폭력적인 논문을 쓰게 되었을지도 모르고, 어떤 종류의 사진도 싣게 되었을지도 모르며, 심지어는 살인을 찬미했을지도 모릅니다. 그가 다른 무슨 일을 저질렀을지도 모르지만 '소동'이라는 잡지 이름을 받아들였다면, 그것으로써 우리는 실제로 소동을 일으키도록 선동되었을 것입니다. 즉 주체성을 외재화한다는 것은 제도화와 비슷합니다. 만약에 우리가 친구 폴의 제안을 받아들였다면 폴은 폴 자신이 되고, 그 자신의 인격은 이 잡지 이름을 매개로 우리 자신에게 하나의 의무가 되었을 것입니다. 여기에서 주체성은 매우 강하게 영향을 미칠 것입니다. 제안이 받아들여진다면 한 주체적 인격은 다른 사람에게 의무의 총체가 되기 때문이며, 제안이 거부되면 망각되기 때문입니다. 이 건에서 우리는 잡지의 내용에 확신이 있었기 때문에 제안을 거부했습니다. 그리고 그의 제안은 잊었습니다.

반대로 우리가 대단한 확신도 없이 다른 잡지 이름을 찾았다고 가정해 봅시다. 그 경우 잡지에 전혀 알맞지 않은 제목을 붙임으로써, 잡지의 운명을 정해버렸을지도 모릅니다. 만약 잡지가 '소동'이라고 이름지어진다면, 그때 보도되는 알제리에서의 고문 사건을 정기적으로 발표할 수는 없었을 것입니다. 그러한 제목이 독자에게는 추문을 일으키기 위해서 이 화제를 고른 것처럼 보일 수도 있기 때문입니다. 비록 실제로는 고문을 그만두게 하고, 알제리 전쟁을 끝내기 위해서 발표하는 것이라도 말입니다. 만일 잡지 제목이 정말 '소동'이라면, 우리는 그 정쟁을 즐기지 않으면 안 됩니다. 하지만 폴 자신은 이와 같은 차원을 건너뛰었습니다. 왜냐하면 그는 알제리 전쟁에 대해 온갖 힘을 다하여 적대적인 행위를 하고 있었기 때문입니다. 그렇다고 해도 그가 그 무렵 자신을 투영하면서 이 잡지 이름을 제안한 일은 전혀 변함이 없었습니다. 그러기 때문에 자기를 인식하는 계기와 자기를 만들어 내는 계기는 전혀 다르다는 사실을 알 수가 있습니다.

시간이 흘러 누군가가 그에게 "'소동'이라는 의미는 그러한 뜻이었군요" 말했다면 그는 자기 제안이 부적절했음을 증명하는 쪽에 섰을 것입니다. 그러나 누가 그에게 어떤 제안을 했을 때 그는 객관적인 토론을 전개했다 생각하고 있었으며, "이쪽이 훨씬 독자를 끌어당기고, 부정적 측면을 밝힐 수가 있다……" 말한 것입니다. "이것이 마음에 들었고, 이것으로 하고 싶다"와 같은 말은 전혀 하지 않았습니다. 그가 그렇게 말하지 않은 까닭은 몰랐기 때문이었습니다. 이것으로 알 수 있는 바와 같이 '비-객관성' '비—지(알지-못함)', 자기와의 '비—

거리'는 전적으로 같은 하나의 것입니다.

반복과 발견

위와 같은 예에서 좁은 뜻의 주체성을 나타내는 두 가지 특징을 지적할 수 있습니다. 인간에게 주체성은 몇 가지 차원이 있습니다. 왜냐하면 주체성이란 복수 차원이 전체화된 것이기 때문입니다. 먼저 현세(現勢)의 차원이 있습니다 —예를 들어 폴의 계급 존재는 내 생각으로는 현세의 태도에 있습니다. 그의 계급 존재는 부르주아지로부터 떨어질 수 없으면서도 부르주아지를 어떤 종류의 방법으로 거부하는 형태라 할 수 있지만, 이러한 형태가 그의 존재를 이루며, 과거가 아닌 현재의 모든 시간에 속해 있기 때문입니다. 이것이야말로 참다운 의미로 그의 계급 존재이며, 요컨대 그가 부르주아 계급에 속한 방식입니다. 이와 달리 초현실주의와의 관계는 과거의 관계, 과거와의 관계입니다. 왜냐하면 만약에 그가 초현실주의 운동에 참가하고 있지 않았다면, 만일 그가 소동의 갈망을 만족시킬 수 있는 운동에 한순간이라도 참가하지 않았더라면 그는 그러한 만족을 느끼지 않았을 것이기 때문입니다. 따라서 주체성에는 두 가지 차원이 있고, 이 두 차원을 끊임없이 주체성에서 다시 전체화하지 않으면 안됩니다. 또한 그것들을 인식하지 않고 다시 전체화할 필요가 있습니다. 계급 존재와 과거라고 하는 차원에서 말입니다. 나중에 알게 될 바와 같이 사람은 자신의 계급 존재가 되어야 하지 사람 자체가 계급 존재인 것은 아닙니다. '계급 존재가 되어야 한다'는 뜻은, 계급 존재로 있다는 의미는 끊임없이 주체적으로 계급 존재라는 것을 자기가 결정하는 형태에서만이 가능하다는 것입니다. 그러나 사람은 자신의 과거가 되어야 하는 것이기도 합니다. 과거를 기억 가능한 추억의 총체라고 간주하는 것은 과거를 수동적인 그 무엇인가로 환원해 버리는 것, 즉 자기 앞에 놓을 수가 있고, 그에 대해서 "이런 일도 있고 저런 일도 있었다. 이러저런 일이 일어났었다" 등과 같은 말을 할 수 있는 여러 대상으로 환원해 버리는 것을 말합니다. 이렇게 되면 그와 같은 과거는 내가 아니라, 준(準)—나가 됩니다. 과거라는 것은 거리를 둘 수 있는 가능성으로 늘 존재하기 위해서, 끊임없이 다시 전체화될 필요가 있습니다. 바꾸어 말하면 반복이라는 주체성의 측면이 요구되는 것입니다. 사람은 끊임없이 자신을 다시 전체화하기 때문에 스스로를 끊임없이 반복하는 것입니다.

이렇게 해서 폴은 클로즐리 데 리라에서 "독일 만세"라고 외친 이래 '소동'을 제안하기까지, 그 뒷날의 다른 기회에서도 과거와 같은 차원에서 끊임없이 자기 자신을 반복한 것입니다. 그의 과거는 매 순간 전면적으로 있지만 '알지-못함', '비-의식'이라는 필연적인 양식에 있는 것입니다. 그리고 이 과거는 모순된 존재 양식으로, 그의 계급 존재와 연결되어 있습니다. 그의 계급 존재가 다른 상황에서라면 그를 다른 사람이 되도록 이끄는 데 반해, 과거 쪽은 반복을 포함하고 있습니다. 이처럼 주체성은 과거에서 반복의 존재처럼 보이지만, 동시에 발견(invention)'을 가능케 하는 존재이기도 합니다. 이 두 가지 성격은 서로 떼어놓을 수가 없는 것입니다. 왜냐하면 결국 폴은 끊임없이 갱신되는 상황에서 스스로를 반복하기 때문입니다. 폴은 발견에 의해 언제나 같은 존재를 투기하지만, 전혀 엉뚱한 상황에서 그렇게 하는 것입니다. 왜냐하면 1920년에 "독일 만세"라고 외쳐서 머리를 얻어맞은 것도 하나의 발견이기 때문입니다. 또 잡지를 '소동'이라 이름 짓자고 제안하는 일도, 하나의 발견입니다. 그것은 알맞은 반응, 더욱이 새로운 발견에 의한, 새로운 상황에 적합한 반응입니다. 누구에게나 그러한 것처럼 반드시 잘되어 가지 않는 적합, 발견의 재료—라는 표현이 허용된다면—그것은 주체성입니다. 명확한 의식에 근거를 둔 순수한 실천을 예로 드는 것만으로는 인간의 발견을 찾아내는 것도, 이해하는 것도 결코 할 수 없을 것입니다. 발견의 가능성을 나타내기 위해서는 오히려 배후에 그 어떤 무지가 있어야 합니다. 따라서 주체성에는 본질적이지만 모순된 두 특성이 있다고 말할 수가 있습니다. 그것 때문에 인간은 무한히 자기 자신을 반복함과 동시에, 자기 자신이 발견한다는 사실 그 자체로써 끊임없이 새로운 것을 시도합니다. 왜냐하면 인간이 발견한 것이 자기 자신으로 다시 돌아가기 때문입니다. 폴이 제안한 '소동'은 반복이면서 발견인 것입니다.

투영

그러나 더 나아가 세 번째 본질적인 성격이 있습니다. 그에 대해서는 시간이 얼마 남지 않았으므로 많은 것을 말할 수는 없습니다. 그렇다 해도 세 번째 본질적인 것이 있다고 주장하는 데에는 변함이 없습니다. 외부 존재에 대한 직접적이고 초월적인 일정한 관계에서의 이 반복—발견은 투영이라고 불립니다. 다시 말하면 주체성의 본질적인 것은 외부이며, 자기 자신의 발견에 의해서만 자기를 인식하지 않는다는 것, 인간의 내부에서는 결코 자기 인식이 있을 수 없다는 것입니다. 내부에서 자기 인식을 하면, 주체성은 결국 죽습니다. 외부에서 자기를 인식하고 그것이 해석될 때 주체성은 가득 차올라 확실히 대상이 되지만, 그것은 결국 결과가 된 대상입니다. 즉 정말로는 대상화할 수 없는 주체성을 외부에서 만나는 것입니다.

투영법에 따른 모든 실험이 뜻을 갖는다고 하면, 그것은 바로 사람이 언제나 대상 안에 자신을 투영한다고 생각하기 때문입니다. 투영법 실험이란 아는 바와 같이 검사자의 질문에 대답하고, 그 대답이나 일련의 답 전체 안에 실험 대상자가 전면적으로 드러나게 되는 것입니다. 이를테면 이미지 검사처럼 실험 대상자가 전면적으로 그려낼 수 있는 특수한 질문이 가능하다고 한다면, 주체가 늘 모든 곳에서 자신을 그려내고 있지 않으면 안 될 것입니다. 투영법, 즉 투영 실험이 그 순간만 실험 대상자를 독촉하여 그에게 말을 하게 하는 예외적인 상황을 만들어 낸다고 여겨지지 않습니다. 실험 대상자는 곳곳에서 자기가 행하는 모든 것에, 자기의 모든 현실에 끊임없이 자기를 투영하는 것입니다. 즉 어떤 종류의 실험에 따라서 자기 해석을 하고, 그 해석으로써 자기 투영을 하는 것인데, 실험 대상자는 그것을 때로는 알아차리지 못하고 있는 것입니다.

가장 확실한 예는 로르샤흐 잉크 반점 검사입니다. 아는 바와 같이 색이나 모양이 나타나 있지만, 무슨 형태인지 분명치 않은 카드를 사용한 검사입니다. 형상을 정하는 것은 실험 대상자입니다. 카드를 손에 들고, 그것을 보고 해석하여 거기에 뚜렷한 형상을 인정하는 것입니다. 동시에 바로 그렇다고 자기를 규정하게 됩니다. 그런데 실험 대상자는 자신의 의견을 비교해서 바꾸는 수도 있습니다. 나 자신의 경우로 말하자면 로르샤흐 검사에서 뚜렷한 형상이 보였지만 다른 해석도 가능하다고 생각하자, 이 분명한 객관적인 형상은 곧 빈약하고 매우 도식적인 것이 되고 말았습니다—이것은 묘한 경험이어서 누구나 기회가 있으면 할 수 있지만 늘 도식적인 것이 됩니다. 자기도 모르는 나 자신의 인격 투영이라는 것이, 도대체 무엇을 뜻하는지는 알 수가 없습니다. 다만 이 로르샤흐 검사에서 내가 사람 모양이라 한 것을 다른 사람은 양배추 잎이라고 정의합니다. 검사관으로부터 이런 설명을 듣자, 분명히 사람 모양이 아닌 양배추 잎으로 보인다는 것을 확인할 수 있었습니다. 그렇게 되자 여전히 눈에 들어오던 매우 뚜렷한 사람 모양은—왜냐하면 나에게는 줄곧 그렇게 보였기 때문입니다—나의 무엇인가에 대해 빈약한 도식이 되어버렸습니다. 즉 주체성은 이러한 것으로 이해해야 합니다. 주체성은 끊임없는 투영이라고 받아들여야 합니다. 그러나 무엇의 투영인가? 그것이 매개인 한, 여기에서 문제가 되는 것은 앞에 있는 존재를 저편의 존재로 투영하는 것밖에 되지 않으리란 점입니다. 이와 같은 일로써 사회적인 것에 대한 변증법적 인식이 주체성의 어떤 점에 없어서는 안 되는 것인가를 이해할 수 있을 것입니다.

존재하는 것은 저마다의 인간뿐이고, 뒤르켐이나 다른 사회학의 관념주의자들이 상상한 것과 같은 집단적인 큰 형태 등은 존재하지 않습니다. 저마다의 인간은 계급 존재나 일상의 역사적 삶의 존재와 같은 외재적인 어떤 큰 형태에 서로서로의 매개가 되지 않을 수 없습니다. 사람들은 바로 이 역사적 삶 위에 자신의 존재를 투영합니다. 하지만 자신의 존재를 투영하는 방법은 거기에 그들 자신이 포함된 양식에 의존됩니다. 그들은 그때마다 계급 존재의 독자화를 창조하는 것입니다. 그리고 이 독자화는 바로 계급 존재를 맹목적으로, 또한 계급 존재 자신의 과거로부터의 모순에서 사는 방식이므로, 독자화란 도덕적 보편 또는 보편적 독자화 바로 그것입니다. 이는 역사에 의해서 움직여진 그 무엇이며, 역사에서 없어서는 안 될 구조이기도 합니다. 한때 유기적인 존재와 관련이 있었던 수준처럼 이미 눈앞의 존재와 아무런 관련을 가지고 있지 않기 때문이며, 우리는 이미 더 복잡한 수준에 있기 때문입니다.

《변증법적 이성 비판》

문제가 되는 것은, 내가 《변증법적 이성비판》에서 실천적—타성태(惰性態)라고 부른 것, 즉 준(準)–전제성입니다. 예컨대 물질 그 자체가 매개이므로 사람에 대해서 늘 우위에 있는 상태입니다. 좀더 구체적으로 자동 기계가 설치된 공장에서 노동자의 지위나 존재는 미리 규정되어 있습니다. 그의 지위는 실재하며 지위는 순수한 타성의 형태도, 어떤 존재가 요구하는 형태도 아니고, 단지 기계로 말미암은 타성적 요구의 형태에서 정해집니다. 어떤 공장을 예로 들어봅시다. 이 공장은 자본주의 틀 속에서 일정한 이익을 올리기 위해 이러이러한 생산을 할 필요가 있습니다. 이러이러한 규준에 따라서, 이러이러한 기계를 사용해서, 그 기계가 이러이러한 인적 작업과 이러이러한 급료를 가져옵니다. 자본가의 이익이 최대한 올라간다고 전제해서, 이 기계가 새로 구입된 것이라고 했을 경우, 어떤 존재는 이처럼 규정되어—이렇게 말해도 아직 이뤄진 상황은 아니지만—동시에 급료, 노동의 질, 더 나아가서는 직업병의 종류까지가 함께 규정되고, 또 노동자의 존재를 통해서 노동자의 가족 전체가 규정됩니다.

나는 《변증법적 이성비판》에서 이렇게 진술합니다. 여성 노동자는 기계가 그녀에게 안기는 내적 몽상에 의해서뿐만 아니라 급료, 병, 생활, 자녀 수 등에 의해서 또한 규정된다고. 즉 넷째 아이를 낳으면 그 아이는 더 살 수 없게 되는 상황입니다. 이러한 상황이 사회에 어떤 이익을 끌어내는 것도 아니지만, 사회는 매우 가혹한 노동과 급료의 액수에 따라서 가질 수 있는 아이의 수를 엄밀하게 제한하는 것은 확실합니다. 여분의 아이가 태어난 경우에는 누군가에게 아이를 주든가, 팔든가, 아니면 아동 보호시설에 맡기게 됩니다. 즉 선택하는 것은 사회입니다. 이러한 일이 모두 겉보기에 타성적 요구라는 방식으로 어느 누구의 눈에도 분명해졌을 때 사람들이 싸우고, 서로 대립하며 속이고, 서로 지배하는 세계가 모습을 드러냅니다. 왜냐하면 주체성은 그렇게 되어야 하기 때문입니다. 구체적인 사회적 실재(현실)는 기계가 아니라 기계를 다루고, 급료를 받고, 결혼하여 아이를 갖는 사람을 말합니다. 다시 말하면 사람은 노동자이건 부르주아이건 사회적 존재가 되어야 한다는 것입니다. 그리고 사람은 먼저 주체적인 방식으로, 자기자신의 사회적 존재가 되어야 한다는 것입니다. 그렇다고 한다면 계급 의식은 원초적으로 주어진 바가 아니라, 사람의 노동 조건 그 자체에 의해서 자신의 사회적 존재가 된다는 것을 의미합니다.

숙련공

《변증법적 이성비판》에서는 또 다른 예를 들었습니다. 마지막으로 그 예를 제시하여 거기에서 무엇을 설명하려고 했는지를 알아보고자 합니다. 1880년 무렵 만능 공작 선반, 만능 공작 기계에 의해 가장 명료하게 규정되는 유형의 노동자가 있었습니다. 그것은 2년 동안의 훈련을 받은 숙련공 또는 전문공으로 자기와 자기가 하는 일에 긍지를 가지고 있을 뿐 아니라, 단순 노동자를 주위에 거느리고 있었습니다. 이 상황은 기계 때문에 규정되었던 셈입니다. 만능 공작 기계가 설치되고, 어떤 작업으로 특화하는 일이 없는 이 기계가 단지 보는 것만으로 완벽하게 여러 가지 일을 다루는 한, 필요한 것은 오로지 한 사람의 실행자, 기술자입니다. 마찬가지로 이 숙련공 주위에 있는 사람들도 기계에 의해 규정되어 있었습니다. 사람들이라고 했는데 실은 '사람 이하의 존재'라고도 할 수 있습니다. 왜냐하면 그들은 어떠한 실질적인 자격(성격 부여)도 없는 단순 노동자이며, 숙련공에게 도구를 건네주거나 폐기물을 공장 밖으로 옮기기 위해서만 일하기 때문입니다. 이 공장에서 어떤 종류의 사회적 존재, 현실화되어야 할 존재가 생겨났습니다. 전문공은 바로 이 존재를 현실화하는 사람이 됩니다. 왜냐하면 그는 주체적으로 보면 자신의 노동 가치를 높이는 것이기 때문입니다. 오늘날에는 '모든 인간에 대한 인간 전체의 직접적 파악으로서의', '욕구의 휴머니즘'이라는 생각 때문에 욕구에 근거를 둔 계급 투쟁이 전개되고 있는 셈인데, 그 무렵은 지적이고 숙련된 진정한 노동만이 가치를 낳는 것으로 여겨졌습니다.

실제로 그때는 무정부주의적 조합주의자들이 쓴 글들이 퍼지고 있었습니다. 그들은 단순 노동자에게 매우 적은 임금밖에 지불하지 않는 것은 숙련공에게 제대로 임금을 주지 않는 것만큼 부당하지는 않다고 말했습니다. 즉 그들은 잉여 가치 문제를 놓치고 있었던 것입니다. 그들은 더 나아가―이것이야말로 무정부주의적 조합주의의 경향이었습니다―자기들이야말로 사회의 기본이라고―정당하게도―생각했습니다. 자기들이야말로 노동을 하고, 남이 사용하는 물품을 만들어 최고의 일을 하고 있으면서도 임금을 제대로 받고 있지 않다고 여겼습니다. 그들은 노동에 관해서 귀족주의적 관념을 공유하고 있었습니다. 물론 가난하고 불쌍한 단순 노동자를 도와야 한다고 생각했지만, 아무런 능력도 없기 때문에 돕지 않는 것이 그다지 부정하지 않다고 여겼습니다. 이렇게 해서 상황을 주체적으로 해석하는 어떤 방식이 정착하게 되는데, 거기에는 반드시 가치 정립이 따릅니다.

가치 정립이라고 하는 것은 투쟁에서 직접적인 중요성을 가집니다. 왜냐하면 숙련공은 많은 경우 교양을 몸에 지니려고 하기 때문입니다. 그 무렵 숙련공은 장시간 노동에도 책을 많이 읽었습니다. 책을 읽으면서 자기들은 혁명의 참다운 담당자라고 생각했으며, 비숙련공을 지도하고 교육했습니다. 즉 그들은 일종의 귀족 계급이었던 노동자들입니다. 그리고 그들 주변에는 곤란한 처지로부터 구출되어야 하지만 같은 노동자 계급의 틀 안에서 훨씬 뒤떨어진 사람들도 있었던 셈입니다. 이 귀족주의는 조합 가입이라는 형태의 선택으로써 나타났습니다. 산업별 조합을 만들 계획이 나왔을 때, 숙련공은 직능 조합 쪽을 선택했습니다. 숙련공 조합에 비숙련공은 들어갈 수 없습니다. 그 조합은 숙련공들만을 대표하는 것입니다. 객관적으로 이들은 분명히 어떤 종류의 조합 투쟁을 만들어 냈으며, 그때로서는 옳았습니다. 왜냐하면 비숙련공이 일을 하고 싶다고 생각해도, 인원수로서는 적은 숙련공이 파업을 하는 것만으로 공장이 충분히 폐쇄되었기 때문입니다. 이렇게 해서 조합 활동이 전개되고, 어떤 종류의 가치에 대한 자기 부여가 이루어져 노동자나 비숙련공과의 관계가 만들어지고 어떤 종류의 투쟁이나 조직이 조성되었습니다. 이러한 일은 그들 자신의 존재 양식이나 기계의 존재 양식과 정확하게 대응하고 있었습니다. 그들의 존재 양식이 옳다거나 잘못 되었다고 말하는 것은 아닙니다. 만능 공작 기계가 숙련공을 그렇게 투쟁하게 한 것이었습니다. 만능 공작 기계는 그들에게 자신들의 우월성 같은 것이었고, 그들은 만능 공작기계를 내면화한 것인데, 그러한 내면화 또는 주체화가 무정부주의적 조합주의라고 하는 총체를 가져온 것입니다.

즉 루카치가 주장하는 것과는 달리, 숙련공이 노동자 계급 및 노동자 계급 투쟁의 전체성을 파악하고 있지 않았기 때문은 전혀 아닙니다. 반대로 생산의 중심에서 숙련공은 그러한 전체를 그 무렵 있는 그대로의 모습으로 파악하고 있었습니다. 그때 그들이 다른 노동자보다도 훨씬 숙련되었다는 것은 사실이지만, 그 때문에 그들 안에서 조금 무분별한 이차적 황색 조합(어용 조합)을, 즉 어떤 기사단을 형성하게 되었다는 것 또한 진실입니다. 그 조합은 그들의 생각, 곧 우월감의 형태를 취한 내면화의 표출이었습니다. 그러나 이러한 사회적 우월은 먼저 반자동 기계가, 이어서 자동 기계가 숙련 노동과 대체되자 곳곳에서 사라지게 됩니다.

그즈음 현장이나 투쟁의 장에서 숙련공이 반자동 기계의 존재를 예상할 수 없었다고 해서 그들을 비난하는 것은 지나친 일일 것입니다. 물론 마르크스는 《자본론》에서 그러한 기계에 대해 기술하고 있지만, 그는 이론가이자 국제지도 자였습니다. 마르크스는 생활의 매 순간마다 투쟁하는, 기계에 의해서 만들어 짐과 동시에 기계를 내면화로 바꾸는 노동자는 아니었습니다. 위와 같은 사실로 알 수 있는 것은 계급 의식 자체에는 한계가 있다는 것입니다. 그 한계란 상황의 한계인데, 상황이나 모순이 반드시 최신화되어 있지 않기 때문입니다. 연구 대상이 되는 것이 어떠한 집단이건 계급 의식이라는 것은 기계의 진보나 산업의 발전과 같은 동향에 따라서 그리고 계급 존재가 규정되는 방식에 의해서 한계가 지워지는 것입니다.

그렇다고 해서 이러한 종류의 계급 의식이 쓸모없는 것이었다고 선언해야 할까요? 무정부주의적 조합주의자는 전혀 필요한 인간이 아니었다고 판단해야 할까요? 완전히 그 반대입니다. 그들이 자기들의 능력, 자기들의 용기, 자기들의 가치를 의식했기 때문에, 그들이 조합을 만들었기 때문에, 그들이 투쟁의 형태를 낳았기 때문에—비록 그 자체는 효력이 없었다고 이제 밝혀졌다고 해도—다른 투쟁의 형태가 나타날 수 있었습니다. 이리하여 투쟁의 흐름에서 주체적 계기는 객관적 계기의 내부에 있는 존재 방식이며, 이는 사회적 삶 및 역사적 과정의 변증법적 발전에 절대적으로 없어서는 안 된다는 것을 확인할 수가 있습니다.

사르트르와의 토의

주체성과 인식

롬바르도 라디체*[1]**의 발언 요약** 라디체는 자연 변증법에만 환원되지 않는 객관적 변증법이 있다고 주장한다. 그렇다고 해서 변증법의 일반 법칙을 하나 하나 열거할 수 있다고 하는 마르크스주의의 교조주의가 정당화되는 것은 아니다. 라디체가 강조하는 것은 현 상황의 두 가지 위기이다. 하나는 주관주의의 위기로 이것은 하이젠베르크*[2]와 같은 바로 그 주관주의를 대표하는 사람들에 의해서 전면으로 내세워진 것으로, 과학에서 자연이나 신에 인간의 정신적 특색을 부여하던 경향이 막을 내리는 현상이다. 다른 하나는 객관주의의 위기이다. 사르트르는 강연에서 주체를 인식함으로써 주체가 파괴되는, 또는 주체가 변용된다는 것을 명백히 했는데, 이것은 '전자, 양자, 미립자'와 같은 현미경 수준에서의 인식 활동에도 해당한다. 라디체는 인간의 감각 범위를 넘어선 자연 현상을 인식할 때 주체의 창조적 활동은 어느 정도 관여되는가, 반영으로서의 인식 및 객관주의의 타당성을 문제로 삼는 것은 누구인가 질문을 한다. 마지막으로 라디체는 자기 자신에 대한 인식은 자기 밖에 투영되는 일도 있고, 그런 경우에는 집단적 성격을 지닌 어떠한 과정이 될 테지만 이러한 상황이 반드시 주체를 파괴하지 않는다고도 논평했다.

사르트르 먼저 내가 구상한 문제 설정 방법에 대한 오해가 있는 것으로 여겨집니다. 논의되어야 할 문제는 주체성이며, 실제로 나는 주체성을 이야기한 것입니다. 현실이 주관주의에 속한다거나, 객관주의에 속한다든가 하는 것을 논할 의도는 아니었습니다. 나의 관점은 주관(주체), 객관(객체)의 두 관념이 분

---

*1 이탈리아 수학자(1916~1982). 이탈리아 공산당 중앙위원회 위원으로 활동.
*2 독일 이론물리학자(1901~1976). 양자역학의 기초 확립.

리되어 파악되면 아무런 의미를 가지지 않는다는 것입니다. 그 점을 매우 명쾌하게 설명해 주는 글에서 헤겔은 다음과 같이 밝히고 있습니다. '주관과 객관과의 관계'라는 표현에 얽힌 불행은, 주관과 객관의 관계라고 말로 표현할 때까지도 '주관'과 '객관'이 함께 있는 경우의 뜻으로 파악되는 것이 아니라 분리되어 이해되기 쉽다는 데 있다고 말입니다. 따라서 당신이 주관주의를 이야기할 때 나와는 아주 다른 이론을 내세운 것으로 여겨집니다.

내가 강연에서 다루고 또 앞으로 토의하려고 하는 문제는 현실이라는 것이 있고, 그 현실 안에 우리가 그 내면성의 영역(우리는 그것을 유기체라 해도 좋고, 무기적 존재라고 해도 좋을 것입니다)이 있다고 한다면, 주체성을 통해서 어떻게 객관적 인식으로 옮아가는지를 아는 일입니다. 본디 주체성이란 단순히 우리의 고유한 존재입니다. 즉 주체성이란 자기 자신의 존재가 되어야 한다는 불가피한 존재 양식인 것입니다. 그러니까 단순히 수동적으로 자신의 존재가 되어야 한다는 것과는 매우 다르다는 것입니다.

따라서 주체성에 대한 진지한 토의가 이루어져야 한다고 생각하는데, 그것은 당신이 인용하는 과학자들처럼 "인간이 인식하는 것은 자기뿐이다" 말하는 것과는 상관없는 일입니다. 당신은 하이젠베르크를 들었습니다. 그러나 에딩턴[*3]도 같은 말을 하고 있습니다. 둘 다 관념론을 나타냈으나 현재는 완전히 전환되었다고 생각합니다. 실제로 진정한 문제란 현실적인 것에 대한 객관적 인식에서, 주체적으로 실존하는 우리가 현실과 관계하기 위해 어떻게 해서 자기 자신을 뛰어넘을 수 있는지 아는 일입니다. 첫째 문제는 이성입니다. 이 문제는 뒤에 이야기해도 좋으리라 생각하지만, 어쨌든 나는 이 문제를 뚜렷이 하려고 했습니다. 내가 주체성을 이야기한 것은 단지 그것이 주제가 되었을 때뿐입니다.

그런데 당신은 자기를 인식하는 일은 자기를 파괴하는 일이라는 논의를 언급했습니다. 나는 그런 말을 하지 않았습니다. 내가 말한 것은 자기를 인식하는 일은 자기를 바꾸는 일이며, 특히 어떤 신분에서 다른 신분으로 옮긴다는 것입니다. 이것은 물론 놀라운 일로 보였을 것입니다. 당신은 나 자신이 사실 주체성의 희생자는 아닌가 하고 물었습니다. 그것은 인정하겠습니다. 하지만

[*3] 영국 천체물리학자(1882~1944). 항성의 질량과 광도(光度) 관계 증명.

그것은 바로 이 관점에서 보면, 나는 누구나가 모두 대상=객관으로 자기를 초월해 가는 주체성이라고 생각하는 것입니다. 다만 거기에서 중요한 것은 무엇보다도 신분의 변경이 있다는 점을 강조해 두는 바입니다. 신이 제시한 과학적 인식의 예는 루이 드 브로이*4의 "실험자는 실험의 일부이다"로 요약할 수 있습니다. 따라서 어떤 과학자에게는—당신이 어떻게 생각할지 모르지만 이 점은 당신이 나보다 자세히 알 것입니다—미시 물리학 수준의 실험은 이를테면 입자 에너지를 사용함으로써 사물을 변화시키는 일이라고 여겨지는 것입니다. 따라서 확실히 이 차원에서 우리의 의견은 일치하지만, 이것은 사물이 그 신분에 따라 변하는 예는 아닙니다. 즉 실제로 사물을 바꾸고는 있지만, 그것은 내가 이 마이크의 위치를 바꿀 수 있는 것처럼 변화시킬 수 있는 것입니다. 또는 사물에 대해서 그것이 가지고 있지 않았던 에너지를 주거나, 운동이 있기 때문에 사물의 속도와 위치를 동시에 잴 수는 없다는 것입니다. 그러나 이 경우 개입하는 방식은 물리적 세계에 물리적 힘이 개입하거나 물질적 세계에 물질적 힘이 개입하는 것보다 더 많은 일을 한다고는 말할 수 없습니다.

나는 자기를 인식하는 경우에 반드시 자기를 바꿀 수가 있다고 말하지는 않습니다. 그것은 전혀 다릅니다. 왜냐하면 자신을 반유대주의자라고 인식하는 반유대주의자가 반유대주의자인 채로 있는 것은 매우 흔한 일이기 때문입니다.

그래서 나는 신분이 바뀐다고 말한 것입니다. 즉 우리는 주체(주관)성에서 객관성으로 옮아가, 자신에 대한 관계가 변화합니다. 당신은 자기가 반유대주의자가 아니라는 사실을 잘 알고 있다고 말했습니다. 나 또한 그것을 확신합니다. 나는 반유대주의자도 아니고, 인종차별주의자도 아닙니다. 그러나 당신은 자기가 전적으로 반유대주의자인가 아닌가를 나와 마찬가지로 잘 알지 못합니다. 다만 경험 안에서만 자기의 반인종차별주의가 자기 안에 남아 있는 인종차별 경향에 대한 하나의 적절하고 진지하며 폭력적인 반응과 같은 것인지, 또는 정말로 자기 안에 인종차별이 완전히 부재한지를 알 수 있는 것입니다. "나는 인종차별주의자가 아니다" 이렇게 완전히 엄밀하게 말할 수 있는 자기 인식이 있다고 상상하는 것은 물방울(그것도 과학적인 의미의 물방울이 아니라 그 근처에 있는 물방울)의 순수성을 믿는 것과 같습니다. 내가 말할 수 있는 것은

*4 프랑스 이론물리학자(1892~1987). 물질 파동론 창시.

"나로부터 모든 인종차별주의를 없애기 위해 모든 노력을 합니다. 내 안과 밖에 있는 모든 인종차별주의와 싸우기 위해 모든 노력을 합니다"입니다. 그러나 이를테면 자기를 반유대주의자라고 생각하지 않았던 그 노동자, 내가 오늘 아침 당신에게 말한 어느 노동자처럼 갑자기 어떤 상황을 계기로 자기들이 인종차별주의자였다는 사실을 알아차리게 되는 사람이 실제로는 한 사람도 없다는 것입니다. 나는 당신에게 자기를 반유대주의자라고 생각하지 않았으나 어떤 재판이나 어떤 사건 때에 반유대주의자가 된 프랑스 사람들의 이야기를 할 수 있습니다. 그들은 자기는 반유대주의자가 아니라고 생각했는데 재판을 통해 반유대주의자라는 사실을 알게 된 것입니다.

그런데 주의해야 할 일은 주체성이란 그러한 것이 결코 아니라는 점입니다. 먼저 '사람이란 아무것도 아니며', 이어 자기가 반영하는 복잡한 상황을 이용해서 상황을 뛰어넘어 내면화하며 대상화하고 있다는 것을 알아차리고, 그러고 나서 가끔 놀라운 그리고 자기 자신과의 다른 관계를 만들어 내는 이 현실 인식처럼 자신의 현실 모습을 알아차리는 것은 아닌 것입니다. 여기에서 내가 머릿속에 그리는 것은 분석입니다. 분석, 즉 정신 분석은 가끔 가짜 의사가 사용하는 방법이기도 하고, 숨은 나쁜 형이상학을 가지고 있는 것도 분명합니다. 다만 누군가에 대해서 자기를 명백히 하는 기술로서는 뛰어나다고 할 수 있습니다. 왜냐하면 한순간 자기로부터 떠나, 그때까지 알지 못했던 일이 보이게 되기 때문입니다. 이러한 일이 알려고 하는 용기나 의지를 가질 수 없을 정도로 무섭고, 어둠에 싸여 있는 것은 아닙니다. 다만 우리의 존재 양태는 거리 없이, 즉 절대적인 눈앞의 상태 안에 자기 자신을 살아버리는 것입니다. 우리는 자기라는 것을, 스스로를 인식하기 위해 되돌아가는 대상을 계기로 삼는 것으로밖에 발견할 수가 없습니다. 따라서 우리가 수수께끼 같은 근원과 연계되어 있다고 생각해서는 안 됩니다. 여기에서 문제가 되는 것은 실존에 깊이 감추어진, 잘 알 수 없는 원천이 있다고 단언하는 것과는 전혀 다릅니다—오늘 아침 어떤 사람이 마르크스를 인용하며 매우 적절하게 말한 바와 같이 인간은 자연적 존재 이외의 그 무엇도 아닙니다. 인간은 또한 자연으로부터 구별되었기 때문에 사회적 존재이기도 합니다. 이 이상 거슬러 올라가 보아도, 아무것도 발견할 수 없습니다. 그렇기 때문에 하이데거와 같이 '존재에의 개방' 아래 실존이라고 하는 깊은 원천을 찾는다는 것은 논외(論外)의 일입니다. 그와 같은 것은 아무엇도 없습니다. 오직 단순히 인간이 있을 뿐입니다. 그리고 인간이 자기 자신 앞에 나타나는 방식은 먼저 인식을 제외하는 겁니다.

마지막 논점인데, 당신은 반맹증인 사람의 경우는 거의 흥미가 없다고 말했습니다. 여기서 반맹증인 사람이란 자기가 반유대주의자임을 모르는 반유대주의자입니다. 또는 자기가 인종차별주의자가 아니라고 알고 있는데, 실제로는 반유대주의자인 사람을 말합니다. 그는 갑자기 어떤 사회에서의 유대적 요소가 사회에 정치적으로 방해되는 것 같다고 생각하기 때문입니다. 그 경우 유대적 요소는 그 사람 안에 반유대주의가 다른 형태로 강력하게 포함된 것으로서의 전체성으로 재결성되고, 재편성됩니다. 다음으로 우리 모두에게 불가능한 일이 있습니다. 나는 56년이란 인생을 지내온 셈이고, 여러분 중에는 이보다 길거나 짧은 사람도 있을 것으로 생각하지만, 나에게나 여러분에게 자기를 선천적 논리로 명료하게 여긴다는 것은 불가능합니다. 우리는 자신들이 이러저러한 존재라는 것을 잘 알고 있다고 말하기도 불가능합니다. 전혀 아무것도 모르는 것입니다. 우리가 시도할 수 있는 것은 끊임없이 우리 자신을 객관화하는 억제를 통해 자기를 아는 일입니다. 그러나 실태를 폭로하는 것과 같은 상황 말고 다른 곳에서 자신이 누구인가를 정확하게 결정하는 일은 불가능합니다.

그러므로 내가 되돌아가고 싶다고 생각하는 마지막 논점은 당신이 다루고 있다고 여겨지는 문제와 관련 있습니다—이 문제에 매우 흥미가 깊어서 나는 며칠 전 프랑스의 공산주의자 친구들과도 토의를 했습니다. 그러나 그 토론은 이번에 말하려고 결정한 일과 상관없는 문제입니다. 즉 자연변증법의 문제입니다. 잠시 말하자면, 당신은 자연변증법을 확실한 것으로 제시할 때 그 어떤 주체성을 갖고 있습니다. 그런데도 당신은 스스로 확실하다고 여기는 과학적 고찰만 제시하고 있다고 여깁니다. 물론 이것은 완전히 같은 일은 아닙니다. 이를테면 진화론이 만약에 완벽한 것, 완성된 것이라면 '아마도(vraisemblablement)'는 변증법적 이론이 될 수 있었을 것입니다. '아마도'라고 말한 까닭은 우리가 알고 있는 것은 오로지 진화가 있다는 것뿐, 그 밖에는 잘 알 수 없기 때문입니다. 하지만 현재는 생물학도 사상적 위기 상태에 있고, 진화가 어떻게 해서 일어났는가를 주관적인 선택에 빠지지 않고 설명할 수는 없습니다. 현재로 보아 진화에 대한 일관되고 입증된 이론은 없습니다. 환원할 수 없는 엄연한 사실은 진화가 있었다는 것뿐입니다. 개체의 원초적 여러 형태 사이에 그 옛날 연쇄가 없었다면 인간은 출현하지 않았다—고 말할 수 있는 것뿐입니다.

마찬가지로 오늘날 과학을 살펴볼 때 주관주의자가 다행히 세력을 잃고 있지만, 과학이라는 틀 전체 또한 위기에 빠져 있습니다. 더 나아가 위기 그 자체는—이 점은 당신의 발언 중에서 매우 흥미가 깊은 것으로 연계되어 있지만—한정된 유기적 존재로서 우리 인식의 한계(결정적인 것이든 일시적인 것이든)로부터 비롯된 것이 사실이고, 많은 물리학자가 생각하는 바와 같이 몇 가지 문제를 다루는 것을 가능하게 해주는 수학적 도구가 아직도 개발되어 있지 않다는 사실로부터 유래한다고 하는 것도 맞습니다. 그러나 이러한 위기가 있다고 해서 자연의 변증법을 당신이 싫어하는 그 무엇, 즉 의인화된 투영과는 별개의 것으로 간주할 수는 없습니다. 사적 유물론 안에는 뚜렷하고 이해 가능한 변증법이 있습니다. 그러니까 나는 당신이 나에게 설명해 준 변증법적이고 객관적이면서 현실적인 사실을 이해할 수 있을 뿐만 아니라 변증법 그 자체가 기능을 하고 있는 한에서도 이해할 수 있고, 변증법을 역사라는 전체화로부터 출발해서 이해할 수도 있습니다. 그때 부정의 부정은 긍정이 되므로, 나는 부정적인 것을 전체에서 출발하여 이해합니다. 왜냐하면 실제로 나는 어떻게 해서 전체에서 부정이라고 하는 고립이 그다음 단계의 사실에 의해서 제거되는가를 잘 이해하기 때문입니다.

우리는 전체의 긍정성에, 이를테면 상위에서의 차별로 되돌아갑니다. 그때 내가 이해하는 일은 역사의 전체라고 하는 전체의 내부에서 무엇이 일어나고 있는가에 대한 것입니다. 이를테면 현대의 물리화학적 지식의 총체는 나날이 진보하는 지식이며, 바로 진행 중이기 때문에 위기에 빠져 있는데, 그러한 지식의 총체는 변증법적 차원에 속해 있다고 단언할 경우, 나는 그저 내가 아는 것을 바로 인간적 차원으로 돌리고 옮기는 것입니다. 당신이 말한 것처럼 인간적 차원이야말로 마르크스주의의 요람 그 자체이기 때문입니다. 인간, 역사적 유물론에서의 인간, 사회 내부에서 사회적 인간인 자신의 행위와 자신의 객관적인 현실에 의해 자기 자신을 정의하는 인간인 것입니다. 따라서 그것은 인간에게 타당한 사상입니다. 오늘의 토의 범위를 완전히 벗어나 있지만, 나는 다음과 같은 물음을 제시하겠습니다. 특정 시간 안에 이러한 것을 투영하는 것은 의인화라고 생각하지 않느냐고. 자연변증법이 존재할지도 모른다고 하는 것은 부정하지 않지만, 그것은 단지 별개의 변증법이 될 뿐이라고 나는 이야기하는 것입니다. 여기서 우리는 어려운 문제에 부딪치게 됩니다. 이상이 내가 대답하려고 생각하는 모든 것입니다.

변증법에 대해서

발렌티니[*5] 오늘 아침 당신(사르트르)의 발표에 관해 몇 가지 언급하고자 합니다. 나의 지적을 반론으로서가 아니라 질문으로서 받아주기 바랍니다.

당신은 주체성을 이야기했는데, 어떤 의미에서는 저서인 《변증법적 이성비판》을 소개한 것 같습니다. 다만 나의 인상으로는 그 제1부, 특히 실천적–타성태의 소개에만 그친 것 같습니다. 당신이 든 예는 실천적–타성태의 차원에 머물고 있습니다. 그래서 하는 질문인데 실천적–타성태의 차원을 넘을 경우에도, 연구와 분석의 관점에서 주체성이라는 주제는 유용하다고 생각합니까? 당신이 집단과 역사에 대해서 이야기할 때—나는 나중에 롬바르도 라디체 씨나 그 뒤의 발언자들이 제기한 문제로 돌아갑니다—또 역사라고 불리는 것을 이야기할 때, 더 나아가서 자연이라고 불리는 것이 문제가 될 때 주체적인 것은 그 역할을 잃은 듯이 보입니다. 그래서 나는 당신이—그와 같은 연구의 차원에서까지도—주체의 발견학적 범주가 여전히 역할을 다할 수 있다고 생각하는지를 알고 싶습니다.

나는 또한 오늘 아침의 발표에서 당신의 책에도 헤겔적 리듬이 있다는 인상을 받았습니다—그렇게 말했다고 해서 비판하려는 의도는 아닙니다. 당신은 몇 가지 예를 들었습니다. 또 퍼치는, 로빈슨 크루소가 실재하지 않는다고 분명히 말했습니다. 그것은 헤겔이 《정신현상학》 이전에 한 말을 상기해 줄 것입니다. 헤겔은 《정신현상학》 이전에도 주인과 노예, 감각, 지각 등의 예를 다루었습니다. 당신이 든 예는 헤겔이 《정신현상학》 모든 부분에서 이야기한 여러 형태의 변증법적 예와 같은 역할을 한다고 생각합니다.

헤겔이 정신 그 자체를 이야기할 때, 특히—'공포 정치'를 분석함으로써—프랑스 혁명을 이야기할 때(당신은 프랑스 혁명에 대해서 자신의 책 몇 군데에서 논의하고 있습니다) 그는 이미 주체성을 이야기하지 않습니다. 헤겔은 '공포 정치'를 기술할 때 조금도 로베스피에르를 이야기하지 않습니다. 헤겔에게 있어

[*5] 이탈리아 철학가(1924~).

주체성 문제는 변증법적 수준, 즉 상위 차원에서의 분석이 문제가 됐을 때에는 아무런 유용성도 없는 것처럼 보입니다. 다시 말하면 당신이 개인적 실천 및 실천적—타성태의 실천이라고 말한 것을 뛰어넘는 차원에서 분석한 게 문제가 되었을 때 말입니다. 나의 질문은 다른 질문과도 연계된 것이지만 어떻게 해서 당신은 현재 당신의 관점, 다시 말해서 당신이 마르크스주의적이라고 부르는 관점과 당신 사상의 제1단계로 정의되는 시기의 연구와의 관계를 설명할까요?

당신은 초기 논문에서 의식에 관한 뛰어난 이론을 제공했습니다—틀림없이 철학 연구에서 당신의 최초 현상학적 논문이었다고 생각합니다. 그 논문에서 당신은 초월성과 자아를 논했습니다. 또 《존재와 무》에서 의식의 구조를 논하고, 대자존재로서의 의식과 타성적 즉자존재인 사물을 존재 사이에서 구별했습니다. 우리 대부분이 당신의 사상을 읽고 연구했습니다. 또 많은 사람들이 당신의 의식 속에서 관념론적 경향을 본 것 같은 생각이 들었습니다. 마찬가지로 당신의 비판적 고찰은 헤겔의 영향을 받았다고 생각합니다. 즉 정신은 지각일 뿐만 아니라, 다시 말해서 정신은 지각의 차원에서 모두 소진되는 것이 아니며, 보다 상위의 차원이 있고, 거기에서 의식은 엄밀하게 말해서 아무런 역할도 가지고 있지 않습니다. 그런 차원에서 헤겔 자신은 위대한 인간을 이야기하지만, 그것은 별개의 이야기입니다. 이상이 첫 번째 질문입니다.

여기서 문제가 되는 질문은 아마도 헤겔이 반성 철학에 대한 비판으로서 주장한 내용을 생각할 때 생기는 것이라고 말하고 싶습니다. 나로서는 실존주의를 당신의 실존주의나 가장 최근 단계의 당신 사상도 포함해서 반성 철학이라고 생각합니다. 즉 정신은 지각이거나 의식뿐인 것만도 아닙니다. 여기에서 하나의 문제가 제기됩니다. 매우 중요한 문제이며, 또 해결이 가능한 문제라는 것도 분명하지만(이 문제에 대해서는 토론장에 있는 전문가 여러분의 의견을 들을 수 있다고 생각합니다) 이 문제는 현재 당신의 관점, 변증법적 관점, 그것과 현상학과의 관계입니다. 여기에서 말하는 현상학이란 후설의 의미에서뿐만 아니라 당신이 이제까지의 저작을 통해 전개한 뜻에 관련된 것입니다.

더 나아가 다른 지적을 하겠습니다. 오늘은 《변증법적 이성비판》의 중심적 범주인—나는 그렇다고 생각하지만—희소성에 대해서 이야기하지 않았군요. 그런데 당신의 책 안에서는 여러 차례 언급되어, 인간은 희소성의 역사적 산물이라고까지 말했습니다. 생각건대 당신이 다른 장소에서 말한 내용을 고려한다는 것은 매우 유익합니다. 유명해진 당신의 말이 있습니다. 이를테면 "인간은 무익한 수난이다." 이것은 《존재와 무》의 말입니다. 또는 "인간은 하나의 절대이다." 기억이 올바르다면 이것은 〈레 탕 모데른〉지의 '창간사'입니다. 더 나아가서는 "인간은 역사적 산물이다", 즉 "인간은 희소성의 산물이다." 이 뜻으로는 분명히 인식은 순수 의식이 되지 못하고 그저 그 자체가 역사적인 것이며, 희소성 작용의 영향을 받고 있습니다. 만약에 이것이 기본적인 차원에서 진실하다고 한다면, 이를테면 개인적인 것과 실천적—타성태의 차원에서 진실이라고 한다면 내가 생각하기에 그것은 더욱 상위 차원에서 진실입니다.

마지막 질문입니다. 오늘 아침 당신은 변증법의 예를 많이 들었습니다. 롬바르도 라디체 씨와 르포리니 씨도 마찬가지로, 이어서 변증법의 예를 들었습니다. 당신은 특히 생물학으로부터 그러한 예를 들어 변증법의 예를 제시했습니다. 반맹증인 사람의 예, 즉 병리학적인 시각 장애의 예가 있었죠. 당신은 또한 유기체에 대해서라고 할까, 유기체라고 하는 전체성을 이야기했습니다. 당신의 변증법은 특히 이러한 전체성의 변증법입니다. 그런 뜻에서 당신의 변증법은 헤겔적입니다. 여기에서 전체성의 변증법, 그것도 헤겔적 전체성의 변증법은 문제가 됩니다. 그러나 그것은 나의 관점에서 보자면 당신에 대한 비판은 아닙니다—두말할 필요가 없는 이야기지만 명백히 말해 두고자 합니다. 되풀이되는 말이 되지만 질문하고 싶을 뿐입니다.

생물학이나 생물학 연구의 수준에서 참조해야 할 예가 많습니다. 거기에는 전체성이라고 하는 구조나 배치가 있기 때문입니다. 메를로 퐁티도 《지각의 현상학》(1945년)에서 변증법으로 전체성에 관한 구조를 포함하는 예를 분명히 전개했습니다. 그 유명한 한쪽 팔을 잃은 사람과 그의 환각지의 예가 있죠. 팔을 잃은 사람은 전체성을 재구성하려고 한다는 그 예입니다.

여기에서 코레티 씨의 발언을 참조하면서 르포리니 씨에게도 같은 질문을 하고자 합니다. 이 차원에서 변증법과 전체성에 대해서 이야기한다는 것은 결실이 많은 일이라고 생각합니까? 나는 칸트의 반성적 판단, 다시 말해서 목적론적 판단을 생각하고 있었습니다. 목적론적 판단은 새로운 지식을 덧붙이는 일이 아니며 반성 판단밖에 되지 않습니다. 그러나 새로운 앎을 주는 참다운 판단은 목적론적 판단이 아니라 결정짓는 판단입니다. 전체성의 구조가 기능하는 생물학적인 예를 들 수가 있습니다. 이를테면 르포리니 씨의 현실적 모순에 관한 지적을 생각했는데, 예를 들면 자율성 신경끼리, 즉 교감신경계와 부교감신경계 사이의 모순이 있습니다. 양자의 기능은 대립되어 있고, 말하자면 현실의 모순을 나타내고 있습니다. 하지만 그것이 진정한 모순일까요? 이러한 주장을 한다는 것은 유익하고 결실이 있는 일일까요? 새로운 앎의 관점으로 보아 아무것도 덧붙이지 않는다고 생각하는 것입니다.

더 나아가 르포리니 씨가 한 말, 즉 여러 과학의 통일성 및 변증법의 역할 문제를 말하고자 합니다. 개인적으로는 변증법이란 헤겔적 정신에 관한 일이라고 생각합니다. 이를테면 변증법 연구자이자 헤겔주의자인 페사드 신부가 헤겔적 변증법을 사용해서 이그나티우스 데 로욜라*6의 영험성에 대한 매우 흥미 깊은 연구를 했습니다. 매우 잘된 연구입니다.

비판은 아니지만 어떤 종류의 체험, 정신의 체험이라 불리는 것이 있다고 생각합니다(주인과 노예가 그렇고, 페사드 신부가 말한 이그나티우스의 심령 수행도 그렇습니다). 이러한 체험에서 변증법의 도식은 매우 유효합니다. 그러나 자연이 문제가 될 때, 생물학의 경우에까지 이 도식이 마찬가지로 유효하다고는 여겨지지 않습니다. 역사 연구가 문제가 될 때에도 그렇습니다. 여기에서 문제가 되는 것은 인간학이라는 문제, 즉 어떤 종류의 의인관(擬人觀)입니다.

헤겔적 변증법이 늘 작용하는 것이 아니라면 그것은 법(법칙)이 아니라고 단언할 수 있는 것입니다. 실제로 나는 헤겔적 변증법은 법이 아니라고 생각합니다. 나의 견해로는 모든 현상을 한데 묶을 수 있는 법이 있다고 생각하는 것은 일원론적 편견입니다. 그와 같은 보편(일반)적인 법은 존재하지 않습니다. 현실은 더욱 풍부합니다. 변증법과 같은 하나의 법이, 즉 모든 것의 기본 구조로서 발견할 수 있는 변증법이 존재하리라고 생각하는 사람이 있다 해도, 세계에는 철학이 몽상하는 것보다 훨씬 많은 것을 포함한다고 대답하는 사람이 언제나 더 옳다고 여겨집니다. 이상입니다.

사르트르 반대 순서로 마지막 질문부터 대답합니다. 가장 흥미 깊고, 가장 보편적인 질문처럼 여겨지니까요. 실제로 이 물음은 변증법 문제 그 자체를 제기하고 있으며, 이번 회의 목적을 넘어서고 있습니다. 따라서 먼저 내가 어디까

---

*6 스페인 수도사(1491~1556). 가톨릭 수도회인 예수회를 창립.

지 당신에게 찬성하고 있는지를 말해야 할 것입니다. 변증법적 해석을 자연에 투영한다는 것은, 변증법을 연구 방법으로 끌어다 쓰는 과학자의 경우는 별도로 하고, 작업 가설이나 칸트적인 통제 원리 또는 이념이라는 위치에 적용되는데, 저는 여기에 반대하지는 않습니다. 변증법적 해석이 과학자에게 무엇을 가져오는가 밝히는 일은 과학자의 일입니다. 다만 내가 알고 있는 것은 오늘날 과학자는 변증법적 해석을 거의 이용하지 않는다는 것입니다. 진정한 과학자는 변증법을 거의 쓰지 않습니다. 더 나아가 적대하는 힘을 긍정적인 것과 부정적이라는 것의 차원에서 다루는 경우도 있으나, 그 어떤 세계에서의 방향성이라고 간주할 뿐이지 그 차이는 아직 변증법이 아닙니다. 주어지는 것은 방침, 방향 설정, 기껏해야 대립이며 모순이 아닙니다. 따라서 변증법의 한정에 대해서는 당신에게 완전히 찬성입니다. 한편 나에게 훨씬 더 엄밀하게 보이는 문제는 역사에서 말하는 사적 유물론의 차원입니다. 당신이 시사하려는 것처럼 여기에서도 변증법의 영역과 그렇지 않은 영역이 있는지, 또는 전면적으로 변증법적 총체라는 것을 생각해야 하는지를 알 필요가 있습니다. 이 점을 대답하겠습니다. 나는 변증법을 법이나 법의 총체라고 생각하지 않습니다. 변증법적 운동에 따라서 법을 세울 수는 있을 것입니다. 앙리 르페브르처럼 변증법의 논리학을 세울 수도 있을 것입니다. 그것은 좋은 일이지만 전적으로 나에게는 부차적인 것으로 여겨집니다.

진정한 문제는 역사가 전체화인가를 아는 일이며, 만약에 역사가 전체화라면 전체화되는 현실적 총체의 구조는 어떤 것인가를 아는 일입니다. 내가 변증법에 대해서 이야기하는 것은 이 차원에서입니다. 나에게 변증법은 바로 이와 같은 것입니다. 문제는 전체화가 아니라 진행 중인 전제화의 여러 구조의 총체입니다. 내가 변증법에 바탕한 비판적 저작(《변증법적 이성비판》)을 쓴 것은 마르크스주의 문학뿐 아니라 문학 전체에서입니다—왜냐하면 누구나가 변증법을 이야기하기 때문입니다—만, 실제로 변증법적 사물과 현상이 완전히 감춰진 것처럼 여겨지기 때문입니다. 전혀 이해가 되지 않았던 것입니다. 참고로 나는 레비 스트로스의 놀랄 만한 텍스트를 인용했는데, 그는 변증법을 이항대립처럼 이야기하고 있습니다. 그런데 이항대립은 변증법만은 아닙니다. 이항대립은 요소를 분리하기 때문입니다. 그런데 내가 시도한 일(누구나 시도할 수가 있다고 생각하지만)은 변증법에 인식 가능성을 주는 일이었습니다. 헤겔적 인식 가능성이 아닙니다. 즉 자기를 형성하는 '정신'으로부터 출발한 인식 가능성이 아닙니다. 인간이 서로 존재하면서 전체화가 존재하는 차원에서의 물질적 인식 가능성입니다.

따라서 논의할 문제는 두 가지입니다. 먼저 지금 논의할 문제는 인간 사회에서 전체화의 사실이 있는가 없는가일 것입니다. 나의 생각으로는 마르크스 자신은 생산이란 하나의 전체이며, 생산 기적이란 전체임을 말함으로써 스스로 대답했습니다. 그렇습니다. 실제로 생산을 출발점으로 해서 그는 대답했습니다. 그렇다면 왜 생산 과정이 하나의 전체일까요? 이 문제는 우리를 생물학적 개인으로, 또는 심신적(심신을 갖춘) 개인으로 인도합니다. 왜냐하면 욕구-노동-쾌락으로서 인간이라고 하는 것은 하나의 전체이기 때문입니다. 거기에서 출발함으로써 인간끼리의 여러 관계는 이항(二項)의 모습으로, 즉 대칭적 또는 비대칭적 관계라는 형태로, 자연 등과의 관계로 지배되면서 전체화를 시작할 수 있는 것입니다. 또한 그러한 전체성에서 출발할 때 비로소 우리는 선험적이 아니라, 역사 그 자체에서 어떠한 조건으로 전체화가 사라지는가를 알 수 있는 것입니다. 우리는 그때 변증법의 인식 가능성과 틀림없이 만날 것입니다. 왜냐하면 우리 자신이 변증법을 만드는 존재이기 때문입니다. 변증법의 인식 가능성이란 개인 수준의 명증성이 아니라 상호 주체적인 명증성, 인간 수준에서의 명증성입니다. 이것이 당신 질문에 대한 나의 답입니다.

그런데 내가 말한 심신적 차원에 속하는 예로 반맹증인 사람을 들었는데, 그것은 이 예가 단순히 유기적 반응에 수용되지 않기 때문입니다. 왜냐하면 나는 유기체에 대해서는 참다운 의미의 변증법을 확립할 수 있다고는 생각하지 않기 때문입니다. 자기 제어의 현상, 종합의 현상 등등을 확증하기 위해서도 여전히 사람은 외부에 있습니다. 그러나 사람과 같은 심신적 존재가 있게 되면, 또한 지각, 반성, 앎과 무지, 행위와 같은 요소가 포함되게 되면 전제가 이루어집니다. 이것이야말로 반맹증인 사람의 경우 일어나는 일입니다. 왜냐하면 이것은 인간 이외의 유기체와는 다르기 때문입니다. 인간 말고 다른 유기체에서도, 전체를 유지하려는 경향에 조금 차이가 있지만 관찰해 볼 수는 있습니다. 예를 들어 개구리의 대뇌를 제거하는 경우입니다. 그러나 인격성이 완전한 상태에 있는 사람, 신체적일 뿐만 아니라 정신적이기도 한 여러 사상에 의해서 통합을 잃어가고 있는 전체를 재구성하려고 하는 사람이 문제입니다. 그러기 때문에 나는 반맹증인 사람의 예를 들었습니다. 왜냐하면 이 예는 더 나아가 내가 물질적이라고 부르는 수준에서 전개하기 때문입니다. 문제가 되는 것은 여러 관념도 아니고, 관념화도 아니며, 객관화도 아닙니다. 왜냐하면 단순히 지각의 수준이기 때문입니다. 그리고 바로 이 지각에서 변증법의 기본 법칙을 부여해 줄 수 있는 재전체화의 시도를 발견할 수 있습니다.

특히 이 문제에 관한 비판에 답하겠습니다. 당신은 왜 전체의 내부나 전체화에서 대립이나 모순이 있는지 잘 모르겠다고 했는데, 그에 대한 비판으로 대답하겠습니다. 나는 어떻게 해서 무한한 자연 안에 모순이 있을 수 있는지 도무지 이해할 수 없습니다. 나는 어느 통일성의 내부에서 두 개의 힘(그것이 의식인지 아닌지는 전혀 관계없이)이 대립하고 있어서 통일성을 파괴하거나 통일성을 점령하는 형태 말고는 자연 안의 모순을 생각할 수 없습니다. 계급 투쟁은 전체화되는 사회의 내부, 즉 프랑스 사회나 이탈리아 사회라고 하는 통일성의 내부에서라면 이해할 수 있습니다. 그러나 실제로 단순한 분산으로 이루어진 세계에서부터 유래하는, 우리를 둘러싼 분산된 우주에 유래하는 하나의 입자에 고착하는 두 힘 사이에 투쟁이나 모순적 대립과 같은 것이 생기는지는 알 수 없습니다. 게다가 두 힘의 한쪽이 파괴됨으로써 통일성이 회복된다는 생각은 할 수 없습니다. 프롤레타리아트가 부르주아를 격퇴하는 등, 다른 힘이 생기는 경우와는 다릅니다. 부르주아 계급은 보편적 계급으로 스스로를 제시하고, 통일성을 보증한다고 했습니다. 두 세력의 어느 쪽이든 전체를 짊어지는 일은 없습니다. 이 점이 매우 중요합니다.

이상이 당신의 첫째 질문에 대한 나의 대답입니다. 요컨대 나는 유물론적 변증법이 역사의 발전을 고찰하는 유일한 방법이라고 생각합니다. 다른 방법이 있다고는 여겨지지 않습니다. 실제로 내가 유물론적 변증법에 관한 책을 쓰려고 한 것은 유물론적 변증법을 수정하기 위해서가 아니라, 너무나도 여러 가지 뜻이나 방향으로 사용되는 유물론적 변증법을 해방하여, 그것을 명확히 하기 위해서는 어떻게 하면 좋은가를 검토하기 위한 것입니다. 명석함이란 인간의 인간에 대한 투명성을 말하는데, 그것은 주어진 게 아니라 오히려 요청되고 있는 것입니다.

왜 내가 희소성 문제를 언급하지 않았는가 하는 질문도 있었지만, 그 이유는 주체에 대해서 충분히 정의가 이루어지지 않았기 때문입니다. 내가 제시하려고 한 것은 객관성을 낳을 때 어떻게 해서 주관(주체)성이 형성되는가 하는 것뿐이었습니다. 하나의 현실이 있다고 하고, 그 현실은 내면화의 영역이거나 외재적인 영역인데, 두 영역 사이에는 종합의 관계가 있습니다. 객관적인 것을 낳기 위해서는 이 객관적인 것이 바로 하나의 현실로써 파악된 내면성에서의 존재 전체의 파악이라고 하는 방법 말고는 생각할 수가 없습니다. 한편 이 현실이 주관적인 것이 되기 위해서는 객관적인 것을 낳거나 파악하거나 발견하거나 하는 것에 따라서일 것입니다. 객관적인 것이란 현실과 관계가 있는 한 현실 앞에 있는 물질에 지나지 않으니까요. 이와 같은 일을 제시하기 위해 희소성에 기초한 역사적 관점에 몸을 둘 필요는 없습니다. 물론 질문을 제시하는 방법을 바꾸면 사정은 달라집니다. 즉 어떻게 해서 이 주체성은 조건지워져 있는가, 어떻게 해서 인간은 희소성에서 가장 가까운 수준에서와 마찬가지로 희소성에서 가장 먼 단계, 가장 간접적인 단계에서도 조건지워지나, 어떻게 해서 인간의 주체성 그 자체가 전면적으로 희소성인가, 더 나아가서는 어떻게 해서 희소성이 개인의 활동을 이루는가 하는 물음을 제시하는 경우입니다. 내가 하고 싶은 말은 이것입니다. 어떤 종류의 상황에 따라서 어떤 사람이 필요로 하는 사회가 만들어지는 상황이 있다고 합시다. 다만 그것은 사회가 그 사람을 필요로 해서가 아니라 여러 힘이 서로 상쇄하기 때문에, 하나의 상징과 같은 것이 되었기 때문입니다. 그 사람 자신이 바로 희소성입니다. 왜냐하면 사람은 발견할 수도 발견되지 않을 수도 있지만, 비록 발견할 경우에도 처음부터 상황이 규정한 그러한 사람이 아니라, 이 사람의 희소성에 유래하는 상황의 특이성에 우리가 직면하기 때문입니다.

그런 까닭으로 이상의 모든 일에 기꺼이 찬성합니다. 다만 나는 역사적 질서의 전망을 화제로 삼을 생각은 없었습니다. 왜냐하면 나에게 진정한 문제는 주체-객체의 종합적 관계는 어떠한 것인가를 아는 일이기 때문입니다. 그러자 당신은 물었습니다. 어떠한 방법으로 주체성은 실천적-타성태를 뛰어넘는 역사적 형태에 개입하는 거냐고. 즉 이와 같은 실천적-타성태 뛰어넘기가 있다고 가정해서, 그 자체가 필연적으로 주체적인 것-객관적인 것을 뛰어넘는 일이고, 타성적 요구가 된다고 했죠. 왜냐하면 그 배후에는 현실적 요구를 가진 사람들이 있고, 실천적-타성태의 뛰어넘기란 타성적 요구로서의 인간이며, 그 시스템을 낳기 때문이라고요. 이 물음에 먼저 이렇게 대답하지요. 실천적-타성태의 전면적 해소는 우리나라에서는 이루어지지 않습니다. 그러기는커녕 사회주의 국가에서까지도 다른 문제가 생겨 실천적–타성태는 존재합니다. 왜냐하면 실천적–타성태를 낳는 것은 억제뿐 아니라 인간과 기계와의 관계, 기계나 경제가 인간에 부과하고, 각기 전달되는 요구도 그렇기 때문입니다. 곳곳에 실천적–타성태가 있습니다. 따라서 이 차원에서는 곳곳에 주체성이 있습니다. 하지만 특히 사회주의적 여러 나라에서, 거기에서 벗어나기 위한 집단의 노력이라는 것이 있습니다. 여기에서 내가 앞서 말한 상황으로 이르게 되는 셈이며 그것은 매우 중요하다고 생각합니다. 내가 생각하기에는 계급, 집단 또는 당(黨)이라고 하는 것은 그 자체에 객체(=객관)가 되면 될수록 그만큼 한층 더 역사의 담당자가 됩니다. 다시 말하면 주체성은 남지만 한편으로 반성으로써 약화된 현실로서, 다른 한편으로는 순간마다 취급하기 쉬운 대상으로서 남게 됩니다. 이것은 그다지 강조되지 않는 특징 가운데 하나라고 생각합니다.

프랑스의 어떤 보수적인 역사가가 이를 강조했습니다. 그는 19세기의 신체, 탄생, 죽음, 가정생활에 대한 태도의 변화를 분석했습니다. (필립) 아리에스라는 인물로 《17세기에서 19세기에 걸친 삶과 죽음 앞의 태도, 이들 변화의 몇 가지 측면》(1949년)이라는 책을 썼을 뿐 아니라 18세기의 자연적인 것에 관한 사고방식, 이를테면 출생률 문제에 대한 생각 등에서 볼 수 있는 모든 주관적인 것에 대해서 분명히 했습니다. 그 무렵 사람들은 어떤 산아 제한도 하지 않고 아이를 낳았는데, 다산이 감당되지 않아 죽음에 의지하고 있었습니다. 이렇게 해서 적절한 수로 안정되는 것인데, 그 알맞은 수란 사람이 태어나서 죽는 것만큼 되는대로 맡기는 것이었습니다. 그런데 19세기가 되면 첫째 아이는 낳는대로 그대로 두지만 둘째부터는 산아 제한이라는 부르주아적 실천을 사용해서, 성 행동의 영역도 포함해 아이들은 부모에 의한 부모 자신의 신체 조작의 산물이 되었습니다. 이렇게 되면 사람은 자기 자신의 신체를 하나의 대상으로서 파악하는 것이 되기 때문입니다. 마찬가지로 죽음을 앞둔 태도나 돌보아야 할 신체를 앞에 둔 태도 또한 완전히 새롭게 되었습니다. 즉 오늘날 신체는 우리에게 '자기'라는 주체성인 동시에 '자기'라는 객체이기도 한 것입니다.

이것을 알 수 있는 좋은 예는 50년 전 안나푸르나로 여행한 등산객과 오늘날 등산객의 차이를 볼 때입니다. 현재의 등산객은 자기를 객체로 다루어 자기의 능력, 자기의 역량을 높이기 위해 모든 수단을 이용합니다. 현재의 등산객은 이전의 등산객과는 아무런 공통점도 없습니다. 예전 등산객은 오직 행위자이며 더욱이 스스로의 주체성에 의해서 동요하고 있었습니다. 이러한 일에서 다음과 같이 생각할 수 있을 것입니다. 실제로 집단이나 계급이 그 현상(現狀)을 정말로 의식하게 되고, 아울러 계급 의식을 (이것은 마찬가지 일이지만) 갖게 되면 자신의 객관적 한계를 고려하면서, 또 그것을 이용하면서 행동할 수 있게 됩니다. 반드시 정확한 루카치의 말은 아니지만 그의 생각에 충분히 해당되는 표현을 사용해서 말하자면, 사람은 자기에게 객체가 되면 될수록 그만큼 한결 주체적이 된다는 것입니다.

당신이 제시한 문제는—피오베네 씨가 나중에 발언할지도 모르지만—어느 면에서 예술 문제와 서로 호응하게 될 것입니다. 주체성에서 해방된 사회를 상상한다고 하고, 그것은 주체성이 이미 존재하지 않는다는 것이 아니라 언제나 객체의 상태로 머문다는 의미인데, 그때 이 영역에도 예술가가 있다고 생각할 수 있을까요? 또 예술에서의 주체성 역할은 무엇일까요? 이것은 전혀 별개의 문제입니다. 이 단계에서는 내가 하려고 한 일은 반성 철학이라 불리는 단계에 있다고 당신이 말한 것은 옳습니다. 여기에서 말하는 반성 철학이란 정신이 자기를 반성한다는 것이 아니라, 반성으로써 현실적으로 자기와의 간극이 생긴 수준에서, 주체성으로부터 시작하여 사회적 인간이나 집단을 그 객관성에서 규정하려고 시도하는 철학입니다. 이를테면 오늘의 강연에서 어떤 인물을 본인의 '학생'이라는 말로 설명하려고 한 셈인데, 문제는 말의 일반적인 의미에서의 반성이 아니라는 점은 아실 수 있을 것입니다. 왜냐하면 일반적인 의미에서의 반성은 인물의 삶의 총체를 나타내는 것이 아니기 때문입니다. 여기에서 이루어진 것은 분석적 역행이며, 그것은 이어서 종합적 전진으로 이어지지 않으면 안 됩니다. 나중에 이 전진이 어떠한 것인가를, 우리가 어떻게 해서 역사로 이행하는가를, 더 나아가서는 주체성의 역할이 무엇인지를 기술하게 됩니다. 이로써 대답이 되었으리라고 생각합니다.

르포리니 내가 잘못 이해하지 않았다면 당신은 논쟁적 질문을 했습니다. 당신은 뛰어넘기의 계기가 존재하며, 그 계기에서 주체성은 객체성의 상태에 머물고 있을 뿐이라는 논제를 말하고 있습니다. 그러나 그것을 규정하는 것은 무엇일까요? 정말로 문제는 그것일까요? 그것은 정확할까요? 나는 이러한 물음을 원칙적으로 부정하지 않으면 안 된다고 생각합니다. 나의 생각으로는 사회적인 삶에서 주체성이 객체성 상태로 머무는 그러한 계기는 절대로 없습니다.

사르트르 조금 오해가 있는 것 같습니다. 내가 말한 내용은 반성된 주체, 또는 반성의 대상인 주체성은 객체의 상태로 머물고 있지만 반성 그 자체는 실질적인 면에서 주체성이라는 것입니다. 반성이 되지 않은 직접적 의식을 생각해 봅시다. 앞에서 본 바와 같이 의식은 거리 없이 존재하기 때문에 주체적입니다. 그러나 어떤 종류의 모순을 포함한 경우, 이를테면 공산주의자이면서 반유대주의자인 어떤 예의 노동자와 같은 경우에서는 반성이 생기기 위한 동기가 있습니다. 이 반성이 일차적 의식, 즉 일차적 주체성을 반성된 주체성으로서 파악하게 됩니다. 이 반성은 일차적 의식을 거의 거리를 유지하면서 파악합니다. 이 일차적 의식, 즉 반성된 의식은 차츰 객관화될 것입니다. 이 의식이 조금씩 그 객관적 동기 부여에서 파악할 수 있다고 하는 것은 마치 자기 자신에 대해서 정신 분석을 습관적으로 하는 사람들과 비슷합니다. 그들은 노여움이나 두려움, 불안과 같은 피할 수 없는 감정의 움직임이 자기들 안에 싹트는 것을 보는 바로 그때, 이러한 감정의 움직임을 객관적 형식 아래 파악할 수가 있습니다. 그렇다고 해서 주체성이 나타나지 않는 것은 아닙니다. 왜냐하면 인간은 주체성이며 그 밖의 무엇도 아니기 때문입니다. 내가 하고 싶은 말은 이것입니다. 주체성을 그 본질에서 말살한다는 것은 논외의 일입니다.

마르크스주의와 실존주의

세메라리[*7] 전반적으로 우리의 논의는 《변증법적 이성비판》이 따르고 있는 전제를 충분히 고려하지 않은 느낌이 듭니다. 아마도 사르트르 씨 본인이 자신의 견해를 요약해서 발표했을 때, 그 전제를 충분히 강조하지 않은 것은 아닌가요? 사실 《변증법적 이성비판》은 특수한 시기에 생겨난 것입니다. 거기서 제시되는 문제는 사르트르 씨의 저작 그 자체뿐 아니라 현대의 정치, 문화적 상황 안에서도 선례들을 찾아볼 수 있습니다. 여러분도 알다시피 《변증법적 이성

---

*7 이탈리아 철학(1922~1996). 주로 후설·메를로 퐁티의 현상학, 마르크스의 유물사관을 연구.

비판〉을 낳은 계기는, 1957년에 〈레 탕 모데른〉지에 발표된 〈방법의 문제〉라는 매우 긴 논문 때문입니다. 1957년은 〈방법의 문제〉 논거에 대한 우리의 소견에 주목할 만한 해입니다. 그 발표는 (소련 공산당의) 제20회 당 대회와 헝가리 사건(1956)의 다음 해입니다. 사르트르 씨는 이미 매우 오래전에 《존재와 무》(1943)를 발표했습니다. 《존재와 무》와 《변증법적 이성비판》 사이에 《문학적 휴머니즘》*8이나 메를로 퐁티의 《변증법의 모험》(1955) 그리고 《지각의 현상학》(1945)과 같은 저작도 있습니다. 메를로 퐁티는 《변증법적 이성비판》 안에서 명확하게 언급되어 있지 않지만, 그 윤곽은 얼마쯤 볼 수 있다는 생각이 듭니다. 하지만 이렇게 말했다고 해서 사르트르 씨 방법의 독자성과 새로움, 어떤 의미에서는 《변증법적 이성비판》의 방법이 그때까지의 저작으로 보아 드러나는 일관성을 등한시하려는 것도 아닙니다.

그런데 오늘 아침 내가 여러분의 관심을 모으고 싶은 것은 바로 《변증법적 이성비판》의 서론 부분입니다. 이 발언을 통해 나는 정통파 마르크스의 관점도, 비마르크스주의의 관점도 아닌 공평한 관객이라는 관점을 취합니다. 즉 사르트르 씨가 《변증법적 이성비판》을 썼을 때, 나는 자신에게 목표로서 주어진 문제를 다루는 사람의 관점이었습니다.

《변증법적 이성비판》 전체에서 이 문제는 뚜렷이 이야기되고 있습니다. 사르트르 씨는 "나의 목표는 현대의 문제를 세우는 일이다. 우리는 현대의 문제에 철학자로서, 정치가로서, 사회학자로서, 또 이데올로기 및 심리학자로서, 또 문화인으로서, 마찬가지로 일반인으로서 관심을 가지고 있다. 그 문제란 인간학을 세우는 일, 즉 인간을 근본적이고 전면적으로 인간적인 방법으로 파악하는 일이다. 이러한 견해에 접근하기 위해, 그리고 이러한 이론적 견지를 풍부하게 하기 위해―왜냐하면 본다는 것은 이론적인 방법이므로―우리는 몇 가지 방법을 실행하고, 몇 가지 문화적 선택을 하지 않으면 안 된다" 말합니다.

그런데 마르크스주의는 이러한 구조적이고 역사적인 인간학을 만들어 내는 데에 유용한 도구로서 우리의 선택 안에 들어 있습니다. 나의 생각으로는 이것이 바로 기본적인 문제점입니다. 어제 여러 가지 발언을 들으면서 한편으로 이러한 전망이 조금 옆으로 치워진 듯한 인상을 받았습니다. 또한 묻는 것 자체

---

*8 아마도 《실존주의는 휴머니즘이다》와 《문학이란 무엇인가》를 말하는 듯하다.

가 오히려 절대적 성격을 가진 하나의 선택, 즉 어떤 종류의 마르크스주의에 기초하고 있다는 인상을 가졌습니다. 이 마르크스주의란 전면적으로 현대 문화에 포함되어 있는데도, 두려움 없이 언제나 근본적으로 다시 돌아보는 것을 꾀하려는 것입니다.

어젯밤은 어느 유명한 친구가 반대 의견을 말했습니다. "물론 그렇게 할 수는 있지만, 그렇다면 주의가 필요하다. 모든 것을 논의하게 되니까".

그렇습니다. 필요하다면 모든 것에 대해서 토론하는 마음으로 있지 않으면 안 됩니다. 그런데 나는 그러한 일은 문제가 아니라고 생각한 것입니다. 어느 쪽인가를 단호히 골라야 합니다. 즉 모든 것에 열린 마르크스주의, 현대의 문화적 문맥에서 가장 급진적인 수정주의조차 포함해서 무엇이든지 할 마음인 마르크스주의인가, 그렇지 않으면 자기 자신 안에 들어앉아 스콜라화한 마르크스주의, 대화에 응할 준비가 되어 있다고 자신하면서도 그 대화가 결과를 낳기 시작하고, 어떤 뜻에서 모든 것을 해결하는 방법이 되면 다시 자기 껍질 안에 들어앉아 버리는 마르크스주의 쪽인가?

서양 문화의 역사에는 비슷한 전례가 있습니다. 이를테면 그리스도교의 영역입니다. 사실 그리스도교도 같은 과정을 밟았습니다. 어떤 의미에서 그리스도교는 우리 세계 문화의 모든 가능성을 포함한다고 주장하는 격식이 되어 있습니다. 특히 후기 그리스도교적 문화의 명확한 여러 형태를 받아들일 작정이라는 것을 공언할 때 더욱 그렇습니다.

그런데 어제 마르크스주의자나 공산주의자 친구들의 발언을 들으면서, 나는 다음과 같은 걱정을 할 수 있다는 사실을 알아차렸습니다. 마르크스주의자와 비마르크스주의자가 서로 대화함으로써, 마르크스주의가 수정주의를 향한 길을 걸을지도 모른다, 마르크스주의의 몇몇 토대가 뿌리부터 의심받게 될지도 모른다는 걱정입니다. 특히 토론으로써 마르크스주의와 레닌주의의 접점이나 분기점이 두드러질 때 그렇습니다. 만일 헤겔을 다시 검토한다면, 마르크스의 헤겔에 대한 충성은 하나의 근본 문제가 됩니다. 만약에 헤겔주의에 한계를 설정한다면 마르크스주의에도 한계를 설정해야 하고, 그 반대 또한 마찬가지입니다.

그런데 사르트르 씨의 문제 설정 방법은 한편으로는 마르크스주의를, 여전히 마르크스주의 안에 계속 살아 있는 전(前) 마르크스주의적 요소로부터 해방시키기를 노리지만, 다른 한편으로는 마르크스주의에 대한 해석을 제시하는 것처럼 여겨집니다. 그 해석은 마르크스주의 자체를 사르트르 씨의 말에 의거해서, 우리가 넓은 뜻에서 '실존적'이라고 부르는 마르크스주의 본디 중심부로 다시 데리고 가는 것입니다. 《방법의 문제》를 널리 알린 뒤 사르트르 씨의 일은 실존주의와 마르크스주의를 절충주의적 방법으로 융합하는 시도라고 해석되었습니다. 실존주의는 어느 시기부터 마르크스주의에 관심을 나타내어 루카치가 말하는 마르크스주의–실존주의를 둘러싼 가르침을 최종적으로는 받아들였고, 마르크스주의 영역 안에 자리 매김을 하게 되었다는 말을 들었습니다. 《변증법적 이성비판》이라고 하는 책 제목 자체가 이러한 해석을 정당화한다는 말을 들었습니다. 실제로 사르트르 씨는 명쾌하고 단호합니다. 즉 그는 '실존주의'를 기생적 철학으로 정의하고, '현대의 철학 마르크스주의 여백에 사는 철학'이라고 정의했습니다.

그러나 어느 시점에서 사르트르 씨는 실존주의는 마르크스주의에 기생하는 철학이라 볼 수 있고, 그렇게 보아야 한다고 해도 실존주의 또한 바로 마르크스주의 영역에서 해야 할 요구나 주장을 가지고 있다는 사실에 대해서 주의를 불러모았습니다. 그것은 마르크스주의 차원 그 자체에서의 실존주의 요구입니다. 실존주의의 실존적 투기를 말합니다. 이처럼 주의가 깊은 독자라면 반드시 다음과 같은 사르트르 씨의 주장을 알아차렸을 것입니다―《비판》의 125쪽이었다고 생각하는데, 그 주장에 따르면 마르크스주의가 실존적 방법, 즉 실존적 투기 방법을 받아들여 그것을 나의 것으로 삼았으므로, 이미 실존주의 관점과 마르크스주의 관점을 그렇게 대립적이고 일방적인 것으로 다루면 안 된다는 것입니다. 반대로 실존주의는 철학을 세계 안에서, 세계의 생성 안에서 구현하여 결국 마르크스주의 자체의 본질적, 철학적 문제를 구현한 것이 될 것입니다.

비록 처음에는 사르트르 씨가 마르크스주의로 전향했다고 여겨져도―좀더 주의 깊게 읽는다면―마르크스주의의 실존주의화인 것처럼 보입니다. 하기야 마르크스주의의 실존주의화는 그와 같은 실존주의의 구조나 범주, 또는 실존주의에 대한 그와 같은 해석의 구조나 범주 격심한 변화와 차이를 포함합니다.

그런데 《변증법적 이성비판》의 '서설'(《방법의 문제》)의 내용이 되는 동기 부여나 기초 원리를 상기한다는 것은 문헌학적 가치를 가질 뿐만 아니라, 결정적인 중요성을 갖는다는 것이 나의 생각입니다. 왜냐하면 《변증법적 이성비판》, 그것과 마르크스주의와의 관계, 그리고 마르크스주의 그 자체는 이처럼 이들의 역사적 문맥에서, 또 철저하게 역사적인 방법에 의해서 판정되기 때문입니다.

현재로는 마르크스의 텍스트만, 즉 1818년부터 83년까지 살았던 한 남자의 텍스트만을 참고로 인용해서, 마르크스주의 문제를 다루는 것은 더는 할 수 없는 일이 되었습니다. 어제 몇 가지 발언이 있었는데, 발언자들은 《독일 이데올로기》나 《포이에르바하*⁹에 대한 테제》에서 마르크스가 실천에 관한 실존주의적 생각의 근본을 인정했다는 점을 강조하려고 했습니다. 《독일 이데올로기》에서 마르크스는 분명히, 역사 과정의 전제는 "실제로 존재하는 여러 개인, 실제로 노동하는 여러 개인에 의해 성립되어 있다" 말하고 있습니다.

《포이에르바하에 대한 테제》나 "1844년의 경제학─철학 수고(手稿)》, 더 나아가서는 《자본론》 등에서 감성에 대한 문제 설정이 이루어졌다는 것을 말했습니다. 이들 텍스트가 참조된 것은, 이미 마르크스에서 나중에 《변증법적 이성비판》에서 전개된 것 모두가 이미 존재하고 있었음을 지적하기 위한 것이었습니다. 확실히 어떤 의미에서는 그대로이지만 또 다른 뜻이 있습니다. 우리는 20세기 중반인 1961년의 오늘이라는 시점에서 마르크스주의에 관여하지 않으면 안 되기 때문입니다. 따라서 20세기의 마르크스주의는, 레닌이나 스탈린에 의한 마르크스주의의 발전과 관계없이는 절대로 살펴볼 수 없습니다. 현대의 마르크스주의는 그러한 것이기 때문입니다.

마르크스의 텍스트에 관한 논의가 매우 유용하고 중요한 일이라는 것은 틀림없습니다. 그러나 앞서 말한 구조적이고 역사적인 인간학의 발전에 기여할 것이라고는 도저히 생각할 수가 없습니다. 또 이러한 인간학의 기획이 등한시된 공허한 기도로서가 아니라, 구체적으로 실현되기 위해 어떠한 철학적 정치적 작업이 필요한지가 명확해지리라고도 여겨지지 않습니다. 그런 뜻에서 정치 분야에 관해 제기된 논의, 이를테면 최근 논쟁이 표적이 되었던 사회주의적 적법성의 정지에 관한 논의 등은 바로 우리가 여기에서 전개하는 문제 설정의 수준에 놓을 필요가 있다고 여겨집니다. 그렇게 함으로써 전적으로 마르크스주의적도 아니고, 민주주의적도 아닌 관점, 더 나아가서는 마르크스주의에 특유

---

*9 독일의 유물론 철학자(1804~1872). 헤겔의 관념론 비판.

한 문제 제기로 틀림없이 우리를 매우 곤혹하게 만드는 관점을 마르크스주의는 그 이데올로기에서 어디까지 명확하게 했는가를 확인할 수 있을 것입니다.

이제 발언을 끝내기 전에—다시 한 번 말하지만 나는 해결책을 제시하려고 하는 것이 아니라, 여러분의 관심을 사르트르 씨 강연의 전제나 근거로 되돌리려고 발언을 한 것뿐인데—나로서는 《변증법적 이성비판》의 서설인 《방법의 문제》에 대해서 두 가지를 지적해 두고 싶습니다.

⑴ 《방법의 문제》 18쪽의 주 1에서 사르트르 씨는 헤겔, 키르케고르, 마르크스를 인용하고, 현대 기호학의 용어를 사용했습니다. 헤겔의 관점에서 보자면 시니피앙(signifiant)은 언제나 '정신', '절대 정신', '절대 역사'이며, 그것에 대해서 시니피에(signifié)는 그 구체적인 양상의 개인이라고 말합니다. 이와 달리 듀이에 따르면 시니피앙은 언제나 그리고 단순히 개인에 지나지 않고, 더욱이 추상적 성격에서 고찰된 개인에 지나지 않습니다. 그런데 마르크스에게는—우리는 전적으로 의견이 일치하지만—시니피앙은 늘 역사적으로 행동하는 공동체로서의 개인, 또 역사적 실천으로서의 개인입니다.

바로 이 점을 토론에서 깊이 다루어야 할 것입니다. 시니피앙으로서의 공동체를 구상하여, 그것을 실제로 사용할 수 있게 하기 위한 방법 말입니다. 이 공동체가 그 어떤 방법으로 구조화되지 않을 때, 이 공동체는 실체화될 위험이 있지는 않을까요? 따라서 공동체가 그 구체적 결정에서 개인 위에 겹쳐질 위험은 없을까요? 또는 개인과 공동체 자체 사이의 의사소통이 늘 자유롭게 열린 채 있는 것처럼, 공동체를 구조화하는 일은 가능할까요? (이 점이 중요한 것은) 만약에 마르크스주의가 이 문제를 적극적으로 해결할 수 있다면 분명히 마르크스주의는 정말로 근대 사상의 전위에 있게 될 것입니다.

⑵ 둘째는—이것으로 나의 발언을 끝내고자 합니다. 발언이 너무 길었다면 용서해 주시기 바랍니다—사르트르 씨가 30-31쪽의 주 1에서 주체적인 문제인 마르크스주의적-유물론적 근거에 대한 인식론, 즉 인식론적 해석에 대해서 말한 것과 관련이 있습니다. 먼저 마르크스주의, 이어서 레닌의 관점에서 어떻게 주체성이 괄호 안에 포함되어 버렸는지를 사르트르 씨는 명백히 밝힙니다.

이것은 역설적으로 보일지도 모르지만, 한편으로 사르트르 씨는 구성적 관념론의 형식으로, 다른 한편으로는 회의론적 관념의 형식 쪽으로 나가고 있습니다. 그런데 문제는 다음과 같은 점입니다. 즉 주체성이라는 것이 주체성으로 부터 출발해서 자연환경의 객체성에 이르거나, 그 반대이기도 한 순환성 안에 들어간 것으로 간주해야 한다는 점입니다. 그런 뜻에서 주체성을 기능적 계기, 비판적-기능적 계기로 여겨야 합니다. 여기서 마르크스주의는 확고한 방법으로 가장 고귀하고, 가장 고전적인 형식의 실용주의, 곧 듀이의 철학이 그러한 구체적 실존주의 형식에서의 실용주의가 열려 있는 것처럼 여겨집니다. 듀이의 철학은—나에게는 그렇게 생각됩니다만—그런 점에서 부르주아 철학으로 정의되는 일은 없습니다.

따라서 주체성을 비판적 계기, 비판적 판단 정지의 계기, 객관적 상황의 환원의 계기로 보는 것이 중요합니다. 나의 하찮은 의견에 따르면 마르크스주의는 두 개의 매우 긍정적이고 근본적인 가르침을 주었습니다. 하나는 앎, 문화, 학문과 같은 인간적 기초에 관해서, 다른 하나는 우리 앎의 구축물을 거기에 짜 넣는 목적론적 전망에 관해서입니다. 이 목적론적 전망이란 1848년의 《공산당 선언》의 잘 알려진 형식에서, 누군가의 자유가 다른 자유의 조건이 되는 사회의 구축에 대한 전망으로서 제시되었습니다. 칸트의 말을 빌리면 이것은 인간이 다른 인간에 대한 목적이라고 하는 전망으로서 이해될 수 있을 것입니다. 19세기의 마르크스주의 경험이 아니라, 20세기의 마르크스주의의 경험에 비추어 비판적이면서 건설적인 이야기를 하려고 한다면 이 두 가지 핵심을 단단히 기억해야 한다고 나는 생각합니다.

예술과 주체성

피오베네[10] 사르트르 씨와 르포리니 씨는 일반적이지만 본질적인 논점에 대해 의견 일치를 보았습니다. 마르크스주의 안에서 주체성을 찾기란 쉬운 일이 아니지만, 주체성은 그래도 그 사상의 중심에 있다고 하는 점입니다. 즉 마르크스주의에서 주체성은 부록이 아니라는 점입니다. 르포리니 씨의 말을 정확히 인용한다면 "객관적인 극단화가 마르크스주의의 유일한 목표가 아니다"라는 것입니다. 사르트르 씨의 강연은 그 관점과 명료한 특성 때문에 나에게 매우 풍부한 결실이 되었습니다.

---

*10 이탈리아 작가, 언론인(1907~1974).

내가 여기에서 언급하고자 하는 것은 주체성의 문제와 연관있는 것처럼 여겨지는 예술의 문제입니다. 나의 인상을 솔직히 말하자면 예술 문제는 최근의 마르크스주의 연구에서 소홀히 다뤄져 거의 깊이 없이 머뭅니다. 예술에 대해 마르크스주의에 바탕해서 만들어진 어떠한 학설도, 그 어떤 깊이 있는 이론도 만족할 수 있는 것이 없습니다. 틀림없이 무언가 결함이 있기 마련입니다. 이러한 이론은 본질적인 것이니까요.

만족할 만한 학설을 갖느냐의 여부는 예술의 지표가 됩니다. 그 어떠한 것이든 모든 체계가 예술을 설명하고 이해할 수 있다면, 그 체계의 타당성과 완전성의 증거가 됩니다. 그러나 체계가 그러한 특성을 제시할 수 없다면 그 속에는 결함이 있는 것입니다. 그 결함은 모든 분야에 관여되지만 특히 여기에서 다루는 문제, 즉 주체성의 문제가 전혀 심화되지 않고 있다는 결함이 드러나게 됩니다. 사르트르 씨의 발언을 이야기할 때, 나는 반론부터 시작하고자 합니다. 사실은 반론이라고 할 만한 것은 아니고, 만일 반론이 틀림없다고 해도 그 목적은 사르트르 씨로부터 대답을 끌어내거나, 적어도 그 어떤 논의를 이끌어 내는 데에 있습니다.

발표를 듣고 매우 감탄한 일이 있습니다. 공산주의자 노동자의 예로, 그 노동자는 유대인 친구들에게 매우 격렬한 혐오감을 가졌다는 이야기입니다. 그런데 어느 때 그는 자기가 반유대주의자라는 사실을 깨닫습니다. 그 자각 자체가 유익하다고 사르트르 씨는 말했습니다. 왜냐하면 그 자각은 자기가 공산주의자라는 것, 자기가 무의식적으로 반유대주의자라는 것 사이에 갈등을 불러옴으로써 자기 안에 남아 있는 모순을 뛰어넘도록 돕기 때문이죠. 물론 공산주의적 일관성을 유지하기 위해서는 반유대주의는 자각된 이상 배제되어야 합니다.

그러나 나중에 주체성을 자각하는 일이 사르트르 씨 말을 듣고 꼭 긍정적인 것으로 여겨지지 않는다는 생각이 들었습니다. 두 사람이 개인적으로 대화했을 때, 사르트르 씨에게 주체성에 대해 질문을 했더니 그는 나의 생각을 긍정했습니다. 이런 말도 했습니다. 어떤 종류의 예술 작품에 대해 더 나아가 예술 작품 일반에까지 예술가가 자기 자신의 주체성에 대해 가진 절대적 의식은 이롭지만, 그래도 예술가는 자신의 주체성에 어느 정도의 무의식을 이용하고 있다고요. 그래서 그 점이 의심스럽다고 솔직하게 말하고 싶습니다.

사르트르 씨는 어제 강연에서 소설 《보바리 부인》을 언급하면서 이 무의식을 인정하기도 했습니다. 이 작품은 어느 시대 프랑스의 시골을 묘사한 것이면서, 보바리 부인과 그녀를 둘러싼 상황 전체에 플로베르의 무의식이 크게 투영된 것이라고 주장했기 때문입니다. 사르트르 씨는 이 무의식에 적극적인 가치를 주려는 것처럼 보였습니다. 나는 그 점에 의문을 가졌습니다.

나로서는 반대로, 예술이란 반드시 자신의 주체성을 깨닫는 것이 아니라 오히려 자신의 주체성의 경력을 자각적으로 복원하는 일, 즉 객체성이 되는 방법이 아닌가 하고 생각합니다. 그 어떤 순간에 주체성은 객체성 안에 투영됩니다. 그럴지라도 주체성은 예술가의 책무인 보고 관찰한다는 주도적인 역할을 계속 가지고 있습니다. 예술가는 그 역할을 끊임없이 자각해 나아가지 않으면 안 됩니다.

앞에서 말한 무의식적으로 반유대주의자였던 노동자를 예로 생각해 봅시다. 이 노동자가 한 권의 책을 써서 갑자기 예술가가 되었고, 더욱이 그가 쓴 책은 유대주의적인 책이었다고 생각해 봅시다. 그러나 이 책이 무의식적으로, 게다가 실제로 반유대주의적이었다는 사실은 예술 작품으로서 그 책의 가치를 줄이는 것이 될까요? 그렇지 않으면 늘어나게 될까요? 내 의견을 묻는다면 나는 틀림없이 감소시키는 것이라고 답할 것입니다. 반대로 생각했을 경우, 이 책의 부정적 측면은 예술에 무관계하다고 인정하지 않을 수 없게 됩니다. 그러니까 이 책은 예술 이외의 이유, 즉 도덕적 견지에서는 이 책이 포함하는 판단이 인정될 수 없지만 예술적으로는 훌륭한 것이라고 인정하지 않을 수 없게 됩니다.

나로서는 그 책에 예술 면에서도 결함이 있고, 앞서 말한 무의식이라는 것도 예술적 결함이 되어 나타난다고 생각합니다. 과거에는 무의식이 크게 작용하는 예술 작품들이 많았지만, 현재 무의식은 어느 의미에서 유익하다고 주장하는 것은 충분한 대답이 되지 않습니다. 나도 답은 알 수 없으나, 이 논쟁은 자유로운 토론에 맡겨두기로 합시다. 어쨌든 우리가 질문을 받고 있는 일과는 다르니까요.

사실을 말하면 예술은 오늘날 크게 발전했으며 그것에 의하여 예술은 자각의 정도를 더욱더 높이는 방향으로 나아가, 예술가는 더욱더 자각으로부터 빠져나올 수가 없게 된다고 생각합니다. 그런 뜻에서 사르트르 씨의 의견, 주체성은 더욱더 개체성에 의해서 흡수되지만, 그렇다고 파괴되는 것은 아니라는 의견을 나는 높이 평가합니다. 예술과 주체성이 함께 발전한다는 것은 객체성으로써 더욱더 분명히 흡수된다는 방향으로 향하는데, 흡수 때 주체성은 성질이나 상태를 바꾼다고는 하지만 줄어들지도 파괴되지도 않기 때문입니다.

예술가는, 말하자면 진리에 대해 더욱더 선명해지는 요구를 하고 모든 형태의 무의식에 대한 거부를 한결 돋보이게 하는 것처럼 여겨집니다. 나에게 예술에서 불리고 있는 객관화는 주체성을 지키는 것이며, 더 나아가서는 주체성의 유효성을 인정하는 것입니다. 즉 객관화는 바로 주체성에 근거를 더하는 것, 따라서 주체성에 새로운 가치를 부여함으로써 주체성의 유효성을 인정하는 것입니다. 예술은 나의 생각에 따르면 주체성이며, 그러한 주체성은 스스로를 인식하고 자각적으로 객체성에 편입됩니다.

사르트르 씨는 다른 문제에서도 주체성은 어떤 상황에 반응함으로 생성될 수 있다고 말했습니다. 그 또한 옳다고 생각합니다. 실제로 주체성은 어떤 상황에 응답함으로써 자신을 뛰어넘지만, 예술 작품의 경우 예술은 우리가 주는 응답일 뿐만 아니라 우리 응답의 경력이기도 합니다. 따라서 주체성은 예술 작품 안에서 주도적인 역할을 발견합니다. 어떤 의미에서는 식물이 뿌리째 뽑혔다고 생각합니다.

나는 전체화의 개념을 매우 흥미 깊은 것으로 생각했습니다. 특히 계속적인 재전체화의 개념은 흥미 깊고 건설적인 개념입니다. 전체화나 재전체화는 예술가의 끊임없는 운동이기 때문입니다. 우리는 예술에서 표현은 전체적이어야 한다, 또 현실 안에 존재하는 모든 것이 표현되어야 한다고 느낍니다. 즉 현실 안에 존재하는 것은 모두 부정되어서는 안 되며 표현되어야 한다고 주장한 사르트르 씨는 주체성과 객체성 사이의 지속적인 운동을 매우 뚜렷하게 밝혔습니다. 모든 예술가가 그러한 운동을 알고 있으리라 생각합니다. 토론할 점은 언론 영역에서 내적 인간과 사회적 인간과의 구별에 대해 전개된 것인데, 이 영역은 우리가 파기하지 않을 수 없었던 하나의 주제를 다룹니다. 그것은 주체성이 사회적 인간 안에 투영되는 한편으로, 사회성은 주체성에서 내면화된다는 주제입니다. 그 또한 계속적인 운동입니다. 그 결과 추상적인 주체성은 존재하지 않고, 존재할 수 없다고 생각합니다. 나는 모든 예술가의 경험에 호소하고자 합니다. 내 앞에도 한 사람 있습니다. 그가 나에 이어서 발언할 것을 기대하고 있습니다.

어떻습니까? 우리의 친구 구투소*[11] 군은 그림을 그리면서 그림 자체를 위해 그리는 일이 이제까지 한 번도 없었다고 생각하고 있습니다. 나 또한 이제까지 그림 그 자체 때문에 그림을 그렸다는 사람은 하나도 없었고, 문장 그 자체를 위해 쓴 사람도 없다고 생각합니다.

예술 작품의 가장 주체적인 순간인 어떤 제작 가운데 주체성은 이미 대화의 형태를 취한다고 우리 모두 느낄 수 있습니다. 우리는 일정한 사회를 실현하기 위해 일을 합니다. 그런데 우리의 어떠한 노동이든지 심지어 '주체(주관)적'이라 불리는 가장 친밀한 노동까지도 어떤 의미에서는 '사회적'입니다. 언제나 사회성의 내면화 또는 내면성의 사회성입니다. 그것이 내가 논의하고자 하는 점입니다. 마지막으로 르포리니 씨가 어제 말했던 일에 대해 조금 덧붙이고자 합니다. 그는 자기의 발언을 특히 예술 운동의 방향으로 심화시키고 싶다고 나에게 개인적으로 말했습니다. 그와 같은 이론을 세운다는 것은 이미 말한 이유로 해서 매우 중요합니다. 그가 그것을 기획할 것을 진심으로 바라는 바입니다.

사르트르 나는 대답에 쪼들리고 있습니다. 나는 당신이 검토한 논점에 완전히 찬성입니다. 그래서 당신의 의견을 핑계 삼아, 좀더 깊게 주체성의 관념으로 되돌아가려고 생각합니다. 당신은 사회성은 깊이 침투하고 있다, 추상적 주체성은 그 어떤 의미도 갖지 않고 존재조차 하지 않는다고 말했습니다. 그 의견에 전적으로 찬성합니다. 왜냐하면 나에게 주체성이란 내면화와 재전체화이며, 보다 애매하고 흔한 말로 하자면 '사람에게는 삶이 있기' 때문입니다. 주체성이란 자기 존재와 사는 일을 말합니다. 사람은 자기 존재 그 자체와 함께 살고, 자기 스스로 사회에 대해서 존재하며 살아갑니다. 우리는 그 밖의 사람 상태를 모르기 때문입니다. 사람은 바로 사회적 존재이지만, 이 사회적 존재는 그와 동시에 자기의 견지에서 사회 전체를 사는 것입니다. 어떠한 개인도, 집단이나 그 어떤 총체도 오로지 자기 자신을 살리기 위한 목적으로 전체적인 사회의 성체(聖體)가 된다고 나는 생각합니다. 그것은 포섭의 전체화의 변증법적 놀이, 즉 사회적 총체에까지 미치는 전체화의 놀이, 내가 성체라고 부르는 응축된 개념의 전체화 놀이를 우리는 이해할 수 있기 때문입니다. 사회적 성체화에 따

＊11 이탈리아 화가 레나토 구투소(1911~1987). 정치성을 띤 사실주의 작품을 주로 발표.

라서 어느 개인이든지 자기 시대를 전체적으로 표현합니다. 따라서 참다운 사회적 변증법을 생각할 수 있습니다. 이러한 조건 아래에서 나는, 이 사회적 주체야말로 주체성의 정의(定義)라고 생각합니다. 사회적 차원에서의 주체성이 사회적 주체성인 것입니다.

그것은 무슨 뜻일까요? 개인이 하는 일은 모두, 개인의 투기는 모두, 개인의 행위는 모두, 마찬가지로 개인이 당하는 일도 모두 사회 그 자체를 반영하는 데에 지나지 않는다는 것입니다. 단 그것은 어떤 종류의 마르크스주의적 전통이 말하는 반영에 대한 스콜라적 의미가 아닙니다. 오히려 사회 그 자체를 성체화하는 데에 지나지 않는다고 말하는 편이 좋을지도 모릅니다. 플로베르가 《보바리 부인》을 쓴 것은 이와 같은 이유에서였습니다. 그가 한 일은 무엇입니까? 그는 한편으로 어느 계층, 즉 1850년 무렵의 프랑스 시골 계층이 변화해 간 모습에 대해서 객관적 기술을 하려고 했습니다. 변화란 박사 칭호를 가진 의사가 차츰 면허 의사를 쫓아냈다는 것, 신앙심 없는 소시민 계급이 대두해 왔다는 것 등등입니다. 이들 모두를 플로베르는 매우 의식적으로 기술하려고 했습니다. 그러나 동시에 그것을 쓰는 그 자신은 도대체 누구일까요? 그는 이들 모든 것의 사회적 성체 바로 그것입니다. 실제로 그는 의사의 아들, 시골 출신 의사의 아들이며, 그 자신도 루앙 교외의 크루아세라고 하는 시골에서 살았습니다. 그는 토지를 소유하고 있었기 때문에 그때의 모든 사람들과는 달리 산업에 투자는 하지 않았습니다. 그는 바로 그가 서술하고 있는 그 자체였습니다. 그는 더욱 앞으로 나아가려고 합니다. 왜냐하면 그는 가족을 위해 희생하며 연금생활자로서 가족 안에 머물러 그즈음 여성의 경우와 매우 비슷한 처지에서, 처음에는 아버지에게 이어서는 어머니에게 지배를 받았기 때문입니다. 그리고 자기 존재를 소설의 여주인공에 투영했기 때문이지요. 그 작품에는 두 가지 구조가 있는데, 근본적으로 그것은 같은 것입니다. 왜냐하면 사람은 자기가 놓인 사회적 존재를 전체화하기 때문이죠. 아울러 자기가 보고 있는 사회를 기술하기도 하기 때문입니다. 플로베르의 경우 특히 흥미 깊은 것은 나쁜 품행으로 말미암아 변질했다고는 하지만, 도에 넘치는 비범한 감수성을 가지고 있었다거나 매우 불길한 유년 시대를 보냈다는 것이 아니라 시대의 묘사를 객관적으로 지향하는 작품 안에 주체적인 형태로 자기를 투영한 그 무렵 현실적 생활이 묘사되었다는 점입니다. 이 모순 그리고 이 여러 방면의 결정이야말로 작품의 훌륭함을 낳고 있는 것입니다. 왜냐하면 그 소설에는 단지 외부에 있는 사람들이 그려지는 것이 아니라 플로베르 자신의 모든 것이 있고, 우리는 처음에 그것을 단지 그렇게 느낄 뿐이지만, 읽으면 읽을수록 뚜렷이 이 사실을 알게 되기 때문입니다. 《보바리 부인》의 이야기는 특이한 것이어서 나는 이 책을 문제 삼은 것이고, 1850년 이후 이 소설이 사실주의의 대표작, 말하자면 사실주의의 《크롬웰》*¹²이라고 간주되기 때문에 주목하는 것입니다. 플로베르는 사실주의자로 여겨져 왔습니다. 그런데 우리는 그가 실은 사실주의자가 아니었다는 것을 알고 있습니다. 그가 《보바리 부인》의 주제를 고른 것은 《성 앙투안의 유혹》 안에서 표현할 수 없었던 자기에 관련된 무엇인가를 표현하기 위해서였습니다. 그리고 그것을 현실 세계 안에 자리 매김하여, 더욱이 자기에 관여하는 많은 것을 표현하기 위해서였습니다. 독자는 조금씩 이 사실주의의 책이 두 가지 차원에 속해 있었다는 것을 이해하게 되었습니다. 첫째 차원은 프랑스의 작은 시골에 대한 참다운 현실적 묘사이며, 둘째 차원은 한 사람에 대한 묘사입니다. 그 사람은 많건 적건 간에, 자각적인 그 묘사 안에 투영됩니다. 우리는 조금씩 이러한 차원을 배우고 이해한 셈입니다. 이런 점에서 나는 다시 앎과 알지-못함의 문제로 되돌아가고 싶습니다. 우리는 플로베르가 이 점에 대해 매우 자각하고 있음을 이해한 것입니다. 그는 "보바리 부인은 나다" 말했습니다. 즉 그는 자기가 한 일을 알고 있었던 것입니다.

　내가 당신과 의견을 달리한다는 것이 아니라, 당신이 한 말과 관련해서 보충하고 싶었을 뿐인데, 플로베르는 자기가 무엇을 하고 있는지를 알고 있었으나 글을 쓰고 있을 때만은 그렇지가 않았다고 말하고 싶습니다. 플로베르는 자기가 하고 있는 일을 반성할 때, 자기가 하고 있는 일을 알았지만 '보바리 부인 안에 자기를 그린다'고 마음속으로 중얼거리는 일은 결코 하지 않았습니다. 만일 그러한 말을 중얼거렸다면 오히려 자기를 잘 그릴 수 없었을 것입니다. 그러한 중얼거림은 글을 쓰고 난 나중의 반성에 지나지 않는 것이라고 생각합니다. 그가 중얼거리는 것은 쓰는 작업을 하는 도중, 더욱이 그가 자기 작업에 대해서 반성했을 때의 일입니다. 그 말은 책이 출판된 뒤에 한 말이기 때문입니다. 어쨌든 그가 의도적으로 보바리 부인 안에 자기를 그리려고 한 일이 한 번

---

*12 프랑스 작가 빅토르 위고의 희곡.

도 없었다는 것은 분명합니다. 그가 바랐던 것은 《성 앙투안의 유혹》에서는 마무리를 할 수 없었고, 새로운 형태로 다시 꺼낸 몇 가지 관념을 그려내는 것뿐이었습니다. 여기에는 세 가지 관념이 있는데, 그 관념들은 참다운 소설을 이루는 요소들입니다.

첫째는 객관적 묘사, 둘째는 객관성은 있지만 이미 묘사로서의 객관성이 아니라 작품을 구성하기 위해서 자기를 투영한 주체성에서 또 다르게 체험한 객관성, 셋째는 주관적인 것과 객관적인 것은 같은 것에 관계한다는 뜻이며 객관적 묘사와 주체성에서 다시 체험된 객관과의 동일성입니다. 즉 그 체험은 어느 시대의 프랑스 발전이며, 그 시대란 당시에 면허 의사였던 샤를 보바리나 오메씨의 눈으로 파악되지요. 그리고 시대에 자기를 투영하는가를 자기 안에서 느끼는 플로베르를 통해 파악되어 있습니다. 이를테면 오메에 대한 미움은 열애를 하면서도 거절된 아버지에 대한 미움이며, 과학에 대한 사랑이기도 하면서 과학에 대한 미움이어서 매우 복잡한 혼합물입니다. 그러한 혼합물은 플로베르 그 자체이고, 그렇기 때문에 오메, 보바리, 교구 사제인 부르지니앙 사제를 등장시켰을 때 그는 객관적인 형태를 취하면서도 실제로는 매우 정열적인 형태를 취한 것입니다. 그가 부르지니앙 사제에 대해서는, (엠마가) 신앙을 가지려고 생각하고 있는데 신앙을 위한 열쇠를 주지 않는다고 비난을 하고, 동시에 외과 의사인 자기 아버지가 타락한 이미지인 오메에 대해서도 어중간한 과학적 지식밖에 가지고 있지 않기 때문에 신비주의적 깨달음 상태로 들어가는 것을 방해하고 대답을 주지 않는다고 비난합니다. 이러한 일들은 모두 플로베르의 문제입니다. 동시에 이것은 현실 상황이기도 합니다. 그 무렵의 프랑스에서는 '그리스도교로부터의 이탈'이라는 큰 흐름이 있었기 때문입니다. 그 흐름은 자코뱅파의 부르주아지로부터 출발하여 소시민에게까지 영향을 미쳤습니다. 그러나 그것이 자기를 참조하면서 두 가지 형태를 낳게 됩니다. 이 두 가지는 모두 존재할 필요가 있습니다. 즉 자신을 이해하는 방법으로 어떤 불투명한 두께가 있지 않으면 안 됩니다. 이 둘을 참조해야 하는 것입니다.

내가 파타고니아 지방으로 취재를 하러 가서, 파타고니아 사람의 습성에 대한 소설을 쓴다고 합시다. 취재 때 모은 정보를 최대한 이용하여 비교적 객관적인 책이 되었다고 해도 그것은 전적으로 형편없는 작품일 것입니다. 그렇게 되지 않기 위해서는 스스로 파타고니아 사람이 되어 하나의 시를 쓰는 수밖에 없습니다. 그러나 이 경우 파타고니아 사람들은 모습을 감출 것이고, 그들에게 자기 투영하기에는 파타고니아 사람과 나의 관계 또한 너무 희박합니다. 이에 반해 내가 내 주위에 대해서 소설을 쓴다면, 그것은 투영으로서 나 자신이 됩니다. 그와 함께 나를 둘러싼 모든 것이 될 것입니다. 본디 나라는 것 또한 나를 둘러싸고 있는 것이므로, 여기에서는 곳곳에서 발견되는 재전체화와 같은 '실천적 전체화'를 발견할 수 있습니다. 그래서 엄밀하게 객관적인 소설이라고 하는 것은 전혀 무가치한 것이라고 생각합니다. 왜냐하면 앞서 말한 것과 같은 어떤 결합, 즉 저자의 불투명 상태가 필요하기 때문입니다. 저자는 이 상태에서 전체화로서의 자신의 상황으로 되돌아갈 수 있습니다. 만일 자기에 대한 불투명한 상태가 없으면, 완성되는 책은 사회주의 국가에서 어느 시기 흔히 쓴 책들과 같은 종류가 될 것입니다. 어떤 작가가 여러 주일 동안, 또는 여러 달 공장에서 살다가 돌아와 그곳에서 일어난 일을 이야기한다는 식의 책입니다. 그러한 경우 그가 진실로 공장에 몸을 두는 일은 없고, 자기 투영도 없습니다. 너무나 동떨어져 있기 때문입니다. 그는 자기가 진정한 노동자가 아니라는 사실을 잘 알고 있습니다. 그는 사회주의 작가이지만 노동자는 아닙니다. 다른 노동자를 거기에 배치해도 전혀 문제가 없습니다. 그는 노동자를 잘 알지 못하기 때문입니다. 이렇게 해서 졸작이 탄생하게 됩니다.

요컨대 나는 앙드레 지드가 책에서 '악마의 몫'이라고 부른 것을 지적하고 싶습니다. 주체성이 없는 걸작은 없습니다. 사람이 사회 속에 있는 이상 사회에 대한 묘사는 물론 필요합니다. 하지만 인간이 있습니다. 곧 실제로 상황을 표현하고 있는 사람이 사회 안에 있다는 것입니다. 누구나가 자기를 투영하고 있는 한에서의 인식을 작동시키는 것입니다. 시인, 아니 소설가의 태도와 일반 사람의 보통 태도 사이에 차이는 없습니다. 실제로 우리는 자신을 투영해야만 사회적인 것을 파악할 수 있습니다. 그러나 사회적인 것을 재전체화한다고 하면, 우리는 사회적인 것 말고 무엇을 투영할 수가 있을까요? 즉 이런 종류의 끊임없는 포용이나 사회적 성체는 바로 검토되어야 합니다. 그런데 이 경우 사람은 정말로 자기 주체성을 지배할 수 있을까요? 당신은 주체성이 더욱더 뚜렷해지기를 자신이 바라고 있다는 것은 알고 있습니다. 그리고 그것은 바로 진리의 이름에 있어서 가능합니다. 예술의 기본 요소 가운데 하나는 확실히 진리이니까요. 내가 '기본 요소의 하나'라고 말하는 것은 미적 도식이나 미적 가치 내부의 진리일 뿐, 순수한 진리는 문제가 되지 않습니다. 본디 진리라는 점은 어떤 사회 환경에 관한 통계학적 데이터나 변증법적 성찰의 총체가 사회 속에 사는 사람들을 소설로 그리는 것보다 훨씬 많은 객관적 진리를 가지고 있을 것입니다. 그럼에도 소설이 보다 더 진실하다고 한다면, 그것은 바로 소설이 하나의 주체성, 즉 사회 환경을 그리는 작자의 주체성을 나타내고, 더 나아가 묘사하는 작가도 그 속에 함께하고 있기 때문입니다. 그러나 자신의 주체성을 더욱 잘 인식할 수 있는 것이 사실일지라도 우리가 책 안에 담는 몫을 정의할 수 있는 것은 아닙니다. 자신이 존재하는 직접적 주체성과의 관계에서 우리가 더욱더 반성적이 된다는 것뿐입니다.

어제 말한 바와 같이 "내가 반유대주의자인 것은 사실이다" 말하는 노동자는 반성에 의해서 주입된 부르주아적 이데올로기의 공범자가 될 수도 있습니다. "활동가로서의 행동과는 어울리지 않으므로 나는 반유대주의를 그만둔다" 말하는 대신, "나는 반유대주의자다. 그래도 좋지 않은가? 잘못되어 있는 것은 공산주의자들이다. 실제로 유대인들이란 그러한 친구들이니까" 말하는 경우도 있을 것입니다. 작품을 완성하는 과정에서 자기가 주체성의 대상임을 안다는 것은 매우 확실한 일입니다. 그리고 주체성이 작품에 필요하면 주체성은 반성 그 자체 속에서 찾을 수 있습니다. 그 결과 주체성은 명확해지지만 다른 차원에서 작가에게 다시 돌아갑니다. 비록 주체성이 대상으로서 인식된다고 해도 그것은 눈으로 보아 알지 못하며, 알지 못하는 형태로 발견됩니다. 왜냐하면 알지 못하고, 알려지지 않은 것이야말로 행동하는 주체성의 원리이기 때문입니다. 그리고 예술가가 자신을 투영하는 한, 자기를 인식하고 있지는 않습니다. 비록 다른 한편으로 자기를 확실히 인식하고 있다고 해도 말입니다. 플로베르는 집필할 때 보바리 부인에 관한 일을 생각하고 있습니다. 보바리 부인을 여러 방법으로 반성을 시킬 때, 그녀가 할 것 같은 반응 또한 생각하고 있습니다. 그러나 그 뒤에 이제 막 쓴 작품에 대해서 반성할 때, 플로베르도 같은 반응을 했을지도 모릅니다. 그는 그녀에게 자신의 반응을 투영한 것이라고 생각합니다. 즉 앞서 말한 그 유희가 다시 발견되는 셈입니다. 생각해 보건대 예술이라는 것은 객관적인 것과 주체(주관)적인 것 사이의 합류점으로서가 아니면 이해할 수가 없습니다. 이상이 당신에게 대답하려고 생각했던 것이며, 그다지 큰 의견의 차이는 없다고 봅니다.

소리 그와 같은 예술 의지가 앞서서 있는 것이 아니라 집필 중에 주체가 의식된다는 것이군요.

사르트르 그렇습니다. 집필 중에, 말하자면 갑자기 자각된 셈입니다.

소리 죄송합니다. 설명해 줄 수 있겠습니까? 플로베르의 시골 생활, 그의 아버지, 왕립 중학, 의사와 같은 것에 대해서 말입니다. 그것은 플로베르에게 그 무엇이며, 그가 자신의 불투명 상태를 통해서 또 자신의 불투명 상태의 두께를 통해서, 자기 안에 가지고 있었던 그 무엇이라고 말할 수 있을 것입니다. 그렇다면 무의식이라고 불리는 그 무엇인가는 나 자신 안에 있는 외부라는 것의 증거가 됩니다. 동의합니까?

사르트르 바로 내가 하고 싶었던 말입니다. 그것은 외적인 것입니다. 그것은 사회 그 자체입니다. 나는 사회를 생각할 때, 사회를 외부에서 식별합니다. 그리고 나는 자기를 투영합니다. 즉 '나'는 나라는 사회를 사회 자신에 투영합니다. 결국 그것은 합류하는 서로 다른 두 단계이며, 둘 다 사회성이라고 해도 좋을 것입니다. 그것은 같은 사회성이며 같은 조건 부여입니다.

소리 중요한 것은 사회성을 검토할 때, '무의식'이라고 하는 말을 다른 형태로 분석할 수 있다는 것입니다.

사르트르 나는 '알지─못함'이라 말했습니다. 그것이 현실이기 때문입니다.

소리 그렇습니다. 바로 그 점인데 내가 내 자신 안에 간직한 것은 객관성의 현실이지 한 차원 높은 지식적인 것은 아닙니다. 그것이 문제입니다. 찬성합니까?

사르트르 전적으로 찬성입니다.

알리카타[*13] 나도 주관성-객관성의 관계가 없으면 예술은 존재하지 않는다는 점에는 찬성입니다. 마르크스주의와 관계가 없지 않다고 생각합니다. 그래도 토론을 좀더 진전시키기 위해 잠시 반론을 펴고 싶습니다. 이 관계는 시적 설명에도 해당될까요? 또 역사적 설명에는 어떨까요? 어제 우리는 주관성-객관성의 관계는 어느 정도까지 과학적 설명에도 해당된다는 점에서 의견의 일치를 본 것처럼 여겨지는데요, 그렇다고 한다면 우리는 시적 설명이 무엇인가를 정의해야 할 단계에 놓여 있습니다. 일정한 주체성-객관성 안에서 우리는 시적 설명을 앞에 두고 있다고 말입니다. 요컨대 아직 한 걸음에 지나지 않는 것 같습니다. 하지만 어떤 방법으로 문제가 해결될까요? 이 주체성-객관성의 관계는 예술을 특징짓고 있는 것일까요?

반디넬리[*14] 이에 대해서 의견이 있습니까?

사르트르 없습니다. 그래도 그것이 논의의 대상에 틀림없다고 나는 생각합니다.

소리 나의 의견을 말해도 좋습니까? 당신이 이야기하고 싶은 것은 압니다. 그러한 도식(주체성-객체성의 관계)이나 그러한 내면화와 외면화의 실천이 어떠한 분야에도 해당될 수 있는 것은, 그러한 도식이나 실천이 때로는 미적 또는 회화적 또는 음악적 표현에 해당되기 때문입니다. 그러한 표현은 도식이나 실천 그 자체라고 말하고 싶을 것입니다. 이러한 말을 써도 나는—당신도—예술에 일정한 공간 형식을 나누어 주는 크로체[*15]주의자와 같지는 않습니다. 물론 크로체가 중요하지 않다고 말하는 것이 아니라, 이렇게 생각하면 크로체가 우리에게 너무나 얕고 서툰 해결책을 주기 때문입니다.

더욱 깊은 해결책을 찾기 위해서는 나의 사회적 성체 문제, 즉 이미지, 감각, 물질과 같은 것의 문제를 제기해야 하지 않을까요? 나는 역사적 한계이기도 한 사회, 과거, 나의 역사, 내가 살고 있는 세계의 역사를 내면화할 수 있습니

[*13] 이탈리아 문학비평가, 정치인(1918~1966). 공산당원으로 활동.
[*14] 이탈리아 고고학자, 미술사가(1900~1975).
[*15] 이탈리아 철학자(1866~1952). 문예평론지 〈비평〉을 창간하여 파시즘을 비판.

다. 그러나 외면화할 때, 예술 말고는 다른 일은 전혀 하지 않는다는 형태로 외면화할 때 나는 매우 특수한 일을 한 것이 됩니다. 그 일은 무엇보다 먼저 기존 언어로서의 언어—또는 기존의 예술 언어—그리고 나와 물질과의 접촉에 관련됩니다. 화가라면 물질에 대한 공감의 문제이고, 물질의 타락 문제입니다. 화가 자신은 색(色)이 됩니다. 사르트르 씨는 플로베르의 예를 이야기하고, 그 문체 또한 물질과의 접촉에서 나온다고 지적했습니다. 이 말대로는 아니지만 거의 그렇다는 것입니다.

즉 플로베르가 정치가가 아니라 작가였다는 데에는 이유가 있습니다. 그는 작가인 한에서 자기를 표현하고, 자기 외면화를 할 수가 있었습니다. 어느 때 그는 "나에게는 아버지나 형을 거역하여 자기를 사랑하는 것 말고도 할 일이 많습니다" 말하고 있습니다. 그의 아버지는 의사이고, 형은 이상적인 아들로서 아버지가 배운 왕립 중학에서 공부했습니다. 그에게는 한때 가족에 대한 반항이 생겼으며 그 반항은 자신 안에 있는 것이고, 그를 형성한 소시민 계급에 대한 반항이기도 했습니다. 발생론적 관점에서 보자면 그러한 반항은 그에게는 문학에 투영한 반항으로서 표현되는 것이며, 그것 말고는 아무것도 아니었다는 것을 알 수 있습니다. 따라서 그 반항은 그즈음의 언어, 그 무렵 글쓰기 방법과의 대결이면서, 자신이 고유하게 지닌 특이한 글쓰기 방법과의 대결이기도 했을 것입니다.

사르트르 그러한 반항은 거역하는 행동의 인물로서 행한 것입니다. 물론 모든 예술가가 그렇지는 않지만 그는 그랬습니다…….

소리 전적으로 그렇습니다.

사르트르 게다가 플로베르는 글을 씀으로써 과학을 하고 있다고 주장했습니다. 그는 "나는 외과의의 눈초리를 가지고 있다" 말합니다. 그러나 실제로 플로베르에게 문학은 과학에 맞서 싸우는 일입니다. 아버지 과학의 어떤 종류의 방법에 대항하고 있다는 것은 확실합니다.

소리 그것은 시대나 사회와 연결되어 있습니다.

사르트르   하지만 작품을 이처럼 과학에 맞서는 것으로서 선택한 것은 그입니다. 여기에서도 그것은 늘 그렇지는 않지만, 그는 그렇게 선택한 것입니다.

소리   결론을 말하겠습니다. 알리카타 군, 이런 종류의 분석에서 당신이 제시한 문제는 현실에 존재하는 것은 확실하지만, 그 문제는 매우 어렵다고 생각합니다. 주체성–객체성의 관계를 예술, 과학, 도덕 등등에서 구별하기보다 거슬러 올라가는 방법으로써(특이한) 한 사람이 체험한 일의 보편성을 명백히 살피는 것이 중요합니다.

사르트르   그러한 의제(擬制 : 허구)가 그려진 책은 많이 있고, 특수한 미적 가치에 대해 사회주의의 관점에서 쓰인 책도 있습니다. 이를테면 폴란드에서 1945년부터 1952년까지의 시기 전체 묘사를 나중에 쓴 것인데, 이들 책은 본인을 정당화하는 것이기도 했습니다. 내 기억에 있는 것은 브란디스의 《그라나다의 방위(防衛)》(1956)입니다. 그는 매우 특이한 남자입니다. 어느 의미에서 그 무렵의 체제와 관련되었기 때문에, 그의 소설은 사실주의적이고 사회주의적인 소설—비록 소설 안에서 자기 일은 그리지 않았지만—이었습니다. 그 뒤 그는 다른 경향으로 바뀌었습니다. 자기비판을 한 것입니다. 그러나 그가 자기비판을 하면서, 완전히 자기 부정을 하지는 않았습니다. 그는 과오나 실패를 제시함과 동시에, 변화라는 어긋나는 연속성을 유지하기 위해 "확실히 그것은 과오였다. 그래도 달리 어찌할 수 없었다"고 어떤 연관성을 말한 것입니다. 이렇게 그는 객관적으로 이야기합니다. 《왕가(王家)의 어머니》(1957)라고 하는, 그가 그 시절을 객관적으로 이야기한 소설도 예를 들어봅시다. 그는 객관적으로 당시에 대해 이야기하면서, 주인공이 3인칭 '그'라는 것을 분명히 합니다. 그것은 동일한 일입니다. 즉 작가의 차원에서는 정당화하고, 자기비판을 하고, 정당화한다고 하는 변화와 시도를 볼 수 있지만 그가 등장인물로서 나타나는 일은 결코 없습니다. 동시에 다른 하나의 인물이 나오게 되는데, 그들은 객관적으로 파악되어서 그들 안에는 저 일련의 과오, 필연성, 선의, 잘못된 방향으로 향한 선의를 볼 수가 있습니다. 이러한 집필은 내가 후기 사회주의적 사실주의라고 부르는 소설입니다. 왜냐하면 이 소설은 하나의 사회에 대한 단순한 묘사 이상의 것이 있기 때문입니다. 그것은 발자크가 자기와 관련도 없는 자료에 의해서만 알고 있는 프랑스 혁명을 논하는 것과는 상당히 이야기가 다릅니다. 그는 정말로 사회에 관여했으며, 사회에 관여한 사람들의 행동을 서술하고 있습니다. 그는 여전히 사회주의적 사실주의 소설의 객관적 방법에 의해 이야기하면서, 이와 함께 소설 안에서의 자신도 그리고 있습니다. 따라서 분석에 어떤 종류의 정밀함이 생깁니다. 자기는 옳은데 자기가 잘못되어 있다고 묘사하는 데에서 생겨나는 것입니다. 그는 자기비판을 하려 하지만 그 비판은 자기를 등장인물로서 말살해 버리는 비판이 아닙니다. 그렇게 되면 그 소설은 주목할 만한 것으로서, 작가는 그 자신이 등장인물의 한 사람인 이상 더욱더 깊숙이 소설의 등장인물 의식 안으로 들어가는 게 아닐까요? 어쨌든 그것은 매우 중요한 일입니다.

이를테면 여기에 있는 우리 가운데 누구도 1945년에서 52년에 걸친 어느 폴란드인의 인생이나 러시아인의 인생에 대해 참다운 소설을 쓸 수는 없습니다. 하나의 이상한 실험이 있었습니다. 예의 사회주의의 건설입니다. 그 건설에는 편향, 잘못 등 여러 문제가 있었습니다. 이 실험을 밖에서 체험할 수밖에 없었던 우리는 비록 그 실험에 관계되는 좌익에 속한다고는 하지만, 그 실험을 제대로 그릴 수는 없습니다. 오늘날 바로 이들이 소설을 쓰지 않으면 안 됩니다. 왜 바로 그들이 오늘 소설을 쓰지 않으면 안 될까요? 그것은 이 실험을 체험한 것은 그들이기 때문입니다. 따라서 다시 주체성이 크게 문제가 된다는 것을 알 수가 있습니다. 어떤 작가를 어떤 공장에 보내서, 2년 동안 머물게 하는 것을 생각할 수는 있습니다. 그러나 우리 중 누구 하나 1945년에서 52년에 걸친 시대의 폴란드, 헝가리, 러시아에 대해서 감히 소설을 써볼 수는 없을 것입니다. 그것은 그 시대를 체험한 사람들에 의해서 쓰일 필요가 있습니다. 우리가 이 사실을 인정한다는 것은 재전체화로서 주체성의 중요성을 명백히 하는 것입니다.

소리 피오베네 씨도 어젯밤 같은 말을 했습니다…….

피오베네 나는 주체성이 예술작품에서 매우 중요한 역할을 한다고 말하고 싶었습니다. 이야기를 들으면서 나는 내 안의 불투명 상태라고 당신이 말하는 것이 오늘의 예술 세계에서 줄어들고 있다고 생각했습니다.

사르트르 맞습니다.

피오베네 나는 불투명성이 감소하고 있다는 점을 강조하고 싶었습니다. 생각건대 예술가는 언제나 본 광경 이상의 것을 가지면서, 아울러 그 광경의 여러 근거를 파악하는 것입니다. 그러나 불투명한 상태로 있을 수는 없다고 생각합니다. 게다가 그 불투명한 상태라고 하는 측면, 풍요로운 불투명 상태라고 하는 측면의 역할은 더욱더 작아지는 것처럼 여겨집니다.

사르트르 소설이란 창안입니다.

소리 맞습니다. 플로베르가 지금도 쓰고 있다면, 보다 더 직접적인 수단으로써 자기 자신을 그릴 수가 있고, 보다 더 간결한 방법을 고른다고 나는 생각합니다. 그렇다고 해서 《보바리 부인》이 걸작이 아니라는 것은 아닙니다. 그 작품이 걸작임은 분명합니다. 그러나 나는 다른 매우 중요한 일도 생각하고 있습니다. 즉 오늘날 예술에서까지도 정당한 결론에 이르는 것이 중요하다는 생각입니다.

사르트르 전적으로 찬성입니다.

소리 자기가 거짓말쟁이라고 느끼는 일은 불가능합니다. 아마도 과거의 예술가에게 이 사실은 그다지 중요하지 않았을 것입니다.

사르트르 그것 또한 매우 중요한 일이었습니다. 플로베르의 책은 진짜인 것입니다. 그것은 정당한 결론에 이르고 있습니다. 티보데[16]가 명백히 한 것처럼 플로베르의 책은 프랑스 소시민 계급의 융성을 예측하여, 제3공화국 아래에서의 정치에서 그들의 중요성을 앞서 봤습니다. 이들 모두는 그가 이미 제2제정 때 쓴 내용 안에 나와 있습니다. 나는 당신에게 찬성하지만, 하나 미루어 둘 게 있습니다. 나는 주체적 전체화가 언젠가 이루어지지만 그것은 다른 수준에서 이루어지고, 재전체화는 존재한다고 생각하기 때문입니다.

---

*16 프랑스 문예평론가, 소설가(1874~1936).

소리　만약에 사실 재전체화가 존재하지 않는다면 사람은 정체성을 유지할 수가 없을 것입니다.

사르트르　그렇지 않으면, 투영된 자기 자신의 복사만 있게 될 것입니다. 그러나 그것은 정확하지 않겠지요.

반디넬리　죄송합니다. 발언의 순서를 알 수 없게 되었습니다. 당신(델라 볼페 씨)이 먼저입니까, 그렇지 않으면 르포리니 씨가 먼저입니까?

르포리니　내가 먼저인 편이 좋겠군요. 델라 볼페 씨에게는 미학이 있지만 나에게는 없으니까요. 미학이 없는 사람이 먼저 발언하는 편이 좋습니다. 그렇게 함으로써 우리는 차츰차츰 더 완전한 대답을 갖게 되기 때문입니다.

반디넬리　완벽한 논리입니다. 그럼 먼저.

르포리니　내가 발언을 요청한 까닭은 먼저 발언한 사람에 비해 내가 더 알리카타 씨가 나타낸 반대 의견에 가까운 것처럼 여겨지기 때문입니다. 나는 사르트르 씨의 관점에 가장 큰 이의(異議)를 품은 사람이라고 생각합니다. '이의'를 품고 있는 이유는 나에게는 '미학'이 없기 때문입니다. 나는 여러 문제를 안고 있습니다. 그리고 사르트르 씨에게 하고 싶은 질문이 있습니다. 왜냐하면 아마도 마르크스주의는 공인된 미학을 규정하지 않았기 때문일 것입니다. 나의 문제는 이 결여 때문인지도 모릅니다. 어쨌든 나는 문제만을 안고 있습니다. 그래서 먼저, 나는 일반적인 질문을 하고자 합니다. 바로 번역을 한다면, '주체의 망아(忘我)'라 칭할 수 있는 것에 대한 질문입니다. 그것은 '행동하는 일'에 늘 따라다니는 사실입니다. 사르트르 씨는 계단을 내려오는 사람을 이야기했으므로 완전히 동의할 것이라고 생각합니다. 어떠한 행동에서나 주체는 자기 행동에 대해서 생각하는 일은 없으나, 자기가 향하는 목표는 생각하고 있다는 것은 틀림없습니다. 따라서 문제는 주체를 일정한 영역 안에서 파악하는 일입니다. 나는 인식 일반의 영역 안에서 이야기할 것입니다. 다음으로 역사적 인식, 과학적 인식, 그리고 예술을 문제로 삼고 싶습니다. 내가 생각건대 앞서 말한

'불투명 상태의 두께'라는 요소, 곧 주체가 떠오르는 배경은 이들 영역 안에 존재합니다. 즉 예술가나 과학자의 주체는 현존합니다.

소리 사르트르 씨도 반대되는 일을 주장한 것은 아닙니다.

르포리니 이 의견에 이른 경과를 설명해도 좋을까요? 나는 조금 지나치게 규칙을 찾는 정신을 갖고 있어서, 어떤 종류이든 질서 수립이 필요합니다. 그런데 예의 '불투명 상태의 두께'는 늘 행동 안에 현존하고, 과학의 인식이든 역사 기술의 인식이든 인식의 행동 안에 현존합니다. 그것은 예술적 배경이며, 주체성 안에 머물고 있는 배경입니다.

그런데 나는 내가 아니라, 아내의 경험을 이야기하고자 합니다. 나는 몇 년 동안 어떤 종류의 흥미를 가지고 아내의 경험을 지켜보았습니다. 나는 아내가 스스로 그 경험을 이야기해 주기를 바랐으나 그녀는 그것을 원하지 않았습니다. 그녀는 여러분이 어젯밤 화제로 삼은 것 같은 문학 작품을 출판하는 일을 하고 있었습니다. 톨스토이 작품을 출판하는 것은 무엇을 말하는 것일까요? 그것은 톨스토이의 소설, 즉 톨스토이의 서술 형식의 성립 과정을 연구하는 것을 뜻합니다. 그녀는 한편으로 이본(異本)과 비교해 보고, 다른 한편으로 톨스토이가 집필 기간 중에 이야기했던 모든 내용을 살펴보거나 했습니다. 그러자 집필 기간 중에, 자기 자신에 대한 연속적인 반성이 있었다는 사실을 확인했습니다. 그 반성은 죽은 뒤에 이루어진 것이 아니라 집필 과정에서 이루어진 것입니다. 따라서 톨스토이는 두 가지에 대해서 매우 자각적입니다. 그는 객관적인 세계 묘사에 자각적입니다. 동시에 끊임없이 자기를 묘사한다는 일에 자각적입니다. 등장인물 가운데 남자뿐 아니라, 나타샤 등등에게도 자기의 모습을 반영하는 일에 대해서 자각적이었다는 것입니다. 그것은 문헌 연구를 통해서 검증할 수 있습니다. 톨스토이는 플로베르보다 현대적이라고 말할 수 있을 것입니다. 그러나 문헌 연구와 텍스트 연구 덕택으로, 톨스토이에게서 동시에 두 계기의 객관화이기도 한 자각이라는 것이 끊임없이 지속된다는 것은 의심할 여지가 없습니다. 나는 이 객관화가 톨스토이를 도왔다고 생각합니다. 즉 그를 특징짓고, 그의 예술의 위대함을 만들고 있는 것입니다.

알리카타 씨에 의해 제기된 반론으로 이야기를 옮기기로 합시다. 즉 예술의 문제는 이 토의의 목적지에서 논의될 수가 있습니다. 만일 우리가 예술을 인식이라고 주장하는 일에 찬성이라면, 예술은 어떠한 종류의 인식에 속하는가를 결정하는 것이 큰 문제가 됩니다. 이를테면 지금 톨스토이를 몇 년 동안 내가 열중해서 지켜보았던 그 경험을 문제 삼을 때, 이 특수한 상황에서 우리가 확인할 수 있는 것은 톨스토이의 모든 등장인물이 현실의 모델이나 실제로 만난 인물, 또는 그가 자유롭게 섞은 인물에서 오고 있다는 것입니다. 그뿐만이 아닙니다. 만약 그것만이라면 너무나도 초보적입니다. 사실 톨스토이는 세부적인 면에 크게 얽매여 소도구를 구사하는, '자연주의'라고 불리는 문체로써 작품을 쓰기 시작하고 묘사하기 시작하며 자신의 관심을 구체화하기 시작했습니다. 등장인물을 정하는 과정이란 이들 자세한 세부 전체를 제거하고, 그 결과 '이상화'라고 불리는 것을 낳는 과정에 지나지 않습니다. 탐미주의의 설명은 바로 여기에서부터 시작합니다. 톨스토이는 그것을 자각했습니다. 모든 것은 마치 그가 다음과 같이 말하는 것처럼 흘러갑니다. 즉 "조심하십시오. 내가 역사 소설을 쓸 때 나의 목표는 다릅니다. 내가 묘사를 할 때 역사적 등장인물은 역사가에 의해서 다뤄지는 인물이 아니기 때문입니다. 역사가는 인물을 그 역사적 의미에서 파악합니다. 나는 한편 그 인물을 현실적 생활의 교차 전체 안에서의 다른 사람들과 마찬가지로 파악합니다." 사실주의적 모델의 이러한 '탈자연주의화' 과정과의 관계에서, 바로 질문할 수가 있습니다. 나도 그 질문을 되풀이합니다. 문제로 되돌아갈 수 있고, 질문을 함으로써 결론을 내리게 되는데 제 스스로가 그 질문에 대답할 수 있다고는 생각하지 않습니다. 그것은 근본적인 질문인 것처럼 여겨집니다. 즉 "예술은 어떠한 종류의 인식에 속하는가, 예술은 어떠한 점에서 다른 종류의 인식과 다른가" 하는 질문입니다.

사르트르 나의 대답은 나중에 하기로 하겠습니다.

델라 볼페*[17] 토론이 매우 흥미 깊고 극적이라고 말할 수 있는 지점에 다다랐다고 생각합니다. 사르트르 씨의 현상학적 기술에 이어 우리의 엔조 파치가 그것을 옹호하고, 우리의 참다운 물음에 이르렀습니다. 실은 사르트르 씨의 현

---

*17 이탈리아 마르크스주의 철학자(1895~1968).

상학적 기술—나는 이 명사에 얽매이고 있습니다—은 매우 흥미롭다는 것을 인정할 수 있습니다. 그러나 그 뒤에 어떤 문제에 걸리게 됩니다. 주체성과 객체성 사이의 관계가 어떤 소설에서 실제로 눈앞에 있을 때 그 관계를 구별하는 것은 무엇인가, 소설과 역사 이야기를 구별하는 것은 무엇인가 하는 문제입니다.

잠시 동안 이 주체성이라는 범주를 사용해 봅시다. 몸젠*[18]이 쓴 《로마사(史)》를 검토해 봅시다. 《로마사》는 작자 주체성의 강력한 개성, 즉 몸젠의 정치에 관한 생각으로써 특필할 만한 것입니다. 《로마사》는 몸젠의 주체성을 통한, 그리고 그의 정치적 전망을 통한 분석입니다. 몸젠의 정치적 전망은 우리 모두가 아는 그의 정치에 관한 생각으로 표현되어 있으며, 그러한 전망에 따라서 그는 카이사르를 비롯한 여러 인물을 강조했습니다.

이 점에서 몸젠의 주체성과 플로베르의 주체성 사이에, 즉 《보바리 부인》에서 현실화된 주체성과 《로마사》에 반영되어 있는 주체성 사이에 어떠한 차이가 있을까요? 전혀 없습니다. 사실 사르트르 씨는 무엇을 했는가요? 그의 방법을 따릅시다. 즉 매우 정밀하게 그는 《보바리 부인》의 내용을 기술했습니다. 그는 그 내용을 오늘날의 방법으로 마침내 사회, 곧 사회적 기반을 고려함으로써 우리에게 인도했습니다. 그것은 다만 이미 티보데에 의해서 이루어졌습니다. 물론 사르트르 씨의 고찰은 훨씬 더 분명합니다. 《감정 교육》(1869)이나 플로베르의 다른 걸작에 대해서도 마찬가지 고찰이 이루어질 것입니다. 그러나 더욱더 설명할 일로서, 그 작품이 왜 역사적 이야기가 아니고 소설인지 하는 문제가 남습니다. 이렇게 해서 현상학적 기술 방법은 막다른 골목길로 들어앉는 것처럼 여겨집니다. 그것은 매우 흥미 깊은 성과입니다. 즉 《변증법적 이성비판》 안에서 견본을 볼 수 있는 사르트르 씨 분석의 극한적인, 재기(才氣)에 넘친, 거의 천재적인 성과입니다.

소리 정확히 말한다면 거슬러 올라감의 지속이지 현상학적은 아닙니다.

델라 볼페 확실히 거슬러 올라가는 전진이지만 바로 '현상학적'이라고 표현

---

*18 독일 역사가(1817~1903). 현대 로마사 기초 확립. 1902년 노벨문학상 수상.

할 수도 있는 기록입니다. 아직 기록적 성격의 문제가 남아 있습니다. 기록적이란 근거에 어울리지 않는다는 것입니다. 사르트르 씨는 예술의 여러 원리란 무엇인가에 대해서는 말하고 있지 않습니다. 같은 말이지만 문예 비평이나 조형 예술 비평과 비평 일반에 있어 지표란 무엇인가를 우리에게 이야기하고 있지 않습니다—지표 이외의 모든 것에 대해서 우리는 그것 없이 끝낼 수 있다고 생각하면 그렇게 할 수 있기 때문입니다. 문학 작품의 가치를 평가하기 위해 당신이 어떠한 지표를 우리에게 제시할 수 있을지 모릅니다. 되풀이해서 말하지만, 당신이 제시한 《보바리 부인》에 대한 매우 훌륭한 분석은 왜 그 인물이 역사상의 큰 인물이 아니라, 문학상의 인물인가를 설명해 주지 않습니다.

내 생각에 따르면 우리는 이러한 길을 포기하지 않으면 안 됩니다. 분명히 오늘날 문화의 위기가 매우 심각하다는 것을 지적하는 일은 매우 흥미롭습니다. 이러한 사태를 많은 마르크스주의자 또는 마르크스주의자라고 자칭하는 사람들은 이런 종류 예술의 기록에 관심을 가지고 있다는 것으로부터 추론할 수 있습니다. 그러나 사실 이런 종류의 예술을 기술하는 것은 쓸데없는 일입니다. 왜냐하면 어떻게 해서 역사적인 내용이 시가 되는가를 우리에게 이해시키는 일이 없기 때문입니다. 이를테면 마야콥스키[19]에게 있어서 역사적 내용은 시가 되는데, 소비에트 러시아의 다른 예술가는 그와는 다릅니다. 하지만 그 일에 마르크스주의자들은 관심을 두지 않으면 안 됩니다. 사실상 마르크스주의자들은 플레하노프[20]가 '시니피에'라고 부르던 것, 즉 사회학적 가치와 크게 일체화되고 있었기 때문에 그리고 그들의 태도는 그러한 추상적인 가치로써 크게 결정되었기 때문에 사르트르 씨에 대해서도 동조해 버릴 정도입니다.

하기야 사르트르 씨도 크게 진화했습니다. 여기에서 우리가 살펴야 할 일은 매우 흥미로우며 배울 점도 많습니다. 그러나 내가 제시한 예에 의한다면, 우리는 이용할 가치가 없는 방법에 따를 필요가 없다고 생각합니다. 왜 마야콥스키는 시인, 그것도 위대한 시인인가, 왜 브레히트[21]는 부르주아가 우리에게 소개하는 저 많은 극시인들 모두—피란델로[22]도 포함해서—보다도 훨씬 위대한

---

*19 소련의 시인(1893~1930). 시에서의 사회주의 리얼리즘 창시자.
*20 러시아 혁명사상가(1857~1918). 멘셰비키를 지도하여 소비에트 정권을 부인.
*21 독일의 극작가·시인(1895~1956). 〈서푼짜리 오페라〉로 세계적 명성을 얻음.
*22 이탈리아 극작가, 소설가(1867~1936). 염세적·전위적 극작품으로 유명.

시인인가를 부르주아에게, 즉 부르주아적 취미를 지닌 사람에게 설명할 수 있다는 것은 마르크스주의자에게는 특히 명예에 관한 문제입니다. 왜 마야콥스키*23는 브레히트와 같은 시인일까요?

따라서 우리가 갈 길은 완전히 내 생각에 따르면 (이 경우에 나에게 찬성하는 사람이 거의 없다는 것은 알지만 상관없습니다) 따로 있습니다. 그것은 예술 작품의 구조를 구성하는 여러 요소란 무엇인가를 보는 방법입니다. 그러한 일은 모두 애매한 말만으로는 만족하지 않고, 구체적인 것에 이르기 위해서입니다. 즉 언어에서 출발하지 않으면 안 되고, 또 언어에서 출발하여 어떻게 해서 일상의 흔한 언어가 예술 작품에서 힘을 드러내 시가 되는가를 뚜렷이 하지 않으면 안 됩니다.

매우 평범하고 단순하지만 나에게는 매우 뜻깊다고 여겨지는 예를 들겠습니다. '밤은 다 타버렸다(Wore the night : 밤이 깊었다)'는 브라우닝의 시구를 살펴봅시다. 어떠한 수단으로써 우리는 그 시구에 의해서 감동을 느끼는 것만으로는 충분치 않다는 것을, 그 시구가 시에 속해 있다는 것을 자기들이나 남에게 증명할 수 있을까요? 내가 보기에 텍스트에서 출발하는, 즉 텍스트를 구성하는 요소에서 출발하는 이외의 방법은 없습니다. 언어의 문제에서 출발하지 않으면 안 되고, 흔한 일반적 언어에서 출발하지 않으면 '밤은 다 타버렸다'는 시구의 시적인 정취를 파악할 수가 없음을 지적해야만 합니다. 이것은 흔한 언어로 '밤은 지나갔다'는 표현으로 쓸 수 있을 것입니다. 그런데 '밤은 다 타버렸다'는 표현을 파악하기 위해서는 '밤은 지나갔다'는 표현을 뛰어넘을 필요가 있습니다. 그래도 '밤은 지나갔다'고 하는 일반적인, 즉 시적이 아닌 표현이 전면적으로 폐지되는 것은 아닙니다. 왜냐하면 '밤은 다 타버렸다'는 표현은 은유이기 때문입니다. 글자 그대로의 의미를 염두에 두지 않으면 은유를 파악할 수가 없습니다. 크로체가 훔볼트*24를 따라서 말한 것처럼, 글자 그대로의 뜻은 일상적인 언어 안에 있는 것이지 시 안에는 없습니다. 은유적 의미의 언어, 즉 언어의 형상이자 언어 안에 있고, 언어라는 체계 안에 있는 말은 규범을 지닌 셈인데, 이 규범은 언어의 체계가 다르면 같은 것은 아닙니다.

＊23 구 소련 초기의 시인·극작가(1894~1930). 19세기에 시인으로 등단. 10월 혁명 후 '예술좌익 전선' 결성, 혁명을 찬양.
＊24 독일 철학자, 언어학자(1767~1835). 비교언어학의 기초 마련.

그렇다면 '밤은 다 타버렸다'라는 표현을 어떻게 하면 설명할 수 있을까요? 그것은 이미 시구 안에 들어가는 일일 것입니다. 이것을 설명하지 않으면 안 된다면 이렇게 말하겠습니다. 이것은 은유로 누구나 그것을 알아차릴 수 있다고. 그러나 은유가 갖는 표현력을 정당하게 평가할 수 있는 것은 은유가 글자 그대로의 의미를 전제로 하기 때문입니다. 여기에서 '지나간다'는 동사입니다. 그렇게 말해도 아직 이야기는 중도에 지나지 않습니다. 이들 두 요소 사이에 '변증법적'이라고 부를 수밖에 없는 관계가 존재한다는 것을 이해하지 않으면 안 됩니다.

왜 그럴까요? 두 요소는 서로 다른 한쪽이 없으면 존재하지 않기 때문입니다. '밤은 다 타버렸다'라는 표현이 시인 까닭은 그 시구가 '밤은 지나갔다'고 하는 표현이 아니기 때문이라고 파악됩니다. 하지만 그 대신에 '밤은 다 타버렸다'라는 표현을 설명하기 위해서는 그 시구가 그 안에 '밤은 지나갔다'고 하는 표현을 포함한다는 것을 염두에 두지 않으면 안 됩니다. '밤은 다 타버렸다'는 표현이 '밤은 지나갔다'는 표현을 변증법적으로 포함합니다. '밤은 다 타버렸다'는 표현은 부정된 글자 그대로의 뜻을 지킵니다. 글자 그대로의 뜻은 그 표현에서 끊임없이 유지됩니다. 이것을 부정할 수는 없다고 생각합니다. 물론 이것은 초보적인 예, 매우 초보적인 예에 지나지 않습니다.

'밤은 다 타버렸다(밤이 깊었다)'라는 표현을 '밤은 지나갔다'라는 표현 없이 파악할 수는 없습니다. 그러나 '밤은 다 타버렸다(밤이 깊었다)'는 표현은 '밤은 지나갔다'는 표현과는 별도의 의미를 말하고 있다는 것 또한 진실입니다. 그럼에도 '밤은 다 타버렸다(밤이 깊었다)'라는 표현을 정확하게 파악하기 위하여 '밤은 지나갔다'라는 표현을 버릴 수는 없습니다. '밤은 다 타버렸다(밤이 깊었다)'고 하는 표현에 이르는 일은 없고 그 시구만을 끌어내서 종합적 직접성으로써 그 표현을 설명할 수도 없습니다. 어찌할 수 없는 일입니다. 역사, 신화입니다. '밤은 다 타버렸다(밤이 깊었다)'라는 표현에 이르는 것은 '밤은 깊었다'라는 표현에서 출발할 때만의 일이고, 이들 두 표현 사이에 있는 연속된 변증법적 관계를 염두에 두었을 때뿐입니다. 이것은 이미 헤겔의 변증법은 아닙니다. '지나갔다'와 '다 타버렸다(깊었다)' 사이의 구별은 뚜렷하므로, 글자의 뜻에서 출발하는 것 말고는 이것이 은유라는 것을 파악할 수는 없습니다. 그때 은유는 글자 뜻 그대로의 의미에 외연(外延)을 부여하면서 또한 글자 그대로의 뜻을 왜곡합니다. 은유란 글자 그대로의 뜻과 은유의 농도 사이의 관계입니다. 이렇게 해서 '밤은 다 타버렸다(밤이 깊었다)'라는 은유가 성립되고, 은유라고 여겨지는 것은 다만 '밤은 지나갔다'라는 표현에 근거할 때만이라는 사실을 증명할 수가 있습니다.

우리가 따라야 할 길은 예술 및 예술 작품기법을 분석하는 길입니다. 언어 문제에서 출발해야 합니다. 그런데 그러한 일은 우리 마르크스주의적 전통에는 없으므로 동지들이 취미를 비평할 때, 문체의 문제보다도 먼저 언어학의 문제가 제기됨을 보고 분개한 것을 나로서는 잘 알았습니다. 우리는 끊임없이 그람시[25]를 언급하고 있습니다. 그람시는 베르토니[26]를 그의 낭만주의적 언어 때문에 무시했습니다. 왜냐하면 베르토니는 언어학적 현상을 주체적이고 충분한 '창작자'라고 하는 말로 환원하기 위해 언어를 해방하려고 했기 때문입니다. 언어 체계 내부에 늘 어떤 현상이 있음에도 말입니다.

사르트르 씨의 말에 큰 진리가 있는 것은 분명하지만 그의 설명에 만족할 수는 없다고 생각합니다. 예술에 고유한 문제 설정의 통로를 열어주지 않는 것입니다. 왜냐하면 옛날의 범주는 이미 우리에게 소용이 없기 때문입니다. 내가 제시한 예, 가장 위대한 역사가의 한 사람인 몸젠의 예에서 힘찬 주체성을 볼 수 있는데, 실제로 《로마사》에는 주체성이 깃들어 있습니다. 그렇다면 주체성이라는 지표는 전통적인 지표이건 사르트르 씨의 지표이건 소용없는 것이 됩니다. 왜냐하면 주체성은 소설에서와 마찬가지로 역사적 저작에도 있기 때문입니다.

따라서 우리는 예술 작품의 구조 분석이라는 길을 취해야 합니다. 그러기 위해서는 그 자체가 시적이 아닌, 특이하고 구체적이며 기술적인 물음에서 출발할 필요가 있습니다. 우리의 감성은 이런 종류의 문제, 공감을 끌어내기 위해 분석적 노력을 강요하는 문제에 익숙하지 않습니다. 이 모든 것은 물론 우리가 '시란 무엇인가'를 결정할 수 있음을 의미합니다. 앞서 제시한 예에서 출발한다면, '다(多)—의의(意義)'라고 내가 부르는 것을 인정할 필요가 있습니다. 즉 시적 의미는 역사 이야기의 일의적인 의미와는 다릅니다. 일의적 의미는 과학, 역사, 철학 등등에 속합니다.

---

*25 이탈리아 혁명가, 정치가(1891~1937).
*26 이탈리아 언어학자(1878~1942).

이야기를 끝맺음에 있어서 당신에게 다음과 같이 묻고 싶습니다. 내가 제시한 예—'밤은 지나갔다'와 '밤은 다 타버렸다(밤이 깊었다)'의 구별, 또 이 두 요소 사이의 깨뜨릴 수 없는 관계, 참다운 변증법적 관계—는 단순히 섬세한 어감이나 궤변에 지나지 않을까요? 그렇지 않으면 진정 참다운 근거가 있는 것일까요? 당신은 이 시적 표현과 글자 뜻대로의 표현 사이 관계를 이해합니까? 비평가 자신이 비평을 쓸 때, 그는 무엇을 해야 할까요? 크로체는 은유적 의미를 파악하기 위해서는 글자 뜻대로의 의미에서 출발해야 한다고 말했습니다. 결국 이러한 구분은 매우 평범하기까지도 한 것처럼 여겨집니다.

반디넬리 발언하고 싶은 분은 짧게 부탁합니다. 필요하다면 나중에 다시 발언해 주시기 바랍니다. 그럼 구투소 씨, 모두에게 질문을 해주세요. 델라 볼페 씨에게만 질문하지 말고요.

구투소 '밤은 지나갔다'는 예에 관해서입니다. 사실 이 시의 한 문장 내용에는 '밤은 다 타버렸다'는 시구의 글자 그대로의 뜻도 남아 있습니다. 하지만 마찬가지로 '밤은 자멸했다'거나 '밤은 녹았다' 등으로도 말할 수 있을 것입니다. 선택의 문제입니다. 여기에서는 영어 시구의 번역에 대한 일이니만큼 더욱 그렇습니다. 내가 알고 싶은 것은 왜 시인은 이 선택을 했으며, 비평가는 어떻게 해서 이것이 좋은 선택임을 아는가 하는 점입니다.

델라 볼페 그 물음에는 의미가 없습니다. 비평가는 검증함으로써 문제를 알아차리기 때문입니다. 바로 변증법적이고 연속적인 방법입니다. 글자 뜻대로 주어진 바—내가 글자 뜻대로의 소재라고 하는 것, 여기에서는 '밤은 지나갔다'—와 '밤은 다 타버렸다'를 대치함으로써, 두 표현 사이에 있는 의미의 표현적 가치에 대한 거리가 측정됩니다. 동시에 후자를 파악하기 위해서는 전자 없이는 되지 않습니다. 전자는 언제나 후자의 내부에 있습니다. 이것은 변증법적 관계입니다. 한쪽은 다른 한쪽 없이는 있을 수 없습니다. 둘 모두 상대 없이는 존재하지 않습니다. 그것이 거리입니다.

소리 이야기가 끝났는지는 알 수 없으나 사르트르 씨가 곧 발언을 요청하고 있는 것 같습니다.

　사르트르　델라 볼페 씨가 말한 것이 매우 인상적입니다. 그의 생각에 따르면 모든 시는 저마다 18세기의 은유적 시가 되어버립니다. 우리나라에서 어떤 유명한 시인이 그러한 시를 썼지만 평판이 매우 나빴습니다. 드릴*27이라는 시인입니다. 실제로 그는 '불을 끄는 영웅들'이라는 표현을 소방관을 지칭하기 위해서 만들기도 하고, '이륜차를 모는 뛰어난 발'이라는 표현을 단순히 이륜 짐차에 탄 사람을 나타내기 위해 만들기도 했습니다. 당신이 지적한 은유적 관계는 소방관을 나타내는 '불을 끄는 용감한 죽어야 할 사람들'과 같은 나쁜 비유를, 좋은 비유로부터 전혀 구별할 수가 없다고 생각합니다. 물론 은유가 다른 말투로 가는 길도 있습니다. 이것 또한 어떤 종류의 국어로 예를 들면 성적인 일을 이야기할 때 소설에서 사용되는 것이지요. 금기시하거나 도덕적인 거부 때문에 다른 말이나 비유가 쓰이는데, 그러한 다른 말은 정확하지 못한 것입니다. 따라서 말의 총체가 미적으로 말해서 타당한가 아닌가를 알기 위한 참다운 지표는 말의 총체와 투영된 대상의 전체성과의 관계인 것처럼 여겨집니다. 개인적으로 내가 미적 문제를 다룬 이유는 단 한 가지, 피오베네 씨도 나도 모두 예술의 주체성을 이야기했기 때문이었습니다. 하지만 예술의 구조를 규정하는 것은 주체성이라는 것을 지적할 생각은 아니었습니다. 그러나 진짜 문제를 다룬다면 전체성으로부터 독립시켜서 예술 비평을 할 수는 없고, 또 조금의 짧은 문장이라도 전체성 그 자체로부터의 차별화라고 여길 수밖에 없습니다. 그러한 전체성은 본디 언어라는 또 하나의 전체성과 결부된 전체성입니다.
　결국 전체성에서 출발하지 않으면 안 됩니다. 즉 투기에서 출발하지 않으면 안 됩니다. 또 단순히 그러한 전체성에서 출발해야 할 뿐만 아니라 언어의 전체성에서 출발해야 합니다. '밤은 다 타버렸다(밤이 깊었다)'는 이탈리아어로서는 알맞은 시구입니다. 프랑스어로 '밤은 다 타버렸다'고 말할 수 없습니다. '밤은 다 타버렸다'고 말하는 시인은 시인이 아닐 테고, 정확치 못한 말을 쓴 것이 됩니다. 그 이유는 단순히 언어 차이 때문입니다. 여기에서 앞서 말한 문제, 브라우닝의 시로 되돌아가게 되는데, 영어에서는 그렇게 말할 수 있다고 해도 그

＊27 프랑스 시인(1738~1813). 프리메이슨 단원 및 번역가 활동.

리고 이탈리아어로 번역된다고 해도 프랑스에서는 브라우닝의 시를 '밤은 다 타버렸다'는 말투로 옮기지 않을 것입니다. 이유는 매우 간단하며—이것이야말로 내가 하고 싶은 말인데—저마다 언어에 주체성이 있기 때문이죠. 이것은 소쉬르 이래 고려되는 사항입니다. 언어에 대해서 주체성이라는 말로 무엇을 이야기하려고 할까요? 당신의 견해는 이렇습니다. 어떠한 사실도, 그러니까 어떠한 외재성의 사실도 전체적 시스템에서 내재화되어 내적 의미를 가지고 있습니다. 즉 전체와 부분과의 관계를 수반합니다. 그런데 그것은 외부에서는 다른 것이었습니다. 여러 국어라고 하는 형태에서 언어란 무엇인가요? 그것은 스스로에 의해서 구조화된 총체이며, 음운적 요소, 어휘적 요소, 의미론적 요소가 있으며, 이들 요소는 모두 서로 다른 요소를, 언제나 종합적이고 변증법적으로 조건을 부여합니다. 이리하여 언어에서 일어나는 일은 모두 언어학적으로 일어납니다. 즉 언어는 사회적인 일의 모든 것을 반영하지만, 언어 나름의 방법으로 반영하는 것이며, 또한 언어 전체성의 내부에 새로운 언어학적 차별화가 있게 될 것입니다.

예를 들어 두 가지 사건의 침입이 있었습니다. 로마인이 갈리아에 침입하여 점령했을 때 우위를 차지한 것은 라틴어입니다. 노르만인이 잉글랜드에 침입했을 때 예외를 빼놓으면 우위를 차지한 것은 영어입니다. 그 어느 쪽에서나 그러한 침입이 언어 안에 반영된 것은 사회적인 사건으로서가 아니라 새로운 종합, 새로 도입된 변증법적 형식을 통해서입니다. 결국은 언어 사이의 새로운 관계, 더욱이 매우 특수한 관계를 통해서입니다. 그 특수한 관계는 그 언어를 다른 어떤 언어로도 대치하는 일을 불가능하게 하는 것이며, 또 시를 번역하는 일을 곤란하게 합니다. 따라서 당신이 시인에 대해서 이야기할 때 당신은 전적으로 옳습니다. 즉 사람은 아주 주체적인 것, 곧 언어로 표현할 수 없는 것을 표현하는 것입니다. 왜냐하면 인간은 언어를 배우기 때문입니다. 언어는 객관화하는 일이기도 하기 때문입니다. 이를테면 우리는 프랑스어로 영어의 '양고기(mutton)'과 '양(sheep)'의 차이를 번역할 수는 없습니다. 마찬가지로 우리의 '나무(bois)'라고 하는 말은 외국인을 크게 당황하게 만듭니다. 이 어휘는 동시에 불태우기 위한 장작, 숲 등을 의미하기 때문입니다. 이 다양성을 이용하는 시인도 있는데, 이 어휘들은 단지 객관적 구조로 되어 있는 것만은 아닙니다. 객관적 구조는 객관적이면서 주체(주관)적이고, 그것도 상호 주체적 의미에서 주체적입니다.

따라서 우리가 예술적인 사물 안에 가지고 있는 구조화된 전체성을 시인은 언어라는 구조화된 상호 주체적인 또 하나의 전체성을 통해서 만들어 내려고 합니다. 우리는 결코 마야콥스키를 번역할 수 없습니다. 가능한 방법으로 접근한 엘자 트리올레*28의 번역이 있지만 그 시가 모두 느껴지는 것은 아닙니다.

소리   번역의 불가능 같은 건 낭만주의적 명제입니다.

사르트르   아니, 잠정적 명제입니다. 현재로는 시는 번역할 수 없다, 매우 위대한 시인은 번역할 수 없다는 것은 사실입니다. 어떤 근삿값이 있을 경우에는 군데군데 번역할 수가 있지만 다른 곳은 번역할 수가 없습니다. 전혀 번역할 수 없는 대목도 있습니다. 매우 기묘한 시인을 여기에서 참고로 인용해 보기로 하겠습니다. 왜냐하면 그는 참으로 위대한 시인이기 때문입니다. 만약에 그의 말을 단지 나열해서 글자만을 받아들인다면 정말로 무참한 일이 됩니다. 그 시인은 라마르틴입니다. 라마르틴은 읽어서 재미있지는 않습니다. 단지 작품만으로도 그것은 시입니다. 그 무렵 시의 한 갈래인 것입니다.

소리   평범한 시인입니다.

사르트르   아니 그는 훌륭한 시인입니다. 그러나 평범한 일을 말하고 있습니다. 그러한 일은 많은 시인에게도 일어납니다. 라마르틴을 다른 언어로 옮길 수는 없습니다.

소리   같은 일은 푸시킨에도 해당됩니다.

사르트르   그는 시인이며 그의 시를 번역하는 일도 완전히 불가능합니다. 마야콥스키를 프랑스어로 옮기는 것도 불가능합니다. 당신 나라의 시인은 어떻습니까? 페트라르카*29는 불가능합니다. 그러한 일을 해도 소용이 없습니다. 셰

---

*28 러시아 태생의 프랑스 소설가(1896~1970). 마야콥스키의 누이동생, 루이 아라공의 아내.
*29 이탈리아 시인, 인문주의자(1304~1374). 이탈리아어로 된 서정시 《칸초니에레》로 소네트의 극치를 보여줌.

익스피어는 어떻습니까? 사실 이러한 일들은 모두 잠정적이라는 당신의 생각에 나는 찬성입니다. 왜냐하면 이것은 일시적인 일이기 때문입니다. 역사는 보편적으로 흐르지만 완전히 보편적이라고는 말할 수 없습니다. 문제가 되는 것은 낭만주의 신화가 아니라 바로 현실입니다. 이것은 내가 끊임없이 직면해 왔던 현실입니다. 내가 제시하고 싶은 것은, 예술 작품에 대해서 말하려고 한다면 무엇보다도 먼저 전체성이라는 관념, 그리고 전체성에의 투영이라는 관념을 전체화하는 영역으로써 이야기하지 않으면 안 된다는 점입니다. 언어는 그와 같은 분야의 하나입니다—이 점에서 당신은 전면적으로 옳습니다. 그러나 언어 선택이 전체성에 유래하고, 이어서 언어라는 다른 전체성에 따른다는 것을 고려할 필요가 있습니다.

특히 초현실주의자들은 우리나라에서 매우 훌륭한 시인, 위대한 시인이 되었습니다. 그런데 그들은 은유로 표현하지는 않는 시인입니다. 따라서 '밤은 다 타버렸다'의 배후에 있는 '밤은 지나갔다'라는 문장에 의존할 수는 없습니다. 그들은 그러한 일을 바라지 않았습니다. 다른 일을 바란 것입니다. 논리적인 연관을 갖지 않는 언어를 직접 부딪치게 함으로써, 그래도 존재하는 그 어떤 객관적인 현실과, 현실을 균등하게 제공하는 무엇인가를 파악하려고 한 것입니다. 이 객관적인 현실은 눈앞에 있으며, 그래도 동시에—그렇지 않나요?—합리적으로 받아들일 수 있는 것입니다. 이를테면 '버터의 말'입니다. 초현실주의자는 '버터의 말'로 썼습니다. 즉 태양으로 녹아버리는 말, 먹을 수 있는 말. 그들의 목표는 분명히 하나의 언어를 언어 자체로 파괴하는 것입니다. 그것은 언어의 배후에 있는 것을 추구하는 일을 가능하게 합니다. 그들이 옳다거나 잘못되어 있다거나를 말하고 있지는 않습니다. 비록 선택된 예는 좋지 않지만, 시적인 관점으로 말하자면 그들은 옳습니다. 가끔 옳습니다. 다만 버터의 말은 우리를 어디로 돌이키는가 하면 바로 언어의 뜻있는 차별화로 돌이킵니다.

소리 푸시킨을 들어봅시다. 그는 '소용돌이치는 눈 속에서 러시아의 장미가 조금 피는 것처럼'이라고 읊었습니다. 거기에 은유는 없습니다. 그럼에도 은유와 같은 수사법을 볼 수 있고 변증법적 관계가 성립되어 있습니다……

사르트르 그렇습니다. 틀림없이 거기에는 은유는 없습니다. 현실적인 것이 있는 것입니다. 단 그 경우 중요한 것은 전체, 즉 전체성입니다. 은유적 총체를 이용하고 있는가 그렇지 않은가를 정하는 것은 전체성입니다.

소리　하지만 그렇다고 한다면 전체성은 몸젠의 문장에도 해당합니다…….

사르트르　물론 그렇습니다. 그러나 몸젠과 시인의 차이는, 다른 역사가들이 몇 가지 점에서 몸젠의 판단을 뒤집을 만한 객관적 총체가 있다고 하는 것입니다. 따라서 몸젠은 나의 친구—어제 이야기한 폴 말입니다—처럼 자신의 주체성을 향해 있습니다. 그는 (잡지의 제목으로서) '소동'을 제안하여 받아들여지지 않았기 때문에 자신의 주체성으로 돌려졌습니다. 뛰어넘는다는 점에서 푸시킨이 시인이었다는 것이나, 플로베르가 《보바리 부인》을 썼다는 것을 비난하려는 사람은 결코 없을 것입니다. 예술 작품이 절대적이라고 하는 의미에서 차이가 있는 것입니다. 훌륭한 것이라면 예술 작품은 영원히 남습니다. 다른 작품이 뛰어넘는 일은 없습니다. 그런 일은 의미가 없습니다. 몸젠의 작품이 뛰어넘을 수 있다는 것은 그것이 완전히 객관적인 진리의 차원에 있기 때문입니다. 그것에 대해서 예술 작품이 절대적인 것은 특이한 개인의 사회적 성체와 같은 어떤 성체를 뛰어넘는 일이 결코 없기 때문입니다. 플로베르는 느낌이 좋은 남자는 아닙니다. 그렇게 되기를 바라지도 않습니다. 100년 전에 죽은 사람이지요. 즉 현재보다 많은 점에서 뒤떨어진 시대의 사람입니다. 그럼에도 《보바리 부인》은 전혀 뛰어넘을 수 없는 작품으로 되어 있습니다. 왜냐하면 플로베르는 내부에 있기 때문입니다. 플로베르는 사회에 몸을 두지 않고 사회를 그렸는데, 그와 같은 묘사를 르포리니 씨가 지적한 대로 거슬러 올라가 다룰 수가 있습니다. 다만 다음과 같은 묘사는 비록 총체로서는 유효하다 하더라도, 전혀 다른 의미를 갖는다는 것은 분명합니다. 나는 다만 구조를 주체성으로부터 너무 분리하는 것을 경계해야 한다고 말하고 싶습니다. 이상과 같은 일은 모두 연관이 되어 있습니다.

덧붙인다면 내가 현상학적 기술을 하는 것은 정확하지가 않습니다. 나에게 문제가 되는 것은 소급적 변증법에 따라서 예술 작품의 투영적 이해를 가능하게 하는 내적 의미의 분야를 찾는 일입니다. 예를 들겠습니다. 스스로를 여자라고 생각하기도 한 플로베르가 55세 즈음 의사에게 "당신은 나이먹은 히스테리 여자입니다"라는 말을 들었을 때 화를 내는 대신 왜 크게 기뻐했는지, 왜 모든 편지에 "내가 무슨 말을 들었는지 아십니까? 나이 먹은 히스테리 여자라는 말을 들었습니다"라고 썼는지 그 이유를 알 필요가 있습니다. 이해가 필요합니다. 플로베르는 동성애자가 아니었으니까요. 따라서 어떤 종류의 이해를 얻기 위해서는 (현상학적) 기술이 아니라……

소리　……정신분석.

사르트르　물론 정신분석입니다. 정신분석이 거절되어야 한다고는 생각하지 않습니다. 다만 조건이 있습니다. 형이상학적 근거를 가지지 않는다는 것, 그리고 가끔 이루어지듯이 자본주의를 문제시하지 않는다는 것이 조건입니다. 한편 정신분석이 단지 주체성을 객관화하기 위한 방법으로서 파악된다고 하면 정신분석을 거부할 이유는 전혀 찾아볼 수 없습니다. 변증법적으로 사용되었을 경우에 정신분석은 우리에게 무엇을 가르쳐 줄까요? 정신분석은 한 사람이 유년기에 가족 아래에서 체험한 개인적인 모험을 알려줍니다. 그런데 이 모험은 무엇을 나타낼까요? 특히 그 시대의 사회를 나타냅니다. 이를테면 오이디푸스 콤플렉스, 즉 어머니–아들 관계 및 아버지와의 대립은 18세기라면 전혀 의미가 없습니다.

예를 들어 레스티프 드 라 브르통의 《회고록》을 읽을 경우, 정신분석가의 해설을 빌리자면, 그는 아버지에 고착되어 어머니는 그다지 중요성이 없었다는 것을 알 수가 있습니다. 게다가 플로베르에게도 그렇습니다. 중요한 것은 아버지입니다. 그의 가정은 전근대적이었기 때문입니다. 반대로 보들레르는 좀더 유복하고 교양 있으며 한결 더 부르주아적인 가정에 태어났기 때문에 어머니에게 고착되어 있습니다. 왜냐하면 이미 가족의 변화가 있었기 때문입니다…… 그것은 어떤 의미일까요? 대가족이 자본주의적 발전에 의해서 파괴되어 부부로 이루어진 가족이 통상의 부르주아 가족으로 바뀌는 도중이라는 뜻입니다. 이는 매우 중요한 점입니다. 따라서 지적하신 정신분석은 객관적이고 사회적인 상황을 한 사람의 삶이라고 하는 특이성 안에 반영하는 데에 지나지 않습니다.

소리 그러나 그것은 아직은 예술 작품은 아니지요.

사르트르 하지만 매우 중요한 일입니다. 왜냐하면 거기에서 출발해서 특이한 예술 작품에 이르게 되기 때문입니다.

르포리니 나도 한마디 하고 싶습니다. 나는 델라 볼페 씨의 책을 읽은 일이 있습니다. 그의 관점과 사르트르 씨의 관점은 물론 어떤 틀 안에서 그리 크게 다르지 않습니다. 델라 볼페 씨는 예술 작품에 갇힌 설명, 과학적 설명을 열린 설명이라고 정의합니다. 내가 생각하기에는 전체성의 차원, 전체성에 대한 해석의 차원에서 토론을 시작했더라면 한결 뜻깊은 토론이 되었을 것입니다. 나는 사르트르 씨가 예술 가치의 영원성이라는 큰 문제에 대해서 대답 해주기를 바랐습니다. 이것은 마르크스에 의해서 세워진 문제입니다. 나는 마르크스에 따른 답변을 받아들이지 않지만, 문제로서는 받아들입니다. 생각건대 방금 사르트르 씨에 의해서 제시된 의미에서, 예술 작품을 절대적인 것으로 정의한다는 것은, 문제의 대답으로서 충분하지가 않습니다. 예술 작품이 절대적인 것이라 해도, 그 절대는 우리와는 상관없이 작품을 만든 주체에 관계됩니다. 문제는 예술 작품 가치의 영원성입니다. 《일리아스》나 《오디세이》는 늘 우리에게 지속적으로 가치를 유지하고 있습니다. 물론 그러한 가치를 끊임없이 새로 얻을 필요가 있지만, 그래도 가치는 언제나 거기에 존재합니다. 이 문제야말로 예술적 인식과 과학적 인식 등의 사이에 있는 형식적 차이와 유사한 차이가 결부되어 있다고 생각하는 것입니다.

사르트르 그렇습니다. 그것은 바로 예술이 닫힌 설명이기 때문이라고 대답하겠습니다. 왜냐하면 당신은 특이화된 사회를 그러한 사회의 묘사인 전체성 위에 투영했기 때문입니다. 우리는 예술 작품 속에서 결코 시대에 대한 객관적인 정보를 구하지는 않는다고 해도 좋을 것입니다. 우리는 예술 작품에 훨씬 복잡한 종류의 정보를 구합니다. 물론 객관적인 정보는 아닙니다. 하지만 예술 작품으로써 시대를 뒷받침하는 정보입니다. 가능한 한 맹목적으로 모든 편견을 가지고 자신을 보면서, 스스로를 사는 것이라고 말할 수 있을까요? 예술 작품은 바로, 작품을 만들고 있는 개인 또는 여러 개인으로 이루어진 그룹 형태로 시대의 전체성을 나타냅니다.

《돈 키호테》의 예를 들어봅시다. 그것이 오늘날에도 남아 있는 이유는 무엇일까요? 역사적 측면이 있지만 그것은 역사가의 흥미만 끌게 될 것입니다. 그 배경은 어떤 종류의 봉건사회 붕괴라고 하는 상황입니다. 그때는 절대군주제의 형성기이며, 그 결과 동시에 르네상스에 의해서 봉건적 이데올로기가 무너져 살아 있는 한 인간 안에 다른 이데올로기가 생기려 하고 있었습니다. 이미 편력의 기사가 아니라, 왕의 일개 병사가 되는 인간 안에서 기사도 소설이라고 하는 형태를 취한 이러한 봉건사회의 붕괴는 그것을 받아들인다면, 엄밀하게 역사적인 관점에서 흥미가 깊은 것입니다. 한편 한 사람이 봉건제도의 붕괴를, 이들 모순을 투영하고 있는 책을 읽게 된다면 우리는 끊임없이 우스꽝스럽고 때로는 비극적인 돈 키호테와 같은 등장인물을 떠올리게 됩니다. 그렇지 않습니까? 작품 속에는 세르반테스 자신의 모순인, 그런 종류의 기묘한 모순도 담겨 있습니다. 그 경우 우리 모두의 흥미를 끌게 됩니다. 그 사회 전체가 모순된다는 점에서 마치 우리가 사는 사회처럼 생생한 사회가 그려지기 때문입니다.

이해됩니까? 세르반테스의 주체성은 《돈 키호테》라는 작품을 우리와 결부시키는 데에 불가결한 것이었습니다. 그것은 바로 세르반테스가 괴로워하고, 자기모순을 안고 위화감을 느꼈기 때문입니다. 그는 두 세계의 분리에 입회하고 있었습니다. 따라서 나로서는—나는 이 점도 말하고 싶었지만—역사상의 인물이 전형적인 인물이라고는 생각하지 않습니다. '전형화'가 정말로 목적이라고는—적어도 전형적인 소설의 등장인물이—소설의 목적이라고는 여겨지지 않습니다. 소설의 목적은 오히려 보편적인 것을 독자적 것으로 표현하는 일일 것입니다. 그러나 보편적인 것을 독자적인 것으로서 표현하는 것은 전형을 뜻하는 것이 아닙니다. 즉 그 자신으로서는 전혀 전형적이 아닌—이를테면 돈 키호테와 같은—인물을 제시한다는 것입니다. 하지만 실제로 오히려 처음에는 어느 정도의 애매함을 지닌 인물을 표현하지 않으면 안 될 것입니다. 애매함은 그 인물의 개성입니다. 그리고 이들 등장인물에서 독자는 조금씩 구체적인 것에서 이 보편성을 찾아내게 됩니다. 내가 말하고 싶은 것을 이해해 주었으면 합니다.

게다가 등장인물은 돈 키호테와 같은 기행(奇行)투성이 인물, 문제를 일으키는 어떤 어리석은 사람일 필요가 있습니다. 그는 처음에는 기인(奇人)으로서, 어디든지 있을 것 같은 인물로서 행동할 뿐입니다. 나중에도 기인인 채로 있으면서 독자가 그 사람 안에 시대의 모든 모순을 느낄 필요가 있습니다. 이처럼 늘 어떤 사실, 각자 인생의 현실적이고 개인적인 사실이 보이게 됩니다. 왜냐하면 우리는 구현화(사회적 성체)이기 때문입니다. 즉 스스로가 사는 시스템의 보편적인 것, 전체의 독자화입니다. 누구나가 그와 같으며 소설은 바로 그것을 제시해 줍니다. 다만 여러 모순 속에 살아가는 사람을 온 세상이 다 알도록 그려버리면 진실이 되지 않습니다. 반대로 모순 안에서 자기 일을 잘 알 수 없는 존재로서, 그리고 모순이 반쯤 감추어져서 파악할 수 있는 부분도, 그렇지 못한 부분도 있으면 예술 작품의 차원에 있을 것입니다. 즉 도식화나 추상화가 무엇이 되었든 간에 우리가 발견하는 등장인물은 우리 자신에 대한, 또 타인에 대한 우리 각자의 모습인 것입니다.

소리   실례지만 사르트르 씨, 예술 작품의 실재나 존재감에 결부된 그 가치의 영속성 문제에 대답하기에는 그것만으로는 충분하지 않다고 생각합니다. 이를테면 유적의 발굴 조사에서 내가 잘 알 수 없는 어떤 문명의 예술 작품을 발견했다고 합시다. 그것은 나에게 예술 작품이며, 따라서 그 작품은 바로 나에게 예술적 가치를 띠고 있습니다. 이러한 모든 것은 해석의 문제를 제기합니다. 그것은 가치의 직접적 구현화, 가치 영속성의 직접적 구현화이며, 그러한 구현화는 역사적 여러 가치 등과는 또 다른 무엇입니다. 그것은 마르크스에 의해서 세워진 문제입니다. 나는 아직 당신이나, 델라 볼페 씨나 루카치에게서 그에 대한 답을 일반적으로 찾아볼 수는 없습니다.

사르트르   이렇게 말하겠습니다. 한편으로 대답을 발견한다는 것은 작품 그 자체의 분석과 연구가 없으면 안 됩니다. 원칙적으로 왜 어떤 작품이 남고 어떤 작품이 남지 않은가를 말한다는 것은 불가능합니다. 그것은 작품 자체에 관한 문제입니다. 다른 한편으로 결여되어 있는 것이 있습니다. 나의 생각으로는…….

소리   그것은 일반적인 문제입니다.

사르트르   확실히 일반적인 문제입니다. 하지만 그것은 개별적인 연구에 의해서밖에 해결되지 않는 문제입니다. 선험성으로는 결정할 수가 없습니다. 둘째로, 당신에게나 우리에게 가치의 이론이 결여되어 있는 일이 있습니다. 마르크스주의에는 가치의 이론이 없습니다. 당신 편에도 그러한 이론이 빠져 있습니다. 내게 말하도록 한다면 당신들 마르크스주의자에게는, 근거가 있는 가치론에 대한 마르크스 체계가 없습니다. 본디 그와 같은 체계는 없습니다. 우리로서도 그와 같은 체계를 발견했다고 말할 생각은 없습니다. 해명되었다고 해도 주어진 것은 아닙니다. 그렇습니다. 아직 주어지지 않은 것입니다. 마땅한 일이지만 마르크스주의적 가치론을 창설하지 않으면 안 될 것입니다. 그것은 본질적인 문제의 하나입니다. 기초 원리는 있지만(가치론은) 아직 주어지지 않았습니다. 따라서 당신은 나의 관점에서 거의 시기상조로 보이는 문제를 제기한 것입니다. 왜냐하면 당신은 그 (예술 작품의) 영속성을 여러 가치 위에 근거를 두려고 하기 때문입니다. 그러나 온갖 가치를 찾아내어 여러 가치를 제시하지 않으면 안 됩니다.

소리 이미 마르크스가…….

사르트르 아니, 마르크스에게 이 물음에 대답할 만한 가치론은 없습니다. 우리가 어제부터 오늘에 걸쳐 정의 내린 것과 같은, 또는 무수한 다른 사람들이 이미 정의한 것과 같은 마르크스주의적 체계에서 어떻게 가치의 이행이, 요컨대 규범의 이행이 존재할 수 있는가를 알 필요가 있습니다. 그것은 제시되어 있지 않습니다. 뿐만 아니라 개인 및 개인 활동에 대한 마르크스주의자의 판단과 개인에 관한 변증법적 이해 사이에는 거의 언제나 모순까지도 있습니다—근거가 있는, 더욱이 일관된 모순입니다. 변증법적 이해는 개인을 일부의 대표자, 즉 계급의 대표자로서 파악하여, 계급에서 출발하여 해야 할 행동을 하는 사람으로서 파악합니다. 하나의 문제가 있고, 그것은 이제까지 한 번도 논의된 일이 없습니다. 그럼에도 1945년에서 52년에 걸쳐 가치 판단은 남용되었습니다. 가치 판단의 근거 등은 없었던 것입니다. 그 무렵 가치 판단에 근거를 두지 않는 가치 판단을 지나치게 했기 때문에, 그 반동으로서 가치를 다루지 않는 마르크스주의를 주장하는 움직임이 나왔습니다. 인간은 경제 및 역사적 과정을 통해서 형성된다는 생각입니다. 그러나 그 또한 잘되어 가지 않았습니다. 그것은 예술 작품을 판단하는 가능성에서 활동을 판단하는 가능성을 모두 배제해 버립니다.

따라서 그것은 여러 문제 가운데 하나로 주체성에 연결되어 있지만, 그렇다 하더라도……

소리 나는 철학적 훈련으로 제1급 작품에서 출발했습니다. 나는 내가 정말로 찬성인가 부정인가를 알기 위해 마르크스주의적인 가치 이론에 관해서 의견을 말해 보고자 합니다.

사르트르 바로 그것이 문제입니다.

소리 ……그 이론에서 주체는, 예술의 문제는 있을 곳을 확보하지 않으면 안 되지만……

사르트르 윤리도 그렇습니다.

소리 당연합니다.

사르트르 그런데 이것이 매우 곤란한 문제입니다. 왜냐하면 오늘날 윤리는 현실에서는 가능하지 않은, 즉 인간관계가 물상화되어 물신 숭배가 있고, 폭력적 투쟁이 있는 현실에서는 가능하지 않다고 말할 수 있기 때문입니다. 오늘날 윤리는 불가능하다고 할 수 있지만, 동시에 인류의 모든 분야를 설명하길 바란다면 윤리는 있어야 합니다.

나의 생각으로 이 두 가지 문제는 닮았습니다. 내가 하고 싶은 말은 이를테면 어떤 종류의 상황에서는 그 어떤 윤리적 태도도 취할 수 없다는 것이 뚜렷하다는 점입니다. 조금 경솔하게, 또는 가족으로부터 무리하게 강요당해서 식민지의 행정관이 된 청년이 있다고 합시다. 이 청년이 식민지에 도착합니다. 그는 자기 관리 아래 있는 식민지 주민에 대해서, 그 어떤 종류의 윤리도 적용할 수가 없습니다. 비록 그가 더없이 자유주의적이라 할지라도 자유주의적 새 식민지주의가 되어버립니다. 아무것도 할 수 없는 것입니다. 마찬가지로 결혼한 남녀 관계에서, 한쪽이 전적으로 소외되었을 경우에 상대는 어찌할 수가 없습니다. 내가 직접 본 경우입니다. 어느 소외된 아내가 있어서, 남편은 그녀가 일을 하기를 바랐습니다. 남편의 태도는 옳았으나 아내의 소외를 한층 더 심하게 했을 뿐입니다. 왜냐하면 아내가 일을 한 것은 남편에 대한 복종이었기 때문입니다. 따라서 모든 문제는 현실적 상황에 의해서, 현실적 분열에 따라서, 현실적 세계에 의해서 전면적으로 거꾸로 되어 있거나, 그렇지 않으면 윤리적 활동 또는 가치론의 현실적 가능성은 없거나 둘 중의 어느 하나가 됩니다. 그럼에도 누군가와 15분 동안 이야기하고 있으면, 30분 정도의 가치론적 판단을 표명하기란 불가능합니다. 따라서 언제나 설명할 필요가 있습니다. 그런데 엄밀한 의미에서의 마르크스주의적 저작에서 이 건이 제대로 문제가 된 일은 한 번도 없었습니다.

현실과 객관성

사르트르　내가 생각하건대, 먼저 가장 중요한 것은 어느 점에서 우리의 의견이 일치한 것인가, 다른 어떤 점이 일치하지 않은가를 분명히 하는 일, 또 해결했다고 단언할 수 없이 단지 지적했을 뿐인 문제는 무엇인가를 뚜렷이 하는 일입니다. 나 자신은 찬성, 반대에 대해서 말할 수가 없으므로 우리가 모두 함께 말할 수 있었으면 합니다. 이를테면 먼저 르포리니 씨에게 묻습니다. 거기가 출발점이라고 생각하기 때문입니다. 당신은 특히 인식에서의 주체성 문제를 언급했는데, 나는 오히려 실천에서의 주체성, 즉 우리를 둘러싼 사람들과의 실천적 또는 감정적 관계에서의 주체성을 자세하게 말했습니다. 그러나 우리는 주체성이 객관화로의 이행을 위해 없어서는 안 될 계기라고 밝히는 일에는 찬성할 것입니다. 이 표현에 동의합니까? 이것은 나에게는 본질적이라고 여겨지는 강조점입니다. 다만 그 이행이나 계기를 어떻게 파악할 것인가에 대해서는 의견이 다른 것 같습니다. 그래도 우리가 물질적인 존재에서 객관적 존재로 이행하는 현실적인 변증법적 과정을 본 것처럼 여겨집니다. 왜냐하면 객관적인 것은 늘 주체적인 것에 연결되어 있으므로 우리는 물질적 존재를 객관적 존재라고 부를 수 없기 때문입니다. 현실적이지만 아직 객관적이 아닌 것으로서의 물질적 존재가 객관적 사회적 현실로 이행한다는, 더욱이 그 경우 현실이 포함하는 모든 모순을 수반하면서 이행한다는 것은 개인에게서와 마찬가지로 집단에서도 주체적 계기를 전제로 합니다. 당신은 이 용어로 수정한 뒤에 이 첫 번째 결론을 받아들일까요?

르포리니 매우 답변하기 쉽게 질문해 주셔서 감사합니다. 나는 그 대답을 받아들이지만, 다만 부분적으로 받아들인다고 말하지 않을 수 없습니다. 솔직하게 말해서 객관화의 계기가 있고, 그러한 객관화의 계기는 틀림없이 주체성에 의존한다는 사실은 받아들입니다. 또 주체성은 전적으로 없앨 수 없으며 늘 그렇다는 사실도 받아들입니다. 다른 점, 즉 객관화의 관계에서만 객관성을 이야기할 수 있다고 한다면 찬성하기가 힘듭니다. 나는 여기에는 매우 곤란한 문제가 있다고 알고 있습니다.

사르트르 언어의 문제, 그리고…….

르포리니 그것은 언어의 문제가 아니라…….

사르트르 나는 언어가 개념과 결부되어 있다는 의미에서 언어의 문제라고 말하는 것입니다. 나는 비제*[30]의 다음 문장을 예로서 당신에게 제시했습니다. "만약에 인간이 있지 않게 되더라도, 원자핵과 원자핵의 구성 요소 사이의 내적 관계는 그 객관적 현실을 유지할 것이다." 나에게 이러한 문장은 의미가 없습니다. 그러한 내적 관계는 마땅한 일로서 현실적 관계를 유지할 것입니다. 그러나 그러한 관계는 누구를 위한 대상일까요? 그러한 관계는 누군가에 대한 대상, 또는 어쨌든 그 어떤 유기체, 아마도 우리와는 다른 유기체의 대상이지 않으면 안 됩니다.

르포리니 그와 같은 질문의 설정은 훌륭합니다. 인간이 결여된 객관성에 대해서 질문할 때, 우리는 신학의 물음을 세우게 됩니다.

사르트르 맞습니다. 그렇게 되면 이제는 신밖에 없게 됩니다.

---

*30 독일 사회학자(1876~1969). 사회과정, 사회관계, 사회형상 3개념을 기초로 관계학 수립.

르포리니　하지만 비록 우리가 그 관점에서 반대되는 관점으로 옮아간다 하더라도 여전히 관념론적 견해로 이행하는 위험이 남아 있습니다.

사르트르　그래도 그것은 바로 피해야 할 일입니다.

르포리니　그런데 정직하게 말하자면 그것이야말로 내가 당신 안에서 조금 발견할 수 있는 것입니다. 말하자면 여기에는 매개의 문제, 매개 상황이 있습니다. 당신 자신, '현실적인 것'이라는 말을 채용했습니다. 여기에서 '현실적인 것'이란 무엇인가를 보기로 합시다. 객관성 안쪽 바닥에 있는 것에 기준을 삼는 일 없이, 현실적인 것이란 무엇인가를 생각할 수는 없습니다. 나는 이미 이 문제의 답은 가지고 있다고는 말할 수 없지만……

사르트르　확실히, 하지만 어쨌든 현실에 대해서 말하자면, 관념론적이 아닌 경우가 있습니다. 태양계는 실재하기 때문에 인간을 필요로 하지 않습니다. 우리가 태양계를 우연적이라고 하는 것은 사실입니다. 지구라는 행성에서 생명의 진화로써 우리가 탄생했다고 하는 것에는 아마도 그 어떤 필연성이 있을 것입니다. 그러나 전체 계통으로 말하자면, 즉 태양계 전체로 보자면 우리의 생존이나 멸망은 천문학적 연구의 관점에서 중요하지 않습니다. 당신도 틀림없이 받아들일 테지만 여기에 관념론은 없습니다. 세계는 인간을 위해 만들어진 것이 아니고, 인간을 기다리고 있었던 것도 아니라고 생각해야 합니다.

르포리니　찬성입니다.

사르트르　왜냐하면 그것이야말로 현실이기 때문입니다.

르포리니　그렇다고 한다면 당신이 말하는 상황에서 인간 이전에, 또 인간 없이 세계가 있다는 것이 되는군요.

사르트르　물론입니다.

르포리니　그렇다면 내가 의식으로부터 출발해 실천적 운동으로서 하는 객관화는 어떨까요? 단순히 사과의 수준, 이론적 반성의 수준에는 없는 관계도 있습니다. 이미 확립된 관계에서 나는 경험론밖에 모르지만 그 관계는 현실의 전개 그 자체에서 이미 확립되어 있습니다.

사르트르　전적으로 찬성입니다.

르포리니　중간적인 수준이 있습니다. 그것은 중간 수준으로서 이미 확립되어 있습니다.

사르트르　하지만 중간적 수준이 어느 때 내면성으로써 회복되지 않으면 안 됩니다만······.

르포리니　······그래도 중간적 수준이, 나의 객관화 운동이 늘 동시에 현실적 객관성의 극복, 현실에 실재하는 객관성의 극복이 되도록 하고 있지만······.

사르트르　실재하고 객관성으로 되돌아가는 현실(극복)이지 객관성의 극복은 아니지만······.

르포리니　단순히 이렇게도 말할 수 있을 것입니다. 인간에 대해서 구성되는 객관성이 있다고. 내가 생각하건대 객관성이라는 것은 인간에 대해서 이미 인간의 실존 범위에 따라 구성됩니다. 즉 그것은 많고 적음을 떠나서 생물학적 존재를 위해 구성되는 것과 같은 객관성입니다. 이 객관성은 세계에 대한 직접적 반성에서 출발하여, 인간의 내부에서 이루어질 뿐만이 아닙니다. 그것은 동시에 이 객관성으로 출발해서 당신이 현실적이라고 부르는 것, 즉 인간이라는 것으로부터 출발하여 구성됩니다. 그래서 이것을 제1의 객관성이라고 부르기로 합시다. 같은 말을 쓰지 않기 위해, 그리고 혼란을 일으키지 않기 위해서······.

사르트르　하지만 그 경우, 왜 객관성이라는 말을 쓰는 것입니까? 현실이라는 말이 더 적합하다고 여겨지는데······.

르포리니 그것은 내가 현실을 통해서 사물을 객관화하는 운동, 내가 거기에서 생물학적 존재로서 나타나는 그러한 운동이 없으리라고 생각하기 때문입니다.

사르트르 그 점에 대해서는 완전히 찬성입니다. 단, 그와 같은 출현은 재전체화의 형태로 이루어집니다. 전적으로 그러한 성격의 것입니다.

르포리니 매우 중요한 일을 말하고 싶은데 객관성의 즉자인 자기, 객관성의 '자기 자신 속에 있는' 대상 부분의 즉자가 있습니다. 나는 대상 부분의 즉자를 획득할 뿐만 아니라 그 운동에 따라 정복하는 것입니다.

사르트르 메를로 퐁티라면 동의할 것입니다.

르포리니 이 점을 잊을 수가 없습니다. 그렇지 않으면 이를테면 왜 과학이 언제나 근사적(近似的)인가를 설명할 수 없게 될 것입니다. 과학이 근사적이라고 말할 때 매우 중요한 문제가 제기되며, 그렇기 때문에 그것을 과학적 관점이라고는 말할 수 없습니다. 그러므로 정의되어야 할 것으로서의 현실이 있는 것입니다. 즉 인간적 현실, 무의식의 운동······.

사르트르 그렇지만 그때 당신은 전적으로 객관성을 내가 앞서 말한 주체성과의 관련에서 정의했습니다. 결국 당신은 배후에 무엇인가가 있고, 앞에도 무엇인가가 있다고 말하며, 어느 경우에나 그것을 즉자라고 부릅니다. 하지만 즉자라는 것은 우리에 대해서 없습니다. 즉자가 있고, 다음에 대타*31 또는 대자가 있습니다.

르포리니 이행이라는 것이 있고, 그 이름은······.

---

*31 타자(他者)에 대하여 존재하는 것. 대타는 실제로 '대자', 곧 자신에 대한 의식으로만 존재하지 않으며, 마찬가지로 '타인에 대하여'서 존재한다.

사르트르 그런데 이 이행, 즉 참된 나는 주체성으로 이루어집니다. 그리고 과학의 한계를 확정한다고 하면, 내 생각으로는 그것은 인간 인식의 상호 주체성 한계를 확정하는 것이 됩니다. 왜냐하면 결국 그때에 우리는 거기에서 멈추게 되기 때문입니다. 왜 그럴까요? 그것은 이러이러한 역사는 어떤 종류의 수단으로써 어떤 원리에 따라서 재전체화한 것이기 때문이며, 거기에는 어떤 현실과 관련된 우리의 주체성이 있기 때문입니다. 현실은 모든 수단에서 주체성으로부터 벗어나지만, 확실히 역사의 단계를 통해서 조금씩 정복되게 됩니다. 이 역사의 단계는 늘 주체적인 것으로 간주되지 않으면 안 됩니다. 달리 말하면 과학의 주체성이 있고, 그것은 과학은 지금 여기에 있고 다른 곳에 있는 것이 아니라는 사실입니다. 이는 조금도 관념론적이 아닌 주체성입니다. 왜냐하면 그 주체성은 발전 전체에, 유기적 존재에, 사회적 존재에, 우리의 실천에 바탕해서 만들어진 도구에, 실천을 해명하는 이론에 비롯하고 있기 때문입니다. 그러나 결국 어느 세대에도 그렇습니다. 그리고 우리의 후계자, 후대의 사람들도 할아버지들이 아직 이런 사실을 믿고 있었다고 말할 것입니다. 즉 우리 후계자는 우리의 주체성을 우리에게 다시 보내게 됩니다. 그것은 우리가 중세 사람들에게 했던 것과 같습니다. 내가 생각하기에 그 점은, 그래도 역시…….

르포리니 그에 대해서는 여러 시간 동안 토론할 수가 있을 것입니다. 하지만 차이도 있습니다. 즉 주체성의 객관성, 정확하게 말하자면 주체성이 갖는 근원적인 객관성이 있습니다. 분명히 반성에 의해서가 아니면 볼 수 없는 것이 있습니다…….

사르트르 주체성은 본디 객체=대상과 관계가 있다고 말하고 싶은가요? 그렇다고 한다면 전적으로 찬성입니다. 주체성을 그것 말고 다른 것으로 생각할 수는 없습니다…….

르포리니 관념론적인 대답입니다.

사르트르 그렇지 않으면 주체성은 현실의 계기 이상이며, 그러한 현실의 계기에 의해서, 다음에 즉자 존재가 객관적인 것으로서 구성된다고 말하고 싶은 것입니까? 그러니까 객관적인 즉자가 있다고 말하고 싶은 건가요?

르포리니 내가 말하려는 것은 나를 주체화하는 존재와 타성적 존재 사이에는 현실적, 객관적 관계가 있다는 것입니다…….

소리 당신이 꼭 화제로 삼고 싶어했던 언어적 구별에 대해서는 어떻게 될까요? 토의가 객관성과 현실을 동일시하는 방향에서 이어지는 것이라면 객관성은 현실이 아닐 것입니다.

사르트르 당신은 객관성과 현실을 결부하고 있는데, 그것들을 동일시하는 것입니까?

르포리니 그렇지 않습니다. 물어보겠습니다. 그 어떤 방법으로 객관성을 참조함 없이, 현실에 대해서 이야기할 수 있을까요?

사르트르 무리한 일이군요.

르포리니 현실성이 정의될 때까지는 현실과 객관성은 별개의 것이라고 말할 수도 있습니다…….

사르트르 아니, 그것은 무리한 이야기입니다. 왜냐하면 엄밀한 방법으로 인식하는 것은 모두 결정되어 있고, 객체=대상이기 때문입니다 하지만 늘 저편에 있는, 근사적인 저편에 있는 그 무엇인가를 이야기할 경우, 그것은 아직 객관이 되어 있지 않은 현실입니다. 왜냐하면 현실이 우리에 대해서 존재하는 것은 우리 경험이 객관적이고 주체적으로 멈춰 있다는 것에 지나지 않기 때문입니다. 이전에 마이컬슨*32과 몰리*33가 화제가 되었을 때, 어떤 종류의 원리는 좋을 대로 해석할 수 있다는 이야기가 나왔습니다. 그러나 이제는 마이컬슨-

---

*32 독일 태생의 미국 물리학자(1852~1931).
*33 미국 화학자, 물리학자(1838~1923). 마이컬슨-몰리 실험은 광학적 에테르 이론을 부정하는 최초의 증거가 되었음.

몰리의 실험이 개입하지 않도록 하는 일은 할 수가 없습니다. 마이컬슨−몰리의 실험은 우리에게 무엇을 줄까요? 모든 방향으로 향하는 일정한 속도를 가진 빛입니다. 이것은 뉴턴의 역학과 완전히 모순됩니다. 그것은 모순을 일으킵니다. 현실에서의 모순이 아니라 인식에서의 인간의 모순입니다. 이는 무엇을 계시하는 것일까요? 과학은 존재하지 않거나(이것은 불합리합니다), 우리가 이해하지 않은 무엇인가 있다는 것입니다. 우리에게서 달아나 우리 인식의 모순으로서만이 드러나는 현실을 '객관성'이라고 부를 수가 있다고 생각합니까? 나라면 '현실'이라고 부릅니다.

마찬가지로 오늘날에는 서구 양자역학이 생기고 있습니다. 왜냐하면 고(高)에너지 영역에서 서로 변화하는 입자가 있다는 사실을 알아차렸기 때문입니다. 그러나 그 문제에 깊이 관여한 과학자들이 한결같이 동의하는 점이 있습니다. 현재로 보아 이것을 처리하기 위한 그 어떤 수학적 도구도 없다는 점입니다. 즉 어느 정도는 우연히 사소한 행운으로, 또는 몇몇 천재에 의해 문장이나 공식을 이용해 현실을 파악해 가지만, 완전히 이를 수는 없습니다. 이 현실은 전면적으로 외부에, 우리 밖에 현실로서 존재합니다. 하지만 그것은 우리에게 여전히 상대적인 객관성 말고는 지니지 않습니다. 이 객관성은 이해하기 쉬운 설명 없이는 완전한 것이 되지는 못합니다. 우리는 이들 입자가 존재한다는 것을 알고 있지만, 이들 입자를 실제로 인식하기 위한 수단을 가지고 있지 않습니다. 10년 뒤나 20년 뒤에 이들 입자를 인식할 수 있을지 모릅니다. 입자가 존재하고 있다는 사실을 안다는 것은 객관성의 진보입니다. 그러나 입자에 의해서 과학 전체가 난처해하고도 있습니다. 이러한 일이, 과학이 위기에 빠진 하나의 원인입니다. 과학에는 그것을 처리할 수단이 없기 때문입니다. 이를테면 비제가 입자에 대해서 이야기할 때, 충족되어야 할 조건 아래에서 입자를 이야기합니다. 내가 보기에는 그것은 진행 중인 객관성, 운동 중인 객관성으로 현재로는 뜻이 함축된 채로 있지만, 이윽고 분명히 드러나게 될 객관성이지, 아직 참다운 객관성은 아닙니다. 하지만 그것은 절대적 현실이며 실재입니다. 그리고 비록 우리가 실재하지 않더라도 그것은 늘 실재하고 있을 것입니다. 그런 뜻에서 우리는 이를 '관념론'이라고 부를 수는 없습니다. 왜냐하면 관념론은 존재가 그 어떤 방법으로든 지각되며, 그것이 바로 존재라고 하는 관점이기 때문입니다.

Le Mur

르 뮈르(벽)

Intimité
내밀

1

릴뤼는 벌거벗은 채로 잤다. 시트에 몸이 닿는 것이 좋아서이기도 하고, 세탁비가 비싸기 때문이기도 했다. 알몸으로 침대에 들어가는 여자가 어디 있느냐! 그런 짓은 하지 마라. 더럽다. 처음에 앙리는 투덜거렸지만, 이제는 그러려니 하게 되었다. 그렇지만 그에게 있어서 그것은 포기였다. 남들 앞에서는 젠체하며 뻣뻣하면서(그는 스위스인, 특히 제네바 사람에게 감탄했다. 당당하다고 칭찬하지만, 사실 스위스인들은 긴장해서 굳어 있는 것이었다), 작은 일에는 게으르기 짝이 없었다. 예를 들면 그다지 청결하지 못하고, 팬티도 자주 갈아입지 않는다. 릴뤼는 속옷을 세탁바구니에 던져 넣을 때, 가랑이 부분이 닳아서 누렇게 변색된 것을 보지 않을 수 없었다. 자신에 대해서라면 릴뤼는 지저분한 것이 그리 싫지 않았다. 오히려 지저분한 쪽이 마음이 편했다. 더러움은 차분한 그림자를 만들어 주기 때문이다. 예를 들면 팔꿈치가 접히는 부분이 그렇다. 릴뤼는 영국인들을 그리 좋아하지 않았다. 무미건조하고 개성 없는 그 몸뚱이들은……. 그러나 남편의 깔끔하지 못한 면은, 그런 식으로 스스로에게는 관대한 것은 참을 수 없었다. 그는 아침에 일어나면 늘 잠이 덜깬 얼굴로 자신을 위로하는 것이다. 햇빛이며 차가운 물, 브러시의 털조차 가혹한 시련처럼 느껴지는 것이다.

릴뤼는 왼쪽 엄지발가락을 시트의 갈라진 틈에 쑤셔 넣고서 똑바로 누웠다. 아니, 갈라진 틈이 아니라 터진 곳이었다. 아, 귀찮아. 내일 꿰매야지. 하지만 릴뤼는 실을 살짝 잡아당겨서 실이 끊어지는 것을 느꼈다. 앙리는 아직 잠들지 않았다. 하지만 전혀 방해는 되지 않는다. 앙리는 늘 릴뤼에게 말하곤 했다. 눈만 감으면 가늘고 튼튼한 실로 꽁꽁 묶인 듯한 기분이 들어. 새끼손가락 하나 까딱할 수 없다니까. 거미줄에 걸린 파리야. 릴뤼는 꽁꽁 묶인 이 커다란 몸뚱이를 가까이에서 느끼는 것이 좋았다. 만일 그가 이대로 중풍에 걸리기라도 하면 내가 간병해 줘야지. 아이처럼 그를 닦아주고, 가끔은 뒤집어서 엉덩이를 두드려 주겠어. 그리고 그의 어머니가 병문안을 오면 어떻게 해서든지 이불을 젖혀버릴 거야. 이불을 홀랑 벗기면 어머니는 그의 알몸을 보게 되겠지. 어머니는 깜짝 놀라실 거야. 그의 그런 모습을 보는 것은 15년만이니까. 륄뤼는 남편의 허리를 부드럽게 어루만지며 사타구니를 살짝 꼬집었다. 앙리는 신음했지만 꿈쩍도 하지 않았다. 발기부전이 되어버린 것이다. 륄뤼는 빙긋 웃었다. '발기부전'이라는 말을 들으면 웃음이 나왔다. 아직 앙리를 사랑하던 무렵, 앙리가 이렇게 마비 상태로 륄뤼 곁에 누워 있으면 륄뤼는 어린 시절《걸리버 여행기》를 읽었을 때 삽화에서 본 난쟁이들에게 남편이 붙잡혀 꽁꽁 묶인 거라는 공상을 즐겼다. 륄뤼는 앙리를 '걸리버'라고 부르곤 했다. 그것은 영국 이름이고, 그렇게 말하면 륄뤼가 똑똑하게 보인다면서 앙리는 무척 좋아했지만, 가능하면 본토 억양으로 듣고 싶어했다.

정말 지긋지긋했지. 그렇게 배운 여자가 좋았으면 잔 브데르랑 결혼하면 됐잖아. 그 여자 젖가슴은 사냥할 때 쓰는 뿔피리처럼 늘어졌지만, 5개 국어에 능통해. 일요일마다 소(Sceaux)*¹에 갔을 때 나는 그 여자 집에서 너무 따분해서 아무 책이나 집히는 대로 읽었지. 그러면 반드시 누군가가 내가 뭘 읽나 보려고 왔어. 그의 여동생은 "무슨 말인지 알겠어요, 뤼시?"라고 물었지. 나를 교양 없는 여자라고 생각한 거야! 그야 그렇지. 스위스 사람은 교양이 있으니까. 그의 누나는 스위스 사람하고 결혼해서 아이를 다섯이나 낳았는걸. 그러고는 둘이서 산(山) 이야기로 그이의 혼을 쏙 빼 놓는 거야. 나는 아이를 만들 수 없어. 그렇게 타고났어. 하지만 그는 나랑 함께 그곳에만 가면 공중화장실을 찾다니, 그런 행동은 전혀 고상하지 않아. 나는 그 사람을 기다리면서 쇼윈도나 들여다보고 있어야 해. 매춘부도 아니고 원! 그런 다음 그 사람은 바지를 추켜올리면서 나오는 거야. 늙어빠진 영감처럼 가랑이를 쩍 벌리고서.

륄뤼는 시트 구멍으로 엄지를 내놓고 두 발을 꼼지락거렸다. 꼼짝도 하지 않는 이 몸뚱이 옆에 있는 발랄한 자신을 느끼는 것이 좋아서…… 부글부글 하는 소리가 났다. 배에서 나는 소리였다. 이게 무슨 소리람! 그의 배에서 나는

---

*1 파리 남쪽에 있는 교외.

소리인지 내 배에서 나는 소리인지 모르겠네. 그녀는 눈을 감았다. 부드러운 관 속을 액체가 부글거리며 흐르는 소리였다. 관, 그것은 누구나 갖고 있다. 리레트도, 나도(그런 건 생각하고 싶지 않아. 배가 이상해지는걸). 그는 나를 사랑하지만 내 배는 사랑하지 않아. 만일 내 맹장을 병에 넣어서 그에게 보여 준다면, 그게 뭔지 짐작조차 못하겠지. 그는 늘 내 몸을 어루만지지만 그 병을 손에 쥐어주면 아무 감정도 느끼지 못할 거야. '이건 아내의 것이군' 그렇게는 생각도 못하겠지. 좋아한다면 그 사람의 하나부터 열까지 모두 좋아해야 하는 게 맞아. 식도든 간장이든 내장이든. 그게 싫은 건 낯설어서일지도 몰라. 그런 게 손이나 팔처럼 눈에 보인다면 좋아할지도 모르지. 그러고 보면 불가사리가 인간들보다 더 서로 사랑하는 게 틀림없어. 불가사리는 해가 비치면 바닷가에 누워서 내장을 내놓고 바람을 쐬지. 누구든지 그 내장을 볼 수 있어. 인간은 대체 어디에서 내장을 내놓는 걸까? 배꼽?

그녀는 눈을 감았다. 그러자 푸른 동그라미들이 빙글빙글 돌기 시작했다. 꼭 어제 축제에 가서 원판을 고무화살로 쐈을 때처럼. 화살 한 개를 쏠 때마다 글자가 하나씩 나타나서 마을 이름이 되었지. 그런데 그 사람은 내 뒤에 몸을 바싹 붙이고 싶어하는 그 버릇 때문에, 내가 디종(DIJON)이라는 마을 이름을 완성하는 것을 방해하고 말았어. 나는 뒤에서 나를 만지는 게 진짜 싫어. 차라리 등이 없으면 좋겠어. 나는 보이지 않는 사람이 나를 만지는 게 너무 싫어. 상대는 마음껏 즐길 수 있지. 하지만 나는 상대의 손이 보이지 않아. 손이 올라갔다 내려갔다 하는 건 알 수 있어. 하지만 그 손이 어디로 가는지는 알 수 없지. 상대는 집어삼킬 듯이 바라보지만 나는 상대가 보이지 않아. 그 사람은 그걸 좋아해. 앙리라면 꿈도 못 꿀 일이지만 그 사람은 내 뒤로 갈 생각만 하지. 그 사람은 내가 엉덩이가 있다는 사실을 부끄러워한다는 걸 알고 일부러 더 엉덩이를 만지는 거야, 틀림없어. 하지만 그런 사람은 생각하고 싶지 않아(무서웠는걸). 나는 리레트를 생각하고 싶어.

그녀는 매일 밤 같은 시각, 꼭 앙리가 잠꼬대를 하며 신음하면 불현듯 리레트를 떠올렸다. 그렇지만 거기에는 어떤 저항이 있어서, 어떤 다른 모습이 나타나려고 했다. 검은 곱슬머리가 슬쩍 보이기도 했다. 왔구나 생각했지만, 그러나 뭐가 나올지 알 수 없었으므로 그녀는 소름이 끼쳤다. 얼굴이면 괜찮았다. 얼굴이라면 그래도 괜찮지만, 싫은 기억이 떠올라 뜬눈으로 밤을 지새울 때도 있었다. 한 남자의 몸을 구석구석, 특히 그것을 안다는 것은 참을 수 없는 일이었다. 앙리는 다르다. 앙리의 몸은 머리부터 발끝까지 상상할 수 있다. 배가 불그스름한 것만 빼면 온몸이 거무튀튀하고 출렁출렁해서 귀여웠다. 앙리는 체격이 좋은 남자는 앉으면 배가 세 겹으로 접힌다고 말하곤 했지만, 그의 배에는 주름이 여섯 줄이나 잡힌다. 그는 하나씩 건너뛰고 세고, 나머지 주름은 보려고도 하지 않는다. 그뿐이다. 그녀는 리레트를 생각하자 짜증이 났다. "뮐뤼, 넌 좋은 남자의 몸이라는 게 어떤 건지 몰라." 울끈불끈한 돌덩이처럼 단단한 몸이 어떤 건지 나도 알아. 만일 리레트가 그런 몸을 말하는 거라면 이야기할 가치도 없지. 난 그런 몸이 싫어. 파테르송은 그런 몸을 지녔지. 그 사람에게 안기면 나는 애벌레처럼 흐늘흐늘해졌어. 내가 앙리와 결혼한 건 몸이 부드러워서였어. 신부님 같아서였어. 신부는 수단(soutane)을 입으면 여자처럼 부드럽지. 그리고 꼭 스타킹을 신은 것 같아. 열다섯 살 때 나는 신부의 옷을 살짝 들어 올리고 남자다운 무릎과 속옷을 보고 싶었지. 다리 사이에 뭐가 있다고 생각하면 우스웠어. 한쪽 손으로 옷을 붙잡고, 다른 손은 그곳을 향해 다리를 따라 점점 올라가는 거야. 여자가 그렇게까지 좋은 건 아니지만, 남자의 그것이 드레스 같은 옷 아래 있으면 봉긋한 것이 꼭 커다란 꽃 같지. 하지만 사실 그걸 진짜로 움켜잡을 수는 없어. 그냥 가만히 있으면 되는데, 마치 벌레처럼 움직이기 시작하지. 딱딱해져. 딱딱해지면 징그러워. 위를 향해 솟다니, 너무 노골적이잖아. 섹스는 정말 더러워. 내가 앙리를 좋아하게 된 건, 그의 그것이 결코 딱딱해지지 않고, 절대로 고개를 쳐들지 않았기 때문이야. 나는 웃으면서 그것에 입을 맞추곤 했지. 어린아이의 그것처럼 조금도 징그럽지 않았는걸. 밤이 되면 부드러운 그것을 꼬집었어. 그이는 발갛게 달아올라서는 숨을 내쉬며 옆으로 돌아누웠어. 그래도 그건 움직이지 않아. 내 손안에서 얌전히 있어. 나는 움켜잡지 않아. 우리는 오랫동안 그러고 있었지. 그리고 그이는 잠들어 버렸어. 그러면 나는 위를 보고 누워서 신부나 순수한 것들 또는 여자를 생각하면서 먼저 배를, 아름답고 납작한 배를 어루만져. 손을 아래로 내려. 아래로 내려. 그러면 쾌감이 느껴져. 쾌감, 그것을 줄 수 있는 건 나 자신뿐인 거야.

곱슬머리, 흑인의 머리카락. 그리고 덩어리처럼 목구멍에 걸린 불안. 그래도 그녀는 눈을 꼭 감고 있었다. 그러자 마침내 리레트의 귀가 나타났다. 사탕으로 만든 것 같은, 진홍색과 금색의 귀여운 귀. 그러나 륄뤼는 그 귀를 봐도 평소만큼 즐겁지가 않았다. 리레트의 목소리가 함께 들렸기 때문이다. 그것은 륄뤼가 싫어하는 낭랑하고 뚜렷한 목소리였다. "륄뤼, 아무래도 피에르와 함께 떠나야 해. 현명한 길은 그것뿐이야." 나는 리레트가 좋지만, 고압적으로 나오거나 자기 말에 자기가 흡족해하는 건 좀 거슬려. 어제도 카페 라 쿠폴에서 리레트는 조금 상기된 거들먹거리는 태도로 얼굴을 들이밀고 "너는 무슨 수를 써도 이제 앙리와 함께할 수 없어. 더는 그를 사랑하지 않잖아. 죄악이라고" 말했다. 리레트는 툭하면 그이의 욕을 하지만, 난 그러면 안 된다고 생각해. 그이는 늘 리레트에게 친절하게 대해 주는걸. 맞아, 나는 이제 앙리를 사랑하지 않을지도 몰라. 하지만 리레트에게 그런 말을 들을 이유는 없어. 리레트가 끼면 뭐든지 단순하고 쉬워 보여. 사랑하는 거야, 사랑하지 않는 거야? 어느 쪽이지? 하지만 나는 단순하지 않아. 무엇보다도 이 집에는 내 습관이라는 게 있고, 게다가 나는 여전히 그를 사랑해. 남편인걸. 나는 리레트를 때려주고 싶었어. 나는 언제나 그 여자를 한번 혼내주고 싶어서 참을 수가 없어. 뚱뚱하거든. "죄악이라고" 하면서 팔을 들어 올리자 겨드랑이 밑이 보였었지. 나는 그녀가 팔을 드러내고 있는 게 좋아.

겨드랑이 밑이 살짝 벌어졌다. 입처럼. 그리고 륄뤼는 머리털처럼 곱슬거리는 털들 사이로 잔주름이 진 짙은 보라색 피부를 보았다. 피에르는 리레트를 "통통한 미네르바"라고 부른다. 리레트는 그 말을 싫어한다. 륄뤼는 남동생 로베르를 떠올리고 빙그레 미소 지었다. 언젠가 륄뤼가 슬립만 걸치고 있는데 로베르가 "누나는 왜 겨드랑이 밑에 털이 없지?" 했다. "병이야"라고 대답했던가. 륄뤼는 동생 앞에서 옷을 갈아입기를 좋아했다. 언제나 재미있는 말을 한다. 어디에서 그런 말을 생각해 내는 걸까? 그리고 동생은 륄뤼의 물건을 만져보거나 드레스를 정성껏 개어 놓곤 했다.

손이 야무지니까 머잖아 훌륭한 재봉사가 될지도 몰라. 재봉사는 좋은 직업이야. 그러면 나는 동생을 위해서 옷감을 디자인해 줘야지. 꼬마가 재봉사가 되겠다는 생각을 하다니, 걔도 참 이상해. 만일 내가 사내아이였다면 탐험가나 배우가 되고 싶었을 텐데. 하지만 재봉사라니! 하긴 동생은 전부터 몽상가라, 그다지 말도 하지 않고 혼자서 생각에 잠겼지. 나는 수녀가 돼서 훌륭한 저택들로 헌금을 모으러 다니고 싶었어. 눈이 나른해졌다. 사람의 피부처럼 부드럽게…… 이제 자야지. 창백한 아름다운 얼굴에 수녀가 쓰는 두건을 쓰면 얼마나 고상해 보였을까! 수백 개나 되는 어두침침한 응접실을 볼 수 있었을 텐데. 하지만 하녀가 곧 불을 켜는 거야. 그러면 조상들의 초상화나 받침대 위의 동상 따위가 보이지. 그리고 모자걸이. 부인이 작은 수첩과 50프랑짜리 우표를 가지고 와서 말하지. "여기 있어요, 수녀님." "감사합니다, 부인. 하느님의 은총이 있으시길. 다음에 뵙겠습니다." 하지만 내 주제에 진짜 수녀가 될 수 있을 리가 없지. 버스 안에서 때로는 남자에게 윙크를 해. 남자는 처음에는 깜짝 놀라지만, 결국에는 나를 놀리면서 쫓아와. 그러면 경찰에게 일러서 유치장에 처넣는 거야. 헌금은 슬쩍해야지. 그런데 뭘 살까? 예방약. 말도 안 돼! 눈이 나른해. 아, 좋아! 꼭 눈을 물에 담근 기분이야. 온몸이 나른해. 멋진 초록색 교황관. 에메랄드나 유리가 박혀 있어. 관이 빙글빙글 돌더니 무서운 소의 머리로 변했다. 그러나 뤼뤼는 무섭지 않았다. 그녀는 말했다. "스쿠르주. 캉탈 산의 새. 주목!" 붉고 기다란 강이 들판 한가운데를 흐르고 있다. 뤼뤼는 집에 있는 믹서기와 포마드를 떠올랐다.

"죄악이야!" 그녀는 퍼뜩 놀라 무서운 눈으로 어둠 속에서 벌떡 일어났다. 놈들이 나를 괴롭히고 있어. 그걸 모르겠어? 리레트가 나를 생각해 준다는 건 잘 알아. 하지만 다른 사람에 대해서 그렇게 꿰뚫어 보는 리레트인걸. 내가 생각할 필요가 있는 것쯤은 다 알고 있을 거야. 그 남자는 뜨거운 눈으로 "와. 우리집으로 와. 널 완전히 내 것으로 만들고 싶어" 이렇게 말했어. 그 남자가 그런 날카로운 눈으로 쳐다보면 나는 꼼짝도 할 수가 없어. 그 남자는 내 팔을 붙잡고 주물러댔지. 그 눈을 보면 그 남자의 가슴털이 생각나. 와. 널 완전히 내 것으로 만들고 싶어. 어떻게 그런 말을 할 수 있을까? 내가 개도 아니고.

나는 앉아서 그 남자에게 웃어 보였어. 그 남자를 위해 분을 바꾸고, 그 남자가 좋아할 것 같아서 눈 주위도 까맣게 칠했는데, 그는 알아채지 못해. 얼굴은 안 보고 젖가슴을 보고 있어. 이 젖가슴이 쪼그라들어 버리면 좋겠어. 그 남자를 당황시키기 위해서. 하지만 내 젖가슴은 별것 아냐. 좀 작은 감이 있거든. 니스에 있는 내 별장으로 와. 대리석 계단이 있는 그 별장은 새하얗고 바다가 보여. 하루 종일 알몸으로 있자고 그 남자는 말했지. 알몸으로 계단을 올라가다니, 너무 이상하잖아. 그 남자가 보지 못하게 먼저 올라가야지. 그렇지 않으면 발도 딛지 못할 거야. 이 사람이 장님이 되게 해달라고 빌면서 꼼짝도 못할 거야. 하긴 평소와 별반 다를 것도 없지. 그 남자가 있으면 나는 늘 알몸이 된 기분이거든. 내 팔을 잡고 협박하듯이 "너는 나한테 반했어!"라고 말했어. 나는 무서워서 "그래" 대답했지. 나는 너를 행복하고 해주고 싶어. 둘이서 드라이브하자. 배를 타고 이탈리아로 가자. 네가 바라는 것이라면 뭐든지 주겠다. 그렇지만 그 남자의 별장은 변변한 가구도 없어서 바닥에 매트리스를 깔고 자야 해. 그 남자는 자기에게 안겨서 자라고 말해. 지독한 냄새가 나겠지? 그 남자의 가슴은 보기 좋게 햇볕에 타고 넓어서 좋아할 것 같지만 털이 너무 많아. 남자한테 털이 없으면 좋을 텐데. 그 사람의 털은 까맣고 이끼처럼 부드러워. 나는 어떨 때는 그 털을 어루만지지만, 어떨 때는 소름이 끼치도록 싫어. 최대한 멀찍이 떨어지지만 그 사람은 꼭 끌어안는 거야. 그 사람은 품에서 자라고 말하겠지. 나를 끌어안을 거야. 그 사람의 냄새가 나겠지. 날이 저물면 바닷소리가 들릴 거야. 그 사람은 한번 분위기를 타면 밤새도록 나를 깨울지도 몰라. 푹 잘 수도 없겠지. 그 짓을 할 때만 빼고. 그때만큼은 가만 놔둘 거 아니야? 그런데 월경 중인 여자와 그 짓을 하는 남자도 있다고 해. 일이 다 끝나면 배에 피가 묻어 있어. 자기 피가 아닌 남의 피가. 시트 위도 온통 피투성이가 될지도 몰라. 아, 싫다. 인간에게는 왜 몸뚱이가 있을까?

뤼뤼는 눈을 떴다. 커튼이 거리에서 들어오는 빛에 붉게 물들었고, 거울에는 붉은 그림자가 비쳤다. 뤼뤼는 이 붉은빛이 좋았다. 창가에는 안락의자 하나가 그림자처럼 윤곽만 보였다. 그 의자의 팔걸이 위에 앙리는 바지를 걸쳐 놓았다. 바지 멜빵이 공중에 늘어져 있었다. 멜빵을 사줘야겠네. 아니, 나가기 싫어. 그 남자는 하루 종일 나를 끌어안아. 나는 그 남자의 것이 돼. 그 남자의 놀잇감이 되어버려. 그 남자는 나를 뚫어지게 쳐다보며 이렇게 생각할 거야. '내 장난감. 나는 이 여자의 그곳과 그곳을 만졌어. 그리고 원하면 언제든지 또 만질 수 있지.' 포르루아얄에서 그런 일이 있었지. 뤼뤼는 이불을 뻥뻥 걷어찼다. 포르루아얄에서 있었던 일을 생각하면 피에르가 싫어졌다. 뤼뤼는 산울타리 뒤에 있었다. 그가 자전거에 앉아서 지도를 보고 있는 줄로만 알았는데 불쑥 나타났다. 살금살금 뒤로 와서 뚫어지게 보고 있었다. 뤼뤼는 앙리를 걷어차고 말았다. 이 사람, 깰지도 몰라. 그러나 앙리는 "으음" 하고는 눈을 뜨지 않았다. 여자아이처럼 순결하고 아름다운 청년을 알고 싶어. 나란히 바닷가를 산책해야지. 손을 맞잡고. 그리고 밤이 되면 오빠와 동생처럼 침대에 따로따로 나란히 눕는 거야. 그리고 밤새도록 대화를 나눠야지. 아니면 리레트하고 사는 것도 좋아. 여자 친구는 좋아. 그 여자는 통통하고 매끈매끈한 어깨를 가졌어. 그 여자가 프레넬한테 빠져 있었을 때 난 정말 한심했어. 하지만 프레넬이 지금 그 여자를 애무하고 있다, 어깨와 옆구리를 부드럽게 쓰다듬고 있다, 그 여자가 숨을 몰아쉬고 있다고 생각하면 흥분이 됐어. 그 여자는 알몸으로 누워 자신을 애무하는 손길을 느낄 때 과연 어떤 얼굴을 할까? 나는 절대 리레트를 만지지 않을 거야. 설령 그 여자가 허락한다고 해도 "상관없다"고 해도 그 여자를 어떻게 다루면 좋을지 나는 모르겠어. 죽어도 그런 짓은 못하지만, 만약 내 모습이 남들 눈에 보이지 않는다면 리레트가 남자의 손길을 받는 동안 나도 거기서 그 여자의 얼굴을 관찰해야지(그럴 때도 그 여자의 얼굴이 미네르바 같다면 기가 차겠지). 그리고 그 여자의 벌어진 두 무릎을, 장밋빛 그 무릎을 부드럽게 어루만지며 그 여자의 신음을 들을 거야. 뤼뤼는 마른침을 삼키면서 짧게 웃었다. 인간은 누구나 가끔 그런 생각을 한다! 언젠가 뤼뤼는 피에르가 리레트를 강간하고 싶어한다는 말을 지어내서 해보았다. 그리고 피에르의 손을 잡고 리레트의 두 손에 꼭 쥐어줬었다. 어제, 리레트는 볼이 새빨갛게 달아올랐어. 나와 둘이서 나란히 소파에 앉아 있었지. 리레트는 무릎을 모으고 있었어. 하지만 우리 둘은 아무 말도 하지 않았어. 앞으로도 아무 말도 하지 않을 거야. 앙리가 코를 골기 시작했다. 뤼뤼는 경멸스럽다는 듯이 휘파람을 불었다. 나는 이곳에 있어. 잠들지 못하고 잡생각을 하고 있어. 그리고 그는 코를 골고 있지. 만일 나를 끌어안고 애원했다면, 만일 "당신은 내 전부야, 뤼뤼. 널 사랑해. 가지 마!" 말해 주기만 했다면 기꺼이 이곳에 있을 텐데. 그래, 나는 평생 그와 이곳에 있어. 그를 기쁘게 하기 위해서.

2

리레트는 카페 르 돔의 테라스에 앉아 포트와인을 주문했다. 몹시 지쳤고, 뤼뤼에게 화가 나 있었다.

'……그리고 이곳의 포트와인은 코르크 냄새가 나. 뤼뤼는 언제나 커피를 마시니까 괜찮지만, 아페리티프*2 시간에 커피를 마실 수는 없잖아. 이곳은 모두

---

*2 서양식으로 식사할 때에, 식욕을 증진하기 위하여 식사 전에 마시는 술.

가 가난뱅이라 종일 커피나 크림커피를 마시지. 엄청 흥분될 거야. 나는 죽어도 못해. 화가 나서 가게 물건들을 손님들한테 닥치는 대로 던져버릴 거야. 예의 있게 행동할 필요가 없는 작자들이니까. 그 사람이 왜 늘 몽파르나스에서 만나자고 하는지, 그 이유를 모르겠어. 카페 드 라페나 팜팜에서 만나도 결국 그 사람 집에서는 같은 방향에 있고, 나도 직장에서 가까운데 말이야. 이런 사람들의 얼굴만 보다 보니 얼마나 지긋지긋한지 몰라. 시간만 있으면 이쪽으로 불러낸다니까. 테라스 자리는 그래도 낫지만, 가게 안은 더러운 속옷 냄새가 나. 난 엉터리 예술가가 싫어. 이 테라스 자리도 내가 세련되게 해주고 있는걸. 생뚱맞게 말이지. 수염도 깎지 않는 이곳의 남자들, 정체도 알 수 없는 여자들 틈에 내가 있는 것을 보면 지나가던 사람들은 분명 깜짝 놀랄 거야. "저 여자는 저기서 뭘 하는 거지?" 궁금해할 거야. 여름엔 꽤 부유한 미국 여자들이 가끔 오기도 한다는 건 알지만, 지금의 정부가 이 꼴이라 모두 영국에만 머물러 버리지. 그래서 사치품은 팔리지도 않아. 작년 이맘때에 비하면 판매액이 절반으로 줄었어. 다른 사람들은 어떻게 먹고살까? 그나마 내가 수익이 가장 좋은걸. 뒤베크 아주머니가 그러시더라. 그 욘넬이라는 아가씨, 참 안됐어. 장사가 안 돼서 이번 달에는 기본급에서 한 푼도 더 못 받았을 거야. 게다가 하루 내내 서 있는걸. 기분 좋은 곳에서 조금은 느긋하게 쉬고 싶을 텐데. 좀 호사스럽고 예술적이며 웨이터도 단정한 그런 곳. 눈을 감고 기분 가는 대로 몸을 맡기고 싶어지는 그런…… 그리고 조용한 음악도 필요해. 그건 그렇고, 여기 웨이터는 너무 으스대는군. 평소에 얼마나 가난한 손님들을 상대하고 있는지 알 수 있다니까. 나에게 서빙해 주는 그 작고 머리카락이 까만 웨이터는 그렇지 않지만. 그는 괜찮아. 뤼뤼에게는 이곳의 이런 사람들한테 둘러싸여 있는 게 어울려 보여. 조금이라도 세련된 곳에 가는 게 무서운가 봐. 결국 자신감이 없는 거야. 남자가 고상하게 굴면 주눅이 드는 거지. 뤼뤼는 루이를 싫어했어. 그렇지만 이곳이라면 마음이 편한 거야. 빈티 나는 싸구려 파이프를 쓰고, 셔츠 깃도 달지 않은 자가 있지. 그리고 여자를 보는 그 눈빛, 저자들은 딱히 감추려고 들지도 않아. 여자를 살 돈이 없다는 걸 알 수 있지. 그렇지만 이 일대는 여자라면 얼마든지 있어. 구역질이 날 만큼 많다니까. 이 동네 남자들은 꼭 여자를 잡아먹을 것만 같아. 그리고 당신을 내 것으로 만들고 싶다는 말을 별스럽게 떠벌리고 다녀서, 그들이 원하는 대로 일을 진행시키지도 못하는 거야.'

웨이터가 다가와서 물었다.

"아가씨, 포트와인은 톡 쏘는 맛이면 되겠습니까?"

"그래요, 고마워요."

그러자 다시 상냥하게 말했다.

"좋은 날씨군요."

"하지만 너무 이르진 않군요." 리레트가 말했다.

"네, 한없이 기나긴 겨울이었지요."

그가 사라지는 모습을 리레트는 지켜보았다. '저 웨이터, 괜찮은데.' 그녀는 생각했다. '조금도 주제넘게 굴지 않아. 싹싹하진 않지만 꼭 내 비위를 맞춰 준다니까. 특별히 신경 써주는 거야.'

등이 구부정하고 야윈 청년이 그녀를 빤히 쳐다보았다. 리레트는 어깨를 들어 올리고 그 남자에게 등을 돌렸다. '여자에게 윙크하고 싶으면 최소한 깨끗한 셔츠 정도는 입어야지. 내게 말을 걸면 그렇게 대답해 주겠어. 뤼뤼는 왜 집을 나오지 않는 걸까? 앙리를 힘들게 하고 싶지 않다고 하지만, 그건 너무 기만적이잖아. 뭐니 뭐니 해도 여자가 성불구자인 남자를 위해 일생을 헛되게 보낼 필요는 없어.' 리레트는 성불구자가 싫었다. 육체적으로 싫었다. '뤼뤼는 집에서 나와야 해.' 리레트는 단정했다. '일생의 행복이 달린 일이야. 자신의 행복을 농락하지 말라고 말해 줘야지. 뤼뤼, 너는 자신의 행복을 갖고 놀 권리가 없어. 아니, 아무 말도 하지 말자. 이제 끝이야. 벌써 수백 번도 더 말했잖아. 싫다는 사람을 억지로 행복하게 할 수는 없어.'

리레트는 몹시 피곤해서 멍한 머리로 녹은 캐러멜처럼 컵 안에 찐득하게 담긴 포트와인을 가만히 들여다보았다. 그러자 마음속에서 "행복, 행복" 되풀이하는 목소리가 들렸다. 정말로 마음이 차분해지고 묵직해지는 좋은 단어다. 《파리 수아르》지 현상 퀴즈에 문제로 나왔으면 이 말이 프랑스어 중에서 가장 아름다운 단어라고 대답했을 텐데, 하는 생각이 들었다.

'그런 생각을 한 사람이 있을까? 모두 기백이라든가 용기라고 대답했지만, 그건 그 사람들이 남자이기 때문이야. 여자가 아니면, 여자가 아니면 생각하지 못해. 상(賞)이 두 개가 있는 게 진짜야. 하나는 남성상으로, 가장 아름다운 단어는 명예(Honneur, 오뇌르)라고 하는 것. 다른 하나는 여성상으로, 내가 뽑히는 거야. 행복(Bonheur, 보뇌르)이라는 대답으로. 오뇌르, 보뇌르, 발음이 비슷한 점이 재밌군. 륄뤼한테 말해 줘야지. 륄뤼, 넌 자신의 행복을 망칠 권리가 없어. 너의 보뇌르, 그래 륄뤼, 너의 보뇌르. 나도 피에르는 아주 좋은 사람이라고 생각해. 무엇보다도 남자다운 남자고, 머리도 좋아. 아주 괜찮지. 돈이 있으니까 그 사람한테도 여러모로 친절하게 해줄 거야. 그는 일생생활의 자잘한 문제를 정복할 수 있는 사람이야. 그건 여자 처지에서 보면 나쁘지 않지. 명령할 수 있다는 건 정말 좋은 거야. 작은 요령이지만, 그 사람은 웨이터나 지배인에게 기분 좋게 명령하는 법을 알아. 모두 그의 말을 잘 듣지. 영향력이 있다는 게 바로 이런 거거든. 앙리한테는 그게 가장 부족한 것 같아. 그리고 건강도 생각해야지. 륄뤼는 아버지를 봐서라도 조심하는 게 좋아. 마르고 투명할 정도로 희고, 식욕도 없고 수면부족으로 하루에 네 시간만 자고 옷감 디자인을 팔러 종일 파리를 돌아다니다니, 정말 생각 없는 짓이지 뭐야. 올바른 생활 습관으로 한 번에 조금밖에 먹지 않는 것도 좋지만, 그렇다면 몇 번이든 정해진 시간에 먹어야지. 그러고 나서 10년 동안 요양원에 들어가 있어 봤자 이미 때는 늦는다고.'

그녀는 깜짝 놀라서 몽파르나스 십자가의 커다란 시계를 보았다. 바늘은 11시 20분을 가리키고 있었다. '나는 륄뤼를 잘 모르겠어. 이상한 애야. 도대체 남자를 좋아하는 건지 싫어하는 건지, 도무지 알 수가 없다니까. 하지만 피에르와 함께라면 틀림없이 만족할 거야. 작년에 만났던 라뷔⋯⋯, 나는 르뷔*³라고 불렀지만, 그 사람과 같이 있는 것보다 조금은 좋을 거야.' 이런 생각을 하자 리레트는 기분이 좋아졌지만, 아까 그 야윈 청년이 아직도 쳐다보는 것을 알아차리고 미소를 거두었다. 그녀가 뒤를 돌아본 순간, 남자의 시선을 느낀 것이었다. 라뷔는 얼굴에 온통 검은 좁쌀여드름이 나 있었다. 륄뤼는 장난삼아 손톱을 세워서 그 여드름을 짜주었다.

'역겹지만, 그건 륄뤼의 잘못이 아니야. 륄뤼는 미남이 어떤 건지 몰라. 나는 멋쟁이가 좋아. 근사한 남자 물건들이 너무 좋아. 와이셔츠에 구두에 번쩍번쩍 아름다운 넥타이. 거칠어 보여도 사실은 부드럽지. 게다가 강해. 부드러운 강함. 남자가 피우는 영국제 담배 냄새, 오 드 콜로뉴 향기, 그리고 말끔하게 면도한 남자의 피부는, 그건⋯⋯ 그건 여자의 피부와 다르게, 마치 코르도바 가

---

*3 Rebut : 쓰레기, 찌꺼기라는 뜻.

죽 같아. 남자의 단단한 두 팔이 몸을 휘감아. 남자의 가슴에 머리를 기대고, 멋부린 남자의 달콤한 냄새를 맡아. 남자는 달콤한 말을 속삭여. 남자들은 근사한 것들을 갖고 있어. 소가죽으로 만든 멋진 딱딱한 구두. "소중하고 다정한 당신"이라고 남자는 속삭여. 그러면 황홀해지지.'

리레트는 작년에 자신을 버린 루이를 떠올리자 가슴이 미어졌다. '옷차림에 엄청 신경 쓰는 사람, 커다란 반지며 금으로 된 담뱃갑이며 진귀한 장신구와 같이 세련된 것들을 좋아하는 사람. 그런 사람일수록 가끔 엄청 음란하게 굴지. 여자보다 더해. 가장 좋은 건 마흔 살의 남자일지도 몰라. 숱이 줄어든 머리카락을 뒤로 넘기고 아직 자신을 꾸밀 줄 아는 사람, 어깨가 벌어지고 탄탄한 몸매에 운동을 좋아하지만 세상물정에도 밝고, 고생을 알아서 남을 배려할 줄도 아는 그런 사람. 뤼뤼 같은 철부지한테 나 같은 친구가 있는 건 정말 행운이야. 피에르도 슬슬 속을 썩고 있는걸. 그 점을 파고드는 여자도 분명 있을 거야. 하지만 나는 늘 그 사람에게 조금만 더 참으라고 말하지. 그리고 그 사람이 나한테 조금이라도 친절하게 굴면, 나는 은근슬쩍 뤼뤼에 대해서 말하는 거야. 그리고 언제든지 뤼뤼를 칭찬하는 말을 찾아내지. 하지만 뤼뤼는 그만한 행운을 가질 자격이 없어. 뤼뤼는 몰라. 루이가 가버린 뒤의 나처럼, 조금은 혼자 살아보는 게 좋아. 종일 일하고 저녁에 휑한 집으로 돌아오면, 누군가의 어깨에 머리를 기대고 싶어 견딜 수 없는 그 기분을 알게 될 거야. 다음 날 일어나 다시 일하러 가서 성적 매력을 뽐내며 쾌활하게 굴면서, 이런 생활을 계속할 바엔 차라리 죽고 싶다고 생각하면서 다른 사람들을 즐겁게 하는 그런 힘이 도대체 어디에서 나오는지 정말 이상할 정도라니까.'

시계가 11시 반을 알렸다. 행복, 파랑새, 행복의 새, 마음대로 되지 않는 사랑의 새를 생각하고 있던 리레트는 깜짝 놀라 '뤼뤼가 30분이나 늦네. 하지만 늘 그랬지. 뤼뤼는 절대 남편하고 헤어지지 않을 거야. 의지가 부족한 거야. 결국 뤼뤼가 끝까지 앙리와 함께 있는 건 무엇보다도 체면 때문이야. 바람은 피지만, 사람들이 부인이라고 불러주면 그걸로 되는 거야. 남편을 욕하면서, 다음 날 내가 그 사람을 똑같이 욕하면 얼굴이 시뻘겋게 돼서 화를 내지. 난 내가 할 수 있는 건 다 했고, 이야기할 만큼 충분히 말했어. 이젠 나도 몰라.'

택시 한 대가 르 돔 앞에 멈추더니, 안에서 뤼뤼가 내렸다. 뤼뤼는 커다란 여행 가방을 들고 있었다. 조금 심각한 표정이었다.

"나, 앙리와 헤어졌어!" 뢸뢰가 멀리서 소리쳤다.

뢸뢰는 짐가방 무게 때문에 몸을 구부린 채로 걸어왔다. 방긋 웃고 있었다.

"어머, 뢸뢰!" 리레트는 놀라서 "너, 설마……."

"그래. 버리고 왔어."

리레트는 아직도 믿을 수 없었다.

"그 사람도 알아? 그 사람한테 그렇게 말한 거야?"

뢸뢰의 눈이 갑자기 험악해졌다.

"몰라!"

"그래, 뢸뢰."

리레트는 생각이 정리되지 않았다. 그러나 뢸뢰가 자신도 함께 흥분해 주기를 바랄 거라고 짐작해서 "잘했어, 용기 냈네" 이렇게 말했다.

하지만 별로 어렵지 않았지?, 덧붙이려다가 그만두었다. 뢸뢰는 기세등등했다. 볼이 상기되고, 눈이 빛났다. 뢸뢰는 여행 가방을 옆에 두고 앉았다. 허리띠가 달린 쥐색 털외투와, 목이 올라온 옅은 노란색 스웨터를 입고 있었다. 모자는 없었다. 리레트는 뢸뢰가 모자를 쓰지 않고 돌아다니는 것을 싫어했다. 리레트는 곧 자신이 비난과 흥미가 뒤섞인 묘한 감정에 빠져 있는 것을 느꼈다. 뢸뢰와 만나면 어김없이 그런 기분이 들었다. '내가 좋아하는 것은 뢸뢰의 활기야.' 리레트는 그렇게 단정했다.

"해버렸어." 뢸뢰가 말했다. "그리고 가슴에 담아두었던 말을 해주었어. 놀라던데."

"맙소사! 그런데 뢸뢰, 도대체 어떻게 된 거야? 어디서 그런 용기가 났어? 어젯밤 같았으면, 정말 헤어질 수 있을까 하고 이 목을 걸고 장담했을지도 몰라."

"내 동생 때문이야. 그가 나한테 으스대는 건 상관없지만, 내 가족까지 좌지우지하는 건 참을 수 없어."

"왜 그렇게 된 거야?"

"웨이터는 어디 있지?" 의자에 앉아 뢸뢰가 초조하게 말했다. "여기 웨이터는 아무리 불러도 오질 않는다니까. 우리 담당이 그 작고 머리카락이 검은 남자야?"

"그래. 너, 내가 그 웨이터 찍은 거 알지?"

"그래? 그럼 화장실 관리인 아주머니를 조심하는 게 좋아. 그 웨이터는 늘 그 여자랑 붙어 있는걸. 언제나 그녀 비위를 맞추고 있는데, 아마 그건 여자들이 화장실에 들어가는 걸 보기 위한 핑계가 아닐까? 여자들이 나오면 얼굴을 흘끔거리면서 얼굴이 빨갛게 되는 거야. 아, 잠깐 실례. 피에르에게 전화하러 가야 해. 분명히 놀라겠지! 웨이터를 보면 크림커피를 한 잔 주문해 줘. 금방 올게. 와서 다 이야기해 줄게."

일어나서 몇 발짝 가다가 다시 리레트 쪽으로 돌아왔다.

"나 정말 기뻐, 리레트."

"륄뤼." 리레트는 륄뤼의 손을 잡고 말했다.

륄뤼는 손을 놓고는 테라스를 가로질러 갔다. 리레트는 그 뒷모습을 지켜보았다. '륄뤼가 그럴 줄은 꿈에도 몰랐어. 얼마나 흥분될까!' 리레트는 얼떨떨한 기분이었다. '남편을 버리고 오다니! 내 말만 들었으면 진작 그랬잖아. 하지만 어쨌든 그것도 내 덕분이야. 결국 륄뤼는 내 영향을 많이 받고 있는 거야.'

잠시 뒤 륄뤼가 돌아왔다.

"피에르가 깜짝 놀라더라. 자세한 이야기를 듣고 싶다고 했지만, 나중에 할 거야. 그이랑 점심을 같이 먹기로 했거든. 아마 내일 저녁에는 떠날 거라고 그러더라."

"정말 잘됐어, 륄뤼. 빨리 이야기해 줘. 어젯밤에 그러기로 된 거야?"

"딱히 결정된 건 아니야." 륄뤼는 겸손을 떨며 말했다. "혼자 그러기로 한 거지." 초조한 얼굴로 탁자를 두드렸다. "웨이터! 웨이터! 저 웨이터, 정말 짜증난다니까. 여기 크림커피 한 잔!"

리레트는 어이가 없었다. 만일 자신이 륄뤼였다면, 그리고 만일 이렇게 중대한 상황에 있었다면 크림커피 타령이나 하면서 시간을 죽이지는 않을 것이다. 륄뤼는 사랑스럽지만 마치 새처럼 너무 경박해서 놀랄 정도이다.

륄뤼가 풋 웃었다.

"앙리의 얼굴을 너도 봤어야 하는데!"

"너희 엄마가 뭐라고 하실까?" 진지한 얼굴로 리레트가 말했다.

"엄마? 아주 좋아하실걸." 확신에 차서 륄뤼가 말했다. "그이는 우리 엄마한테 못했잖아. 그래서 엄마는 그를 싫어했거든. 허구한 날 나를 잘못 키웠네, 내가 이렇다 저렇다, 어떻게 자랐는지 뻔하다 하고 엄마한테 잔소리만 했는걸. 그러니까 내가 이렇게 하는 것도 얼마쯤은 엄마를 위해서야."

"도대체 무슨 일이 있었던 거야?"

"그러니까, 그이가 로베르의 빰을 때렸어."

"로베르가 너희 집에 왔어?"

"응, 오늘 아침 어딜 가는 길에 들렀어. 엄마는 그 애를 공페스의 가게에서 일하게 할 생각이거든. 그 얘기는 했었지? 그래서 로베르가 우리가 아침을 먹는데 집에 들른 거야. 그런데 앙리가 그 애를 때린 거지."

"아니 왜?" 조금은 신경질적으로 리레트가 물었다. 리레트는 륄뤼의 말하는 방식이 전부터 마음에 들지 않았다.

"그들이 말다툼을 좀 했거든." 륄뤼가 멍하니 말했다. "그런데 동생은 절대 지지 않는 거야. 앙리 얼굴에 대고 늙은 멍청이라고 소리를 질렀지. 앙리가 그 애한테 상놈이라고 했으니까, 그 애도 상놈답게 그렇게 말할 수밖에 더 있겠어? 나는 배를 잡고 웃었어. 그러자 앙리가 벌떡 일어나더니, 우리는 작업실에서 아침을 먹고 있었는데, 갑자기 그 애를 확 잡아 끄는 거야. 난 그이를 죽이고 싶었어!"

"그래서 뛰쳐나온 거야?"

"뛰쳐나오다니, 어딜?" 륄뤼가 놀라서 물었다.

"네가 헤어진 건 그 순간인 줄 알았는데. 륄뤼, 좀 순서대로 말해 봐. 아니면 무슨 소린지 도무지 이해를 못하겠어. 알겠지?" 리레트는 문득 의문이 들었다. "너, 정말 헤어진 거야? 진짜로?"

"그렇다니까. 그 이유를 벌써 한 시간이나 설명하고 있잖아."

"그래. 그럼 앙리가 로베르를 때렸고, 그리고?"

"그리고 나는 앙리를 발코니로 내쫓았어. 정말 재미있었어! 그이는 아직 잠옷 차림이었거든. 유리창을 쾅쾅 두드렸지만, 엄청 구두쇠라서 절대 깨지는 못하더군. 나 같았으면 손이 피투성이가 되도록 모조리 깨버렸을 텐데. 그런데 그때 텍시에 부부가 찾아왔어. 그러자 그는 창문 너머로 나한테 웃음을 던지는 거야. 장난치는 것처럼 보이려고."

웨이터가 지나갔다. 륄뤼가 웨이터의 팔을 붙잡고 말했다.

"어머, 웨이터, 있었네요? 미안하지만 크림커피를 한 잔 가져다주겠어요?" 리레트는 민망해서 웨이터에게 어색한 미소를 보냈지만, 웨이터는 여전히 무뚝뚝하게 짜증날 만큼 정중하게 허리를 숙였다. 리레트는 륄뤼에게 화가 났다. 륄뤼는 아랫사람에게 적당한 말투를 쓸 줄 몰라. 너무 친근하게 대하는가 하면, 또 어떤 때는 지나치게 강압적이라니까.

뤼뤼는 깔깔 웃었다.

"잠옷 차림의 앙리가 발코니에 있는 모습을 떠올리면 너무 웃겨. 그이는 덜덜 떨었어. 내가 어떻게 그를 쫓아냈는지 알아? 그이는 작업실 안쪽에 있었어. 로베르는 울고 있고, 그는 무슨 설교를 하고 있었지. 나는 창문을 열고 '저것봐, 앙리. 택시가 꽃 파는 여자를 쳤어.' 그는 내 옆으로 왔어. 그 여자가 그한테 자신이 스위스인이라고 해서 그가 좋아하거든. 게다가 그 여자가 자기한테 반한 줄 알고 있지. '어디? 어디?' 그가 발코니로 가서 이렇게 말하는 사이에, 나는 몰래 뒷걸음질 쳐서 방으로 들어와서는 창문을 닫아버렸지. 난 창문 너머로 소리쳐 주었어. '내 동생에게 짐승같이 군 벌이야.' 한 시간쯤 발코니에 내버려 뒀더니, 눈을 치뜨고 나를 노려보면서 펄펄 뛰더라. 나는 혀를 메롱 하고, 로베르에게 사탕을 줬어. 그리고 작업실로 옷가지를 가져와서 일부러 로베르 앞에서 옷을 갈아입었지. 앙리가 평소에 그걸 싫어한다는 걸 알고 있었으니까. 그러자 로베르가 다 큰 성인처럼 내 팔과 목에 키스하는 거야. 귀여운 로베르. 마치 앙리가 없는 것처럼 행동했어. 덕분에 몸을 닦는 것도 잊어버렸지."

"그리고 그는 계속 창문 밖에 있었다? 아, 재밌어!" 리레트도 깔깔 웃었다.

뤼뤼가 웃음을 멈추었다.

"그이, 감기에 걸리지나 않았을까?" 그녀는 진지한 얼굴로 말했다. "난 화가 나면 눈에 뵈는 게 없어진다니까." 그러더니 다시 기분이 좋아져서는 말했다. "그는 나한테 주먹을 들이대고 계속 뭐라고 말했지만, 뭐라고 하는지 절반도 알아듣지 못했어. 그런 다음 로베르가 돌아갔고, 그때 택시에 부부가 초인종을 눌렀길래 나는 안으로 들어오게 했지. 그이는 그들을 보자 활짝 웃으면서 발코니에서 몇 번이나 인사를 했어. 나는 그들한테 말했어. '저 사람 좀 보세요, 우리 소중한 사람. 꼭 수족관 물고기 같죠?' 택시에 부부는 유리창 너머로 인사를 했어. 좀 황당한 것 같았지만, 아주 조심성이 많은 사람이들거든."

"안 봐도 훤하다." 리레트가 웃으면서 말했다. "호호호, 네 남편은 발코니에 있고, 택시에 부부는 작업실에 있고!" 리레트는 몇 번이나 "네 남편은 발코니에, 택시에 부부는 작업실에……"를 되풀이했다. 리레트는 그 장면을 그럴듯하게 묘사해서 뤼뤼에게 들려주고 싶어서 뭔가 재치 있고 사실적인 단어를 찾으려고 애썼다. 리레트는 뢰뤼에게 유머 감각이 없다고 생각했다. 하지만 그녀에게도 그런 단어는 떠오르지 않았다.

"창문을 열자 앙리가 들어오더니 텍시에 부부 앞에서 나에게 키스하고, 나를 장난꾸러기라고 불렀어. '이 장난꾸러기가 저를 골탕먹였습니다' 그러는 거야. 난 빙글빙글 웃었지. 그러자 텍시에 부부도 예의 바르게 웃었고, 모두 웃었어. 그런데 텍시에 부부가 돌아가자, 그이가 갑자기 내 귀싸대기를 후려갈기는 거야. 그래서 나는 빗을 집어 그이의 입에 던졌지. 그랬더니 입술이 위아래 다 찢어졌어."

"가엾은 뢰뤼!" 리레트가 다정하게 말했다.

그러나 뢰뤼는 동정을 뿌리치고, 도전적으로 검은 곱슬머리를 휘날리면서 굳은 표정을 지었다. 두 눈은 강렬하게 빛났다.

"그리고 진지하게 얘기했지. 나는 수건으로 그이의 입술을 닦아주며 말했어. 이제 그만하자, 이제 당신이 싫어졌으니까 나가야겠어. 그이는 울음을 터트리면서, 그랬다간 자살할 거라고 했어. 그래도 붙잡지는 않더라. 기억하지, 리레트? 작년에 라인란트 문제*⁴로 시끄러웠을 때의 일. 그이는 날마다 말했어. '뢰뤼, 곧 전쟁이 일어날 거야. 나는 참전해서 전사할 거야. 당신은 분명 나한테 미련이 남을 거야. 나를 괴롭혔던 걸 후회할 거야.' 난 이렇게 대답해 주었어. '괜찮아, 당신은 발기부전인걸. 그날로 즉시 돌아올걸.' 아무튼 나를 작업실에 감금해 두겠다고 하길래, 나는 그이를 구슬려 한 달이 지나기 전에는 나가지 않겠다고 약속했지. 그런 다음 그이는 사무실로 갔어. 눈은 새빨갛고 입술에는 반창고를 붙이고, 정말 못 볼 꼴이었어. 나는 집 안을 치우고, 불에 콩을 올리고, 그런 다음 짐을 쌌어. 그리고 부엌 책상에 메모를 남겨 놓았지."

"뭐라고 써서?"

"이렇게 썼어." 뢰뤼는 자랑스럽게 말했다. "콩을 불에 올려놓았어. 그릇에 옮기고 가스를 끄도록 해. 냉장고에 햄이 있어. 난 다 싫어졌어. 그럼 간다, 안녕."

두 사람은 깔깔 웃었다. 지나가던 사람들이 돌아보았다. 리레트는 자신들이 얼마나 좋은 구경거리일까 하는 생각이 들었다. 비엘이나 카페 드 라페의 테라스에 앉아 있지 않은 것이 후회스러웠다. 웃음이 멈추자 둘은 입을 꾹 다물어

---

*4 1936년 히틀러가 라인 강 유역 비무장지대인 라인란트를 점령한 사건.

버렸고, 리레트는 더는 서로 할 이야기가 없음을 깨달았다. 조금은 예상 밖이었다.

"가야겠다." 일어나면서 륄뤼가 말했다. "12시에 피에르랑 만나기로 했거든. 내 가방을 어떻게 할까?"

"나한테 줘. 곧 화장실 관리인 여자한테 맡겨 놓을게. 또 언제 만날 수 있어?"

"2시에 네 집으로 갈게. 같이 해야 할 일이 많아. 옷가지를 절반도 갖고 나오지 못했거든. 피에르한테 돈을 받아야지."

륄뤼가 가버리자 리레트는 웨이터를 불렀다. 리레트는 마음이 두 사람 몫만큼 슬프고 무거웠다. 웨이터가 얼른 달려왔다. 리레트는 자신이 부르면 이 웨이터가 언제나 서둘러 온다는 것을 전부터 눈치채고 있었다.

"5프랑입니다." 그런 다음 어딘지 쌀쌀맞게 말했다. "두 분 다 기분이 좋으시군요. 지하실에서도 웃음소리가 들렸습니다."

륄뤼 때문에 기분이 나빴구나. 리레트는 조금 화가 나서 얼굴을 붉혔다.

"내 친구가 오늘 아침 좀 신경이 날카로워요."

"매력적인 분이던데요." 웨이터는 진심으로 말했다. "고맙습니다."

웨이터는 받은 6프랑을 주머니에 넣고 가버렸다. 리레트는 좀 의외였지만 12시를 알리는 종소리가 나자, 곧 앙리가 집으로 돌아가 륄뤼의 메모를 보겠구나 하고 생각했다. 그녀에게 참으로 즐거운 순간이었다.

"이것들을 모두 내일 저녁까지 방담 가 테아트르 호텔에 갖다줘요." 륄뤼가 거드름을 피우며 계산원에게 말하고, 리레트를 돌아보았다.

"다 됐어, 리레트. 빨리 가자."

"성함이?" 계산원이 물었다.

"뤼시엔 크리스팽."

륄뤼는 외투를 팔에 걸치고 사마리텐 백화점의 넓은 계단을 뛰어 올라갔다. 리레트도 쫓아갔다. 발밑을 보지 않아 몇 번이나 넘어질 뻔했다. 앞에서 너울거리는 파란색과 노란색의 날씬한 윤곽에 눈길을 빼앗겼다. '정말이지, 육감적인 몸을 가졌어…….' 리레트는 륄뤼를 뒤나 옆에서 볼 때마다 육감적인 몸매에 감탄했지만, 왜 그런지 알 수 없었다. 순간적인 느낌이었다. '륄뤼는 유연하고 날씬하지만, 어딘가 야한 구석이 있어. 아무래도 그런 이미지가 따라다녀. 틀림없이 몸에 딱 붙는 옷을 입고 있기 때문일 거야. 엉덩이 모양이 창피하다면서, 엉덩이에 딱 달라붙는 치마를 입고 있네. 정말 작긴 하네. 내 엉덩이보다 작아. 그런데도 더 눈에 띄어. 가느다란 허리 아래 치마가 터질 정도로 빵빵한 게, 꼭 엉덩이에 대고 옷을 맞춘 것 같네. 씰룩씰룩 춤추고 있어.'

륄뤼가 돌아보았다. 그리고 두 사람은 서로 빙그레 웃었다. 리레트는 못마땅하기도 하고 황홀하기도 한 기분으로 친구의 노골적인 육체를 생각했다. 봉긋 솟은 작은 유방, 매끈매끈한 노란 피부—만지면 꼭 고무 같다—기다란 허벅지, 경박한 긴 상체에 긴 팔다리. '영락없는 흑인 여자의 몸이야.' 리레트는 생각했다. '륄뤼는 꼭 룸바를 추는 흑인 여자 같아.' 회전문 옆 거울이 리레트의 풍만한 몸뚱이를 비추고 있었다. '나는 륄뤼보다 건강해.' 륄뤼의 팔을 잡으면서 생각했다. '옷을 입고 있으면 륄뤼가 더 눈에 띄지만, 알몸이 되면 분명 내가 더 나아.'

둘은 잠시 아무 말도 없었지만, 이윽고 륄뤼가 말했다.

"피에르는 잘해 주었어. 너도 잘해 주었고, 리레트. 두 사람에게 진심으로 감사해."

어색했지만, 리레트는 신경 쓰지 않았다. 륄뤼는 감사도 제대로 하지 못하는 여자였다. 너무 내성적이다.

"이런!" 륄뤼가 갑자기 말했다. "브래지어를 사야 하는데."

"여기서?" 리레트가 말했다. 마침 속옷 가게 앞을 지나던 참이었다.

"아니. 하지만 보니까 갑자기 생각났어. 브래지어는 피셰르 가게에서 살 거야."

"몽파르나스 거리 말이지?" 리레트가 목소리를 높였다. "조심해" 하고는 진지하게 이어 말했다. "몽파르나스 거리는 웬만하면 다니지 않는 게 좋아. 특히 지금 시간대에는. 앙리랑 맞닥뜨릴지도 몰라. 만나면 곤란하잖아."

"앙리?" 륄뤼가 어깨를 으쓱하며 말했다. "그럴 리가 없어. 왜?"

화가 나서 리레트의 뺨과 관자놀이가 빨개졌다.

"너 여전하구나, 륄뤼. 너는 뭔가 마음에 안 드는 게 있으면 그걸 아예 부정해 버려. 피셰르에 가고 싶으면, 앙리는 몽파르나스 거리를 지나가지 않을 거라고 우기지. 하지만 너도 그 사람이 날마다 6시에 그곳을 지난다는 걸 알잖

아. 그가 다니는 길이니까. 네가 한 말이야. 그 사람은 렌 거리를 올라가 라스파유 대로 모퉁이에서 AE선 버스를 기다린다고."

"아직 5시밖에 안 됐고, 게다가 그는 사무실에 안 나갔을지도 몰라. 그런 메모를 봤으니 분명 드러누워 버렸을걸."

"하지만 뤼뤼." 갑자기 리레트가 말했다. "너도 알지? 오페라 극장에서 멀지 않은 카트르 세탕부르 거리에 피셰르가 한 군데 더 있는 거."

"응." 뤼뤼는 시큰둥했다. "하지만 일부러 찾아가야 하잖아."

"맙소사! 뤼뤼, 너 정말 못 말린다! 일부러라니! 바로 코앞이잖아. 몽파르나스 사거리보다 훨씬 가까워."

"거기서 파는 것들은 싫어."

리레트는 피셰르라면 어디든 같은 물건을 판다고 생각했기 때문에 기분이 상했다. 그러나 뤼뤼는 이상할 정도로 고집스럽다. 앙리는 누가 봐도 지금 뤼뤼가 가장 만나고 싶지 않은 사람일 텐데도 꼭 일부러 만나고 싶어하는 것처럼 보였다.

"그렇다면 좋아." 리레트가 관대하게 말했다. "몽파르나스로 가자. 앙리는 키가 크니까, 그가 우리를 보기 전에 우리가 앙리를 먼저 볼 거야."

"그러면 어때?" 뤼뤼가 말했다. "만나면 만나는 거지. 우리를 잡아먹는 것도 아니고."

뤼뤼는 몽파르나스까지 걸어가고 싶어했다. 바람을 쐬고 싶다는 것이었다. 둘은 센 거리를 지나, 오데옹 거리와 보지라르 거리를 지나갔다. 리레트는 피에르를 입에 침이 마르도록 칭찬하며, 이번에 그의 태도가 얼마나 훌륭했는지 들려주었다.

"파리는 참 좋아." 뤼뤼가 말했다. "파리가 얼마나 그리워질까!"

"그만, 뤼뤼. 니스에 갈 수 있으면서 파리를 그리워하다니."

뤼뤼는 별다른 대꾸 없이 쓸쓸한 듯이, 뭔가를 찾는 것처럼 여기저기를 둘러보았다.

피셰르에서 나오자 6시를 알리는 종이 쳤다. 리레트는 뤼뤼의 팔꿈치를 잡고 되도록 빨리 그곳을 뜨려고 했다. 그러나 뤼뤼는 보만이라는 꽃집 앞에 멈춰 섰다.

"저 철쭉 좀 봐, 리레트. 근사한 거실이 있다면 방 한가득 장식해 놓을 텐데."

"난 화분이 싫어." 리레트가 말했다.

리레트는 안달이 났다. 렌 거리 쪽을 돌아보니, 아니나 다를까 잠시 뒤 앙리의 얼빠진 커다란 모습이 보였다. 모자도 없이, 밤색 트위드 점퍼를 입고 있었다. 리레트는 밤색을 싫어했다.

"왔다, 륄뤼. 왔어." 그녀가 당황해서 말했다.

"어디?" 륄뤼가 말했다. "어디 있어?"

그녀도 리레트만큼이나 안절부절못하고 있었다.

"뒤야, 반대편 보도. 뛰자. 돌아보지 말고."

하지만 륄뤼는 돌아보았다.

리레트가 잡아끌었지만 륄뤼는 꿈쩍도 하지 않고 앙리를 물끄러미 쳐다보고 있었다. 그리고 마침내 말했다.

"우릴 봤나 봐."

륄뤼가 한눈에도 겁먹고 있었음을 알 수 있다. 리레트가 그녀를 잡아 끌자, 얌전하게 끌려왔다.

"이번에야말로 무슨 일이 있어도 돌아보지 마." 리레트가 헉헉거리면서 말했다.

"이다음 거리에서 오른쪽으로 돌 거야. 거기가 들랑브르 거리야."

둘은 지나가는 사람들을 치면서 빠르게 걸었다. 륄뤼는 가끔씩 끌려가다가, 나중에는 오히려 자기가 리레트를 끌고 갔다. 그런데 들랑브르 거리 모퉁이에 다다랐을 때, 리레트는 륄뤼의 조금 뒤쪽에서 커다랗고 시커먼 그림자를 보았다. 앙리라는 걸 알고 분노하여 온몸이 떨리기 시작했다. 조용히 눈을 내리깔고 있는 륄뤼는 음험하고 고집스럽게 보였다. '륄뤼는 자신의 경솔함을 후회하는 거야. 하지만 이미 늦었지. 어쩔 수 없어.'

두 사람은 걸음을 재촉했다. 앙리는 말 한 마디 없이 따라왔다. 두 사람은 들랑브르 거리를 지나 천문대 쪽으로 계속 걸었다. 리레트에게 앙리의 구두가 또각거리는 소리가 들렸다. 희미하고도 규칙적인 신음 같은 소리가 두 사람의 보조를 맞추고 있었다. 앙리의 숨소리였다(앙리는 전부터 숨이 거칠었지만, 이 정도까지는 아니었다. 둘을 쫓아오려고 뛰었든지, 아니면 흥분해서인지도 몰랐다).

'모르는 척해야 해.' 리레트는 생각했다. '저 사람이 있는 걸 눈치챈 척하면 안 돼.' 그래도 곁눈질하지 않을 수 없었다. 창백한 얼굴의 남자는 눈을 감고 있나 싶을 만큼 눈을 내리깔고 있었다. '꼭 몽유병자 같네.' 어쩐지 으스스해져서 리레트는 생각했다. 앙리의 입술은 떨렸다. 아랫입술에서는 끝이 떼어지기 시작한 작은 살구색 반창고까지 떨리기 시작하고 있었다. 그리고 숨소리. 여전히 규칙적인 희미한 숨소리, 그것은 이제 콧소리가 섞인 희미한 음악이 되어 사라졌다. 리레트는 불안해졌다. 앙리가 무서운 건 아니지만, 병과 흥분은 예전부터 어쩐지 무서웠다. 얼마 뒤, 앙리가 눈을 돌린 채 조용히 한 손을 내밀어 뤼뤼의 팔을 잡았다. 뤼뤼는 금세라도 울음을 터트릴 것처럼 입을 일그러뜨리고 부들부들 떨면서 손을 뿌리쳤다.

"후유!" 앙리가 한숨을 쉬었다.

리레트는 멈춰 서고 싶어서 견딜 수가 없었다. 옆구리가 아프고, 귀가 울렸다. 그러나 뤼뤼는 달리듯이 걸었다. 뤼뤼까지 몽유병자 같았다. 자신이 뤼뤼의 팔을 놓고 멈춰 서도, 두 사람은 나란히 계속 달릴 것만 같았다. 입을 꾹 다물고 시체처럼 창백해서 눈을 감고.

앙리가 이상한, 쉰 목소리로 말을 하기 시작했다.

"나랑 같이 돌아가."

뤼뤼는 대답하지 않았다. 앙리는 억양이 없는 쉰 목소리로 다시 말했다.

"넌 내 아내야. 같이 가자."

"보다시피, 돌아가고 싶어하지 않잖아요." 리레트가 이를 악물고 대답했다. "그냥 내버려 두세요."

그는 안 들린다는 듯이 되풀이했다.

"난 네 남편이야. 나랑 같이 돌아가."

"좀 내버려 둬요." 리레트가 날카로운 목소리로 말했다. "그렇게 소란 피워 봤자 소용없어요. 상관하지 말아요."

그는 어이가 없다는 표정으로 리레트를 보았다. "이 사람은 내 아내입니다. 내 배우자란 말입니다. 그러니까 함께 가자고 하는 거라고요."

그는 뤼뤼의 팔을 잡고 있었다. 그러나 이번에 뤼뤼는 뿌리치지 않았다.

"저리 가요." 리레트가 말했다.

"아니요. 끝까지 따라갈 겁니다. 이 여자를 집으로 데리고 돌아갈 겁니다."

그는 간신히 말했다. 그러다가 갑자기 얼굴을 일그러뜨리고 이를 드러내며 소리를 질렀다.

"넌 내 거야!"

지나가던 사람들이 웃으면서 돌아보았다. 앙리는 뤼뤼의 팔을 흔들고, 입술을 내밀면서 야수처럼 으르렁거렸다. 때마침 빈 택시가 지나갔다. 리레트는 손짓을 해서 택시를 세웠다. 앙리도 멈춰 섰다. 뤼뤼는 계속 걸어가려고 했지만 두 사람이 양쪽에서 팔을 붙잡고 놔주지 않았다.

"그렇게 난폭하게 굴어도 뤼뤼를 데리고 갈 수 없을 거예요." 리레트가 뤼뤼를 차도 쪽으로 끌고 가면서 말했다.

"놔요. 아내를 놓으라고요." 앙리가 반대쪽으로 잡아당기면서 말했다. 뤼뤼는 빨랫감처럼 휘주근했다.

"탈 겁니까, 안 탈 겁니까?" 운전기사가 재촉하며 소리쳤다.

리레트는 뤼뤼의 팔을 놓고 앙리의 손을 힘껏 때렸지만, 앙리는 아무 느낌도 없는 것 같았다. 얼마 뒤 그는 손을 놓고 멍하니 리레트의 얼굴을 쳐다보았다. 리레트도 앙리를 노려보았다. 그녀는 생각을 정리하기가 어려웠고, 심한 구역질을 느꼈다. 둘은 그렇게 한참 동안 조용히 서로의 눈을 들여다보았다. 두 사람 모두 헉헉거렸다. 이윽고 정신이 든 리레트는 뤼뤼의 허리를 안고 택시까지 끌고 갔다.

"어디까지 가십니까?" 운전기사가 물었다.

앙리가 두 사람을 따라 같이 타려고 했다. 그러나 리레트는 앙리를 힘껏 밀치고, 문을 쾅 닫았다.

"빨리 가세요, 빨리요!" 리레트가 기사에게 말했다. "어디로 가는지는 나중에 말할게요."

택시가 움직이기 시작했다. 리레트는 시트에 깊숙이 몸을 기댔다. '이게 무슨 교양 없는 일이람!' 리레트는 생각했다. 뤼뤼가 미웠다.

"어디로 갈래, 뤼뤼?" 그녀가 상냥하게 물었다.

뤼뤼는 말이 없었다. 리레트는 뤼뤼를 두 팔로 안고 설득하듯이 물었다.

"대답해. 피에르 집에서 내려줄까?" 뤼뤼가 무슨 몸짓을 한 것을 리레트는 동의의 뜻이라고 생각해서 몸을 앞으로 숙였다.

"메신 거리 11번지로 가주세요."

리레트가 돌아보자 뤼뤼가 이상한 얼굴로 노려보았다.

"왜 그래……?" 리레트가 말하려고 하자,

"나, 네가 싫어." 뢰뤼가 소리를 질렀다. "피에르도 싫고, 앙리도 싫어. 다들 나만 따라다니고, 도대체 어쩌라는 거야? 다들 나를 괴롭히고 있어."

뢰뤼는 갑자기 입을 다물었다. 표정이 어두웠다.

"울어." 리레트가 침착하게 말했다. "울어, 울면 기분이 좋아지니까."

뢰뤼는 허리를 굽히고 울음을 터트렸다. 리레트는 그녀를 두 팔로 꼭 끌어안았다. 그리고 이따금 머리카락을 쓰다듬었다. 하지만 속으로는 차갑고 무시하는 마음이 들었다. 택시가 멈추자 뢰뤼는 고개를 숙이고는 눈을 훔치고 화장을 고쳤다.

"이해해 줘." 뢰뤼는 사과했다. "좀 흥분했었어. 그 사람의 그런 꼴을 보는 게 참을 수 없었거든. 괴로웠어."

"그 사람, 꼭 오랑우탄 같았어." 리레트가 새침한 얼굴로 말했다.

뢰뤼가 웃었다.

"다음엔 언제 만날 수 있어?" 리레트가 물었다.

"내일까지는 안 돼. 피에르는 자기 어머니 때문에 나를 재워 줄 수 없다고 했어. 그러니까 난 테아트르 호텔에 있으려고. 괜찮으면 아침 9시쯤에 와. 그 뒤에 엄마를 만나러 갈 테니까."

뢰뤼는 창백했다. 리레트는 뢰뤼의 얼굴이 무서울 정도로 쉽게 허물어진다고 생각하자 슬퍼졌다.

"오늘 밤은 너무 생각하지 마."

"너무 피곤해." 뢰뤼가 말했다. "피에르가 날 빨리 돌려보내 주겠지만, 그 사람은 그런 걸 잘 이해 못하니까."

리레트는 그 택시를 탄 채로 자신의 집까지 갔다. 아까는 잠시 영화를 보러 갈까 생각했었지만, 이젠 그럴 기분이 아니었다. 모자를 의자 위에 던져 놓고 창문 쪽으로 한 걸음 옮기는데, 침대가 그녀를 유혹했다. 어슴푸레한 어둠 속에서 새하얗게, 부드럽게, 조용히…… 거기에 몸을 던지고, 베개의 애무를 자신의 뜨거운 볼로 느껴본다면. "난 강해. 뢰뤼를 위해 하나부터 열까지 다 해준 건 바로 나야. 그리고 지금 나는 혼자지. 아무도 날 위해 주지 않아." 그녀는 자신이 너무나도 불쌍해서 울컥했다. "그들은 니스로 떠나겠지. 이제 둘을 만날 수 없을 거야. 두 사람을 행복하게 해준 건 나인데, 그런데 두 사람은 이제나 같은 건 기억해 주지 않겠지. 그리고 나는 여기 남아서 하루 여덟 시간씩 일하는 거야. 뷔르마 가게에서 가짜 진주나 팔면서." 첫 번째 눈물이 양 볼을 타고 내렸을 때 그녀는 조용히 침대 위에 쓰러졌다. "니스에……" 훌쩍훌쩍 울면서 되풀이했다. "니스에…… 햇빛이 비치는 곳에…… 리비에라 해변에서……."

3

"휴우!"

캄캄한 어둠. 누군가가 방 안을 걸어 다니는 것 같다. 슬리퍼를 신은 남자. 조심스럽게 한 발을 내밀고, 또 다른 쪽 발을 내민다. 그러나 마룻바닥이 삐걱거리는 것은 어쩔 수 없다. 남자는 멈춰 선다. 잠시 가만히 있는다. 그러다 갑자기 방의 반대쪽으로 움직여서는 편집광처럼 정처 없는 걸음을 계속한다. 뤼뤼는 추웠다. 이불이 너무 얇았다. 뤼뤼는 "휴우!" 하고 큰 소리를 냈지만, 자신도 자신의 목소리가 무서웠다.

'휴우! 분명 지금 그 사람은 하늘과 별을 바라보고 있을 거야. 담배에 불을 붙이고 거기에 있어. 그는 언젠가 파리의 짙은 보라색 하늘이 좋다고 했었지. 그 사람은 어슬렁어슬렁 집으로 돌아가, 어슬렁어슬렁. 그럴 때면 시적인 기분이 된다고 그 사람은 말했어. 그리고 젖을 짜낸 뒤의 암소처럼 경쾌한 기분이 든다고. 이젠 생각하지 말아야지—그리고 나는 더럽혀졌어. 그 사람이 이제 순결한 마음으로 있는 게 이상하지 않아. 마음이 완전히 비워진 거야. 그 사람이 나갔을 때 내 창문 밑에서 그의 휘파람 소리가 들렸어. 그 사람은 밑에 있어. 텅 비어서, 산뜻하게, 근사한 옷차림으로 외투를 입고 그 사람은 옷맵시가 좋지. 그런 남자랑 같이 걷는 여자가 자랑스러워지는 것도 무리는 아닐 거야. 그는 내 창문 아래 있어. 그리고 나는 어둠 속에서 알몸으로 떨고 있어. "네 방을 보는 동안만 잠깐 있을 거야." 말해 놓고, 그 사람은 두 시간이나 있었어. 그리고 침대가 삐걱거렸어—이 더럽고 작은 쇠침대가. 그는 왜 이런 호텔을 찾아낸 걸까? 전에 자신도 이곳에서 보름쯤 머물렀던 적이 있다고, 아주 편한 곳이라고 그는 말했지. 이상한 방이야. 방을 두 군데나 봤지만, 이렇게 작은 방은 처음이야. 그리고 가구가 너무 많아. 쿠션 의자도 있고, 긴 의자도 있고, 작은 탁자도 있어. 애욕의 냄새가 풀풀 나. 이곳에서 그가 진짜로 보름쯤 살았는지 어쩐지 모르지만, 혼자 있지 않았던 건 분명해. 이런 곳에 날 집어넣다니, 사람을 뭘로 보는 거야! 우리가 계단을 올라가자, 호텔 종업원은 히죽거렸지. 알제리인이었어. 난 그런 부류가 싫어. 너무 무서워. 그 남자는 내 다리를 물끄러미 쳐다보다가 사무실로 들어갔지. '저 두 사람 그 짓을 하겠군' 따위를 생각하며 야한 상상을 했겠지. 그 나라 여자들은 엄청난 일을 당한다고 하던데. 여자가 저런 작자들 손에 걸리면 평생 절름발이로 살게 된다던데. 피에르가 집요하게 덤벼드는 동안, 나는 그 알제리인을 계속 생각했어. 내가 하고 있는 장면을 상상하는 그 알제리인, 진짜보다 훨씬 심한 상상을 하는 그 남자를. 방 안에 누군가가 있어!

뤼뤼는 숨을 죽였다. 그러나 삐걱거리는 소리도 거의 동시에 멈춰 버렸다. 가랑이 사이가 아파. 욱신거려. 아, 울고 싶어. 앞으로는 매일 밤 이럴 거야. 내일 밤은 기차를 탈 거니까 아니겠지만. 뤼뤼는 입술을 꽉 깨물고 진저리를 쳤다. 자신이 신음하던 장면을 떠올린 것이다. 아니야, 나는 신음하지 않았어. 좀 거칠게 숨을 쉰 것뿐이야. 그 사람은 너무 무거운걸. 그가 위에 올라타면 숨이 막혀. 그 사람은 "신음하는군, 좋아" 말했어. 나는 그걸 하면서 말하는 게 싫어. 자신을 잊고 열중했으면 좋겠는데, 그 사람은 절대 야한 소리를 멈추지 않아. 나는 신음 따위 하지 않았어. 애초부터 쾌감 따위는 느끼지 않는걸. 그건 사실이야. 의사도 그랬잖아. 난 스스로 자신에게 쾌감을 주는 것 말고는 느끼지 못한다고. 그 사람은 그걸 믿어주지 않아. 남자들은 절대 믿지 않지. "그건 첫 번째 남자가 서툴렀기 때문이야. 내가 쾌감을 가르쳐 주지." 다들 이렇게 말했어. 나는 맘대로 말하도록 내버려 뒀지. 난 진실을 알아. 의학적 문제인걸. 하지만 남자들은 그걸 분하게 여기지.

누군가가 계단을 올라왔다. 누군가가 돌아온 모양이다. 오, 혹시 그 사람이 돌아온 게 아닐까? 또 그 짓을 하고 싶어서 오고도 남을 사람인걸. 아니, 그 사람이 아니야. 발소리가 묵직해—그렇다는 건—뤼뤼의 심장이 뛰었다—혹시 그 알제리 사람이라면! 그는 내가 혼자 있다는 걸 알아. 곧 노크하겠지. 싫어, 그것만큼은 참을 수 없어. 아니야, 저건 아래층이야. 외출에서 돌아온 사람이야. 열쇠 구멍에 열쇠를 넣고 있어. 시간이 걸리네. 술에 취했나? 이 호텔에는 어떤 사람들이 묵고 있을까? 그렇고 그런 사람들뿐이겠지. 오늘 낮에 계단에서 만난 머리가 붉은 여자도 알코올중독자 같은 눈을 하고 있었지. 아니, 난 신음 따윈 내지 않았어. 하지만 그 사람이 계속 기술을 써서 나도 마지막에는 황홀경에 빠지고 말았지. 그 사람은 기술이 좋아. 나는 기술이 좋은 사람이 싫어. 차라리 동정하고 자는 편이 나아. 가야 할 곳으로 곧장 가는 손, 툭 건드리고, 살짝 누르고, 너무 누르지 않고…… 여자를 악기처럼 생각해서 그 악기를 능숙하게 연주하고 의기양양한 거야. 나는 황홀경에 빠지는 게 싫어. 목이 마르고, 무서워져. 입에서 이상한 맛이 나. 남자가 나를 정복한 기분이라, 나는 멸시당한 기분이 들어. 피에르 그 사람이 거만한 얼굴로 "나한테는 기술이 있지" 말하면, 나는 그를 때리고 싶어져. 오, 인간이란 그런 거야. 옷을 입는 것도, 몸을 씻는 것도, 멋을 부리는 것도 다 그것 때문인 거야. 모든 소설이 이런 인간에 대해 쓰지. 인간은 끊임없이 그것을 생각해. 하지만 결국 그건 이런 거야. 남자와 어느 방에 가서, 남자에게 반쯤 질식되는 것. 졸려. 아, 잠깐이라도 자고 싶어! 내일은 밤새 여행을 할 거야. 녹초가 되겠지. 하지만 모처럼 니스를 산책할 수 있는걸! 조금은 기운을 차리고 싶어. 아주 근사한 곳이라지? 이탈리아풍의 좁은 골목들이 있고, 알록달록한 속옷과 이불이 널려 있어. 삼각대를 놓고 그림을 그려야지. 어린 여자아이들이 뭘 그리고 있는지 보러 오겠지? 오, 더러워! (몸을 살짝 펴고 누웠더니, 허리가 시트의 젖은 부분에 닿은 것이다.) 그가 나를 데리고 가는 것도 이것 때문이야. 누구 하나 나를 사랑해 주지 않아. 그 사람은 나랑 나란히 걸었어. 나는 정신이 아득해지는 것만 같았어. 나는 다정한 한 마디를 기다렸어. 만일 "널 사랑해"라고 말해 준다면, 물론 그의 집으로 돌아가지는 않겠지만, 나도 뭔가 다정한 말을 해주고 서로 사이좋게 헤어졌을 텐데. 난 기다렸어. 기다렸다고. 그는 내 팔을 잡았고, 난 팔을 내맡기고 있었어. 리레트는 불같이 화를 냈지. 그가 오랑우탄 같았다고? 그야 그랬지. 하지만 리레트가 그런 생각을 하고 있다는 것쯤은 나도 알고 있었어. 리레트는 무서운 눈으로 그 사람을 노려보았지. 리레트가 어디까지 못되질 수 있을지 생각하면 정말 놀라워. 그런 취급을 당하면서도 그 사람이 내 팔을 잡았을 때, 나는 저항하지 않았어. 하지만 그 사람이 원했던 건 내가 아니야, 자기 아내지. 그는 나와 결혼했고, 그 사람은 내 남편인걸. 그는 나를 깔보기만 했어. 자기가 나보다 더 똑똑하다고 했지. 하지만 이번 일은 다 그 사람 잘못이야. 그가 거만하게 나오지만 않았다면 나는 지금도 그와 함께 있었겠지. 하지만 분명 그는 이젠 나한테 미련 따위 없겠지. 울지도 않고 코를 골고 있을 거야. 그래, 그러고 있을 거야. 그리고 만족스러워하겠지. 침대를 혼자 차지하고, 긴 다리를 맘껏 뻗을 수 있으니까. 죽고 싶어. 그 사람, 날 나쁘게 생각하지나 않을까? 리레트가 중간에 있어서 변명 한 마디 하지 못했어. 리레트는 꼭 히스테리를 일으키는 사람처럼 떠들어댔지. 지금쯤 아주 만족스럽게 자신의 용기를 자랑스러워하고 있을 거야. 양처럼 얌전한 앙리한테 잘났어, 정말! 가자. 그들이 아무리 뭐라고 해도, 강아지처럼 그를 버리면 되겠어? 륄뤼는 침대에서 내려와 스위치를 켰다. 양말과 슬립이면 충분했다. 머리를 정리할 생각도 하지 못하고 서둘렀다. 누가 보더라도, 커다란 쥐색 외투 한 장 안에 알몸인 줄은 모를 거야. 옷은 발목까지 내려오니까. 그 알제리인—그녀는 심장이 덜컹 해서 멈춰 섰다—그 남자를 깨워서 문을 열어달라고 해야 해. 살금살금 걸어갔다—그래도 한 계단 내려갈 때마다 삐걱거렸다. 사무실의 유리문을 두드렸다.

"무슨 일이시죠?" 알제리인이 말했다. 눈은 빨갛고, 머리는 마구 흐트러져 있었다. 그다지 경계하는 빛도 없었다.

"문 좀 열어주세요." 륄뤼는 무뚝뚝하게 말했다.

15분 뒤에 그녀는 앙리의 집 초인종을 누르고 있었다.

"누구세요?" 문 저쪽에서 앙리가 물었다.

"나야."

그는 대답하지 않았다. 내 집인데 들여보내 주지 않는군. 하지만 나는 열 때까지 문을 두드리겠어. 이웃들을 의식해서 열어줄 게 틀림없어. 얼마 뒤, 문이 빼꼼 열리더니 코에 여드름이 난 창백한 앙리의 얼굴이 나왔다. 잠옷 차림이었다. '안 자고 있었네.' 륄뤼는 애정 어린 마음으로 생각했다.

"이대로 헤어지고 싶지 않았어. 한 번 더 보고 싶었어."

여전히 앙리는 아무 말도 없었다. 륄뤼는 앙리를 밀치듯이 안으로 들어갔다. 도대체 그는 왜 이렇게 뻣뻣하게 구는 걸까? 사람이 못 들어가게 막고 서서, 눈을 동그랗게 뜨고 날 보고 있잖아. 두 팔을 늘어뜨리고 어쩔 줄 모르고 있어. 아무 말 하지 않아도 돼. 너무 흥분해서 아무 말도 안 나오는 거 다 알아. 앙리는 침을 삼키려고 애를 썼다. 륄뤼가 문을 닫아야만 했다.

"사이좋게 헤어지고 싶어." 그녀가 말했다.

그는 뭔가 말하려는 듯 입을 열었다가 갑자기 뒤를 돌더니 도망쳤다. 뭘 하는 거지? 그녀는 그를 따라가기도 민망했다. 우는 걸까? 콜록거리는 소리가 들렸다. 화장실에 있구나. 그가 돌아오자, 뤼뤼는 그의 목에 매달려 자기 입을 그의 입술에 꼭 갖다 댔다. 토사물 냄새가 났다. 뤼뤼는 와락 울음을 터트렸다.

"추위." 앙리가 말했다.

"자자." 그녀가 울면서 말했다. "내일 아침까지는 있을 수 있어."

둘은 침대로 들어갔다. 뤼뤼는 몸을 들썩거리며 꺼이꺼이 울었다. 다시 자신의 방을 볼 수 있었기 때문이다. 깔끔하고 아름다운 자신의 침대를, 유리창의 붉은빛을. 앙리가 두 팔로 안아줄 줄 알았지만, 아무 일도 없었다. 앙리는 길게 누워 있었다. 침대 안에 말뚝을 박은 듯이. 스위스인과 이야기할 때처럼 긴장해 있었다. 그녀는 그의 머리를 두 손을 감싸고 물끄러미 바라보았다. '순수해, 당신은. 순수해.' 그는 울기 시작했다.

"난 너무 불행해. 이렇게 불행했던 적은 없어." 그가 말했다.

"나도야." 뤼뤼가 말했다.

둘은 그칠 줄 모르고 울었다. 잠시 뒤 뤼뤼는 불을 끄고 그의 어깨에 머리를 기댔다. 언제까지고 이렇게 있을 수 있다면 얼마나 좋을까! 두 명의 고아처럼 순수하게, 쓸쓸하게. 하지만 불가능한 이야기였다. 인생에 그런 일은 있을 수 없었다. 인생은 뤼뤼를 덮쳐 앙리의 품에서 그녀를 앗아가는 거대한 파도였다. 당신의 손, 당신의 커다란 손. 이 사람은 큰 손을 자랑스럽게 생각해. 뼈대 있는 가문의 자손은 모두 손발이 크다고 그는 말하지. 그는 이제 내 몸을 두 손으로 잡을 수 없게 되는 거야―좀 간지러웠지만, 난 두 손의 손가락이 거의 맞닿는 게 자랑스러웠어. 거짓말이야, 이 사람이 발기부전이라니! 순수한 거야, 순수한 거야―좀 게으르긴 하지만. 그녀는 눈물 속에서 미소를 지었다. 그러고는 그의 턱 밑에 키스했다.

"부모님께 뭐라고 하지? 어머니는 슬퍼서 돌아가실지도 몰라." 앙리가 말했다.

크리스팽 부인은 죽기는커녕 펄쩍 뛰며 기뻐할걸. 식사시간에는 다섯 명이서 나를 욕하겠지. 하나부터 열까지 다 알고 있지만, 막내딸이 아직 열여섯 살이라 앞에서 해서는 안 될 말이 있으니까, 다 말하지는 않겠다는 얼굴을 하고서. 하지만 그 애는 다 알고서 속으로 비웃겠지. 그 애는 모르는 게 없어. 그리고 나를 싫어하지. 이놈의 집구석! 게다가 겉으로 보기에는 내가 불리해.

"그들한테 너무 빨리 말하지 마." 그녀는 애원했다. "건강 때문에 니스에 있다고 말해 줘."

"그런 말을 믿을 것 같아?"

그녀는 앙리의 얼굴에 키스를 퍼부었다.

"앙리, 당신은 나한테 매정했어."

"그래. 난 당신한테 매정했어. 하지만 당신도." 그는 천천히 생각한 뒤 말했다. "당신도 매정했어."

"나도. 오, 우리는 왜 이렇게 불행할까!"

뤼뤼는 숨을 못 쉬는 게 아닐까 싶을 정도로 격하게 울었다. 곧 날이 밝는다. 인간은 결코, 결코 원하는 대로 살 수 없다. 인간은 그저 휩쓸려 갈 뿐이다.

"그렇게 나가버리면 어떻게 해?" 앙리가 말했다.

뤼뤼는 한숨을 쉬고, 고백하기 시작했다.

"나, 정말 당신을 사랑했어, 앙리."

"이제는 사랑하지 않는다는 거야?"

"똑같진 않아."

"누구랑 가지?"

"당신이 모르는 사람들하고."

"어떻게 내가 모르는 사람들을 알고 있지?" 앙리가 화를 내며 물었다. "어디서 만난 거야?"

"아무럼 어때, 걸리버 씨? 이제 와서 남편 노릇할 것 없잖아."

"남자랑 가는 거지!" 앙리가 울먹이며 말했다.

"내 말 좀 들어봐, 앙리. 맹세코 그렇지 않아. 엄마 목숨을 걸고 맹세해. 이제 남자라면 지긋지긋해. 어떤 부부랑 함께 가는 거야. 리레트의 지인인데, 나이가 지긋한 부부야. 난 혼자 살고 싶어. 그분이 일자리를 알아봐 주신대. 앙리, 난 정말 혼자 살고 싶어. 그런 건 너무 역겨워."

"뭐가? 뭐가 너무 역겹다는 거야?"

"전부 다." 그녀는 앙리에게 키스했다. "역겹지 않은 건, 당신뿐이야."

뤼뤼는 앙리의 잠옷 아래로 손을 넣어 온몸을 언제까지고, 언제까지고 애무했다. 차가운 손에 그는 몸서리쳤지만 그녀를 내버려 두고 오직 한마디, "괴로워질 것 같아"라고 말했다.

그의 안에는 분명히 뭔가 고장난 것이 있었다.

7시에 뤼뤼는 일어났다. 그녀는 퉁퉁 부은 눈으로 우울하게 말했다.

"그만 가봐야 해."

"어디로?"

"나, 방담 거리의 테아트르 호텔에 있어. 더러운 호텔이야."

"나랑 함께 있어줘."

"아니, 앙리. 제발 그러지 마. 그럴 수 없다고 내가 말했잖아."

"파도가 사람을 데리고 가. 그게 인생이야. 판단도 이해도 할 수 없어. 그저 몸을 맡길 뿐이야. 내일이면 니스에 있겠네." 뤼뤼는 세면대로 가서 미지근한 물로 눈을 씻고, 오들오들 떨면서 외투를 입었다. "숙명 같은 거야. 오늘 밤 기차에서 좀 자야 할 텐데. 안 그러면 니스에 도착해서 힘들 거야. 분명 1등석을 사 놓았겠지? 1등석으로 여행하는 건 이번이 처음이야. 모든 일이 이런 식이야. 나는 몇 년 전부터 1등석으로 긴 여행을 하고 싶었지만, 막상 그렇게 됐을 때는 별로 기쁠 것도 없이 시간은 흘러가지."

이 마지막 순간에는 뭔가 참을 수 없는 것이 있었으므로 그녀는 한시라도 빨리 떠나고 싶었다.

"갈루아 씨는 어떻게 할 거야?"

갈루아는 전에 앙리에게 포스터를 주문했었다. 앙리는 포스터를 완성했지만 갈루아는 이제 와서 필요 없다고 하는 것이었다.

"모르겠어." 앙리가 말했다.

그는 아직 이불 안에 있었다. 머리카락과 귀의 끝부분만 빼꼼 보였다. 그는 힘없이 느릿느릿한 목소리로 말했다.

"일주일쯤 잠이나 잤으면 좋겠군."

"그럼 잘 있어." 뤼뤼가 말했다.

"잘가."

그녀는 남편 위로 몸을 숙이고, 이불을 살짝 젖히면서 이마에 입을 맞췄다. 그러고 나서 그녀는 차마 아파트 문을 닫을 용기가 나지 않아 한참 동안 계단 위에 있었다. 잠시 뒤, 그녀는 눈을 돌리고 문고리를 힘껏 잡아당겼다. 둔탁한 소리가 들리자, 정신이 아득해질 것만 같았다. 예전, 아버지의 관 위에 처음으로 한 줌의 흙이 뿌려졌을 때도 지금 같은 기분이었다.

"앙리는 매정해. 일어나서 문까지 배웅해 주면 좋잖아. 이 문을 그가 닫았다면 이렇게 슬프진 않을 텐데."

4

"그 애가 그랬어요?" 리레트가 먼 곳을 바라보며 말했다. "그랬단 말이죠?"

저녁이었다. 6시 무렵에 피에르가 리레트에게 전화를 했다. 그리고 리레트는 르 돔 카페로 그를 만나러 온 것이었다.

"그런데 당신은 오늘 아침 9시쯤에 륄뤼랑 만나기로 했던 거 아닌가요?" 피에르가 말했다.

"만났어요."

"좀 이상하지 않던가요?"

"아니, 모르겠던데요." 리레트가 말했다. "좀 지쳐 있긴 했어요. 하지만 당신이 돌아간 다음에는 불안해서 잠이 안 오더라고 했어요. 니스를 볼 생각에 무척 흥분해 있었고, 알제리인 종업원이 어쩐지 무서웠다고…… 그리고 기차 1등석을 사 놓았는지 궁금해서, 그런 것까지 나한테 묻던데요. 1등석 여행이 일생의 꿈이었다는 거예요."

"아니," 리레트는 단정하듯이 말했다. "그 애는 머릿속에 그런 생각은 하나도 없었어요. 적어도 내가 있던 동안에는. 그 애하고 두 시간을 함께 있었는데, 난 그런 것에 관해서는 눈치가 꽤 빨라서 절대 놓치지 않거든요. 그녀는 생각하고 있는 걸 얼굴에 드러내지 않는 여자라고 하실지 모르지만, 난 그녀와 4년이나 알고 지냈고, 여러 상황에서 그녀를 보아왔어요. 륄뤼에 관해서라면 하나부터 열까지 안다고요."

"그렇다면 택시에 부부한테 무슨 소리를 듣고 그렇게 결정한 겁니다. 이상하군요……." 그는 잠시 생각에 잠겼다가 불쑥 다시 입을 열었다. "누가 륄뤼가 있는 곳을 그들에게 가르쳐 줬죠? 그 호텔을 고른 건 나이고, 그 호텔에 대해서 륄뤼는 전에 한 번도 들은 적이 없을 텐데."

그는 륄뤼의 편지를 아무 생각 없이 만지작거렸다. 리레트는 읽어보고 싶어서 몸이 근질거리는데 그가 도무지 읽어보라고 하지 않자 안달이 났다.

"그 편지를 언제 받았죠?" 결국 리레트는 물었다.

"편지……?" 그가 편지를 선뜻 내밀었다. "한번 읽어봐요. 1시쯤에 관리인한테 맡겼다더군요."

그것은 담배 가게에서 파는 얇은 보라색 편지지였다.

사랑하는 당신에게.

택시에 부부가 왔었어요. (누가 내가 있는 곳을 가르쳐 주었는지 모르겠어요.) 그래서 당신을 무척 괴롭게 할지도 모르지만, 사랑하는, 그리운 피에르, 나는 떠나지 않기로 했답니다. 너무 불쌍해서 앙리의 곁에 남겠어요. 택시에 부부는 오늘 아침 앙리를 만나러 갔어요. 그 사람은 문도 열어주지 않으려 했어요. 사람 얼굴이 아니었다고, 택시에 부인이 그러더군요. 택시에 부부는 아주 친절하게 대해 주었어요. 그리고 내 처지도 이해해 주었지요. 부인이 말하길, 앙리가 다 나빴다는 거예요. 그렇지만 그는 괴짜여도 마음속은 나쁘지 않은 사람이라고 했어요. 이런 일을 겪었으니, 얼마나 나를 사랑하고 있는지 그 사람도 알았을 거라고. 누가 내가 있는 곳을 택시에 부부에게 가르쳐 주었는지 모르겠어요. 두 사람 모두 그런 말은 하지 않았어요. 내가 오늘 아침 리레트와 함께 그 호텔에서 나가는 걸 우연히 봤는지도 모르죠. 택시에 부인은 그게 나한테 큰 희생을 요구하는 일이라는 건 잘 알지만, 내가 희생이 두려워서 도망치는 그런 여자가 아니라는 것도 알고 있다고 했어요. 우리의 아름다운 니스 여행은 정말 아쉽게 됐어요. 하지만 당신에게는 역시 내가 있잖아요. 당신은 가장 괴로워하지는 않을 거라고, 나는 그렇게 생각했어요. 나는 몸도 마음도 다 당신 것이에요. 예전처럼 몇 번이고 만나기로 해요. 하지만 앙리는 내가 가고 나면 자살해 버릴 거예요. 그 사람은 내가 없으면 안 돼요. 그런 책임을 느끼는 건 정말 부담스러워요. 피에르, 평소 같은 그 싫은 표정을 하진 않겠죠? 무서운, 무서운 그 표정을. 날 후회하게 만들진 않겠죠? 당장 앙리에게 돌아갈 생각이에요. 이런 꼴로 그 사람을 만나긴 싫지만, 용기 내서 조건을 내세울 생각이에요. 무엇보다도 난 그를 사랑하니까 더 자유가 필요하다고 말이죠. 그리고 로베르 일에 참견하지 말 것이며 앞으로는 엄마를 욕하지 말라고 할 겁니다. 피에르, 정말 슬퍼요. 당신 곁에 있고 싶어요. 당신이 필요해요. 당신 옆에 꼭 붙어서, 당신의 애무를 온몸으로 느끼고 있어요. 내일 5시에 르 돔으로 가겠어요. ─륄뤼.

"안됐네요, 피에르!"

리레트는 그의 손을 잡고 있었다.

"사실, 내가 유감스러운 건 특히 뤼뤼를 생각해서입니다!" 피에르가 말했다. "뤼뤼에게는 공기와 햇볕이 필요했어요. 하지만 본인이 그렇게 결정한 이상…… 사실 우리 어머니는 불같이 화를 냈어요." 그는 말을 이었다. "별장은 어머니 것이거든요. 여자는 절대 들이지 말라고 하셨지요."

"그래요?" 리레트가 머뭇거리며 말했다. "그래요? 그럼 됐네요. 그럼 모두 만족이네요!"

리레트는 피에르의 손을 놓았다. 그녀는 어쩐지 외롭고도 괴로운 후회에 사로잡혔다.

Le Mur
벽

우리는 넓고 하얀 방에 갇혔다. 빛이 강렬해서 눈이 따끔거렸다. 이윽고 탁자 하나와 그 탁자 너머로 남자 넷이 보였다. 평범한 차림의 시민으로, 서류를 들여다보고 있다. 다른 죄수들은 안쪽에 모여 있었다. 그러나 그곳으로 가려면 방 한가운데를 가로질러야 했다. 아는 얼굴이 몇 있었고, 외국인임이 분명한 사람도 있었다. 내 앞에 있는 두 사람은 머리가 동그랗고 금발이었다. 둘은 서로 닮았다. 프랑스인인 것 같았다. 그중 작은 남자는 계속 바지를 추켜올리고 있었다. 신경질적이었다.

이런 상태가 세 시간이나 가까이 이어졌다. 나는 머릿속이 텅 빈 듯 아무 생각이 없었다. 방은 매우 따뜻해서 오히려 기분이 좋았다. 24시간 동안 우리는 추위에 떨었기 때문이다. 간수들이 죄수들을 한 사람씩 탁자 앞으로 데리고 갔다. 그러면 그 네 남자가 이름과 직업을 물었다. 거의 그뿐이었다—그러나 가끔 "군수회사의 사보타주에 참가했나?"라든가 "9일 아침에는 어디에 있었지? 뭘 하고 있었지?" 따위를 물었다. 하지만 대답은 듣지 않고, 적어도 안 들린다는 듯이 잠시 말없이 앞쪽을 똑바로 바라보다가 서류에 뭔가를 쓰기 시작했다. 톰에게는 국제여단[*1]에 들어갔던 것이 사실인지 물었다. 외투 주머니에 들어 있던 서류를 들켰던 터라, 톰은 부정할 수가 없었다. 후안에게는 아무것도 묻지 않았지만, 후안이 이름을 말한 뒤 한참 뭔가를 적었다.

"무정부당 당원은 저의 형 호세입니다." 후안이 말했다. "호세가 이미 이곳에 없다는 건 아시지요? 저는 어떤 당에도 가입하지 않았습니다. 정치에 관여한 적은 없습니다." 그들은 대답하지 않았다. 후안은 다시 말했다. "저는 아무것도 하지 않았습니다. 다른 사람 대신 죄를 뒤집어쓰고 싶지 않습니다."

[*1] 1936년에 일어난 스페인 내란에서 인민전선정부를 돕기 위해 구성된 국제적인 좌파 연대 의용군.

그 입술은 떨리고 있었다. 간수가 그를 조용히 하라면서 어디론가 데리고 갔다. 이번에는 내 차례다.

"파블로 이비에타?"

나는 그렇다고 대답했다.

그는 서류를 보고 말했다.

"라몬 그리스는 어디에 있지?"

"모릅니다."

"그를 6일부터 19일까지 집에 숨겨줬잖아."

"아니요."

그들은 잠시 뭔가를 적어 넣었다. 그런 다음 간수들이 나를 어느 곳으로 보냈다. 복도에서는 톰과 후안이 두 간수 사이에 서서 나를 기다리고 있었다. 우리는 걷기 시작했다. 톰이 한 간수에게 물었다. "그래서요?" "뭐가?" 간수가 말했다. "저건 심문입니까, 판결입니까?" "판결." 간수가 말했다. "그럼 우리는 어떻게 되는 겁니까?" 간수는 차갑게 말했다. "선고는 감방에서 내린다."

우리의 감방이란 실은 병원의 지하실이었다. 그곳은 바람이 들어와서 몹시 추웠다. 우리는 밤새도록 떨었다. 낮이라 해도 더 나을 것도 없었다. 지난 닷새 동안 나는 대사제관 땅굴에서 지냈다. 중세시대의 것이 분명한 지하 감옥 같은 곳이었다. 죄수는 많고 있을 곳은 없어서 빈 공간만 생기면 아무 데나 처넣어졌다. 나는 이 땅굴이 그리 좋지 않았다. 그나마 추위에 떨 일은 없었지만, 혼자였다. 홀로 있다 보면 초조해진다. 이 지하실에는 동료들이 있다. 후안은 말수가 없었다. 그는 겁에 질려 있었고 나이가 어려서 그 무엇에도 말참견을 하지 않았다. 그러나 톰은 수다쟁이였으며, 스페인어를 잘 알고 있었다.

지하실에는 긴 의자와 깔개가 네 장 있었다. 간수들에게 끌려 돌아오자, 우리는 잠자코 앉아서 기다렸다. 한참 뒤에 톰이 말했다.

"이젠 끝장이야."

"나도 그렇게 생각해. 하지만 이 애는 어떻게 하지 못할 거야." 내가 말했다.

"아무 죄도 없으니까. 투사의 동생, 오로지 그뿐이야." 톰이 말했다.

나는 후안을 보았다. 그는 우리 이야기를 듣지 않는 듯했다. 톰이 말을 이었다.

"놈들이 사라고사에서 무슨 짓을 하는지 알아? 사람들을 죄다 도로 위에

눕혀 놓고 트럭으로 깔아뭉개 버리는 거야. 모로코인 탈영병이 그렇게 말했어. 탄알을 아끼기 위해서라나."

"휘발유는 절약하지 못하겠군." 내가 말했다.

나는 톰에게 화가 났다. 그런 말은 하지 않았어야 했는데.

"장교들이 그 길을 돌아다녀. 그리고 감독하는 거야. 두 손을 주머니에 집어넣고 담배를 피우면서. 그런데 놈들이 한 번에 모두를 해치울 거라고 생각해? 어림도 없어. 비명을 지르도록 내버려 둔다고. 어쩔 때는 한 시간이나. 그 모로코인이 말했어. 처음에는 구역질을 할 뻔했다고."

"여기서는 설마 그러지 않을 거야. 진짜로 탄알이 모자라지 않는 한은." 내가 말했다.

네 개의 채광창과 천장 왼쪽에 뚫린 둥근 구멍에서 햇빛이 들어왔다. 이 구멍은 하늘을 향해 열려 있었다. 평소에는 뚜껑이 닫혀 있는 이 둥근 구멍을 통해 석탄을 지하실로 쏟는다. 구멍 바로 아래에는 석탄가루들이 수북했다. 병원 난방을 위한 것이었지만, 전쟁 초기부터 환자들을 다른 곳으로 옮겨버리는 바람에 석탄은 사용되지 않고 그대로 있었다. 뚜껑을 닫는 것을 잊어버려 가끔 비를 맞기도 했다.

톰이 부르르 몸을 떨었다.

"제길, 왜 떨리고 난리야. 또 시작이군."

그는 벌떡 일어나 체조를 시작했다. 몸을 움직일 때마다 셔츠가 벌어져 하얀 털북숭이 가슴이 드러났다. 그는 벌렁 드러누워 두 다리를 벌리고 가위처럼 딱딱 부딪쳤다. 커다란 엉덩이가 출렁거리는 것이 보였다. 톰은 몸집이 크지만 지방이 너무 많았다. 총알이나 총검의 끝이 곧 이 물컹한 살덩어리 안에, 버터를 찌르듯이 푹 들어갈 거라는 생각이 들었다. 이 남자가 말랐더라면 그런 느낌은 주지 않았을 것이다.

그렇게 춥지는 않았지만, 나의 어깨는 물론 두 팔의 감각도 사라졌다. 이따금 뭔가 허전한 기분이 들었다. 겉옷을 찾아 두리번거렸다. 그러나 곧 그들이 겉옷을 돌려주지 않은 것을 떠올렸다. 불쾌했다. 그들은 우리의 옷을 벗겨서 병사들에게 주고, 입원 환자들이 한여름에 입는 마바지와 셔츠밖에 남겨주지 않았다. 잠시 뒤 톰이 다시 일어나 숨을 몰아쉬며 내 옆에 앉았다.

"좀 따뜻해졌어?"

"그럴 리가! 그런데 숨이 차서 못 있겠어."

저녁 8시쯤, 소령이 팔랑혜당*2 당원 두 사람을 데리고 왔다. 손에 종이 한 장을 들고 있었다. 그는 간수에게 물었다.

"저 세 사람은 이름이 뭐지?"

"슈타인복, 이비에타, 미르발입니다." 간수가 말했다.

소령이 코안경을 걸치고 명부를 보았다.

"슈타인복…… 슈타인복…… 이거군. 넌 사형. 내일 아침 총살이다."

그는 다시 명부를 들여다보았다.

"다른 두 명도 마찬가지다."

"그럴 리 없습니다. 전 아닙니다." 후안이 말했다.

소령이 놀란 듯이 그를 바라보았다.

"넌 이름이 뭐지?"

"후안 미르발입니다."

"여기 이름이 있는데. 넌 사형이야."

"전 아무것도 하지 않았습니다."

소령은 어깨를 으쓱하고, 톰과 내 쪽으로 몸을 돌렸다.

"너희는 바스크인*3이지?"

"바스크인은 없습니다."

그는 짜증이 난 것 같았다.

"바스크인이 세 명 있다고 했는데. 굳이 찾아내려고 시간을 허비할 필요는 없겠지. 그럼 뭐지? 물론 신부를 부를 생각은 없겠지?"

우리는 대꾸도 하지 않았다. 그가 말했다.

"벨기에 의사가 곧 도착한다. 너희랑 하룻밤 함께 있어도 좋다는 허가를 얻었다."

그는 거수경례를 하고 사라졌다.

"내가 뭐라고 했나. 이럴 줄 알았어." 톰이 말했다.

"그래, 그런데 얘는 웬 날벼락이야." 내가 말했다.

---

*2 1933년에 스페인에서 창당된 파시즘, 전체주의 정당.

*3 피레네 산맥에 사는 종족. 스페인과 프랑스 통치 아래 살다가 1980년대 이후 스페인에 의해 자치권이 부여되었다.

정의감에서 그렇게 말하긴 했지만, 난 그 애가 좋지 않았다. 지나치게 가냘 픈 얼굴에 공포와 고뇌가 인상을 완전히 바꾸어 표정을 일그러뜨리고 있었다. 사흘 전까지는 예쁘장한 소년이었다. 그대로였다면 좋아할 수도 있었을 것이다. 그러나 이제는 늙은 남창 같아서, 만일 석방된다 해도 다시 어려질 수는 없을 것 같았다. 조금은 연민을 가져줘도 좋으련만, 나는 연민을 아주 싫어했고, 이 아이는 오히려 소름 끼칠 정도로 음침했다. 아까부터 흙빛이 되어서는 말 한 마디 없이 있었다. 얼굴도 손도 흙빛이었다. 그는 다시 앉아 눈을 부릅뜨고 바닥을 쳐다보았다. 착한 톰이 소년의 팔을 잡으려고 했지만, 소년은 얼굴을 찡그리고 손을 획 뿌리쳤다.

"내버려 둬. 곧 울겠는데." 내가 속삭였다.

톰은 하는 수 없이 내 말대로 했다. 그는 소년을 위로하고 싶었던 것이다. 위로하는 데 몰두해서 자기 자신에 대해서 생각할 유혹을 느끼고 싶지 않았기 때문이다. 그러나 그것이 나를 신경질적으로 만들었다. 나는 여태까지 그런 기회가 없었기 때문에 죽음을 한 번도 생각해 본 적이 없었다. 하지만 지금이 바로 그 기회이며 죽음을 생각하는 것 말고는 달리 할 일도 없었다.

톰이 입을 열었다.

"사람을 죽여본 적 있어?" 그가 내게 물었다.

나는 대답하지 않았다. 그는 8월 초부터 여섯 명을 죽였다고 설명했다. 그는 지금 자기가 어떤 처지에 있는지 이해하지 못하고 있었다. 아니, 애써 이해하려 하지 않고 있다는 것을 나는 알 수 있었다. 나 자신도 아직 실감이 나지 않았다. 얼마나 고통스러울까 생각해 보기도 하고, 탄알을 떠올려 보기도 하고, 불덩이처럼 뜨거운 총알이 내 몸을 관통하는 모습을 상상해 보기도 했다. 그러나 그런 것들은 모두 진짜 문제를 벗어난 것이었다. 나는 아무렇지도 않았다. 이해하기까지는 아직 하룻밤이라는 여유가 있었다. 얼마쯤 지나자 톰은 입을 다물었다. 흘끔 보자 그도 흙빛이 되어 있었다. 비참한 모습이었다. "드디어 시작이군." 나는 중얼거렸다. 날이 거의 저물어, 무딘 빛이 채광창으로 비쳐 들어왔다. 수북이 쌓인 석탄가루가 하늘 아래 커다란 얼룩을 만들었다. 천장의 구멍으로는 벌써 별빛이 하나 보이고 있었다. 밤은 맑고 추울 것이다.

문이 열리고 간수 두 명이 들어왔다. 그 뒤에는 황갈색 제복을 입은 금발의 남자가 있었다. 그는 우리에게 고개를 끄덕이며 인사했다.

"저는 의사입니다. 이 고통스러운 순간에 여러분을 도와도 좋다는 허가를 받고 왔습니다."

듣기 좋은, 품위 있는 목소리였다. 나는 그에게 물었다.

"여기 뭐 하러 오셨습니까?"

"뭐든지 돕겠습니다. 이 몇 시간이 조금이라도 편하도록, 할 수 있는 것은 다 할 생각입니다."

"왜 우리를 찾아왔지요? 다른 사람들도 있는데요. 병원은 사람들로 가득합니다."

"이곳으로 보내더군요." 그는 모호하게 말했다. "아! 담배를 피우고 싶죠?" 그러고는 재빨리 덧붙였다. "여기 담배가 있습니다. 그리고 시가도요."

그는 우리에게 영국제 담배와 스페인제 시가를 내밀었지만 우리는 거절했다. 나는 상대의 눈을 노려보았다. 그는 거북한 것 같았다. 이윽고 내가 말했다.

"당신은 동정심에서 여기 온 게 아닙니다. 그리고 난 당신을 압니다. 내가 붙잡히던 날, 당신이 병영 마당에서 파시스트와 함께 있는 것을 봤지요."

나는 말을 계속하려고 했다. 그런데 갑자기 내게 이상한 일이 일어났다. 이 의사의 존재가 갑자기 내 흥미를 끌지 않게 되어버린 것이다. 평소에 나는 누구를 한번 노렸으면 절대 놓지 않았다. 그러나 이젠 입을 열기조차 귀찮아져서, 나는 어깨를 으쓱하고 눈을 돌렸다. 잠시 뒤 고개를 들자, 그가 이상하다는 듯이 나를 관찰하고 있었다. 간수들은 돗자리 위에 앉아 있었다. 키가 크고 마른 페드로는 양쪽 엄지를 실을 감듯이 돌리고 있었다. 나머지 한 사람은 졸음을 쫓으려고 가끔 머리를 흔들었다.

"불을 켤가요?" 페드로가 불쑥 의사에게 말했다.

의사는 고개를 끄덕였다. 나무인형처럼 머리는 둔하지만, 그렇게 나쁜 남자는 아닌 듯했다. 파랗고 차갑고 커다란 눈을 보고 있자니, 무엇보다 상상력이 부족한 점이 흠처럼 느껴졌다. 페드로가 나가더니 석유램프를 들고 돌아왔다. 그리고 램프를 긴 의자 구석에 놓았다. 그리 밝지는 않지만, 없는 것보단 훨씬 나았다. 어젯밤은 캄캄한 어둠 속에 내버려졌으니까. 나는 램프가 천장에 그려내는 둥근 빛을 한참 동안 바라보았다. 빨려 들어갈 것만 같았다. 그러다가 문득 다시 정신이 들었다. 둥근 빛은 사라졌다. 나는 뭔가 어마어마하게 무거운 것이 나를 짓누르는 듯한 기분이 들었다. 죽음에 대한 생각도 아니고, 공포도 아니었다. 이름 없는 것이었다. 뺨이 달아오르고, 머릿속이 아팠다.

나는 정신을 가다듬고 두 친구를 보았다. 톰은 얼굴을 두 손에 묻고 있었다. 뒤룩뒤룩한 허연 목덜미밖에 보이지 않았다. 후안은 누구보다 가장 신경이 곤두서 있었다. 그의 입은 벌어졌고, 콧구멍이 파르르 떨리고 있었다. 그러자 의사가 가까이 가서 격려하듯이 소년의 어깨에 손을 얹었다. 그러나 의사의 눈은 차가웠다. 이윽고 나는 이 벨기에 의사의 손이 음흉하게 후안의 팔을 지나 손목으로 내려가는 것을 보았다. 후안은 관심 없다는 듯이, 그러도록 내버려 두었다. 벨기에인은 태연한 얼굴로 소년의 손목을 세 손가락으로 잡고, 동시에 몸을 뒤로 살짝 빼면서 나에게서 등을 돌리려고 했다. 하지만 나는 몸을 뒤로 젖혔다. 그리고 의사가 회중시계를 꺼내, 소년의 손목을 놓지 않고 시계를 흘끔 보는 것을 관찰했다. 잠시 뒤 그는 힘없는 손을 놓고 벽에 기대더니, 당장 메모해 둬야 하는 중요한 일이라도 생각난 것처럼 주머니에서 수첩을 꺼내 몇 줄을 적었다. '개새끼!' 나는 화가 치밀어서 이렇게 생각했다. '내 맥은 짚지 못하게 할 테다. 내게 다가오면 더러운 낯짝을 후려쳐 버려야지.'

의사가 맥을 짚으러 오지는 않았지만 물끄러미 나를 쳐다보는 것이 느껴졌다. 나도 고개를 들고 쏘아보았다. 그는 공허한 목소리로 물었다.

"몸이 떨릴 정도로 춥지 않습니까?"

그는 아주 추워 보였다. 보라색으로 질려 있었다.

"춥지 않은데요." 내가 대답했다.

그는 여전히 무서운 눈으로 나를 쳐다보았다. 나는 문득 얼굴을 만져봤다. 땀범벅이었다. 한겨울, 바람이 들어오는 이 지하실에서 나는 땀을 흘리고 있었다. 머리카락 사이로 손을 넣자 땀 때문에 축축했다. 동시에 셔츠가 젖어서 살 갗에 달라붙어 있는 게 느껴졌다. 적어도 한 시간 전부터 땀을 흘리고 있었지만 전혀 모르고 있었던 것이다. 그러나 벨기에 놈은 그런 나를 놓치지 않았다. 그는 땀방울이 내 뺨을 흘러내리는 것을 보고서 이것은 거의 병리학적인 공포 상태의 발현이라고 생각한 것이다. 그리고 자신은 추우니까 정상이라 느끼고, 그래서 자랑스러워하고 있는 것이다. 나는 일어나서 의사의 얼굴을 후려갈기려고 했다. 그러나 손을 들어 올리는 순간 굴욕감과 분노가 사라졌다. 나는 다시 무관심하게 긴 의자에 털썩 주저앉았다.

나는 손수건으로 목을 닦을 뿐이었다. 이번에는 땀이 머리카락에서 목줄기를 타고 떨어지는 것을 느꼈기 때문이다. 기분이 좋지 않았다. 나는 곧 손수건으로 땀 닦는 것을 그만두었다. 닦아도 소용없었다. 손수건은 이미 짜낼 수 있을 정도로 젖었고, 나는 여전히 땀을 흘렸기 때문이다. 엉덩이에서도 땀이 나와, 축축한 바지가 긴 의자에 달라붙었다.

후안이 뜬금없이 물었다.

"당신은 의사죠?"

"그렇소." 벨기에인이 말했다.

"괴롭나요…… 오랫동안?"

"뭐가…… 아니, 그렇지 않습니다." 벨기에인이 다정한 목소리로 말했다. "금방 끝납니다."

그는 마치 자신의 환자를 안심시키는 것 같았다.

"하지만 전…… 이런 말을 들었어요…… 두 번 쏴야 할 때가 가끔 있다고."

"가끔 있죠." 벨기에인이 고개를 끄덕였다. "첫 번째 일제사격이 급소를 모두 빗나갈 때가 있으니까요."

"그럼 다시 장전하고 또 쏘는 거군요." 그는 생각에 잠겼다가, 쉰 목소리로 말했다. "시간이 걸리네요!"

그는 고통을 견딜 수 없을 정도로 무서워했으며 오로지 고통만을 생각했다. 나이 탓이다. 나는 딱히 그런 생각은 하지 않았다. 땀이 나는 것은 고통의 공포 때문이 아니었다.

나는 일어나서 석탄가루가 쌓여 있는 쪽으로 걸어갔다. 톰이 깜짝 놀라 잡아먹을 듯이 노려보았다. 내 신발이 삐걱거리자 신경이 곤두선 것이다. 내 얼굴도 그처럼 흙빛일까 생각해 보았다. 그 또한 땀을 흘리고 있었다. 하늘은 화창하고 맑았다. 이 어두운 구석에는 빛이 비쳐들지 않았다. 머리만 들면 북두칠성이 보인다. 그러나 이전에 본 별과는 다른 것이다. 그저께 나는 대사제관의 지하 감옥에서 하늘의 커다란 조각을 볼 수 있었다. 이처럼 한 순간 한 순간이 다른 기억을 불러일으켰다. 하늘이 짙고 선명한 푸른빛을 띤 아침에는 대서양 바닷가를 생각했고, 한낮의 태양을 보고 눈 안초비와 올리브를 먹으면서 만사니야를 마시던 세비야의 술집을 떠올렸으며, 오후가 되어 해가 기울면 투우장의 절반이 햇빛에 반짝반짝 빛나던 장면과 짙은 그늘이 나머지 절반으로 퍼져가던 장면을 생각했다. 그렇게 지상의 모든 것이 하늘에 그림자를 드리우는 것을 보는 일은 괴로웠다. 지금은 질리도록 하늘을 올려다보아도 하늘은 내게 아무것도 생각나게 해주지 않았다. 이게 차라리 나았다. 나는 톰의 곁으로 돌아가 앉았다. 한참이 흘렀다.

톰이 나지막한 목소리로 입을 열었다. 그는 계속 말을 하지 않으면, 자기가 뭘 생각하는지 잘 모르는 것 같았다. 나에게 뭐라고 말하는 듯했지만, 나를 보지는 않았다. 이렇게 흙빛 얼굴로 땀을 흘리고 있는 나를 보기가 두려운 게 틀림없다. 우리 둘은 한 쌍처럼 닮아 있었다. 그는 살아 있는 사람, 벨기에인을 보고 있었다.

"넌 이해하겠어? 난 모르겠어." 그가 말했다.

나도 조용히 입을 열었다. 나는 벨기에인을 쳐다보고 있었다.

"무슨 소리야?"

"내가 이해할 수 없는 일이 우리에게 일어나려고 해."

톰의 주위에서는 이상한 냄새가 나고 있었다. 나는 평소보다 냄새에 민감해져 있는 듯했다. 나는 비웃듯이 말했다.

"곧 알게 될 거야."

"아무래도 모르겠어." 집요하게 그는 말했다. "용감해지고 싶지만 적어도 알아두고 싶어…… 내 말을 들어봐. 우리는 안마당으로 끌려갈 거야. 알겠어? 그리고 우리 앞에 놈들이 나란히 서겠지. 몇 명쯤 될까?"

"글쎄, 다섯 명에서 여덟 명? 그 이상은 아닐 거야."

"좋아, 여덟 명이라고 하지. 누군가 '조준!' 하고 호령해. 여덟 개의 소총이 이쪽을 겨누는 게 보여. 나는 틀림없이 벽 속으로 들어가 버리고 싶은 기분이 들 거야. 나는 등으로 힘껏 벽을 밀어. 벽은 무서운 꿈속에서처럼 꿈쩍도 하지 않아. 그런 건 쉽게 상상할 수 있어. 오, 얼마나 또렷하게 상상이 되는지 몰라!"

"그래. 그건 나도 상상할 수 있어."

"끔찍하게 아프겠지. 놈들은 얼굴을 벌집으로 만들기 위해 눈과 입을 조준하는 거야." 그는 독기를 담고 말을 이었다. "나는 벌써부터 상처가 나서 아픈 것 같아. 한 시간쯤 전부터 머리와 목도 아프다고. 하지만 이것은 진짜 통증이 아니야. 더 심한 통증은 내일 아침 느낄 아픔이야. 그다음엔 어떻게 될까?"

나는 그가 무슨 말을 하고 싶은 건지 알 수 있었다. 그러나 알고 있다는 사실을 들키고 싶지 않았다. 통증이라면 나도 온몸으로 느끼고 있었다. 수없이 많은 작은 칼자국처럼. 익숙해질 수는 없지만, 나도 그처럼 그것을 대단하게 생각하지 않았다.

"그다음에 넌 죽어서 무덤에 누워 있겠지." 나는 차갑게 말했다.

그는 혼자서 중얼대기 시작했다. 그의 눈은 벨기에인에게서 떨어지지 않았다. 벨기에인은 그다지 듣고 있는 것 같지 않았다. 나는 그가 뭘 하러 왔는지 알고 있었다. 우리가 무슨 생각을 하는지 따위에 그는 흥미가 없다. 그는 우리의 몸을, 아직 산 채로 죽음에 괴로워하는 육체를 관찰하러 온 것이다.

"이건 악몽이야." 톰이 말했다. "뭔가를 생각하려고 해. 무언가 곧 알게 될 것 같은 기분이 언제나 들어. 하지만 그게 슬쩍 빠져나가 사라져 버리지. 그다음엔 아무것도 없다고 나 자신에게 말해. 그런데 그게 뭘 의미하는지 모르겠단 말이야. 거의 붙잡힐 것 같은 때가 있어…… 하지만 그들은 다시 사라져 버려. 나는 다시 통증이나 총알이나 총소리를 생각하기 시작해. 맹세코 말하는데, 나는 유물론자야. 나는 미치지 않을 거야. 그런데 이상한 게 하나 있어. 나는 내 시체를 볼 수 있어. 그건 어려운 일이 아니야. 하지만 그 시체는 내가 내 눈으로 보는 거야. 나는 이제 아무것도 보지 못하고 듣지 못하는데 다른 놈들에게는 여전히 이 세상이 계속된다고 생각해야 하니. 그런데 파블로, 인간은 그런 것을 생각하도록 만들어지지 않았거든. 나는 뭔가를 밤새도록 생각한 적이 전에도 있었어. 하지만 지금은 그때와 달라. 이번엔 뒤에서 갑자기 덮쳐오는 거야, 파블로. 그리고 우리는 아무리 해도 마음의 준비를 할 수 없어."

"그만해. 참회를 들어줄 신부라도 부를까?" 내가 말했다.

그는 대답이 없었다. 나는 그가 툭하면 예언자처럼 굴며 억양 없는 목소리로 나를 '파블로'라고 부르고 싶어한다는 것을 알고 있었다. 나는 그게 싫었다. 그러나 아일랜드인들은 모두 그런 모양이었다. 어쩐지 그에게서는 오줌 냄새가 났다. 결국 나는 톰과 맞지 않았던 것이다. 그리고 둘이 나란히 죽는다고 해서 굳이 지금보다 더 그와 공감하고 행동해야 할 이유는 찾을 수 없었다. 다른 사람과 함께였다면 사정이 달랐을 것이다. 이를테면 라몬 그리스가 그렇다. 그러나 톰과 후안 사이에 끼어서 나는 고독했다. 하긴 나는 그 편이 좋았다. 라몬과 함께 있었다면 괜히 더 침울해졌을지도 모른다. 하지만 지금 나는 무서울 정도로 강인하다. 그리고 끝까지 강인하고 싶었다.

그는 아직도 망연자실한 채 혼자 중얼거리고 있었다. 아무것도 생각하지 않기 위해서 말하고 있는 게 틀림없었다. 그에게서는 전립선염에 걸린 노인처럼, 오줌 냄새가 자꾸만 났다. 물론 나도 그와 같은 생각이라, 그가 말하는 것은 모두 나 또한 말할 법한 것들이었다. 죽는 것은 자연스러운 일이 아니다. 죽음을 바로 앞에 두니 저 석탄가루 더미도, 긴 의자도, 페드로의 더러운 얼굴도 전부 다 자연스럽게 보이지 않았다. 그러나 나는 톰과 똑같은 것을 생각하기가 싫었다. 그러면서도 나는 그와 내가 밤새도록 5분 정도의 간격을 두고 똑같은 것을 생각하고, 동시에 땀을 흘리며 오들오들 떨 것임을 알고 있었다. 나는 그를 곁눈으로 보았다. 그제야 그가 이상하게 보였다. 얼굴에 죽음이 깃들어 있었다. 나는 자존심에 상처를 입었다. 24시간 톰과 함께 생활하고 그의 이야기를 듣고 그에게 말을 건넸던 나는 우리 둘 사이에는 아무런 공통점도 없다는 것을 알고 있었다. 그러나 지금 우리는, 단지 함께 죽는다는 그 이유 때문에 쌍둥이처럼 닮아 있었다. 톰은 얼굴을 보지 않은 채 내 손을 잡고서 말했다.

"파블로, 나는…… 인간이 완전한 무로 돌아간다는 게 과연 진짜일까 궁금해."

나는 손을 슬며시 빼고서 말했다.

"발밑을 봐, 더러운 놈."

그의 발밑에는 물이 고여 있고, 바지에서는 물방울이 떨어지고 있었다.

"이게 뭐지?" 그가 깜짝 놀라서 물었다.

"바지에 오줌을 쌌잖아." 내가 말했다.

"그럴 리가! 난 오줌을 누지 않았어. 아무 느낌도 없다고." 그가 화를 냈다.

벨기에인이 다가왔다. 그리고 친절한 척하면서 물었다.

"어디 아픈가요?"

톰은 대답하지 않았다. 벨기에인은 아무 말 없이 물웅덩이를 바라보았다.

"뭐가 뭔지 모르겠군. 하지만 난 무서운 게 아니야. 맹세코 말하지만, 두렵지 않아." 톰은 사납게 말했다.

벨기에인은 대꾸가 없었다. 톰이 벌떡 일어나 구석으로 소변을 보러 갔다가 앞단추를 채우며 돌아오더니, 다시 앉아서 입을 꾹 다물었다. 벨기에인은 수첩에 뭔가를 적고 있었다.

우리 셋은 그를 쳐다보았다. 그는 살아 있기 때문이다. 그에게는 살아 있는 인간의 몸짓, 살아 있는 인간의 걱정이 있었다. 살아 있는 인간이라면 당연히 몸을 떨 듯이, 그는 이 지하실에서 떨고 있었다. 순종적인 튼튼한 육체를 갖고 있었다. 우리는 이제 거의 자신의 몸을 느끼지 못했다—어쨌든 똑같이 느끼지는 않고 있었다. 나는 바짓가랑이를 만져보고 싶었지만 용기가 나지 않았다. 나는 벨기에인을 바라보았다. 두 다리를 뻗고 몸을 뒤로 젖힌 채 근육을 자유롭게 지배하고 있는, 내일 일을 생각할 수 있는 그를. 그러나 우리는 핏기 없는 세 그림자처럼 앉아 있었다. 우리는 그를 쳐다보면서 그의 생명을 흡혈귀처럼 빨아들이고 있었다.

그가 마침내 어린 후안에게 다가왔다. 뭔가 직업적인 목적에서 이 아이의 목을 만지려는 걸까, 아니면 연민 때문일까? 만일 연민 때문이라면, 하룻밤 통틀어서 딱 그때 한 번뿐이었다. 그는 후안의 머리와 목을 쓰다듬었다. 소년은 상대로부터 눈을 떼지 않고 가만히 있다가, 갑자기 상대의 손을 잡고 묘한 표정으로 그 손을 들여다보았다. 그는 벨기에인의 손을 두 손으로 꼭 잡고 있었다. 이 살찐 붉은 손을 흙빛의 깡마른 손이 꽉 잡고 있는 모습은 결코 기분 좋은 장면이 아니었다.

나는 무슨 일이 벌어질지 알고 있었다. 톰도 알고 있었을 것이다. 그러나 벨기에인은 당황해서 아버지처럼 미소만 짓고 있었다. 잠시 뒤, 소년이 커다란 붉은 손을 입가로 가져가더니 깨물려고 했다. 벨기에인이 재빨리 몸을 빼고 비틀거리면서 벽까지 뒷걸음질 쳤다. 순간 그는 겁에 질려 우리를 쳐다보았다. 우리가 자신과 같은 인간이 아니란 것을 순간적으로 이해한 게 분명했다. 나는 웃음을 터트렸다. 그러자 간수 하나가 벌떡 일어섰다. 다른 한 사람은 자고 있었는데, 커다랗게 떠진 눈이 하얬다.

나는 피로와 묘한 흥분을 느꼈다. 새벽이 되면 일어날 일, 죽음에 대해서는 이제 생각하고 싶지 않았다. 그것은 무의미한 일이었다. 공허한 말이나 허무한 것을 만날 뿐이다. 다른 생각을 하려고 했으나 나를 겨누고 있는 총신이 보이기 시작했다. 나는 스무 번쯤 연속해서 나 자신의 처형을 실감했다. 한번은 이제 다 끝났다는 기분이 들었다. 잠시 졸았던 게 틀림없다. 놈들이 나를 벽 쪽으로 끌고 갔다. 나는 버둥거렸다. 살려달라고 말했다. 나는 번쩍 눈을 뜨고 벨기에인을 쳐다보았다. 잠든 사이에 비명을 지르지나 않았는지 걱정이 되었다. 그러나 그는 콧수염을 쓰다듬고 있었다. 아무것도 눈치채지 못한 것이다. 마음만 먹으면 잠깐쯤은 잘 수 있을 듯했다. 48시간 동안 한숨도 자지 못해 녹초가 되어 있었기 때문이다. 하지만 나는 살아 있는 두 시간을 헛되이 보내고 싶지 않았다. 놈들이 새벽에 나를 깨우러 올 것이다. 나는 멍한 머리로 그 뒤를 따라가서 찍소리 한번 못하고 죽게 된다. 그러기 싫었다. 나는 짐승처럼 죽고 싶지 않다. 나는 이해하고 싶은 것이다. 그리고 나는 악몽에 시달리는 게 무서웠다. 나는 일어나서 돌아다녔다. 기분 전환을 위해 내 지나간 삶을 생각하기 시작했다. 여러 기억이 뒤죽박죽 되살아났다. 좋은 기억도 있고 나쁜 것도 있었다―아니, 적어도 이전에는 그렇게 불렸었다. 거기에는 사람 얼굴도 있고 여러 사건도 있었다. 축제 때 발렌시아에서 소의 뿔에 받혔던 어린 투우사의 얼굴, 내 삼촌의 얼굴, 라몬 그리스의 얼굴이 떠올랐다. 이런저런 사건도 생각났다. 1926년 석 달 동안 실업자로 지냈던 일, 굶어 죽을 뻔했던 일. 그라나다의 긴 의자 위에서 밤을 새웠던 일도 떠올랐다. 사흘간 먹지도 마시지도 못했다. 나는 반쯤 미쳐 있었다. 죽고 싶지 않았던 것이다. 그것을 생각하자 슬그머니 웃음이 나왔다. 나는 얼마나 간절하게 행복을, 여자를, 자유를 쫓아다녔던가! 그리고 그것은 무엇을 위해서였던가! 나는 스페인을 해방시키고 싶었다. 나는 피 이 마르갈*⁴을 존경해서 무정부주의운동에 참가해 민중대회에 나가 연설했다. 나는 불사신인 양, 모든 것을 진지하게 생각했다.

그때 나는 내 모든 삶을 눈앞에서 붙잡고 있는 듯한 기분이 들었다. 그리고 '이건 새빨간 거짓말이야' 하고 생각했다. 내 삶은 이미 끝났으므로 어떤 가치도 있을 리가 없었다. 나는 어떻게 여자들과 함께 산책하거나 장난칠 수 있었는지 스스로 미심쩍은 생각이 들었다. 이렇게 죽을 줄 알았다면 새끼손가락 하나 움직이지 않았을 텐데. 내 삶은 자루처럼 닫힌 채 눈앞에 있다. 그리고 그 안은 완성되다 만 것이다. 문득 나는 내 삶을 평가하고 싶어졌다. 아름다운 삶이었다고 스스로에게 말해 주고 싶었다. 하지만 판단을 내릴 수는 없다. 이것은 단지 스케치일 뿐이다. 나는 영원을 위한 어음을 발행하는 데 일생을 써왔다. 나는 아무것도 알지 못했던 것이다. 나한테는 이제 아무런 미련도 없다. 아쉬운 것은 많았다. 만사니야의 맛, 여름날 카디스 근처 작은 포구에서 했던 해수욕…… 하지만 죽음은 모든 것의 매력을 빼앗아가 버렸다.

---

*4 Pi y Margall(1824~1901) : 스페인 바르셀로나 태생 진보적 혁명주의자이자 무정부주의 성향 정치인. 1873년에 스페인 왕정이 폐지되고 공화국이 설립되자 대통령으로 당선되었다.

벨기에인이 갑자기 좋은 생각을 해냈다.

"여러분, 제가 군정부의 승인만 얻으면…… 여러분을 사랑하는 사람들에게, 여러분이 하고 싶은 말이나 남기고 싶은 물건을 전해 드리겠습니다."

톰이 으르렁거리듯이 말했다.

"난 아무도 없습니다."

나는 어떤 대답도 하지 않았다. 톰은 잠시 기다리다가 나를 이상하다는 듯이 쳐다보면서 물었다.

"콘차한테 남길 말 없어?"

"없어."

나는 자못 나와 가까운 사이인 듯 구는 이 태도가 싫었다. 어젯밤 콘차에 대해서 말하는 게 아니었다. 말하지 말고 가만히 있어야 했다. 어제까지는 그녀를 5분이라도 볼 수 있다면 한쪽 팔을 도끼로 잘라내도 좋다는 생각까지 했었다. 그래서 그만 말해 버린 것이다. 나로서는 어쩔 수 없었다. 그러나 이제는 만나고 싶지도 않고, 말할 것도 없었다. 품에 안고 싶은 마음조차 없었다. 내 몸은 흙빛으로 변해 땀을 흘리고 있어서 보기도 싫다. 하지만 그녀의 몸도 싫다고는 단언할 수 없다. 내가 죽었다는 소식을 들으면 그녀는 분명 슬퍼 울 테고, 몇 달 동안 살아갈 의욕을 잃겠지. 그렇지만 죽어가는 것은 바로 나다. 나는 그녀의 상냥하고 아름다운 눈을 떠올렸다. 그녀가 나를 물끄러미 바라볼 때면 뭔가가 거기서 나에게로 전달되어 오곤 했다. 그러나 나는 이젠 끝이라고 생각했다. 지금 그녀가 나를 본다고 해도, 그녀의 시선은 그녀의 눈 속에만 머물고 나에게까지는 오지 않을 것이다. 나는 혼자였다.

톰도 혼자였지만, 나와 같은 방식은 아니다. 그는 말을 타듯 올라앉아서는 엷은 웃음을 띠고서 가만히 의자를 바라보더니 놀란 표정을 지었다. 그는 한 손을 내밀어 조심스럽게 나무를 어루만졌다. 뭔가를 망가뜨릴까 봐 두렵다는 듯이. 그러더니 흠칫 손을 빼고 몸을 부르르 떨었다. 내가 톰이었다면 의자를 만지고 재미있어 하지는 않았으리라. 이 또한 아일랜드인의 연극이다. 그러나 나도 사물이 이상해 보이는 것은 느끼고 있었다. 사물은 평소보다 흐릿하고, 밀도가 희박해져 있었다. 긴 의자나 램프, 석탄가루 더미만 봐도 내가 이제 죽을 것이란 사실이 느껴졌다. 물론 죽음을 뚜렷이 생각할 수는 없지만 나는 어디에서나, 어느 것에서나 사물이 조용히 물러나 거리감을 두고 있는 것에서,

임종 직전 병자의 머리맡에서 속삭이는 사람들처럼 죽음을 보았다. 톰이 지금 의자 위에서 느낀 것은 바로 그 자신의 죽음이었다.

나의 지금 상태로는, 만일 무사히 집으로 돌아가도 좋다, 목숨을 살려주겠다고 하더라도 아무렇지 않을 것이다. 불멸이라는 환상을 잃어버린 이상, 몇 시간을 기다리든 몇 년을 기다리든 매한가지다. 나는 그 어떤 것에도 집착은 없었다. 어떤 의미에서는 침착했다. 그러나 그것은 소름 끼치는 침착함이었다. ―내 몸 때문이었다. 나는 육체의 눈으로 보고, 육체의 귀로 듣는다. 하지만 그것은 이제 내가 아니다. 내 몸은 혼자서 땀을 흘리고 혼자서 떨고 있다. 나에게는 이미 감각이 사라진 몸이다. 마치 다른 사람의 몸처럼, 그것이 어떤 상태인지를 알려면 그것을 만지고 그것을 바라보아야 한다. 이따금 나는 아직 몸을 느꼈다. 급강하하는 비행기에 타고 있을 때처럼 훅 내려가는 듯한, 굴러떨어지는 듯한 느낌이 들었다. 심장이 뛰는 것도 느껴졌다. 그러나 그것으로는 안심할 수 없었다. 내 몸에서 일어나는 모든 것은 어쩐지 수상쩍었다. 대부분 몸은 잠자코 얌전히 있다. 하지만 나는 이제 어떤 무게 같은 것, 나에게 대립하는 추악한 존재밖에 느끼지 않았다. 커다란 벌레와 연결된 듯한 인상이다. 나는 문득 바지를 만졌고, 젖어 있음을 느꼈다. 땀에 젖은 것인지 오줌인지 알 수 없었다. 그러나 조심스럽게 석탄이 쌓여 있는 곳으로 오줌을 누러 갔다.

벨기에인이 시계를 꺼내서 보았다.

"3시 반."

제길! 그는 일부러 시간을 알려준 게 틀림없었다. 톰이 펄쩍 뛰었다. 우리는 아직 시간이 흐르는 것을 깨닫지 못하고 있었다. 밤의 어둠은 형태 없는 캄캄한 덩어리처럼 우리를 둘러싸고 있었다. 나는 밤이 시작된 것조차 몰랐다.

후안이 울부짖기 시작했다. 두 손을 비비며 애원하듯이 말했다.

"죽고 싶지 않아요. 죽고 싶지 않아요."

그는 두 팔을 들고 지하실의 끝까지 달려가서 돗자리에 쓰러져 훌쩍거렸다. 톰은 멍한 눈으로 그를 보고 있었지만, 위로해 줄 기분조차 들지 않았다. 사실 그럴 필요는 없었다. 소년은 우리보다 시끄러웠으나 우리만큼 당황하지는 않았다. 그는 열의 힘으로 병과 싸우는 병자 같았다. 열이 사라졌을 때가 훨씬 더 위험한 것이다.

그는 울고 있었다. 자기 자신이 가엾은 것이다. 죽음을 생각하는 것이 아니다. 나도 한순간, 딱 한 번만큼은 울고 싶어졌다. 내가 가엾어서 울고 싶어졌다. 그러나 실제로는 그 반대의 일이 일어났다. 나는 소년을 한 번 쳐다보고, 흐느끼는 그의 깡마른 어깨를 보고, 곧바로 냉혹한 나 자신을 느꼈다. 나는 다른 사람도 나 자신도 동정할 수 없다. "깨끗하게 죽고 싶다." 나는 그렇게 중얼거렸다.

톰이 일어나서 그 둥근 구멍 바로 아래로 해가 뜨기를 일출을 조용히 기다리기 시작했다. 그렇지만 나는 깨끗하게 죽고 싶다는 것만 마음에 두었으며 오직 그것만 생각했다. 하지만 의사가 시간을 알려준 그때부터 나는 흘러가는 시간을, 한 방울 한 방울 깊숙한 곳에서 느끼고 있었다.

아직 어두운 가운데 나는 톰의 목소리를 들었다.

"저 사람들 소리 들려?"

"응."

그들이 안마당을 걷고 있었다.

"뭘 하러 오는 걸까? 설마 어둠 속에서 쏘진 않을 텐데."

이윽고 아무 소리도 들리지 않게 되었다. 나는 톰에게 말했다.

"날이 밝는군."

페드로가 하품을 하면서 일어나 램프를 끄러 왔다. 그리고 동료에게 말했다.

"지독하게 춥군."

지하실은 완전히 잿빛이었다. 멀리서 총성이 들렸다.

"시작했군." 나는 톰에게 말했다. "뒷마당에서 하는 거야."

톰이 의사에게 담배를 달라고 부탁했다. 그러나 나는 피우고 싶지 않았다. 담배도 알코올도 필요 없었다.

그때부터 놈들은 쉬지 않고 총을 쏘아댔다.

"알겠어?" 톰이 말했다.

그는 뭐라고 더 말하려다가 입을 다물고 문을 쳐다보았다. 문이 열리고, 중위 하나가 병사 넷을 데리고 들어왔다. 톰이 담배를 툭 떨어뜨렸다.

"슈타인복?"

톰은 대답하지 않았다. 그러자 페드로가 그를 가리켰다.

"후안 미르발?"

"돗자리 위에 있는 녀석입니다."

"일어서." 중위가 말했다.

후안은 움직이지 않았다. 두 병사가 겨드랑이 밑을 들어 일으켜 세웠다. 그러나 팔을 놓자 후안은 다시 픽 쓰러졌다.

병사들이 머뭇거렸다.

"아픈 사람이 처음은 아니잖은가. 너희 둘이서 그를 데리고 가게. 그리로 가서 어떻게든 하겠다." 그렇게 말하고 중위는 톰을 바라보았다.

"따라와."

톰이 두 병사 사이에 끼어서 나갔다. 나머지 두 병사가 그 뒤를 따라갔다. 겨드랑이 아래와 종아리를 들고 소년을 데리고 나갔다. 소년은 기절한 게 아니었다. 눈을 크게 뜨고 있었다. 눈물이 뺨을 타고 흘렀다.

내가 나가려는데 중위가 막아섰다.

"네가 이비에타?"

"네."

"넌 여기 남아. 곧 부르러 오겠다."

모두 나갔다. 벨기에인과 두 간수도 나가고, 나는 홀로 남았다. 무슨 일인지 알 수 없었지만, 차라리 한 방에 끝내주는 게 나았다. 거의 규칙적인 간격을 두고 일제사격 소리가 들렸다. 그때마다 나는 전율했다. 소리를 지르며 내 머리라도 잡아 뜯고 싶었다. 그러나 나는 이를 악물고 두 손을 주머니에 깊숙이 찔러 넣었다. 끝까지 평정을 잃고 싶지 않았다.

한 시간쯤 지나서 나를 부르러 왔다. 그리고 시가 냄새가 나는 2층의 작은 방으로 데리고 갔다. 방은 숨이 막힐 정도로 따뜻했다. 그곳에서는 두 명의 장교가 안락의자에 앉아서 서류를 무릎에 올려놓고 담배를 피우고 있었다.

"네 이름이 이비에타지?"

"네."

"라몬 그리스는 어디에 있지?"

"모릅니다."

나를 심문하는 남자는 체구가 작고 뚱뚱했다. 코안경 너머의 눈빛이 날카로웠다. 그가 내게 말했다.

"이리 와."

나는 다가갔다. 그가 일어서더니 나를 땅속으로 처박기라도 할 것처럼 노려

보면서 내 두 팔을 휙 잡았다. 동시에 내 팔을 힘껏 비틀었다. 나를 아프게 하기보다는 나에게 겁을 주기 위한 연극이었다. 그는 내 얼굴에 역겨운 입 냄새를 풍기는 것도 필요하다고 생각한 모양이었다. 우리는 잠깐 동안 그러고 있었다. 나는 오히려 웃고 싶어졌다. 죽어가는 사람을 겁주기에는 이 정도로는 턱도 없었다. 아무런 효과도 없는 것이다. 그는 나를 확 떠밀고는 다시 자리에 앉았다. 그가 말했다.

"네놈의 목숨과 그놈의 목숨을 교환하는 거야. 그놈이 어디 있는지 말하면 너를 살려주지."

채찍을 들고 장화를 신고 아름답게 꾸민 이 두 남자도 언젠가는 죽을 인간이다. 나보다 조금 늦을지도 모르지만 그렇게 늦지는 않다. 그렇지만 그들은 눈에 불을 켜고 서류에서 사람 이름을 찾고, 감방에 가두거나 죽이기 위해 다른 사람을 쫓아다닌다. 스페인의 미래에 대해서, 또 다른 문제들에 대해서 의견을 갖고 있다. 그들의 하찮은 활동이 나에게는 형편없고 우스꽝스럽게 보였다. 나는 아무래도 그들 처지에 공감할 수 없었다. 이들이 미치광이처럼 느껴졌다.

뚱뚱한 남자는 장화를 채찍으로 때리면서 여전히 나를 보고 있었다. 그의 행동은 날쌘 맹수를 방불케 하는 고의적인 것이었다.

"어때, 알아들었나?"

"그리스가 어디에 있는지 저는 모릅니다. 마드리드에 있는 줄 알았는데요."

또 다른 장교가 귀찮다는 듯이 핏기 없는 손을 들어 올렸다. 이 귀찮음도 계산된 행동이었다. 나는 그들들의 속셈을 훤히 읽을 수 있었다. 그런 것을 재미있어 하는 사람이 있다니 기가 막힐 노릇이다.

"15분 동안 시간을 줄 테니, 잘 생각해 보도록." 그가 천천히 말했다. "이자를 세탁실로 데리고 가. 그리고 15분 뒤에 다시 데리고 와. 끝까지 거부하면 곧바로 처형이다."

그들은 다 알고 있었다. 나는 하룻밤 동안 기다렸다. 그리고 그들은 톰과 후안을 총살하는 동안 나를 지하실에서 한 시간이나 기다리게 했다. 그런 뒤 이번에는 세탁실에 가두는 것이다. 어제부터 각본을 써두었던 게 분명했다. 그들은 인간의 신경이란 결국 닳아 없어져 버리게 된다고 생각했던 것이다. 그렇게 해서 나를 굴복시킬 수 있다고 기대했던 것이다.

미안하지만 그렇게는 안 될 것이다. 세탁실에 들어가서 나는 의자에 털썩 주저앉았다. 그리고 생각하기 시작했다. 그들의 제안에 대해서 생각한 것은 아니다. 물론 나는 그리스가 어디 있는지 알고 있었다. 그는 도시에서 4킬로미터쯤 떨어진 사촌 집에 숨어 있다. 내가 고문을 당하지 않는 한(그들은 그럴 생각은 없는 듯했다) 그의 은신처를 말하지 않으리란 것도 나는 알고 있었다. 그런 건 다 마음의 준비가 되어 있는 일이라 전혀 흥미가 없다. 나는 다만 내 행동의 이유를 알고 싶었다. 나는 라몬 그리스를 그들에게 넘길 바엔 죽는 편이 낫다고 생각한다. 그건 어째서일까? 나는 이제 라몬 그리스를 좋아하지 않는다. 그에 대한 나의 우정은 새벽이 오기 직전에 콘차에 대한 애정과 함께 그리고 삶에 대한 욕망과 함께 사라져 버렸다. 물론 나는 그를 여전히 존경한다. 그는 강인한 사람이다. 하지만 내가 대신 죽으려 하는 건 그런 것 때문이 아니다. 그의 삶은 내 삶보다 절대 가치 있지 않다. 누구의 삶이든 가치는 없다. 한 사람을 벽에 세우고, 그자가 죽을 때까지 총을 쏜다. 그게 나든 그리스든 다른 사람이든 마찬가지다. 그가 스페인에서는 나보다 쓸모가 있다는 건 나도 알고 있다. 그러나 나에게는 스페인도 무정부주의도 아무 의미가 없다. 모든 것이 시시해져 버렸다. 하지만 나는 지금 여기에 살아 있다. 그리스를 넘기면 이 몸은 산다. 그런데도 나는 그것을 거절하고 있다. 나는 그것이 오히려 우스꽝스럽게 느껴졌다. 이건 오기다. 나는 생각했다.

'고집을 부려야 한다!' 이렇게 생각하자 이상하게 참을 수 없이 유쾌해졌다.

그들이 나를 부르러 왔다. 그리고 두 장교에게 데리고 갔다. 발밑에서 쥐 한 마리가 툭 튀어나왔다. 나는 그것이 몹시 우스웠다. 나는 한 팔랑헤당원 쪽을 보고 말했다.

"쥐를 보았습니까?"

그는 대답하지 않았다. 무덤덤하게 딱딱한 표정을 하고 있었다. 나는 웃고 싶었지만, 한번 웃음이 터지면 멈출 수 없을 같아서 꾹 참았다. 이 팔랑헤당원은 콧수염을 기르고 있었다. 나는 다시 말해 주었다.

"이 바보야, 수염 좀 깎아."

살아 있는 동안 털을 온 얼굴에 수북이 기르고 있는 꼴이 우스웠다. 그가 소심하게 나를 걷어찼다. 나는 입을 다물었다.

"어때, 생각해 봤나?" 뚱뚱한 장교가 말했다.

나는 아주 희귀한 곤충을 보듯이 호기심에 가득 차서 그들을 바라보았다. 그리고 말했다.

"그의 행방은 알고 있습니다. 그는 묘지에 숨어 있습니다. 지하무덤 속이나, 아니면 무덤 파는 사람의 집에요."

물론 골탕 먹이기 위한 것이었다. 나는 그들이 일어나 허리띠를 매고 서둘러 명령하는 꼴을 보고 싶었다.

그들이 벌떡 일어났다.

"좋아. 몰레스, 로페스 중위한테 가서 열다섯 명을 데려와. 그리고 너는." 작은 뚱뚱이가 나에게 말했다. "네가 사실을 말했다면 약속은 지킨다. 하지만 속인 거면, 각오해 둬."

그들은 왁자지껄 떠들면서 나갔다. 나는 팔랑혜당원의 감시를 받으며 조용히 기다렸다. 그들이 머잖아 어떤 얼굴을 할까 생각하며 나는 히죽히죽 웃었다. 나는 머리가 멍해지고, 묘하게 짓궂어져 있었다. 나는 그들이 묘석을 들어 올리고 지하무덤의 문을 하나하나 열고 돌아다니는 것을 상상했다. 마치 내가 다른 사람인 것처럼 지금의 정경을 마음에 그려보았다. 영웅이 되려고 발악하는 죄수, 콧수염을 기른 진지한 얼굴의 팔랑혜당원, 그리고 무덤 사이를 뛰어다니는 군복 차림의 남자들. 참을 수 없을 만큼 우스웠다.

30분쯤 지나자 그 작은 뚱뚱이가 홀로 돌아왔다. 나를 처형하라는 명령을 내리러 왔다고 생각했다. 다른 녀석들은 묘지에 남아 있는 게 분명했다.

장교가 나를 물끄러미 쳐다보았다. 당황하는 기색은 전혀 없었다.

"이놈을 다른 놈들과 함께 대운동장으로 끌고 가. 군사 작전이 끝나면 정규 법정이 이놈의 운명을 결정할 거다." 그가 말했다.

나는 그의 말을 잘못 알아들었다고 생각했다. 나는 그에게 물었다.

"그럼 전…… 총살되지 않는 겁니까……?"

"어쨌거나 지금은 아니다. 그다음은 내 알 바 아니야."

나는 여전히 알 수가 없었다. 내가 물었다.

"어째서입니까?"

그는 대답하지 않고 어깨를 으쓱했다. 병사들이 나를 데리고 갔다. 커다란 운동장에는 죄수가 백 명쯤 있었다. 여자도, 아이도, 몇 명의 노인도. 나는 중앙의 잔디 주위를 빙빙 돌았다. 뭐가 어떻게 된 건지 통 알 수 없었다. 나는 어리둥절했다. 정오가 되자 식당에서 식사가 나왔다. 두세 사람이 나를 불렀다. 아는 사람이 틀림없었지만 나는 대답하지 않았다. 나는 내가 어디에 있는지조차 알 수 없었다.

저녁에 새로운 죄수가 열 명쯤 운동장으로 끌려왔다. 나는 제빵사 가르시아를 발견했다. 그는 말했다.

"운이 좋은 녀석이군. 네가 살아 있어서 다시 만날 줄은 몰랐어."

"놈들은 나를 일단 사형에 처했다가 생각을 바꾸었어. 이유는 모르겠지만."

"나는 2시에 붙잡혔어." 가르시아가 말했다.

"어쩌다?"

가르시아는 정치에 관여하지 않았다.

"몰라. 놈들은 자신과 생각이 다른 자는 모조리 붙잡으니까."

그는 목소리를 낮추고 말했다.

"놈들이 그리스를 붙잡았어."

나는 부르르 몸을 떨었다.

"언제?"

"오늘 아침. 그 녀석도 실수를 했어. 사촌과 싸우고 화요일에 그 집을 나왔거든. 숨겨줄 사람이 없는 것도 아니지만, 녀석은 더 이상 누구의 신세도 지기 싫어했지. '이비에타의 집이라면 숨어도 좋지만 그는 붙잡혔으니 묘지에 숨어야겠군' 그러면서 말이야."

"묘지에?"

"그래. 그게 실수였지. 물론 놈들은 오늘 아침에 그곳으로 갔어. 그게 당연하지. 놈들은 무덤 파는 사람의 집에서 녀석을 찾아냈어. 그가 그들에게 총을 쐈지만 그들은 그를 죽여 버린 거야."

"묘지에!"

온 주위가 빙글빙글 돌기 시작했다. 정신을 차리고 보니, 나는 땅바닥에 주저앉아 있었다. 얼마나 웃어댔는지 눈물이 났다.

La Chambre
방

1

다르베다 부인은 터키과자를 집어 들었다. 그 위에 뿌려진 고운 설탕가루가 날아가지 않도록 숨을 죽이고 조용히 과자를 입술로 가져갔다. '꼭 장미꽃 같아' 생각했다. 그녀는 불투명한 덩어리를 덥석 깨물었다. 입 안에 썩은 냄새가 퍼졌다. '병에 걸리면 이렇게 감각이 예민해지다니 참 이상하지.' 그녀는 이슬람교 사원이며 지나치게 아부하던 동양인들을 떠올렸다(신혼여행으로 알제리에 간 적이 있었다). 그녀의 창백한 입술에 엷은 미소가 번졌다. 터키과자도 어쩐지 아첨하는 듯했다.

아무리 조심해도 읽던 책의 페이지가 하얀 설탕가루로 얇게 덮여버려, 몇 번이나 그 페이지를 손바닥으로 쓸지 않으면 안 되었다. 그녀의 손은 매끄러운 종이 위로 고운 설탕가루들을 미끄러뜨리고 굴리며 서걱거리게 했다. '아르카숑이 생각나네. 그때는 해변에서 책을 읽었는데.' 그녀는 1907년 여름을 바닷가에서 보낸 것이었다. 초록색 리본이 달린 커다란 밀짚모자를 쓰고, 지프*¹나 콜레트 이베르*²의 소설을 들고 둑 바로 앞에 자리를 잡았다. 바람이 불 때마다 무릎 위로 모래가 우수수 날려서 가끔 끄트머리를 잡고 책을 털어야만 했다. 지금 이 설탕가루는 그때와 똑같은 감각이었다. 그런데 모래알은 건조했지만, 설탕의 고운 입자는 손가락 끝에 달라붙었다. 시커먼 바다 위에 처럼 떠 있던 푸르스름한 회색 하늘이 떠올랐다. '에브는 아직 태어나기 전이었지.' 자신의 몸이 추억에 잠겨 무거워지고, 향수 상자처럼 귀중하게 느껴졌다. 그때 읽었던 소설의 제목이 문득 기억을 스쳤다. 《귀여운 부인》이라는 작품으로, 지루하지는 않았다. 그러나 이름 모를 병에 걸려 침실에 틀어박히게 된 뒤로는

---

*1 마르텔 드 장빌 백작부인(1850~1932)의 필명.
*2 앙투아네트 위자르(1874~1953)의 필명.

회상록이나 역사책이 더 좋아졌다. 그녀는 병의 괴로움이나 진지한 독서, 추억이나 아주 섬세한 감각을 향한 세심한 관심이 그녀를 온실의 아름다운 과일처럼 무르익게 해줄 거라고 희망했다.

그녀는 곧 남편이 방문을 두드릴 것이라고 생각하니 조금은 신경이 곤두섰다. 일주일 중 다른 날에는 언제나 밤에만 와서 말없이 아내의 이마에 입을 맞추고, 맞은편 안락의자에 앉아 〈르 탕〉 신문을 읽는다. 그러나 목요일은 남편이 쉬는 날로, 대개 3시부터 4시까지 딸의 집으로 한 시간을 보내러 갔다. 나가기 전에 아내의 방에 오면, 둘이서 쓰디쓴 심정으로 사위에 대해서 이야기했다. 시시콜콜한 것까지도 예상할 수 있는 이 목요일의 대화는 그녀를 몹시 지치게 만들었다. 조용한 침실은 다르베다 씨의 존재로 가득 채워졌다. 그는 가만히 앉아 있지 못하고 이쪽으로 갔다가 방향을 바꾸어 저쪽으로 간다. 그가 격노할 때마다 그의 행동은 유리 파편처럼 부인에게 상처가 되었다. 오늘은 평소보다 훨씬 더 나쁜 날이었다. 곧 에브의 고백을 남편에게 전달해야 한다. 그러면 남편의 거대한 몸이 분노로 펄쩍 뛰어오르는 것을 보게 되겠지. 그렇게 생각하니 온몸에 식은땀이 났다. 그녀는 접시에 놓인 터키과자를 집어 뭔가를 망설이며 잠시 바라보다가 아쉬운 듯이 도로 내려놓았다. 과자를 먹는 모습을 남편에게 들키고 싶지 않았다.

노크 소리에 그녀는 흠칫 놀랐다.

"들어와요." 힘없이 대답했다.

다르베다 씨는 까치발로 들어왔다.

"에브를 만나러 갈 거야." 그가 매주 목요일마다 하는 말이었다.

다르베다 부인은 남편에게 미소를 지어 보였다.

"내 키스도 대신 해줘요."

그는 대답 없이, 근심스러운 표정으로 미간을 찌푸렸다. 목요일이면 늘 같은 시각에 식후의 나른함과 초조함이 그 안에서 뒤섞이곤 했다.

"오는 길에 프랑쇼의 병원에 들를 거야. 그가 진실을 말해서 에브를 설득해주면 좋을 텐데."

그는 프랑쇼 박사를 뻔질나게 찾아다녔다. 하지만 부질없었다. 다르베다 부인은 눈썹을 추켜올렸다. 아주 건강했던 예전에는 어깨를 으쓱 들어 올리곤 했다. 그러나 병으로 몸이 무거워진 뒤로는 그런 몸짓을 하면 너무 지치기 때문에 얼굴 표정으로 표현 방식을 바꾼 것이었다. 그녀는 눈으로 긍정하고, 입가로 부정했다. 그리고 어깨 대신에 눈썹을 치켜드는 것이었다.

"강제로라도 그를 에브한테서 떼어놓을 방법이 있을 거예요."

"그건 안 된다고 전에 말했잖아. 법률도 참 이상하게 돼 있어. 프랑쇼가 언젠가 나한테 말한 건데, 결심이 서지 않아 집에 병자를 두는 가족들과 의사는 생각지도 못한 갈등을 일으킨다는 거야. 의사도 속수무책이라더군. 그저 의견을 말해 줄 뿐, 그 이상은 아무것도 할 수 없다고." 그는 말을 이었다. "그러니까 그놈이 공공연히 추문을 일으키거나 에브가 그 녀석을 감금해 달라고 말하지 않는 이상 끌고 올 수는 없어."

"하지만 당장은 불가능해요." 다르베다 부인이 말했다.

"그래."

그는 거울을 보고 손가락을 수염에 넣어 빗어 내렸다. 남편의 붉고 굵은 목덜미를 다르베다 부인은 애정 없이 바라보았다.

"계속 그렇게 살면 그 애도 자기 남편보다 더 머리가 이상해질 거야." 다르베다 씨가 말했다. "그곳은 너무 건강하지 못해. 그 애는 그놈에게서 한 발짝도 떨어질 수 없어. 당신을 만나러 오는 것 빼고는 절대 외출도 못하고, 누구를 초대하지도 않아. 그 방의 분위기는 글자 그대로 숨이 막혀. 그 애는 피에르가 싫어한다면서 한 번도 창문을 열지 않아. 환자의 의견을 존중해야 한다는 것처럼. 향을 피우지만, 향로에서 오물을 태우고 있는 줄 알았다니까. 꼭 교회에 있는 기분이었어. 그래, 난 가끔 생각하는데…… 그 애의 눈빛이 좀 묘하지 않아?"

"난 이상하지 않은 것 같은데요." 다르베다 부인이 말했다. "아주 평범했어요. 물론 쓸쓸해 보이긴 하지만."

"얼굴이 시체처럼 흙빛이야. 잠은 제대로 잘까? 제대로 먹기는 할까? 이런 건 그 애한테 물어보면 안 되지. 하지만 피에르 같은 녀석이 옆에 있으면 밤새 잘 수 있을 리가 없지." 그가 어깨를 으쓱했다. "더 기가 막힌 사실은, 그 애의 부모인 우리에게 그 애를 보호할 권리가 없다는 거야. 프랑쇼의 병원에 있으면 피에르는 더 좋은 간호를 받을 거야. 넓은 공원도 있고, 게다가" 엷은 미소를 띠면서 그는 덧붙였다. "같은 병에 걸린 사람들하고 마음이 맞을 거야. 거기 있는 환자들은 다 어린애 같아. 그런 놈들은 자기들끼리 있게 놔두면 돼. 그자들은 어떤 비밀결사를 만들고 있어. 처음부터 그곳에 넣었어야 했는데. 그 녀석을 위해서 하는 말이야. 다 그한테 도움이 될 거라고."

잠시 뒤 그는 덧붙였다.

"나는 그 애가 특히 밤에 피에르와 함께 있는 게 싫어. 무슨 일이 일어날지 몰라. 그놈은 소름 끼칠 만큼 음험한 얼굴을 하고 있다고."

"그렇게까지 걱정할 필요가 있을까요?" 다르베다 부인이 말했다. "피에르는 늘 그랬는걸요. 모두를 놀리고 있는 듯한 느낌이었어요. 불쌍한 사람." 그녀는 한숨을 내쉬며 말을 이었다. "자존심 때문에 그렇게 된 거예요. 우리 누구보다도 머리가 좋다는 자만심에 빠져 있었어요. 논의를 그만두기 위해 '장모님 말씀이 다 맞습니다' 이렇게 말하는 버릇이 있었죠…… 지금 자신의 상태를 제대로 보지 못하는 것은 그 사람에겐 하느님의 은혜예요."

그녀는 깔보듯이 언제나 옆으로 살짝 기울어 있던 그의 기다란 얼굴을 불쾌한 기분으로 떠올렸다. 에브가 결혼한 뒤 얼마 동안 다르베다 부인은 사위와 좀더 가까워지고 싶다는 것 말고는 바라는 게 없었다. 그러나 그는 오히려 부인의 노력을 꺾어버렸다. 피에르는 거의 말이 없었고, 누가 이야기하면 건성으로 얼른 찬성하는 것이었다.

다르베다 씨가 아까의 생각을 좇으면서 말했다.

"프랑쇼가 병원 시설을 보여주었는데, 아주 훌륭했어. 환자에게는 안락의자와 소파침대까지 딸려 있는 특별실이 주어지더군. 테니스장도 있고, 곧 수영장도 만들 거래."

그는 창문 앞에 서서 다리를 살짝 굽히고 몸을 흔들거리면서 밖을 바라보고 있었다. 갑자기 그가 무릎을 꺾더니 주머니에 두 손을 넣은 채 빙글 뒤를 돌았다. 다르베다 부인에게 땀이 솟았다. 언제나 똑같았다. 곧 우리 안의 곰처럼 그는 이리저리 왔다 갔다 할 것이다. 그러면 한 발짝 한 발짝마다 그의 구두가 뚜걱거릴 것이다.

"여보." 그녀가 말했다. "좀 앉아요. 당신이 그렇게 걸어 다니면 내가 피곤해진다고요." 그런 다음 머뭇거리면서 덧붙였다. "중요한 이야기가 있어요."

다르베다 씨는 안락의자에 앉더니 두 손을 무릎 위에 올려놓았다. 다르베다 부인은 등줄기가 서늘해졌다. 말해야 할 때가 온 것이다.

"당신 내가 화요일에 에브를 만났던 거 알죠?" 그녀는 당황해서 기침을 하면서 말했다.

"응."

"이런저런 이야기를 했어요. 그 애는 정말 다정했죠. 그렇게 뭐든지 솔직하게 이야기해 준 건 아주 오랜만이에요. 그래서 슬쩍 물어보았죠. 피에르를 어떻게 생각하느냐고요. 난 알았어요." 다시 당황했지만 그녀는 말을 이었다. "그 애는 피에르를 아주 사랑해요."

"나도 그런 것쯤은 알아." 다르베다 씨가 말했다.

그는 다르베다 부인을 약간 짜증나게 만들었다. 그녀는 늘 남편에게 하나부터 열까지 이야기해야 했다. 그녀는 절반만 이야기해도 언제나 이해해 주는 눈치 빠르고 섬세한 사람들과 교제하며 사는 것을 꿈꾸었다.

"아니, 그런 말이 아니에요. 그 애는 우리가 상상하는 것과는 다른 이유로 그 사람한테 집착하고 있어요."

암시나 새로운 것의 의미를 이해하지 못했을 때의 버릇대로, 다르베다 씨는 분노가 담긴 걱정스러운 눈을 이리저리 굴렸다.

"그게 무슨 뜻이야?"

"샤를, 날 피곤하게 하지 말아요. 엄마로서 말하기 어려운 것도 있다는 걸 이해해 줘요."

"대체 무슨 말을 하는지 모르겠군." 다르베다 씨가 신경질적으로 말했다. "아무튼, 설마 그걸 말하는 건 아니겠지……?"

"맞아요."

"그 애들이 아직도…… 그럼 지금도?"

"네! 네! 네!" 그녀는 초조한 마음에 짜증스럽게 세 마디로 말했다.

다르베다 씨는 팔을 벌리고 말없이 머리를 숙였다.

"샤를." 부인이 걱정스럽게 입을 열었다. "당신한테 이런 이야기를 하는 게 아니었는데. 하지만 나 혼자 걱정하고 있을 수는 없었어요."

"우리 딸이" 천천히 그가 말했다. "그 미친놈하고. 그놈은 이제 에브도 못 알아봐. 그 애를 아가트라고 부른다고. 그 애는 이제 자신이 뭘 해야 하는지 모르고 있는 게 분명해."

그는 얼굴을 들고, 무서운 눈으로 아내를 바라보았다.

"지금 이야기는 확실하겠지?"

"의심할 여지는 없어요. 나도 당신 같은 생각이었어요." 그녀는 서둘러 덧붙였다. "나도 설마 싶었고, 게다가 그 애의 마음을 모르겠어요. 그 불쌍하고 불행한 사람이 만진다고 생각하는 것만으로도 소름이 끼치는데…… 결국" 한숨을 쉬면서 그녀는 말했다. "피에르는 그걸로 그 애를 꽉 잡고 있는 거라고 생각해요."

"그놈이 에브를 달라고 말하러 왔을 때 내가 뭐라고 했는지 기억해? 나는 그때 '그는 에브를 지나치게 좋아해'라고 했어. 당신은 내 말을 믿으려 하지 않았지."

그는 벌건 얼굴로 탁자를 쾅 내리쳤다.

"그건 괴벽이야! 그놈은 에브를 안고 아가트를 부르면서 키스해. 그리고 뭐가 날아다닌다느니 뭐니 하는 헛소리를 하는 거야. 하지만 에브는 그놈이 하고 싶은 대로 내버려 두지. 대체 그 둘은 어떤 관계에 있는 거야? 그 애가 진심으로 그놈을 동정해서 날마다 만나러 갈 수 있는 보호시설에 입원시키면 얼마나 좋아! 난 한 번도 그런 생각은 해본 적도 없어…… 그 애를 거의 과부라고 생각했다고. 자네트." 그가 근엄한 목소리로 말했다. "솔직히 말하면, 그 애가 평범한 감각을 가진 아이라면 차라리 연인을 만드는 편이 낫다고 생각해."

"샤를, 그만해요!" 부인이 외쳤다.

다르베다 씨는 방으로 들어왔을 때 원탁 위에 올려놓았던 모자와 지팡이를 힘없이 집어 들었다.

"사정이 그렇다면 희망도 거의 없지만, 어쨌든 내 의무니까 그 애와 이야기해 보겠어." 그는 말을 맺었다.

다르베다 부인은 남편이 서둘러 나가기를 바랐다.

"여보, 아무튼 에브는…… 일단 고집이 너무 세요. 그 사람이 불치병 환자라는 걸 알면서도 고집을 부리고 있어요. 실패했다고 생각하고 싶지 않은 거예요." 남편을 격려하듯이 그녀는 이렇게 말했다.

다르베다 씨는 수염을 쓰다듬고 있었다.

"고집스럽다고? 응, 그럴지도 모르지. 당신 말대로라면 결국 그 애는 지쳐버릴 거야. 그 남자는 언제든 사람을 사귀는 게 서툴고, 말도 제대로 못하지. 내가 인사를 해도 힘없이 손만 내밀고 입은 열지 않아. 에브와 단둘이 있게 되면, 놈은 고정관념으로 돌아간다고 생각해. 놈이 목 졸린 비명을 지르는 때가 있다고 에브가 말하던데, 그건 환각에 시달리기 때문이라나. 그는 동상들을 본대. 그게 윙윙거려서 무섭다는 거야. 그게 주변을 날아다니면서 그 녀석을 노려본다는 거야."

그는 장갑을 끼면서 말을 이었다.

"에브가 기다리다 지칠 거라고는 생각하지만, 그 전에 머리가 이상해지지 않을까? 그 애가 잠깐 외출하거나 누구를 만나면 좋을 텐데. 친절한 청년—음, 그래. 생플롱네 기술자 슈뢰더 같은 앞날이 유망한 청년을 만날 기회도 곧 생길 텐데. 그 애가 가끔 여기저기서 그와 만나며 천천히 인생을 다시 시작해 보고 싶어진다면 얼마나 좋을까!"

대화가 처음으로 돌아갈까 봐 다르베다 부인은 대꾸하지 않았다. 남편이 아내 쪽으로 몸을 구부렸다.

"이제 가야겠어." 그가 말했다.

"다녀와요." 이마를 내밀면서 부인이 말했다. "그 애에게 내 몫의 키스도 해 줘요. 그리고 내가 그 애를 가엾게 생각한다고 전해 줘요."

남편이 나가자, 다르베다 부인은 안락의자에 깊숙이 기대앉아 초조하게 눈을 감았다. '왜 이렇게 기운이 나지?' 자책하는 기분으로 그녀는 생각했다. 조금 기운이 나자, 창백한 손을 살며시 뻗어 눈을 감은 채로 더듬더듬 접시 위의 터키과자를 집었다.

에브는 남편과 함께 르 바크 거리의 오래된 건물 6층에 살고 있었다. 다르베다 씨는 112개나 되는 계단을 재빨리 올라갔다. 초인종을 눌렀을 때 숨도 헐떡거리지 않았다. 그는 만족스럽게 도르무아 양의 말을 떠올렸다. '당신 나이에, 샤를, 감탄밖에 안 나오네요.' 그는 목요일보다 더, 특히 이 민첩한 등반 뒤 만큼 자신이 건강하고 튼튼하다는 것을 분명히 느껴본 적이 없었다.

문을 열어주러 나온 사람은 에브였다. '그래, 여기에 하녀는 없어. 그런 여자들은 도저히 여기서 살 수 없지. 나도 그러지 못하니까.' 그는 에브에게 키스했다. "가엾은 아가, 잘 지내지?"

에브는 쌀쌀하게 인사했다.

"얼굴이 좀 창백하구나." 뺨을 어루만지면서 그가 말했다. "운동을 그다지 안 하는 것 같구나."

침묵이 흘렀다.

"엄마는 잘 지내세요?" 에브가 물었다.

"뭐 그럭저럭. 화요일에 만났다고? 응, 여전해. 루이스 숙모가 어제 엄마를 만나러 왔단다. 엄마는 기뻐했어. 손님이 오면 좋아하거든. 하지만 오래 있지는 못했어. 숙모는 집 저당 문제로 아이들과 파리에 와 있단다. 너에게도 얘기했던 것 같은데, 이상한 이야기지. 내 의견을 들으러 사무실로 찾아왔지만, 난 한 가지 방법밖에 없다고 말해 줬단다. 팔면 되는 거야. 매수자도 나타났단다. 브르토넬, 너도 알지? 브르토넬 말이야. 지금 그 남자는 사업에서 은퇴했지만."

그는 문득 말을 끊었다. 에브는 그의 이야기를 거의 듣고 있지 않았다. 에브는 이제 그 어떤 것에도 흥미가 없구나, 그는 쓸쓸하게 생각했다. '옛날에는 책이었지. 그때는 책을 뺏어야 했는데. 이젠 읽을 생각조차 하지 않는구나.'

"피에르는 어떠니?"

"좋아요. 만나보실래요?"

"물론이지. 그 애를 보러 왔는걸." 그는 쾌활하게 말했다.

그의 마음은 불행한 청년에 대한 동정으로 가득했지만, 얼굴을 보면 아무래도 증오감이 샘솟았다. '난 건강하지 못한 사람들이 너무 싫어.' 그건 틀림없이 피에르의 잘못이 아니었다. 그는 무서운 유전을 물려받은 것이었다. 다르베다 씨는 한숨을 내쉬었다. '조심해도 소용없지. 그런 병은 깨달았을 땐 이미 늦은 거야.' 그렇다, 피에르에게 책임은 없었다. 그러나 어쨌든 그는 그의 내부에 그 결함을 갖고 있었다. 그 결함이 피에르 성격의 근본을 이루고 있다. 그것은 인간을 있는 그대로 판단하려 할 때 늘 제외시키고 생각할 수 있는 암이라든가 결핵 같은 것이 아니었다. 피에르가 에브에게 구애할 때 그의 신경질적인 우아한 아름다움이나 예민함은 에브의 마음에 쏙 들었지만, 그것은 광기의 꽃들이었던 것이다. '그가 에브와 결혼했을 때 벌써 그의 머리는 미쳐 있었어. 다만 겉으로 드러나지 않았을 뿐이지. 그런데 그의 책임은 어디에서 시작되는 걸까? 더 정확히 말하면 어디에서 끝나는 걸까? 아무튼 그는 자기 분석을 지나치게 했어. 언제나 자기 자신에게 생각이 돌아갔지. 그런데 그게 병의 원인일까? 아니면 그 결과일까?' 다르베다 씨는 이런저런 생각을 하면서 딸의 뒤를 따라 어둡고 긴 복도를 지나갔다.

"이 아파트는 너희에겐 너무 넓구나. 이사하면 어떻겠니?"

"매번 그 이야기를 하시네요." 에브가 아버지에게 대답했다. "피에르가 자기 방을 떠나고 싶어하지 않는다고 말씀드렸잖아요."

에브는 정말 이상한 아이였다. 남편의 상태에 대해서 잘 이해하고 있는지 아닌지를 자문해 봐야 했다. 그녀의 남편은 영락없는 미치광이였다. 그런데도 남편이 분별력을 갖추고 있다는 듯이, 에브는 그의 판단과 의견을 존중했다.

"다 너를 위해서 하는 말이야." 다르베다 씨는 조금 짜증스럽게 말을 이었다. "내가 여자였다면, 햇빛도 잘 안 들어오는 이 낡은 아파트에 있는 게 무서웠을 거다. 곧 오퇴유 쪽에 지어지는, 통풍도 아주 잘되고 방도 세 개쯤 되는 아담하고 밝은 아파트에 들어가면 어떠니? 세가 잘 안 나가서 집세도 내린 터라 시기도 딱 좋은데."

에브는 조용히 문고리를 돌렸다. 두 사람은 피에르의 침실로 들어갔다. 무거운 향냄새에 다르베다 씨는 숨이 막혔다. 커튼은 내려져 있었다. 어둠 속에서 안락의자의 등받이 위로 가느다란 목이 떠 있었다. 피에르는 그들에게 등을 돌리고 식사를 하고 있었다.

"잘 지냈나, 피에르?" 목소리를 높이면서 다르베다 씨가 말했다. "오늘은 좀 어떤가?"

다르베다 씨는 그에게 다가갔다. 병자는 작은 탁자를 앞에 두고 의자에 앉아 있었다. 음흉한 표정이었다.

"우리도 반숙달걀을 먹었지." 다르베다 씨가 한결 더 목소리를 높여서 말했다. "맛이 좋지!"

"저는 귀머거리가 아닙니다." 상냥한 목소리로 피에르가 말했다.

언짢아진 다르베다 씨는 에브에게 좀 도와달라는 눈빛을 보냈다. 그러나 에브는 차가운 시선을 보내며 한 마디도 하지 않았다. 다르베다 씨는 자신이 에브에게 상처를 주었음을 깨달았다. '그렇군. 그러면 이 애를 더 곤란하게 만드는 거야.' 그는 이 불행한 청년에게 어떻게 맞춰야 할지 알 수가 없었다. 이 남자는 네 살 먹은 아이보다 더 분별력이 없었다. 그런데도 에브는 그를 어엿한 성인으로서 대해 주기를 바랐을 것이다. 다르베다 씨는 이런 우스꽝스러운 배려가 다 필요 없어지는 때가 오기를 초조한 마음으로 기다리지 않을 수 없었다. 병자는, 그리고 특히 미치광이는 틀린 행동만 하기 때문에 그는 안절부절했다. 이를테면 피에르는 매사에 틀렸다. 말 한 마디를 할 때도, 영문을 알 수 없는 말을 계속했다. 그러나 피에르에게 아주 작은 겸손을 요구하는 것도, 또는 그의 잘못을 한때나마 인정하게 하는 것도 다 헛된 일일 것이다.

에브가 달걀 껍질과 삶은 달걀 그릇을 치웠다. 그런 다음 피에르 앞에 포크와 나이프를 하나씩 놓았다.

"이번에는 뭘 먹을 거지?" 쾌활하게 다르베다 씨가 물었다.

"비프스테이크요."

피에르는 포크를 들더니 창백하고 기다란 손가락 사이에 끼고서 유심히 들여다봤다. 그런 다음 씨익 웃었다.

"이건 지난번의 그게 아니야." 포크를 내려놓으면서 그가 중얼거렸다. "예언이 있었어."

에브가 다가가서 흥미롭다는 듯이 포크를 바라보았다.

"아가트, 다른 걸 갖다줘." 피에르가 말했다.

에브는 그의 말대로 했다. 피에르는 먹기 시작했다. 에브가 그 수상한 포크를 집어 들고 물끄러미 들여다보면서 두 손으로 꽉 쥐었다. 엄청난 노력을 하고 있는 듯이 보였다. '두 사람의 행동, 두 사람의 관계는 하나부터 열까지 기괴하기 짝이 없군.' 다르베다 씨는 생각했다.

그는 마음이 불편했다.

"조심해. 집게발이 달렸으니까 등 한가운데를 잡아." 피에르가 말했다.

에브는 한숨을 내쉬고, 식기 운반대 위에 포크를 내려놓았다. 다르베다 씨는 울컥 화가 치밀었다. 이 불행한 남자의 변덕에 모두 양보하는 것이 옳다고는 생각되지 않았다. 피에르 처지에서 봐도 그것은 좋지 않았다. 프랑쇼는 "정상인은 절대로 병자의 헛소리를 상대하면 안 된다" 말하곤 했었다. 그에게 다른 포크를 주기보다는 그를 잘 달래서 그 포크가 다른 포크와 똑같다는 사실을 알려주는 편이 나을 것이다. 다르베다 씨는 식기 운반대로 가서 보란 듯이 포크를 들고 그 이를 손가락으로 툭 건드렸다. 그런 다음 피에르를 돌아보았다. 그러나 피에르는 아무 일도 없었다는 듯이 고기를 자르고 있었다. 온화한, 어떤 표정도 없는 시선을 그는 장인에게 던졌다.

"좀 이야기하고 싶은 게 있는데." 다르베다 씨가 에브에게 말했다.

에브는 순순히 아버지를 따라 거실로 갔다. 소파에 앉으면서 다르베다 씨는 포크를 들고 있다는 것을 깨달았다. 그는 그것을 신경질적으로 탁자 위에 내

동댕이쳤다.

"여기가 더 좋구나."

"전 여기엔 전혀 오지 않아요."

"담배를 피워도 되겠니?"

"그러세요." 에브가 재빨리 말했다. "시가를 드릴까요?"

다르베다 씨는 담배를 말아 피우는 것을 좋아했다. 그는 이제 시작하려는 대화를 열심히 생각했다. 피에르와 이야기하고 있으면, 그는 아이와 놀면서 자신의 힘을 주체하지 못하는 거인처럼 스스로의 이성에 당혹감을 느꼈다. 명석함, 예리함, 정확함이라는 그의 장점이 모두 그에게 등을 돌려버리는 것이었다. '솔직히 말하면 자네트와 이야기할 때도 조금 비슷해.' 다르베다 부인은 분명 미치지는 않았지만 병이…… 부인의 이성을 잠재워 버린 것이다. 그와는 달리 에브는 아버지를 닮아 강직한 논리적 성격을 갖고 있었다. 에브와 논의하는 것은 즐거운 일이었다. '그러니까 이 애가 망가지지 않았으면 하는 거야.' 그는 눈을 들었다. 딸의 지적이고 섬세한 얼굴 생김새를 보고 싶었다. 그러나 예상은 빗나갔다. 예전엔 그토록 이성적이고 투명했던 얼굴에 이제는 뭔가 그늘진 불투명한 것이 드리워져 있었다. 에브는 언제나 아름다웠다. 그는 에브가 아주 정성스럽게 화장을 했다는 사실을 깨달았다. 눈꺼풀을 파랗게 칠하고, 기다란 속눈썹에 마스카라를 발랐다. 그 완벽하고 강렬한 화장은 아버지에게 견디기 힘든 인상을 주었다.

"얼굴이 화장 때문에 초록색으로 보이는구나. 병이 나지나 않을까 걱정이다. 그렇게 얌전했던 네가 이토록 진한 화장을 할 줄이야!"

에브는 대꾸하지 않았다. 다르베다 씨는 무겁게 늘어진 검은 머리카락 아래로 돋보이는, 야윈 딸의 얼굴을 곤혹스러운 표정으로 물끄러미 바라보았다. 그는 에브가 어떤 비극배우 같다고 생각했다. '나는 이 애가 누구랑 닮았는지 정확히 알고 있어. 그 여자야. 오랑주의 노천극장에서 프랑스어로 페드르를 연기한 그 루마니아 여자.' 이런 불쾌한 사실을 깨달았다는 것을 그는 에브를 위해 유감스럽게 생각했다. '내가 말실수를 했어. 괜한 말로 딸의 기분을 상하게 하지 않았어야 했는데.'

"미안하구나." 그가 미소를 지으면서 말했다. "내가 구식 자연숭배론자라는 걸 알잖니. 나는 요즘 여자들이 얼굴에 칠하는 화장품들이 다 싫구나. 물론 내가 틀린 거지. 시대에 따라야 하니까."

에브가 다정하게 아버지에게 미소를 지었다. 다르베다 씨는 담배에 불을 붙이고 몇 번 흰 연기를 뱉었다. 그는 이야기를 시작했다.

"애야, 나는 이런 제안을 하고 싶었다. 둘이서 예전처럼 이야기하자고. 자, 앉아서 얌전히 내 이야기를 들어주렴. 너의 늙은 아빠를 믿어라."

"서 있고 싶어요. 그런데 어떤 이야기죠?"

"간단한 질문을 하겠다." 다르베다 씨는 아까보다 조금은 차가운 목소리로 말했다. "이 모든 것이 결국 너를 어디로 이끌고 가는 거지?"

"이 모든 것이라뇨?" 에브가 놀라서 되물었다.

"네가 스스로 만든 이 모든 생활 말이다." 그가 말을 이었다. "내가 너를 이해하지 못한다고 생각한다면 곤란하다(그의 머리에 문득 어떤 생각이 스쳤다) 하지만 네가 하려는 일은 인간의 힘을 넘는 것이야. 너는 상상 속에서만 살고 싶은 거지? 그가 아프다는 걸 인정하고 싶지 않은 거지? 너는 현재의 피에르를 보려고 하지 않아. 그렇지 않니? 너는 예전의 피에르만 보고 있어. 하지만 애야, 그건 돌이킬 수 없는 불가능한 도박이란다." 그는 이어 말했다. "그렇지. 너에게 들려주고 싶은 이야기가 있다. 아마 너는 모르는 일일 거야. 우리가 사블 돌론에 있었을 때의 일이야. 너는 세 살이었다. 엄마랑 알고 지내던 젊고 사랑스러운 부인에게 아주 귀여운 사내아이가 하나 있었어. 너희는 사이좋게 바닷가에서 놀았어. 둘 다 아주 어렸고, 너는 그 애의 약혼녀였다. 그로부터 얼마 뒤에 엄마는 파리에서 그 젊은 부인을 만나고 싶어했는데 다른 사람한테서 그 부인이 큰 불행을 당했다는 이야기를 들은 거야. 그 귀여운 사내아이가 자동차 흙받이에 치여 목이 절단된 거지. '가서 만나보세요. 하지만 아들의 죽음에 대해서는 절대로 말하지 마셔야 해요. 그녀는 아들이 죽었다는 사실을 믿으려고 하지 않거든요.' 그 이야기를 들려준 사람은 엄마에게 이렇게 말했다. 엄마가 부인을 찾아갔는데 그녀는 반쯤 미쳐 있었다. 자식이 아직 살아 있는 것처럼 굴면서 아이에게 뭐라고 이야기하기도 하고, 식탁에 아들 그릇을 놓기도 하는 거야. 신경이 너무 불안정해서 반년 뒤에는 결국 강제로 보호시설에 입원했고, 3년 동안 그곳에서 지냈단다." 다르베다 씨는 머리를 흔들면서 말했다. "그건 비상식적인 일이야. 그 부인이 용기를 가지고 진실을 인정하면 좋았을 텐데. 그랬으면 딱 한 번만 괴롭고, 그다음엔 시간이 흐르면서 그 고통도 자연스레 사라졌을 거다. 상황을 직시하는 것, 단지 그것뿐이야. 정말이란다."

"아버지가 틀렸어요." 에브가 힘겹게 입을 열었다. "난 잘 알고 있어요, 피에르는……."

말이 나오지 않았다. 에브는 안락의자 등받이에 두 손을 얹고 몸을 똑바로 폈다. 얼굴의 절반 아래에는 메마르고 더러운 어떤 것이 있었다.

"그래서…… 뭐?" 다르베다 씨가 깜짝 놀라서 되물었다.

"뭐라니요?"

"하지만 넌……."

"전 있는 그대로의 피에르를 사랑해요." 에브가 지긋지긋하다는 듯이 빠른 어조로 대답했다.

"그건 거짓말이야." 그가 힘주어 말했다. "그건 거짓말이야. 너는 피에르를 사랑하는 게 아니야. 사랑할 수 없어. 애정은 건강하고 정신이 똑바른 사람한테서만 느낄 수 있어. 너는 피에르를 동정하고 있어. 틀림없이 그런 거다. 그리고 그 애 덕분에 행복하게 보낸 3년 동안의 기억을 소중하게 간직하고 싶겠지. 하지만 피에르를 사랑한다고 말하면 안 된다. 그런 건 믿을 수 없어."

에브는 아무 말 없이 양탄자를 멍하니 바라보고 있었다.

"대답할 수 있겠지?" 그가 차갑게 말했다. "이런 이야기는 나로서도 괴롭구나."

"뭐라고도 대답할 수 없어요. 저를 믿어주시지 않잖아요."

"네가 그 남자를 사랑한다고 말한다면" 그는 노여움이 북받쳐 외쳤다. "그건 너에게도, 나에게도, 가엾은 네 엄마에게도 커다란 불행이야. 이건 말하지 않는 게 낫겠다고 생각했지만, 피에르는 3년 안에 완전히 정신착란에 빠질 거다. 곧 그는 짐승처럼 된다고."

그는 매서운 눈으로 딸을 바라보았다. 딸의 고집 때문에 괴로운 고백을 털어놓아야만 했던 것이 화가 났다.

에브는 꼼짝도 하지 않았다. 눈도 들려고 하지 않았다.

"알아요."

"누구한테서 들었지?" 그가 당황해서 물었다.

"프랑쇼. 여섯 달 전에요."

"내가 프랑쇼에게 이야기하지 말라고 했는데." 그가 쓸쓸하다는 듯이 말했다. "차라리 잘됐는지도 모르겠구나. 하지만 그런 상태의 피에르를 너와 함께 둘 수는 없어. 네가 하는 싸움은 실패할 게 분명해. 그 병은 인정사정없으니까. 해야 할 일이 있고, 적절한 조치로 낫는다고 한다면 아무 말도 하지 않겠다. 그렇지만 좀 보렴. 너는 예쁘고 똑똑하고 쾌활한데 아무런 득도 없이 그저 너 자신을 망가뜨리고 있잖니. 물론 네 행동은 칭찬받아 마땅해. 하지만 이젠 그만하렴. 너는 의무를, 의무 이상의 것을 했어. 그보다 더 하는 것은 도리어 부도덕한 일이다. 애야, 인간이란 자신에 대해서도 의무가 있는 거야. 우리 생각도 좀 해주렴. 너는 피에르를 프랑쇼의 병원에 보내야 해." 그는 마지막 말을 한 마디 한 마디 힘주어 말했다. "너에게 불행만 안겨준 이 아파트를 정리하고 우리집으로 돌아오렴. 꼭 누군가에게 도움이 되고 다른 사람의 고통을 위로해 주고 싶다면 엄마가 있잖니. 네 엄마는 가엾게도 간호사들이 돌봐주고 있는데, 누군가 옆에서 진심으로 보살펴 줄 사람이 있으면 좋겠구나." 그는 덧붙였다. "그리고 엄마라면 자신을 위해 해준 너의 행동을 인정하고, 너에게 감사할 수도 있어."

긴 침묵이 흘렀다. 다르베다 씨는 옆방에서 피에르가 노래하는 소리를 들었다. 그것은 가까스로 노래라고 할 수 있는 것으로, 차라리 날카롭고도 빠르게 읊조리는 소리와 비슷했다. 다르베다 씨는 딸을 올려다보았다.

"싫으냐?"

"피에르는 저랑 함께 여기에 있을 거예요. 우리는 서로를 잘 이해하고 있어요." 조용히 에브가 말했다.

"종일 바보 같은 짓이나 하면서 말이지?"

에브는 빙그레 웃으며 아버지에게 비웃는 듯한, 거의 쾌활하다고 할 만큼 기묘한 시선을 던졌다. '정말이야. 역시 두 사람은 그 짓만 하고 있는 거야. 같이 잠만 자는 거야.' 그는 분개하면서 생각했다.

"너는 완전히 미쳤구나." 그는 의자에서 일어나면서 말했다.

에브는 쓸쓸하게 웃고, 자신에게 말하듯이 중얼거렸다.

"아직 완전히는 아니에요."

"완전히는 아니라고? 나는 한 가지밖에 할 말이 없구나. 네가 무섭다."

그는 딸에게 키스를 하는 둥 마는 둥 하고 나왔다. '저 불쌍한 쓰레기를 힘으로 끌어내서 찍소리 못하게 차가운 물에 처넣을 수 있는 힘센 남자 둘을 보내야겠어.' 그는 계단을 내려가면서 생각했다.

조용하고 화창하게 갠 가을날이었다. 태양은 오가는 사람들의 얼굴을 황금 빛으로 물들였다. 다르베다 씨는 그 얼굴들의 단순함에 경탄했다. 어떤 얼굴은 매끄러웠고, 어떤 얼굴은 햇볕에 그을렸다. 하지만 그 얼굴들은 그에게도 가까이 있는 것처럼 느껴지는 모든 행복과 걱정을 한꺼번에 비추고 있었다.

'내가 에브에게 뭘 책망한 건지 똑똑히 알고 있어.' 그는 생제르맹 대로로 접어들면서 생각했다. '내가 못마땅한 건 그 아이가 인간 세계 밖에서 살고 있다는 점이야. 피에르는 이미 인간이 아니야. 그 애가 피에르에게 베푸는 온갖 배려, 애정은 이 사람들로부터 조금씩 빼앗은 거라고도 할 수 있어. 우리는 인간을 거부할 권리가 없어. 무슨 일이 있어도 우리는 사람들과 어울려 살아야 해.'

그는 지나가는 사람들을 공감의 눈으로 바라보았다. 그는 그들의 진지하고 밝은 시선이 좋았다. 햇빛을 듬뿍 받은 이 복잡한 거리에서 사람들은 대가족에 둘러싸여 있는 듯한 편안함을 느끼고 있었다.

여자아이의 손을 잡고 있는 모자를 쓰지 않은 부인이 노점 앞에 멈춰 섰다.

"저게 뭐야?" 라디오 기계를 가리키면서 소녀가 물었다.

"만지면 안 돼. 저건 기계야. 음악이 나온단다." 어머니가 말했다.

두 사람은 잠시 아무 말 없이 넋이 나가서 서 있었다. 다르베다 씨는 마음이 따뜻해져서 소녀 쪽으로 몸을 구부리고 미소를 지었다.

2

'갔다.' 현관문이 메마른 소리를 내며 삐걱하고 다시 닫혔다. 에브는 거실에 혼자 남아 있었다. '아버지가 죽어버렸으면 좋겠어.'

에브는 안락의자 등받이를 꽉 움켜쥐었다. 아버지의 눈이 생각난 것이다. 다르베다 씨는 다 안다는 듯이 피에르 위로 몸을 구부리고, 병자에게는 그런 식으로 말해야 하는 것처럼 피에르에게 말했다. "맛이 좋지!" 아버지는 피에르를 바라보고 있었다. 피에르의 얼굴이 아버지의 민첩하고 커다란 눈 속에 비쳤다. '아버지가 피에르를 바라볼 때, 피에르를 보고 있다고 생각될 때 나는 아버지가 싫어.'

에브의 손이 안락의자를 따라 미끄러졌다. 그녀는 창문 쪽으로 몸을 돌렸다.

눈부셨다. 방은 햇빛으로 가득했다. 양탄자 위에서는 창백한 둥근 빛이 되고, 공중에서는 눈부신 먼지처럼 돼서 곳곳에 빛이 들고 있었다. 어떤 곳이든지 찾아다니고, 어떤 구석이든지 비추고, 가구에 닿아 그것을 살림 잘하는 주부처럼 빛나게 하는 이 조심성 없는 부지런한 빛에 익숙했던 기억을 그녀는 잃고 있었다. 그러나 에브는 창가로 가서 유리창 끝까지 쳐져 있던 모슬린 커튼을 들어 올렸다. 바로 그때 다르베다 씨가 아파트에서 나왔다. 아버지의 넓은 두 어깨가 에브의 눈에 문득 들어왔다. 아버지는 눈을 깜빡거리며 얼굴을 들어 하늘을 올려다보았다. 그런 다음 청년처럼 성큼성큼 멀어져 갔다. '무리하고 있어.' 에브는 생각했다. '얼마 지나지 않아 옆구리가 아플 거야.' 에브는 이제 거의 아버지를 미워하고 있지 않았다. 저 머릿속에는 젊어 보이고 싶다는 아주 작은 염려가 있는 데 불과한 것이다. 그러나 아버지가 생제르맹 대로의 모퉁이를 돌아 그 모습이 사라지자 에브는 다시 화가 치밀었다. '아버지는 피에르 생각을 하고 있어.' 그들 생활의 일부분이 닫힌 방에서 빠져나가 태양이 비추고 있는 거리 속, 사람들 사이로 꼬리를 끌고 있었다. '사람들은 절대 우리를 잊을 수 없는 걸까?'

르 바크 거리에는 거의 사람이 없었다. 노파가 느릿느릿 차도를 건너갔다. 세 소녀가 깔깔거리면서 지나갔다. 그리고 손가방을 든 건강하고 자신감 넘치는, 그들끼리만 통하는 대화를 나누는 신사들이 지나갔다. '정상인들이구나.' 에브는 생각했지만, 자신의 마음에 이토록 강한 증오심이 있다는 데에 놀랐다. 뒤룩뒤룩 살찐 아름다운 여자가 맵시 좋은 신사 앞으로 쿵쿵 뛰어왔다. 신사가 두 팔로 여자를 안고 키스했다. 에브는 차가운 웃음소리를 내며 커튼을 내렸다.

피에르는 이제 노래하고 있지 않았다. 그러나 4층에 사는 젊은 여자가 피아노를 치기 시작했다. 그것은 쇼팽의 연습곡이었다. 에브는 한결 차분해졌다. 그녀는 피에르의 방으로 한 걸음 옮겼다. 하지만 곧 멈춰 서더니, 조금은 답답함을 느끼며 벽에 기댔다. 피에르의 방을 떠날 때마다, 다시 돌아와야 한다고 생각하면 언제나 평정심이 무너지는 것이었다. 그렇지만 에브는 그 방이 아닌 곳에서는 살 수 없다는 사실을 잘 알고 있었다. 에브는 그 방이 좋았다. 그녀는 기분이 다시 좋아지기를 기다리면서, 잠시 시간을 벌려는 듯이 그림자도 냄새도 없는 이 거실을 차가운 호기심의 눈으로 둘러보았다. '꼭 치과 병원 대기실

같네.' 장미색 실크 안락의자, 소파, 등받이가 없는 의자 등 단순하고 소박한 물건들은 아버지 같은 느낌을 주었다. 좋은 성인 친구인 것이다. 에브는 아까 창문에서 봤던 신사들처럼 밝은색 옷을 입은 자신감 넘치는 사람들이 조금 전부터 시작한 대화를 계속하면서 이 거실에 들어오는 모습을 상상했다. 그들은 이곳이 어떤 곳인지 확인도 하지 않고 방 한가운데로 뚜벅뚜벅 걸어간다. 그중 한 사람은 배가 지나간 자리처럼 등 뒤에서 손을 팔랑거리며, 지나가다가 쿠션이며 탁자 위 물건 따위에 손이 닿아도 놀라지 않는다. 그런 침착한 사람들은 앞에 가구가 있어도 그것을 피해서 돌아가기는커녕 조용히 가구를 옮길 것이다. 마지막으로 그들은 대화에 열중한 채 등 뒤를 확인하지도 않고 앉을 것이다. '여기는 정상인들을 위한 객실이야.' 에브는 생각했다. 그녀는 닫힌 문의 손잡이에 가만히 시선을 주었다. 고뇌에 목이 죄었다. '들어가야 해. 피에르를 너무 오랫동안 혼자 두면 절대로 안 돼.' 이 문을 열어야 한다. 그런 다음 에브는 어둠에 눈이 익숙해지도록 애쓰면서 문지방에 멈춰 서버릴 것이다. 그러면 방은 온 힘을 다해 에브를 밀어내리라. 하지만 이 저항을 이겨내고 방 한가운데로 나아가야 한다. 에브는 갑자기 피에르가 몹시 보고 싶어졌다. 피에르와 함께 아버지를 조롱하고 싶어졌다. 그러나 피에르는 에브를 필요로 하지 않고, 그에게 어떤 취급을 당할지 예측도 할 수 없었다. 에브는 문득 이제 자신이 머물 곳이 어디에도 없다는 사실을, 어떤 자랑스러운 마음으로 생각했다. '정상인들은 아직 내가 그들의 동료라고 생각하고 있어. 하지만 나는 단 한 시간도 그들 틈에 있을 수 없어. 나는 저기서, 이 벽 너머에서 살아야 해. 하지만 나는 거기서 필요 없는 존재지.'

에브 주위에서 눈에 띄는 변화가 일어났다. 햇빛은 노쇠하여 잿빛이 되었다. 그 빛은 전날부터 갈지 않은 화병 속 물처럼 탁했다. 에브는 이 노쇠한 빛 속에 떠 있는 물체에서 오랫동안 잊고 있던 우수를 발견했다. 그것은 곧 끝나려는 가을 오후의 우수였다. 에브는 머뭇거리며 주위를 둘러보았다. 모두 아주 먼 옛날에 있던 것이었다. 이 방에는 낮도, 밤도, 계절도, 우수도 없었다. 에브는 아주 먼 가을을, 어릴 적의 가을을 멍하니 떠올렸다. 그러다가 갑자기 몸이 굳어졌다. 기억하는 것이 무서웠기 때문이다.

피에르의 목소리가 들렸다.

"아가트, 어디 있어?"

"지금 가!" 에브가 외쳤다.

그녀는 문을 열고 방 안으로 들어갔다.

콧구멍과 입이 텁텁한 향내로 가득해졌다. 에브는 눈을 크게 뜨고 앞으로 손을 내밀었다—이 냄새도 이 어둠도 에브에게는 오래전부터 물이나 공기, 또는 불처럼 특별히 신기하지 않은, 친근한, 단지 자극이 강하고 손에 닿는 원소를 대신하는 것에 지나지 않았다. 에브는 발밑을 조심하면서 안개 속에 떠 있는 듯한 창백한 얼룩을 향해 걸어갔다. 창백한 얼룩은 피에르의 얼굴이었다. 피에르의 옷은(병에 걸리고부터는 검은 옷을 입었으므로) 어둠에 녹아들어 보이지 않았다. 그는 머리를 뒤로 젖히고 눈을 감고 있었다. 잘생긴 얼굴이었다. 에브는 둥글게 말린 피에르의 기다란 속눈썹을 보고, 옆에 있는 낮은 의자에 앉았다. '힘들어 보여.' 에브는 생각했다. 눈이 차츰 어둠에 익어갔다. 처음으로 책상이 모습을 드러냈다. 그런 다음 침대, 안락의자 옆 양탄자를 가득 채우고 있는 피에르의 물건들, 가위, 풀통, 서적, 식물 표본…….

"아가트?"

피에르가 눈을 떴다. 그는 미소를 지으며 에브를 바라보았다.

"아까 그 포크 말이야, 알았어? 그를 좀 겁주려던 것뿐이야. 그 포크는 아무렇지도 않았어."

에브의 걱정은 희미해졌다. 그녀는 빙그레 웃었다.

"성공적이었어. 아버지는 아주 겁먹었던데."

피에르도 빙그레 웃었다.

"그거 봤어? 그자는 포크를 한참 만지작거렸어. 두 손으로 꼭 잡고 있더군. 그건, 즉 그들이 물건을 들 수 없다는 뜻이야. 그들은 물건을 꽉 움켜잡아."

"그래." 에브가 말했다.

피에르는 오른손 집게손가락으로 왼쪽 손바닥을 톡톡 두드렸다.

"그들은 이걸로 쥐어. 손가락을 뻗어 목표물에 닿으면 그것을 제압하기 위해 손바닥으로 덮는 거야."

피에르는 입술 끝으로 빠르게 지껄였다. 뭔가 당혹한 표정이었다.

"그들이 뭘 바라는 거지?" 마침내 피에르가 말했다. "그자는 전에도 온 적이 있어. 그들이 왜 그놈을 보내는 걸까? 내가 뭘 하고 있는지 알고 싶으면 화면에 적혀 있는 걸 읽으면 될 텐데. 자기 집을 나올 필요도 없어. 놈들은 실수하고 있어. 권력은 있을지 모르지만 실수투성이지. 나는 절대 실수를 하지 않아. 그게 내 비장의 무기지. "호프카." 피에르가 말했다. "호프카!" 피에르가 긴 손을 이마 앞에서 움직였다. "이 나쁜 년! 호프카, 파프카, 슈프카! 더 원해?"

"그건 종이야?" 에브가 물었다.

"응, 이젠 사라졌어." 피에르가 딱딱한 어조로 덧붙였다. "놈은 똘마니야. 넌 놈과 아는 사이지? 함께 거실에 갔잖아."

에브는 대답하지 않았다.

"놈은 뭘 원하고 있었지?" 피에르가 물었다. "그걸 분명히 너한테 말했을 텐데."

에브는 머뭇거리다가 거칠게 내뱉었다.

"당신을 가두고 싶어했어."

사실을 부드럽게 말하면 피에르는 의심했다. 피에르의 의심을 없애는 데는 광포한 타격처럼 진실을 말하는 편이 가장 나았다. 에브는 거짓말을 하기보다는 피에르를 비참하게 만드는 것이 좋았다. 피에르를 속이고 피에르가 에브의 말을 믿으면 가벼운 우월감이 느껴졌지만, 동시에 에브는 자신에게 혐오감이 들었다.

"날 가둔다고?" 피에르가 아니꼽다는 듯이 같은 말을 반복했다. "놈들은 제정신이 아니야. 벽 따위가 나한테 무슨 효과가 있다고. 그게 나를 구속할 수 있다고 생각하는가 보군. 난 가끔 생각해. 세상에는 두 부류가 있는 게 아닐까 하고. 진실한 부류, 그건 검둥이들이야. 그리고 다른 하나는, 쓸데없이 참견해서 실수에 실수를 거듭하는 바보 같은 인간들이지."

안락의자의 팔걸이 위에서 피에르는 손을 펄럭거리면서, 그것을 재미있다는 듯이 보고 있었다.

"나는 벽을 통과할 수 있어. 그래서 넌 뭐라고 대답했지?" 호기심을 드러내며 그는 에브 쪽으로 몸을 돌렸다.

"당신을 가둘 수 없다고."

피에르는 어깨를 으쓱했다.

"그렇게 말하면 안 되지. 일부러 그렇게 말한 게 아니라면 너도 실수한 거야. 놈들이 하고 싶은 대로 내버려 두면 돼."

피에르는 입을 다물었다. 에브는 슬프게 고개를 숙였다. "그들은 물건을 꽉 움켜잡아." 피에르는 이 말을 얼마나 경멸스러운 마음으로 한 것일까—그리고 그건 얼마나 사실이었을까? '나도 물건을 움켜잡을까? 조심해도 소용없어. 내가 하는 행동은 대부분 이 사람을 화나게 해. 다만 그가 그것을 말하지 않는 것뿐이야.' 에브는 문득 자신이 가엾게 느껴졌다. 열네 살 때, 건강하고 쾌활했던 어머니에게 "넌 손을 어디다 둬야 할지 모르는 사람처럼 보이는구나"라는 말을 들었을 때와 비슷한 기분이었다. 에브는 몸을 움직일 용기가 나지 않았다. 그런데 그때 자세를 바꾸고 싶다는 참을 수 없는 욕구를 느꼈다. 에브는 양탄자를 스치듯이 조용히 두 발을 의자 쪽으로 당겼다. 탁자 위에 놓인, 피에르가 받침을 검게 칠한 램프와 체스 도구를 쳐다보았다. 피에르는 체스판 위에 검은 보병밖에 놓지 않았다. 그는 가끔 의자에서 일어나 탁자로 다가가서는 보병을 하나하나 들고 로봇이라고 부르면서 말을 걸었다. 그러면 그 보병들은 그의 손가락 사이에서 은밀한 숨을 쉬며 살아 있는 듯이 보였다. 피에르가 그것을 탁자 위에 내려놓으면, 이번에는 에브가 만져보았다(에브는 조금 우스운 기분이 들었다). 그것은 생기 없는 나뭇조각으로 돌아가 있었지만, 뭔가 막연하고 포착하기 어려운 어떤 감각 같은 것이 그 위에 남아 있었다. '이건 그 사람 물건들이야. 이 방에는 이제 내 것은 하나도 없어.' 예전에는 가구가 몇 개 있었다. 거울과 할머니에게서 받은, 피에르가 농담으로 너의 화장대라고 부르던 쪽매붙임세공의 작은 화장대 따위였다. 피에르가 그것들을 길들여 버려서, 사물은 오로지 그에게만 진실한 모습을 보여주었다. 에브는 몇 시간이나 그것들을 바라볼 수 있었다. 그러나 에브는 실망하기만 했다. 그것들은 지치지 않는 심술궂은 고집스러운 태도를 보이며 절대 외형밖에 보여주지 않았다—프랑쇼 박사나 다르베다 씨에게 그러는 것처럼. '하지만 나는 이제 아버지처럼 사물을 보지 않아. 절대 그럴 수 없어.' 에브는 고뇌를 느끼면서 생각했다.

에브는 무릎을 움찔해 보았다. 다리가 저렸다. 그녀의 몸은 탄력이 있고 단단했다. 그것이 도리어 괴로웠다. 자신의 몸이 지나치게 건강하고 조심성 없는 것처럼 느껴졌다. '나는 사람들 눈에 보이지 않는 물건이 되어 여기에 있고 싶어. 피에르의 눈에 보이지 않는 채로 그를 보고 싶어. 그에게 나는 필요 없어. 이 방 안에서 나는 불필요한 존재야.' 에브는 머리를 살짝 돌려 피에르 위쪽 벽을 바라보았다. 거기에 협박문이 적혀 있었다. 알고는 있었지만, 에브는 그걸 읽을 수가 없었다. 그녀는 이따금 벽지에 그려진 크고 붉은 장미를 마치 눈 밑에서 훨훨 춤추는 것처럼 보일 때까지 오랫동안 쳐다보곤 했다. 붉은 장미가 어둠 속에서 타올랐다. 협박문은 많은 경우 침대 왼쪽 위 천장 옆에 나타난다. 그러나 가끔 장소가 바뀌었다. '일어서야겠어. 계속 여기에 앉아 있을 수는 없어.' 벽 위의, 양파 조각처럼 생긴 하얀 원반이 빙글빙글 돌고 있었다. 에브는 손이 바들바들 떨렸다. '나는 정신이 조금 이상해질 때가 있어. 아니, 역시 그렇지 않아.' 에브는 씁쓸한 기분으로 생각했다. '미치광이가 될 수는 없어. 그냥 신경이 예민해진 거야.'

문득 그녀는 자신의 손 위에서 피에르의 손을 느꼈다.

"아가트." 피에르가 다정하게 불렀다.

그는 에브에게 미소 지었다. 그러나 뭔가 혐오감을 느낄 때처럼, 집게발을 피해 게의 등딱지를 잡듯이 손가락 끝으로 그녀를 건드렸다.

"아가트, 나는 너를 의지하고 싶어." 그가 말했다.

에브는 눈을 감았다. 가슴이 요동쳤다. '대답하면 안 돼. 뭔가 대답하면 피에르는 나를 믿지 않게 될 거야. 아무 말도 하지 않게 될 거야.'

피에르가 에브의 손을 놓았다.

"나는 네가 좋아, 아가트. 하지만 난 이해할 수 없어. 왜 맨날 방에 있는 거야?"

에브는 대답하지 않았다.

"왜지?"

"내가 당신을 사랑한다는 거 알지?" 에브가 차갑게 말했다.

"그래? 어떻게 나를 사랑할 수 있지? 널 소름 끼치게 할 텐데. 나는 미친놈인걸."

피에르는 미소 지었다. 그러나 갑자기 진지한 표정이 되었다.

"너와 나 사이에는 하나의 벽이 있어. 난 너를 보고 있어. 너에게 말을 걸어. 하지만 너는 다른 쪽에 있어. 우리 사랑을 무엇이 방해하고 있을까? 옛날에는 더 쉬웠지. 함부르크에 있었을 때는."

"그래." 에브가 서글프게 대답했다. 언제나 함부르크였다. 피에르는 한 번도 진짜 과거를 말한 적이 없었다. 에브도 피에르도 함부르크에는 가본 적이 없었다.

"우리는 운하를 따라 산책했어. 거룻배가 있었지. 기억해? 배는 검은색이었어. 다리 위에는 개가 한 마리 있었지."

피에르는 그때마다 이야기를 만들었다. 못 미더운 표정을 하고 있었다.

"나는 네 손을 잡고 있었어. 너의 피부는 내 것하고는 달랐어. 네가 하는 말을 나는 전부 믿었어. 조용히 해!" 그가 소리쳤다.

그는 귀를 쫑긋 세웠다.

"그것들이 오고 있어." 어두운 목소리로 말했다.

에브는 벌떡 일어섰다.

"그것들이 오다니? 이젠 안 오는 줄 알았는데."

사흘 전부터 피에르는 평소보다 안정적이었다. 동상들은 나타나지 않았다. 스스로는 절대 인정하지 않지만, 피에르는 동상들을 무척 무서워했다. 에브는 하나도 두렵지 않았다. 하지만 그것이 방 안에서 윙윙거리며 날아다니기 시작하면 그녀는 피에르가 무서워졌다.

"지위트르*³를 가져와." 피에르가 말했다.

에브는 일어나서 지위트르를 가져왔다. 그것은 피에르가 직접 두꺼운 종이를 조각조각 붙여 만든 부적으로, 동상을 쫓는 데 쓰는 것이었다. 그것은 거미처럼 생겼다. 한 장에는 '함정에 대한 힘', 또 한 장에는 '흑인'이라는 글자가 적혀 있었다. 세 번째 장에는 주름진 눈으로 웃고 있는 얼굴이 그려져 있었는데, 볼테르였다. 피에르는 부적 손잡이를 잡고 음울하게 그것을 들여다보았다.

"이건 이제 쓸모가 없어." 피에르가 말했다.

"어째서?"

"놈들이 뒤집어 버렸어."

"다른 걸 만들래?"

피에르는 한참 동안 에브를 쳐다보았다.

"정말 그랬으면 좋겠어?" 피에르가 입 안에서 우물우물 말했다.

에브는 피에르에게 화가 나기 시작했다. '그것들이 나타날 때마다 그는 미리 알아. 어떻게 그게 가능할까? 한 번도 틀린 적이 없어.'

지위트르는 피에르의 손가락 끝에 초라하게 매달려 있었다. '그는 이걸 쓰

---

*3 ziuthre는 사르트르가 만든 신조어.

고 싶지 않아서 언제나 어떤 이유를 찾지. 일요일에 그게 왔을 때는 잃어버렸다고 했었어. 풀통 뒤에 있는 게 다 보였는데. 그가 못 봤을 리 없었어. 그런데 그 동상들을 이 사람이 부르는 것 아닐까?' 피에르가 정말 진심인지를 알기란 절대로 불가능했다. 어떤 때는 그의 의지와는 다르게 그가 건강치 못하며 거대한 관념과 환각에 시달리는 것처럼 보였지만, 또 다른 때는 연극을 하는 것처럼 보이기도 했다. '이 사람은 괴로워하지만, 동상들이나 검둥이 따위를 어느 정도로 믿고 있을까? 어쨌거나 이 사람이 동상을 보지 않는다는 건 나도 알아. 그 목소리를 들을 뿐인 거야. 그게 지나가면 얼굴을 돌려. 그래도 어쨌든 봤다고 말하지. 그게 어떻게 생겼는지 나에게 이야기해.' 그녀는 프랑쇼 박사의 붉은 얼굴을 떠올렸다. "하지만 부인, 정신병자는 누구나 거짓말쟁이랍니다. 그들이 실제로 느끼는 것과 느낀다고 주장하는 것을 구별하려 든다면, 그건 엄청난 헛수고입니다." 에브는 움찔했다. '프랑쇼는 아무 관계도 없어. 그런 식으로 생각하는 건 그만두자.'

피에르가 일어나서 지위트르를 휴지통에 버리러 갔다. '나도 당신처럼 생각하고 싶어.' 에브는 중얼거렸다. 피에르는 가능한 공간을 차지하지 않겠다는 듯이 허리에 양 팔꿈치를 바짝 붙이고 까치발로 살금살금 걸었다. 피에르가 다시 의자에 앉더니 에브에게 고집스러운 시선을 던졌다.

"벽지를 까맣게 칠해야겠어. 이 방에는 검은색이 충분하지 않으니까."

피에르는 안락의자 깊숙이 몸을 움츠렸다. 에브는 그의 긴장된, 늘 틀어박히려고, 움츠리려고 준비하고 있는 몸을 바라보았다. 팔, 다리, 머리는 수축성 기관 같았다. 벽시계가 6시를 알렸다. 피아노 소리는 그쳤다. 에브는 자기도 모르게 한숨을 내쉬었다. 동상들은 얼마 동안 오지 않을 것이다. 기다려야 한다.

"불을 켤까?"

그녀는 어둠 속에서 기다리고 싶지 않았다.

"맘대로 해." 피에르가 말했다.

에브는 책상 위의 작은 램프를 켰다. 붉은 아지랑이가 방 안을 채웠다. 피에르도 기다리는 것이었다.

그는 아무 말도 하지 않았다. 그러나 입술은 움직이고 있었다. 그것은 붉은 아지랑이 속에 있는 두 개의 어두운 얼룩이었다. 에브는 피에르의 입술이 좋았다. 예전에 그것은 마음을 사로잡는 매혹적인 분위기를 지녔지만, 이제는 조금도 그런 느낌을 주지 않았다. 그것은 파르르 떨리면서 서로 떨어졌다가 만나고, 서로 밀쳐냈다가 다시 떨어졌다. 입술만이 피에르의 무표정한 얼굴 속에서 살아 있었다. 그것은 겁먹은 두 마리 짐승과 같았다. 그는 몇 시간이고 이렇게 소리 없이 중얼거릴 수 있었다. 이따금 에브는 이 집요한 작은 움직임에 매혹되곤 했다. '피에르의 입이 좋아.' 피에르는 이제 절대 에브에게 키스하려고 하지 않았다. 그는 접촉을 싫어했다. 밤이 되면 남자의 딱딱하고 거칠거칠한 손이 그를 만지고 온몸을 움켜잡고, 아주 길게 손톱을 기른 여자의 손이 불결한 애무를 하는 것이었다. 가끔 그는 옷을 입은 채로 자는데, 손은 옷 속을 미끄러져 들어와 그의 셔츠를 잡아당겼다. 어느 밤, 피에르는 웃음소리와 함께 두꺼운 입술이 그의 입술 위에 놓인 것을 느꼈다. 그날 밤 이후로 그는 에브에게 입을 맞추려고 하지 않았다.

"아가트, 내 입을 쳐다보지 마!" 피에르가 말했다.

에브는 눈을 내리깔았다.

"입술의 움직임으로 상대의 기분을 읽는다는 것쯤은 나도 알아." 그는 거만하게 말을 이었다.

안락의자에 걸쳐진 그의 손이 파르르 떨리고 있었다. 집게손가락이 뻗어와 엄지손가락을 세 번 두드렸다. 다른 손가락들은 경련하고 있었다. 그것은 주문이었다. '그게 시작된 거야.' 에브는 생각했다. 피에르를 꼭 안고 싶었다.

피에르가 엄청나게 큰 목소리로 흥분해서 지껄이기 시작했다.

"상파울리 기억해?"

대답하면 안 된다. 함정일지도 모른다.

"난 거기서 너를 알게 되었어." 그가 만족스럽게 말했다. "난 덴마크 선원의 손에서 너를 구해 냈어. 하마터면 싸움이 날 뻔했지만, 술 한잔 사주자 너를 데리고 나가도 놈들은 뭐라고 하지 않았어. 그건 다 한 편의 희극에 불과했어."

'거짓말. 그는 자기가 하는 말을 한 마디도 믿지 않아. 내가 아가트가 아닌 것도 알고 있어. 거짓말을 하면 그가 싫어.'

그러나 피에르의 빤히 쳐다보는 눈을 보자 분노는 가라앉았다. '거짓말을 하는 게 아니야. 절실한 거야. 그게 다가오는 것을 느끼고, 소리를 듣지 않으려고 말하고 있는 거야.' 피에르는 팔걸이에 두 손으로 매달려 있었다. 얼굴은 창백했지만 미소를 띠고 있었다.

"그런 만남은 때로 신기하지. 하지만 난 우연을 믿지 않아. 네가 어디에서 왔는지 묻지 않겠어. 네가 대답하지 않을 걸 아니까. 어쨌든 너는 나를 내려다볼 만큼 똑똑했었어."

그는 날카로운 다급한 목소리로 고통스럽게 말하고 있었다. 발음이 되지 않았던 단어가 있었는데, 그것은 형체를 이루지 못하는 물렁한 물체처럼 입에서 나왔다. "너는 나를 축제 한가운데로, 검은 자동차가 폭주하는 사이로 데리고 갔어. 그리고 자동차 뒤에는 군대가 있었는데, 내가 등을 돌리기가 무섭게 그들은 충혈된 눈을 부릅떴지. 너는 내 팔에 기댄 채로 그들에게 무슨 신호를 보낸 것 같았어. 난 확실한 건 하나도 알 수 없었어. 그 정도로 나는 대관식의 위대한 예식에 열중해 있었어."

피에르는 눈을 크게 뜨고 앞을 똑바로 보고 있었다. 그는 말을 멈추지 않고 어색한 동작으로 재빨리 이마로 손을 가져갔다. 한시도 입을 쉬려 하지 않았다.

"그건 공화국의 대관식이었어." 피에르가 새된 소리로 말했다. "그 행사를 위해 식민지에서 온갖 종류의 동물이 보내져서, 대관식으로서는 한결 더 인상적인 볼거리였지. 너는 원숭이들 사이에서 길을 잃는 건 아닐까 겁먹고 있었어. 나는 원숭이들 사이라고 말했어." 피에르는 주위를 둘러보면서 거만한 태도로 계속했다.

"나는 검둥이들 사이에서라고 말할 수도 있어! 탁자 아래로 들어가서 사람들 눈에 띄지 않을 거라고 믿는 난쟁이들도 내 시선에 발견돼서 그 자리에서 꼼짝 못하게 돼. 조용히 할 것을 명한다!" 그가 소리쳤다. "조용히 해! 모두 자기 자리로 가서 동상의 침입을 경계하라! 명령이다! 트랄랄라." 피에르는 입에 손을 나팔처럼 가져다 대고 소리쳤다. "트랄랄라, 트랄랄라."

피에르는 침묵했다. 에브는 방 안에 이제 막 동상들이 들어왔다는 것을 깨달았다. 피에르는 몸이 뻣뻣하게 굳은 채 경멸이 담긴 새파란 얼굴이 되었다. 에브도 몸이 굳어졌다. 두 사람 모두 말없이 기다렸다. 누군가가 복도를 지나갔다. 가정부 마리였다. 지금 도착한 모양이었다. '가스 요금을 줘야 하는데.' 에브는 생각했다. 그리고 동상이 춤추기 시작했다. 그것들은 피에르와 에브의 사이를 지나갔다.

피에르가 "앗" 하고 외쳤다. 그리고 다리를 잔뜩 끌어당기고 안락의자 깊숙이 몸을 움츠렸다. 그는 얼굴을 돌렸다. 이따금 씨익 웃음을 띠었지만, 이마는 땀방울로 번들거렸다. 그 창백한 뺨과 일그러진 채 바들바들 떨면서 내민 입을 에브는 똑바로 쳐다볼 수가 없었다. 그녀는 눈을 감았다. 눈꺼풀의 붉은 바탕 위에서 황금색 실이 춤추기 시작했다. 에브는 늙어서 몸이 무거워진 듯한 기분이 들었다. 그리 멀지 않은 곳에서 피에르의 숨소리가 거칠었다. '그것들이 날뛰고 있어. 윙윙거리고 있어. 저 사람 위에 내려앉아……' 에브는 어깨와 오른쪽 옆구리에 가벼운 간지러움과 압박감을 느꼈다. 본능적으로 에브는 왼쪽으로 몸을 기울였다. 그것은 불쾌한 접촉을 피해 무겁고 흉한 물체를 통과시키기 위한 듯했다. 갑자기 마룻바닥이 삐걱거렸다. 에브는 눈을 뜨고 싶어 참을 수가 없었다. 공기를 손으로 저으면서, 오른쪽에서 무슨 일이 일어나고 있는지 알고 싶은 광적인 욕망에 사로잡혔다.

에브는 아무것도 하지 않았다. 눈을 감은 채로 있었다. 그러자 날카로운 기쁨에 몸이 떨리기 시작했다. '나 또한 무서운 거야.' 에브는 생각했다. 그녀의 모든 생명은 왼쪽으로 옮겨간 것 같았다. 그녀는 눈을 감은 채 피에르 쪽으로 몸을 구부렸다. 아주 작은 노력이면 충분했으리라. 그래야 비로소 저 비극의 세계로 들어갈 수 있었으리라. '나는 동상들이 무서워.' 그것은 격렬하고 맹목적인 긍정이었다. 주문(呪文)이었다. 에브는 온 힘을 다해 동상들의 실존을 믿으려고 했다. 몸의 오른쪽을 마비시킨 고통으로부터 하나의 새로운 감각을, 하나의 촉각을 형성하려고 시도해 보았다. 에브는 동상이 자신의 팔과 옆구리와 어깨를 지나가는 것을 느끼고 있었다.

그것은 땅을 기듯이 조용히 날아다니며 윙윙거렸다. 그것이 고집스러운 얼굴을 하고 있고, 눈가의 돌에 속눈썹이 자라 있다는 것을 알고는 있었지만, 정확히 상상할 수는 없었다. 그녀는 그것들이 아직 완전한 생명력을 지닌 것이 아니라, 강철로 된 살과 축축한 비늘이 커다란 몸 위에 붙어 있다는 것을 알았다. 손가락 끝의 돌이 벗겨지고 있다. 손바닥을 바스락거리고 있다. 에브는 그것들을 볼 수는 없었다. 단지 묵직하고 추악한 인간의 모습을 했으나 돌처럼 빈틈없이 완고한 느낌의 거대한 여자들이 아주 가까이 미끄러져 가는 것은 느낄 수 있었다. '저것들이 피에르 위로 몸을 구부려.' 두 손이 부들부들 떨릴 정도로 에브는 엄청난 노력을 계속했다. '저것들이 내 위로 몸을 구부려……' 그때 무시무시한 비명이 갑자기 에브의 마음을 얼어붙게 했다. '그것들이 피에르를 만졌어.' 에브는 처음으로 눈을 떴다. 피에르가 머리를 두 손으로 감싸고 헐떡이고 있었다. 에브는 온몸에 힘이 쭉 빠졌다. '이건 놀이야.' 에브는 후회하면서 생각했다. '단순한 놀이야. 한순간도 나는 진지하게 그 존재를 믿지 않았어. 하지만 그동안 피에르는 정말로 괴로워하고 있었어.'

피에르는 축 늘어진 채 숨소리가 거칠었다. 그의 동공은 이상하게 커지고, 땀을 흘리고 있었다.

"그걸 봤어?" 피에르가 물었다.

"안 보여."

"그게 나아. 보면 무서울 테니까. 난 익숙해졌어." 그가 말했다.

에브의 손은 아직도 떨리고 있었다. 피가 머리로 솟구쳤다. 피에르는 주머니에서 담배를 꺼내 입에 물었지만, 불을 붙일 생각은 하지 않았다.

"보기만 하는 거면 그런대로 괜찮지만, 그것들이 나를 만지는 건 싫어. 부스럼이 옮을까 봐 무섭고."

그는 잠시 생각에 잠겼다가 에브에게 물었다.

"그것들이 내는 소리를 들었어?"

"응, 비행기의 엔진 소리 같았어." (피에르는 지난 일요일에 이와 똑같은 표현을 했었다.)

그는 조금 긴장을 풀며 빙그레 웃었다.

"그건 과장이군." 피에르가 말했다. 그러나 얼굴은 여전히 창백했다. 피에르가 에브의 손으로 시선을 주면서 말했다. "손이 떨리고 있네. 무서웠어, 아가트? 가엾기도 하지. 하지만 걱정하지 마. 내일까지는 안 올 테니까."

에브는 말을 할 수가 없었다. 이가 덜덜 떨렸다. 피에르가 눈치챌까 봐 걱정스러웠다. 그는 한참 동안 에브를 물끄러미 바라보았다.

"넌 무척 아름다워." 피에르가 머리를 흔들면서 말했다. "불쌍해, 정말로 불쌍해."

그는 손을 쑥 내밀어 에브의 귀를 툭 건드렸다.

"나의 아름다운 악마. 너는 날 좀 거북하게 만들어. 네가 너무 예뻐서 넋이 나가버려. 요약하는 게 문제가 아니라면……."

피에르는 말을 끊고 깜짝 놀라며 에브를 바라보았다.

"이 말이 아니었어. 나도 모르게 입에서 나왔어…… 나온 거야." 그는 모호한 미소를 지었다. "혀끝에는 다른 말이 있었어…… 그런데 그 말이…… 대신 나왔어. 너에게 말하던 걸 잊어버렸어."

그는 잠깐 동안 생각에 잠긴 채로 머리를 흔들었다.

"이제 자자." 그리고 아이 같은 목소리로 덧붙였다. "아가트, 난 지쳤어. 더는 생각이 떠오르지 않아."

피에르는 담배를 던지고 걱정스럽게 양탄자를 바라보았다. 에브는 그 머리 밑에 베개를 고여 주었다.

"너도 자." 눈을 감으면서 그가 말했다. "그것들은 이제 안 올 거야."

요약. 피에르는 미소를 띤 듯한 평온한 얼굴로 옆으로 누워 자고 있었다. 뺨을 어깨로 문지르고 싶어하는 듯했다. 에브는 잠이 오지 않았다. 그녀는 아까 피에르가 했던 말을 생각하고 있었다. 요약. 피에르는 갑자기 짐승처럼 변했다. 그럴 때면 장황하고 어리숙한 말이 입 밖으로 흘러나왔다. 그는 말을 보고 있는 것처럼, 게다가 그것이 무엇인지 모르겠다는 듯이 어리둥절한 표정으로 앞을 바라보고 있었다. 그의 입은 힘없이 벌어져 있었다. 안에서 뭔가가 고장 난 것 같았다. '피에르는 빠른 말로 알 수 없는 소리를 했어. 이런 일은 이번이 처음이었어. 자기도 그것을 깨달았어. 더는 생각이 떠오르지 않는다고 했어.' 피에르는 육감적인 가벼운 신음을 하며 손을 움찔 움직였다. 에브는 그것을 냉엄한 눈으로 바라보았다. '눈을 뜨면 어떤 모습일까?' 이 생각이 에브를 괴롭게 했다. 피에르가 잠들면 반드시 이런 생각이 들었다. 생각하지 않을 수 없었다. 그가 흐리멍덩한 눈으로 일어나 알 수 없는 소리를 떠들어대지나 않을까 걱정이었다. '나는 바보야.' 그녀는 생각했다. '그건 1년이나 지나서야 시작될 텐데. 프랑쇼가 그렇게 말했잖아.' 그러나 고뇌는 사라지지 않았다. 1년, 겨울, 봄, 여름, 그리고 다시 한 번 돌아오는 가을의 시작. 언젠가 피에르의 표정은 몽롱해지고, 턱은 긴장이 풀릴 것이다. 눈은 절반만 뜨고, 눈물이 괴어 있을 것이다. 에브는 피에르의 손 위로 몸을 구부리고 입술을 맞췄다. '그 전에 당신을 죽여 줄게.'

에로스트라트*1

인간은 높은 곳에서 내려다보아야 한다. 나는 불을 끄고 창가로 다가갔다. 사람들은 위에서 누가 자신을 보고 있으리라고는 꿈에도 생각하지 않는다. 그들은 앞을, 때로는 등 뒤를 주의한다. 하지만 그 효과가 미치는 것은 고작 1미터 70센티 높이에 보이는 것뿐이다. 7층에서 내려다본 중산모자의 모양에 대해서 대체 누가 생각한 적이 있을까? 사람들은 강렬한 색채나 화려한 천으로 어깨와 머리를 보호하기를 게을리하고, 저 '인간'의 큰 적, 높은 곳에서 내려다보는 전망이란 놈과 싸우는 법을 모르는 것이다. 나는 몸을 기울였다. 그리고 웃음을 터트렸다. 인간들이 그토록 자랑스러워하는 저 멋진 '직립 자세'는 도대체 어디로 갔단 말인가? 그들은 포장도로 위에 짜부러져 있었고, 납작 눌린 두 개의 기다란 다리는 어깨 아래로 튀어나와 있었다.

7층 발코니. 내 평생을 보내야 했던 곳이 여기다. 정신적 우월성을 유지하려면 물질적 상징을 갖고 있어야 한다. 그것이 없으면 정신적 우월성은 무너져버린다. 그런데 솔직히 말해서, 인간들에 대한 내 우월성은 무엇일까? 위치의 우월성. 그것뿐이다. 나는 내 안에 있는 '인간'들 위에서 그들을 바라본다. 그렇기에 나는 노트르담 대성당의 탑과 에펠탑 전망대, 사크레쾨르 성당, 들랑브르 거리에 있는 나의 7층을 사랑했다. 그것은 훌륭한 상징이다.

가끔은 거리로 내려가야 했다. 이를테면 사무실에 가기 위해서. 나는 숨이 막혔다. 사람들과 같은 평면에 서면 더 이상 이들을 개미처럼 보기란 몹시 어려워진다. 그들이 나를 건드리는 것이다. 언젠가 거리에서 죽은 사람을 봤다.

---

*1 에로스트라트 또는 헤로스트라투스는 기원전 356년, 자신의 이름을 널리 알리려는 목적으로 고대 그리스의 에페수스에 위치한 아르테미스 신전을 불태웠다. 이 신전은 세계 7대 불가사의 중 하나였다. 헤로스트라투스의 이름은 오늘날 범죄 행위를 저지르고 그로 인한 악명을 즐기는 사람을 뜻하게 되었다.

그는 엎드린 자세로 쓰러져 있었다. 사람들이 그를 뒤집자, 피투성이였다. 나는 뜬 눈과 수상한 옷차림, 흥건한 피를 보았다. "아무것도 아니야. 이놈은 방금 완성된 그림만큼도 감동적이지 않아. 코를 빨갛게 칠했을 뿐이야." 나는 중얼거렸다. 하지만 나는 다리와 목덜미에서 무언가 끔찍한 감미로움을 느꼈고, 그래서 기절했다. 사람들은 나를 약국으로 데려가 어깨를 손바닥으로 두들기고, 알코올을 먹였다. 그들을 죽여버렸어야 했는데!

사람들이 내 적이란 것을 나는 알고 있었지만, 그들은 모르고 있었다. 그들은 서로 사랑했으며, 서로 팔짱을 끼고 있었다. 그들은 나에게도 여러모로 도움을 주었을 것이다. 사람들은 나를 같은 부류라고 생각했으니까. 그러나 만일 그들이 아주 조금이라도 진실을 꿰뚫어 보았다면 나를 때려눕혔을 것이다. 그들은 나중에 가서는 정말로 그렇게 했다. 그들이 나를 붙잡아 내가 누구인지를 알자, 나를 경찰서로 데려가 두 시간이나 때렸다. 그들은 내 뺨을 때리고 주먹질을 했으며, 내 팔을 비틀고 바지를 벗겼다. 그리고 마지막으로 그들은 내 코안경을 땅바닥에 내동댕이쳤다. 네 발로 엎드려 내가 그것을 찾는 동안, 그들은 웃으면서 내 엉덩이를 걷어찼다. 그들이 나를 때려눕혀 버릴 거라고 나는 줄곧 각오하고 있었다. 나는 힘도 세지 않고, 나 자신을 보호할 수도 없으니까. 오래전부터 나를 노렸던 녀석들이 있었다. 덩치 큰 녀석들이다. 그들은 내가 어떻게 하는지 보고 싶어서 나를 거리에서 떠밀었다. 나는 아무 말도 하지 않았다. 아무것도 이해하지 못하는 척했다. 그래도 그들은 나를 꼬꾸라뜨렸다. 나는 그들이 무서웠다. 그것은 하나의 예감이었다. 그러나 내가 그들을 미워하는 데는 더 중요한 이유가 있다는 것을 잘 알 것이다.

이 점에 대해서는, 내가 권총을 한 자루 산 뒤로 모든 일이 순조롭게 풀리기 시작했다. 폭발하고 소리를 내는 그 기구 하나를 몸에 지니고 있으면 강해진 기분이 든다. 나는 일요일에 그 총을 집어 들고 바지 주머니에 아무렇게나 찔러 넣고서 산책을 나갔다. 대부분은 큰길 쪽으로 향한다. 나는 권총이 바지를 게처럼 옥죄는 것을 느꼈다. 또 허벅지로 차갑게 그것을 느꼈다. 하지만 차츰 내 몸에 닿아 권총은 따뜻해졌다. 나는 몸이 뻣뻣해지는 것을 느끼면서 걸었다. 봉긋하게 부풀어 한 발짝 걸을 때마다 음경이 걸음을 방해하는 사람처럼 걸었다. 나는 주머니에 손을 집어넣고 그것을 찾았다. 가끔 공중 화장실에 들어갔다—그 안에서도 옆에 사람이 있을 때가 있어서 충분히 주의를 기울였다—나는 권총을 꺼내 무게를 가늠했다. 검은 바둑판무늬가 있는 손잡이와, 반쯤 감은 눈꺼풀 같은 검은 방아쇠를 관찰했다. 밖에서 내 벌어진 다리와 바짓가랑이를 본 사람들은 내가 오줌을 누었다고 생각했을 것이다. 그러나 나는 공중 화장실에서는 절대 오줌을 누지 않는다.

어느 밤, 인간들을 쏘고 싶어졌다. 토요일 밤이었다. 나는 레아를 찾기 위해 밖으로 나갔다. 레아는 몽파르나스 거리의 어느 호텔 앞에서 손님을 끌려고 서성이는 금발의 여자다. 나는 평소에는 여자와 전혀 관계하지 않았다. 뭔가 도둑맞는 느낌이 들어서. 물론 사람들은 여자들 위에 올라타지만, 여자들은 털이 북슬북슬 난 그 커다란 입으로 당신들의 아랫도리를 물어뜯는다. 내가 들은 바로는, 이 거래에서 이득을 보는 쪽은—그것도 훨씬 많이—여자들이다. 나는 그 누구에게 아무것도 요구하지 않지만, 마찬가지로 아무것도 주지 않는다. 그런 것보다는 나는 혐오감을 느끼면서도 나를 참아줄 차갑고 경건한 여자가 필요했다. 매달 첫 번째 토요일, 나는 레아와 함께 뒤켄 호텔의 한 방으로 올라갔다. 여자는 옷을 벗는다. 나는 여자를 건드리지 않고, 여자를 바라본다. 때로는 바지 속에서 혼자 사정한다. 때로는 마무리를 위해 집으로 돌아가기도 했다. 그날 밤은 언제나 있는 그 자리에 여자가 보이지 않았다. 나는 잠시 기다렸다. 여자가 올 기미가 보이지 않아서 감기에 걸렸을 거라고 생각했다. 1월 초였고 무척 추웠다. 실망스러웠다. 상상력이 풍부한 나는 그날 밤의 쾌락을 부푼 마음으로 격렬하게 그리고 있었기 때문이다. 오데사 거리에는 이전부터 이따금 눈에 띄었던 조금 나이가 있는, 그러나 탄탄한 몸매를 가진 갈색 머리의 여자가 있었다. 나는 나이 많은 여자가 싫지 않다. 나이 든 여자는 옷을 벗으면 다른 여자들보다 더 알몸이 된 것처럼 보이기 때문이다. 하지만 그 여자는 내 방식을 모른다. 그래서 나 또한 단도직입적으로 그 여자를 사기가 약간 겸연쩍었다. 게다가 나는 새로운 인간관계를 믿지 않는다. 이런 부류의 여자들은 문 뒤에 건달을 감춰 두고 있을지도 모른다. 그러면 일이 끝난 뒤에 그놈이 갑자기 들어와 당신들한테서 돈을 빼앗는다. 주먹이나 퍼붓지 않으면 다행이다. 그러나 그날 밤은 나도 모르게 대담해져서 집으로 권총을 가지러 갔다가 모험을 해보기로 결심했다.

15분 뒤 내가 여자에게 접근했을 때, 무기는 주머니에 들어 있었다. 나는 이제 아무것도 두렵지 않았다. 가까이에서 보니, 그녀는 오히려 초라해 보였다.

그녀는 내 방 맞은편에 사는 여자, 경사(警査)의 아내와 비슷했다. 그 부인의 알몸을 오래전부터 보고 싶었던 나는 아주 만족했다. 경사가 외출하면 여자는 창문을 활짝 열고 옷을 입는다. 나는 여러 번 창문 뒤에 숨어서 보곤 했다. 그러나 여자는 언제나 방 끝에서 옷을 입었다.

스텔라 호텔에 빈 방은 5층에 하나밖에 없었다. 우리는 올라갔다. 여자는 꽤 무거웠다. 한 계단 오를 때마다 멈춰 서서 숨을 쉬었다. 나는 가벼웠다. 배는 좀 나왔지만 몸은 말랐다. 5층 이상 올라가지 않으면 숨이 차는 일은 없다. 5층 층계참에서 여자는 멈춰 섰다. 오른손을 심장에 대고 헉헉거렸다. 왼손으로는 방 열쇠를 찾았다.

"높군요." 그녀는 나에게 애써 웃어 보이면서 말했다.

나는 말없이 열쇠를 그녀한테서 빼앗아 문을 열었다. 주머니 속에 왼손을 넣어 권총을 잡고서 총구를 앞쪽으로 향하게 했다. 전기 스위치를 돌리고서야 그것을 놓았다. 방은 휑했다. 화장실에는 초록색 일회용 비누조각이 놓여 있었다. 나는 웃었다. 나하고라면 비데도 비누도 있으나 마나다. 여자는 내 뒤에서 아직도 헉헉대고 있었다. 그것이 나를 자극했다. 나는 뒤를 돌았다. 여자는 입술을 내밀었다. 나는 여자를 떠밀었다.

"옷을 벗어." 나는 여자에게 말했다.

알록달록하게 짠 안락의자가 있었다. 나는 기분 좋게 앉았다. 내가 담배를 피우지 않는 것을 유감스럽게 생각하는 때는 바로 이런 경우다. 여자가 옷을 벗기 시작했다. 그러다가 나에게 의심스러운 시선을 던지면서 벗던 손을 멈추었다.

"이름이 뭐지?" 몸을 뒤로 젖히고서 내가 말했다.

"르네."

"그래, 르네. 서둘러. 기다리잖아."

"당신은 안 벗어요?"

"응, 응, 나는 신경 쓸 것 없어." 내가 말했다.

여자는 발밑으로 속바지를 스르르 떨어뜨리고 그것을 주워서 브래지어와 함께 옷 위에 단정히 올려놓았다.

"당신은 좀 게으름뱅이군요, 그렇죠? 내가 모든 걸 다해 주길 원해요?" 여자가 물었다.

그러면서 여자는 내 쪽으로 한 발짝 다가와 내 의자의 팔걸이에 손을 짚고 몸을 숙였다. 여자는 천천히 내 가랑이 사이에 무릎을 꿇고 앉으려고 했다. 그러나 나는 여자를 거칠게 일으켜 세웠다.

"그게 아니야. 아니라고." 나는 말했다.

여자가 놀라서 나를 쳐다봤다.

"그럼 어쩌라는 거죠?"

"아무것도. 그냥 걸어. 왔다 갔다 해. 그거면 돼."

여자가 볼썽 사납게 이리저리 걷기 시작했다. 알몸으로 걷는 것만큼 여자를 당혹스럽게 하는 것은 없다. 여자는 발꿈치를 수평으로 내려놓는 습관이 없다. 창녀는 등을 구부리고 팔을 늘어뜨렸다. 나는 신이 났다. 그 자리에서, 안락의자에 편안히 앉아서 목까지 오는 옷을 입고 있었다. 장갑도 벗지 않았다. 나이 든 여자는 내가 시키는 대로 알몸으로 내 주위를 빙글빙글 돌았다.

여자가 머리를 내 쪽으로 돌리고, 분위기를 잡기 위해 생긋 웃었다.

"나를 예쁘다고 생각해요? 눈이 번쩍 뜨일 만큼?"

"그런 건 신경 쓰지 마."

"도대체 나를 언제까지 이렇게 걷게 할 생각이죠?" 여자가 발끈해서 물었다.

"앉아."

여자는 침대 위에 앉았고, 우리는 말없이 서로를 바라보았다. 여자는 소름이 돋아 있었다. 벽 너머에서 듣고 싶던 바로 그 소리가 들렸다. 나는 여자에게 불쑥 말했다.

"다리를 벌려."

여자는 잠시 망설인 끝에 시키는 대로 했다. 나는 다리 사이를 쳐다보며 숨을 들이쉬었다. 그런 다음 눈물이 찔끔 나오도록 큰 소리로 웃었다. 나는 여자에게 퉁명스럽게 말했다.

"알겠어?"

그리고 다시 웃었다.

여자는 놀라서 나를 쳐다보다가 얼굴이 벌겋게 되면서 다리를 오므렸다.

"미친놈!" 여자가 목소리를 죽이고 말했다.

그러나 내가 더 크게 웃자, 여자는 벌떡 일어나서 의자에 놓인 브래지어를 집어 들었다.

"이봐!" 내가 말했다. "아직 끝나지 않았다고. 지금 바로 50프랑을 주지. 하지만 돈값은 해야 해."

여자는 거칠게 속바지를 입었다.

"됐어요. 뭘 하고 싶은지 모르겠군요. 날 놀리려고 여기로 데리고 온 거라면……."

그때 나는 권총을 꺼내 여자를 겨눴다. 여자는 진지한 얼굴로 나를 바라보더니 아무 말 없이 속바지를 벗었다.

"걸어." 내가 말했다. "빙빙 돌아."

여자는 5분쯤 더 걸어 다녔다. 그런 다음 나는 내 그것을 여자에게 내주고 만지도록 했다. 아랫도리가 젖었다고 느낀 순간, 나는 일어나서 50프랑짜리 지폐를 여자에게 내밀었다. 여자는 돈을 받았다.

"잘 가." 나는 덧붙였다. "돈에 비해서는 별로 몸을 쓰지 않았지……?"

나는 밖으로 나갔다. 한 손에는 브래지어를, 다른 한 손에는 50프랑짜리 지폐를 쥔 알몸의 여자를 방 한가운데에 남겨둔 채. 나는 돈이 아깝다고 생각하지 않았다. 여자를 당황하게 했으니까. 창녀란 족속은 웬만해서는 놀라지 않으니까. 계단을 내려가면서 나는 생각했다. '내가 바라는 게 바로 그거야. 그들 모두를 놀라게 하는 거.' 나는 어린애처럼 신이 났다. 나는 초록색 비누를 갖고 나왔다. 집으로 돌아가 뜨거운 물에 들어가서는 손가락 사이에서 아주 얇게 될 때까지 문지르고 또 문질렀다. 그것은 두고두고 빨아먹은 박하사탕 같았다.

그러나 한밤중에 나는 흠칫 잠에서 깼다. 권총을 여자에게 들이댔을 때의 그 여자의 눈빛이며 얼굴, 한 걸음 걸을 때마다 출렁거리던 살찐 배가 다시 보였다.

내가 바보였어, 하고 생각했다. 쓰라린 후회를 느꼈다. 그곳에 있는 동안 총을 쏴서 국자처럼 그 배를 도려냈어야 했는데. 그날 밤, 그리고 잇달아 사흘 밤을 나는 배꼽을 빙 두르는 여섯 개의 작고 빨간 구멍을 꿈에서 보았다.

그 뒤로 나는 권총 없이는 외출하지 않았다. 나는 사람들의 등을 관찰했다. 걸음걸이에 따라, 내가 그를 쏘았을 때 어떻게 쓰러질지를 상상했다. 일요일, 나는 클래식 연주회가 끝날 시간에 맞춰 샤틀레 극장 앞으로 가는 것이 습관이 되었다. 6시쯤 종소리가 들린다. 안내원들이 갈고랑이로 유리문을 동여매러

온다. 그것이 시작이다. 사람들은 천천히 나온다. 사람들은 여전히 꿈으로 가득한 눈빛과 아름다운 감정으로 가득한 마음으로 훨훨 걸어간다. 놀란 듯이 주변을 두리번거리는 사람들도 많았다. 거리가 그들에게는 꿈처럼 보였을 테니까. 그때 그들은 신비로운 미소를 지었다. 하나의 세계에서 다른 세계로 건너가고 있었으니까. 나는 바로 그 다른 세계에서 기다리고 있었다. 나는 오른손을 주머니에 집어넣고 내 총 손잡이를 꽉 쥐고 있었다. 한순간, 나는 그들에게 총을 쏘고 있는 나 자신을 눈으로 보았다. 나는 파이프처럼 그들을 때려눕혔고, 그들은 겹겹이 쌓여 꼬꾸라졌다. 살아남은 이들도 놀라서 유리문을 깨고서 극장 안으로 몰려 들어갔다. 그것은 정말 자극적인 놀이였다. 마지막에 내 손은 떨리고 있었다. 나는 평정을 되찾기 위해 드레허로 코냑을 마시러 가야 했다.

여자들은 죽이지 않을 것이다. 나는 허리에 쏠 것이다. 아니면 종아리에. 그들을 춤추게 하기 위해서.

나는 아직 아무것도 결정하지 않았다. 그러나 결심이 선 것처럼 행동하기로 했다. 나는 부수적인 세부 사항을 준비하는 것부터 시작했다. 당페르로슈로 시의 사격장으로 연습을 하러 갔다. 두꺼운 종이 위에 과녁의 성적은 썩 좋지 않았지만, 사람들은 특히 가까이에서 쏠 경우에는 커다란 표적이 된다. 그리고 나는 거리낌 없이 하려고 했다. 사무실에 동료들이 다 모이는 날을 골랐다. 어느 월요일 아침. 나는 원칙적으로 동료들에게 무척 싹싹했다. 그들의 손을 잡는 것은 소름 끼치게 싫었지만. 동료들은 인사하기 위해서 장갑을 벗었다. 그들은 털바지를 벗기는, 장갑을 벗기는, 천천히 손가락을 따라 스르르 내려 주름진 퉁퉁한 손바닥을 알몸으로 드러내는 하나의 외설적인 동작을 했다. 하지만 나는 절대 장갑을 벗지 않았다.

월요일 아침은 특별할 게 없었다. 영업부의 타자수가 우리에게 영수증을 가지고 왔다. 르메르시에가 그녀를 가볍게 놀렸다. 여자가 나가자, 그들은 심드렁하게 그 매력을 논했다. 그런 다음 린드버그[2]를 논했다. 그들은 린드버그를 아주 좋아했다. 나는 그들에게 말했다.

"나는 검은 영웅들이 좋아."

---

[2] 찰스 린드버그(1902~1974): 미국의 비행사. 1927년 최초로 대서양 횡단 무착륙 단독 비행, 1931년 북태평양 횡단 비행에 성공.

"검둥이들을?" 마세가 물었다.

"아니, 검은 마술할 때의 검은 것. 린드버그는 하얀 영웅이야. 난 흥미 없어."

"대서양 횡단이 어디 쉬운 일이야?" 북생이 날카롭게 말했다.

나는 그들에게 검은 영웅에 대한 내 견해를 설명했다.

"무정부주의자로군." 르메르시에가 요약했다.

"아니." 나는 조용히 말했다. "무정부주의자는 자기 방식대로 인간을 사랑하지."

"그럼 미친놈이겠군."

그러나 이때 교양 있는 마세가 이야기에 끼어들었다.

"나는 자네가 말하는 유형을 알아." 그가 말했다. "에로스트라트라는 녀석이지. 놈은 유명해지고 싶었어. 그래서 세계 7대 불가사의 중 하나인 에페수스 사원을 태워 버리는 게 가장 좋겠다고 생각한 거야."

"그래서 그 사원을 세운 녀석의 이름은 뭔가?"

"기억 안 나." 그는 고백했다. "누구도 그런 이름 따위 모를걸."

"그럴까? 자네는 에로스트라트의 이름은 기억하잖아? 그 남자는 심각한 계산착오는 하지 않았다는 거군."

대화는 이 말로 끝났다. 나는 아주 침착했다. 동료들은 그 대화를 떠올리고 싶을 때만 떠올릴 것이다. 나는 그때까지 에로스트라트에 대해서 아무것도 들은 적이 없었는데, 그 이야기는 내게 용기를 주었다. 남자가 죽은 지 2천 년도 더 지났지만 그의 행위는 검은 다이아처럼 여전히 빛나고 있었다. 나의 운명은 짧고 비극적일 거라고 믿기 시작했다. 처음에는 그것이 나에게 두려움을 주었지만 이윽고 익숙해졌다. 어떤 의미에서는 정말로 잔인한 이야기지만, 다른 한편으로는 두려움이 지나가는 순간에 엄청난 힘과 아름다움을 주는 것이었다. 거리로 나가자 나는 몸 안에서 기묘한 힘을 느꼈다. 나는 폭발하고 소리를 내는 물건, 권총을 지니고 있었다. 그러나 내가 자신감을 끌어낸 것은 그 권총 때문이 아니라, 나 자신 때문이었다. 나는 권총, 폭약, 폭탄 같은 존재였다. 나도 검은 생애 끝에 어느 날 폭발할 것이다. 나는 마그네슘 광선처럼 강렬하고 짧은 불길로 세상을 빛낼 것이다. 그 무렵 우연히 며칠 밤을 잇달아 똑같은 꿈을 꾸었다. 나는 무정부주의자였다. 나는 러시아 황제가 지나가는 길에서 기다렸다. 흉기를 지니고 있었다. 정해진 시각에 행렬이 지나갔다. 폭탄이 터졌다.

우리는, 나와 러시아 황제와 번쩍번쩍한 세 명의 관리는 군중의 눈앞에서 공중으로 날아올랐다.

나는 벌써 몇 주째 사무실에 나가지 않았다. 내 미래의 희생자들 사이에서 큰길을 거닐었다. 아니면 방에 틀어박혀서 계획을 짰다. 10월 첫 무렵 직장에서 잘렸다. 그래서 나는 다음과 같은 편지를 쓰면서, 편지의 사본을 102부 만들면서 시간을 보냈다.

　　당신은 유명하고, 당신의 작품들은 3만 부가 찍혔습니다. 그 이유는 뭔가하니, 당신이 인간을 사랑하기 때문입니다. 당신의 피에는 휴머니즘이 흐르고 있습니다. 운이 좋은 것이죠. 당신은 사람들과 함께 있으면 쾌활해집니다. 당신은 동료를 만나면, 비록 그 사람을 모를지라도 그에게 공감합니다. 그의 몸을, 그 관절을, 마음대로 벌렸다 오므렸다 하는 다리를, 특히 그 손을 좋아합니다. 두 손에 다섯 개의 손가락이 있고, 엄지를 다른 네 손가락에 대립시킬 수 있다는 점이 당신을 즐겁게 합니다. 옆 사람이 탁자 위에서 찻잔을 집어 들면 당신은 즐거워집니다. 거기에는 그야말로 인간적인, 당신이 당신 작품에서 자주 묘사했던 어떤 동작이 있기 때문입니다. 원숭이의 동작보다 나긋나긋하지도 않고 민첩하지도 않지만, 아주 지적인 동작이지 않습니까? 당신은 인간의 살도 사랑합니다. 재활 훈련을 하고 있는 중상자 같은 그 말투, 한 발짝 뗄 때마다 어떻게 걸어야 할지 생각하는 모습, 야수라도 견뎌내지 못하는 그 시선을 사랑합니다. 그래서 인간을 향해 인간에 대해서 말하기에 어울리는 말투를 찾기란 당신에게는 쉬운 일이었습니다. 신중하지만 광적인 말투가 그것입니다. 사람들은 당신의 책에 미친 듯이 달려들어 멋진 안락의자에 앉아서 그것을 읽고, 당신이 그들에게 품게 하는 조심스럽고도 불행한 그 커다란 사랑을 생각합니다. 그렇게 함으로써 그들은 많은 것에 대해서 추하거나, 비겁하거나 아내가 바람나거나, 1월 1일에 월급이 오르지 않거나 하는 등의 일들로부터 위로받는 것입니다. 이렇게 사람들은 당신의 최근 소설에 대해서 이야기하기를 즐깁니다. 이것은 훌륭한 일이라고.

나는 당신이 인간을 사랑하지 않는 인간이란 어떤 사람인지 궁금해할 것이라 생각합니다. 그 사람이 바로 나입니다. 나는 거의 인간을 사랑하지 않습니다. 지금 당장 여섯 명을 죽이러 가고 싶을 정도입니다. 어째서 달랑 여섯 명인지 궁금하지요? 그건 내 권총에 여섯 발밖에 총알이 없기 때문입니다. 참으로 기괴한 일 아닙니까? 게다가 아주 졸렬한 방식이지요? 하지만 분명히 말하는데, 나는 그들을 사랑할 수가 없습니다. 당신이 어떻게 느끼고 있을지 나는 충분히 압니다. 그러나 당신을 잡아끄는 인간의 바로 그 점이 나를 질리게 만드는 것입니다. 나는 당신처럼 눈을 적당히 뜨고 왼손으로 경제 잡지를 뒤적이면서 절도 있게 음식을 입에 넣고 씹는 사람을 보았습니다. 그런 사람보다 차라리 바다표범의 식사를 구경하는 쪽을 선택한다면, 그게 내 잘못입니까? 인간은 아무리 하찮은 짓을 해도, 얼굴에 곧 나타나기 마련입니다. 입을 앙다물고 잘근잘근 씹고 있을 때 입가가 올라갔다 내려갔다 하는 모습은 인간이 마음의 평정에서 울고 싶은 놀라움으로 끊임없이 움직여 가는 것처럼 보입니다. 당신이 그것을 사랑한다는 것은 나도 압니다. 당신은 그것을 '정신'의 배려라고 부릅니다. 하지만 나는 그것이 역겹습니다. 그 이유는 모릅니다. 나는 그렇게 태어났습니다.

우리 사이에 단순한 취향의 차이밖에 없다면, 내가 당신을 괴롭게 하는 일도 없을 것입니다. 하지만 모든 일이 마치 당신은 온정을 갖고 있고 나는 그렇지 않다는 듯이 진행되고 있습니다. 미국식 바닷가재 요리를 좋아하든 좋아하지 않든, 그건 내 자유입니다. 그러나 내가 인간을 사랑하지 않는다면 나는 몹쓸 사람이 되어 볕이 드는 곳에 앉을 자리조차 찾을 수 없습니다. 인간들은 삶의 의미를 독점했습니다. 당신은 내가 하고 싶은 말을 이해해 주시리라 기대합니다. 33년 동안 수없이 많은 닫힌 문이 내 앞을 가로막았습니다. 그 문들 위에는 '휴머니스트가 아니면 누구도 들어갈 수 없다'고 적혀 있었습니다. 나는 내 모든 계획을 포기해야만 했습니다. 선택해야 했습니다. 그것은 실패로 끝나게 될 어리석은 시도이든지, 아니면 늦든 빠르든 인간들의 이익이 되어야 했습니다. 내가 일부러 인간들에게 품었던 생각은 아니지만 나는 그것을 내게서 떼어낼 수도, 말로 표현할 수도 없습니다. 그것은 내 안에 가벼운 유기체의 운동으로서 남았습니다. 내가 쓰는 도구조차도 인간들에게 속해 있음을 느꼈습니다. 이를테면 말(言)도요. 나는 나 자신의 말을 원했습니다. 그러나 내가 쓰는 그것은 알기 어려운 의식들 속에서 꼬리를 끌고 있었습니다. 말은 타인의 밑에서 얻은 습관 덕분에 내 머릿속에서 저절로 정리되는 것입니다. 당신에게 편지를 쓰면서도 그 말을 사용하는 것은 유감스럽기 짝이 없는 일입니다. 하지만 이것이 마지막입니다. 당신에게 다음과 같이 말하는 바입니다. 인간을 사랑해 줘야 합니다. 그렇지 못한 사람들에게도 아무 일이나 할 수 있게 허락해 주어야 합니다. 그런데 나는 이것저것 하고 싶지 않습니다. 나는 곧바로 권총을 들고 거리로 내려갈 것입니다. 나는 그들과 맞서서, 사람이 어떤 것을 이룰 수 있는지 없는지를 알게 될 것입니다. 그럼 안녕히. 나는 당신을 만날지도 모릅니다. 그때 내가 얼마나 기쁜 마음으로 당신의 머리통을 날려버릴지를 당신은 알지 못하겠지요. 그렇지 않다면—이게 더 가능성 있는 일인데—내일 신문을 읽어보십시오. 당신은 거기에서 폴 일베르라는 사람이 에드가 키네 거리에서 분노하며 행인 다섯 명을 죽인 기사를 읽게 될 것입니다. 당신은 일간신문에서 어떤 내용이 가장 큰 기삿거리가 될지 누구보다도 잘 압니다. 그러니 당신은 내가 '분노하지' 않았다는 사실을 이해할 것입니다. 반대로 나는 아주 평온합니다.

폴 일베르

나는 102통의 편지를 102장의 봉투에 넣고, 봉투에 102명의 프랑스 작가 주소를 썼다. 그런 다음 모두 여섯 묶음의 우표와 함께 책상 서랍에 넣었다.

이어지는 2주 동안 나는 거의 외출하지 않고, 내 죄가 천천히 나를 집어삼키도록 놔두었다. 나는 가끔 거울 앞에 내 모습을 보러 갔는데, 얼굴의 변화를 확인하면 기분이 좋았다. 두 눈이 커져서 얼굴 전체를 잡아먹고 있었다. 그것은 코안경 밑에서 까맣고 다정했다. 나는 유성처럼 그것을 데굴데굴 굴렸다. 예술가의, 살인자의 아름다운 눈이다. 그러나 살육을 실행한 다음에는 더욱더 근본적으로 바뀔 것이었다. 그 두 미녀, 여주인을 죽이고 약탈한 하녀들의 사진을 본 적이 있었다. 나는 그 여자들의 범행 전과 후의 사진을 보았다. 범행 전에는 얼굴이 옷깃 위로 단아한 꽃들처럼 흔들렸다. 건강했고 시선을 잡아끄는 성실함을 내뿜고 있었다. 고데기로 감은 머리카락이 얌전하게 물결치고 있었다. 곱슬거리는 머리카락, 옷깃, 사진관에 갈 때 같은 차림보다 더 확신을 주는 것은 자매로서 닮은 모습이었다. 그것은 혈연이나 가족이라는 자연적 뿌리를 확실히 얼굴에 드러내고 있는 사려 깊은 닮음이었다. 범행 뒤에는 두 사람의 얼굴은 불처럼 타오르고 있었다. 목은 곧 잘려나갈 드러난 목이었다. 마치 짐승이 얼굴을 손톱으로 할퀴고 지나간 것처럼 온통 주름투성이였다. 공포와 증오의 끔찍한 주름, 살을 파고든 주름과 구멍, 그리고 눈, 그 까맣고 깊이가 보이지 않는 커다란 눈—내 눈과 똑같았다. 그러나 그녀들은 이제 서로 닮지 않았다. 둘은 공동범 죄의 기억을 저마다의 방식대로 짊어지고 있었다. "우연히 일어난 하나의 죄로도 고아의 얼굴이 이렇게 달라지는데, 완전히 내가 생각하고 내가 조직한 죄로부터 내가 기대하지 못할 결과는 없을 것이다." 나는 중얼거렸다. 그 죄는 나를 사로잡을 것이고, 너무나도 인간다운 나의 추함을…… 때려눕힐 것이다. 범죄는 그것을 저지른 자의 삶을 두 동강 내는 법이다. 사람에게는 뒤로 돌아가고 싶은 순간이 있다. 그러나 거기에는, 너의 뒤에는 그 번쩍이는 광물질이 길을 가로막고 있다. 내 범죄를 즐기는 데는, 그 압도적인 무게를 느끼는 데는 한 시간이면 충분했다. 이 순간, 나는 이 한 시간을 내 것으로 만들기 위해 모든 준비를 할 것이다. 오데사 거리 높은 곳에서 나는 범행을 하기로 결심했다. 혼란스러운 틈을 타서 달아나고, 죽은 이들은 사람들이 처리하게 할 것이다. 달려서 에드가 키네 거리를 건너 재빨리 들랑브르 거리로 꺾을 것이다. 내 집 현관문까지는 30초면 된다. 그때쯤 추격자는 여전히 에드가 키네 거리에서 내 흔적을 놓칠 테고, 내 종적을 다시 발견하기까지는 확실히 한 시간 이상은 걸릴 것이다. 나는 집에서 그들을 기다릴 것이다. 그들이 문을 두드리는 소리를 들으면, 나는 권총에 다시 장전하고 내 입 안에 쏠 것이다.

나는 돈을 더 흥청망청 썼다. 바뱅 거리의 음식점 주인과 흥정해서 아침저녁으로 간단한 요리를 배달시켰다. 종업원이 초인종을 누른다. 그러나 나는 열어주지 않는다. 몇 분 기다린다. 그런 다음 문을 빼꼼 연다. 그러면 바닥에 놓인 길쭉한 바구니 안에서 음식이 수북이 담긴 접시가 김을 내고 있는 것을 보게 된다.

10월 27일 오후 6시, 내겐 17프랑 50상팀이 남아 있었다. 나는 권총과 종이 봉투를 들고 방을 내려갔다. 문은 열어두었다. 범행을 저지른 뒤에 빨리 돌아오기 위해서이다. 기분이 좋지 않았다. 손이 차갑고, 머리로 피가 솟고, 눈이 간질간질했다. 상점과 에콜 호텔과 내가 연필을 사는 문방구점을 보았다. 그러나 알아볼 수 없었다. "이 거리는 어디지?" 나는 중얼거렸다. 몽파르나스 거리는 사람들로 북적였다. 그들은 나에게 부딪치고, 나를 밀치고, 팔꿈치며 어깨로 나를 쳤다. 나는 비틀거렸다. 나에겐 그들 사이로 비집고 들어갈 힘이 없었다. 문득 나는 이 군중의 한가운데에 있는 나를 발견했다. 무섭도록 고독하고 작았다. 마음만 먹으면 이 군중은 나에게 어떤 심한 짓이든 할 수 있으리라. 나는 주머니 안의 무기 때문에 두려웠다. 그들이 무기가 거기에 있다는 사실을 당장에라도 눈치챌 것 같았다. 그들은 무서운 눈으로 나를 노려보고, 무서운 기세로 격분하며 "와, 와……!" 하면서 인간의 손발로 작살처럼 나를 찌를 것이다. 사형! 그들은 나를 머리 위로 집어던질 것이고, 나는 꼭두각시 인형처럼 그들의 팔에 떨어질 것이다. 계획의 실행은 다음 날로 미루는 게 현명하겠다고 생각했다. 16프랑 80상팀으로 라 쿠폴 카페에 식사를 하러 갔다. 70상팀이 남았지만, 그것은 수챗구멍에 던져 버렸다.

나는 사흘 동안 먹지도 자지도 않고 방에 틀어박혀 있었다. 덧문은 닫아두고, 창문으로 다가가거나 불을 켜거나 하는 것도 피했다. 누군가가 월요일에 문 앞에서 초인종을 눌렀다. 나는 숨을 죽이고 기다렸다. 1분 뒤, 다시 초인종이 울렸다. 나는 살금살금 가서 열쇠 구멍에 눈을 가져다 댔다. 검은 천의 일부분과 단추 하나밖에 보이지 않았다. 그는 다시 한 번 초인종을 울리고서 이윽고 내려갔다. 그가 누구였는지는 알 수 없었다. 그러나 밤중에 기분 좋은 환상을 보았다. 종려나무, 흐르는 물, 둥근 지붕 저편의 보랏빛 하늘. 목은 마르지 않았다. 한 시간마다 수돗물을 마시러 갔기 때문이다. 하지만 배는 고팠다.

나는 다시 갈색 머리카락의 창녀를 보았다. 마을에서 20리 떨어진 '검은 코스(Causses)'*³에 지어진 어떤 성에서였다. 여자는 알몸으로 나와 단둘이 있었다. 나는 권총으로 위협해서 여자를 무릎 꿇고 네 발로 기게 했다. 그런 다음 기둥에 묶었다. 앞으로 무엇을 하려는지 한참 동안 설명한 다음, 나는 여자에게 총알을 퍼부었다. 이 영상들이 나를 몹시 흥분시켜서 나는 스스로 정욕을 해결하지 않을 수 없었다. 그 뒤 머리가 완전히 텅 비어서, 어둠 속에서 꼼짝도 하지 않았다. 가구들이 삐걱댔다. 새벽 5시였다. 방을 떠나기 위해서라면 무슨 짓이라도 했을 것이다. 그러나 거리를 걸어가는 사람들 때문에 나는 내려갈 수가 없었다.

날이 밝았다. 이제는 배도 고프지 않았다. 나는 땀을 흘리기 시작했다. 셔츠가 흠뻑 젖었다. 거기에는 햇빛이 비치고 있었다. 나는 생각했다. '닫힌 방에, 그는 어둠 속에서 웅크리고 있어. 사흘 동안 그는 먹지도 자지도 않았다. 벨이

---

*3 프랑스 중남부, 마시프상트랄 남쪽의 석회암 고원.

울렸지만 그는 문을 열지 않았어. 곧 그는 거리로 내려가 살인을 할 거야.' 나는 무서워졌다. 오후 6시에 다시 허기가 찾아왔다. 나는 미치도록 화가 났다. 순간 나는 가구에 몸을 부딪쳤다. 그런 다음 방마다, 부엌에, 화장실에 불을 켰다. 목이 터져라 노래를 불렀다. 손을 씻고, 밖으로 나갔다. 편지를 모조리 우체통에 넣는 데 2분이나 걸렸다. 열 통씩 묶어서 집어넣었다. 봉투 몇 개는 구겨져 버렸다. 이윽고 몽파르나스 거리에 도착해서 오데사 거리로 나갔다. 어느 셔츠 가게 유리창 앞에 멈춰 섰다. 거기에 비친 내 얼굴을 봤을 때, '오늘 밤이다' 생각했다.

나는 오데사 거리의 높은 곳, 가로등에서 멀지 않은 장소에서 기다렸다. 나는 기다렸다. 두 명의 여자가 지나갔다. 여자들은 팔짱을 끼고 있었다. 금발이 말했다.

"그 사람들, 창문이란 창문에 천을 걸어 놓았더라. 그 지방 귀족들이 엑스트라로 나왔어."

"무대 화장을 했던?" 다른 여자가 물었다.

"일당 5루이짜리 일에 분장 따위는 필요 없어."

"5루이라고?" 갈색 머리 여자가 깜짝 놀라서 말했다. 그녀는 내 옆을 지나가면서 덧붙였다. "조상들의 옷을 입는 건 재미있을 것 같아."

여자들은 멀어져 갔다. 나는 추웠다. 그러나 땀을 줄줄 흘리고 있었다. 곧 세 명의 남자가 걸어오는 것이 보였다. 나는 지나가기를 기다렸다. 나는 여섯이 필요했다. 왼쪽 남자가 나를 보고 혀를 찼다. 나는 시선을 돌렸다.

7시 5분, 두 무리가 잇달아 에드가 키네 거리에서 걸어왔다. 남자 하나, 여자 하나와 아이 둘이었다. 그들 뒤에서 늙은 여자 셋이 걸어왔다. 나는 한 걸음 앞으로 나갔다. 여자는 화가 났는지 어린 사내아이의 팔을 흔들고 있었다. 남자가 느릿느릿 말했다.

"이 녀석, 참 성가시네."

심장이 너무 쿵쾅거려서 팔이 아플 정도였다. 나는 성큼 나가 그들 앞을 가로막고 섰다. 내 손가락은 주머니 안에서 방아쇠를 부드럽게 감싸 쥐고 있었다.

"미안합니다." 나에게 부딪치자 남자가 말했다.

나는 현관문을 닫고 온 것이 생각났다. 그것이 나를 망설이게 했다. 문을 열기 위해 귀중한 시간을 써야 할 것이다. 사람들은 가버렸다. 나는 몸을 돌려 기계적으로 뒤를 따라갔다. 그러나 이제는 그들을 쏘고 싶지 않았다. 그들은 큰길의 군중 사이로 사라졌다. 나는 벽에 기댔다. 8시와 9시의 종소리가 들렸다. "이미 죽어 있는 이 사람들을 어째서 죽여야 하지?" 나는 나 자신에게 말했다. 그리고 웃고 싶어졌다. 개 한 마리가 다가와서 내 발의 냄새를 맡았다.

뚱뚱한 남자가 나를 추월해 가자 나는 깜짝 놀랐다. 나는 남자에게 보조를 맞추었다. 중산모와 외투 깃 사이로 붉은 목덜미의 주름을 보았다. 남자는 휘청휘청 걸으면서 거칠게 숨 쉬고 있었다. 건강해 보였다. 나는 권총을 꺼냈다. 차갑고 번쩍번쩍한 그것은 나를 질리게 했다. 내가 뭘 해야 하는지도 뚜렷이 생각나지 않았다. 나는 권총을 보았다가 남자의 목덜미를 보곤 했다. 목덜미의 주름이 쓴웃음을 짓는 입처럼 나에게 미소를 던졌다. 권총을 하수구에 던져버리는 건 아닐까, 스스로도 의심이 들었다.

남자가 갑자기 휙 뒤를 돌더니 신경질적으로 나를 쳐다보았다. 나는 한 걸음 물러섰다.

"저기 좀…… 묻겠습니다만……."

남자는 내 말을 듣는 것 같지 않았고 내 손만 바라보았다. 나는 어렵사리 말을 이었다.

"라 게테 거리가 어디쯤입니까?"

남자의 얼굴은 두툼했고, 입술은 떨렸다. 남자가 말없이 손을 뻗었다. 나는 한 걸음 더 물러서며 말했다.

"저는……."

그 순간, 나는 내가 소리를 지를 거라는 사실을 알았다. 나는 그러고 싶지 않았다. 남자의 배에 세 발을 쏘았다. 남자는 바보처럼 무릎을 꿇고 쓰러졌다. 머리가 왼쪽 어깨 위로 툭 떨어졌다.

"이 더러운 자식, 이 비열한 놈!" 나는 중얼거렸다.

나는 달아났다. 목구멍에서 소리가 들렸다. 그리고 내 등 뒤에서 고함과 달리는 발소리가 들렸다. 누군가가 물었다. "무슨 일입니까? 싸움이 났나요?" 그 뒤 곧 "살인이다, 살인이다!" 외치는 소리가 들렸다. 그 고함이 나와 관계가 있다고는 생각할 수 없었다. 그것은 어릴 적에 들었던 소방차의 사이렌처럼 불길하게 들렸다. 불길하게, 그리고 좀 우습게. 나는 온 힘을 다해 달렸다.

다만 나는 용서하기 어려운 잘못을 저지르고 있었다. 오데사 거리로 에드가 키네 거리를 향해 올라가는 대신에 몽파르나스 거리로 내려간 것이었다. 깨달았을 때는 너무 늦었다. 이미 군중의 한가운데에 있었다. 놀란 얼굴들이 나를 돌아보았다(두꺼운 화장을 한 여자의 얼굴을 기억한다. 여자는 깃털 장식이 달린 초록색 모자를 쓰고 있었다.) 그리고 오데사 거리의 멍청이들이 내 뒤에서 "살인자"라고 고함치는 소리가 들렸다. 손 하나가 내 어깨에 놓였다. 나는 폭발했다. 이 군중에게 깔려 죽고 싶지 않았다. 권총을 두 발 더 쏘았다. 사람들이 비명을 지르며 물러났다. 나는 어떤 카페로 뛰어 들어갔다. 손님들이 자리에서 벌떡 일어섰지만 나를 붙잡으려 하지는 않았다. 나는 카페를 곧장 가로질러 화장실 안으로 들어갔다. 권총에는 이제 한 발밖에 남지 않았다.

한순간이 지나갔다. 나는 숨이 차서 헐떡거렸다. 마치 사람들이 일부러 조용히 하고 있는 것처럼, 무서운 침묵이 모든 것을 지배했다. 나는 무기를 눈높이로 들어 올려 검고 둥글고 작은 구멍을 바라보았다. 거기에서 총알이 나올 것이다. 화약이 내 얼굴을 태울 것이다. 나는 팔을 내리고 기다렸다. 곧 사람들이 발소리를 죽이고 다가왔다. 바닥에 닿는 발소리로 보아, 그들은 아직 무리를 이루고 있는 듯했다. 그들은 서로 속닥거리다가 이윽고 침묵했다. 나는 칸막이 건너편에서 그들이 내 숨소리를 듣고 있으리라 생각하며 여전히 숨을 헐떡거렸다. 누군가가 조용히 걸어와 문고리를 움직였다. 놈은 내 총알을 피하기 위해 벽에 바짝 붙어 있는 것 같았다. 나는 쏘지 않았다. 마지막 탄알은 나를 위한 것이다.

"저들이 뭘 기다리는 거지?" 나는 혼잣말을 했다. "놈들이 문에 달려들어 순식간에 문을 부숴 버리면 나는 자살할 시간이 없을 거야. 저들은 산 채로 나를 붙잡을 거야." 그러나 그들은 서두르지 않고 내게 죽을 여유를 남겨주었다. 더러운 자식들, 겁먹은 것이다.

순간 누군가가 말했다.

"문 열어! 해치지는 않겠다."

침묵이 흘렀다. 다시 똑같은 목소리가 외쳤다.

"도망칠 수 없다는 것쯤은 너도 알 텐데."

나는 대답하지 않았다. 여전히 숨을 헐떡거리고 있었다. 총을 쏠 용기를 얻으려고 나는 나 자신에게 말했다.

"저들이 나를 붙잡으면 나를 때려눕히고, 이를 부러뜨리고, 내 눈을 파낼지도 몰라."

그 뚱보가 죽었는지 아닌지 알고 싶었다. 어쩌면 단순히 상처만 입혔는지도 모른다…… 그리고 그다음 두 발은 아무에게도 맞지 않았을지 모른다…… 그들이 뭔가를 준비하고 있다. 그들은 바닥에 무거운 것을 끌어다 놓고 있나? 나는 서둘러 총신을 입 안에 넣고 꽉 깨물었다. 그러나 쏘지 않았다. 손가락을 방아쇠에 갖다 대지조차 못했다. 모든 것은 다시 침묵에 빠져 고요했다.

그때 나는 총을 집어 던지고 문을 열어주었다.

L'Enfance d'un chef
어느 지도자의 유년시절

나는 작은 천사 옷을 입으면 사랑스러워 보인다. 포르티에 부인이 어머니에게 말하고 있었다. "당신 아이는 깨물어 주고 싶을 만큼 예뻐요. 작은 천사 옷이 아주 멋지네요." 부파르디에 씨는 뤼시앵을 무릎 사이로 끌어당겨서는 팔을 쓰다듬었다. "정말 여자아이 같군." 그가 빙그레 웃으면서 말했다. "이름이 뭐지? 자클린, 뤼시엔, 마르고?" 뤼시앵은 얼굴이 빨개지면서 대답했다. "뤼시앵이에요." 사실 뤼시앵은 자신이 여자아이가 아니라는 확신이 들지 않았다. 수많은 사람이 그에게 '아가씨'라고 말하면서 입을 맞추었고, 모두가 그의 하늘하늘한 날개와 푸른색의 긴 옷과 그에게 맨살의 팔, 곱슬거리는 금발을 예쁘다고 생각했기 때문이다. 그는 사람들이 갑자기 이제 그를 남자아이가 아니라고 단정지어 버릴까 봐 걱정이었다. 항의해도 소용없을 것이다. 누구도 귀담아들어주지 않을 것이다. 잘 때 말고는 기다란 푸른 옷을 벗게 허락하지 않을 것이다. 그리고 아침에 다시 눈을 뜨면 침대 다리 아래 그 옷이 있고, 낮에 쉬가 마려우면 네네트처럼 옷을 들춰 올리고 쭈그려 앉아야 할 것이다. 모두가 예쁜 아가씨라고 말하겠지. 아마도 나는 이미 여자아이일지도 모른다. 그는 무척 상냥한 마음이 되는 기분을 느꼈는데, 그렇게 되기까지는 아주 잠깐 가슴이 울렁거릴 뿐이었다. 입술에서 흘러나오는 목소리도 맑고 부드러웠으며, 모두에게 꽃을 내미는 동작도 우아해졌다. 그는 팔오금에 입 맞추고 싶었다. 그는 진짜로 그러고 싶은 건 아니라고 생각했다. 그는 진짜가 아닌 것이 좋았다.

그러나 참회 화요일은 더 재미있었다. 그에게는 광대 옷이 입혀졌다. 그는 리리와 함께 소리를 지르면서 방방 뛰어다니다가 탁자 아래 숨었다. 어머니는 손안경으로 그를 가볍게 때렸다. "난 네가 자랑스럽단다." 그녀는 인상적이었으며 아름다웠다. 부인들 가운데 가장 뚱뚱하고 몸집이 컸다. 흰 천으로 덮은 긴 식탁 앞을 지나갈 때, 샴페인을 마시고 있던 아버지가 그를 안아 올리며 말했다.

"우리 아기!" 뤼시앵은 "으앙!" 울음을 터트렸다. 오렌지에이드는 너무 차가워서 마시지 못하게 했지만 그는 마시게 해달라고 졸랐다. 그러나 아주 작은 컵에 조금 따라주었을 뿐이었다. 그것은 끈끈한 맛으로, 조금도 차갑지 않았다. 뤼시앵은 오렌지에이드를 아플 때 마시는 아주까리기름이라고 생각했다. 그는 울음을 터뜨렸고, 자동차 안에서 아버지와 어머니 사이에 앉자 겨우 기분이 좋아졌다. 어머니는 뤼시앵에게 바싹 다가앉았다. 실크로 몸을 두른 그녀는 따뜻하고 좋은 냄새가 났다. 이따금 자동차 안이 분필처럼 하얗게 변해서 뤼시앵은 눈을 끔뻑거렸다. 어머니가 가슴에 꽂은 제비꽃이 갑자기 튀어나와 뤼시앵은 불쑥 그 냄새를 맡았다. 그는 아직도 훌쩍거렸지만 오렌지에이드처럼 조금 끈적거리는, 나른하고 간지러운 느낌이었다. 그는 고무 스펀지로 씻어주는 어머니의 손길을 느끼면서 자신의 작은 목욕통에서 첨벙거리고 싶었다. 그는 갓난아기 때처럼 아버지와 어머니의 방에서 자고 싶었다. 그는 웃으며 작은 침대의 스프링을 삐걱거렸고, 아버지는 "아주 신이 났구나" 말했다. 그는 오렌지꽃물을 조금 마셨고, 아버지가 셔츠 바람이 되는 것을 보았다.

다음 날 뤼시앵은 틀림없이 뭔가 잊어버린 것 같은 기분이 들었다. 그는 어젯밤에 꾼 꿈을 똑똑히 기억했다. 아버지와 어머니는 천사 옷을 입고 있었고, 뤼시앵은 변기 위에 벌거벗고 앉아서 큰북을 치고 있었다. 아버지와 어머니는 그의 주위를 날아다녔다. 그것은 악몽이었다. 그러나 꿈 앞에 뭔가가 있었다. 뤼시앵은 깨어 있었던 것 같았다. 그가 기억해 내려고 하자, 조그마한 푸른 전등이 켜진 검고 긴 터널이 보였다. 그 전등은 부모님 방에 밤새 켜두는 등불과 똑같았다. 그 어둡고 푸른 밤 속에서 뭔가가 일어난 것이다. 뭔가 하얀 것이. 그는 바닥에, 어머니 발밑에 큰북을 들고 앉았다. 어머니가 말했다. "왜 그런 눈으로 나를 보니, 애야?" 그는 눈을 내리깔고 북을 치며 "붐, 붐, 타라붐" 외쳤다. 하지만 그녀가 고개를 돌리자, 그는 태어나서 처음 보는 것처럼 그녀를 뚫어지게 바라보기 시작했다. 장미무늬가 들어간 푸른 옷. 그는 그것을 자세히 보았다. 얼굴도 자세히 보았다. 그러나 그것은 이전과 같은 것이 아니었다. 문득 그는 옳거니 했다. 조금만 더 생각하면 찾고 있는 것을 알아낼 것이다. 터널에는 희미한 회색 불빛이 비치고 있었고, 뭔가가 움직이는 게 보였다. 뤼시앵은 무서워져서 비명을 질렀다. 터널이 사라졌다. "왜 그러니, 애야?" 어머니가 말했다. 그녀는 걱정스러운 얼굴로 그의 옆에 무릎을 꿇었다. "놀고 있어요." 뤼시앵은 말했다. 어머니는 안심했다. 그러나 그는 어머니가 만질까 봐 무서웠다. 그녀는 이상하게 보였다. 그리고 아버지도. 그는 다시는 부모님 방에서 자지 않겠다고 결심했다.

 그 뒤 며칠 동안 어머니는 아무것도 눈치채지 못했다. 뢰시앵은 평소처럼 어머니 옆에 붙어 다니면서, 진짜 어린아이처럼 어머니에게 재잘거렸다. 그가 빨간 모자 소녀 이야기를 들려달라고 하자, 어머니는 무릎 위에 앉혀주었다. 그녀는 손가락을 세우고 근엄하게 웃으면서 늑대와 빨간 모자 소녀의 할머니 이야기를 들려주었다. 뢰시앵은 어머니를 바라보며 "그래서요?" 묻곤 했다. 그리고 이따금 그녀의 목덜미에 난 머리카락을 만졌다. 그러나 그는 이야기를 듣고 있지 않았다. 그는 이 사람이 진짜 어머니일까 의심했다. 그녀가 이야기를 마치자, 그는 말했다. "엄마가 어렸을 때 이야기를 해주세요." 어머니는 이야기를 했다. 하지만 거짓말을 했을지도 모른다. 아마 전에는 남자아이였으면서도 억지로 기다란 옷을 입었던 게 아닐까―며칠 전 밤의 뢰시앵처럼―그리고 여자아이처럼 보이려고 그것을 입은 채로 있는 것이다. 그는 보기 좋게 살찐 팔을 어루만졌다. 그 팔은 실크 옷 밑에서 버터처럼 매끄러웠다. 어머니의 옷을 벗기고 아버지의 바지를 입힌다면 어떨까? 분명 곧 검은 수염이 돋을 것이다. 그는 어머니의 팔을 힘껏 움켜잡았다. 눈앞에서 어머니가 무시무시한 괴물로―아니면 시장의 아낙처럼 수염 난 여자로 변신할 것만 같았다. 그녀는 입을 크게 벌리고 웃었다. 뢰시앵은 장밋빛 혀와 목구멍을 보았다. 그것은 더러웠다. 그는 그 안에 침을 뱉고 싶어졌다. "하하하!" 어머니가 말했다. "힘도 좋네. 더 세게 잡아보렴. 엄마가 좋으면 더 세게 잡아." 뢰시앵은 은반지를 낀 예쁜 한쪽 손을 잡고 입을 맞추었다. 그러나 다음 날 그녀가 변기에 앉은 그의 손을 잡고 "힘주렴, 뢰시앵. 힘주렴, 애야, 자" 하고 말했을 때, 그는 갑자기 힘주기를 그만두고 헉헉대며 물었다. "그런데 진짜로, 진짜로 내 엄마예요?" 그녀는 "바보 같긴" 하고, 바로 나갈 건지 물었다. 그날부터 뢰시앵은 어머니가 연극을 하고 있다고 믿었다. 그리고 어른이 되면 어머니랑 결혼하겠다는 말을 하지 않게 되었다. 그러나 이 연극의 의미를 그는 알 수 없었다. 도둑들이 터널 꿈을 꾼 밤에 아버지와 어머니를 훔치러 침대로 왔다가, 대신 이 두 사람을 놓고 갔는지도 몰랐다. 아니면 아버지도 어머니도 진짜지만, 낮 동안에는 연극을 하다가 밤이 되면 모습을 바꾸는 것이다. 크리스마스 이브에 갑자기 눈을 뜬 뢰시앵은 부모님이 벽난로 앞에 장난감을 놓는 것을 보았지만 거의 놀라지 않았다. 다음 날 그들은 산타클로스 이야기를 들려주었다. 뤼시앵은 믿는 척했다. 그는 이것이 그들의 역할이라고 생각했다. 그 장난감은 훔쳐온 것이 틀림없었다. 2월에 그는 성홍열에 걸렸지만 아주 재미있었다.

그는 병이 나은 뒤에 고아놀이를 하는 버릇이 생겼다. 그는 잔디 한가운데에 있는 마로니에 나무 아래 앉아 흙투성이 손을 하고 생각했다. '나는 고아야. 내 이름은 루이야. 나는 6일 동안 먹지 못했어.' 하녀 제르멘이 식사를 하라고 불렀다. 그는 식탁에서도 고아놀이를 계속했다. 아버지도 어머니도 전혀 눈치채지 못했다. 그는 도둑들에게 납치되어 소매치기로 길러지고 있는 것이다. 식사가 끝나면 달아나 그들을 고발하는 것이다. 그는 아주 조금밖에 먹지 않았다. 《수호천사의 여인숙》에서 굶주린 남자의 첫 식사는 가벼워야 한다고 읽었다. 모두가 놀이를 하고 있는 것이 재미있었다. 아버지와 어머니는 아버지놀이, 어머니놀이를 하고 있었다. 어머니는 아들이 조금밖에 먹지 않아 걱정이라는 연극을 하고 있었다. 아버지는 신문을 읽다가 이따금 뤼시앵 얼굴 앞에서 손가락을 흔들며 "좋아, 착하구나!" 하는 연극을 하고 있었다. 그리고 뤼시앵도 연극을 하고 있었다. 그러나 그는 스스로도 무엇을 하고 있는 건지 알 수 없었다. 고아놀이일까, 뤼시앵놀이일까? 그는 주전자를 보았다. 물의 바닥에서 작고 붉은 빛이 춤추고 있었다. 아버지의 손이 검은 솜털이 난 짧은 손가락과 함께 주전자 안에서 크게 빛나고 있는 것 같았다. 뤼시앵은 문득 주전자도 주전자놀이를 하고 있다는 생각이 들었다. 마침내 그는 겨우 접시를 건드렸는데, 그날 오후는 배가 너무 고파서 자두를 열두 개나 훔쳐 먹는 바람에 배탈이 날 뻔했다. 그는 뤼시앵놀이는 이제 끝이라고 생각했다.

그러나 연극을 하지 않을 수 없었다. 그것도 24시간 내내 하고 있는 것 같았다. 그는 못생기고 진지한 부파르디에 씨처럼 되면 좋겠다고 생각했다. 부파르디에 씨는 저녁 식사에 오면 어머니의 손 위로 몸을 숙이고 말했다. "인사 올립니다, 부인." 뤼시앵은 거실 한가운데에 우두커니 서서 존경심 가득한 눈으로 그를 바라보았다. 하지만 뤼시앵에게는 진지한 일이란 일어나지 않았다. 넘어져서 혹이 나면 그는 이따금 울음을 멈추고 스스로 물었다. "정말 아픈가?" 그러면 그는 더 슬퍼져서 더 눈물이 나왔다. 그가 어머니 손에 입을 맞추고 "인사 올립니다, 부인"이라고 말하자, 어머니는 그의 머리카락을 헝클어뜨리며

"어른을 놀리면 못써" 했다. 그는 진심으로 실망했다. 그는 매월 첫째 주와 셋째 주 금요일만은 중요하게 생각했다. 그날은 엄청나게 많은 부인들이 어머니를 만나러 왔다. 그중 두세 명은 언제나 상복을 입고 있었다. 뤼시앵은 상복을 입은 부인들이 좋았다. 특히 발이 큰 사람이. 일반적으로 어른들은 위엄이 있어서 함께 있으면 즐거웠다. 게다가 침대에서 어린아이들이 하는 짓들에 정신을 빼앗길 것 같지 않았고, 그녀들은 무척 많은 어두운 색깔의 옷을 몸에 걸치고 있어서 옷 아래 뭐가 있다는 것은 상상하지 못했다. 그녀들은 모이면 뭐든지 먹고 이야기했으며, 웃음소리마저 엄숙했다. 그것은 미사 때처럼 아름다웠다. 부인들은 뤼시앵을 중요한 사람처럼 대했다. 쿠팽 부인은 뤼시앵을 무릎 위에 앉히고서 종아리를 토닥이며 "이렇게 예쁜 애는 처음 봐요" 말했다. 그런 다음 그녀는 그가 뭘 좋아하는지 묻고, 입을 맞추고, 어른이 되면 뭐가 되고 싶은지 물었다. 그는 잔 다르크 같은 위대한 장군이 되어 독일로부터 알자스 로렌을 되찾을 거라 하기도 하고, 선교사가 되고 싶다고 하기도 했다. 그는 말하는 동안에는 늘 자신의 말을 믿었다. 베스 부인은 몸집이 크고 다부진 여자로, 옅은 수염이 있었다. 그녀는 뤼시앵을 뒤로 젖혀서 간지럼 태우며 "작은 인형"이라고 말했다. 뤼시앵은 깔깔 웃으면서도 간지럼에 괴로워했다. 그는 자신이 작은 인형, 어른을 위한 귀엽고 작은 인형이라고 생각했다. 그는 베스 부인이 그를 벌거벗겨 씻기고 고무 인형처럼 작은 요람에서 재워 주면 좋겠다고 생각했다. 이따금 베스 부인은 "내 인형은 말을 할 수 있을까?" 하면서 배를 눌렀다. 그러면 뤼시앵은 기계인형인 척하며 날카로운 목소리로 "끼익!" 했다. 그리고 두 사람은 웃었다.

토요일마다 집으로 식사를 하러 오는 신부는 뤼시앵에게 어머니를 좋아하느냐고 물었다. 뤼시앵은 예쁜 어머니와 강하고 다정한 아버지가 좋았다. 그는 신부의 눈을 보면서 "네"라고 대답했다. 그 씩씩한 대답에 모두 웃었다. 신부는 빨갛고 씨가 박힌 딸기 같은 얼굴을 하고 있었고, 그 씨 하나하나마다 털이 자라 있었다. 그는 뤼시앵에게 잘됐구나, 평생 어머니를 사랑해야 한다고 말했다. 그런 다음 어머니와 하느님 가운데 누가 더 좋은지 물었다. 뤼시앵은 뭐라 대답해야 할지 몰라 곱슬머리를 흔들면서 허공을 차고 "붐, 타라타라붐" 하고 외쳤다. 그러자 어른들은 마치 그가 거기에 없다는 듯이 다시 이야기를 시작했다. 그는 정원으로 달려가 뒷문을 통해 바깥으로 빠져나갔다. 작은 등나무 가지를 들고 있었다. 물론 뤼시앵은 정원에서 밖으로 나가면 안 되었다. 금지였다. 뤼시앵은 평소에는 아주 얌전한 아이였지만, 그날은 어쩐지 반항하고 싶었다. 그는 커다란 쐐기풀 덤불을 수상쩍게 바라보았다. 물론 그것도 금지된 장소였다. 벽은 시커멓고, 쐐기풀은 해롭고 심술궂은 식물이었다. 개가 바로 그 밑에 똥을 싸 놓았다. 식물과 개의 똥과 뜨거운 포도주 냄새가 났다. 뤼시앵은 쐐기풀을 가지로 두드리며 "엄마를 좋아해, 좋아해!" 외쳤다. 그는 쐐기풀이 꺾이는 것을 보았다. 하얀 진을 흘리면서 축 처졌다. 하얀 솜털이 난 부러진 부분이 찢겨서 실이 늘어졌다. 그는 고독한 작은 목소리가 외치는 것을 들었다. "엄마를 좋아해, 좋아해!" 커다란 쉬파리가 윙윙거렸다. 똥파리였다. 뤼시앵은 무서웠다. 강력하고 썩은 금단의 냄새가 조용히 콧구멍을 채웠다. 그는 "엄마를 좋아해!" 되풀이해 보았으나 그 목소리는 이상하게 들렸다. 그는 너무나도 무서워져서 단숨에 거실까지 달려갔다. 그날부터 뤼시앵은 자신이 어머니를 사랑하지 않는다는 사실을 깨달았다. 그는 죄책감은 느끼지 않았다. 그러나 심술궂은 아이가 아닌 이상 평생 부모님을 사랑하는 척을 해야 한다고 생각했으므로, 전보다 더 다정하게 굴었다. 플뢰리에 부인은 뤼시앵이 점점 더 상냥해지고 있음을 깨달았다. 바로 그해 여름에 전쟁이 일어나 아버지는 참전했지만, 어머니는 뤼시앵이 매우 착하고 어른스러워 슬픈 가운데에도 행복했다. 오후에 그녀가 몸이 좋지 않아 정원 흔들의자에서 쉬고 있으면, 그는 달려가서 쿠션을 가져와 머리 밑에 대 주거나 다리에 담요를 덮어주었다. 그녀는 웃으면서 막았다. "너무 더워. 친절하기도 하지." 그는 그녀를 확 끌어안고 헉헉대며 "나의 엄마!" 외치고 난 다음 마로니에 나무 아래로 가 앉았다.

그는 "마로니에!"라고 말하고 기다렸다. 그러나 아무 일도 일어나지 않았다. 어머니는 무겁고 숨 막히는 정적 속에서 작은 베란다 아래 누워 있었다. 풀 냄새가 훅 끼쳤다. 원시림 탐험가놀이를 할 수 있을 정도였다. 그러나 뤼시앵은 이제 연극이 싫었다. 공기는 벽의 빨간 꼭대기 위에서 아른거리고, 태양은 땅과 뤼시앵의 손 위에 타는 듯한 얼룩을 만들었다. "마로니에!" 화가 치밀었다. 뤼시앵이 어머니에게 "예쁜 내 엄마"라고 말하면 어머니는 빙그레 웃었고, 제르멘을 딱총이라고 부르면 그녀는 눈물을 흘리며 어머니에게 푸념을 늘어놓았다. 그러나 마로니에라고 부르면 아무 일도 일어나지 않았다. 그는 이 사이로 중얼거렸다. "이 못된 나무." 그리고 그는 안절부절못했다. 하지만 나무는 꼼짝도 하지 않았으므로, 더 큰 목소리로 또 말했다. "이 못된 나무! 이 못된 마로니에! 이따 보자, 조금만 기다리라고!" 그리고 그는 뻥 걷어찼다. 그러나 나무는 얌전히 있었다. 얌전히—목재처럼. 저녁 식사 때 뤼시앵은 어머니에게 말했다. "엄마, 나무는 목재로 되어 있지요?" 그는 어머니가 좋아하는 깜짝 놀란 듯한 표정을 지었다. 그러나 플뢰리에 부인은 정오에 편지를 받지 못했다. 그녀는 무뚝뚝하게 말했다. "바보 같은 소리." 뤼시앵은 장난꾸러기가 되었다. 그는 어떻게 만들어졌는지 보려고 장난감을 모조리 부숴 버렸다. 그는 아버지의 낡은 면도칼로 안락의자 팔걸이를 깎아내고, 거실의 타나그라 인형*¹을 떨어뜨려 그 안에 뭐가 있는지 확인하려고 했다. 산책할 때는 가지로 식물과 꽃을 날려 버렸다. 그때마다 그는 진심으로 실망했다. 사물은 바보였다. 그것은 실제로는 존재하지 않았다. 어머니는 꽃이나 나무를 가리키며 "저건 뭐지?" 묻곤 했다. 그러나 뤼시앵은 고개를 저으며 대답했다. "아무것도 아니에요. 이름 같은 건 없어요." 그런 건 다 신경 쓸 가치도 없었다. 메뚜기의 다리를 떼는 것이 훨씬 재미있었다. 팽이처럼 손가락 사이에서 떨렸으니까. 그리고 배를 꾹 누르면 노란 액체가 나왔다. 그래도 메뚜기는 소리 하나 내지 않았다. 뤼시앵은 아프면 우는 동물, 예를 들면 암탉을 괴롭히고 싶었지만 좀처럼 밖에 나갈 수 없었다.

플뢰리에 씨는 3월에 돌아왔다. 장군이 사장인 그에게 다른 사람들처럼 참호에 있기보다는 자신의 공장을 감독하는 편이 도움이 될 거라고 말했기 때문이었다. 그는 뤼시앵이 몰라보게 변했다는 사실을 깨달았다. 그리고 이제는 아기의 모습이 사라졌다고 말했다. 뤼시앵은 어떤 수면 상태에 빠져 있었다. 그는 무기력한 대답을 했다. 그는 늘 코에 손가락을 쑤셔 넣고 있거나, 손가락에 입김을 불고서 냄새를 맡았다. 그리고 용변을 볼 때는 도움을 요청해야 했다. 이제 그는 혼자 화장실에 갔다. 단, 문을 반쯤 열어 놓았다. 이따금 어머니나 제르멘이 그를 북돋으러 왔다. 그는 몇 시간이고 쪼그려 앉아 있었는데, 한번은 지쳐서 잠이 들었다. 의사는 그가 키만 크고 있다면서 강장제를 처방했다. 어머니는 뤼시앵에게 새로운 놀이를 가르쳐 주고 싶어했지만 뤼시앵은 언제나 놀이를 금방 익혔고, 마침내 어떤 놀이든 비슷한 정도로 재미있고 거의 다 똑같다는 사실을 깨달았다. 그는 때때로 뾰로통한 얼굴을 했다. 그것도 하

---

*1 고대 그리스 끝 무렵에 점토를 구워서 만든 작은 풍속 인형. 타나그라 지방 분묘에서 많이 출토되어 이 이름으로 불린다.

나의 놀이였는데, 그게 더 재미있을 정도였다. 어머니에게 걱정을 끼치고, 스스로도 슬프고 원망스러워져 입을 다물고, 눈은 뿌옇고, 귀도 멍했다. 마음속은 따뜻하고 부드러워졌으며, 밤에 이불 속에서 자신의 냄새를 맡고 있을 때와 같았다. 이 세상에 홀로 있는 기분이었다. 뤼시앵은 토라진 마음에서 헤어 나올 수가 없었고, 아버지가 놀리듯이 "토라졌구나" 말하면 그는 데굴데굴 구르며 울음을 터트렸다. 어머니가 손님을 대접하고 있을 때는 여전히 거실을 드나들었지만, 곱슬머리를 자르고 나서는 어른들은 그에게 그다지 신경 쓰지 않았다. 상대해 주더라도 설교를 하거나 훈계를 하기 위해서였다.

사촌 리리가 폭격을 피해 그의 아름다운 어머니 베르트 숙모와 페롤을 찾았을 때, 뤼시앵은 너무나 기뻐서 그에게 놀이를 가르쳐 주려고 했다. 그러나 리리는 독일인을 미워하는 데 여념이 없었고, 뤼시앵보다 여섯 달이나 먼저 태어났는데도 아직 젖비린내가 났다. 그는 얼굴에 주근깨가 있고, 언제나 이해가 느렸다. 그래도 뤼시앵이 자신은 몽유병자라고 고백한 것은 오로지 그에게뿐이었다. 어떤 사람들은 밤에 일어나 잠을 자면서 이야기하거나 이리저리 거닌다. 뤼시앵은 그것을 《어린 탐험가》에서 읽었다. 그리고 그는 밤사이에 걷고 이야기하고 진심으로 부모를 사랑하는 진짜 뤼시앵이 있는 게 틀림없다고 생각했다. 다만 아침이 오면 그는 모든 것을 잊고, 뤼시앵인 척하기 시작했다. 처음에는 뤼시앵도 이 이야기를 절반밖에 믿지 않았다. 그러나 어느 날 그들이 쐐기풀 옆에 갔을 때, 리리는 고추를 뤼시앵에게 보여주며 말했다. "이것 봐, 이렇게 커. 나는 큰 사람이야. 더 커지면 나는 어른이 되는 거야. 그리고 참호로 독일인과 싸우러 가는 거야." 뤼시앵은 리리를 이상한 사람이라고 생각했다. 웃음이 나왔다. "네 것도 보여줘." 리리가 말했다. 그들은 서로 비교해 보았다. 뤼시앵의 것이 더 작았다. 그러나 리리는 속임수를 썼다. 크게 보이기 위해서 잡아당겼던 것이다. "내 게 더 커." 리리는 말했다. "응, 하지만 나는 몽유병이야." 뤼시앵이 조용히 말했다. 리리는 몽유병자가 뭔지 몰랐다. 뤼시앵은 설명해 주어야 했다. 이야기가 끝났을 때 그는 생각했다. "내가 몽유병자인 건 사실이야." 그리고 그는 무서울 정도로 울고 싶어졌다. 그들이 한 침대에서 잘 때 리리가 그날 밤은 잠들지 않고 있다가 뤼시앵이 일어나면 그를 잘 관찰하고 뤼시앵이 하는 말을 모두 기억해 두기로 했다. "곧바로 나를 깨워". 뤼시앵이 말했다. "그리고 내가 내 행동을 몽땅 기억하는지 확인하는 거야." 밤에 좀처럼 잠을 이루지 못하던 뤼시앵은 크게 코 고는 소리를 들었다. 리리를 깨워야만 했다. "장지바르." 리리가 말했다. "일어나, 리리. 내가 일어날 때 보고 있어야지." "난 잘래." 리리가 졸린 목소리로 말했다. 뤼시앵은 리리를 흔들고 셔츠 아래로 꼬집었다. 리리가 몸을 흔들기 시작했다. 그는 눈을 뜨고 웃으면서 깼다. 뤼시앵은 아버지가 사주기로 약속했던 자전거를 생각했다. 그는 기관차의 기적을 들었다. 그런데 갑자기 하녀가 들어오더니 커튼을 걷었다. 아침 8시였다. 뤼시앵은 밤사이에 했던 일을 기억할 수 없었다. 하느님은 안다. 하느님은 뭐든지 보고 있으니까. 뤼시앵은 기도대에 무릎을 꿇고, 어머니가 미사에서 돌아와 그에게 축복해 줄 때처럼 얌전히 있으려고 노력했다. 그러나 그는 하느님이 싫었다. 하느님은 뤼시앵 자신보다 뤼시앵을 더 잘 알고 있다. 하느님은 뤼시앵이 어머니도 아버지도 좋아하지 않고, 얌전한 척을 하고 있으며, 밤에 침대에서 고추를 만진다는 것을 안다. 다행히 하느님은 모조리 다 기억할 수는 없다. 전 세계에 어린아이는 엄청나게 많으니까. 뤼시앵이 이마를 두드리며 "피코탱"이라고 하면, 하느님은 곧 자신이 본 것을 잊어버리는 것이다. 뤼시앵은 어머니를 좋아한다고 다시 하느님을 설득하려고 했다. 이따금 그는 마음속에서 말했다. "나는 엄마를 얼마나 좋아하는지 몰라." 언제나 마음 한구석에는 믿을 수 없는 부분이 있었다. 그리고 하느님은 분명히 그 구석이 보이는 것이다. 그럴 때는 하느님의 승리다. 그러나 가끔은 자신의 말에 완전히 빠져드는 때가 있다. 얼른 "오, 엄마를 얼마나 좋아하는지 몰라" 한 마디씩 힘주어 말한다. 그러면 어머니의 얼굴이 보이기 시작하고, 마음이 따뜻해진다. 하느님이 보고 있구나 하고 막연히 생각한다. 그러다가 그런 생각도 사라진다. 따뜻함에 눈앞이 흐려지고, 귓속에서 말이 춤춘다. 엄마, 엄마. 엄마. 그것이 잠깐밖에 지속되지 않는 것은 물론이다. 뤼시앵이 두 발 위에서 의자를 균형 잡으려고 할 때와 같다. 하지만 그때 "파코타" 하고 말만 하면 하느님은 속아넘어간다. 하느님에게는 선한 것밖에 보이지 않고, 그가 본 것은 기억 속에 영원히 새겨져 버린다. 그러나 뤼시앵은 이놀이에도 질렸다. 너무 많은 노력이 필요했으며, 게다가 결국 하느님이 이겼는지 졌는지도 알 수 없었다. 뤼시앵은 이제 하느님은 신경 쓰지 않게 되었다. 그가 첫 영성체를 받았을 때, 신부는 교리문답반 사람들 가운데 그가 가장 얌전하고 신앙심 깊은 아이였다고 말했다. 뤼시앵은 이해가 빠르고, 기억력이 좋았다. 하지만 그의 머리는 안개가 자욱하게 끼어 있었다.

일요일은 화창했다. 뤼시앵이 아버지와 함께 파리 거리를 산책하고 있을 때 안개가 걷혔다. 그는 작고 깨끗한 세일러복을 입고 있었다. 아버지 공장 직공들을 만났는데, 그들은 아버지와 뤼시앵에게 인사했다. 아버지가 그들에게 다가가자 그들이 말했다. "안녕하세요, 플뢰리에 씨." 그런 다음 "안녕하세요, 도련님" 하고 말했다. 뤼시앵은 직공들이 좋았다. 어른이라도 다른 어른들 같지 않았으니까. 게다가 그들은 그를 '님'이라고 불러주었다. 그들은 모자를 썼고, 손톱을 짧게 깎은 커다란 손은 살갗이 터져서 아파 보였다. 그들은 믿음직스럽고 정중했다. 불리고 영감의 머리카락은 잡아당기면 안 되었다. 아버지가 뤼시앵을 혼내줄 테니까. 그러나 불리고 영감은 아버지에게 이야기하기 위해 모자를 벗었다. 아버지와 뤼시앵은 모자를 쓴 채였다. 그리고 아버지는 껄껄 웃으면서 말했다. "불리고 영감, 아들을 기다리고 있지요? 언제 휴가지요?" "이달 말입니다, 플뢰리에 씨. 고맙습니다, 플뢰리에 씨." 불리고 영감은 기뻐 보였다. 그리고 부파르디에 씨처럼 뤼시앵을 두꺼비라고 부르며 그의 엉덩이를 철썩 때리는 짓은 절대 하지 않을 것이다. 뤼시앵은 부파르디에 씨가 싫었다. 너무 못생겼기 때문이다. 그러나 불리고 영감을 보면 마음이 따뜻해지고, 착한 사람이 되고 싶어졌다.

한번은 산책에서 돌아오자 아버지가 뤼시앵을 무릎 위에 앉히고 사장이 어떤 것인지 설명해 주었다. 뤼시앵은 아버지가 공장에 있을 때 직공들에게 어떤 이야기를 하는지 궁금했다. 아버지는 그에게 어떤 태도를 취하는지 보여주었다. 목소리도 달라졌다. "나도 사장이 돼요?" 뤼시앵이 물었다. "그래, 물론이란다, 얘야. 너를 기르는 것도 그 때문이지." "나는 누구에게 일을 시키죠?" "응, 내가 죽으면 네가 공장 주인이 돼서 우리 직공들에게 시키는 거란다." "하지만 그 사람들도 죽으면요?" "응, 그들의 아이들에게 시키지. 너는 그들이 네 말을 잘 듣고 너를 좋아하도록 만들어야 해." "어떻게 하면 날 좋아하게 될까요, 아빠?" 아버지는 잠시 생각했다가 말했다. "먼저 사람들의 이름을 외워야 한다." 뤼시앵은 깊이 새겨들었다. 그리고 직공 감독 모렐의 아들이 자기 아버지 손가락 두 개가 잘려나갔다고 알리러 집으로 왔을 때 뤼시앵은 그에게 아주 다정하게 말을 건네고, 똑바로 상대의 눈을 보며 모렐이라고 불러주었다. 어머니는 이렇게 착하고 다정한 아들을 둔 것이 자랑스럽다고 말했다. 그러다 휴전이 되었다. 아버지는 저녁마다 큰 소리로 신문을 읽었다. 모두 러시아인과 독일정부와 보상을 이야기했고, 아버지는 뤼시앵에게 지도를 보고 나라들을 가르쳐 주었다. 뤼시앵은 인생에서 가장 지루한 한 해를 보냈다. 전쟁 때가 나았다. 이제 사람들은 일이 손에 잡히지 않는 듯했고, 코팽 부인의 눈도 빛을 잃었다. 1919년 10월, 플뢰리에 부인은 그를 통학생으로서 생조제프 학교에 보냈다.

제로메 신부의 방은 더웠다. 뤼시앵은 신부의 안락의자 옆에 뒷짐 지고 서서 따분하게 있었다. "엄마, 금방 집으로 갈 수 없어요?" 그러나 플뢰리에 부인은 아직 갈 생각이 없었다. 그녀는 초록색 의자 끄트머리에 앉아서 신부 쪽으로 풍만한 가슴을 들이밀고 있었다. 그녀는 화가 난 것을 드러내 놓고 보여 주고 싶지 않을 때처럼 아주 빠르게 음악적인 목소리로 말했다. 신부는 천천히 이야기했는데, 다른 사람들보다 입 속에서 말을 질질 끄는 느낌이었다. 입에서 단어를 내뱉기 전에 사탕수수처럼 쪽쪽 빨아먹는 것 같았다. 그는 어머니에게 뤼시앵은 예의 바르고 공부를 열심히 하지만 어떤 일에도 무서울 정도로 무관심한 아이라고 설명했다. 환경의 변화가 좋은 결과를 가져다준다고 생각하는 플뢰리에 부인은 무척 실망했다고 말했다. 적어도 쉬는 시간에는 잘 노는지 그녀는 물어보았다. "오, 부인." 신부가 대답했다. "노는 것도 딱히 흥미가 없는 것 같답니다. 가끔 시끄럽게도 굴고 거친 행동도 하지만 금방 싫증을 내지요. 인내심이 없는 것 같습니다." 뤼시앵은 생각했다. '내 이야기군.' 두 명의 어른이다. 마치 전쟁이나 독일정부나 푸앵카레*²에 대해 말하는 것처럼 그를 이야기 대상으로 삼고 있는 것이다. 그들은 심각한 표정으로 그의 문제를 토론하고 있었다. 그러나 이런 생각도 재미있지 않았다. 귀는 어머니의 노래하는 듯한 작은 단어와 신부의 나른하고 끈적한 말로 가득해졌다. 그는 울고 싶어졌다. 때마침 종이 울려서 그를 해방시켜 주었다. 하지만 지리시간 중에 그는 화가 치밀어서 자캥 신부에게 화장실에 보내달라고 부탁했다. 움직이고 싶었다.

먼저 화장실의 상쾌함, 고독, 그리고 좋은 냄새가 그의 마음을 달래주었다. 양심의 가책을 느끼지 않기 위해서 그는 쭈그려 앉았다. 그러나 변을 보고 싶지는 않았다. 그는 고개를 들고 문에 가득한 낙서를 읽기 시작했다. 파란색 연필로 적혀 있었다. "바라토는 빈대다." 뤼시앵은 웃었다. 정말이다. 바라토는 빈대다. 그는 작았다. 조금은 더 크겠지만, 거의 같을 것이다. 그의 아버지도 작으

*2 프랑스 제9대 대통령을 지낸 정치가·변호사(1860~1934). 대독강경책을 취했고, 프랑화(franc 貨)를 평가절하해 안정시켰다.

어느 지도자의 유년시절 385

니까. 거의 난쟁이나 마찬가지였다. 뤼시앵은 바라토가 이 낙서를 읽었을까 궁금했다. 그리고 읽지 않았을 거라고 생각했다. 읽었다면 지웠으리라. 바라토는 손가락에 침을 발라 지워질 때까지 글자를 문질렀을 것이다. 뤼시앵은 바라토가 4시에 화장실에 와서 벨벳 반바지를 내리고 "바라토는 빈대다"라고 읽는 모습을 상상하자 조금 즐거워졌다. 아마 그는 자신이 그렇게 작다고 생각한 적이 없을 것이다. 뤼시앵은 내일 낮 쉬는 시간이 되면 바라토를 빈대라고 불러줘야지 생각했다. 그는 일어나서 오른쪽 벽에 똑같은 파란색 연필로 적힌 낙서를 읽었다. "뤼시앵 플뢰리에는 키다리 아스파라거스다." 그는 그것을 조심조심 지우고 교실로 돌아갔다. '정말이야.' 그는 친구들을 보면서 생각했다. '모두 나보다 작아.' 그리고 그는 부끄러워졌다. '키다리 아스파라거스.' 그는 작은 나무 책상에 앉아 있었다. 제르멘은 부엌에 있고, 어머니는 아직 돌아오지 않았다. 그는 철자연습을 하는 하얀 종이 위에 '키다리 아스파라거스'라고 썼다. 그러나 그 단어는 평범하게 생각되었고, 이제 아무 감정도 느껴지지 않았다. 그는 소리쳤다. "제르멘, 제르멘!" "무슨 일이에요?" 제르멘이 물었다. "제르멘, 이 종이에 뤼시앵 플뢰리에는 키다리 아스파라거스라고 써봐." "뤼시앵 도련님, 미쳤어요?" 그는 그녀의 목을 안았다. "제르멘, 제르멘, 심술부리지 마." 제르멘은 웃으면서 기름 묻은 손가락을 앞치마에 닦았다. 그녀가 쓰는 동안 그는 지켜보지 않았다. 그런 다음 그 종이를 방으로 가지고 가서 찬찬히 들여다보았다. 제르멘의 글씨체는 뾰족했다. 뤼시앵은 귓전에서 메마른 목소리가 들리는 듯했다. '키다리 아스파라거스.' 그는 생각했다. '나는 키다리야.' 그는 죽을 만큼 창피했다. 바라토가 난쟁이인 것처럼, 키다리다. 그리고 모두가 그의 등 뒤에서 비웃고 있었다. 그것은 그의 위에 하나의 숙명이 던져진 듯한 것이었다. 지금까지는 친구들을 아래위로 훑어보는 것도 아무렇지 않았다. 그러나 이제부터는 죽을 때까지 평생 키다리라는 말을 듣게 될 것 같은 기분이었다. 밤에 그는 아버지에게 사람이 간절히 바라면 키가 줄어들 수 있는지 물었다. 플뢰리에 씨는 안 된다고 말했다. 플뢰리에 집안은 모두 크고 튼튼하니 뤼시앵도 더 자랄 것이라고 말했다. 뤼시앵은 절망했다. 어머니가 곁으로 다가오자 그는 일어나 거울을 들여다보았다. '나는 키다리야.' 그러나 소용없었다. 그것은 보이지 않았다. 크지도 작지도 않아 보였다. 그는 잠옷을 걷어 올리고 다리를 보았다. 그때 그는 코스틸이 에브라르에게 이렇게 말하는 장면을 상상했다. "저기 봐, 아스파라거스의 기다란 다리를." 그는 우스워졌다. 뤼시앵은 추워서 몸을 부르르 떨었다. 그러자 누군가가 말했다. "아스파라거스가 닭살이 돋았다!" 뤼시앵은 잠옷 자락을 높이 걷어 올렸다. 모두에게 그의 배꼽과 음부가 훤히 보였다. 그런 다음 그는 침대로 달려가서 이불에 파고들었다. 잠옷 밑으로 손을 넣으면서 그는 코스틸이 그것을 보고 이렇게 말하는 모습을 상상했다. "저기 좀 봐, 키다리 아스파라거스가 뭘 하고 있는지." 그는 몸을 심하게 비틀면서 씩씩대며 침대 안에서 뒹굴었다. "키다리 아스파라거스, 키다리 아스파라거스!" 손가락 아래 야릇하게 간지러움이 일어날 때까지.

그 뒤 며칠 동안 그는 신부에게 교실 뒤쪽으로 자리를 바꿔 달라고 부탁해야겠다고 생각했다. 그의 뒤에 앉은 부아세나 빙켈만, 코스틸이 자신의 목덜미를 볼 수 있기 때문이었다. 그는 물론 자신의 목덜미를 느꼈지만, 볼 수는 없었다. 잊고 지내는 때도 이따금 있었다. 그러나 그가 신부에게 열심히 대답하고 동 디에그*³의 대사를 낭송하는 동안에 다른 모두는 그의 뒤에서 목덜미를 보면서 이렇게 생각하며 비웃을 수 있었다. '저 가느다란 목 좀 봐. 목에 힘줄이 두 개나 있어.' 뤼시앵은 목소리를 굵게 하고 동 디에그의 모욕을 표현하려고 했다. 목소리는 자신이 생각하는 대로 나왔다. 하지만 목덜미는 늘 거기에서, 쉬고 있는 사람처럼 조용히 무표정하게 있는 것이다. 그것을 부아세가 보고 있다. 가장 뒷자리는 노는 학생들의 자리라 그곳으로 옮기고 싶지는 않았다. 그러나 목덜미와 어깨 뒤쪽은 늘 근질거려서 자꾸만 긁지 않으면 안 되었다.

뤼시앵은 새 놀이를 발명했다. 아침에 어른처럼 세면대에서 혼자 세수를 하고 있을 때 누군가가 열쇠 구멍으로 엿보고 있다고 생각했다. 코스틸이나 불리고 영감이나 제르멘. 그때 그는 어느 방향에서도 볼 수 없도록 모든 방향으로 몸을 돌리고, 때로는 엉덩이가 우스운 모양으로 툭 튀어나와 보이도록 문쪽으로 엉덩이를 돌리거나 네 발로 엎드렸다. 부파르디에 씨는 관장을 하려는 듯이 살금살금 다가오는 것이다. 어느 날 화장실에 있는데 덜걱덜걱 소리가 들렸다. 제르멘이 복도의 찬장을 문지르며 윤을 내고 있는 것이었다. 심장이 멎었다. 그는 문을 빼꼼 열고 바지를 내린 채 속옷만 허리로 끌어올리고 나왔

---

*3 프랑스 극작가 코르네유(1606~1684)의 작품 《르 시드》에 나오는 인물.

다. 넘어지지 않고 걷기 위해서는 쿵쿵 뛰어야 했다. 제르멘은 침착한 눈으로 올려다보았다. "도련님은 주머니에 들어간 채로 걸어다니는군요." 그녀가 말했다. 그는 바지를 홱 끌어올리고는 침실로 뛰어가서 몸을 던졌다. 때때로 플뢰리에 부인은 슬픈 표정으로 남편에게 말했다. "어릴 때는 그렇게 깔끔을 떨더니 어쩜 저렇게 칠칠맞아졌을까요? 아이 속상해!" 플뢰리에 씨는 뤼시앵에게 무심한 시선을 던지면서 대답했다. "나이 탓이지." 뤼시앵은 자신의 몸을 주체하지 못했다. 무엇을 해도 신체 각 부위가 자신의 생각과 상관없이 존재하고 있다는 기분을 떨칠 수 없었다. 뤼시앵은 남들 눈에 자신이 보이지 않는다고 상상하는 것을 좋아했다. 그리고 복수를 위해, 또 다른 사람에게 들키지 않고 그 사람이 무엇을 하는지 보기 위해 열쇠 구멍으로 엿보는 버릇이 생겼다. 그는 어머니가 몸을 씻는 것을 보았다. 그녀는 비데 위에 나른하게 앉아 있었다. 아무도 보고 있지 않다고 생각해서 그녀는 분명히 자신의 몸을, 심지어 얼굴도 완전히 잊고 있었다. 그 동작은 둔해 보였으며 도중에 멈칫했다. 어머니는 비누 조각을 목욕 수건에 문질렀고, 그 손이 다리 사이로 사라져 버렸다. 평온한 얼굴은 서글퍼 보였는데, 틀림없이 뭔가 다른 것을 생각하는 듯했다. 뤼시앵의 교육이나 푸앵카레 씨 일을. 그러나 그녀는 장밋빛 살찐 몸을 지녔다. 도기로 만든 비데 위에 앉아 있는 육중한 몸이었다. 뤼시앵은 어느 날 실내화를 벗고 다락방으로 숨어들었다. 그는 제르멘을 보았다. 기다란 속치마를 발끝까지 늘어뜨리고, 작고 둥근 거울 앞에서 머리를 빗고 있었다. 그녀는 자신의 모습을 보며 빙그레 미소 지었다. 뤼시앵은 웃음을 참을 수가 없어서 허둥지둥 내려와야 했다. 그 뒤 그는 거실의 커다란 거울 앞에서 미소를 지어 보기도 하고 얼굴을 찡그려 보기도 했다. 조금 뒤 펄쩍 뛸 듯한 공포에 휩싸였다.

뤼시앵은 곤히 잠들어 버렸다. 그러나 그를 잠자는 숲 속의 미남이라고 부른 코팽 부인을 빼놓고는 아무도 그를 알아채지 못했다. 삼킬 수도 없고 터트릴 수도 없는 커다란 공기 방울이 그의 입을 언제나 반쯤 벌려 놓았다. 그것이 그의 하품이었다. 그가 혼자 있으면, 방울은 턱과 혀를 부드럽게 어루만지면서 커져갔다. 입이 딱 벌어지고, 눈물이 볼을 타고 내렸다. 기분이 아주 좋았다. 화장실은 더 이상 예전만큼 재미있지 않았다. 그와 달리 재채기를 하는 것은 기분 좋았다. 재채기가 그를 잠에서 깨웠고, 순간 그는 기분 좋게 두리번거리다가 다시 잠들었다. 그는 다양하게 자는 법을 배웠다. 겨울에는 난로 앞에 앉아 머리를 불 쪽으로 내밀었다. 얼굴이 시뻘겋게 타기 직전이 되면 머리는 순간 텅 비었다. 그는 그것을 '머리로 잠들기'고 불렀다. 이와 반대로 일요일 아침에는 다리로 잠들었다. 그는 욕조에 들어가 천천히 몸을 뻗었다. 그러면 잠이 발과 몸통을 파도처럼 철썩이면서 타고 올라왔다. 뜨거운 물에 허옇게 불어서 삶은 암탉처럼 변했다. 잠든 그에게는 작은 금발 머리가 신전(templum), 신전의(templi), 신전에(templo), 지진, 우상파괴자 따위와 같은 학술어로 꽉 찬 채 군림하고 있었다. 교실에서의 잠은 하얗고, 광선에 구멍이 뚫려 있었다. "3인에 맞서 무엇을 하기를 바라는가?" 1등, 뤼시앵 플뢰리에. "제3계급이란 무엇인가? 아무것도 아님." 1등, 뤼시앵 플뢰리에, 2등 빙켈만. 펠르로는 대수에서 1등이었다. 그는 고환이 하나밖에 없었다. 한쪽은 내려오지 않은 것이다. 그는 그것을 보는 데 2수를, 만지는 데는 10수를 내야 했다. 뤼시앵은 가끔 10수를 내고 머뭇거리다가 손을 내밀었지만, 결국은 만지지 못했다. 그러나 나중에 후회가 되어, 어떤 때는 한 시간도 넘게 잠들지 못했다. 그는 지리는 역사만큼 잘하지 못했다. 1등 빙켈만, 2등 플뢰리에. 일요일에는 코스틸, 빙켈만과 함께 자전거로 산책을 갔다. 더위가 엄습하는 갈색 들판을 가로지르며 자전거는 탄력 있는 먼지 위를 미끄러져 갔다. 뤼시앵의 다리는 탄탄한 근육질이었지만, 길이 풍기는 졸린 냄새는 머리를 멍하게 했다. 손잡이 위로 몸을 숙인 그의 눈은 장밋빛이 되어 반쯤 감겨 있었다. 그는 세 번 연속으로 우등상을 받았다. 상품으로는 《파비올라 또는 지하 교회》와 《기독교의 정수》와 《라비주리 추기경의 생애》를 받았다. 코스틸은 여름방학이 끝난 뒤 모두에게 〈신병은 고달프다〉와 〈메츠의 포병〉이란 노래를 가르쳐 주었다. 뤼시앵은 더 돋보이려고 아버지의 의학용어 사전에서 '자궁'이라는 단어를 찾아서 모두에게 여자의 몸을 설명했다. 칠판에 간단한 그림까지 그리자, 코스틸은 구역질이 난다고 말했다. 그러나 그 뒤로는 나팔 이야기만 나와도 웃음을 터트렸으므로, 뤼시앵은 프랑스 전체를 뒤져도 그만큼 여자의 몸을 잘 아는 2학년생이, 아니 수사학반에서도 그런 학생은 한 사람도 없을 거라는 생각에 만족스러웠다.

플뢰리에 집안이 파리로 옮겨왔을 때 파리는 마치 화약을 터뜨리는 것같이 시끄러웠다. 뤼시앵은 영화며 자동차며 거리 소음 때문에 잠을 이루지 못했다. 그는 부아쟁과 파카르, 이스파노쉬자와 롤스로이스를 구분하는 법을 배웠고, 때로는 소형차 이야기도 했다. 벌써 1년 전부터 그는 긴바지를 입고 있었다. 대학입학자격시험 1차에 합격한 상으로 아버지는 그를 영국에 보내 주었다. 뤼시앵은 싱그러운 초원과 하얀 절벽을 보았다. 그는 존 라티머와 권투를 했고, 어퍼컷을 배웠다. 그러던 어느 화창한 날, 그는 잠든 채로 눈을 떴다. 또 시작된 것이다. 그는 꾸벅꾸벅 졸면서 파리로 돌아왔다. 콩도르세 고등학교의 초급수학반은 서른일곱 명의 학생이 있었다. 그중 여덟 명은 자신들이 어른이라고 말하며 다른 학생들을 어린애 취급했다. 그들은 11월 1일*⁴까지는 뤼시앵을 경멸했다. 그러나 '모든 성인의 날'에 뤼시앵이 그중 수완가인 가리와 함께 산책을 나가 정확한 해부학적 지식을 선보이자 가리는 감탄하며 꼬리를 내렸다. 뤼시앵은 부모님이 밤 늦게 외출하는 것을 허락하지 않았으므로 그들 무리에는 끼지 않았지만, 대등한 관계를 맺는 데 성공했다.

목요일마다 베르트 숙모가 리리를 데리고 레누아르 거리로 식사를 하러 왔다. 숙모는 엄청나게 살이 찌고 우울해 보였으며, 줄곧 한숨을 내쉬었다. 하지만 피부는 여전히 곱고 희어서 뤼시앵은 그녀의 벌거벗은 모습을 보고 싶어졌다. 그는 밤에 침대에서 이래저래 생각했다. 어느 겨울날, 불로뉴 숲에서 가슴에 팔짱을 끼고 소름이 돋은 채 오들오들 떨고 있는 그녀의 알몸을 발견한다. 근시인 한 행인이 지팡이 끝으로 그녀를 건드리며 "이게 대체 뭐지?" 하는 장면을 상상했다. 뤼시앵은 사촌과는 말이 통하지 않았다. 멋진 청년이 된 리리는 라카날 고등학교에서 철학을 공부했는데, 수학은 전혀 몰랐다. 뤼시앵은 리리가 7년이 지난 요즘도 바지 속에서 커져서 거위처럼 가랑이를 벌리고 걷고, 어머니를 순진한 눈으로 보면서 "아니요, 어머니, 안 해요. 약속해요"라고 말하는 장면을 상상하지 않을 수 없었다. 그는 리리의 손을 만지기 싫어졌다. 그러나 그는 아주 친절하게 수학을 설명해 주었다. 그다지 머리가 좋지 않은 리리 때문에 뤼시앵은 답답해서 경련을 일으키지 않도록 많이 노력해야 했다. 그는 결코 이성을 잃지 않았다. 언제나 침착하고 아주 온화한 목소리로 가르쳤다. 플뢰리에 부인은 뤼시앵이 상당히 가르치는 요령이 있다고 생각했다. 하지만 베르트 숙모는 별다른 감사의 뜻을 표하지 않았다. 뤼시앵이 리리에게 공부를 가르쳐 주겠다고 했을 때, 그녀는 얼굴을 붉히고 의자에서 자세를 고쳐 앉으며 말했다. "아니다 뤼시앵, 친절은 고맙지만 리리는 이미 어른인걸. 하고 싶

---

*4 11월 1일은 모든 성인의 날로 프랑스에서는 공휴일이다.

으면 스스로 할 거다. 남을 의지하는 버릇이 들면 안 되니까." 어느 밤, 플뢰리에 부인이 뤼시앵에게 불쑥 말했다. "리리가 너한테 고마워한다고 생각할지도 모르겠지만 착각하면 안 된다, 애야. 리리는 네가 잘난 척한다고 그랬대. 베르트 숙모가 그러시더구나." 그녀는 인자한 태도에 음악적인 목소리로 말했다. 뤼시앵은 그녀가 분노하고 있음을 알았다. 그는 막연하게나마 당황했지만 대답할 말이 없었다. 다음 날과 또 그다음 날, 그는 공부에 바빠서 그런 이야기는 잊어버렸다.

일요일 아침, 그는 문득 펜을 놓고 생각했다. "잘난 척을 한다고?" 11시였다. 뤼시앵은 책상에 앉아서 벽에 걸린 아마포에 그려진 장미색 인물들을 바라보았다. 그는 왼쪽 볼에는 4월의 부드러운 햇살의 건조한 먼지 같은 열기를, 오른쪽 볼에는 따뜻한 기운을 품은 묵직한 열기를 느꼈다. "잘난 척을 한다고?" 대답은 어려웠다. 뤼시앵은 먼저 리리와 마지막으로 나눴던 대화를 떠올리며 자신의 태도를 공정하게 판단해 보려고 했다. 그는 리리에게 몸을 수그리고 빙그레 웃으며 말했던 것이다. "이해해? 리리, 모르겠으면 모른다고 말해도 돼. 한 번 더 설명해 줄게." 잠시 뒤 리리는 사소한 계산을 틀렸다. 그래서 뤼시앵은 쾌활하게 말했다. "이번에는 내 차례군." 그것은 플뢰리에 씨의 말투로, 그는 그것을 재미있어 했다. 별것 아니었다. '그렇게 말했을 때 내가 잘난 척을 했던가?' 너무 깊게 생각하자 갑자기 다시 희고 둥글고 부드러운 구름 조각 같은 것이 생겼다. 그것은 언젠가 그가 생각했던 것이었다. 그는 말했다. "이해해?" 그의 머릿속에 있었던 것이지만 말로 표현할 수는 없었다. 뤼시앵은 그 구름의 끄트머리를 쳐다보려고 절망적인 노력을 했다. 그러자 갑자기 그는 그 속으로 머리부터 떨어지는 것을 느꼈다. 자신이 수증기가 되어 그 수증기 한가운데에 있었다. 그는 직물 냄새가 나는 하얗고 습한 열이 되었다. 그는 그 수증기에서 빠져나오려고 했지만 그것은 계속 따라왔다. 그는 생각했다. '이건 나야. 뤼시앵 플뢰리에야. 나는 방에 있어. 물리 문제를 풀고 있어. 일요일이야.' 그러나 그의 생각은 녹아서 뿌연 안개가 되었다. 그는 몸을 부르르 떨고 아마포에 그려진 인물들을 자세히 들여다보기 시작했다. 양치기 남녀 두 쌍과 사랑의 신. 문득 그는 생각했다. '나, 나는 존재해……' 그리고 가벼운 소리가 나더니 긴 잠에서 깨어났다.

기분이 좋지 않다. 양치기들은 뒤로 물러나, 뤼시앵에게는 오페라글라스로 바라보는 것 같았다. 그 자신 안에 스르르 녹아드는 황홀한 기분 대신, 이번에는 "나는 누구지?" 하고 자문하는 매우 냉정한 당혹감이 들었다.

'나는 누구지? 나는 책상을 보고 있어. 나는 노트를 보고 있어. 내 이름은 뤼시앵 플뢰리에지만 그건 하나의 이름에 지나지 않아. 나는 잘난 척한다. 나는 잘난 척하지 않는다. 잘 모르겠어. 그런 건 무의미해.'

'나는 좋은 학생이야. 아니, 그건 겉모습만이야. 착한 학생, 공부벌레. 아니, 그렇지 않아. 성적은 좋지만 공부는 좋아하지 않아. 물론 아주 싫은 건 아니지만, 아무래도 좋아. 모두 다 아무래도 좋아. 나는 사장은 되지 않을 거야.' 그는 괴로운 심정으로 생각했다. '그런데 뭐가 되지?' 몇 분이 지났다. 그는 볼을 긁적이고, 눈이 부셔서 왼쪽 눈을 깜빡였다. '난 뭐지? 나는?' 소용돌이치는 끝없는 안개가 있었다. '나!' 그는 먼 곳을 바라보았다. 말이 머릿속에서 울렸다. 그러자 뭔가를 짐작할 수 있었다. 안개 속으로 멀리 양쪽 측면이 사라져 가는 피라미드의 꼭대기 같은 것이 보였다. 뤼시앵은 몸이 떨리고, 손이 떨렸다. '그래.' 그는 생각했다. '그래! 확실했어. 나는 존재하지 않아.'

그 뒤 몇 달 동안 뤼시앵은 이따금 잠들려고 애썼지만 잘되지 않았다. 그는 아주 규칙적으로 아홉 시간을 잤는데, 그 밖의 시간은 아주 활기 있게 지내다가 차츰 멍해졌다. 부모님은 그가 이렇게 건강했던 적은 없었다고 말했다. 자신은 사장이 될 만한 사람이 아니라는 결론에 다다랐을 때, 그는 어쩐지 낭만적인 기분이 들어서 달빛 아래를 몇 시간이고 거닐고 싶어졌다. 그러나 부모님은 아직 밤에 외출하는 것을 허락해 주지 않았다. 그래서 자주 침대에 누워 체온을 쟀다. 체온계는 37도 5부나 37도 6부를 가리켰다. 뤼시앵은 씁쓸한 기쁨을 느끼며, 부모님이 그의 안색이 좋다고 믿는 것을 생각했다. '나는 존재하지 않아.' 그는 눈을 감고 생각했다. 존재는 환상이다. 나는 내가 존재하지 않는다는 것을 알기 때문에, 귀를 닫고 아무것도 생각하지 않는다면 무(無)로 돌아갈 수 있다. 하지만 그의 환상은 집요했다. 적어도 그는 다른 사람들에 대해 하나의 비밀을 간직하고 있다는 심술궂은 우월감을 갖고 있었다. 예를 들면 가리도 뤼시앵처럼 존재하지 않는다. 그러나 그의 찬미자들 한가운데서 콧김을 씩씩 내뿜는 것만 보아도 충분했다. 사람들은 그가 자신의 존재를 쇠처럼 굳건하다고 생각한다는 것을 곧 깨달았다. 플뢰리에 씨도 존재하지 않았고 —리리도, 다른 사람들도—세상은 배우가 없는 희극이었다. 〈도덕과 과학〉

이라는 논문으로 15점을 받은 뤼시앵은 〈허무론〉을 써야겠다고 생각했다. 그리고 사람들이 그것을 읽으면서 닭의 울음소리를 들은 흡혈귀처럼 한 사람씩 사라져 버리는 모습을 상상했다. 그 논문을 쓰기 전에, 그는 학교 철학선생인 르 바브앵의 의견을 듣기로 했다. "저, 선생님." 수업이 끝날 때쯤 그는 말했다. "우리가 존재하지 않는다는 것을 논증할 수 있습니까?" 르 바브앵은 불가능하다고 말했다. "나는 생각한다." 그가 말했다. "고로 존재한다. 너는 자신의 존재를 의심하고 있으니 존재하고 있다." 뤼시앵은 이해할 수 없었지만 논문을 쓰는 것은 포기해야 했다. 7월에 그는 대학입학자격 수학 시험에 겨우 합격해서 부모님과 페롤로 떠났다. 혼란 상태는 여전히 이어졌다. 그것은 재채기 하고 싶은 기분이었다.

불리고 영감은 이미 죽었고, 플뢰리에 씨의 직공들은 몰라보게 변했다. 그들은 이제 많은 급료를 받았으며, 아내들은 실크 스타킹을 신었다. 부파르디에 부인은 플뢰리에 부인에게 놀라운 이야기를 들려주었다. "우리 하녀가 그러는데, 어제 닭집에서 앙시옴을 만났대요. 플뢰리에 씨네 직공의 딸인데, 어머니가 돌아가셨을 때 우리가 돌봐주었거든요. 그 애가 보페르튀이라는 조립공과 결혼했는데, 글쎄 닭을 20프랑어치나 주문했다지 뭐예요? 그것도 으스대면서요. 그 사람들은 분수를 몰라요. 우리가 가진 것이면 뭐든지 갖고 싶어한다고요." 일요일에 뤼시앵이 아버지와 함께 주변을 산책하면, 이제 직공들은 그들을 봐도 모자에 손만 잠깐 갖다 댈 뿐이었고, 허리조차 숙이지 않고 지나가는 사람도 있었다. 어느 날 뤼시앵은 불리고의 아들을 만났는데, 상대는 본척만척했다. 뤼시앵은 몹시 기분이 상했다. 자신이 우두머리라는 증거를 보여줄 기회였다. 그는 쥘 불리고를 독수리처럼 쏘아보며 뒷짐을 지고 다가갔다. 그러나 불리고는 겁먹지 않았다. 그는 뤼시앵을 공허한 눈빛으로 마주 쏘아보며 휘파람을 불면서 지나갔다. '날 알아보지 못했구나.' 뤼시앵은 생각했다. 하지만 그의 실망감은 대단했다. 그리고 며칠 동안 그는 이전보다 더욱더 세상은 존재하지 않는다고 생각했다.

플뢰리에 부인의 소형 권총은 옷장 왼쪽 서랍에 들어 있었다. 남편이 1914년 9월 전선으로 떠나기 전에 선물로 준 것이었다. 뤼시앵은 그것을 들고 한참을 만지작거렸다. 그것은 총신이 금으로 되어 있고, 총 끝을 진주로 만든 훌륭한 물건이었다. 사람들에게 그들이 존재하지 않는다는 것을 설득하려면 철학

논문에만 의지할 수 없었다. 필요한 것은 행동, 외관을 소멸시켜 세계의 허무를 온 세상에 드러내는 그야말로 절망적인 행위였다. 발사. 젊은 육체가 양탄자 위에 피투성이가 되어 쓰러진다. 종이에 갈겨 적은 말들. "나는 존재하지 않으므로 자살한다. 그리고 형제들이여, 그대들도 무(無)다!" 사람들은 아침에 신문을 읽을 것이다. 그들은 볼 것이다. "한 젊은이가 해냈다!" 그리고 모두 무서운 혼란을 느끼고 자문할 것이다. "그런데 나는? 나는 존재하나?" 사람들은 역사상에서, 예를 들면 《젊은 베르테르의 슬픔》이 출판되었을 때도 이러한 자살 유행병을 앓았다. 뤼시앵은 그리스어로 '순교자'가 '증인'이라는 뜻임을 생각했다. 그는 우두머리가 되기에는 너무 감수성이 예민하지만, 순교자가 되기에는 충분했다. 이후 그는 자주 어머니의 침실에 들어가 권총을 보고 고뇌에 빠졌다. 총대를 손가락으로 움켜쥐고, 금으로 된 총신을 깨물기까지 했다. 그 밖의 시간에는 모든 진정한 지도자는 자살의 유혹을 알고 있다고 생각하니 오히려 기분이 밝아졌다. 예를 들면 나폴레옹. 뤼시앵은 자신이 절망의 구렁텅이에 빠진 것을 숨기려고 하지 않았다. 그러나 그는 단련된 마음을 안고서 이 위기에서 벗어나기를 바랐다. 그는 《세인트헬레나 섬의 회고록》을 흥미 있게 읽었다. 하지만 한 가지 결심을 해야 했다. 뤼시앵은 자신의 망설임의 최종 기한을 9월 30일로 정했다. 그 마지막 날에는 극도로 참혹한 심정이었다. 분명 위기는 유익했다. 그러나 그것은 뤼시앵에게 너무나도 강한 긴장감을 요구했으므로, 언젠가 유리처럼 깨져버리는 게 아닐까 두려웠다. 그는 이제 권총을 만지지 않았다. 그는 서랍을 열어보는 것으로 만족했다. 그는 어머니의 속옷을 걷어올리고 한참 동안 그 장밋빛 실크에 폭 싸여 있는 차갑고 고집 센 작은 괴물을 바라보았다. 하지만 그가 살아 있음을 받아들였을 때 그는 엄청난 실망감을 느꼈으며, 더없이 무료해졌다. 다행히 신학기의 이런저런 걱정거리들이 그를 채워 주었다. 부모님은 그를 생루이 고등학교에 집어넣고 국립공과대학교 준비반 공부를 계속시켰다. 그는 휘장과 붉은 테두리가 달린 멋진 모자를 쓰고 이렇게 노래했다.

기계를 움직이는 국립공대생
기차를 움직이는 국립공대생……

'국립공대생'이라는 새로운 권위는 뤼시앵을 긍지로 채워 주었다. 그의 반도 이제까지의 교실과는 달랐다. 그것은 전통과 의식을 가진 하나의 세력이었다. 예를 들면 프랑스어 강의가 끝나기 15분 전에 어떤 목소리가 "육군사관학교 생도는 뭐다?" 하고 물으면 모두가 일제히 "머저리"라고 대답했다. "농과대생은 뭐다?" 하는 목소리가 이어지면, 더 큰 목소리로 "머저리" 하고 대답했다. 그러면 거의 눈이 보이지 않아 검은 안경을 쓰고 있는 베튄 씨가 지친 듯이 "제발, 여러분!" 한다. 그런 다음 절대적인 침묵이 한동안 이어지고, 학생들은 의미심장한 미소로 얼굴을 마주본다. 그리고 누군가가 소리친다. "국립공대생은 뭐다?" 그러면 모두 일제히 외친다. "거물!" 그럴 때 뤼시앵은 짜릿함을 느낀다. 저녁때 그는 그날 있었던 일들을 부모님에게 자세히 보고했는데, "그때 반 애들이 모두 까불기 시작했다"라든가 "반 애들이 메리네와 절교하기로 했다" 말할 때는 술을 한 잔 입에 머금은 듯한 화끈함을 느꼈다.

그러나 처음이기에 힘든 일도 있었다. 뤼시앵은 수학과 물리 시험에 떨어졌고, 그의 학교 친구들은 그다지 동정적이지 않았다. 그들은 장학생으로, 거의가 지독한 공부벌레였는데 태도는 나쁘고 불결했다. "친구가 되고 싶은 녀석은 한 명도 없어요." 그는 아버지에게 말했다. "장학생들은 지적이고 착한데." 플뢰리에 씨가 꿈꾸듯이 말했다. "하지만 그들은 형편없는 지도자가 되지. 한 단계를 건너뛰었으니까." 형편없는 지도자라는 말에 불쾌한 충격을 받은 뤼시앵은 그로부터 몇 주 동안 다시 자살을 생각했다. 그러나 그는 더 이상 방학 때와 같은 흥분은 느끼지 않았다.

1월, 베를리아크라는 이름의 신입생이 들어왔는데, 반 분위기를 흐려 놓았다. 그는 최신 유행인 초록색 또는 보라색의 몸통이 날씬한 재킷을 입었는데, 작고 둥근 깃이 달려 있었다. 재단사의 도안에서나 볼 수 있는 바지는 통이 어찌나 좁은지, 어떻게 다리를 집어넣는지 신기할 정도였다. 그는 단번에 수학 꼴찌가 되었다. "상관없어." 그는 선언했다. "나는 문학자야. 수학을 하면 죽을 것 같다고." 한 달 뒤에 그는 모든 학생을 매혹시켰다. 그는 밀수 담배를 뿌리고, 여자가 있다면서 연애편지를 자랑했다. 반 친구들은 그를 멋진 녀석으로 인정하고, 그에게 간섭하지 않기로 결정했다. 뤼시앵은 그의 우아함과 태도를 찬양했다. 그러나 베를리아크는 뤼시앵을 정중히 대하며 "부잣집 도련님"이라고 불렀다. "가난뱅이의 자식인 것보다는 낫군." 어느 날 뤼시앵은 말했다. 베를리아크는 빙그레 웃었다. "제법 빈정거리기를 잘하네." 그가 말했다. 그리고 다음 날 그는 자기 시를 읽게 해주었다. "카루소는 매일 밤 눈(目)을 날것으로 게걸 스럽게 먹었다. 그 점 말고는 낙타처럼 절제했지만. 한 귀부인이 가족들 눈으로 꽃다발을 만들어 무대로 던졌다. 모두 그 모범적인 행위에 경례했다. 하지만 그녀의 영광의 때는 37분밖에 지속되지 못한다는 것을 잊지 마라. 정확히는 첫 번째 브라보에서 오페라극장의 커다란 샹들리에가 꺼질 때까지(그 후 그녀는 수없이 많은 상장을 가진 남편을 붙잡아 두지 않을 수 없었다. 남편은 두 개의 전쟁 십자훈장으로 두 개의 눈구멍을 채우고 있었다). 그리고 주의하라. 통조림 인육(人肉)을 너무 많이 먹는 자들은 괴혈병으로 죽을 것이다." "아주 좋은데!" 뤼시앵이 놀라서 말했다. "나는 이걸 새로운 기법으로 썼어. 자동기술이라는 것이지." 베를리아크가 아무렇지도 않은 듯이 말했다. 얼마 뒤 뤼시앵은 자살하고 싶은 격렬한 욕망에 사로잡혀 베를리아크에게 의견을 물어보기로 했다. "어떻게 하면 좋을까?" 그는 설명한 뒤에 물었다. 베를리아크는 주의 깊게 들었다. 손가락을 빨다가 얼굴에 난 여드름에 침을 묻히는 버릇이 있는 그는 피부가 군데군데 비 온 뒤의 도로처럼 번들거렸다. "하고 싶은 대로 해." 마침내 그가 말했다. "별것 아니잖아." 뤼시앵은 몹시 실망했다. 그러나 다음 목요일, 베를리아크로부터 그의 어머니 다과회에 초대를 받은 그는 베를리아크가 매우 감동했었다는 사실을 깨달았다. 베를리아크 부인은 아주 친절했다. 그녀는 사마귀가 몇 개 있고, 왼쪽 볼에는 주근깨가 있었다. "알겠어?" 베를리아크가 뤼시앵에게 말했다. "전쟁의 진짜 희생자는 바로 우리야." 뤼시앵의 의견도 같았다. 그리고 그들은 희생의 세대에 속해 있다는 데에 생각이 일치했다.

날이 저물자, 베를리아크는 목 뒤로 두 손을 깍지 끼고 바닥에 드러누웠다. 그들은 영국제 담배를 피우고, 레코드를 틀었다. 뤼시앵은 소피 터커나 알 존슨의 목소리를 들었다. 그들은 우울감에 빠졌으며, 뤼시앵은 베를리아크야말로 가장 친한 친구라고 생각했다. 베를리아크는 정신분석학을 아느냐고 물었다. 그의 목소리는 진지했고, 뤼시앵을 심각하게 쳐다보았다. "나는 열다섯 살때까지 어머니에게 욕망을 갖고 있었어." 그가 고백했다. 뤼시앵은 꺼림칙했다. 얼굴이 붉어질까 봐 두려웠다. 그런 다음 베를리아크 부인의 사마귀를 떠올리고, 그녀에게 욕망을 품는다는 기분을 이해할 수 없다고 생각했다. 그러나 그녀가 그들에게 토스트를 가지고 들어왔을 때, 그는 그녀의 노란색 스웨터를 통해서 가슴의 모양을 보려고 애쓰면서 막연한 불안감을 느꼈다. 그녀가 나가자, 베를리아크가 분명한 목소리로 말했다. "너도 어머니랑 자고 싶었지?" 그것은 질문이라기보다는 단언이었다. 뤼시앵은 어깨를 으쓱하고 "물론"이라고 대답했다. 다음 날 그는 베를리아크가 그 대화를 계속하지나 않을까 불안해졌다. 그러나 그는 곧 안심했다. 그리고 생각했다. '결국 그 녀석은 나보다 불량해.'

그들의 고백이 지닌 과학적인 분위기에 강한 유혹을 느낀 그는 다음 목요일에 생트 주느비에브 도서관에 가서 프로이트의 꿈에 대한 책을 읽었다. 그것은 하나의 계시였다. "그래, 이거야! 바로 이거야!" 뤼시앵은 거리를 이리저리 거닐면서 되풀이했다. 그는 다음으로 《정신분석학 입문》과 《일상생활의 정신병리학》을 샀고, 모든 것이 명백해졌다. 존재하지 않는다는 그 기묘한 인상, 오랫동안 의식을 지배했던 그 공허감, 백일몽, 당혹감, 늘 안개에 싸여버리는 자기 인식을 위한 그 헛된 노력…… '그래, 나는 콤플렉스가 있는 거야.' 그는 생각했다. 그는 베를리아크에게 어렸을 때 자신이 몽유병자라고 생각했다는 것, 사물이 조금도 현실적으로 보이지 않았다는 것을 이야기했다. "나는 우월감이라는 콤플렉스가 있었던 거야." 그는 결론을 내렸다. "나 또한 마찬가지야." 베를리아크는 말했다. "우리는 둘 다 콤플렉스를 갖고 있는 거야!" 그들은 서로 자신들의 꿈과 어떤 사소한 행동이라도 해석하는 버릇을 지니게 되었다. 베를리아크는 언제나 화제가 풍부했으므로, 뤼시앵은 조금 지어낸 이야기가 아닐까, 적어도 꾸미지 않았을까 의심했다. 그러나 그들은 서로를 잘 이해했고, 가장 미묘한 문제도 객관적으로 다루었다. 그들은 주위를 속이기 위해 쾌활함이라는 가면을 썼지만 본심은 괴롭다고 서로 고백했다. 뤼시앵은 불안에서 해방되었다. 그는 열심히 정신분석학을 연구했다. 그것이 그의 적성에 맞는다는 사실을 알았으므로. 그리고 이제 그는 자신을 악한 피를 물려받은 사람이라고 생각하거나, 자기 성격을 나타내는 징후를 끊임없이 의식 속에서 찾을 필요가 없어질 만큼 안정을 찾았다. 진정으로 뤼시앵은 무의식 속에 깊이 파묻혔다. 그는 이제는 사라진 가까운 사람을 생각하듯이, 자신의 모습을 보지 않고 몽상하게 되었다. 뤼시앵은 하루 내내 자신의 콤플렉스를 생각했고, 의식의 증기 아래서 꿈틀거리는 어둡고 잔혹한 거친 세계를 어떤 자긍심을 가지고 상상했다. 그는 베를리아크에게 말했다. "이해하지? 나는 표면은 잠든, 어느 것에도 무관심한 아이야, 그다지 재미있지도 않은 녀석이지. 그리고 마음속도 그래서, 스스로도 그렇게 믿고 싶어질 정도야. 하지만 다른 게 있다는 건 나도 알고 있어." "언제나 다른 것이 있지." 베를리아크는 대답했다. 그리고 그들은 뿌듯하게 미소를 지었다. 뤼시앵은 〈안개가 걷힐 때〉라는 시를 지었다. 베를리아크는 칭찬해 주었지만 뤼시앵이 정형시로 쓴 것은 나무랐다. 그들은 그것을 곧 외웠고, 자신들의 리비도에 대해서 이야기하고 싶어지면 이렇게 말하곤 했다.

"안개의 외투 아래 웅크리는 큰 게." 그러다가 눈짓을 보내면서 단지 '게'라고 말하게 되었다. 그러나 얼마쯤 지나자 뤼시앵은 혼자 있을 때, 특히 저녁이 되면 조금 무서워지기 시작했다. 그는 어머니를 똑바로 쳐다보지 않게 되었다. 그리고 자러 가기 전에 어머니에게 입 맞출 때, 암흑의 힘이 그 입맞춤을 빗나가게 해서 플뢰리에 부인의 입술 위에 부딪히게 되는 것은 아닐지 걱정했다. 마음속에 화산이 있는 것 같았다. 뤼시앵은 자신이 발견한 화려하고 불길한 영혼이 날뛰지 않도록 조심해서 행동했다. 그는 이제 그 가치를 충분히 알고 있었으며, 무서운 각성을 두려워했다. '나는 내가 무서워.' 그는 생각했다. 그는 공부로 바쁘고 질리기도 해서 반년 전부터 혼자 놀기를 그만두었으나, 이제 다시 시작하게 되었다. 사람은 자신의 취향에 따라야 한다. 프로이트의 책에는 너무 성급히 자신의 습관을 버린 탓에 신경쇠약에 걸린 불행한 젊은이들의 이야기가 많이 나왔다. "우리는 미쳐버리지 않을까?" 그는 베를리아크에게 물었다. 그리고 실제 어느 목요일에 그들은 서로가 이상하게 생각되었다. 베를리아크의 방에 어스름이 조용히 찾아왔다. 그들은 아편이 든 담배를 몇 상자나 피웠다. 그들의 손은 떨렸다. 그때 두 사람 중 누군가가 조용히 일어나 문으로 살금살금 걸어가서 불을 켰다. 노란 불빛이 방을 점령했고, 그들은 도전적인 눈으로 서로를 쳐다보았다.

뤼시앵이 베를리아크와의 우정이 오해에 뿌리내리고 있다는 것을 깨닫는 데는 그리 오래 걸리지 않았다. 물론 그 누구도 베를리아크보다 더 오이디푸스 콤플렉스의 비정한 아름다움에 감동하는 사람은 없었지만, 뤼시앵은 특히 뒷날 다른 목적을 향해 방향을 바꾸고 싶어하는 정념의 상징을 보았다. 반면에 베를리아크는 현재 상태를 즐기고 있었고, 거기서 빠져나오고 싶어하지 않는 듯했다. "우리는 글렀어. 낙오자야." 그는 오만하게 말했다. "우리는 결코 아무것도 하지 못해." "절대 아무것도." 뤼시앵은 메아리처럼 대답했다. 그러나 그는 분했다. 부활절 휴가에서 돌아온 베를리아크는 그에게 디종의 호텔에서 어머니와 한방에서 묵었다고 대답했다. 이른 아침에 잠에서 깬 그는 어머니가 아직 잠들어 있는 침대로 다가가 다정하게 이불을 덮어주었다고 했다. "잠옷이 말려 올라가 있었거든." 그가 히죽거리면서 말했다. 이 말을 듣자 뤼시앵은 베를리아크를 조금 경멸하지 않을 수 없게 되었다. 그리고 무척 고독해졌다. 콤플렉스를 갖고 있는 것은 재미있는 현상이지만 적당한 시기에 승화시켜야 한다. 다 큰 성인이 언제까지고 유아성욕을 갖고 있다면 어떻게 책임을 질수 있으며 명령을 할 수 있겠는가? 뤼시앵은 진심으로 걱정하기 시작했다. 권위 있는 사람과 상담하고 싶었지만 적당한 상대가 없었다. 베를리아크는 이따금 그에게 베르제르라는 이름의 초현실주의자에 대해서 이야기해 주었다. 정신분석학에 정통한 그는 베를리아크에게 커다란 영향력을 가지고 있는 듯했다. 그러나 결코 그는 뤼시앵에게 그를 소개해 주겠다고 하지 않았다. 또한 뤼시앵은 베를리아크를 통해 여자도 소개받을 수 있을 거라 기대하고 있었기 때문에 대단히 실망했다. 그는 아름다운 연인을 손에 넣으면 자기 관념의 운행도 아주 자연스럽게 바뀔 거라고 기대하고 있었다. 하지만 베를리아크는 절대 그의 아름다운 연인들의 이야기를 들려주지 않았다. 그들은 가끔 큰길을 거닐면서 여자들의 꽁무니를 쫓아다녔다. 그러나 말을 걸 용기는 없었다. "이봐 뤼시앵." 베를리아크가 말했다. "우리는 여자를 기쁘게 해주는 놈들과는 인종이 다르다고. 여자들은 우리 안에 뭔가 무서운 게 있다는 걸 본능적으로 아는 거야." 뤼시앵은 대답하지 않았다.

베를리아크는 그에게 짜증을 내기 시작했다. 그는 가끔씩 뤼시앵의 부모님에 대해서 못된 농담도 했다. 그는 그들을 뒤몰레*5 부부라고 불렀다. 뤼시앵은 초현실주의자가 부르주아지 일반을 경멸한다는 사실을 잘 알고 있었다. 그러나 베를리아크는 플뢰리에 부인에게 몇 번이나 초대받아 신뢰와 우정으로써 대접받았던 것이다. 감사의 마음이 아니라 단순한 예의상의 마음에서라도 그런 식으로 이야기할 수 없을 터였다. 게다가 베를리아크는 돈을 빌려가 놓고 갚지 않는 무서운 병도 있었다. 돈을 갖고 버스를 탄 적이 없어 늘 대신 내줘야 했다. 카페에서 계산도 다섯 번에 한 번밖에 하지 않았다. 뤼시앵은 그에게

---

*5 Dumollet : 장딴지라는 뜻의 이 말은 프랑스 프티 부르주아를 희화하는 말로 쓰였다.

어느 날 분명히 말했다. "도무지 이해할 수가 없다, 친구끼리는 각자 돈을 내야 하지 않니?" 베를리아크는 그를 빤히 쳐다보며 말했다. "그럴 줄 알았어. 너는 항문성욕자야." 그런 다음 그는 똥과 돈의 프로이트적 관계와 탐욕에 대한 프로이트 이론을 설명했다. "한 가지 알고 싶은데." 그가 말했다. "넌 몇 살 때까지 엄마가 닦아주었지?" 그들은 크게 싸울 뻔했다.

5월 초부터 베를리아크는 수업을 빼먹기 시작했다. 뤼시앵은 수업이 끝나면 프티샹 거리에 있는 술집으로 그를 만나러 갔다. 거기서 그들은 크뤼시퍼 베르무트*6를 마셨다. 어느 화요일 오후, 뤼시앵은 베를리아크가 빈 잔을 앞에 두고 앉아 있는 것을 보았다. "아, 왔구나." 베를리아크가 말했다. "이 자리 좀 맡아줘. 5시에 치과 예약이라서. 기다리고 있어. 바로 근처니까. 30분이면 돼." "좋아." 뤼시앵은 의자에 털썩 앉으면서 대답했다. "프랑수아, 화이트 베르무트 한 병." 그때 한 남자가 술집에 들어와 그들을 보고 놀란 얼굴로 빙그레 웃었다. 베를리아크가 얼굴을 붉히며 벌떡 일어났다. "누구야?" 뤼시앵이 물었다. 베를리아크는 낯선 남자의 손을 잡고 뤼시앵이 보지 못하도록 그 사이에 섰다. 그는 빠르게 속삭이고, 상대는 분명한 목소리로 대답했다. "너 아직 어린애구나." 동시에 그는 까치발을 들고 조용히, 그리고 자신감 넘치는 얼굴로 베를리아크의 머리 너머 뤼시앵을 살펴보았다. 그는 서른다섯 살쯤 되어 보였다. 창백한 얼굴에 풍성한 은발이었다. '베르제르가 틀림없어.' 뤼시앵은 가슴을 두근거리면서 생각했다. '정말 잘생겼군!'

베를리아크는 겁먹은 듯한, 그러나 응석을 부리듯이 은발 남자의 팔짱을 꼈다.

"저와 함께 가요." 그가 말했다. "치과에 갈 거예요. 바로 맞은편에 있어요."

"하지만 친구가 있는 것 같은데." 상대는 눈을 뤼시앵에게서 떼지 않고 대답했다. "서로 소개해 주는 게 어때?"

뤼시앵은 웃으면서 일어났다. '잘됐다!' 그는 생각했다. 볼이 화끈거렸다. 베를리아크는 목을 움츠렸다. 뤼시앵은 순간 그가 거절할 거라고 생각했다. "자, 그럼 날 소개해 줘." 뤼시앵이 쾌활하게 말했다. 그러나 그는 입을 열자마자 피가 관자놀이로 몰렸다. 구멍이 있으면 들어가고 싶었다. 베를리아크는 갑자기

---

*6 포도주에 50여 가지 향료를 우려서 만든 알코올성 음료. 크뤼시피는 상표명.

태도를 바꾸더니 얼굴도 보지 않고 우물거렸다.

"학교 친구 뤼시앵 플뢰리에입니다, 아실 베르제르 씨."

"당신의 작품을 즐겨 읽고 있어요." 뤼시앵이 작은 목소리로 말했다. 베르제르가 길고 섬세한 손으로 그와 악수하고, 앉으라고 말했다. 침묵이 찾아왔다. 베르제르는 뜨겁고 부드러운 눈빛으로 뤼시앵을 감쌌다. 그는 여전히 뤼시앵의 손을 잡은 채였다. "불안한가?" 그가 다정하게 물었다.

뤼시앵은 베르제르를 똑바로 쳐다보면서 분명한 목소리로 말했다. "저는 불안합니다!" 단호하게 대답했다. 그는 입학시험에 통과한 듯한 기분이었다. 베를리아크는 우물쭈물하다가 탁자 위에 모자를 던지고 서둘러 자리로 돌아왔다. 뤼시앵은 베르제르에게 자살 유혹에 대해서 말하고 싶어졌다. 그는 서론 없이 바로 본론을 이해할 수 있는 사람이었다. 그러나 베를리아크가 있어서 아무것도 말할 수 없었다. 그는 베를리아크가 미웠다.

"라키*7 있나?" 베르제르가 웨이터에게 물었다.

"아니요, 없어요." 베를리아크가 얼른 말했다. "여기는 작고 멋진 곳이지만 술은 베르무트뿐입니다."

"저기 병에 들어 있는 노란 것은 뭐지?" 베르제르가 허물없이 가볍게 물어보았다.

"화이트 크뤼시피입니다." 웨이터가 대답했다.

"그럼 그걸 줘."

베를리아크는 의자에서 몸을 배배 꼬고 있었다. 그는 친구를 자랑하고 싶은 욕망과 뤼시앵을 빛나게 해주어 자신이 손해 보는 건 아닐까 하는 걱정 사이에서 고민하는 듯했다. 그는 마침내 음울하고 거만한 목소리로 말했다.

"그는 자살하고 싶어해요."

"오!" 베르제르가 말했다. "그거 좋구나."

다시 침묵이 이어졌다. 뤼시앵은 겸손하게 눈을 내리깔았다. 그러나 그는 베를리아크가 과연 언제 나갈까 궁금했다. 베르제르가 갑자기 시계를 보았다.

"치과는?" 그가 물었다.

베를리아크는 마지못해 일어났다.

---

*7 터키와 그리스에서 주로 마시는 증류주.

"같이 가요, 베르제르. 여기서 멀지 않아요." 그는 애원했다.

"너도 다시 올 테니까, 네 친구랑 함께 있으마."

베를리아크는 다시 우물쭈물했다. 그런 다음 걸음을 옮겼다.

"어서 가라. 우리는 여기서 기다리마." 베르제르가 거드름을 피우면서 말했다.

베를리아크가 나가자, 베르제르는 일어나서 뤼시앵의 옆에 털썩 앉았다. 뤼시앵은 자살에 대해서 장황하게 이야기했다. 그는 자신이 어머니에게 욕망을 품고 있었으며, 가학성 항문성욕이고, 사실은 아무것도 좋아하는 게 없으며, 모든 것은 그에게 희극에 지나지 않는다고 설명했다. 베르제르는 그를 물끄러미 바라보며 아무 말 없이 듣고 있었다. 뤼시앵은 이해받는 것이 기뻤다. 이야기가 끝나자 베르제르는 그의 어깨에 손을 다정하게 둘렀다. 뤼시앵은 향수 냄새와 영국제 담배 냄새를 맡았다.

"뤼시앵, 내가 너의 상태를 뭐라고 부를지 알겠나?" 뤼시앵은 베르제르를 희망 어린 눈으로 보았다. 기대에 어긋나지 않았다.

"그걸 혼미(désarroi)라고 한다." 베르제르가 말했다.

혼미. 그 말은 달빛처럼 상냥하고 하얗게 시작된다. 그러나 끝은 뿔피리의 번쩍이는 은색이었다.

"혼미……." 뤼시앵은 중얼거렸다.

그는 리리에게 몽유병자라고 고백했을 때처럼 심각한 불안을 느꼈다. 술집은 어두웠지만, 문은 황금빛 봄으로 빛나는 거리의 안개를 향해 활짝 열려 있었다. 베르제르에게서 나는 아련한 향수 냄새 아래, 뤼시앵은 어두운 방의 숨막히는 냄새와 적포도주와 축축한 나무의 향을 맡았다. '혼미…….' 그는 생각했다. '그러면 어떻게 되는 거지?' 그는 그것이 하나의 특권인지 새로운 병인지 알 수 없었다. 그는 번쩍이는 금니를 쉴 새 없이 보였다 가렸다 하는 베르제르의 날렵한 입술을 보고 있었다.

"나는 혼미에 빠진 사람이 좋아." 베르제르가 말했다. "너는 보기 드문 좋은 기회를 만났어. 아무튼, 그것은 너에게 주어졌으니까. 저기 돼지들이 보이지? 놈들은 눌러앉아 있어. 붉은 개미에게 먹이로 줘서 고통스럽게 해야 해. 그 양심적인 곤충들이 무얼 하는지 알고 있나?"

"사람을 먹지요." 뤼시앵이 말했다.

"그래. 인간의 살에서 뼈를 발라내지."

"그렇군요." 뤼시앵이 말했다. "그럼 저는 뭘 하면 되죠?"

"맹세코 아무것도 할 필요 없어." 베르제르는 우스꽝스럽게 놀라면서 말했다. "특히 주저앉으면 안 돼." 그는 웃음을 터트렸다. "말뚝 위라면 또 모를까. 랭보는 읽었나?"

"아니요." 뤼시앵은 말했다.

《일뤼미나시옹》*8을 빌려주지. 그러니까 또 만나야 해. 목요일에 시간이 있으면 3시쯤 내 집으로 오게. 몽파르나스에 살고 있네. 캉파뉴 프리미에르 9번지라네."

다음 목요일, 뤼시앵은 베르제르의 집으로 갔다. 그 뒤 5월에는 거의 날마다 그의 집에 들렀다. 그들은 베를리아크에게는 일주일에 한 번만 본다고 말하기로 했다. 그에게 고통은 주지 않으면서 솔직해지고 싶어서였다. 베를리아크는 완전히 따돌림 당했다는 사실을 알았다. 그는 뤼시앵을 비웃었다. "죽이 맞았군. 베르제르는 불안으로 너에게 일격을 가하고, 넌 보답으로 자살 충동을 주었다는 건가? 엄청난 놀이야!" 뤼시앵은 얼굴을 붉히며 항변했다. "내 자살을 그에게 처음 말한 사람이 너라는 걸 잊지 마." "그건 네 입으로 말하기 창피할까 봐 그런 거지." 그들은 만남이 뜸해졌다. "베를리아크에게서 제가 좋아했던 모든 점이 당신한테 빌려온 것이란 걸 이제 알았어요." 뤼시앵은 어느 날 베르제르에게 말했다. "베를리아크는 원숭이야." 베르제르가 웃으면서 말했다. "그런 점이 나를 언제나 끌어당기지. 그의 외할머니가 유대인이었다는 사실을 아나?" 그게 사태를 잘 설명해 주지. "그렇네요." 뤼시앵은 대답했다. 그리고 잠시 있다가 덧붙였다. "어쨌든 재미있는 녀석이니까요."

베르제르의 아파트는 기발한 물건들로 가득했다. 색칠한 나무로 만든 여자 다리 위에 붉은 비단 쿠션이 놓여 있는 의자, 작은 흑인 조각상들, 바늘이 달린 철제 정조대, 찻숟가락이 꽂힌 석고 유방. 책상 위에는 청동 벼룩과 미스트라의 납골당에서 훔쳐온 수도사의 머리뼈가 문진으로 쓰이고 있었다. 벽에는 초현실주의자 베르제르의 죽음을 고하는 통지서가 빽빽하게 붙어 있었다. 그럼에도 아파트는 지적인 안락함을 풍겼고, 뤼시앵은 흡연실의 깊은 소파에 눕

---

*8 프랑스 상징파 시인 랭보(1854~1891)의 산문 시집.

는 것이 좋았다. 무엇보다 그를 놀라게 한 것은 베르제르가 책장 위에 쌓아 놓은 수많은 노리개와 장난감들이었다. 고체로 변하는 액체, 재채기 가루, 간지럼 태우는 털, 물에 뜨는 설탕, 악마의 똥, 여자의 양말대님. 베르제르는 이야기를 하면서 악마의 똥을 손가락 사이에 끼고 자세히 들여다보았다. "이 장난은 혁명적인 힘을 갖고 있지. 그건 불안을 줘. 레닌의 전집보다 파괴적인 힘이 있지." 놀라고 매혹된 뤼시앵은 눈이 푹 꺼지고 고뇌로 일그러진 그의 잘생긴 얼굴과 완벽하게 모조된 똥을 경건하게 들고 있는 가느다란 손가락을 번갈아 쳐다보았다.

베르제르는 때때로 랭보와 '모든 감각의 조직적인 착란'에 대해서 이야기했다. "콩코르드 광장을 지나가면서 똑똑히, 그리고 의지를 갖고, 오벨리스크*9를 빨며 무릎 꿇고 있는 흑인 여자를 볼 수 있다면, 너는 허식을 버리고 구원받았다고 할 수 있지." 그는 《일뤼미나시옹》과 《말도로르의 노래》 그리고 사드 후작의 작품을 빌려주었다. 뤼시앵은 이해하려고 열심히 노력했다. 그러나 그는 대부분 이해할 수 없었고, 랭보가 동성을 사랑했다는 사실에는 혐오감을 느꼈다. 그렇게 말하자 베르제르는 웃음을 터트렸다. "꼬마 친구, 왜 그렇지?" 뤼시앵은 당황했다. 그는 얼굴이 달아올라, 잠시 동안 진심으로 베르제르를 미워했다. 하지만 그는 감정을 억누르고 고개를 들며 솔직하게 말했다. "제가 헛소리를 했어요." 베르제르가 그의 머리카락을 쓰다듬었다. 그는 감동받은 것 같았다. "이 혼란으로 가득한 커다란 눈. 이 암사슴의 눈…… 그래, 뤼시앵, 너는 바보 같은 말을 했어. 랭보의 동성애, 그건 그의 감수성의 가장 천재적인 착란이야. 우리가 그의 시를 읽게 된 건 그 덕분이지. 성적 욕망에 특별한 대상이 있고 그 대상은 다리 사이에 구멍이 있는 여자라고 생각하는 것은 주저앉아 버린 자들이 자주 저지르는 큰 잘못이야. 이걸 봐!" 그는 책상에서 12장쯤 되는 빛바랜 사진을 꺼내 뤼시앵의 무릎 위에 던졌다. 뤼시앵은 무서운 매춘부를 보았다. 알몸에 이 빠진 입으로 웃고 있었고, 다리를 입술처럼 벌리고, 엉덩이 사이에 이끼 낀 혀 같은 것을 드러내 놓고 있었다. "부사다에서 3프랑을 주고 이 물건들을 샀지." 베르제르가 말했다. "이런 여자들의 엉덩이를 안으면 한 집안의 아들로 인정받을 수 있고, 그들은 네가 남자답다고 말할 거야.

---

*9 콩코르드 광장에 있는 고대 이집트 유물. 태양 숭배의 상징으로 세웠던 기념비이다.

여자들은 다 그렇기 때문이지. 이해하겠나? 나는 주장하겠네. 모든 것이 성적 욕망의 대상이 될 수 있다고. 이렇게 너를 설득하고 싶어. 재봉틀도, 시험관도, 말(馬)도, 신발도." 그는 빙그레 웃으면서 말했다. "나는 파리와 정사를 했다네. 오리하고 잔 해병대원도 알고 있지. 그는 서랍에 오리의 머리를 집어넣고 다리를 꼭 붙들고, 그러고 했어!" 베르제르는 뤼시앵의 귀를 꼬집은 다음 말을 맺었다. "오리는 죽었고, 그 대원은 그것을 먹었지."

뤼시앵은 그 이야기에 몹시 흥분하면서 밖으로 나왔다. 그는 베르제르가 천재라고 생각했다. 그러나 밤중에 괴기하고 음란한 상상으로 가득한 머리로 땀을 흠뻑 흘리며 눈이 떠지자, 베르제르가 과연 자신에게 좋은 영향을 주는 사람인지 자문하지 않을 수 없었다. '혼자구나!' 그는 손을 꼬면서 중얼거렸다. '내가 충고를 해주고, 내가 바른길을 걷고 있는지 나에게 말해 줄 사람이 아무도 없다!' 모든 감각의 착란이라는 것을 극한까지 밀고 나가서 정식으로 실행하게 되면 그만 발을 헛디뎌 물에 빠지게 되지 않을까? 베르제르가 그에게 앙드레 브르통*10에 대해서 한참을 이야기해 주었던 그날, 뤼시앵은 꿈속에서처럼 속삭였다. "네. 그런데 그 뒤에 돌아갈 수 없게 되면요?" 베르제르는 놀랐다. "돌아가? 누구도 돌아간다는 말은 하지 않아. 머리가 이상해졌다면 더 잘된 일이지. 그다음엔, 랭보도 말했듯이 다른 무서운 노동자들이 올 거야." "제가 생각했던 것도 바로 그거예요." 뤼시앵은 서글프게 말했다. 그는 베르제르가 바라던 것과 반대의 결과를 이 긴 대화가 낳았다는 사실을 깨달았다. 약간 미묘한 감각, 독자적인 인상을 경험한 데에 놀라니 뤼시앵은 몸이 떨리기 시작했다. '또 시작이야.' 그는 생각했다. 그는 이제부터는 가장 속되고 가장 둔한 지각만을 갖게 되길 바랐다. 그는 저녁에 부모님과 있을 때에만 마음이 편했다. 그것은 그의 은신처였다. 그들의 화제는 브리앙,*11 독일인의 악의, 사촌 잔의 해산, 인생의 가치였다. 뤼시앵은 세속적이고 상식적인 이야기를 그들과 나누는 것이 즐거웠다. 어느 날 베르제르와 헤어진 뒤 방으로 돌아왔을 때, 그는 기계적으로 문을 잠그고 빗장을 걸었다. 그는 자신의 행동을 깨닫고 억지로 웃었지만, 그날 밤은 잠을 이루지 못했다. 그는 자신이 무서워한다는 것을 깨달았다.

그러나 그는 베르제르의 집에 드나드는 것을 조금도 그만두려 하지 않았다.

---

*10 프랑스 시인, 초현실주의 주창자(1896~1966).
*11 프랑스 정치가(1862~1932). 11번 수상을 지내면서 집단적 안전보장 중심의 평화 외교 추진.

"그 사람은 나를 사로잡아." 그는 중얼거렸다. 그리고 그는 베르제르가 두 사람 사이에 만들어 놓은 아주 미묘하고 특별한 우정을 강하게 맛보았다. 베르제르는 거칠기까지 한 남자다운 태도는 바꾸지 않고, 자신의 상냥함을 뤼시앵에게 느끼게 하고 감동하게 하는 법을 터득했다. 예를 들면 그는 뤼시앵의 어설픈 옷매무새를 지적하면서 넥타이를 고쳐 매주고, 캄보디아에서 온 금빗으로 그의 머리를 빗겨주었다. 그는 뤼시앵에게 자신의 몸을 발견하게 해주었으며, 청춘의 날카롭고 비극적인 아름다움을 설명했다. "너는 랭보야." 그는 말했다. "베를렌을 만나러 파리에 왔을 때, 그도 너처럼 커다란 손을 갖고 있었지. 그의 얼굴은 건강한 젊은 농부에 어울리는 장밋빛이고, 몸은 금발의 소녀처럼 가냘팠지." 그는 뤼시앵의 옷깃을 풀고 셔츠의 앞섶을 열었다. 그런 다음 어쩔 줄 모르는 그를 거울 앞으로 데리고 가, 그 붉은 뺨과 흰 가슴의 매력적인 조화를 보게 했다. 그리고 뤼시앵의 엉덩이를 손으로 툭 치고, 서글프게 덧붙였다. "스무 살에 자살해야 해." 이제 뤼시앵은 때때로 스스로 거울 앞에 서서 어설픔으로 가득한 그의 젊은 아름다움을 즐기는 법을 배웠다. '나는 랭보야.' 그는 밤에 애정이 가득 담긴 몸짓으로 옷을 벗으면서 이렇게 생각했다. 그리고 그는 자신의 삶이 너무 아름다운 꽃처럼 짧고 비극적일 것이라고 믿기 시작했다. 그러다가 문득 아주 오래전부터 그런 생각을 했던 것 같은 기분이 들었다. 그러자 터무니없는 어떤 형태가 그의 마음에 떠올랐다. 그는 자선시에서 꽃을 뿌리고 있는, 천사의 날개를 단 푸른 옷을 입은 아주 어린 자신의 모습을 다시 보았다. 그는 자신의 기다란 다리를 보았다. '내 피부가 이렇게 부드럽다니, 이게 사실일까?' 그는 즐겁게 생각했다. 그리고 한번은 자신의 팔에 입술을 대고 매력적인 푸르고 가느다란 혈관을 따라 팔꿈치 안쪽에 입을 맞추었다.

어느 날 베르제르의 집에 간 그는 불쾌한 놀라움을 느꼈다. 베를리아크가 있었다. 그는 작은 칼로 흙덩이처럼 시커먼 것을 잘게 자르고 있었다. 두 젊은이는 열흘 전부터 만나지 않았다. 그들은 냉담하게 악수했다. "이게 뭔지 알겠어?" 베를리아크가 말했다. "이건 마리화나야. 우리는 이 파이프에, 금으로 된 두 개의 순한 담배 사이에 이것을 넣을 거야. 근사한 효과가 있지. 네 것도 있어." 그는 덧붙였다. "고마워." 뤼시앵은 말했다. "하지만 필요 없어." 두 사람 모두 웃었고, 베를리아크는 혐오스러운 눈빛으로 집요하게 권했다. "너 바보구나. 피워. 기분이 좋아진다니까." "싫다고 했잖아." 뤼시앵은 말했다. 베를리아크는 더는 아무 말도 하지 않았다. 우월감 가득한 웃음을 띠고 있을 뿐이었다. 뤼시앵은 베르제르도 웃는 것을 보았다. 그는 발을 쿵쿵 구르면서 말했다. "싫어. 힘없이 늘어지고 싶지 않아. 자신을 바보로 만드는 걸 피우는 것은 미친 짓이야." 그는 자기도 모르게 지껄였다. 그러나 자기가 한 말의 의미와 그에 대한 베르제르의 생각을 상상하자, 베를리아크를 죽이고 싶어졌다. 그리고 눈물이 나왔다. "너는 부르주아야." 베를리아크가 어깨를 으쓱하고 말했다. "너는 헤엄치는 시늉을 하고 있지만 물에 빠질까 봐 무서운 거야."

"난 마약 복용 습관은 들이고 싶지 않아." 뤼시앵은 조용히 말했다. "그것도 하나의 예속이야. 난 자유롭고 싶어." "피우기 무섭다고 하면 되잖아." 베를리아크가 사납게 대답했다. 뤼시앵은 그의 따귀를 때리려고 했다. 그때 베르제르의 고압적인 목소리가 들렸다. "놔둬, 샤를. 그의 말도 옳다. 피우기 두렵다는 것 또한 혼미야." 그들은 긴 의자에 드러누워 아편을 피우기 시작했다. 아르메니아산 종이 냄새가 방 안에 퍼졌다. 뤼시앵은 붉은 벨벳 의자에 앉아서 말없이 그 둘을 보고 있었다. 잠시 뒤 베를리아크는 머리를 뒤로 젖히고 엷은 미소를 지으면서 눈을 깜빡거렸다. 뤼시앵은 원망스러운 눈으로 그를 보았다. 굴욕을 느꼈다. 마침내 베를리아크는 일어나더니 어정어정 방 밖으로 나갔다. 그는 끝까지 나른한 모습으로 웃음을 띠고 있었다. "파이프를 하나 주세요." 뤼시앵이 사납게 말했다. 베르제르는 웃기 시작했다. "신경 쓸 것 없다. 베를리아크가 그런 말을 했다고 해서 걱정할 필요 없어. 지금 저 애가 뭘 하고 있는지 알아?" "상관없어요." 뤼시앵은 말했다. "그래도 알아두게 저 애는 토하고 있어." 베르제르는 조용히 말했다. "마리화나가 저 애에게 주는 유일한 효과지. 그다음은 희극이야. 하지만 저 애는 나를 놀라게 하고 싶어하고, 나도 재미있으니까 가끔 피우게 해주는 거야."

다음 날 베를리아크는 학교에 와서 뤼시앵을 놀리려고 했다. "너는 열차에는 올라타지만, 조심해서 역에서 아직 출발하지 않고 서 있는 기차만 선택하는 놈이야." 하지만 상대를 잘못 골랐다. "너는 사기꾼이야." 뤼시앵은 그에 대응했다. "너는 어제 욕실에서 네가 한 짓을 내가 모를 거라고 생각하니? 너는 어제 토했잖아!" 베를리아크는 창백해졌다. "베르제르가 말했지?" "그럼 누구겠어?" "됐어." 베를리아크는 우물거렸다. "베르제르가 오랜 친구를 새 친구와 함께 바보 취급 하는 사람이라고는 생각하고 싶지 않아." 뤼시앵은 조금은 걱정스러워졌다. 그는 아무런 말도 하지 않겠다고 베르제르와 약속했던 것이다. "그는 널 바보 취급 한 게 아니야. 다만 그것이 내게 소용없다는 것을 가르쳐 주려고 했던 것뿐이야." 그러나 베를리아크는 그에게 등을 돌리고, 악수도 없이 가버렸다. 베르제르를 만난 뤼시앵은 그다지 기운이 없었다. "베를리아크에게 무슨 말을 한 거지?" 베르제르가 아무렇지도 않은 투로 물었다. 뤼시앵은 대답하지 않고 고개를 수그렸다. 그는 기분이 가라앉아 있었다. 그때 갑자기 베르제르의 손이 목을 어루만지는 것을 느꼈다. "아무것도 아니야. 결국 일어날 일이었어. 희극 배우는 어차피 나를 오래 재미있게 할 수 없어." 뤼시앵은 조금 용기를 되찾았다. 그는 고개를 들고 미소 지었다. "하지만 저도 희극 배우예요." 그는 눈을 깜빡거리면서 말했다. "하지만 넌 귀여워." 베르제르가 그를 끌어당기면서 대답했다. 뤼시앵은 가만히 있었다. 그는 자신이 여자처럼 나긋해지는 것을 느꼈다. 눈에는 눈물이 고였다. 베르제르는 뺨에 입을 맞추고, "장난꾸러기"라든가 "귀여운 동생" 하면서 귀를 깨물었다. 뤼시앵은 이렇게 자신을 이해해 주는 너그러운 형이 있으면 얼마나 좋을까 생각했다.

플뢰리에 부부는 뤼시앵이 그토록 이야기하는 베르제르라는 사람을 알고 싶었다. 그리하여 그를 식사에 초대했다. 모두 그에게 감탄했고, 제르멘은 그와 같은 미남은 처음 봤다고 말했다. 베르제르의 숙부인 니장 장군을 알고 있는 플뢰리에 씨는 끝도 없이 그의 이야기를 했다. 플뢰리에 부인도 오순절 휴일에 뤼시앵을 베르제르에게 맡길 수 있어 무척 기뻐할 정도였다. 그들은 자동차로 루앙에 갔다. 뤼시앵은 대사원과 시청을 보고 싶었다. 그러나 베르제르는 단호히 거절했다. "그런 쓰레기를?" 그는 거만하게 물었다. 마지막으로 그들은 코르들리에 거리에 있는 사창가에서 두 시간을 놀았다. 베르제르는 신나게 즐겼다. 그는 탁자 아래서 뤼시앵을 무릎으로 쿡쿡 찌르면서 어떤 여자에게든지 "아가씨"라고 불렀다. 그런 다음 그는 한 여자와 위층으로 올라갔지만, 5분도 되지 않아 돌아왔다. "나가자." 그가 속삭였다. "안 그러면 위험해." 그들은 재빨리 계산을 마치고 밖으로 나왔다. 베르제르는 거리에서 무슨 일이 있었는지 설명해 주었다. 그는 여자가 등을 돌리고 있는 틈에 침대 위에 뻣뻣한 털을 한 줌 집어던지고, 자신은 성불구자라고 말하고 내려왔다는 것이었다. 위스키 두 잔을 마신 뤼시앵은 술기운이 돌았다. 그는 〈메츠의 포병〉과 〈신병은 고달프다〉를 노래했다. 그는 베르제르가 이렇게 심각하면서도 어린애 같을 수 있는 점이 놀라웠다.

"방은 하나밖에 안 잡았는데." 베르제르가 호텔에 도착하자 말했다. "하지만 커다란 욕실이 있어." 뤼시앵은 놀라지 않았다. 그는 여행 중 베르제르와 방을 함께 쓰게 될 거라고 막연하게 생각하고 있었다. 그런 생각은 그리 오래 머무르지 않았지만 피할 수 없는 지금이 되자 그는 조금 겸연쩍어졌다. 특히 발이 너무 더러워서, 가방이 위로 옮겨지는 동안 그는 베르제르가 "발이 왜 이렇게 더럽지? 양탄자가 더러워지겠네" 주의를 주는 장면을 상상했다. 그러면 그는 거만하게 대답할 것이다. "청결이라는 점에서 당신은 아주 부르주아적인 생각을 갖고 있군요." 그러나 베르제르는 가방과 함께 그를 욕실에 밀어 넣고 말했다. "거기서 옷을 갈아입어. 나는 방에서 옷을 벗을 테니까." 뤼시앵은 발을 씻고 좌욕을 했다. 그는 화장실에 가고 싶었지만 용기가 없어서 세면대에다가 소변을 보았다. 그런 다음 그는 잠옷을 입고, 어머니에게서 빌린 슬리퍼를 신고(자신의 것은 구멍투성이였으므로) 문을 두드렸다. "다 됐어요?" 그는 물었다. "응, 응, 들어와." 베르제르는 하늘색 파자마 위에 검은 실내복을 걸치고 있었다. 방에서 향수 냄새가 났다. "침대가 하나밖에 없나요?" 뤼시앵이 물었다. 베르제르는 대답하지 않았다. 그는 뤼시앵을 멍하니 바라보았지만, 그것은 엄청난 폭소로 끝났다. "그 기다란 잠옷은 뭐야!" 그는 웃으면서 말했다. "그 두건은 또 뭐고? 너 참 우습구나. 너 자신을 한번 봐." "2년 전부터 줄곧" 뤼시앵은 당황해서 말했다. "어머니에게 파자마를 사달라고 부탁했다고요." 베르제르가 다가오더니 근엄하게 말했다. "벗어. 내 것을 줄 테니까. 좀 크지만, 그래도 이것보다는 나을 거야." 뤼시앵은 방 한가운데에 우두커니 서서 벽에 걸린 빨강과 초록의 마름모꼴을 보고 있었다. 그는 도로 욕실로 가고 싶었다. 그러나 비웃음을 당할까 봐 잠옷을 머리 위로 걷어 올렸다. 순간 침묵이 흘렀다. 베르제르는 빙그레 웃으면서 뤼시앵을 바라보았다. 그리고 뤼시앵은 문득 방 한가운데에 자신이 어머니의 술 달린 슬리퍼만 신고 알몸으로 서 있다는 것을 깨달았다. 그는 자신의 손을—랭보의 커다란 손을—보았다. 그는 그것을 배에 대고 적어도 그곳만큼은 가리고 싶었다. 그러나 그는 그대로 계속해서 용감하게 뒷짐을 졌다. 벽에는 두 줄의 마름모꼴 사이에 작은 보라색 사각형이 띄엄띄엄 있었다. "이야, 소녀처럼 순결하구나. 거울을 봐, 뤼시앵. 가슴까지 빨갛게 되었어. 하지만 아까 그 파자마보다는 낫다." 베르제르는 말했다. "그래요. 그렇지만 벌거벗으면 멋져 보일 수가 없죠. 빨리 파자마를 주세요." 뤼시앵이 발끈해서 말했다. 베르제르는 라벤더 향이 나는 실크 파자마를 휙 던졌다. 그런 다음 그들은 잠자리에 들었다. 숨 막히는 침묵이 흘렀다. "기분이 안 좋아요. 토할 것 같아요." 뤼시앵이 말했다. 베르제르는 대답하지 않았다. 뤼시앵은 위스키 향이 나는 하품이 나왔다. '나랑 함께 잘 생각이야.' 그는 생각했다. 벽에 걸린 마름모꼴이 빙글빙글 돌기 시작했다. 향수 냄새가 숨 막히게 목구멍을 자극했다. '이 여행에 따라오는 게 아니었어.' 지금까지는 기회가 없었던 것이다. 최근에는 스무 번이나 베르제르가 그에게 바라는 것이 이루어지기 직전이었고, 그때마다 우연히 사건들이 벌어져 그 생각을 피해 갈 수 있었다. 그러나 이제 그는 이런 침대 안에서 즐거움을 기다리고 있는 것이다. "전 베개를 갖고 욕실에 가서 잘게요" 말하려 했으나 그는 그럴 용기가 나지 않았다. 그는 베르제르의 비웃는 듯한 눈빛을 생각했다. 그는 웃기 시작했다. "아까 그 창녀를 생각했어요. 지금쯤 미친 듯이 가려워하고 있겠죠?" 베르제르는 여전히 대답이 없었다. 뤼시앵은 곁눈으로 슬쩍 보았다. 그는 악의 없는 얼굴로 팔목을 베고 똑바로 드러누워 있었다. 그때 엄청난 분노가 뤼시앵을 엄습했다. 그는 팔꿈치를 괴고 일어나 말했다. "뭘 기다리는 거죠? 저를 여기에 데리고 온 이유가 뭐예요?"

이미 후회해도 늦었다. 베르제르는 그의 쪽으로 몸을 돌리고 재미있다는 듯이 쳐다보았다. "천사 같은 얼굴을 한 작은 매춘부 씨. 나를 봐. 나는 아무 말도 안 했어. 네가 스스로 내가 너의 감각을 교란시켜 주기를 바라는 거야." 그는 한참 동안 뤼시앵을 바라보았다. 서로의 얼굴이 닿을락 말락 했다. 그런 다음 그는 뤼시앵을 품에 안고 파자마 위로 가슴에 입을 맞추었다. 기분이 나쁘지는 않았다. 약간 간지러웠으며 베르제르가 무서울 뿐이었다. 그는 멍한 얼굴로 계속 되풀이했다. "부끄럽지도 않아, 이 아기 돼지. 부끄럽지 않아, 이 아기 돼지!" 그것은 역에서 열차의 출발을 알리는 축음기 레코드의 목소리 같았다. 그러나 베르제르의 격렬하고 가벼운 손은 살아 있는 인간 같았다. 그 손은 부드럽게 뤼시앵의 가슴을 어루만졌다. 그것은 욕조에 들어갈 때 뜨거운 물이 애무해 주는 것과 비슷했다. 뤼시앵은 그 손을 잡아 비틀고 싶었다. 하지만 베르제르는 더욱 장난을 칠 것이다. "나를 봐, 아가씨." 손은 천천히 배를 따라 내려가, 바지를 동여맨 끈의 매듭을 풀기 위해 움직이고 있었다. 그는 가만히 있었다. 그는 물먹은 스펀지처럼 무겁게 젖기 시작했다. 덜컥 겁이 났다. 베르제르는 옷을 젖히고 뤼시앵의 가슴 위에 머리를 얹었다. 그는 청진하는 자세를 취했다. 뤼시앵은 연달아서 두 번 날카로운 구역질을 느꼈다. 그리고 그는 멋들어진 은발의 아름다운 머리카락 위에 토하지나 않을까 걱정이 되었다. "지금 위를 누르고 있어요." 뤼시앵이 말했다. 베르제르가 살짝 몸을 들더니 한쪽 손을 뤼시앵의 엉덩이 밑에 넣었다. 다른 한 손은 애무를 멈추고 기회를 엿보고 있었다. "귀여운 엉덩이군." 베르제르가 불쑥 말했다. 뤼시앵은 악몽을 꾸는 기분이었다. 하지만 "좋아요?" 물으며 그는 응석을 부렸다. 그러자 베르제르는 갑자기 손을 떼더니 유감이라는 듯이 머리를 들었다. "거짓말쟁이!" 그가 거칠게 말했다. "랭보 흉내를 내고 싶다고 해서 한 시간도 넘게 열심히 해주었는데 흥분하지도 않다니!" 뤼시앵은 분해서 눈물이 나왔다. 그는 베르제르를 힘껏 떠밀었다. "제 탓이 아니에요." 그는 쉰 목소리로 말했다. "당신이 술을 너무 먹었다고요. 저는 토할 것 같아요." "그럼 가! 가라고!" 베르제르가 말했다. "천천히 해." 그런 다음 그는 입 속에서 "근사한 하룻밤이군!" 하고 덧붙였다.

뤼시앵은 바지를 다시 입고 검은 실내복을 걸치고서 방에서 나갔다. 화장실 문을 닫자 그는 고독과 슬픔이 밀려와 울음을 터뜨리고 말았다. 실내복 주머니에 손수건은 없었다. 그는 휴지로 눈과 코를 닦았다. 목구멍에 손가락 두 개를 넣었지만 토하지 못했다. 그런 다음 그는 기계적으로 바지를 내리고 몸을 떨면서 변기에 앉았다. '더러운 놈, 더러운 놈.' 그는 생각했다. 그의 마음은 지독하게 상처받았다. 그렇지만 그는 베르제르의 포옹을 받은 것이 수치스러운지, 흥분하지 못한 것이 수치스러운지 알 수 없었다. 문 너머의 복도에서 소리가 났다. 뤼시앵은 그때마다 흠칫 놀랐다. 그러나 방으로 돌아갈 결심은 서지 않았다. '하지만 가야 해.' 그는 생각했다. '그렇지 않으면 나를 비웃을 거야. 베를리아크와 마찬가지로……' 그가 반쯤 일어났을 때 베르제르의 얼굴과 그 추한 자세가 떠올랐고, "부끄럽지도 않아, 이 아기 돼지!" 하는 목소리를 들었다. 그는 변기 위에 다시 털썩 앉았다. 절망이었다! 곧 심한 설사가 찾아왔다. 그것이 조금은 위로가 되었다. '취기는 가셨어.' 그는 생각했다. '그게 나아.' 사실 이제는 더 이상 토하고 싶지 않았다. 하지만 '그가 나를 아프게 할 거야.' 문득 그는 생각했다. 정신이 아득해졌다. 뤼시앵은 결국 추워져서 이가 딱딱 부딪쳤다. 그는 병이 날 것 같아 황급히 일어섰다. 그가 침대로 돌아가자, 베르제르가 거북한 듯이 그를 보았다. 담배를 피우고 있었다. 파자마 앞섶이 열려서 마른 상반신이 보였다. 뤼시앵은 천천히 바지와 실내복을 벗고 아무 말 없이 이불 속으로 들어갔다. "좀 괜찮아졌어?" 베르제르가 물었다. 뤼시앵은 어깨를 으쓱했다. "추워요!" "따뜻하게 해줄까?" "네." 뤼시앵은 말했다. 순간 엄청난 무게에 짓눌리는 기분이었다. 부드럽고 축축한 입이 그의 입에 들러붙었다. 날고기 같았다. 뤼시앵은 아무 생각이 없어졌다. 자신이 어디에 있는지도 알 수 없었다. 숨이 막혔으나 따뜻해져서 기분이 좋았다. 그는 베스 부인이 그의 배에 손을 대고 "내 작은 인형"이라고 불렀던 일, 에브라르가 "키다리 아스파라거스"라고 했던 일, 부파르디에 씨가 관장을 하러 왔던 일을 생각했고, 아침에 목욕을 했던 일을 생각했다. "나는 그의 작은 인형이야!" 뤼시앵은 중얼거렸다. 그때 베르제르가 승리의 환호성을 질렀다. "드디어 결심이 섰구나." 그는 말했다. 그리고 숨을 헐떡거리면서 덧붙였다. "자, 너에게도 해주지." 뤼시앵은 스스로 파자마를 벗기 시작했다.

다음 날 그들은 정오 무렵에서야 눈을 떴다. 종업원이 침실로 아침 식사를 가지고 왔다. 뤼시앵은 그가 거만한 태도를 취하는 것을 깨달았다. '나를 동성애자로 여기는군' 이렇게 생각하자 불쾌해서 몸이 떨렸다. 베르제르는 아주 상냥했다. 그는 먼저 옷을 갈아입고, 뤼시앵이 목욕을 하러 간 사이에 비외 마르셰 거리로 담배를 피우러 갔다. 뤼시앵은 목욕 장갑으로 꼼꼼하게 몸을 문지르면서 생각했다. '시시하군.' 공포의 첫 순간이 지나고, 생각했던 것보다 고통스럽지 않다는 것을 알게 되자 음울한 권태에 빠졌다. 그는 빨리 끝내고 자기만을 바랐다. 그러나 베르제르는 새벽 4시까지 그를 못살게 굴었다. '하지만 나는 삼각 기하 문제를 풀어야 해.' 그는 생각했다. 그리고 그는 이제 공부 생각만 하려고 노력했다. 하루는 길었다. 베르제르는 로트레아몽의 생애를 들려주었다. 그러나 뤼시앵은 그다지 귀담아듣지 않았다. 베르제르는 성가신 존재였다. 밤에 그들은 코드베크에서 잤다. 물론 베르제르는 뤼시앵을 실컷 괴롭혔다. 그러나 새벽 1시쯤, 뤼시앵은 단호하게 졸리다고 말했다. 그러자 베르제르는 싫은 기색 없이 놓아주었다. 그들은 저녁이 다 되어 파리로 돌아갔다. 요컨대 뤼시앵은 그리 불만스럽지 않았다.

부모님은 두 팔을 벌려 그를 맞이해 주었다. "베르제르 씨에게 감사 인사는 했니?" 어머니가 물었다. 그는 잠깐 부모님과 노르망디 들판에 대해서 대화를 나눈 다음, 일찌감치 잠자리에 들었다. 그는 천사처럼 잤다. 하지만 이튿날 눈을 뜨자 몸속이 떨리는 것 같았다. 그는 일어나서 오랫동안 거울을 들여다보았다. "나는 남색가야." 그는 중얼거렸다. 그리고 털썩 주저앉았다. "일어나렴, 뤼시앵!" 문 너머에서 어머니가 외쳤다. "오늘 아침에는 학교에 가야지." "네, 어머니." 뤼시앵은 얌전히 대답했다. 그러나 침대에 쓰러져 발가락을 물끄러미 바라보았다. '너무해. 나는 그럴 생각이 없었어. 경험이 없었어.' 이 발가락을 그 남자가 하나씩 빨았어. 뤼시앵은 세차게 고개를 저었다. '그는 알고 있어. 그가 나에게 시킨 행위에는 이름이 있어. 남색이라는 거야. 그리고 그는 그걸 알고 있어.' 우스웠다─뤼시앵은 쓴웃음을 지었다─인간은 며칠이고 계속해서 자문할 수가 있다. '나는 똑똑한가? 남자로서 자존심이 강한 걸까?' 결론은 나지 않는다. 게다가 어느 화창한 아침, 갑자기 딱지가 붙으면 평생 그것이 붙어 다닌다. 예를 들면 뤼시앵은 키가 크고 금발이며, 아버지를 닮았고 외동아들이며, 어제부터 남색가다. 사람들은 그에 대해 말할 것이다. "플뢰리에를 알지? 남자에게 반한, 금발의 키 큰 놈." 그러면 상대는 "응, 그 키다리 남색가? 알고말고" 대답할 것이다.

　그는 옷을 입고 밖으로 나갔다. 그러나 학교에 가고 싶지는 않았다. 그는 랑발 거리를 따라 센 강까지 걸어갔다. 하늘은 맑고, 거리는 푸른 잎과 타르와 영국제 담배 냄새가 났다. 새로운 영혼, 깨끗이 씻은 몸에 깨끗한 옷을 입기에 딱 좋은 날씨였다. 사람들은 모범적인 모습을 하고 있었다. 뤼시앵은 자신만이 이 봄의 풍경 속에서 음흉하고 기분 나쁜 존재로 느껴졌다. '숙명의 언덕을 굴러떨어지는 거야' 생각했다. '나는 오이디푸스 콤플렉스에서 시작해서 가학성 항문성욕자가 되었고, 마침내 남색가가 되었어. 어디서 멈추지?' 물론 그의 경우는 아직 그리 심각하지 않았다. 베르제르의 포옹에 기쁨을 느끼지 않았으니까. '하지만 습관이 되면?' 그는 괴로운 심정으로 생각했다. '하지 않고는 배기지 못하게 될 거야. 모르핀처럼.' 그는 흠이 있는 사람이 되어 아무도 그를 불러주지 않게 될 테고, 아버지가 고용한 노동자들은 그가 명령하면 비웃을 것이다. 뤼시앵은 어떤 만족감 속에서 자신이 두려워해야 할 숙명을 상상했다. 그는 젠체하며 화장을 하고 우아하게 교태를 부리지만 수염을 기른 신사로, 레지옹 도뇌르 훈장을 단 무서운 신사인 서른다섯 살의 자신을 눈앞에 그려보았다. 지팡이를 휘두르며 말했다. "당신 같은 남자가 이곳에 오는 건 우리 딸들에 대한 모욕이야." 그때 갑자기 그는 발을 헛디뎌, 놀이는 중단되었다. 그는 베르제르의 말을 떠올렸다. 코드베크의 밤이었다. 베르제르는 말했다. "넌 이걸 좋아해." 그는 무슨 말을 하려고 했었다. 물론 뤼시앵은 목석이 아니니까 지나치게 만지작거리면······ '그건 어떤 증거도 되지 못해.' 그는 불안해져서 생각했다. 그러나 그들은 자신들과 같은 부류를 엄청나게 잘 찾아낸다고 한다. '육감이야.' 뤼시앵은 이에나 다리 앞을 순찰하는 경찰을 한참 동안 바라보았다. '저 경찰은 나를 흥분시킬까?' 그는 경찰의 푸른 바지를 응시하며 탄탄한 털북숭이 넓적다리를 상상했다. '나는 뭔가 느낄까?' 그는 안심하고 다시 걷기 시작했다. '별것 아니야. 나는 아직 구원받을 수 있어. 그는 내 혼미를 이용한 거야. 하지만 나는 진짜 남색가가 아니야.' 그는 생각했다. 그리고 스쳐 지나가는 모든 사람에게 시험해 보았다. 그때마다 결과는 부정적이었다. '큰일 날 뻔했어.' 그는 생각했다. 그것은 하나의 경고였고, 그뿐이다. 나쁜 습관은 빨리 드는 법이니까, 이제는 그만둬야 한다. 빨리 콤플렉스에서 벗어나야 한다.' 그는 부모님에게는 비밀로 하고 전문가에게 정신분석을 의뢰해 보기로 결심했다. 그런 다음 그는 연인을 하나 만들고 평범한 사람이 될 것이다.

뤼시앵은 안심하기 시작했다. 그때 그는 갑자기 베르제르를 떠올렸다. 지금 이 순간에도 베르제르는 파리의 어딘가에서 자신의 일로 우쭐하며 그 기억으로 머리를 가득 채우고 있을 것이다. 그는 내 몸을 알고 있어. 그는 내 입을 알고 있어. 그는 나에게 말했다. "너한테서는 내가 잊지 못할 향기가 나." 그는 친구들에게 자랑하겠지. "나는 그녀석이랑 했어." 내가 마치 남창인가 뭔가라는 듯이. 지금 이 순간에도 그는 그날 밤 이야기를 누군가와 하고 있을지도 모른다······ 뤼시앵은 심장이 덜컥 내려앉았다. "베를리아크한테 말한다면! 만일 그렇다면 나는 그를 죽일 거야. 베를리아크는 나를 싫어해. 그는 반 애들한테 모두 말할 거야. 그러면 난 끝장이다. 친구들은 내 손을 잡기를 거부할 거야. 사실이 아니라고 우겨야지." 뤼시앵은 혼란스러운 머리로 중얼거렸다. "나는 고소할 거야. 폭행당한 거라고 말할 거야." 뤼시앵은 온 힘을 다해 베르제르를 미워했다. 그가 없다면, 이 구원받을 길 없는 불명예스러운 의식만 없다면 모든 일이 잘될 것이다. 아무도 모를 것이다. 그리고 뤼시앵 자신도 결국에는 잊어버릴 것이다. '그가 당장 죽었으면! 하느님, 이렇게 빕니다. 누구에게 뭘 말하기 전에 오늘 밤 죽게 해주세요. 하느님, 이 이야기가 영원히 묻히도록 해주세요. 제가 남색가가 되기를 바라시진 않겠죠? 어쨌든 저는 그것이 좋다고 말해야 해요. 제가 파멸하지 않기 위해서는요!' 그는 계속 걸으면서 만일을 위해 이렇게 덧붙였다. "하느님, 베를리아크도 죽게 해주세요."

뤼시앵은 베르제르에게 돌아갈 결심이 서지 않았다. 그 뒤 몇 주 동안 그는 한 걸음 걸을 때마다 베르제르를 만나지나 않을까 두려워했다. 방에서 공부할 때도 초인종 소리가 들리면 화들짝 놀랐다. 밤에는 끔찍한 악몽에 시달렸다. 베르제르가 생루이 교정 한가운데에서 그를 강제로 잡으려 할 때 상급생들은 둘러서서 웃으면서 구경하고 있었다. 그러나 베르제르는 그를 만나기 위한 어떤 시도도 하지 않았고, 살아 있는 증거조차 보이지 않을 정도였다. '그는 내 몸만을 원했어.' 뤼시앵은 이렇게 생각하자 혐오감이 들었다. 베를리아크도 보이지 않았다. 일요일에 그와 함께 때때로 나들이를 갔던 기가르의 이야기에 따르면, 그는 신경쇠약 발작을 일으킨 뒤 파리를 떠났다는 것이었다. 뤼시앵은 차츰 안정을 되찾았다. 루앙 여행에 대한 기억은 아무것도 남기지 않는 불명료하고 기괴한 꿈과 같은 것이 되었다. 그는 거의 모든 사실을 잊어버렸고, 음울한 살갗과 짙은 향수 냄새와 참을 수 없는 굴욕감의 인상만이 남았다. 플뢰리에 씨는 친구 베르제르가 어떻게 지내는지 몇 번이나 물었다. "보답으로 페롤로 초대하고 싶은데." "뉴욕으로 갔어요." 뤼시앵은 마침내 이렇게 대답하고 말았다. 그는 몇 번 기가르와 기가르 여동생과 함께 마른 강으로 보트를 타러 갔다. 그리고 기가르에게 춤을 배웠다. '나는 눈을 떴어. 나는 다시 살아났어.' 그는 생각했다. 그러나 그는 아직도 무언가가 이따금 무거운 짐처럼 등을 짓눌러 오는 것을 느꼈다. 그것은 그의 콤플렉스였다. 그는 빈으로 프로이트를 만나러 가야 하는 것은 아닐까 자문했다. '돈이 없으니까 걸어가자. 이렇게 말해야지. 돈은 한 푼도 없지만 저는 연구 사례가 될 겁니다.'

6월의 어느 더운 오후, 그는 생미셸 거리에서 철학 교사였던 르 바부앵을 만났다. "이야, 플뢰리에. 국립공과대학 입학을 준비하고 있니?" "네, 선생님." "문학공부를 하지 그랬니. 철학을 잘했는데." "철학을 그만둔 건 아니에요." 뤼시앵은 말했다. "올해는 책을 많이 읽었어요. 예를 들면 프로이트요." 바로 그때 그는 생각이 나서 물었다. "질문이 있는데, 선생님은 정신분석학을 어떻게 생각하세요?" 르 바부앵은 웃음을 터뜨렸다. "한때의 유행이지. 프로이트의 가장 좋은 부분은 이미 플라톤에게 있고, 그 밖의 부분은……" 그는 반박할 수 없도록 단호하게 말했다. "그런 잡소리에는 시간을 낭비하고 싶지 않다. 스피노자를 읽는 게 더 낫지." 거대한 짐에서 해방된 것을 느낀 뤼시앵은 휘파람을 불면서 집으로 돌아갔다. '짧은 악몽이었어.' 그는 생각했다. '하지만 이제 아무 것도 남아 있지 않아!' 그날은 햇살이 강하고 뜨거웠다. 그러나 뤼시앵은 고개를 들고, 눈도 깜빡이지 않고 태양을 똑바로 쳐다보았다. 태양은 모든 사람의 것이었다. 뤼시앵은 정면에서 그것을 볼 권리가 있었다. 그는 구원받은 것이다! '잡소리!' 그는 생각했다. '잡소리야! 나는 이상해질 뻔했지만, 결국 그렇게 되지 않았어.' 사실 그는 저항을 그만둔 것은 아니었다. 베르제르는 그를 자신의 논리 속으로 끌어들이려고 했으나 뤼시앵은 이를테면 랭보에게 동성애는 약점이었다는 것을 느끼고 있었으며, 베를리아크가 그에게 마리화나를 피우게 하려고 했을 때도 잘 빠져나갔다. '나는 파멸하기 일보직전이었어. 하지만 나를 지켜준 건 내 정신의 건강함인 거야!' 그는 생각했다. 저녁 식사 때 뤼시앵은 다정한 눈으로 아버지를 바라보았다. 플뢰리에 씨는 어깨가 치솟아 있었고, 농부처럼 무겁고 느릿느릿하게 움직였으며, 혈통의 순수함을 보여주는 잿빛 눈은 금속적이고 차가웠으며 지도자다웠다. '나는 아버지를 닮았어.' 뤼시앵은 생각했다. 그는 플뢰리에 집안이 5대째 내려오는 회사의 우두머리라는 것을 상기했다. '누가 뭐라 해도 어쩔 수 없어. 가문이란 건 있는 거야!' 그리고 그는 플뢰리에 집안의 건강한 정신을 자랑스럽게 생각했다.

뤼시앵은 그해 국립공과대학교 입학시험을 치르지 않았다. 그리고 플뢰리에 가족은 일찌감치 페롤로 출발했다. 그는 집과 정원과 공장과 고요하고 안정된 소도시를 보고 다시 매혹되었다. 그것은 다른 세계였다. 그는 일찍 일어나서 근처를 거닐기로 결심했다. 그는 아버지에게 말했다. "폐를 맑은 공기로 가득 채워야겠어요. 내년에 공부에 매이기 전에 건강을 회복하려고 해요." 그는 어머니를 따라 부파르디에 씨 집과 베스 씨 집을 방문했다. 모두 그가 똑똑하고 의젓한 젊은이가 되었다고 인정했다. 파리에서 법률 공부를 하고 있는 에브라르와 빙켈만도 방학을 맞아 페롤에 돌아와 있었다. 뤼시앵은 그들과 이따금 외출해서 자크마르 신부에게 쳤던 장난이며 가벼운 자전거여행 이야기를 하고, 〈메츠의 포병〉을 삼중창으로 노래했다. 뤼시앵은 옛 친구들의 투박한 솔직함과 변함없는 우정을 즐겼다. 그리고 그들을 잊고 있었던 것을 자책했다. 그는 에브라르에게 파리는 전혀 정이 안 간다고 고백했다. 그러나 에브라르는 그 마음을 이해하지 못했다. 그의 부모님은 에브라르를 어느 신부에게 맡겼는데,

어찌나 철저하게 감시받고 있는지 루브르 박물관 관람이나 오페라극장에서 보낸 저녁을 아직도 황홀해하고 있었다. 뤼시앵은 이 단순함에 감동했다. 그는 자신이 에브라르나 빙켈만의 형처럼 느껴졌다. 그리고 그렇게 괴로운 시간을 보낸 것도 후회해서는 안 된다고 생각하기 시작했다. 그는 경험을 쌓은 것이다. 그는 프로이트나 정신분석학 이야기로 그들을 놀라게 하고 즐거워했다. 그들은 콤플렉스 이론을 거세게 비난했지만 그 반대 의견은 소박해서, 뤼시앵은 그것을 지적하며 철학적 관점에서 보면 프로이트의 오류는 쉽게 반박할 수 있다고 말했다. 그들은 매우 감탄했지만 뤼시앵은 모른 척했다.

플뢰리에 씨는 뤼시앵에게 공장의 조직을 설명했다. 아버지는 그에게 주요 건물들을 보여주었고, 뤼시앵은 직공들이 일하는 모습을 천천히 관찰했다. "내가 죽으면", 플뢰리에 씨가 말했다. "네가 그다음 날부터 공장 경영을 이어서 해야 하니까." 뤼시앵은 소리쳤다. "아버지, 그런 말씀 마세요!" 그러나 늦든 빠르든 그가 지게 될 책임을 생각하자 그 뒤 며칠 동안 그는 진지해졌다. 그들은 공장주의 의무에 대해서 긴 대화를 나누었고, 플뢰리에 씨는 소유는 권리라기보다는 의무라고 설명했다. "우리는 계급 투쟁에 시달리고 있다." 그는 말했다. "마치 주인과 직공과 이해관계가 대립한다는 듯이 말하는 거야! 생각해 보렴, 뤼시앵. 나는 작은 공장의 사장이다. 이른바 파리에서 말하는, 검소한 주인이지. 좋아, 나는 백 명의 직공을 그의 가족들과 함께 먹여 살리고 있어. 경영이 잘되면 가장 먼저 이익을 얻는 것은 그들이다. 하지만 공장을 닫게 되면 그들은 거리로 내몰리게 돼. 나는 서투르게 경영해서는 안 되는 거란다." 그는 힘주어 말했다. "그게 내가 말하는 계급의 연대성이란다."

3주 넘게 모든 일은 순조롭게 흘러갔다. 그는 이제 거의 베르제르를 생각하지 않았다. 그는 용서하고 있었다. 단, 살아 있는 동안 절대 그와 만나고 싶지 않았다. 가끔 옷을 갈아입을 때, 그는 거울로 다가가 놀라운 심정으로 자신을 바라보았다. '한 남자가 이 몸을 원했었지.' 그는 생각했다. 그는 다리 위를 천천히 손으로 어루만지면서 '한 남자가 이 다리에 고뇌했었지' 생각했다. 그는 엉덩이를 만지고, 실크를 만지듯이 자신의 살을 쓰다듬을 때 자신이 타인이 아닌 것을 아쉬워했다. 때로는 자신의 콤플렉스를 그리워하기조차 했다. 그 거대하고 음울한 덩어리는 그에게 추처럼 완고하고 무겁게 달라붙어 있었다. 그러나 이제 모든 것은 끝났다. 뤼시앵은 이제 그것을 믿지 않았다. 그리고 자신이 애처롭긴 하지만 가벼워졌음을 느꼈다. 그것은 무엇보다도 그렇게 불쾌하지 않았다. 오히려 견딜 수 있는 정도의, 조금은 기분 나쁜 정도의, 권태라고도 할 수 있는 쓸쓸함이었다. '나는 아무것도 아니야.' 그는 생각했다. '하지만 그건 내가 상처입지 않았기 때문이야. 베를리아크는 더러운 취급을 받고 있어. 나는 약간의 불안은 참을 수 있어. 그건 순결함의 대가야.'

산책을 하다가 그는 비탈에 앉아서 생각했다. '나는 6년 동안 잠들어 있다가 어느 화창한 날에 누에고치에서 빠져나온 거야.' 그는 기운이 나서 기분 좋게 경치를 둘러보았다. '나는 행동하도록 만들어진 거야.' 생각했다. 그러나 문득 그의 눈부신 생각은 희미해졌다. 그는 작은 목소리로 말했다. "조금만 더 기다려라. 내가 누구인지 보여줄 테니까." 그는 힘을 주어서 말했으나 그 말은 빈 껍데기처럼 밖으로 떨어졌다. "나에겐 뭐가 문제지?" 이 기묘한 불안을 그는 인정하고 싶지 않았다. 그 불안이 이전에 그를 그토록 괴롭혔던 것이다. 그는 생각했다. '그건 이 정적…… 이 경치……' 살아 있는 것은 없었다. 노랗고 검은 배를 먼지 속에서 애처롭게 끌고 있는 귀뚜라미 말고는. 뤼시앵은 언제나 반죽은 모습을 하고 있는 귀뚜라미가 싫었다. 길 건너편에는 잿빛으로 가라앉은 쩍쩍 갈라진 땅이 강까지 이어졌다. 아무도 뤼시앵을 보지 않았고, 아무도 그의 말을 듣지 않았다. 그는 벌떡 일어났다. 그 움직임은 어떤 저항, 중력의 저항조차도 만나지 못할 것만 같았다. 지금 그는 잿빛 구름의 장막 아래 서 있다. 진공 속에 있는 기분이었다. '이 정적……' 그는 생각했다. 그것은 정적 이상이었다. 그것은 무(無)였다. 뤼시앵의 주위에서 들판은 더없이 조용하고 부드러우며 비인간적이었다. 아주 작아진 그것은 뤼시앵을 흐트러뜨리지 않기 위해 호흡마저 멈춰 버린 듯했다. "메츠의 포병이 막사로 돌아왔을 때……." 소리는 진공 속의 불길처럼 입술 위에서 사라졌다. 뤼시앵은 그림자도 없고 메아리도 없는, 너무나도 조용하고 무게도 느껴지지 않는 이 자연 속에서 외톨이였다. 그는 몸을 흔들어 생각의 실마리를 더듬어 다시 살리려고 했다. '나는 행동하도록 만들어졌어. 무엇보다도 나는 회복할 수 있어. 바보 같은 짓을 해도 늘 물러서기 때문에 너무 멀리 가지 않거든.' 그는 생각했다. '나에게는 건강한 정신이 있어.' 그러나 그는 혐오감에 얼굴을 찡그리고 멈춰 섰다. 죽어가는 곤충들이 지나가는 이 허연 길 위에서 '건강한 정신'을 말하는 것은 너무나도 부조리해 보였기 때문이다. 뤼시앵은 화가 나서 귀뚜라미를 잘근 밟았다. 하지만 신발 밑창으로 탄력 있는 작고 둥그런 것이 느껴졌다. 그가 발을 들었을 때 귀뚜라미는 아직 살아 있었다. 뤼시앵은 그 위에다 침을 뱉었다.

'어쩔 줄을 모르겠어. 어쩔 줄을 모르겠어. 작년처럼.' 그는 자신을 '으뜸 중의 으뜸'이라고 부른 빙켈만과, 그를 어엿한 성인으로 대해 준 플뢰리에 씨와, 그에게 "얘가 나의 작은 인형이었던 그 애군요. 이렇게 커서 이젠 아가라고 못하겠네, 부끄러워서"라고 했던 베스 부인을 생각하기 시작했다. 그러나 그들은 서로 멀었다. 너무 멀었다. 진짜 뤼시앵은 사라지고, 어쩔 줄 모르는 하얀 곤충만이 남은 듯했다. '나는 뭐지?' 몇 킬로미터나 이어지는 평야, 넓게 펼쳐진 평탄한 땅, 풀도 없고 냄새조차 없다. 그리고 갑자기 회색 땅에서 똑바로 아스파라거스가, 뒤에 그림자조차 없다고 생각될 정도로 불쑥 튀어나온다. '나는 뭐지?' 질문은 지난 방학부터 바뀌지 않았다. 질문이 그를 두고 온 장소에서 그대로 뤼시앵을 기다리고 있었기라도 한 듯이. 차라리 그것은 질문이 아니라 상태였다. 뤼시앵은 어깨를 움츠렸다. '나는 너무 세심해.' 그는 생각했다. '자기 분석이 지나쳐.'

그 뒤 며칠은 자기 분석을 하지 않으려고 애썼다. 그는 사물에 정신을 빼앗기는 편이 낫다고 생각해서 삶은 달걀용 그릇들이나 냅킨 고리들, 나무들과 진열창들을 한참 동안 쳐다보았다. 그가 어머니에게 은그릇을 보여달라고 하자, 어머니는 무척 기뻐했다. 그러나 그는 은그릇을 바라보는 동안에도 은그릇을 보고 있다고 생각했으며, 시선 뒤에서 생기 넘치는 작은 안개가 움직이는 것을 느꼈다. 그리고 뤼시앵은 플뢰리에 씨와의 대화에 몰두하려고 했지만 헛수고였다. 그 풍부하고 끈질긴 안개는 이상하게도 빛과 닮았으며, 불투명한 변덕을 갖고 있어서 그가 아버지 말에 귀기울이는 동안 그 뒤로 슬금슬금 들어왔다. 안개, 그것은 그 자신이었다. 가끔은 신경이 쓰여서 뤼시앵은 듣기를 멈추고 뒤를 돌아 안개를 붙잡고 정면에서 들여다보려고 했다. 그는 공허 말고는 만나지 못했으며, 안개는 계속 그 뒤에 머물렀다.

제르멘이 울면서 플뢰리에 부인을 만나러 왔다. 동생이 기관지폐렴에 걸린 것이다. "가엾기도 하지, 제르멘." 플뢰리에 부인이 말했다. "동생은 늘 건강하다고 했잖니!" 그녀는 하녀에게 한 달간의 휴가를 주고, 대신 공장 직공의 열일곱 살 먹은 딸 베르트 모젤을 불렀다. 그녀는 자그마하고 금발 머리를 땋아서 머리에 빙 두르고 있었다. 그리고 살짝 다리를 절었다. 그녀가 콩카르노에서 왔을 때, 플뢰리에 부인은 레이스 두건을 쓰라고 부탁했다. "더 귀엽게 보이니까." 그녀의 파랗고 커다란 눈은 뤼시앵을 만날 때마다 매번 수줍게 열렬한 존경심을 내비쳤다. 뤼시앵은 그녀가 자신을 숭배하고 있다는 것을 알았다. 그는 그녀에게 친절하게 말을 건네고, 몇 번이나 물어보았다. "여기가 마음에 들어?" 복도에서는 어떤 효과가 있을까 하고 그녀에게 몸을 스치며 즐거워했다. 그녀가 사랑의 감정을 일으켰으므로, 그는 그 사랑에서 소중한 위안을 얻었다. 그는 베르트가 그에 대해서 만들어 내고 있는 그림을 가끔 감격적으로 상상했다. "사실 나는 그녀가 어울리는 젊은 직공들하고는 다르니까." 그는 핑계를 대서 빙켈만을 부엌으로 보냈다. 빙켈만은 그녀가 꼬시기 쉬운 여자라고 말했다. "너는 행운아야. 나 같으면 한 판 할 텐데." 그는 결론 지었다. 그러나 뤼시앵은 망설였다. 그녀는 땀 냄새가 났고, 검은 블라우스는 팔 밑에 구멍이 뚫려 있었다.

9월의 비 오는 오후, 플뢰리에 부인은 자동차를 타고 파리로 나갔고, 뤼시앵은 방에 혼자 남았다. 그는 침대에 누워 하품을 했다. 변덕스러운 찰나의 구름, 언제나 똑같고 언제나 다른, 늘 끄트머리에서 공기 안으로 녹아 들어가는 구름이 있는 것 같았다. '나는 내가 왜 존재하는지 궁금해.' 그는 거기에 있었다. 먹은 것을 소화하며, 하품을 하고, 유리창을 두드리는 빗소리를 들었다. 머릿속에 흐트러지는 안개가 있었다. 그리고 다음은? 그의 존재는 하나의 추문이 되었고, 이윽고 그가 지게 될 책임이 그것을 가까스로 정당하게 만들어 주고 있을 뿐이었다. '결국 나는 태어나게 해달라고 부탁한 적이 없어.' 그는 생각했다. 그러자 자신이 가엾어졌다. 그는 어릴 적의 불안과 기나긴 잠을 떠올렸다. 그리고 새로운 빛 아래 그것이 드러나기 시작했다. 사실 그는 자신의 생명, 이 육중하고 쓸모없는 선물을 성가시게 생각하기를 그만둔 것은 아니었다. 그는 어떻게 해야 좋을지, 어디로 가지고 가야 좋을지 몰라 가슴에 안고 가고 있던 것이다. '나는 태어난 것을 후회하면서 시간을 보냈어.' 그러나 그는 그 생각을 계속 밀고 나가기에는 너무 약해져 있었다. 그는 일어나 담배에 불을 붙이고, 베르트에게 차를 달라고 부탁하기 위해 부엌으로 내려갔다.

그녀는 뤼시앵이 들어오는 것을 보지 못했다. 그가 어깨를 툭 치자 그녀는 화들짝 놀랐다. "무서웠어?" 그가 물었다. 그녀는 놀란 듯이 그를 보았다. 식탁에 두 손을 짚고 있어서 가슴이 봉긋하게 솟아올라 있었다. 곧 그녀는 빙그레 웃으면서 말했다. "좀 놀랐어요. 아무도 없는 줄 알았거든요." 뤼시앵도 가볍게 웃으면서 말했다. "차를 좀 타주면 좋겠는데." "네, 뤼시앵 씨." 소녀는 대답하고 불가로 달아났다. 뤼시앵이 있어서 거북스러운 듯이 보였다. 뤼시앵은 문간에 서서 여전히 우물쭈물하고 있었다. "그런데 우리집은 마음에 들어?" 그는 어른스럽게 물었다. 베르트는 그에게 등을 돌리고 주전자에 수돗물을 받고 있었다. 물소리 때문에 대답이 들리지 않았다. 뤼시앵은 잠시 기다리다가, 그녀가 가스에 주전자를 올리자 다시 물었다. "담배는 피워?" "가끔요." 소녀가 조심스럽게 대답했다. 그는 담뱃갑을 열어 권했다. 그는 기분이 별로 좋지 않았다. 마치 타락한 기분이 들었다. 본디 담배 같은 걸 권하면 안 되었다. "제가 피워도 돼요……?" 그녀가 놀라서 말했다. "왜 안 되지?" "마님께 혼나요." 뤼시앵은 악행에 가담한 듯한 불쾌감이 들었다. 그는 웃으면서 말했다. "고자질은 안 해." 베르트는 얼굴을 붉히며 손가락 끝으로 담배를 들고 입에 물었다. '불을 붙여줘야 하나? 그것도 괜한 짓인가?' 그는 생각했다. 그리고 물었다. "불은 안 붙여?" 그녀는 그를 짜증나게 만들었다. 뻣뻣한 자세로 얼굴은 붉게 달아올라서 얌전히 거기에 서 있는 것이다. 입술에 담배를 문 모습이 꼭 체온계를 물고 있는 것 같았다. 마침내 그녀는 양철통에서 유황성냥을 꺼내 긋더니, 눈을 깜빡거리면서 몇 모금 빨았다. 그녀가 말했다. "순하네요." 그런 다음 그녀는 갑자기 입에서 담배를 빼내더니 어색한 동작으로 다섯 손가락 사이에 넣었다. '이 아이는 희생자로 태어났구나.' 뤼시앵은 생각했다. 그가 고향 브르타뉴를 좋아하느냐고 묻자, 그녀는 조금 경계를 풀고 브르타뉴식 두건 종류를 설명한 다음, 부드러운 목소리로 로스포르당*12 노래를 불렀다. 뤼시앵은 그녀를 가볍게 놀렸으나 그녀는 농담을 이해하지 못하고 놀란 눈으로 그를 바라보았다. 그럴 때 그녀는 토끼와 비슷했다. 그는 의자에 앉았다. 갑자기 기분이 좋아졌다. "자, 앉아." 그는 말했다. "아니에요, 뤼시앵 씨. 뤼시앵 씨 앞에서는……." 그는 그녀의 겨드랑이 아래로 손을 두르고 자기 무릎 위로 끌어당겼다. "그럼 이렇게 할까?" 그는 말했다. 그녀는 얌전히 기쁨과 비난이 섞인 묘한 말투로 "어머, 무릎 위에……" 하고 속삭였다. 뤼시앵은 기분이 나빠졌다. '너무 나갔어. 이 이상은 안 돼.' 그는 침묵했다. 그녀는 뤼시앵의 무릎 위에서 달아오른 몸으로 얌전히

---

*12 브르타뉴 지방 피니스테르 주에 있는 마을.

있었다. 뤼시앵은 그녀의 심장이 쿵쾅대는 것을 느꼈다. '이 애는 내 거야. 하고 싶은 대로 할 수 있어' 생각했다. 그는 손을 놓고 찻주전자를 들고 방으로 올라갔다. 베르트는 그를 잡으려는 기색을 전혀 보이지 않았다. 차를 마시기 전에 뤼시앵은 어머니의 좋은 향기가 나는 비누로 손을 씻었다. 겨드랑이 냄새가 났기 때문이다.

'그 애랑 잘까?' 뤼시앵은 그 뒤 며칠 동안 이 작은 문제에 사로잡혔다. 베르트는 그가 다니는 길에 어김없이 나타나서 강아지처럼 슬픈 눈을 크게 뜨고 그를 바라보았다. 도덕이 승리했다. 뤼시앵은 자신이 충분한 경험이 없어서(페롤에서는 모두들 그를 알고 있으므로 콘돔을 살 수 없었다) 임신시킬 염려가 있고, 플뢰리에 씨에게 폐를 끼치게 될 거라는 사실을 깨달았다. 또 자신의 직공의 딸이 그와 잤다고 자랑하고 다닌다면 앞으로 공장에서 그의 위엄이 사라질 거라고도 생각했다. '그 애를 건드리면 안 되겠어.' 그는 9월의 마지막 며칠은 베르트와 단둘이 있는 것을 피했다.

"어떻게 돼가?" 빙켈만이 물었다. "건드리지 않을 거야. 나는 보조적 사랑은 싫어." 보조적 사랑이라는 말을 처음 들은 빙켈만은 휘파람을 휙 불고 입을 다물어 버렸다. 뤼시앵은 자신에게 매우 만족했다. 그는 훌륭한 사람에게 어울리게 행동했고, 그것이 그의 수많은 잘못을 보상해 주었다. '그 애를 내 것으로 만들 수도 있었는데.' 그는 조금 아쉬웠다. 그러나 곰곰이 되돌아보니 '이미 가진 거나 다름없어. 그 애는 몸을 내밀어 왔고, 나는 거기에 손을 대지 않은 것뿐이니까' 하고 생각되었다. 그 뒤 그는 자신이 이미 동정이 아니라고 여기게 되었다. 그 가벼운 만족감이 며칠 동안 그를 채웠으나 그런 기분도 안개 속으로 이내 사라졌다. 10월의 새 학기는 작년 초처럼 음울했다.

베를리아크는 돌아오지 않았다. 그리고 누구도 그를 궁금해하지 않았다. 뤼시앵에게 낯선 얼굴들이 많았다. 그의 오른쪽 옆자리의 르모르당이라는 남자는 1년 동안 푸아티에에서 특별히 수학을 공부하고 왔다고 했다. 뤼시앵보다 키가 크고 검은 수염을 기른 그는 이미 어른처럼 보였다. 뤼시앵은 학교 친구들이 마음에 들지 않았다. 그들은 유치하고, 천진난만하게 소란스러웠다. 요컨대 이들은 학생이었다. 뤼시앵도 그들의 단체에 가담했지만, 그 이유는 그의 '담백한' 기질에서였고, 느긋한 성격에서였다. 성숙한 르모르당은 그의 관심을 끌었지만, 그의 성숙함은 뤼시앵처럼 참혹한 경험들을 통해서 얻은 것처럼 보이지는 않았다. 그는 태어나면서부터 어른인 것이다. 뤼시앵은 때때로 이 두껍고 생각이 많아 보이는, 목이 없이 어깨에 파묻혀 있는 머리를 만족스럽게 바라보았다. 그 머릿속에는 귀로도, 장밋빛 유리처럼 흐린 중국인 같은 작은 눈으로도 뭔가를 집어넣는 것은 불가능해 보였다. '그는 신념이 있는 남자야.' 뤼시앵은 존경심을 갖고 생각했다. 르모르당에게 이토록 풍부한 자신감을 주는 신념이란 과연 어떤 것일까? 약간 질투 섞인 마음으로 자문했다. '나도 저렇게 되어야 한다. 바위처럼.' 그는 르모르당이 수학적 추론을 할 수 있다는 말을 듣고 조금 뜻밖이었다. 그러나 위송 선생은 첫 번째 숙제를 돌려주면서 그를 안심시켰다. 뤼시앵은 7등이었고, 르모르당은 5점을 받아 78등이었다. 모든 일은 완벽하게 되어 있는 것이다. 르모르당은 놀라지 않았다. 그는 더 최악이라고 생각했었는지, 작은 입과 노랗고 매끈한 큰 뺨은 감정을 드러내지 않았다. 그는 돌부처였다. 그가 화를 내는 모습을 본 것은 딱 한 번뿐이었다. 로위가 그를 탈의실에서 밀쳤을 때였다. 그는 눈을 깜빡이며 날카롭게 으르렁대더니, "폴란드로 가! 폴란드로 가버려! 더러운 유대인 자식, 여기서 얼쩡거리지 마!" 외치며 로위를 깔아뭉갰고, 그 육중한 몸뚱이는 기다란 다리 위에서 흔들흔들거렸다. 그가 마침내 양쪽 따귀를 때리자 로위는 사과했다. 사건은 그것으로 끝났다.

목요일마다 뤼시앵은 기가르와 함께 외출했다. 기가르는 그를 데리고 여동생 친구 집에 춤을 추러 갔다. 그러나 기가르는 그런 모임은 지긋지긋하다고 고백했다. "나는 애인이 있어. 루아얄 거리의 플리스니에서 가장 인기 있는 아이지. 그녀의 친구 중에 애인이 없는 아이가 있어. 토요일 밤에 같이 갈래?" 그가 말했다. 뤼시앵은 부모님과 한바탕 실랑이를 한 끝에 토요일마다 외출해도 좋다는 허락을 얻었다. 문 앞 깔개 밑에 열쇠를 놓아두기로 했다. 생토노레 거리 술집에서 그는 9시쯤 기가르와 만났다. 기가르는 말했다. "너도 파니의 매력을 알아볼 거야. 게다가 그녀는 옷을 잘 입어." "내 여자친구는?" "나도 몰라. 손이 작고, 파리에 온 지 얼마 안 됐다는 것밖에는. 앙굴렘 출신이야. 그건 그렇고, 실수하지 마. 나는 피에르 도라야. 너는 금발이니까, 영국계라고 해두었어. 그게 좋아. 너는 뤼시앵 보니에르야." "하지만 왜?" 뤼시앵은 묘한 기분이 들었다. "이건 중요해." 기가르가 말했다. "그런 여자하고는 뭘 해도 좋아. 하지만 절대 이름은 알려주지 마." "알았어, 알았어." 뤼시앵은 말했다. "그런데 내 직업은 뭐라고 해야 하지?" "너는 학생이라고 해. 그게 좋아. 알겠지? 그러면 점수를 딸 수 있으니까. 그리고 데리고 나가도 돈을 쓸 필요는 없어. 비용은 물론 각자 내는 거야. 하지만 오늘 밤은 내가 내지. 그게 규칙이니까. 월요일에 네 몫을 말해 줄게." 곧 뤼시앵은 기가르가 얼마쯤 돈을 챙기고 있다는 사실을 깨달았다. '나도 얼마나 의심이 많아졌는지!' 이렇게 생각하자 즐거워졌다.

때맞침 파니가 들어왔다. 키가 크고 마른 갈색 머리 여자로, 허벅지가 길고 얼굴은 두껍게 화장을 했다. 뤼시앵은 그녀가 위압적이라고 생각했다. "이쪽이 요전에 말한 보니에르." 기가르가 말했다. "안녕." 파니는 근시처럼 눈을 뜨고 말했다. "이쪽은 모드, 내 친구." 뤼시앵은 화병을 거꾸로 한 것 같은 모자를 쓴, 나이를 알 수 없는 작은 여자를 보았다. 화장을 하지 않은 그녀는 눈부신 파니 옆에서 몹시 수수해 보였다. 뤼시앵은 씁쓸한 실망감을 느꼈다. 그러나 그녀의 아름다운 입을 알아보았다. 게다가 이런 여자하고라면 어색해할 필요도 없을 것 같았다. 미리 계산을 끝낸 기가르는 그녀들이 도착한 분주한 틈을 이용해서 두 여자에게 마실 시간도 주지 않고 두 사람을 문 쪽으로 쾌활하게 밀고 갔다. 뤼시앵도 바라던 바였다. 플뢰리에 씨는 그에게 일주일에 125프랑밖에 주지 않았고, 그 돈으로 그는 교통비를 내야 했기 때문이다.

그날 밤은 매우 즐거웠다. 그들은 라탱 거리에 있는 붉고 뜨거운 작은 홀로 춤을 추러 갔다. 그곳에는 구석진 자리가 있고, 칵테일은 5프랑밖에 하지 않았다. 파니 같은 부류의, 그러나 좀더 품위 없는 여자들을 데리고 온 학생들이 많았다. 파니는 훌륭했다. 그녀는 파이프 담배를 피우고 있는 수염 난 커다란 남자를 빤히 쳐다보면서 큰 소리로 말했다. "난 춤추면서 파이프 담배를 피우는 남자가 너무 싫어." 그 남자는 얼굴이 새빨개져서 파이프를 불이 붙은 채로 주머니에 넣었다. 그녀는 기가르와 뤼시앵에게 어떤 우월감을 가지고 대했고, 어머니 같은 상냥한 투로 몇 번이나 말했다. "당신들은 철없는 아이들 같아." 뤼시앵은 마음이 편해져서 아부를 쏟아냈다. 그는 파니의 재미난 점을 늘어놓으면서 미소 지었다. 나중에는 그의 미소가 얼굴에서 떠나지 않았다. 그리고 비꼬는 듯한 정중함을 띤, 다정하고도 쾌활한 세련된 어조로 말하게 되었다. 그러나 파니는 거의 그와 말을 섞지 않았다. 그녀는 기가르의 턱을 잡고 뺨을 잡아당겨서 입을 내밀게 만들었다. 입술이 벌어지고, 육즙이 꽉 찬 과일이나 민달팽이처럼 침이 고이자, 그녀는 "베이비" 하면서 입술을 핥았다. 뤼시앵은 거북하고 민망한 기분이 들었고, 기가르가 바보같이 여겨졌다. 기가르는 입가에 립스틱을 묻히고, 볼에는 손가락 자국이 났다. 그러나 다른 연인들의 행동은 더 대담했다. 모두 껴안고 있었다. 가끔 외투 보관소의 여자가 작은 바구니를 들고 지나가면서 색종이 테이프와 갖가지 색깔 공을 던지며 말하곤 했다. "여러분, 실컷 즐기세요! 실컷 웃으세요!" 다들 웃었다.

뤼시앵은 마침내 모드의 존재를 떠올리고 빙그레 웃으며 말했다. "이 멧비둘기들을 좀 봐." 그는 기가르와 파니를 가리키며 덧붙였다. "우리 고귀한 늙은이들은……" 그가 말을 끝까지 하지 못하고 웃음을 터트리자 모드도 웃었다. 그녀는 모자를 벗었다. 뤼시앵은 그녀가 무대 위의 어떤 여자들보다도 예쁜 것을 보고 기분이 좋아졌다. 그는 그녀에게 춤을 추자 하고, 대학입학 자격시험을 치르던 해 그가 선생들에게 장난쳤던 이야기를 들려주었다. 그녀는 춤을 잘 추었다. 진지해 보이는 검은 눈과 지적인 외모를 지녔다. 뤼시앵은 그녀에게 베르트 이야기를 하고, 아쉽다고 말했다. "하지만" 그는 덧붙였다. "그녀한테는 그게 더 나았을 거야." 모드는 베르트 이야기를 시적이고 슬프게 생각했으며, 뤼시앵의 부모님에게 베르트가 얼마를 받는지 물었다. "어린 소녀가 남의 집살이를 한다는 게 늘 즐거울 수는 없지." 그녀는 덧붙였다. 기가르와 파니는 이제 그들을 신경 쓰지 않고 키스를 나누었고, 기가르의 얼굴은 침 범벅이었다. 뤼시앵은 가끔 "이 비둘기들을 좀 봐. 진짜로 한번 봐" 하고 말했다. 그다음 문장은 준비되어 있었다. '나도 저렇게 하고 싶어.' 그러나 이 말은 차마 입 밖에 내지 못하고 미소만 지었다. 그는 모드와 자신이 사랑 따위는 우습게 생각하는 오래된 사이인 척하며 "여어, 형제!" 하면서 어깨를 툭툭 쳤다. 파니가 갑자기 고개를 돌리더니 놀란 눈으로 그들을 보았다. "뭣들 하는 거야? 어서 키스해. 애만 태우다가 죽겠어." 뤼시앵은 모드를 끌어안았다. 파니가 보고 있었으므로 그는 조금 망설여졌다. 키스는 능숙하게 오래도록 하고 싶었지만, 남들은 도대체 어떻게 숨을 쉬는걸까 궁금했다. 결국 일이란 막상 해보면 쉬운 법으로, 콧구멍을 자유롭게 하려면 고개를 비스듬히 하면 되었다. 그는 기가르가 "하나…… 둘…… 셋…… 넷……" 세는 것을 들었다. 그리고 쉰둘에 모드를 놓았다. "처음 치고는 나쁘지 않은데." 기가르가 말했다. "하지만 난 더 할 수 있어." 이번에는 뤼시앵이 손목시계를 보면서 숫자를 셌다. 기가르가 파니의 입을 놓은 때는 159초였다. 뤼시앵은 차츰 달아올라, 이 경쟁은 무의미하다고 생각했다. '내가 모드를 놓은 것은 배려심에서였어. 악의는 없었어. 숨 쉬는 법만 터득하면 한없이 계속할 수 있어.' 그는 두 번째 시합을 제안했고, 이번에는 승리했다. 다 끝난 뒤에 모드가 뤼시앵을 보고 진지하게 말했다. "키스를 잘하네." 뤼시앵은 기뻐서 얼굴이 빨개졌다. "네 덕분이야." 그는 대답하며 허리를 숙였다. 그러나 그는 차라리 파니와 키스하고 싶었다. 그들은 지하철 막차를 놓치지 않으려고 12시 반쯤 헤어졌다. 뤼시앵은 기분이 아주 좋았다. 그는 레누아르 거리에서 깡충깡충 뛰다가 춤추다가 하면서 '성공이 확실해' 생각했다. 그는 너무 웃어서 입가가 아팠다.

그는 이제 목요일 6시와 토요일 밤마다 모드를 만났다. 그녀는 키스는 허락했지만, 몸은 허락하지 않았다. 뤼시앵이 기가르에게 투덜거렸다. "걱정하지 마." 기가르는 위로해 주었다. "파니 말로는, 반드시 너랑 잘 거라고 했대. 단지 그녀는 너무 어려서 여태까지 애인이 두 명밖에 없었대. 다정하게 대해 주라고 파니가 부탁했어." "다정하게?" 뤼시앵은 말했다. "내가 누군지 알고?" 그들은 웃었다. 그리고 기가르는 "할 일은 해야지" 이렇게 결론 내렸다. 뤼시앵은 아주 다정했다. 그는 모드에게 많은 입맞춤을 하고, 사랑한다고 되풀이해서 말해 주었다. 그러나 결국 그것만으로는 조금 단조로웠고, 그녀와 돌아다니는 것은 그리 달갑지 않았다. 그는 그녀의 옷차림에 충고하고 싶었지만 그녀는 편견이 강하고 화를 잘 냈다. 두 사람은 키스하는 동안에는 조용히 서로 손을 맞잡고 빤히 쳐다보았다. '저렇게 엄숙한 눈으로 무슨 생각을 하고 있는지는 하느님만이 아시겠지.' 뤼시앵은 언제나 같은 생각을 했다. 자신이라는 슬프고 막연하고 작은 존재를. '르모르당이 되고 싶어. 녀석은 자신의 길을 발견한 거야.' 그럴 때면 그는 자신이 다른 사람처럼 생각되었다. 손을 맞잡고, 자신을 사랑해 주는 여자 옆에 앉아서, 입맞춤에 입술을 적신 채, 그녀가 내미는 수줍은 행복을 거절하면서. 홀로. 그는 모드의 작은 손가락을 꽉 잡았다. 눈물이 나왔다. 그녀를 행복하게 해주고 싶었다.

12월 어느 아침, 르모르당이 뤼시앵에게 다가왔다. 그는 종이 한 장을 들고 있었다. "서명해 주지 않겠어?" 그가 말했다. "뭔데?" "고등사범학교의 유대인 놈들 때문이야. 그들이 군사교육 의무제에 반대해서 2백 명의 서명을 모아 〈외부르〉지에 청원서를 보냈더군. 그래서 이번에는 우리가 항의하는 거지. 적어도 천 명은 필요해. 육사생, 해사생, 농대생, 이공대생 모두가 써야 해." 뤼시앵은 우쭐해하며 물었다. "어디에 낼 거지?" 〈악시옹〉에는 확실히. 그리고 어쩌면 〈에코 드 파리〉도." 뤼시앵은 당장 서명하고 싶어졌다. 그러나 그러면 진지하지 않게 여겨지니 종이를 빌려 자세히 읽어보았다. 르모르당은 덧붙였다. "너는 정치를 싫어한다고 알고 있어. 그건 네 자유야. 하지만 넌 프랑스인이야. 의견을 말할 권리는 있지." "너는 의견을 말할 권리가 있다"는 말을 듣자, 그는 설명하기 어려운 갑작스러운 환희에 압도당했다. 그는 서명했다. 다음 날 그는 〈악시옹 프랑세즈〉를 샀다. 하지만 성명서는 실려 있지 않았다. 목요일이 되어서야 실렸다. 뤼시앵은 그것을 2면에서 다음과 같은 제목으로 발견했다. '프랑스 청년층이 국제 유대인들의 턱에 한 방 먹이다.' 그의 이름은 르모르당의 이름 가까이에 작게, 뚜렷이 실려 있었다. 그 이름은 둘러싸인 플레셔나 플리포처럼 낯설게 느껴졌다. 예복을 입은 기분이었다. '뤼시앵 플뢰리에, 농부의 이름이야. 순수하게 프랑스적인 이름이야.' 그는 생각했다. 그는 큰 소리로 F로 시작하는 이름을 모두 읽어보았다. 그리고 그의 이름을 읽을 차례가 되어서도 큰 소리로 발음했다. 그런 다음 신문을 주머니에 찔러 넣고 기분 좋게 집으로 돌아갔다.

며칠 뒤에 그는 르모르당의 집을 찾아갔다. "넌 정치를 할 생각이야?" 그는 물었다. "나는 동맹에 가입했어. 너는 〈악시옹〉을 읽은 적이 있어?" 르모르당이 말했다. "아주 가끔." 뤼시앵은 고백했다. "여태까지는 재미가 없었거든. 하지만 나는 달라진 것 같아." 르모르당은 무표정한 얼굴로, 호기심도 보이지 않고 그를 바라보았다. 뤼시앵은 베르제르가 '혼미'라고 이름 붙인 것을 간략하게 설명했다. "너는 고향이 어디지?" 르모르당이 물었다. "페롤. 아버지는 그곳에 공장을 갖고 계셔." "거기서 몇 년 살았지?" "2학년까지." "알았어." 르모르당은 말했다. "간단하군. 너는 뿌리 뽑힌 사람이야. 바레스를 읽었나?" 《콜레트 보도슈》를 읽었지." "그게 아니야." 르모르당이 신경질적으로 말했다. "오후에 《뿌리 뽑힌 사람들》을 가져다주지. 네 이야기야. 거기서 네 병의 원인과 치료법을 알 수 있을 거야." 그 책은 초록색 가죽으로 장정되어 있었다. 첫 페이지에 '앙드레 르모르당 장서'라고 고딕체로 적혀 있었다. 뤼시앵은 깜짝 놀랐다. 르모르당에게 성이 아닌 이름이 있으리라고는 생각도 하지 못했다.

그는 못 미더운 심정으로 읽기 시작했다. 르모르당은 지금까지 몇 번이나 설득하려고 했다. 몇 번이나 "이걸 읽어봐. 너랑 똑같아" 하면서 책을 들이밀었다. 뤼시앵은 자신은 그렇게 단 몇 장으로 분석되는 사람이 아니라는 생각에 서글프게 미소 짓곤 했다. 오이디푸스 콤플렉스, 혼미. 유치하기 짝이 없는 단어다. 모두 먼 이야기가 되어버렸다. 그러나 처음부터 그는 매혹되었다. 무엇보다도 심리학 따위가 아니었다—뤼시앵은 심리학 같은 것은 진작 졸업했다. 바레스가 말하는 청년들은 추상적 인간도 아니고, 랭보나 베를렌 같은 계급이탈자도 아니며, 프로이트에게 분석된 한가한 빈 여자들 같은 환자도 아니었다. 바레스는 인간을 그 환경, 그 가족 안에 놓는 것에서부터 시작했다. 그들은 지방의 견고한 전통 속에서 자랐다. 뤼시앵은 스튀렐이 자신과 닮았다는 생각이 들었다. '이건 진짜야. 나는 뿌리 뽑힌 사람이야.' 그는 플뢰리에 집안의 정신적 건강, 시골에서만 얻을 수 있는 건강, 그들의 육체적 힘을 생각했다(그의 할아버지는 손가락으로 1수짜리 동전을 구부렸다). 그는 감동하여 페롤의 아침을 떠올렸다. 그는 일어나 부모님을 깨우지 않도록 살금살금 내려가 자전거에 올라타곤 했다. 일드프랑스의 다정한 풍경이 수줍게 그를 감쌌다. '나는 언제나 파리가 싫었어.' 그는 강하게 생각했다. 그는 또 《베레니스의 정원》을 읽었다. 그리고 가끔 책 읽기를 멈추고 멍한 눈으로 생각에 잠겼다. 이렇게 해서 다시 하나의 성격, 하나의 숙명, 의식의 끝없는 수다에서 벗어날 수 있는 하나의 수단, 자기를 정의하고 가치를 부여하는 하나의 방법이 제공되었다. 그러나 프로이트의 불결하고 음란한 짐승보다는 바레스가 내민 전원의 향기 가득한 무의식이 얼마나 좋은지 몰랐다. 이것을 얻기 위해서 뤼시앵은 쓸모없는 위험한 자기 응시에서 멀어지기만 하면 되었다. 그는 페롤의 대지와 지하를 연구하고, 세르네트 강까지 내려가는 굽이치는 언덕의 의미를 해석하며, 인문지리와 역사를 공부할 필요가 있었다. 그렇지 않으면 깨끗이 페롤로 돌아가 거기서 살아야 한다. 거기에서 뤼시앵은 발아래 무해하고 풍요로운 대지가, 그 자신이 이윽고 지도자가 될 힘을 얻을 기름진 부식토로서, 숲과 샘과 풀 따위와 뒤섞여 페롤의 벌판에 펼쳐져 있는 것을 발견할 것이다. 뤼시앵은 이 긴 몽상에서 대단히 흥분된 상태로 벗어났다. 가끔은 자신의 길을 찾았다고 생각할 때도 있었다. 이제는 모드 곁에서 조용히 그녀 허리에 팔을 두르고 있을 때 말이, 문장의 단편이 그의 속에 울려 퍼졌다. "전통을 재건한다", "대지와 죽은 자." 깊고 막연하며 그칠 줄 모르는 말. '정말 매력적이야!' 그는 생각했다. 하지만 그는 그것을 믿을 수 없었다. 이제까지 너무 많이 속아온 것이다. 그는 르모르당에게 두려움을 털어놓았다. "너무 아름다워서 그래." 르모르당은 대답했다. "모름지기 사람은 자신이 바라는 것을 선뜻 믿지 못하지. 실천이 중요해." 그는 잠시 생각한 뒤에 말했다. "우리의 동료가 될 거지?" 뤼시앵은 기쁘게 승낙했다. 그러나 자유는 보장되어야 할 것을 고집했다. "들어가겠어. 그는 말했다. 하지만 거기에 얽매이지는 않겠어. 직접 보고 생각하고 싶어."

뤼시앵은 젊은 왕당파들의 우정에 사로잡혔다. 그들은 소박하고 다정하게 그를 맞아 주었다. 그리고 곧 그는 그들 속에서 편안해졌다. 이윽고 그는 르모르당의 '패거리'를 알게 되었다. 스무 명 남짓의 학생으로, 거의 모두 벨벳 베레모를 쓰고 있었다. 그들은 폴데르 맥줏집 2층에서 브리지나 당구를 쳤다. 뤼시앵은 때때로 그들을 만나러 갔다. 그리고 곧 자신이 그들과 한패가 되었음을 깨달았다. 언제나 "미남 입장!"이라든가 "우리의 국가주의자 플뢰리에!" 하는 소리로 환영받았으니까. 그러나 무엇보다 뤼시앵이 매력을 느낀 점은 그곳의 유쾌함이었다. 현학적이지도 엄격하지도 않았으며, 정치 이야기는 좀처럼 나오지 않았다. 웃고 노래 부르고, 그게 다였다. 청춘을 축하하며 소리치거나 탁자를 쳤다. 르모르당 또한 아무도 그에게 이의를 제기하지 못하는 위엄은 버리지 않고 미소 짓고 있었다. 뤼시앵은 주로 조용히 시선을 건장한 청년들 위로 던지고 있었다. '이건 하나의 힘이야.' 그는 생각했다. 그들 속에서 그는 차츰 젊음의 진짜 의미를 발견해 갔다. 그것은 베르제르 등이 인정하는 고의적인 복잡함 속에는 없었다. 젊음은 프랑스의 미래였다. 더욱이 르모르당의 동료들은 사춘기의 혼란스러운 매력을 갖고 있지 않았다. 그들은 이미 성인으로, 거의 수염을 기르고 있었다. 자세히 보면 그들은 모두 어딘가 닮아 있었다. 그들은 그 나이에 맞는 일탈이나 불확실성과는 인연을 끊고 있었다. 더는 배울 게 없는 어른이었다. 뤼시앵은 처음에 그들의 가볍고 못된 장난이 조금 신경에 거슬렸으나 그건 무의식적인 것이었다. 급진당 지도자의 아내 뒤비 부인이 트럭에 치여 두 다리가 잘렸다는 소식을 레미가 전했을 때, 뤼시앵은 이 불행한 반대파에 짧은 조의라도 표하겠거니 생각했다. 그러나 그들은 모두 웃음을 터트리고 허벅지를 두드리며 외쳤다. "늙어빠진 썩은 살덩어리!" "장하다, 트럭 운전사!" 뤼시앵은 거북했지만, 곧 이 정화(淨化)의 웃음이 하나의 거절이라는 사실을 깨달았다. 그들은 천박한 동정이 싫어서 편협해진 것이다. 뤼시앵도 따라 웃기 시작했다. 점점 그들의 장난이 그에게 진짜 모습을 드러내기 시작했다. 경솔함은 겉모습뿐이었다. 그 속에는 권리의 확신이 있었다. 그들의 확신은 아주 깊고 종교적이어서, 그것이 그들에게 경박하게 보이거나 변덕이나 충동에 따른 본질적이지 않은 일들을 벌일 권리를 주고 있었다. 예를 들면 샤를 모라스[13]의 싸늘한 유머와 데페로의 농담(그는 주머니에 오래된 콘돔을 갖고 다니면서 블룸[14]의 포경이라고 했다) 사이에 있는 것은 정도의 차이뿐이었다.

1월에 대학에서 두 명의 스웨덴 광물학자에게 '명예박사' 학위를 주는 행사가 열리게 되었다. "멋진 소동을 구경할 수 있을 거야." 르모르당이 뤼시앵에게 말하면서 초대장을 주었다. 대강당은 사람들로 가득했다. 뤼시앵은 국가가 울려 퍼지는 가운데 공화국 대통령과 대학총장이 들어오는 것을 보자 심장이 쿵쾅대고 친구들이 무서워졌다. 그러자 즉시 젊은이들이 자리에서 일어나 외치기 시작했다. 뤼시앵은 토마토처럼 붉게 된 레미가 그의 겉옷을 잡아당기고 있는 두 남자와 몸싸움을 벌이면서 "프랑스를 프랑스 국민에게 돌려줘라!" 외치는 모습을 공감하며 보고 있었다. 그는 특히 나이 많은 신사가 장난꾸러기처럼 작은 나팔을 불고 있는 것을 보고 유쾌해졌다. '이렇게 건강할 수가!' 그는 생각했다. 그는 청년에게 성숙한 모습을 주고 나이 든 사람에게는 장난꾸러기의 태도를 주는 완고한 엄숙함과 난폭함의 독창적인 뒤섞임을 생생하게 경험했다. 뤼시앵도 곧 까불기 시작했다. 그는 몇 번 성공했다. 뤼시앵이 에리오[15]에 대해 "그가 침대에서 죽는다면 하느님은 계시지 않는 것이다" 말했을 때, 몸속에서 거룩한 분노가 일어나는 것을 느꼈다. 그런 다음 그는 이를 악물었다. 순간 자신이 레미나 데페로처럼 똑똑하고 친밀하며 매력적으로 느껴졌다. '르모르당은 옳아. 실천이 필요해. 모든 일이 그래' 그는 생각했다. 그는 논의를 거절하는 법도 배웠다. 단지 공화주의자에 지나지 않았던 기가르는 그를 반대하면서 귀찮게 굴었다. 뤼시앵은 그의 견해를 기꺼이 들어주었지만, 곧 마음을 닫았다. 기가르는 여전히 떠들었지만 뤼시앵은 이제 그를 거들떠보지 않았다. 그는 바지주름을 펴고, 여자를 흘끔거리고, 담배 연기로 동그라미를 만

---

*13 프랑스 시인, 평론가, 사상가(1868~1952). 극우 단체인 '악시옹 프랑세즈'를 결성하고 그 기관지를 창간했다.

*14 레옹 블룸은 프랑스 정치가, 문학·사회비평가(1872~1950). 사회당 기관지 〈르 포퓔레르〉의 주필을 지냈고 1937년 인민전선의 수상이 되었다.

*15 에두아르 에리오는 프랑스 정치가(1872~1957). 급진사회당 당수 및 국민회의 의장을 지냈다.

들면서 놀았다. 그래도 기가르의 반박하는 말들이 들리기는 했지만, 그것은 재빨리 무게를 잃으며 그의 위로 훨훨 지나갔다. 기가르는 깜짝 놀라 마침내 입을 다물었다.

뤼시앵은 부모님에게 그의 새 친구들에 대해서 이야기했다. 그러자 플뢰리에 씨는 그에게 왕당파가 될 셈인지 물었다. 뤼시앵은 머뭇거리다가 진지하게 말했다. "들어가고 싶어졌어요. 진심으로." "뤼시앵, 제발 그러지 말렴." 어머니가 말했다. "그들은 소동을 너무 좋아해서 머지않아 불행이 찾아올 거야. 험한 꼴을 당하든가 감옥에 갈 거야. 게다가 넌 정치를 하기에는 너무 어려." 뤼시앵은 대답 대신 확고한 미소를 지었다. 그러자 플뢰리에 씨가 끼어들었다. "하라고 해. 마음대로 하라고 해. 한 번은 겪고 넘어가야 할 일이야." 그의 목소리는 부드러웠다. 그날부터 뤼시앵은 부모님이 그를 중요한 사람으로서 대해 주고 있는 듯한 생각이 들었다. 그러나 그는 결심이 서지 않았다. 요 몇 주 동안 그는 많은 것을 배웠다. 그는 아버지의 친절한 호기심, 플뢰리에 부인의 불안, 기가르가 그에게 품고 있는 존경심, 르모르당의 열정, 레미의 조바심과 차례차례 마주했다. 그리고 고개를 갸웃거리면서 생각했다. '이건 시시한 일이 아니야.' 그는 르모르당과 긴 대화를 나누었다. 르모르당은 그의 이유를 잘 이해해 주었고, 서두르지 말라고 이야기해 주었다. 뤼시앵은 우울증에 걸렸다. 그는 자신이 카페 의자 위에서 흔들거리는 젤라틴 상태의 작은 투명체처럼 생각되었다. 그리고 왕당파 당원들의 소동이 부조리하게 보였다. 그러나 다른 때는 자신이 돌처럼 단단하고 무겁게 느껴져 거의 행복했다.

그는 차츰 모든 패거리와 친해졌다. 그는 에브라르가 지난 방학 때 가르쳐 준 〈레베카의 결혼〉을 노래했다. 그리고 모두 그가 아주 유쾌한 녀석이라고 말해 주었다. 영감을 받은 뤼시앵은 유대인에 대한 신랄한 고찰을 하고, 인색한 베를리아크의 이야기를 했다. "난 늘 생각했지. 그는 왜 그렇게 인색한 걸까? 그런 구두쇠는 처음 봤어. 그러다가 어느 날 갑자기 깨달았지. 녀석도 같은 족속이라고 말이야." 모두 웃음을 터트렸다. 뤼시앵은 흥분에 휩싸였다. 그는 유대인들에게 진심으로 분노를 느꼈고, 베를리아크에 대한 기억은 참으로 불쾌한 것이 되었다. 르모르당은 그의 눈을 들여다보면서 말했다. "너는 순수해." 그 뒤로 몇 번이나 부탁했다. "플뢰리에, 유대 놈들의 이야기를 해봐." 뤼시앵은 아버지에게서 들은 유대인의 이야기를 했다. 그는 친구를 기쁘게 하기 위해 "어느 날 레피(레비)가 플룸(블룸)을 만났다……" 하는 식으로 말하면 되었다. 어느 날 레미와 파트노트르가 센 강변에서 마주친 알제리의 유대인을 물에 던져버릴 기세로 그에게 다가가 겁을 주었다는 이야기를 했다. "그래서 말인데, 플뢰리에가 우리랑 함께 있지 않은 게 정말 유감이었지." 레미는 말을 맺었다. "아니, 이 녀석이 그 자리에 없었던 게 차라리 다행이었지." 데페로가 참견했다. "틀림없이 유대인을 물속에 처박아 버렸을 거야." 뤼시앵은 유대인을 코로 분간하는 것을 누구보다도 잘했다. 그는 기가르와 함께 외출할 때면 팔꿈치로 쿡 찌르며 말했다. "돌아보지 마. 뒤에 있는 난쟁이도 그들 중 하나야." "그런 쪽으로는 감이 좋군." 기가르는 말했다.

파니도 유대인을 잘 분간하지 못했다. 그들 넷은 어느 목요일에 모드의 방으로 놀러갔다. 뤼시앵이 〈레베카의 결혼〉을 불렀다. 파니가 참지 못하고 말했다. "그만, 그만! 바지에 오줌을 쌀 것 같아." 그런 다음 그가 노래를 마치자 그녀는 그에게 행복한, 거의 애정 어린 시선을 던졌다. 폴데르 맥줏집에서 뤼시앵은 놀림을 받게 되었다. 그는 언제나 누군가에게 이런 말을 들었다. "유대인을 그토록 좋아하는 플뢰리에가……" 또는 "레옹 블룸은 플뢰리에의 친구인데……." 그리고 다른 친구들은 입을 헤 벌린 채 숨을 멈추고 기쁨에 취해서 다음을 기다렸다. 뤼시앵은 벌게져서 탁자를 두드리며 외쳤다. "제길!" 그러면 그들은 웃음을 터트리며 "그가 물었어! 그가 문 게 아니라 삼켜버렸어!" 하고 말했다.

그는 친구들을 따라 이따금 정치집회에 참가해서 클로드 교수나 막심 레알델 사르트의 강연을 들었다. 이 새로운 의무가 그의 공부에 조금은 방해가 되었다. 어쨌거나 뤼시앵이 올해는 국립공과대학교 입학시험에 붙으리라는 기대는 하지 않았으므로, 플뢰리에 씨는 너그럽게 봐주었다. 그는 아내에게 말했다. "뤼시앵도 어른의 일을 배워야 하니까." 그런 집회에 참가했다가 밖으로 나오면 뤼시앵과 친구들은 머리가 뜨거워져서 어린애처럼 장난을 쳤다. 한번은 그들이 열 명쯤이었을 때, 〈위마니테〉지를 읽으면서 생앙드레데자르 거리를 가로질러 가는 올리브색 피부의 키 작은 남자를 만났다. 그들은 그를 벽으로 밀쳤고, 레미가 명령을 내렸다. "그 신문을 던져." 그 남자는 위엄을 유지하려고 했지만, 데페로가 그의 등 뒤로 가서 겨드랑이 아래로 두 팔을 넣어 꽉 잡았다. 그사이에 르모르당이 신문을 빼앗았다. 그것은 참으로 재미있었다. 남자는 화가 나서 허공을 뻥뻥 차면서 "이거 봐, 이거 봐!" 묘한 어조로 외쳤다. 르모르 당이 조용히 신문을 찢었다. 그런데 데페로가 그 남자를 풀어주려고 했을 때 상황이 갑자기 나빠졌다. 상대는 르모르당에게 달려들었는데, 레미가 날린 주먹이 귀 뒤를 살짝 비껴 지나가 르모르당이 맞을 뻔했다. 그 남자는 쓰러질 뻔하다가 벽에 기대서는 모두를 경멸스럽게 쳐다보면서 소리쳤다. "더러운 프랑스 놈들!" "다시 말해 봐." 마르슈소가 차갑게 말했다. 뤼시앵은 큰일났다고 생각했다. 마르슈소는 특히 프랑스를 욕하는 것은 참지 못했다. "더러운 프랑스 놈들!" 그 메테크*¹⁶가 말했다. 그는 엄청난 한 방을 얻어맞고 앞으로 고꾸라져 고개를 떨군 채로 소리쳤다. "더러운 프랑스 놈들, 더러운 부르주아 놈들, 역겨워, 전부 다, 다 죽어버려!" 그런 다음 뤼시앵으로서는 상상도 하지 못한 더러운 저주와 난폭한 말을 쏟아냈다. 그들은 참지 못하고 한꺼번에 달려들어 징벌을 가했다. 곧 그들이 그에게서 떨어지자 그 남자는 벽에 기대었다. 그는 다리가 후들거렸고, 오른쪽 눈은 얻어맞아서 퉁퉁 부어 있었다. 그들은 그에게 달려들어 때리는 데도 지쳐서 그가 쓰러지기를 기다렸다. 남자가 입꼬리를 들어 올리고 내뱉듯이 말했다. "더러운 프랑스 놈들!" "더 원해?" 데페로가 씩씩 거리면서 물었다. 남자는 듣지 못한 것 같았다. 왼쪽 눈으로 그들을 도전적으로 노려보면서 반복했다. "더러운 프랑스 놈들! 더러운 프랑스 놈들!" 모두 망설였고 뤼시앵은 친구들이 승부를 그만두려는 것을 알았다. 그때 그는 자기도 모르게 앞으로 달려들며 온 힘을 다해 그를 때렸다. 무언가가 부러지는 소리가 났다. 남자는 오기가 사라진 놀란 눈으로 그를 바라보았다. "더러운……" 하고 그는 말을 맺지 못했다. 빨갛게 멍든 눈이 눈동자가 사라진 안구를 보이며 크게 열려 있었다. 그는 무릎을 꿇고 아무 말도 하지 않게 되었다. "뛰자!" 레미가 속삭였다. 그들은 생미셸 광장까지 달려가서야 멈췄다. 아무도 쫓아오지는 않았다. 그들은 넥타이를 고쳐 매고 서로 먼지를 털어주었다.

그날 밤 젊은이들은 그 모험에 대해서 한 마디도 꺼내지 않았다. 그리고 특별히 서로에게 친절하게 행동했다. 그들은 평소에 자신들의 감정을 숨기는 데 썼던 순수한 야수성도 버렸다. 그들은 서로 예의 바르게 대화를 나누었다. 그리고 뤼시앵은 그들이 처음으로 자기들의 집에서 그러는 것처럼 행동한다고

---

*16 métèque : 프랑스에 거주하는 외국인, 특히 아랍계를 일컫는다.

생각했다. 그러나 뤼시앵은 신경이 잔뜩 곤두섰다. 그는 길 한가운데서 악당과 싸운 적이 없었다. 그는 모드와 파니가 그리웠다.

그는 잠을 이루지 못했다. '이렇게 계속 취미 삼아 그들과 어울릴 수는 없어. 모든 걸 따져보았어. 참가해야 해.' 그는 생각했다. 그는 르모르당에게 이 좋은 소식을 알렸을 때, 자신이 진지하게 거의 종교적인 기분이 된 것을 느꼈다. "결심이 섰어. 나는 너희들과 함께할 거야" 그는 말했다. 르모르당은 그의 어깨를 두드렸고, 무리는 잔을 들어 그것을 축하했다. 야성과 쾌활함을 되찾은 그들은 어제 일은 입 밖에 꺼내지 않았다. 그들이 헤어질 때 마르슈소가 툭 말을 던졌다. "주먹이 대단하던데." 뤼시앵은 "놈은 유대인이었어" 대답했다.

이틀 뒤 뤼시앵은 생미셸 거리 상점에서 산 굵은 등나무 지팡이를 가지고 모드를 만나러 갔다. 모드는 금방 알아보았다. 그녀는 지팡이를 보더니, "가입했구나" 하고 말했다. "응, 가입했어." 뤼시앵은 웃었다. 모드는 기쁜 듯했다. 개인적으로 그녀는 오히려 좌익 사상을 좋아했지만 마음이 넓었다. "어떤 당이든 좋은 점은 있어." 그녀는 말했다. 그날 저녁 내내 그녀는 그를 왕당파라고 부르면서 몇 번이나 목덜미를 잡았다. 그로부터 며칠이 지난 어느 토요일 밤, 모드는 피곤해 보였다. "그만 가야겠어." 그녀는 말했다. "하지만 너도 얌전히 있겠다면 같이 가도 좋아. 너는 손을 잡고, 불쌍한 환자 모드에게 다정하게 해주겠지? 이야기를 들려줘." 뤼시앵은 그만큼 열정적이지는 않았다. 모드의 방은 청결한 빈곤함으로 그를 슬프게 했다. 하녀의 방과 같았다. 그러나 이렇게 좋은 기회를 놓치는 것은 죄였다. 방에 들어가자마자 모드는 침대에 몸을 던지고 말했다. "아, 기분 좋다." 그런 다음 그녀는 조용히 입술을 삐죽 내밀고 뤼시앵을 가만히 쳐다보았다. 그는 그녀 옆에 누웠다. 그녀가 손가락을 쫙 펴서 눈 위에 올려놓고 어린애처럼 말했다. "보인다, 뤼시앵이 보여." 그는 나른해졌다. 그녀가 손가락을 그의 입에 넣자 그는 빨기 시작했다. 그런 다음 그는 다정하게 이야기를 했다. "작은 모드는 병에 걸렸습니다. 그래서 가엾습니다. 작은 모드는." 그리고 그는 그녀의 온몸에 키스했다. 그녀는 눈을 감고 신비로운 미소를 짓고 있었다. 그는 재빨리 모드의 치마를 들춰 올렸고, 정신을 차렸을 때는 정사를 벌이고 있었다. 뤼시앵은 생각했다. '능숙한데.' 다 끝나자 모드가 말했다. "이럴 줄 몰랐어." 그녀는 부드러운 비난을 담은 눈으로 뤼시앵을 보았다. "못됐어. 얌전히 있을 줄 알았는데!" 뤼시앵은 자신도 그녀처럼 놀랐다고 말했다. "어쩌다 보니 그렇게 된 거지." 그는 말했다. 그녀는 잠시 생각하다가 진지하게 말했다. "후회는 안 해. 이제까지는 더 깨끗했지만 불완전했거든."

'나는 애인이 있어.' 뤼시앵은 지하철 안에서 생각했다. 그는 압생트*¹⁷와 생선 냄새에 젖어서 공허하고 피곤했다. 그는 땀에 젖은 옷이 살에 닿지 않도록 뻣뻣하게 앉아 있었다. 자신의 몸이 엉긴 우유처럼 느껴졌다. 그는 힘차게 되풀이했다. '나는 애인이 있어.' 그러나 실망스러웠다. 어제까지 그가 모드에게 구하던 것은 옷을 입은 느낌의 날카롭고 딱딱한 얼굴이었고 야윈 그림자였으며 새침한 태도, 성실한 소녀라는 평판, 남자를 싫어하는 것이었고, 그녀를 낯선 존재로 만들고 있는 모든 것, 그 깨끗한 생각, 순결함, 실크 스타킹, 크레이프 원피스, 파마머리, 언제나 그의 손이 닿지 않는 곳에 있는 단호한 타인이었다. 하지만 이러한 모든 겉치레는 그의 포옹 아래서 녹아버렸다. 그저 육체만이 남았다. 그는 배처럼 맨살을 드러낸 눈 없는 얼굴에 입술을 맞추고, 젖은 커다란 살의 꽃을 소유한 것이다. 그는 파도 같은 소리를 내며 털북숭이 입을 벌리고 이불 안에서 움직이고 있는 눈먼 짐승을 떠올리면서, '내밀함'을 생각했다. 그들은 하나가 되었고, 그의 육체와 모드의 육체는 구별할 수 없게 되었다. 이제까지 누구도 이토록 구역질 나는 내밀함을 준 적이 없었다. 덤불 뒤에서 리리가 고추를 보여주었을 때 말고는. 또 그가 정신을 잃고 배를 깔고 누워서 바지가 마를 때까지 엉덩이를 드러내고 발을 흔들거리고 있었을 때 말고는. 뤼시앵은 기가르를 생각하자 위로를 느꼈다. 그는 내일 말할 것이다. "나는 모드와 잤어. 그녀는 멋진 여자야. 그걸 좋아하는 여자야." 그러나 그는 거북했다. 그는 지하철의 뿌연 어둠 속에서 알몸으로 있는 기분이었다. 얇은 옷 아래로 알몸인 기분이었다. 사제 옆에서, 두 중년 여자 앞에서 커다랗고 지저분한 아스파라거스처럼 딱딱한 알몸인 기분이었다.

기가르는 그를 열렬히 축복해 주었다. 그는 파니에게 조금은 질리기 시작하고 있었다. "그 애는 정말 비뚤어진 성격이야. 어제도 밤새 투덜거렸다고." 그들은 의견이 일치했다. 그런 여자는 필요하다. 어차피 결혼할 때까지 동정으로 있을 수는 없으니까. 게다가 그녀들은 바라는 것도 없고, 병도 없다. 그러나 그녀들에게 빠지는 건 잘못이다. 기가르는 진짜 숙녀들에 대해서 세심한 배려

---

*17 향쑥이나 이니스 등을 주된 향료로 써서 만든 술.

를 하면서 이야기했다. 뤼시앵은 그의 여동생 안부를 물어보았다. "잘 지내." 기가르는 말했다. "그 애가 나더러 거짓말쟁이라고 했어." 그런 다음 그는 가볍게 덧붙였다. "알지? 여동생이 있다는 건 나쁘지 않아. 여러 가지를 알 수 있거든." 뤼시앵은 완전히 이해했다. 이후 그들은 이따금 숙녀에 대해서 이야기했다. 그리고 시적인 감동을 맛보았다. 기가르는 여자들에게 인기가 좋았던 숙부의 말을 즐겨 인용했다. "나는 이 험한 세상에서 언제나 좋은 일만 겪어온 건 아니야. 하지만 하느님이 나를 믿고 계신 것이 하나 있어. 바로 숫처녀를 건드릴 바엔 손을 잘라버리는 편이 낫다는 내 생각이지."

그들은 가끔 피에레트 기가르의 친구들과 어울리게 되었다. 뤼시앵은 피에레트가 좋았다. 그는 약간 심술궂은 오빠처럼 굴었다. 그녀가 단발머리가 아닌 것이 다행이었다. 그는 정치문제에 빠져서 일요일 아침마다 뇌이 교회 앞으로 〈악시옹 프랑세즈〉를 팔러 갔다. 뤼시앵은 두 시간 넘게 굳은 얼굴로 서성거렸다. 미사에서 나오는 아가씨들이 이따금 그 쪽으로 순수하고도 아름다운 눈길을 돌렸다. 그러면 뤼시앵은 조금 긴장이 풀리면서, 자신이 깨끗하고 강해진 것 같아 미소를 지었다. 그는 동지들에게 자신은 여성을 존경하며, 그들이 그가 바라는 바를 이해해 주어서 기쁘다고 말했다. 그들도 대부분 여자 형제가 있었다.

4월 17일에 기가르네 가족은 피에레트의 열여덟 번째 생일을 축하했다. 물론 뤼시앵도 초대받았다. 이제 그는 피에레트와 매우 친해졌다. 그녀는 그를 나의 댄스 파트너라고 불렀다. 그는 그녀가 자신에게 연정을 품고 있는 것은 아닌지 의심했다. 기가르 부인은 피아니스트를 불렀다. 오후는 아주 흥겨웠다. 뤼시앵은 몇 번이나 피에레트와 춤을 추었다. 그런 다음 흡연실에서 친구들을 상대하고 있는 기가르를 찾으러 갔다. "안녕." 기가르가 말했다. "모두 알지? 플뢰리에, 시몬, 바뉘스, 르두." 기가르가 친구들의 이름을 말하는 동안, 뤼시앵은 붉은 곱슬머리에 피부가 우유처럼 희고 눈썹이 새까만 우락부락한 젊은 남자가 그들 쪽으로 머뭇거리며 다가오는 것을 보았다. 곧 분노가 그를 압도했다. '이 자식이 여기서 뭘 하는 거지?' 그는 생각했다. '기가르는 내가 유대인을 혐오한다는 걸 알고 있잖아.' 그는 소개를 피하기 위해 몸을 빙글 돌려 재빨리 자리를 옮겼다. "그 유대인은 뭐지?" 그는 잠시 뒤에 피에레트에게 물었다. "베유야. 고등상업학교에 다녀. 오빠와는 검도장에서 알게 되었어." "나는 유대인이 싫어." 뤼시앵은 말했다. 피에레트는 가볍게 웃었다. "하지만 그는 꽤 괜찮은 사람이야." 그녀가 말했다. "식탁으로 가자." 뤼시앵은 샴페인 잔을 비우고 자리에 내려놓고는 곧 기가르와 베유 사이에 끼었다. 그는 눈으로 기가르를 위협했다. 그리고 빙글 몸을 돌렸다. 그러나 피에레트는 그의 팔을 붙잡았고, 기가르는 친근하게 그를 불렀다. "플뢰리에! 베유!" 그는 쾌활하게 말했다. "자, 이걸로 소개는 끝났어." 베유가 손을 내밀었다. 뤼시앵은 피할 수 없을 것 같았다. 그때 다행히도 갑자기 데페로의 말이 떠올랐다. "플뢰리에라면 유대인을 물속에 처박아 버릴 거야." 그는 손을 주머니에 찔러 넣고 기가르에게 등을 돌려서 가버렸다. '이제 이 집에 발을 들일 일은 없을 거야.' 그는 외투를 보관하는 곳에서 생각했다. 그는 씁쓸한 긍지를 느꼈다. '자신의 주장을 지킨다는 건 이런 거야. 사교계에서는 살 수 없게 되지.' 하지만 거리로 나오자 긍지는 급격히 무너지고 뤼시앵은 불안해졌다. '기가르는 화를 낼 거야.' 그는 어깨를 움츠리고, 확신 있게 자기 자신에게 말했다. '나를 초대해 놓고 유대인을 부를 권리는 없어.' 그러나 그는 흥분을 가라앉히고, 손을 내민 베유의 놀란 얼굴을 불쾌감과 함께 떠올렸다. 그리고 화해하고 싶어졌다. '피에레트는 나를 신사가 아니라고 생각하겠지. 그 손을 잡았어야 했어. 요컨대 그건 그렇게 큰 책임 있는 행동도 아니었어. 대충 인사하고 자리를 옮겼으면 됐는데. 그러면 됐는데.' 기가르네로 돌아갈 시간이 될까 하고 그는 생각했다. 그는 베유에게 가서 말할 것이다. "미안합니다. 기분이 좀 안 좋아서 그랬습니다." 그는 손을 잡고, 예의를 차려서 대화를 나눌 것이다. 아니, 이미 늦었다. 그의 행동은 돌이킬 수 없었다. '이해하지 못하는 사람들한테 굳이 내 의견을 밝힐 필요가 있었을까?' 그는 초조하게 생각했다. 그는 신경질적으로 어깨를 으쓱했다. 재앙이었다. 지금 기가르와 피에레트는 그의 행동을 비판하고 있으리라. 기가르는 "완전히 미쳤어" 말할 것이다. 뤼시앵은 주먹을 꽉 쥐었다. '아, 싫어. 유대인은 정말 싫어.' 그는 절망적으로 생각했다. 그리고 그는 이 엄청난 증오에서 힘을 조금 끌어올리려고 시도했다. 그러나 그것은 눈앞에서 무너졌다. 레옹 블룸이 독일에서 돈을 받아 프랑스인을 미워한다고 생각해 보아도 소용없었다. 그는 음울한 무관심밖에 느낄 수 없었다. 운 좋게도 모드는 집에 있었다. 그는 그녀에게 사랑한다 말하고, 몇 번이나 거칠게 그녀를 소유했다. '다 글렀어. 나는 아무것도 될 수 없어.' 그는 생각했다. "아니, 안 돼, 거긴 안 돼. 그건 안 돼." 모드가 말했다. 하지만 곧 모드는 순순히 몸을 맡겼다. 뤼시앵은 그녀의 온몸에 키스하고 싶었다. 그는 자신이 어린애 같고 변태처럼 느껴졌다. 울고 싶었다.

다음 날 아침 학교에서 뤼시앵은 기가르를 보고 심장이 죄어들었다. 기가르는 음험한 얼굴로 그를 못 본 척했다. 뤼시앵은 너무 화가 나서 필기조차 할 수 없었다. '악당! 악당!' 그는 생각했다. 강의가 끝나자 기가르가 쫓아왔다. 그는 창백하게 질렸다. '손만 댔단 봐라.' 뤼시앵은 덜컥 겁이 나서 생각했다. '한 방 먹여줄 테다.' 그들은 순간 마주선 채 서로의 신발 끝만 쳐다보았다. 마침내 기가르가 거친 목소리로 말했다. "그런 상황을 만들어서 미안해." 뤼시앵은 놀라서 의심스럽게 그를 쳐다보았다. 그러나 기가르는 힘겹게 말을 이었다. "나는 그를 검도장에서 만났어. 알지? 나는…… 우리는 시합을 했어. 그리고 집으로 오지 않겠느냐고 하는 거야. 하지만 물론, 그래, 사실 그러면 안 됐어. 왜 그랬는지, 초대장을 쓰면서 잠깐 잊어버린 거야……." 뤼시앵은 여전히 아무 말도 하지 않았다. 말이 나오지 않았다. 그러나 마음은 곧 풀어지기 시작했다. 기가르가 고개를 숙이고 덧붙였다. "얼간이 같은 실수야……." "바보 같은 소리." 뤼시앵이 어깨를 두드리며 말했다. "나도 네가 일부러 그런 건 아니라고 생각해." 그는 너그럽게 말했다. "그리고 나도 잘못했어. 무식하게 굴었으니까. 하지만 어쩔 수 없었어. 죽어도 손은 잡을 수 없었어. 육체적인 거야. 손에 비늘이라도 달려 있는 것 같았어. 피에레트는 뭐라고 했지?" "미친 것처럼 웃었어." 기가르가 미안하다는 듯이 말했다. "그 자식은?" "그도 눈치챘지. 내가 최대한 비위를 맞춰 주었지만 15분쯤 있다가 가버렸어." 그는 여전히 풀이 죽어서 덧붙였다. "부모님은 네가 옳다고, 너에게 신념이 있는 이상 그때 어쩔 수 없었을 거라고 하셨어." 뤼시앵은 '신념'이라는 단어를 혀끝으로 되뇌어 보았다. 그는 기가르를 끌어안고 싶어졌다. "아무것도 아니야." 그는 말했다. "친구 사이에서는 아무것도 아니야." 그는 극도의 흥분 상태로 생미셸 거리로 내려갔다. 그는 더 이상 그 자신이 아닌 것 같았다.

그는 중얼거렸다. "어떻게 됐나 봐. 이건 내가 아니야. 나도 나를 모르겠어!" 덥고 기분이 좋았다. 사람들은 봄이 온 것에 놀란 듯한 미소를 띠고서 휘청거렸다. 이 녹아내릴 듯한 군중의 안으로 뤼시앵은 빗장쇠처럼 들어갔다. 그는 생각했다. '이건 내가 아니야. 나는 어젯밤까지만 해도 페롤의 귀뚜라미처럼 부풀어 오른 곤충이었어.' 지금 뤼시앵은 시간 측정기처럼 청결하고 정확한 기분이었다. 그는 라 수르스 카페로 들어가서 페르노를 주문했다. 동지들은 외국인이 모인다며 라 수르스에는 드나들지 않았다. 그러나 그날은 외국인이든 유대인이든 뤼시앵의 신경을 거슬리게 하지 않았다. 바람 부는 귀리밭처럼 일렁이는 올리브색 군중의 한가운데에서 그는 자신이 묘하게 강박적인 스탠드에 걸린 번쩍이는 시계가 된 듯한 기분이 들었다. 그는 지난 학기에 법학부 복도에서 젊은 애국자연맹 회원들이 때린 작은 유대인을 유쾌하게도 발견했다. 그 뚱뚱하고 생각 깊어 보이는 괴물에게는 맞은 흔적은 전혀 없었다. 그는 한동안 상처를 치료하고 다시 통통해진 것 같았다. 그러나 그 안에는 어떤 비열한 빛과 같은 것이 있었다.

한동안 그는 기분이 좋아 보였다. 즐겁게 하품을 했다. 햇살이 그의 콧구멍을 간지럽혔다. 그는 코를 긁으며 미소를 지었다. 미소였을까? 오히려 외부로부터, 방 구석 어딘가에서 태어나 그의 입술 위에 죽으러 온 진동은 아닐까? 이 외국인들은 어둡고 무거운 물속에 둥둥 떠 있고, 그 소용돌이가 그들의 부드러운 살을 흔들고, 팔을 들어 올리고, 손가락을 움직이고, 입술과 장난하고 있는 것이다. 불쌍한 놈들! 뤼시앵은 거의 그들을 동정하고 있었다. 그들은 프랑스로 무엇을 하러 왔는가? 어떤 해류가 그들을 이곳으로 싣고 왔는가? 그들은 생미셸 거리의 옷가게에서 단정한 옷을 입어도 안 된다. 해파리 이상의 존재도 아니었다. 뤼시앵은 자신은 해파리가 아니고, 그 불쌍한 부류에 속하지 않는다고 생각했다. '나는 잠수할 수 있으니까.' 그리고 갑자기 그는 라 수르스와 외국인들을 잊고, 하나의 등만 보이게 되었다. 그것은 건장한 등으로, 조용한 힘을 찬양하며 멀어지더니 무자비하게 안개 속으로 사라졌다. 기가르도 보였다. 기가르는 창백한 얼굴로 눈으로 그 등을 좇으며, 눈에 보이지 않는 피에레트에게 "얼간이 같은 실수야……!" 하고 말했다. 뤼시앵은 참을 수 없는 기쁨에 휩싸였다. 그 힘차고 고독한 등은 바로 그 자신의 것이었다! 그 광경은 어제의 것이다! 한참 동안 엄청난 노력을 해서 그는 기가르가 되어 자신의 등을 기가르의 눈으로 보았다. 그는 자기 눈앞에서 기가르의 굴욕을 보자 즐겁기도 하고 두렵기도 했다. '그들의 교훈이 된 거야!' 그는 생각했다. 배경이 바뀌었다. 피에레트의 방이었다. 그것은 미래의 일이었다. 피에레트와 기가르가 말다툼을 벌이면서 초대자 목록에서 어떤 이름을 가리키고 있었다. 뤼시앵은 거기에 가지 않았지만, 그의 힘은 그들에게 미치고 있었다. 기가르가 말했다. "이런 안 돼! 뤼시앵하고 다투게 될 거야. 뤼시앵은 유대인을 싫어한다고!" 뤼시앵은 다시 한 번 자신을 보았다. 그는 생각했다. '뤼시앵은 나야! 유대인을 참지 못하는 남자야.' 이 말을 이제까지 몇 번이나 입에 담았지만, 오늘은 평소와는 달랐다. 전혀 달랐다. 표면적으로 그것은 "뤼시앵은 굴을 싫어한다" 또는 "뤼시앵은 춤을 좋아한다"처럼 단순한 확인이다. 그러나 그 점에 속아서는 안 된다. 춤을 좋아한다는 사실은 키 작은 유대인에게도 있을 수 있는 일이다. 해파리가 몸을 움직이는 것만큼이나 대수롭지 않다. 그를 보기만 해도 그가 싫어하거나 좋아하는 냄새나 피부 색깔처럼 몸에 달라붙었다는 걸 알 수 있으며, 무거운 눈의 깜빡임이나 쾌락이 섞인 끈끈한 미소 또한 등처럼 몸과 함께 사라지는 것임을 알 수 있다. 그러나 뤼시앵의 반유대주의는 다른 종류였다. 인정사정없으면서 순수한 그것은 칼날처럼 자신으로부터 쑥 나와 타인의 가슴을 위협했다. '그건' 그는 생각했다. '그건…… 그건, 신성함이야!' 그는 어렸을 때 어머니가 가끔 특별한 어조로 '아버지는 서재에서 일하고 계신단다' 했던 말을 떠올렸다. 이윽고 그 문장은 돌연 그에게 종교적인 의무감의 빛을 주는 성스러운 말처럼 느껴졌다. 딱총을 가지고 놀면서 "타라라붐" 외칠 수는 없었다. 그는 대성당 안에 있는 것처럼 발끝으로 복도를 살금살금 걸었다. '이젠 내 차례야.' 그는 만족스럽게 생각했다. 사람들은 목소리를 낮추고 말할 것이다. "뤼시앵은 유대인을 싫어해." 그리고 사람들은 화살에 찔려서 팔다리가 마비된 것처럼 괴로워했다. '기가르도 피에레트도 어린애야.' 그는 온화한 마음으로 생각했다. 그들의 죄는 무거웠지만, 뤼시앵이 조금 위협한 것만으로 곧 후회하고 속삭이며 살금살금 걷기 시작한 것이다.

뤼시앵은 다시 한 번 자신에 대한 존경심으로 가득 찼다. 그러나 이번에는 기가르의 눈을 빌리지 않아도 되었다. 자기 자신의 눈에 자기가 존경스럽게 보였다—마침내 몸과 취향, 습관과 기분이라는 막을 뚫은 그의 눈에. '그게 내가 찾던 것이야. 나는 나를 몰랐던 거야.' 그는 생각했다. 그리고 기쁘게 지난날 자신의 모든 점을 세심하게 돌아보았다. '하지만 앞으로도 현재와 같다면 나도 그들과 다를 바 없지.' 그렇게 끈적끈적한 내밀함을 파고들어가 본들 육체의 슬픔, 평등의 천한 거짓, 무질서 말고 또 무엇을 발견하랴? '첫 번째 격언', 뤼시앵은 생각했다. '자신의 내면을 보지 말 것. 그것보다 위험한 잘못은 없으니까.' 진짜 뤼시앵은—이제 그것을 그는 알고 있지만—타인의 눈 속에서 찾아야 하는 것이다. 피에레트나 기가르의 두려움 가득한 복종 속에서, 그를 위해 성장하고 성숙하는 모든 사람, 그의 직공이 될 저 젊은 수습공들, 언젠가 그가 시장이 될 페롤의 모든 이의 희망에 찬 기대 속에서 찾아야 했다. 뤼시앵은 거의 무서울 지경이었다. 그는 자신이 너무 위대하다고 생각했다. 많은 사람이 부동자세로 기다리고 있었다. 바로 그가 그 타인의 보호막이 되어줄 기대의 대상이고, 또 앞으로도 그럴 것이다. '그래. 이게 지도자라는 거야.' 그는 생각했다. 다시 건장한 등이 보였다. 그리고 곧 이어서 대성당이 떠올랐다. 그 안에서 그는 유리창에서 떨어지는 투명한 빛 아래를 살금살금 걷고 있었다. '이번에는 나 자신이 성당인 거야!' 그는 자기 옆자리에 앉은 시가처럼 갈색의 온화하고 키 큰 쿠바인을 물끄러미 바라보았다. 그의 놀라운 발견을 표현해 줄 말을 찾을 필요가 있었다. 그는 자신의 손을 불붙은 양초처럼 조심조심 이마로 가져갔다.

그런 다음 순간 신성한 상념에 잠겼다. 그러자 말이 저절로 찾아왔다. 그는 속삭였다. "나에게는 권리가 있어." 권리! 삼각형이나 원과 같은 그 무엇. 그것은 존재할 수 없을 만큼 완전했다. 컴퍼스로 선과 원을 그려도 안 된다. 단 한 개의 원도 만들어 낼 수 없다. 여러 세대에 걸쳐서 모든 직공은 똑같이 세심하게 뤼시앵의 명령에 따를 수 있으리라. 그들은 그의 명령할 권리를 없애지는 못할 것이다. 권리란 수학의 대상이나 종교의 교리처럼 존재 안에 있는 것이다. 그리고 뤼시앵은 바로 그것이었다. 책임과 권리의 거대한 꽃다발이었다. 그는 오랫동안 자신이 우연히 존재하고 있다고 믿어왔다. 그러나 그것은 지나친 오해였다. 태어나기 전부터 그의 위치는 태양에, 페롤에 새겨져 있었다. 이미—아버지의 결혼 전부터 이미 사람들은 그를 기다리고 있었다. 그가 이 세상에 온 것은 그 위치를 차지하기 위해서였다. '나는 존재해. 존재할 권리가 있으니까.' 그는 생각했다. 아마도 처음으로 그는 자신의 숙명에 눈부시게 빛나는 영상을 가졌다. 그는 국립공과대학교에 들어갈 것이다. 늦든 빠르든(아무래도 좋다). 그런 다음 그는 모드를 버릴 것이다(그녀는 언제나 그와 자고 싶어한다. 그것은 참을 수 없다). 그들의 뒤섞인 몸은 이 초봄의 더위 속에서 타버린 스튜 냄새를 풍겼다. '모드는 모두의 것이야. 오늘은 내 것, 내일은 다른 사람의 것. 아무 의미도 없어.' 그는 페롤에 가서 살 것이다. 프랑스의 어딘가에서 피에레트 같은 밝은 처녀, 꽃 같은 눈을 한 시골처녀가 그를 위해 순결을 지키고 있으리라. 그러나 상상은 가지 않았다. 그녀는 처녀였다. 그녀는 자기 몸의 가장 깊고 비밀스러운 곳에서 그녀를 독차지할 권리가 뤼시앵에게 있다는 것을 알고 있었다. 그는 그녀를 신부로 맞이할 것이다. 그녀는 그의 아내가 될 것이다. 그것은 그의 권리 가운데에서 가장 다정한 것이다. 그녀가 밤에 신성한 동작으로 주섬주섬 옷을 벗을 때, 그것은 산 제물과 비슷할 것이다. 그는 모든 사람의 동의를 얻어 그녀를 품에 안고서 "너는 내 것이야!" 말할 것이다. 그녀가 그에게 보여주는 것은 그에게밖에 보여주지 않는다는 의무를 갖고 있는 것이다. 그리고 사랑의 행위는 그에게 자기 소유물의 쾌락에 찬 증거가 될 것이다. 그의 가장 다정한 권리, 그의 가장 내밀한 권리, 몸속에서까지 존경받고 침대 안에서까지 복종될 권리. '나는 일찍 결혼할 거야.' 그는 생각했다. 또한 많은 아이를 가지리라 생각했다. 그런 다음 아버지의 일을 생각했다. 그는 사업을 빨리 물려받고 싶었다. 플뢰리에 씨가 머지않아 죽지 않을까 자문했다.

시계가 정오를 울렸다. 뤼시앵은 일어났다. 변신은 이루어졌다. 그 카페에 한 시간 전에는 다정하고 불확실한 젊은이가 들어왔다. 이제 나가는 것은 한 성인, 프랑스인의 지도자였다. 뤼시앵은 프랑스 아침의 눈부신 햇빛 속을 몇 걸음 걸었다. 에콜 거리와 생미셸 거리 모퉁이에서 그는 문방구점 앞으로 가서 유리창에 자기 모습을 비춰 보았다. 그는 자신의 얼굴에서 자기가 존경하던 르모르당의 무표정함을 보고 싶었다. 그러나 유리는 아직 그다지 무섭지 않은, 예쁘장하고 어린 고집스러운 얼굴만을 비춰 주었다. '수염을 길러야지.' 그는 결심했다.

사르트르 생애와 사상
이희영

사르트르 작품 읽기

1. 1945년의 실존주의

《실존주의는 휴머니즘이다》

이 작품은 1945년 10월 29일 사르트르가 한 강연과 그에 따른 토론 내용을 기록한 것이다. 강연장인 멩트낭 클럽에는 너무 많은 사람들이 몰려와, 미처 안으로 들어가지 못한 이들이 문 앞에까지 앉아 있었다고 한다. 그리고 이 강연회는 이튿날 여러 신문에 크게 보도되었다. 마치 이 강연회가 제2차 세계대전 뒤 프랑스에서 일어난 큰 문화적 사건인 것처럼 말이다. 그렇다면 도대체 왜 그 많은 사람들이 이 강연회에 모여들고, 무엇이 언론의 관심을 끌게 되었을까?

사르트르는 그즈음, 정확하게 말하면 적어도 이 강연회가 열리기 전까지 결코 유명한 사람은 아니었다. 물론 제2차 세계대전 이전에 발표한 문학 작품 《구토 *La Nausée*》나 《벽 *Le Mur*》의 독자들은 어느 정도 있었다. 사르트르는 전쟁 중에 상연되어 화제를 부른 연극 《파리 *Les Mouches*》와 《닫힌 방 *Huis-clos*》의 원작자이기도 했고, 1943년에 간행된 《존재와 무 *L'être et le néant*》로 말미암아 새롭게 떠오르는 철학자로서 주목을 끌고 있기도 했다. 아울러 이 강연을 할 즈음 《자유의 길 *Les Chemins de la liberté*》 제1권과 제2권이 출간되었다. 그러나 문학 작품이나 철학 작품을 읽는 독자들에게도 그의 책들은 결코 쉽게 읽히지는 않았다. 《존재와 무》 같은 두껍고 어려운 책을 끝까지 다 읽은 사람은 그리 많지 않았을 것이다. 그럼에도 멩트낭 클럽은 청중으로 가득 메워지고, 신문마다 많은 지면을 그의 강연회 풍경에 선뜻 내어줬다. 그 까닭은 무엇이었을까?

바로 강연 제목이 '실존주의'라는 이름이었기 때문이다. 사르트르는 그 무렵 널리 알려진 작가가 아니었으나 실존주의, 특히 실존주의자라는 말은 그때 유행하는 용어로서 이미 수많은 언론에서 화제가 되고 있었던 것이다. 더욱이 이 실존주의라는 말에는 거의 대부분 부정적인 인상이 따라다녔다.

그 무렵 삼류 언론인의 글을 빌려 실존주의자의 모습을 그려보면 다음과 같다.

실존주의자란 파리의 생제르맹데프레 지역에 모인 젊은이들로, 그들은 이 구역에 있는 값싼 호텔을 이리저리 옮겨 다닌다. 숙박비는 언제나 외상이었기 때문에 마침내 묵을 수 있는 호텔이 없어지게 되는데, 그러면 바(bar)나 카바레로 가서 밤을 새우고 화장실에 낙서를 휘갈긴다. 남자는 덥수룩한 머리를 하고 앞이마에는 긴 머리를 늘어뜨리고 있다. 와이셔츠는 여름이나 겨울이나 배꼽을 드러내 놓고 있다. 여자는 머리카락을 어깨까지 길게 늘어뜨리고 화장은 전혀 하지 않는다. 주머니에는 언제나 쥐를 기르고 있다. 그들이 좋아하는 색은 검정으로, 늘 검은 옷차림이다.

1990년대 들어서야 패션업계에 검은색이 유행하지만, 생제르맹데프레의 실존주의자는 이를 40년 넘게 앞지른 것이 된다. 참고로 그들의 대표격인 '생제르맹데프레의 뮤즈'라 불린 가수 줄리에트 그레코는, 그 무렵뿐만 아니라 요즘도 공연에서 반드시 검은 의상을 입는다. 예술의 여신 뮤즈로서 생제르맹데프레의 실존주의자 정신에 충실하기 위해서일까?

또 다른 신문 기사에는 실존주의자의 하루가 다음과 같이 소개되어 있다.

11시~13시, 르 플로르(카페)에서 일광욕. 13시, 근처 비스트로에서 외상 점심. 15시~18시, 르 플로르에서 커피 마시기. 18시~18시 반, 근처 동료의 방에서 작업. 18시~20시 르 플로르. 20시~24시 베름(바). 24시~10시, 르 타부(카바레).

이 일과를 보면 요컨대 실존주의자란 일정한 주소도 없고, 알 수 없는 일을 30분만 하며, 나머지는 카페와 바와 카바레를 옮겨 다니는 기생충과 같은 존재이다. 물론 제2차 세계대전이 막 끝난 혼란기에 이와 같은 젊은이들이 들끓은 것은 사실이다. 아울러 실존주의자들에 대해 이처럼 절반쯤은 흥미로 쓰여진 추문 기사가 생제르맹데프레에 더 많은 젊은이를 끌어들여, 실존주의자를 잇따라 만들어 냈다는 근거도 있었을 것이다.

하지만 이렇게 하는 일 없이 놀고먹는 것처럼 보이는 젊은 이들, '굴속'이라 불리는 지하의 바나 카바레에 둥지를 틀고 앉아 먹고 마시면서 밤을 새우고 광란을 부리는 그들로부터 단순한 데카당스(퇴폐주의) 풍속만을 본다면 그것은 크나큰 잘못이다. 게다가 그들의 풍속은 아무리 경박하게 보여도 시대 분위기를 나타내고 있는 게 사회의 진실이다. 그렇다면 1945년 무렵의 분위기란 어떠한 것이었을까?

장 폴 사르트르(1905~1980)

먼저 해방감, 그리고 자유가 있었을 것이다. 1945년의 프랑스는 4년 동안 이어진 나치스 독일의 압제로부터 막 벗어나 자유를 만끽할 수 있는 상태였다. 미국, 영국, 소련(지금의 러시아)에 많은 신세를 지고 있다고는 하지만, 어쨌든 프랑스는 제2차 세계대전을 승리로 끝마쳤다고도 할 수 있다. 점령과 전쟁 아래에서 물질과 정신에 걸친 온갖 구속으로부터 벗어나 자유를 즐기고 자유의 뜻을 온몸으로 표현한 것은 마땅한 일이다. 이 시대 재즈가 젊은이의 마음을 사로잡은 까닭도 미국 군인을 통해서 들어왔기 때문만이 아니라, 전쟁 중에 금지되었던 음악이기 때문이기도 했다.

그러나 다른 한편으로, 다시 찾은 현실은 반드시 희망에 찬 세계라고는 말할 수 없었다. 나치의 강제 수용소에서 일어났던 유대인 학살 사건이 잇따라 세상에 밝혀졌기 때문이다. 다큐멘터리 영화 〈쇼아〉는 전체주의적 이데올로기가 낳은 악 이상으로, 인간이 어디까지 잔혹해질 수 있는 동물인지를 보여주었다. 또 히로시마와 나가사키에 원폭 투하와 함께 그 비참하고 끔찍한 재난도 조금씩 전해졌다. 두 발의 원자탄은 인간 사회가 인류 전체를 파멸로 몰아갈 수 있는 기술을 손에 넣었음을 온 세계에 증명해 보였다. 종말의 관념에 민감한 유럽 사람들이 인류 종말이 가까이 다가왔다고 생각한 것도 이상한 일이 아니었다. 그렇기 때문에 사르트르의 다음과 같은 한 구절은 큰 반향을 불러일으킬 수가 있었다.

만일 인류가 계속 생존해 간다면 그것은 단순히 태어났기 때문이 아니라, 생명을 계속해서 이어가려 하는 결의를 하기 때문에 존속할 수 있는 것이다. (〈종전〉)

전쟁은 끝났지만 미래에 대한 희망은 보이지 않고 세계와 인류에는 여전히 어두운 구름이 덮여 있다⋯⋯ 그런 뜻에서 시대 분위기는 '불안'이기도 했다. 실제로 생활 면에서는 식량 부족, 연료 부족이 줄곧 이어졌다. 따라서 그 무렵 스무살쯤 되는 젊은이들 내면으로 들어가 생각해 보면 그들은 다음과 같이 말할 수도 있다.

"전쟁도 점령도 해방까지도 낡은 가치관을 믿는 어른들의 세계가 일으킨 일이 아닌가? 본디는 우리와는 관계없는 일이 아닌가? 그럼에도 우리는 어른들이 만들어 낸 어리석은 세계에서 유대인 사냥이다, 고문이다, 테러다, 복수다 하는 온갖 가혹한 체험을 강요당해 왔다. 전쟁이 끝난 뒤에도 그 어른들이 지배하는 세계는 여전히 이어지고 있다."

젊은이들이 어쩔 수 없는 어리석고 시시한 감각, 바로 '부조리'라는 한 마디로 나타낼 수 있는 감각을 가지고 있었다고 해도 전혀 이상한 일은 아니다. 놀고먹는 일도, 이상한 몸치장도 이 부조리에 대한 반항이었다고 해석할 수 있다.

이러한 풍조와 사르트르의 철학은 그리 멀지 않을 것이다. 왜냐하면 자유, 불안, 부조리, 실존이라는 말은 바로 사르트르의 문학과 철학 세계의 핵심어가 되기 때문이다. 그러므로 언제, 누구로부터인지 기원은 확실치 않으나 사르트르를 어느 정도 이해한 문학과 철학을 아는 사람들이 생제르맹데프레의 젊은이들을 '실존주의자'라 이름 지었을 것이다. 게다가 사르트르조차도 생제르맹데프레의 호텔에 머물면서 아침부터 밤까지 근처에 있는 르 플로르에서 일하고, 때로는 젊은이들을 모아놓고 토론을 하기도 했다. 그는 그들의 대표라고 여겨져도 마땅했다. 이렇게 해서 그는 '생제르맹데프레의 교황'이라 불리어, 그의 탁자에 모이는 사람들은 '사르트르 가족'이라 일컬어졌다.

그러나 사르트르로서는 자기 철학이 실존주의자라 불리는 젊은이들의 일반적인 행동과 결부된다는 것은 몹시 성가신 일이었다. 왜냐하면 자유, 불안, 부조리, 실존이라고 하는 그의 철학에서 대부분의 중심 개념은 전후 프랑스의 시대적 분위기에서 따온 것이 아니라, 젊었을 때부터 세계와 인간에 대한 그의 독특한 통찰에서부터 엄밀하게 다듬어진 사상이었기 때문이다. 1944년 봄에 이루어진 한 토론에서 그는 실존주의라는 꼬리표를 거부하고 이렇게 말했다.

"나의 철학은 실존의 철학이다. 실존주의가 무엇인지 나는 모른다."

1945년 생제르맹데프레의 강연에서 자기 철학이 '전문가용, 철학자용'임을 필요 이상으로 강조한 까닭도 이러한 혼동에 못을 박고 싶었기 때문일 것이다.

그런데 사르트르가 처음에 실존주의라는 명칭을 거부한 이유는 애매한 뜻을 가진 유행어에 대한 경계심 말고도 공산당 계열 간행물로부터 나오는 실존주의에 대한 공격에 진절머리가 났기 때문이다. 신비주의적인 야스퍼스, 나치에 가담한 하이데거와 함께 사르트르까지 통틀어 실존주의자로 여김으로써 그의 철학적 반동성을 사람들에게 뚜렷이 심어주려 한 것이 공산당계 비평가의 전략이었다. 본디 사르트르는 주의(主義)라는 말에 위화감을 느꼈던 것 같다. '주의'는 무엇이 되었든 간에 어떤 종류의 체계와 보편성을 지향한다. 그런데 사르트르의 출발점은 개인의 생각, 단독 인간의 생각이었다. 하나의 괴물적 사고에 따라 관념 철학의 체계를 무너뜨리는 것이 청년 사르트르의 꿈이었다. 그리고 실존이란 이러한 '주의'의 체계와 상대되는 개념이었던 것이다.

그래서 그는 처음에는 실존주의라는 꼬리표를 거부했다. 그러나 어느 시기부터 적극적으로 이 말을 받아들이는 자세를 보였다. 이렇게 태도를 바꾼 것은 다음의 세 가지 이유 때문일지도 모른다.

첫째로, "나의 철학은 실존주의가 아니라 실존의 철학이다"라는 말은 전문가용으로는 널리 쓰여도 일반 독자에게는 그다지 의미가 없다는 점이다.

둘째로, 앞선 철학의 여러 체계를 해체하며 출발한 사르트르는 이미 자기 자신의 철학 체계를 세우기 시작했다는 점이다. 1930년대의 현상학적 심리학《자아의 초월성 La Transcendance de l'Ego》과《상상계 L'imagination》에서 40년대의 현상학적 존재론(《존재와 무》)으로, 그리고 더 나아가서는《윤리학 L'éthique》으로 향하는 자세를 명백히 하고 있었다. 이러한 발걸음 전체에 어느새 그 어떤 주의라는 이름이 붙여진 것이다. 그렇다면 왜 실존주의여야만 했을까?

셋째로, 실존주의라는 꼬리표를 자신이 건네받는 것으로부터 얻게 되는 이득을 생각했으리라는 점이다. 생제르맹데프레의 실존주의자들은 사르트르의 철학과는 직접 관계가 없다 해도 몇몇은 그의 작품의 실제적인 독자이며 그 밖에는 잠재적인 독자였다. 더욱이 그들은 시대 분위기를 가장 민감하게 느껴 새로운 사상을 찾고 있는 부류이기도 했다. 그렇다 한다면 실존주의라는 말을 구태여 밀어낼 것이 아니라 받아들이면서 그 뜻을 명확히 함으로써 그들에게 새로운 길을 제시할 수도 있을 것이다.

이 책에 실린 〈실존주의에 대해서—비판에 대답한다〉는 사르트르가 실존주의라고 하는 말을 적극적으로 자기 철학에 붙인 최초의 글로서 눈여겨볼 만하다. 글이 발표된 곳은 공산당계 주간지 〈악시옹(Action)〉(1945년 6월 8일)이다.

사르트르와 공산당과의 관계는 전쟁 중에는 좋았다. 사르트르는 직접 무기를 들고 레지스탕스에 참가하지는 않았으나, 레지스탕스를 지원하는 공산당계 CNE(전국작가위원회) 모임에는 나갔으며, 공산당원 루이 아라공이 편집장으로 일하는 그 기관지 〈레 레트르 프랑세즈(Les Lettres Françaises)〉에는 지하 출판시대에 몇 차례 기고를 했다. 그런데 1944년 8월 파리 해방의 흥분된 시기가 지나자 레지스탕스 세력 사이의 정치적, 사상적 대립이 서서히 드러났다. 그사이에 사르트르가 《파리》와 《닫힌 방》의 상연으로 성공을 거두고 《존재와 무》 출간으로 세상의 주목을 끌기 시작한 데에 공산당 문화 관료들은 경계하는 마음을 느꼈던 듯하다. 〈레 레트르 프랑세즈〉나 〈악시옹〉을 통해서 그들은 사르트르 비판, 실존주의 비판을 하기 시작한 것이다. 이 글은 이들 공격에 대한 총괄적인 답변이다. 그 여러 달 뒤의 강연 〈실존주의는 휴머니즘이다〉와 겹치는 내용이 많기는 하지만, 다음과 같은 사실에 역점을 두었다는 것은 눈여겨볼 만하다.

하나는, 실존주의 인간관을 마르크스의 사상과 접근시켜서 반박하는 대목이다. "인간이란 만들고 만들면서 자신을 형성하여 스스로 만든 것 이외의 그 무엇도 아니다. 인간은 자기 운명의 주인공이다." 이러한 반박의 방법은 물론 공산당원 독자를 의식한 것인데, 뒷날 사르트르가 마르크스주의에 가까이 갔을 때 실존주의와 마르크스주의의 접점이 무엇이었는지 생각하기 위한 하나의 단서가 될 것이다.

둘째는, 실존주의에서 불안이나 절망을 이야기하면서 "인간이 희망을 갖는

1920년 생제르맹 큰길

것은 잘못이다" 단언하는 대목이다. "희망은 행동에 대한 최악의 장해이다"라는 말은, 그 글 안에서 생각한다면 물론 충분히 이해가 가능하며 또 나치 점령으로부터 방금 빠져나온 상황에서 한 말로서 무겁게 받아들일 수가 있다. 그런데 어느 정도 나이가 든 사르트르의 독자라면 그가 죽기 직전에 발표한 《이제는 희망을 L'espoir maintenant》 제목의 대담집을 기억하고 있을지 모른다. 여기에서 그는 인간의 행동에 대하여 희망이 얼마나 중요한 동기인가를 말하고, 더욱이 마지막으로 "나는 희망을 가지면서 죽어간다" 말했다.

베니 레비와의 이 대담에는 그 밖에 기존의 사르트르 모습의 수정을 강요하는 듯한 발언—또는 일흔다섯 인생의 마지막 근처에서 여전히 앞으로 나아가려고 하는 발언—이 실려 있고, 더욱이 이 대담이 마침내 그의 유언처럼 되었다는 점에서 그냥 지나칠 수 없다. 절망에서 희망으로의 이 대전환 안에서 생각해 보아도 실존주의의 진폭이 얼마나 큰가를 헤아릴 수 있을 것이다.

2. 실존, 앙가주망(사회 참여) 인간의 조건

《실존주의는 휴머니즘이다》를 처음 읽은 사람은, 또는 오랜만에 다시 읽은 사람은 오늘날의 시점에서 어떠한 감상을 가지고 있을까? 매우 심오하고 어려운 사상이라기보다 알기 쉽고 단순하다는 느낌을 갖지 않았을까? 그리고 추문을 불러일으킨 사상치고는 꽤 당연한 생각이라 여기지 않았을까? 만약에 그렇다고 한다면 그 원인의 하나는, 이것이 1945년의 글이라는 점, 그리고 그 뒤 오랜 세월이 지났다는 점에 있다. 한때는 새롭게 보였던 주체성, 선택, 부조리, 앙가주망(engagement)이라는 말에 우리는 이미 신선한 감각을 잃어버린 것이다. 또 주체성에 따라서 저마다가 가치를 선택해 간다는 것은 어느 정도 상식이 되었다.

그러나 그런 이유만은 아니다. 그 강연 자체가 일반 청중에 대한 강연이라는 점에서, 실존주의를 꽤 통속화한 모양으로 소개하고 있는 데에도 원인이 있을 것이다. 확실한 것은 이 강연만으로 사르트르의 실존주의를 논하기에는 조금 무리가 있다는 점이다. 그래서 해설자로서는, 그 원고에서 몇 가지 문제점을 꺼내 이에 약간의 논평을 붙임으로써 1945년의 실존주의를 좀더 무게 있는 형태로 소개할 수 있으리라 생각한다.

먼저 실존이라는 관념이다. 실존주의를 정의할 때 사르트르가 "실존은 본질에 앞선다" 말하는 것으로도 알 수 있는 바와 같이, 실존의 관념이야말로 실존주의의 출발점이다.

그런데 이 실존의 관념은 전쟁 뒤에 그가 갑자기 꺼낸 것이 아니다. 이미 어린 시절부터의 사르트르 체험 수준에 위치하여, 실존은 세계와 인간에 대한 그의 근원적인 관점에서부터 출발한다. 그가 10년이란 세월에 걸쳐서 쓴 초기 걸작 《구토》를 읽으면 알 수 있다. 주인공 로캉탱은 마로니에 나무의 뿌리를 앞에 놓고 얻은 깨달음의 순간을 다음과 같이 일기에 적었다.

실존의 베일은 갑자기 벗겨졌다. 그것은 추상적 범주에 속하는 무해(無害)한 모습을 잃었다. 실존이란 사물의 반죽 그 자체이며, 이 나무의 뿌리는 실존 속에서 반죽되었다. 아니 오히려 뿌리도 공원의 울타리도 벤치도 잔디밭의 듬성듬성한 잔디도 모두 사라졌다. 사물의 다양성, 그 개성은 단순한 가상(假象), 단순한 칠에 지나지 않았다. 그 칠이 벗겨져서 괴물 같은, 물렁물렁하고 무질서한 덩어리가—무섭고 더러운 벌거벗은 덩어리만 남았다.

여기에서 existence는 실존이라 번역되어 있는데, 실존주의의 원점이 무엇인지가 더 정확하게 보일 것이다. 《구토》란 한 마디로 말하면 주인공 로캉탱이 구역질의 체험을 통해서 사물과 인간의 실존을 발견하는 이야기이다. 이 실존의 발견은 로캉탱에게서 우리의 세계가, 또 우리 자신이 우연이며 부조리이고 무상(無償)이며 덤과 같은 존재라는 의식으로 펼쳐져 나간다. 그리고 이 인식은 인간은 자유라고 하는 또 하나의 인식, 낙관주의적인 설명으로 통한다. 사르트르 철학의 원점에는 세계에 대한—어떤 의미로는 어두운—시선이 있음을 잊어서는 안 된다. 그것은 사르트르가 나중에 마르크스주의자로서 이야기할 때 결코 놓치려고 하지 않았던 시선이다.

그런데 《구토》를 읽고, 《실존주의는 휴머니즘이다》를 읽은 사람은 아마도 다음과 같은 점을 알아차렸을 것이다. 실존이라는 말은 사물보다는 오히려 인간에게 쓰인다는 점, 또 거기에서 실존이라는 말이 자유나 주체성이라고 하는 말에 가까이 다가가 있다는 점을 말이다. 바꾸어 말하자면 인간에게는 본성도, 미리 정해진 본질도 없다. 인간은 우연적으로, 부조리하게, 무상으로 존재한다. 그렇기 때문에 인간은 자유로우며 주체성을 가질 수가 있다…… 실존을 자유의 근거로 삼은 이와 같은 관점이 《구토》에 없는 것은 아니지만 《존재와 무》와 《실존주의는 휴머니즘이다》에서 더욱더 드러난다. 세계대전 이전의 사르트르 철학에서, 전쟁 중과 전쟁 후에도 하나의 커다란 전개가 있다고 할 수 있다.

둘째로, 앙가주망의 관념이다. 사르트르가 특별한 뜻을 담아서 이 말을 쓰기 시작한 것은 전쟁이라는 특수한 상황 속에서이다.

사르트르가 징집된 것은 많은 프랑스인과 마찬가지로 1939년 9월 1일로, 그는 곧 알자스 지방 작은 마을의 기상반에 배속되었다. 1940년 5월까지 프랑스는 독일과 교전 상태에 놓이는데, 실제로는 전투가 이루어지지 않았던 이른바 '야릇한 전쟁' 시기여서 그 기간에 사르트르는 근무하면서도 하루에 열두 시간이나 펜을 잡았다.

그는 한편으로 전쟁 전에 쓰기 시작한 《존재와 무》《자유의 길》을 계속 쓰면서, 다른 한편으로는 긴 일기를 노트에 기록해 나갔다. 이 노트는 사르트르가 죽은 뒤에 발견되었으며 그 일부가 《야릇한 전쟁 수첩 Les Carnets de la drôle de guerre》인데, 이것은 군대에서의 일상을 이야기하는 생활 일기이면서 전시의 사색 일기이기도 하다. 그 하나의 큰 주제는 독일과의 전쟁에 자기가 동원된 일을 어떻게 받아들이는가 하는 것이었다.

물론 사르트르는 본인이 원해서 군인이 된 것은 아니었다. 자기 생활과 일을 중단시키는 전쟁에, 말하자면 말려들었던—구속된 것이다. 그렇다면 전쟁 속에서 과연 어떻게 할 것인가? 어떠한 태도를 취할 것인가? '공범자가 되느냐 순교자가 되느냐, 둘 중 하나다' 그는 생각한다. 그리고 구속된 이상 자기를 적극적으로 말려들게 하는 쪽을 선택한다. '몸에 일어나는 것을 받아들이는 게 아니라 몸에 일어나는 것을 건네받는 것이다.' 상황에 대한 수동성에서 능동성으로의 전환, 이것이 앙가주망이라는 사르트르 용어가 탄생한 원점이다.

사르트르가 작가라는 점에서, 또 그가 곧잘 작가의 앙가주망을 문제삼아 문학 용어에 바탕을 두고 그 생각을 펼쳐 나간 데서 앙가주망은 프랑스에서 문학 이론으로서, 또는 작가의 사회적 자세로서 논해지는 일이 많았다. 이 책에서도 명백한 앙가주망은 무엇보다도 저마다 다른 상황과의 관련된 방식으로 제기된 것이며, 아마도 사르트르가 생각하던 윤리학의 첫걸음이리라.

하지만 이 책에서 제안된 앙가주망의 생각에 문제가 없지는 않을 것이다. 예를 들어 "나의 행동은 인류 전체를 앙가제한다(engager)"거나, "자기 자신의 선택에 따라서 인류 전체를 앙가제한다"는 말을 만나면 나는 고개를 갸우뚱하고 싶어진다. 우리가 하나의 행동을 할 때, 그 선택에는 그 어떤 가치 판단이 깃들어 있다. 그리고 그 가치 판단이 만인에게—즉 모든 인류에게—분담되는 것은 확실히 바람직하다. 예를 들면 내가 프랑스나 중국의 핵실험에 반대할 때가 그러하다. "우리의 책임은 전 인류를 앙가제한다"는 말투도 이 상황에선 결코 과장된 것은 아니다.

그러나 사르트르가 또 다른 예를 꺼내고 있다. 내가 아이를 낳지 않는다는 선택을 할 때에는 어떻게 되는가? 그것은 반드시 모든 사람이 그렇게 해야 한다는 뜻은 아니다. 핵실험의 경우와는 달라서, 나는 나의 가치 판단에 따르고 다른 사람은 그들의 가치 판단에 따르면 된다. 사르트르 자신도 아이를 낳지 않는 선택을 했지만, 그때 그가 '다른 사람도 아이를 낳아서는 안 된다'고 생각하지는 않았을 것이다.

자기 선택을 모든 인류의 선택과 직결시켜, 자기에 대한 책임을 전 인류에 대한 책임으로 확대하는 이 사고방식, 앙가주망의 전체주의화라 여겨지는 이 사고방식은 같은 시기에 발표된 〈레 탕 모데른(*Les Temps Modernes*)〉의 창간사(1945년 10월)에서도 볼 수 있다. 따라서 앙가주망은 단순한 말의 힘이 아니라 실존주의의 고유한, 그리고 엄격한 책임 관념이라 생각해야 할 것이다. 다만 이러한

파리 생제르맹 거리의 카페 드 플로르

윤리성의 엄격함은 독일 점령 아래에서 엄격한 상황을 배경으로 생겨났다는 점도 충분히 헤아려야 한다.

거대한 '악'이 지배하고 고문이 일상적이었던 세계에서는 확실히 한 개인의 선택이 전 인류적인 가치 선택으로 이어질 수가 있었다. 1944년에 사르트르는 이렇게 쓴 바 있다.

> (지하 활동을 하던 사람들은) 고독하고 벌거벗은 상태였다. 하지만 이 고독의 가장 깊은 곳에서 그들이 옹호한 것은 다른 사람, 모든 다른 사람, 모든 저항하는 동지였다. 단 한 마디만으로 열 사람이나 백 사람의 체포를 불러오기에 충분했다. 완전한 고독 속에서의 이 책임이야말로 우리의 자유가 분명히 나타나는 개시(開示) 그 자체가 아닌가? (《침묵의 공화국》)

이와 같은 극한 상황은 역사 안에서 드문 일일 것이다. 따라서 평소 앙가주망과 책임에 대한 생각은 서로 다른 것이 마땅하다. 또 문학에서의 앙가주망과 정치에서의 그것과는 차원을 달리한다. 한편 사르트르의 앙가주망 생각도 시대와 함께 변해 간다. 다만 그 바탕에는 자기 상황을 어떻게 떠맡는지, 자기 전체를 어떻게 해서 행위 안에 집어넣는지, 그리고 그 행위가 어떻게 해서 보편적인 것으로 이어지는지 출발점에서부터 늘 문제가 설정될 것이다.

셋째로, 강연 뒤 토론에서 마르크스주의자 피에르 나빌이 제기한 비판을 검토해 보자.

나빌의 비판은 몇 가지 점에 걸쳐 있는데, 그중에서 "실존주의는 급진사회주의의 재현이다, 새로운 자유주의이다, 혹은 낡은 휴머니즘이다"와 같은 이데올로기적 비판은 오늘에 와서는 불필요한 공격이다. 내가 여기서 중요하다고 생각하는 것은 다음과 같은 비판이다.

즉 사르트르가 말하는 인간의 조건은 추상적인 개념이며, 이것은 인간의 본성을 바꾸어 놓은 것에 지나지 않는다. 사르트르가 말하는 사물에는 도구성 관계 말고는 다른 관계가 인정되지 않고, 그 사물의 세계는 인간에 대한 적대성만으로 규정된다. 사르트르적 앙가주망의 사고방식은 추상적 인간의 조건 안에서의 개인적 앙가주망일 뿐, 집단적 가치를 갖는 앙가주망의 추구와는 모순된다.

이들 비판에 대해 사르트르는 거의 대답을 하지 않았다. "나는 '인간의 구체적 여러 조건'을 분석할 필요가 없다고는 생각한 적이 없다"고 했던 것이 그의 유일한 언급이다. 그가 대답을 하지 않은 이유는 물론 시간의 제약 때문이기도 하다. 그러나 그 무렵 사르트르로서는 대답하기 힘든 비판이었다는 것도 짐작할 수 있다. 왜냐하면 이들 비판은 결국 어느 것이나 인간과 세계를 파악할 때 사르트르적 철학에서의 사회적 역사적 관점의 결여, 즉 나빌의 말을 그대로 사용하면 '조건 부여'라는 관점을 짚고 있기 때문이며, 따라서 사르트르 자신도 이 결여는 인정할 수밖에 없었다는 생각이 든다.

다만 이 결여는 다음과 같이 설명할 수는 있을 것이다. 첫째로, 그때 사르트르 철학의 야심은 전혀 다른 차원에 있었다. 하나의 '인간 현실'에서, 개인의식의 기술에서 출발해 인간이 이 세계에 나타나 사물과 관련을 맺고, '다른 사람들'과 관계를 가지며, 죽음이라는 한계에 부딪치는 인간의 조건 일반(세계에서의 인간의 기본적 상황을 그리는 선험적 한계의 전체)을 규정하는 일, 이를 형이상학이라고 부른다면 이러한 형이상학의 확립이야말로 사르트르가 노리는 점이었다.

둘째로, 사회적 역사적 '조건 부여'라는 생각에 사르트르는 어떤 불신감을 품고 있었다. 그는 빈곤이라는 경제 상태가 사람을 혁명적으로 만든다는 명제가 어느 정도 성립한다고 해도, 그것은 빈곤 → 혁명가라는 '조건 부여' 도식으로는 이해되지 않는다고 생각한다. 그렇지 않고 "가난한 사람이 빈곤을 재파악하여 스스로의 빈곤으로 떠맡아", 다시 "가난한 사람에 의해서 빈곤이 분명히 용서할 수 없는 것이 되며, 인간 세계 안에 다시 놓여지는"(《야릇한 전쟁 수첩》) 사실이 있으므로 비로소 빈곤은 혁명적인 힘이 될 수 있다고 여겼다. 말하자면 사회적 역사적 '조건 부여'로 사건이나 인간의 행위를 설명하는 것이 아니라, 반대로 이러한 '조건 부여'를 인간이 어떤 미래를 향해 자신을 내던지는 투기(投企)에 의해서 자기 '상황'으로 바꾸어 가는가에 사고의 역점이 놓여 있었다.

따라서 논점을 단순화한다면 역사가 인간을 만드느냐(경제적, 사회적, 역사적 결정 원인의 우위), 인간이 역사를 만드느냐가 된다. 그 뒤 마르크스주의자로서의 사르트르는 결정 원인, 조건 부여라는 생각을 받아들일 뿐 아니라 무게까지 싣게 되는데, 그럼에도 그는 자유롭게 미래를 향해 자신을 내던지는 시점(투기)은 끝까지 가지고 갈 것이다.

3. 전개

1945년 이후 사르트르의 실존주의는 세 방향으로 전개되었다.

먼저 실존주의는 마르크스주의를 대신하여, 또는 마르크스주의의 여러 원리를 자기 안에 흡수하여 사회 변혁의 지도적 이데올로기가 되려고 했다.

이 야심이 뚜렷이 드러난 것이 《유물론과 혁명 *Matérialisme et Révolution*》(1946)이다. 여기에서 사르트르는 "혁명가는 무엇을 필요로 하는가"라는 실천적인 물음을 세우고, 자유의 철학이 필요하다는 것과 그 자유를 노동자는 생산 행위 안에서 발견할 수 있다고 주장함으로써 자유 안에서 혁명의 주체적 힘을 보려 했다.

또 1948년에는 사르트르 자신이 사회주의와 중립 유럽의 건설을 목표로 하는 혁명민주연합(RDR)을 만들어서 1년간 정치 활동을 한다. 그러나 동서 냉전의 악화와 격화뿐만 아니라 프랑스 안에서의 정치 기반도 약해서 이 운동은 무너지고, 실존주의를 사회 혁명의 지도적 이데올로기로 만들려는 야심은 현실적인 전망을 잃고 말았다.

사르트르는 1952년 무렵부터 급속히 프랑스 공산당에 가까워져 여러 해 동안 프랑스 공산당의 동반자 지식인으로서 평화 운동에 참가한다. 또 소련을 평화 세력으로 옹호하여 흐루쇼프*¹ 시대의 소련과 친밀한 관계를 맺고, 소련의 문화인들에게 자주 초대받았다. 사상적으로도 사르트르는 마르크스주의에 다가가, 마르크스 철학의 우위를 인정하고 마르크스주의 내부에서 실존주의의 여러 원칙을 기능하게 한다. 이로써 그는 마르크스주의 자체를 '되살린다'는 생각으로 기운다. 그 성과가 《방법의 문제 Questions de méthode》(1967)와 《변증법적 이성비판 Critique de la raison dialectique》(1960)이다.

그러나 1968년의 '5월 혁명'과 그 뒤 마오쩌둥파의 정치 운동을 통해 사르트르의 정치 이론은 다시 출발점인 실존주의로 돌아간 것처럼 보인다. 두 젊은이와의 토론 기록인 《반항에 이유 있다 On a raison de se révolter》(1974)에서 그는 마르크스주의적인 정치 이론의 잘못을 몇 가지 비판하며, 혁명 운동 목적으로서의 자유와 원동력으로서의 자유를 다시금 강조한다.

두 번째 방향은 앙가주망 문학의 실천과 이론화이다. 이미 말한 바와 같이 앙가주망은 모든 사람에게 주어진 물음으로서 제기되어 있었으나, 작가인 사르트르는 문학 작품을 통해서 앙가주망을 구체적으로 생각하려 했다. 소설 《자유의 길》 3부작(제4부는 미완, 1945~49), 그리고 《파리》(1943)에서 《알토나의 유폐자들 Les Séquestrés d'Altona》(1959)에 이르기까지 그의 희곡은 "시대 상황 속에서 언어를 소재로 하는 작가가 어떻게 작품 안으로 자기를 앙가제하는가" 하는 물음에 대한 구체적인 모색이다.

한편 《문학이란 무엇인가 Qu'est-ce que la littérature》(1947)에서는 앙가주망 문학의 원리와 상황을 말한다. 쓴다는 행위의 검토를 통해서 사르트르는 문학 작품을 '인간의 자유를 요구하는 한에서의 세계의 상상에 의한 표현'이라고 정의한다. 아울러 그는 1947년의 작가 상황을 그려내면서 '개인 인격의 자유 및 사회주의 혁명'을 위해 저작으로 싸워야 한다고 주장한다. 사실 앙가주망 문학에 대한 사르트르의 생각은 시대와 함께 변하고 있다. 작가의 정치적 사회적 자세를 중요시하는 관점에서, 작가의 에크리튀르(쓰여진 것, 문자)에 대한 자세를 중요시하는 관점으로 커다란 변화 양상을 보인다. 또한 문학 자체에 대한 위치 매김에서도 동요를 볼 수가 있다.

한편으로 "굶주린 백성을 앞에 두고 《구토》에는 필요한 무게가 없다" 말하는

---

*1 소련 정치가(1894~1971). 스탈린이 죽자 공산당의 중심 지도자로 활약.

편집회의 1950년 카페 드 플로르에서 레 탕 모데른(현대 기관지) 편집회의가 열렸다. 안쪽 사르트르에서 시계방향으로 보부아르, 장 코, 미셸 비앙, 볼가, 보스트

사르트르, 자전 소설인 《말 *Les mots*》은 문학에 대한 결별로서 썼다고 하는 사르트르, 정치로 파고들어 감에 따라 문학 언어에 거리를 두어가는 사르트르가 있다. 그러나 다른 한편으로는 거의 같은 시기에 결코 정치적 사회적이라고는 말할 수 없는 미셸 뷔토르[2]와 알랭 바디우[3]의 작품을 높이 평가하는 사르트르가 있다. 그리고 만년이 가까워질수록 자기 작품 안에서 철학보다도 문학에 애

---

[2] 프랑스 소설가(1926~2016). 누보 로망(전통적 소설 형식이나 관습을 부정하고 새로운 수법을 시도한 소설)의 대표자.
[3] 프랑스 철학자(1931~). 모로코 태생, 신플라톤주의·마르크스주의자.

착을 느끼는 사르트르가 있다.

우리는 이와 같은 문학의 앙가주망에 대한 사르트르의 생각을 자상하게 뒤쫓을 필요가 있는데, 이를 보다 넓은 뜻으로 해석한다면 다음과 같이 말하는 것이 타당할지 모른다 "자기 전체를 작품 안에 몰입하기" 또는 "자기 생활 전체를 언어로써 회복하기". 사르트르는 장 주네*⁴나 스테판 말라르메*⁵를 '앙가제한 작가'로서 높이 평가하는데, 그 이유도 그의 해석과 관련이 있다.

그런데 지금 한 말에는 두 가지 핵심이 있다. 이 핵심들이야말로 실존주의 문학관의 특징을 이룬다. 하나는, 문학 작품이란 묘사하는 대상이 자기 자신이든지, 다른 사람이든지, 사회 또는 역사이든지 결국 작가의 체험이 깊이 새겨져 있고, 따라서 작가의 삶과 작품은 분리해서 생각할 수 없다는 관점이다.

다른 하나는, '전체'라는 말이다. 한 인간은 어떤 시대의 어떤 사회에서든지 그 인간에게 고유한 역사를 짊어지고 살아간다. 그러므로 만일 작가가 '자기의 전체'를 표현한다면 그것은 작가가 살아가는 시대와 사회, 그리고 이 작가를 만들어 내고 있는 역사를 표현하는 일이 될 것이다. 작가가 표현을 자각적으로 하기 위해서는 인간에 대한 여러 과학을 알아야 할 것이다. 앙가주망의 수준도 이 자각 정도에 따라 규정된다.

사르트르 실존주의의 세 번째 방향은, 인간 이해 방법으로서의 실존적 정신 분석의 전개이다. 《존재와 무》에서 사르트르는 그 몇 가지 원리를 제시하고, 프로이트의 정신 분석과는 다른 해석 체계를 세우려 한다. 콤플렉스, 리비도, 권력 의지와 같은 설명 원리 대신 근원적 선택이라는 개념을 설정함으로써 유년기의 투기에서부터 인간 형성을 이해하려 한 것이다.

이 실존적 정신 분석은 《보들레르 *Baudelaire*》(1947)에도 적용되고 있는데, 체계적으로 적용된 것은 《성 주네 *Saint Genet*》(1952)이다. 어린 시절 '도둑'으로 낙인찍힌 소년 장 주네가, 남색(男色)을 비롯 '악'의 선택을 계속해 가는 가운데 어떻게 해서 몽상가로부터 심미가(審美家), 심미가에서 시인, 시인에서 산문가로 변모해 갔는가를 사르트르는 재구성해서 보여주었다.

---

*4 프랑스 소설가·극작가·시인(1910~1986). 다채분방한 언어와 문체로 악과 성성(聖性)의 화려한 가치 전환 시도.

*5 프랑스 상징파 시인(1842~1898). 그의 살롱인 화요회(火曜會)에서 지도, 클로델, 발레리 등 20세기 초의 대표적 문학가들이 태어남.

그런데 1950년 중반부터 사르트르가 마르크스주의에 다가감으로써 실존적 정신 분석 방법의 틀에 변화가 생겼다. 근원적 선택이라는 생각 자체는 유지되었지만 선택할 때 조건 부여가 어떠한 것이었는지, 이 조건 부여의 복합체 쪽으로 사르트르의 시선이 옮겨간다.

우리는 어린아이 때부터 물질적인 조건이나 계급적인 조건에 따라서 규정된다. 뿐만 아니라 우리는 저마다의 방식으로 살아가는 타인—특히 가족—에 둘러싸여, 출발점에서부터 이들 타인에 의해 신체 감각, 언어, 사물의 사고방식, 행동양식을 부여받는다. 한 인간을 만드는 이 조건 부여의 총체, 경제와 문화에 걸친 광대한 차원에서의 조건 부여 총체를 '다른 사람들(他者性)'의 영역이라고 한다면, 유아기에 이루어지는 근원적 선택은 이 영역으로부터의 사소한 '이륙'이 될 것이다.

그래서 《집안의 천치 L'Idiot de la famille》(1970~73)라는 방대한 플로베르론을 썼을 때, 사르트르는 어린아이였던 귀스타브 플로베르*6가 신체적으로 또 심적으로 어떻게 다른 사람들 속에서 자기를 형성했는가를 명백히 밝히려 했다. 그리고 일곱 살 무렵까지의 드러나지 않는 다툼 안에서 실제로 겪은 체험 과정을 '소질 구성'이라 하고, 플로베르의 근원적 선택의 이해관계로 삼은 것이다.

'소질 구성'의 다음에 오는 것은 '인격 구성'이며 《성 주네》에서는 바로 '인격 구성' 시기부터 이야기가 시작된다. 장 주네의 경우에는 '소질 구성'을 논할 만한 자료가 없었다는 것도 사실이지만 아울러 《성 주네》에서 《집안의 천치》로, 실존적 정신 분석 틀의 변화도 보아야 할 것이다.

사르트르의 실존주의 전개는 그 밖에 윤리 사상의 차원에서도, 언어관이나 예술론의 차원에서도 논할 수 있으며 논할 필요가 있다. 또 사르트르는 1950년대 중반 이후 자신이 마르크스주의자임을 강조했으나, 70년대 후반에 다시 실존주의라는 이름에 집착한 바 있다. 그것은 마르크스주의 이상으로 실존주의의 현실을 느꼈기 때문일지도 모른다. 여기에서는 다루지 못했으나 사르트르의 실존주의 현실이 무엇이고 그 한계는 어디에 있는지에 대해서도 깊은 논의가 이루어지는 것이 바람직하다.

그 나라에서 잠잠해졌다고 해서 "사르트르는 극복되었다"고 하는 것은 지적

---

*6 프랑스 소설가(1821~80). 자연주의 문학의 기반 마련.

인 태만이다. 물론 사르트르의 실존주의는 불멸한 것이 아니며, 앞으로 사라질 가능성도 있다. 그러나 실존주의는 "우리는 우리와 같은 시대의 사람들을 위해 쓴다. 우리는 미래의 눈으로 우리의 세계를 보려고는 하지 않는다"(《레 탕 모데른》 창간사) 선언한 사르트르가 영광으로 여긴 일인지도 모른다. 나 자신은 "사르트르는 극복되었다"고 하는 상투적인 말을 들을 때마다 내 안에서 이런 소리가 들리는 것을 억누를 수가 없다. "당신은 사르트르의 무엇을, 어떻게 읽었는가? 당신은 문자만 더듬었을 뿐, 아무것도 읽지 못한 것이 아닌가?"

이 책이 독자에게 사르트르의 실존주의에 다가갈 수 있는 기회, 또는 실존주의를 다시 생각하는 계기가 되기를 바란다.

4. 그 밖의 텍스트

이 책에는 《실존주의는 휴머니즘이다》 말고도 여러 텍스트가 실려 있다. 어느 것이나 미셸 콩타와 미셸 리발카 편 《사르트르 저작집 Les Écrits de Sartre》(1970) 에 수록된 작품으로, 실존주의적 발상을 구체적으로 나타낸다는 점이 흥미롭다. 아래는 집필가들의 주석을 참고로 한 몇몇 작품에 대한 간단한 해석이다.

양식(Nourritures)

처음 나온 것은 〈베르브(Verve)〉지 제4호(1938년 11월). 1949년에 《구토》의 발췌와 합해서 단행본으로 출판된 일이 있다. 1936년 시몬 드 보부아르와 이탈리아로 여행을 떠났을 때 보고 들은 것을 바탕으로 쓴 작품으로, 분실한 미완의 중편 소설 《이향(異鄕)의 삶 Dépaysement》의 처음 부분을 이루고 있었던 것으로 여겨진다. 사르트르는 음식에 독특한 미각을 갖추고 있는데, 여기에서도 그 한 면을 엿볼 수가 있다.

위인의 초상(Portraits officiels)
얼굴(Visages)

〈베르브〉지 5~6호(1939)에 처음 나왔다. 1948년에 이 두 편이 단행본 《얼굴》이라는 제목으로 출판된 적이 있다. 《구토》에서 주인공 로캉탱이 부빌이라는 마을의 미술관을 찾아 그곳 명사들의 초상화를 바라보면서 "쓸모없는 것들"이라고 중얼거리는 장면이 있는데 〈위인의 초상〉은 이 장면과 연결된다.

〈얼굴〉은《존재와 무》의 제2부에서 볼 수 있는 시선론(視線論)과 호응하는 것이지만, 문학적 비유("눈이 없는 얼굴은 그것만으로 한 마리 짐승이다", "눈매는 얼굴 안의 귀족이다")가 거침없이 쓰이고 있는 실로 흥미로운 글이다. 또 사르트르의 타자 감각 안에서 시선이 얼마나 특권적 위치를 차지하는가도 잘 알 수 있다.

이 두 글은 〈양식〉과 함께 사르트르 작품 전체에서 보아도 걸작에 속할 것이다.

실존주의에 대해서—비판에 대답한다(A propos de l'existnetialisme : Mise au point)

이 글은 〈악시옹〉지 1944년 12월 29일호에 처음 나왔다. 앞에서 말했듯이 공산당계인 〈레 레트르 프랑세즈〉와 〈악시옹〉으로부터의 비판에 대한 답으로 쓴 것이다. 이 글에 대해 이듬해 철학자인 앙리 르페브르가 공산주의자의 견해를 대표해서 반론하고 있다(〈악시옹〉 1945년 6월 8일).

파리 해방·묵시록의 일주일(La libération de Paris : Une semaine d'apocalypse)

이 글은 〈클라르테(Clarté)〉지 9호(1945년 8월)에 처음 나왔다. 파리 해방 전야 레지스탕스 전사의 봉기를 앙드레 말로[*7]의 《희망》에서 사용된 '아포칼리프스'라는 말로 파악하여, 이 '혁명 전력의 자발적인 조직화'를 1789년의 민중에 의한 바스티유 감옥의 쟁취와 비교하고 있는 점이 주목된다. 여기에서 이미 《변증법적 이성비판》에서 전개되는 '용해 집단'에 대한 생각을 엿볼 수 있다.

5. 실존에 관한 이야기들

《진리와 실존》

1989년에 아를레트 엘카임 사르트르에 의해서 출판된 유고 《진리와 실존》에는 다음과 같은 대목이 있다.

---

*7 프랑스 소설가·정치가(1901~76). 반파시즘 운동 참가, 드골 정권 때 문화부 장관.

모든 진리는 내가 알 수 없는 외부를 갖추고 있다. 그렇기 때문에 관대한 태도란 타자들에게 진리를 던져 진리가 나로부터 달아나는 한에서 진리를 무한한 것으로 만드는 일이다.

우리는 지금 이와 같은 사르트르의 타자이며 외부이다. 아니, 실은 사르트르가 태어나기 전부터 이미 그랬던 것이다. 타자성으로 절대적인 존재 양식으로 던져진 진리는 무한하지만, 그것은 그가 생각한 것과 같은 '잠재적인' 의미에서뿐만 아니라 '현실적인' 의미에서도 그러하다. 이 무한은 외부와 타자성을 '인간' 그 자체 안에 써넣는다고 말하고 싶은 것이다. 그러나 거기에도 사르트르의 관대함으로부터 오는 그 무엇인가가 있다는 것을 부정할 수가 없다. 이 관대함 —이 책임, 즉 응답성은 어디까지나 세계를 변혁하기를 바라고 있다.

《마르크스주의와 주체성》

사르트르는 1961년 12월 12일 로마에서, 그람시 연구소의 주최로 강연을 했고 12, 13, 14일에는 이탈리아 지식인들(공산당 및 이탈리아 공산당 계열)과 토론을 했다. 강연은 이제까지 두 가지 형태로 출판되어 있다. 하나는 이탈리아어로 '주체성과 마르크스주의'라는 제목으로 잡지 〈이것인가 저것인가(Aut Aut)〉(136~137호, 1973년 7월~10월)에 실렸고, 또 하나는 프랑스어로 '1961년의 로마 강연—마르크스주의와 주체성'이라는 제목으로 사르트르 자신이 창간한 잡지 〈레 탕 모데른〉(560호, 1993년 3월)에 실렸다. 이들 두 가지 판은 저마다 따로 사르트르의 녹음으로 만들어졌으며, 〈이것인가 저것인가〉의 편집자들은 현장에서 강연을 이탈리아어로 옮겼다. 〈레 탕 모데른〉에 본 강연을 실을 때 미셸 카일도 헝가리의 철학자 스자보(Tibor Szabó)가 만든 원고를 이용했는데, 그때에 읽기 쉽도록 조금 바꾸었다. 두 텍스트의 차이는 매우 적고, 서로 대립하는 해석을 낳는 것은 아니다.

초고가 이미 존재하지 않고(또는 찾을 수가 없고), 강연 녹음 테이프도 사라졌기 때문에 이 책은 엄밀하게는 사르트르의 텍스트라고는 할 수 없을 것이다. 그래도 입론이나 주의 설정으로 말하면, 틀림없이 사르트르의 작품이다.

사르트르의 강연에 이어 이루어진 토론(12월 12일 종일, 13일의 오전과 14일의 오후)으로 작성한 원고이다. 파치, 루포르니, 롬바르도 라디체, 콜레티, 델라 볼페, 발렌티니, 세메라리, 피오베네, 아리카타, 카르도나의 발언과 사르트르의 응답이 포함되어 있다.

논쟁 상대인 많은 이탈리아인은, 이탈리아어로 말하는 것에 대해 사르트르에게 허락을 구하는 일도 있었다. 즉 이 이탈리아어로 남아 있는 토론 부분의 원고 대부분은 번역이다.

지면의 문제가 있어서 토론의 모든 것을 싣지는 않았다. 발언은 사르트르의 입론을 명백히 하고, 나아가서 그것을 발전시키는 데에 기여하는가의 여부를 기준으로 골랐다. 따라서 이 기준에 비추어, 이탈리아 지식인에게 고유의 논쟁 또는 다른 방향이라고 여겨지는 발언은 제외했다.

《내밀》

이 단편은 1938년 〈NRF(신프랑스 평론)〉지의 8, 9월호에 연재되어, 그 뒤 단편집 《벽》에 수록된 작품이다. 사르트르로서는 제2차 세계대전 이전의 작품으로, 나중에 그의 사상은 전쟁을 계기로 커다란 진전을 보였다. 그러나 우리나라에서는 실존주의의 모두를 보여주고 있다는 오해를 낳았다. 우연히 이 작품이 성적 불구와 그 아내의 관계를 다루고 있는 탓에, 실존주의는 에로티시즘이라는 생각이 전후 육체파의 문학 활동과 결합하여 일반에 알려진 것은 그러한 오해 가운데 가장 큰 것이었다. 이 작품은 같은 해 발표된 장편소설 《구토》와 같은 계열에 속하는 것으로, 인간이 살아가는 데 아주 절대적인 사실인 육체의 존재—특히 성(性) 문제를 무척 점액적이고 더없이 기분 나쁜 것으로 그려낸다. 따라서 이것은 결코 선정문학이 아니며, 오히려 육체 혐오의 작품이라고 해도 좋다.

실존주의는 먼저 이러한 '사물'의 세계에 대한 혐오에서 출발하여 이윽고 '마음' 세계의 불안정으로 시선을 돌리고, 그런 다음 결과하는 불안과 절망의 저편에서 새로운 희망을 찾으려고 한다. 《내밀》은 그런 점에서 실존주의 문학의 출발점에 있다고 해도 좋다.

《내밀》의 여주인공 륄뤼는 육체 혐오에서 벗어나기 위해 애인을 버리고 성불구인 남편의 '순수'로 돌아가지만 이는 사르트르의 전후 작품 《자유의 길》 등에서 보여주는 해결—사회적 행동에 따른 구원—과는 아직 거리가 먼 소극적 해결로, 《구토》의 결말에서 보여주는 해결—음악에 의한 구원—과 거의 궤도를 나란히 한다.

《벽》

이 단편은 1937년 〈NRF〉지 7월호에 실렸으며 나중에 단편집 《벽》에 수록된 작품이다. 수록 작품 다섯 편 가운데 이 작품이 제목으로 꼽힌 것을 보아도 사르트르로서는 자신 있는 작품이었음이 틀림없고, 이 작품은 사실 발표 때부터 대중에게 엄청난 호평을 받았다.

1936년 7월 스페인에서 인민전선정부에 맞서 프랑코 장군이 이끄는 팔랑혜당이 혁명을 일으켰고, 내란은 1939년 3월 프랑코의 승리로 끝났다. 《벽》은 이 스페인 내란을 취재한 것으로, 집필연대인 1937년이 내란이 일어난 이듬해인 것에서 전쟁이 절정에 이르던 때 쓰인 것임을 알 수 있다. 이 단편은 먼저 그 무렵 정치 정세를 염두에 두고 읽을 필요가 있다. 그러나 한편 이 작품이 결코 한때의 유행을 목적으로 한 문학이 아니라는 점에도 주의해야 한다. 이 작품에는 제2차 세계대전을 계기로 사르트르를 반파시즘 투쟁으로 향하게 한 인간적 자유의 욕구가 인민전선파에 대한 동정이 되어 암묵리에 제시된다. 하지만 중요한 것은 그 점이 아니라, 여기에 인간적 실존 문제가 사르트르의 독자적 방식으로 나타난다는 사실이다.

첫째로, 여기에 묘사된 인민전선파의 사형수들은 날이 밝으면 처형장의 '벽' 앞에 서야 한다. 벽은 실존철학의 이른바 한계 상황으로, 궁지에 몰린 인간의 관점이다. 사르트르는 그러한 상황에서 인간이 무엇을 생각하고 무엇을 보는지를 힘 있게 그렸다. 다음으로, 이 작품은 '우연'의 문제를 다룬다. 인생을 허망하게 보는 실존주의의 관점이 이 단편 마지막에 주인공의 절망적인 웃음으로 나타난다. 사르트르의 나중 작품, 뒷날의 사상 전개는 사실 이 웃음이 끝난 지점에서부터 시작되는 것이다.

《방》

《방》은 〈메쥐르(Mesures)〉지 제1호(1938년 1월 15일)에 실렸다가 나중에 갈리마르 서점에서 나온 단편집 《벽》에 수록되었다. 전후에 라디오드라마로서 방송된 적이 있다. 단편집이 간행되었을 때 〈N.R.F.〉지 비평가는 《방》과 《벽》을 다른 단편보다 높이 평가했고, 앙드레 지드는 그의 일기(1944년 10월 2일)에서 처음에는 이 《방》을 다른 단편들보다 좋게 생각했다고 썼다(그러나 그는 뒤에 그 생각을 부정하고, 《벽》과 《어느 지도자의 유년시절》을 최고로 친다). 이는 이 작품이 다른 단편들에 비해서 이른바 사르트르적 분위기가 희박하고 결이 곱다는 데에 원인이 있는 듯하다.

프랑수아 모리아크를 비난하며 말했듯이 소설에 절대적 관찰자를 설정하려 하지 않는 사르트르는 여기서도 이런 생각에 충실히 따라 제1장의 전반부는 다르베다 부인의, 후반부는 다르베다 씨의 눈을 통해서 묘사하고, 제2장 전체는 딸 에브의 시점에서 말한다. 작품으로서의 구성은 이렇게 정제되어 있다. 부르주아의 사상이나 생활에 대한 증오와 조소도 다른 작품들에 비해서 그리 강하다 할 수 없고, 가에탕 피콩의 이른바 '형이상적 자연주의'의 요소도 드물다. 이 모든 것이 이 작품을 친숙하게 만들어 준다고 할 수 있다.

이 작품의 의도는 작가 자신이 쓴 것으로 보이는 문장에서 다음과 같이 설명된다. "실존을 정면에서 보려 하지 않는" 사람들의 비극적 또는 희극적 인생이 주제라는 것이다. 즉 에브는 부르주아적 인생관에 맞서 남편의 광기의 세계로 들어가려고 하지만 그것은 도무지 불가능해서, 거기서 비극이 태어난다. 실존을 직시하는 것은 일상적 의미에서의 비극을 낳지만, 이 비극을 극복한 지점에서 희망이 시작된다고 사르트르는 생각한다.

《에로스트라트》

《벽》, 《방》, 《내밀》, 《어느 지도자의 유년시절》과 함께 단편집 《벽》의 한 부분을 이루는 이 작품을 따로 떼어 논하는 것은 그다지 의미가 없다. 상당히 정확한 의미에서 실험적인 소설이라 불리는 이 작품들, 즉 사르트르가 갖는 철학적 관념의 소설적 현상이라 일컬어지는 이 작품들에 대해서는 특히 그렇게 말할 수 있다.

작품적 조형이라는 점에서 보아도 《벽》을 제외한 나머지 네 작품은 습작적인 경향이 강하며, 걸작이라고는 할 수 없다. 다만 완성품을 향한 노력을 버려두고 이런 실험을 시도한 왕성한 비평적 정신을 배워야 할 것이다. 이 가운데 어떤 작품을 보아도 뒷날 《구토》나 《자유의 길》에서 완전히 전개된 기본적 요소들을 찾아내기는 쉬울 것이다.

《에로스트라트》의 주제를 사르트르 자신은 범죄에 의한 인간적 조건의 거부라고 썼다. 불멸이기를 바라며 에페수스의 아르테미스 사원을 태워 버린 검은 영웅, 에페수스 사람들에 의해 그 이름을 입에 담는 것조차 죽음으로써 금지당한 에로스트라트처럼 오직 거절과 범죄에 자기를 던져 넣는 주인공의 부르짖음은 영원히 자유로 운명지어진 '마티외 들라뤼'의 한탄에, '앙투안 로캉탱'의 늪 같은 고독에 호응한다.

《어느 지도자의 유년시절》

이 작품은 분량으로 보나 내용으로 보나 가장 장편에 가까운 단편이다.

사르트르의 단편은 모두 미래에 쓰여질 커다란 작품을 위한 초고나 연습이라 할 수 있는데, 이 작품은 특히 한 가지 주제를 오랜 기간 동안 전개해 나간 것으로 보인다. 다른 단편들이 이른바 장편의 한 단편으로서도 존재할 수 있는 기본 방식의 묘사법을 취하고 있는 데 반해 이 작품은 장편 전체의 소묘와 같은 성질을 띠며, 묘사의 밀도는 문학 작품(특히 프랑스 소설의 전통적 관념)으로 보면 매우 낮은 편이다. 독자로서는 줄거리만 읽게 되는 것이기도 하다. 그러나 작가는 그러한 다른 단편들과는 정반대 시도 속에서 소설가로서의 자기 가능성을 시험해 본 것이 아닐까? 하나의 내적 독백을 써서 주인공의 정신적 성장을 다루는 데, 작가의 머릿속에는 제임스 조이스의《젊은 예술가의 초상》이 본보기가 되었을지도 모른다. 특히 첫머리에 나오는 유년 의식의 표출 부분 등이 그렇다.

사르트르는 이 작품에서 무한한 가능성을 가지고 태어난 인간이 어떤 숙명을 스스로 만들어 내면서 (따라서 대부분의 가능성을 잃어버림으로써) 이른바 어른이 되는 과정을 그린다. 주인공은 '자기에 대한 자기(대자)'가 아니라 '다른 사람에게 보이는 대로의 자기(즉자)'를 선택함으로써 지배 계급의 인간이 된다. 어떤 의미에서 그것은 파시즘의 심리 분석이라고 할 수 있다. 그는 그러한 지도자의 오만한 자세에서 스스로를 속이는 것을 발견한다. 작가는 그 분석을 위해 진술한 것처럼 묘사를 버리고 극도로 무미건조하며 비약적인 문체를 쓰고 있다.

실존주의 철학이 걸어온 길

실존주의라는 명칭의 시작

실존주의는 프랑스어 에그지스탕티알리즘(existentialisme)을 번역한 말이다. 그런데 프랑스에서도 이 말이 새로운 단어로 쓰이기 시작한 것은 제2차 세계대전이 끝날 무렵으로, 그 이전에는 아무도 이런 말을 사용하지 않았으며 사전에도 없었다. 20세기 철학의 흐름을 알고 있던 사람은 이 말이 뜻하는 바를 바로 알았을 테지만 일반 사람들은 이 묘한 이름을 어떻게 받아들여야 할지 어리둥절했으리라. 왜냐하면 철학 분야에서는 전쟁 이전부터 야스퍼스가 자기 철학에 '실존철학'이라는 이름을 붙였고 하이데거의 철학도 때로는 '실존철학'이라고 불렸는데, 이들 명칭은 철학의 좁은 영역에서만 통용된 데에 지나지 않았으며 현대 사상의 하나의 물결 또는 움직임을 지시하는 데까지는 이르지 못했기 때문이다.

그런데 전쟁이 끝난 뒤에 이 말이 폭발적으로 유행했다고 하는 것을 넘어서 일반화되기 시작한 것이다. 누가 이 말을 처음으로 썼는가를 따지는 일은 무의미하지만 어쨌든 이 이름이 세계적으로 널리 알려진 계기를 만든 사람은 장폴 사르트르이다.

연합군의 파리 입성으로 프랑스가 해방되고 샤를 드골이 프랑스 임시정부 수석에 취임한 것은 1944년이었다. 그해 5월 1일 히틀러의 자살설이 전해지고 5월 7일 독일이 무조건 항복을 선언함으로써 유럽에서는 제2차 세계대전이 끝났다.

해방과 평화는 자유로운 사상의 발생을 재촉했다. 1945년 10월, 사르트르는 메를로 퐁티, 레이몽 아롱, 미셸 레리스, 장 폴랑, 시몬 드 보부아르 등의 도움으로 실존주의 사상운동을 제창하여 그 기관지로서 〈레 탕 모데른〉(현대)을 창간했다.

잡지가 창간된 지 얼마 안 되어 사르트르는 파리의 멩트낭 클럽에서 '실존주의는 휴머니즘이다'라는 제목의 강연을 했다. 이 강연은 그때의 토론 속기도 포함해서 이듬해에 《실존주의는 휴머니즘이다》로 출판되었다.

종전 앞뒤를 한 시기로 해서 이 젊은 철학자가 잇달아 발표하는 문학 작품이 성공을 거둠에 따라, 오늘날 준비가 조금 부족한 상태로 진행되었다는 말을 듣고 있는 이 통속적 강연은 그 무렵 큰 반향을 일으켜 얼마 뒤 그 영역판이 미국에서 나왔다.

"나는 실존주의에 대한 몇 가지 비난에 맞서 지금부터 그 옹호를 시도해 보고자 한다."

이렇게 전제를 하고 나서 사르트르는 먼저 공산주의자로부터의 비난을 요약한다.

실존주의에 따르면, 이 세상에서의 인간의 행동은 전면적으로 불가능하다고 생각하지 않으면 안 되기 때문에, 실존주의는 사람들을 절망의 퀴에티슴(정적주의)에 머물게 하는 것으로 결국 관상의 철학, 부르주아 철학에 귀착된다는 것이다. 다른 한편으로 실존주의는 인간의 천함을 강조하고 곳곳에서 더러운 것, 아리송한 것, 끈질긴 것을 폭로하며 인간의 밝은 면을 소홀히 한다는 가톨릭 교회로부터의 비난도 있다.

공산주의자와 가톨릭이 공통적으로 비난하는 점은 실존주의가 인간의 연대성을 등한시했다는 것, 인간을 고립된 존재로 생각한다는 것이다. 공산주의자는 실존주의가 데카르트적인 코기토(생각한다)에서 출발하는 것을 나무란다. 또 그리스도교는 신의 명령이나 영원의 가치를 실존주의가 폐기한다면 그 이후에는 무질서와 혼란밖에 없다고 비난한다.

사르트르는 이들 모든 비난에 대하여 '실존주의는 휴머니즘이다'라는 주제로 맞섰다. "우리가 의미하는 실존주의란 인간 생활을 만능하게 하는 가르침이며, 모든 진리와 모든 행동 안에는 환경과 인간적 주체성이 다 같이 포함되어 있다고 선언하는 가르침이다."

이 강연의 첫머리에서도 알 수 있는 바와 같이 여기에서는 이미 실존주의라고 하는 이름이 일반적으로 널리 퍼진 것으로서, 그러나 많은 사람들이 그것을 제대로 이해하지 못하고 있는 것으로서 이야기되고 있다.

"이 말을 쓰는 대부분의 사람들이 정당한 정의를 내리려고 해도 어찌할 도리가 없다. 이 말은 오늘날 하나의 유행이 되어 저 음악가는, 저 화가는 실존주의라고 사람들이 떠들어대기 때문이다."

역설적이게도 공산당계 신문 〈클라르테〉의 촌평가까지도 '실존주의자'라는 익명을 사용하게 되었다. "결국 이 말은 지금 매우 폭이 넓어지고 부풀려져 있기 때문에 이미 아무런 의미도 없게 되어버렸다"고 사르트르가 개탄할 정도이다. 그보다 고작 2년 전에 간행된 사르트르의 방대한 저서 《존재와 무》에서는 722쪽을 메우는 수십만 단어 안에 단 한 번 '실존철학'이라는 말이 나올 뿐, '실존주의'라는 말은 전

보부아르(1908~1986) 1944년 카페 드 플로르에서 사르트르가 창간한 잡지 〈현대〉(1944)에 참여하였으며, 실존주의 대표적 작가 중 한 사람이다.

혀 찾아볼 수가 없다. 그만큼 이 이름의 출현과 파급은 사르트르 이후에 급속했다.

실존은 본질에 앞선다

사르트르는 이 강연에서 일괄적으로 실존주의라 해도 두 가지 흐름이 있다고 지적한다. 한쪽은 그리스도교적인 실존주의로, 그는 야스퍼스나 가브리엘 마르셀을 예로 든다. 다른 한쪽은 무신론적 실존주의로, 그는 하이데거와 프랑스의 실존주의자들, 즉 메를로 퐁티와 보부아르 등을 이에 속한다 하고 자기 자신도 그 부류에 포함시켰다.

그렇다면 이들 모두가 실존주의라고 불리는 까닭은 무엇일까? 그것은 인간의 경우 '실존이 본질에 앞선다'는 것을 모두 인정하고 있기 때문이다. 다시 말하면 두 부류가 모두 '주체성에서 출발하지 않으면 안 된다'는 것을 인정하기

때문이다.

사르트르는 이러한 예를 든다. 모든 물건을 만들어 낼 때에는 본질이 미리 존재해서 그런 다음에 현실의 존재가 생겨나게 된다. 그런데 인간은 완전히 그 반대이다. 물품을 제작하는 경우, 이를테면 종이 자르는 칼에 대해서 생각해 보자. 이것은 어느 제작자가 만든 것이다. 그 제작자는 무턱대고 우연히 이 칼을 만든 것이 아니다. 그가 이것을 만들 때에는 머리에 미리 이 종이 자르는 칼이라는 개념이 있어서 그 생각에 따라 그 물건을 만든 것이다.

이 생각이 바로 종이 자르는 칼의 본질이다. 즉 종이 자르는 칼이란 어떠한 것인가, 어떠한 모양으로 어떤 재료로 만들 것인가 하는 생각이 만드는 사람의 머릿속에 있다. 그것이 이 물건의 본질이다. 물건을 만들 때에는 본질이 현실존재(실존)보다 앞선다.

그러나 인간은 어떤가? 만일 신을 우주의 창조자라고 한다면 신을 한 사람의 제작자로 비유할 수가 있다. 신은 인간을 창조하기 전에 자기가 앞으로 만들어 내려고 하는 것을 알고 있지 않으면 안 된다. 따라서 인간의 실존에 앞서서 신의 생각 안에 인간의 본질이 존재해야 한다. 그런 뜻에서 신을 인간의 창조자라고 하는 그리스도교적 실존주의는 논리의 불합리에 빠지는 셈이 된다.

그리스도교 사상가들뿐만 아니라 고대의 철학자도 제작자로서의 신이 원형에 따라서 이 세상을 창조했다고 생각했다. 플라톤은 《티마이오스》에서 창조의 신화 체계를 철학적으로 전개한다. 17세기의 데카르트나 라이프니츠도 그러한 생각에 사로잡혀 있었다. 18세기에 들어서자 무신론자가 나타나서 신의 관념을 버렸다.

하지만 무신론자들도 본질이 실존을 앞선다는 생각은 버리지 못했다. 디드로나 볼테르가 그러했다. 칸트에게서도 그러한 생각을 엿볼 수 있다. 그들에게는 개개의 현실적인 인간의 존재에 앞서서 인간성 일반이 전제된다. 인간의 본성이 먼저 있고 그런 다음에 하나하나의 인간이 그 실례로서 존재한다.

그러나 실존주의 관점에서 보자면 모든 인간에 공통된 하나의 본질이라는 것은 존재할 수 없다. 실존주의의 경우 '처음에 실존이 있었다'이다. 그런 점에서 실존주의는 무신론일 때 한결같은 것이 된다.

무신론적 실존주의는 이렇게 단정한다. 신은 존재하지 않는다. 왜냐하면 신이 존재하는 한 실존에 앞서서 본질이 존재하지 않으면 안 되기 때문이다. 적어도 인간의 경우에는 처음에 있는 것은 실존이 본질에 앞서는 것 같은 존재, 그 어떤 개념으로써 규정되기 이전에 먼저 실존하는 존재이어야 한다. 인간은 이 세상에 먼저 존재한다. 다시 말하면 인간은 세상에 먼저 나타난다. 그런 다음에 인간은 나름대로 존재하는 것이 된다.

실존주의자들은 특히 인간의 고독—내던져지고 버려진 인간의 모습을 강조한다. 그러나 사르트르의 말에 따르면 인간의 고독이란, 다른 말로 하자면 신은 존재하지 않는다는 것이며, 또 이러한 사실에서 모든 결과를 끌어내지 않으면 안 된다는 것이다.

어떤 종류의 세속적인 도덕은, 신의 존재를 쓸모없고 해로운 가설로 여기면서도 사회적 질서나 문명 세계가 존속하기 위해서는 몇 가지 가치가 선험적으로 존재하고 종전대로 신성한 것으로서 통용되지 않으면 안 된다는 타협적인 태도를 보인다. "신은 마치 신이 존재하지 않는 것처럼 있어야 한다"고 말한 알랭은 될 수 있는 대로 희생을 적게 해서 신을 무시하려고 한 사람이다.

하지만 무신론적 실존주의를 선언하는 사르트르는 반대로 신이 존재하지 않는 일은 매우 귀찮은 일이라고 생각한다. 신이 존재하지 않게 되면 여러 가치를 신의 뜻 속에서 찾는 가능성 또한 사라지기 때문이다.

"만약에 신이 존재하지 않는다면 모든 것이 용서될 것이다." 도스토옙스키는 이렇게 쓰고 있는데 실존주의의 출발점이 사실 여기에 있다고 사르트르는 말한다. 그렇기 때문에 인간은 고독한 것이다. 왜냐하면 인간은 의지할 가능성을 자기 안이나 자기 밖에서도 찾아볼 수가 없기 때문이다.

키르케고르는 "신에게는 모든 것이 가능하다"고 하는 신앙 안에서 실존자가 살아갈 호흡을 발견했다. 그러나 사르트르에게는 그와 같은 가능성은 하나의 환각에 지나지 않는다. 인간은 선택과 결단을 할 때 신에게 의존할 수가 없다. 신의 율법은 인간에게 아무런 기준도 되지 않는다.

"너의 이웃을 사랑하라" "남이 자기에게 해주기를 바라는 것처럼 남에게 해주어라" "너의 적을 사랑하라" 이러한 명령이 현실을 결단할 경우에 무슨 소용이 있단 말인가?

사르트르는 또 칸트식의 "남을 결코 수단으로서 다루지 말고 목적으로서 다루어라"라고 하는 선험적인 도덕률에 대해서도 그 유효성을 인정하려고 하지 않는다. 인간은 그 누구의 도움을 구하는 것이 아니고, 그 무엇에 의지하는 것도 아니며, 모든 순간에 자기 혼자서 자기 존재를 고르지 않으면 안 된다.

이 강연의 결론으로서 사르트르는 다음처럼 선언한다. "실존주의란, 일관된 무신론적 관점에서 모든 결과를 끌어내기 위한 노력 말고는 아무것도 아니다. 이 관점은 결코 인간을 절망에 빠뜨리려고 하는 것이 아니다. 그러나 모든 무신앙의 태도를 그리스도교식으로 절망이라 부른다면, 이 관점은 바로 근원적인 절망에서 출발한다. 실존주의는 신이 존재하지 않는다는 것을 힘이 닿는 한 증명하려고 하는 뜻에서의 무신론이 아니라, 오히려 비록 신이 존재한다고 해도 아무런 변함이 없음을 분명히 말하는 것이다."

현실존재와 본질존재

실존주의의 해설서를 읽어도 도대체 실존이라는 것이 무엇을 뜻하는가를 뚜렷이 알 수가 없다는 말을 가끔 듣는다. 실존주의나 실존철학에서 말하는 '실존'이란 사람마다 미묘한 차이가 있어 결코 정해진 개념은 없으나 그럼에도 공통점이 있다. 이들의 차이점이나 공통점을 살피면서 '실존'의 뜻을 정확하게 자기 것으로 만들기 위해서는 이 말의 기원부터 살펴보지 않으면 안 된다.

'실존주의'는 사르트르의 강연을 계기로 현대 사상의 한 흐름을 가리키는 말이 된 것이지만 '실존'에 해당하는 에그지스탕스는 라틴어로부터, 더 거슬러 올라가면 그리스어에서 유래된 말로 영어나 프랑스어로는 existence, 독일어라면 엑시스텐츠 Existnenz가 된다.

이것은 일반적인 경우에는 단순히 '존재'라고 번역되는데 어원적으로 말하자면 그리스어의 existanai, 라틴어의 exsistere, existere라고 하는 동사에서 나온 것으로 이 동사는 문자 그대로 ex hors de + sisteres'élever '……으로부터 밖으로 나가서 서다' '나타나다'라는 뜻이며, 이 동사에서 existentia라는 명사가 만들어진다. 이미 그 어원으로 보아 나타난다는 뜻이므로 이 엑스시스텐티아라고 하는 라틴어 명사는 일반적으로 단순히 존재라고 번역된다고 해도 특히 '실제로 나타나 있는 존재'를 나타내는 말로 여겨진다.

'존재' '있다'는 개념은 가장 보편적이고 가장 단순한 개념이어서 여기에 정의를 내릴 수는 없다. 파스칼이 《기하학의 정신》에서 말하는 것처럼 '존재' '있다'를 정의하려고 하면 '그것은 ……이다(C'est……)'라고 하지 않으면 안 되는데, 그렇게 되면 정의되어야 할 말이 정의 안에서 사용되는 불합리에 빠진다. 또 '존재' '있다'고 하는 개념이 갖는 보편성은 동물, 생물, 물체, 실체 등 이른바 유 개념(類槪念)이 가지는 보편성이 아니라 그것을 넘어선 것이다. 중세 철학자들의 말투를 빌리자면 그것은 하나의 초월 개념이다. 헤겔은 존재를 '무규정적인 직접성'이라고 규정하여 거기에서 출발해 논리학의 모든 개념과 범주를 끌어냈는데 그것에 의해서도 '존재' '있다'라는 개념이 얼마나 무규정적인가를 알 수 있다.

아리스토텔레스(BC 384~322)

아리스토텔레스는 가끔 되풀이해서 "존재는 다양하게 이야기할 수 있다" 말한다. 이것은 존재라고 하는 말이 단지 많은 사물에 대해서 이야기된다는 것만이 아니라 오히려 많은 다른 뜻으로 사용된다는 뜻이다. 예를 들어 '인간' '말' 등과 같은 실체에 대해서 '존재' '있다'가 이야기되는 경우도 있고, 그 밖에 '어떤' '어느 만큼' '언제' '어디에'와 같은 성질, 분량, 때, 장소 등의 이른바 범주의 여러 형식에 따라서 '존재' '있다'를 말하는 경우도 있다.

또 우연적, 부대적인 뜻으로, 예를 들어 "이 사람에게는 주근깨가 있다" 또는 "이 말은 절름발이이다"라는 의미로도 '존재' '있다'를 말할 수가 있다. 주근깨가 있든 없든, 이 사람이 사람임에는 틀림이 없으므로 주근깨는 우연적, 부대적인 것이다.

그리고 '참'이라고 하는 뜻으로 '존재' '있다'가, '거짓'이라고 하는 뜻으로 '비존재' '없다'가 쓰이는 경우도 있다. 아리스토텔레스에게는 참이란 인식이 사실과 일치하는 것을 말한다. 따라서 참다운 판단이란 주어와 술어가 사실상 연결되어 있을 때에 '있다'고 말해서 그 둘의 결합을 긍정하는 일이며, 주어와 술어가 사실상 떨어져 있을 때 '아니다'라고 말해서 그 둘의 결부를 부정한다.

더 나아가서 "이 대리석 덩어리는 조각이 완성되면 헤르메스의 상이다" 또는 "지금은 눈을 감고 있지만 이 사람에게는 시력이 있다"고 할 때와 같이 가능적인 뜻으로 '있다'고 말하는 경우와, 이미 조각되어 완성된 상에 대해서 "이것은 헤르메스의 상이다" 말하는 경우처럼 현실적인 의미로 '있다'고 말하기도 한다. 이들은 모두 '있다'는 말이지만 저마다 다른 의미에서 그렇다.

따라서 '존재' '있다'라는 말은 동명이의적(同名異義的)으로 사용된다. 하지만 이들은 단순히 우연적으로 그 이름을 공유하고 있는 데에 지나지 않는 것과 같은 순수한 동명이의의 말이 아니라, 이들의 다양한 의미가 어떤 하나로부터 나와서 어느 하나의 것으로 귀속하는 비유적인 관계를 가지는 파생어이다. '존재'라는 개념은 수나 종, 유에 있어서도 '하나'일 수는 없으나 다만 비유에서만 이 '하나'로 귀속된다. 이와 같은 '존재'를 '존재'인 한에서 탐구하는 것이 아리스토텔레스가 말하는 제1철학, 즉 형이상학의 과제였다.

그런데 아리스토텔레스가 고찰하는 존재의 여러 뜻을 떠나서 우리 자신이 쓰는 말의 경우를 생각해 보아도 '있다'고 하는 개념은 확실히 두 가지 다른 뜻으로 말해진다는 것을 알 수가 있다. 하나는 예를 들어 "A라고 하는 사람이 있다"고 말할 때의 '있다'이고, 또 하나는 "A는 사람이다"라고 말할 때의 '이다'이다.

"A라고 하는 사람이 있다"에서 '있다'는 A라는 사람을 절대적으로 제시하는 것이지만, "A는 사람이다"고 할 때의 '이다'는 A라는 주어에 대해서 사람이라는 술어를 상대적으로 결부시킨다. 절대적으로 세워진 A라는 사람은 거기에 실제로 존재하는 사람이며, '이 사람'이라 말하고 가리킬 수 있는 현실적이고도 개별적인 존재이자 다른 사람과 바꿀 수 없는 독립적 존재이다. 하지만 이에 반해서 상대적으로 주어에 결부된 술어로서의 사람은 A에만 한정되는 것이 아니라 B나 C 등 누구에게나 해당되는 추상적 일반적인 존재이며, 예를 들어 "인간은 이성적 동물이다"와 같은 정의로써 나타낼 수 있는 보편적 존재이다.

흔히 철학사가 가르치는 바로는, 플라톤 철학은 본질에 중점을 두는 보편주의이고 아리스토텔레스 철학은 '이것'에 중점을 두는 개체주의이다. 왜냐하면 플라톤이 참다운 존재라고 말하는 이데아는 보편적 본질이며 개체 위에 개체로부터 떨어져서 존재하는 데에 반해서, 아리스토텔레스가 첫째 의미로 명백히 존재한다고 생각하는 것은 우시아(실체)이고 이 실체는 먼저 '이것'이라고 말할 수 있는 개체이며 일반적으로는 이러한 개체를 떠나서는 존재하지 않고 개체 안에만 존재한다고 여겨지기 때문이다.

그러나 아리스토텔레스에 따르면 단지 '이것'으로서 지시되는 데에 지나지 않는 개체는 이것을 정의할 수도 인식할 수도 없다. 따라서 정의로써 인식할 수 있는 것은 '이것'의 '이것'인 까닭이 되는 본질이다.

이러한 본질은 이 개체를 떠나서는 존재할 수 없으나 그렇다고 해서 단순히 감성적인 지각에 의해서만 파악될 뿐인 개체와는 달리 '소재의 보편' '소재에 내재하는 형상'이다. 논리학으로 말하자면 유(類)와 종차(種差)의 결합이다. 예를 들어 인간의 본질은 동물이라고 하는 유와 이성적이라고 하는 종차의 결합이다. 따라서 아리스토텔레스 철학은 단순히 개체주의라고 단정할 수는 없다.

우리말에서 '……이 있다'로 표현되는 개개의 현실존재와 '……이다'로 표현되는 보편적인 본질존재의 구별은 아리스토텔레스의 '이것, 개체'와 '본질의 구별'에 상당한다고 생각해도 좋을 것이다.

현실존재와 본질존재의 이 구별은 중세의 스콜라 철학이 이어받아 현실존재는 엑스시스텐티아(existentia), 본질존재는 에센티아(essentia)라고 불리게 되어 이것이 그대로 유럽의 여러 나라 말 속으로 들어온 것이다. 따라서 에그지스탕스는 먼저 에상스(essence)에 대립하는 개념이며 본질존재에 대한 현실존재를 뜻하는 것으로 받아들여야 하리라.

현실존재에서 실존으로

이제까지의 설명으로 현실존재(existence)는 본디 본질존재(essence)에 대립되는 개념임이 일단 분명해졌다.

현실존재는 이때, 이곳에 현실적 구체적으로 존재하는 개별적인 것을 말하지만, 이와 달리 본질존재는 이들 개체 안에 있든, 그것을 뛰어넘어서 존재하든 개체의 현실존재의 어느 것에나 공통되는 것이므로 무엇이냐고 물을 때에는 이것이라고 대답할 수 있는 존재, 다시 말하면 정의로 나타낼 수 있는 존재를 말한다. 앞서 인간을 예로 들었는데 나나 당신, 저 사람, 이 사람이라고 가리킬 수 있는 인간이 현실존재이고 이 현실존재에 대해서 기술되는 '이성적 동물'이라는 추상적이며 일반적인 인간이 본질존재이다.

그러나 그런 뜻의 현실존재라면 인간에게 한정된 것이 아니지 않는가? 이 책상, 이 시계, 또는 저기에 있는 저 개 또한 현실존재가 아닌가? 확실히 이것도 저것도 현실존재이다.

사르트르는 종이 자르는 칼의 예를 들어 본질존재와 현실존재를 구별하여, 물건을 만들 때에는 언제나 본질존재 쪽이 현실존재보다도 앞선다는 점을 지적했다. 그리고 이어서 인간의 경우에는 신의 창조를 인정하지 않는 한 그것과는 아주 반대로 현실존재가 본질존재에 앞선다는 것을 제시했다.

확실히 이 시계, 이 개는 시계라는 것의 발상도 개의 본질도 아니고 현실적인 시계 존재이며 현실적인 개의 존재이다. 그러나 '이 시계' '이 개'라고 하는 현실존재는 바로 이것이 없어져도 다른 시계, 다른 개를 그 대신으로 삼을 수가 있다. 더 엄밀하게 말하자면 이 시계와 똑같은 시계를 그 어디에서 찾아보아도 찾을 수는 없다. 이를테면 같은 상표의 같은 시계를 사와도 그것은 다른 시계이고, 개도 똑같은 개는 이 세상에는 없다. 하지만 이 시계가 없어졌다거나 개가 죽었다고 해서 그 뒤를 따라 함께 죽었다는 이야기는 들은 일이 없다. 시계나 개의 경우에는 그 현실존재가 아무리 바꿀 수 없는 귀중한 것이라 해도 다른 것으로 그것을 대체할 수가 있기 때문이다.

그러나 인간은 그렇게 되지 않는다. 예를 들어 낯모르는 사람이라도, 어떤 학생이 교통사고로 죽었다고 하자. 그 아이를 대신할 사람은 이 세상에 한 사람도 없다. 하물며 그의 부모에게 다른 자식이 몇 명 있던 간에 그 아이는 오직 한 사람이다. 또 그 학생을 죽음에 이르게 한 사람은 이 사건에 대한 속죄로서 평생을 교통사고 방지운동에 몸을 바치기로 결심했다고 하자. 그로써 그 사람은 속죄가 되고 몇 사람을 교통사고에서 구할 수도 있을 것이다. 하지만 무엇을 어떻게 시도하든 죽은 사람의 현실존재는 다시 돌아오지 않는다.

대신할 수 없는 것은 죽은 사람만이 아니다. 이를테면 내가 어떤 회사에 근무하고 있는 사람이라고 하자. 내가 이 회사를 그만두어도 회사에서는 나 대신에 누군가 다른 사람을 채용해서 같은 자리에 앉힐 수 있다. 그러나 회사가 다른 사람을 뽑아 대행시킬 수 있는 것은 내가 있던 자리이지 나 자신은 아니다. 나 자신은 오직 나 혼자만의 존재이다. 그 누구도 나를 대신해서 나 자신을 맡아줄 수는 없다. 나의 서명을 하는 것은 나 자신이며 나의 책임을 지는 자 또한 나이다. 나의 죽음에서 죽는 사람 또한 나이다. 그런 의미에서 저마다의 인간은 다른 그 무엇으로도 대신할 수 없는 절대적인 존재이다. 다시 말하면 인간은 그 한 사람 한 사람이 절대적으로 거기에 놓여 있는 현실존재이다.

따라서 현실존재의 의미가 다른 경우와 비교되지 않을 만큼 무게를 가지고 가장 분명히, 또 가장 강하게 나타나는 것은 개개의 인간에 있어서이다. 마찬가지로 현실존재라고 해도 사물이라면 단지 '거기에 현실적으로 존재한다'는 뜻이고, 동물이라면 '생명을 가지고 거기에 현실적으로 존재한다' 즉 '생존한다'는 뜻이지만, 인간의 경우에는 단순한 생존이 아니라 '저마다가 바꿀 수 없는 자기 존재를 의식하면서 그 존재의 방식을 스스로 골라갈 수가 있다'는 뜻의 현실존재이다. 다시 말하면 인간의 현실존재는 개별성과 주체성을 포함한다. 인간의 본질은 이 개별성과 주체성을 없애고 인간을 일반화하며 대상화하는 데에서 성립된다. 그러나 인간의 현실존재는 본질의 틀을 깨뜨리고 각자가 독자적인 방식으로 자기 자신을 만들어 나간다.

이처럼 유례없는 무게를 가진 현실존재를 나타내기 위해 엑스시스텐티아라고 하는 존재론의 용어에서 유래된 엑시스텐츠(Existenz), 에그지스탕스(existence)가 사용되는데 그것은 특히 '인간적 현실존재'의 뜻에 있어서이다. 그리고 이것을 우리가 쓰는 말로 옮길 때 '현실존재'를 줄여서 '실존'이라고 한다. 따라서 실존과 본질이 대립 개념으로서 다루어지는 것은 당연한 일이다.

실존과 현존재

이 '실존'이라는 말을 처음으로 '인간적 현실존재'의 뜻으로 사용해서 그 주체적인 개별성을 강조하고 그것으로써 내가 나 자신에 대해서 어떠한 관계에 있는가, 또 이 관계가 초월에 대해서 어떠한 관계에 있는가를 제시하려고 한 것은 키르케고르이다.

그는 실존이라는 말에 어떤 정의나 규정을 하고 있지는 않지만 그 작품 안의 어디라고 말할 수 없는 부분에서 생겨나, 실존 사상은 역사 속 깊이 파고들어왔다.

키르케고르는 특히 생명이나 영혼이라고 하는 철학의 상투어를 피하고 실존이라는 말을 골랐다. 대학 시절의 논문 〈아이러니의 개념〉에서는 아직 '인격'이라는 말이 사용되고 있으나 얼마 뒤 그는 그 말을 '실존'으로 바꾸었다.

"아리스토텔레스에 따르면 개별자는 개념의 범위 밖에 존재하지만 실존은 그와 같은 개별자에 대응한다.""실존한다는 것은 무엇인가라는 것을 우리는 인식 때문에 잊고 있다. 우리는 종교적으로 실존한다는 것이 무엇인가를 잊었을 뿐만 아니라 인간적으로 실존하는 일이 무엇이라는 것도 잊고 있다.""내가 실존을 생각한다면 나는 실존을 사라지게 한다. 하지만 실존을 생각하는 사람은 실존한다. 실존은 생각과 동시에 놓여 있다."

이러한 표현으로도 알 수 있는 바와 같이 키르케고르에게 실존은 생각의 대상이 되지 않는, 주체적으로 생각하는 사람이다. 실존자는 언제나 자기 자신과 관련된 상태에 있고 자기 자신에 무한한 관심을 가지고 있다. 따라서 실존자는 모든 개념 규정을 깨뜨리는 끊임없는 생성 안에 있다. 더욱이 이 생성은 헤겔적인 이념의 논리적 발전으로서의 생성이 아니라 개별자, 단독자가 자기의 자유로운 선택과 결단에 의해서 끊임없이 자기를 만들어 갈 때의 생성이다.

키르케고르가 아직 충분히 규정되지 않은 채로 사용해서 그만큼 한결 주체적이었던 이 '실존'에 철학적인 규정을 부여하려 했던 이들은 야스퍼스와 하이데거이다.

야스퍼스는 실존이라는 말이 개념이 아니라 단지 표지에 지나지 않는다고 말하면서도 키르케고르의 실존 사상을 이어받아, "실존은 자기와 관련되는 동시에 초월자와도 관련된다"고 실존의 두 측면을 철학적으로 정식화(定式化)한다. 따라서 '실존'은 인간의 단순한 생활이나 과학적 인식을 목적으로 하는 사고나 이념적인 체계를 지향하는 정신 등을 넘어서 한결 심화된 인간의 존재 단계이며, 초월자와의 교류를 통해서 자기의 존재와 자유를 초월자로부터 부여받는다.

이에 반해서 '현존재(Dasein)'는 야스퍼스의 철학에서는 인간의 생활이나 생존이라는 뜻도 포함해서 단순히 경험적, 현실적인 존재라는 뜻으로 쓰이고 있다.

따라서 현존재는 인간에게 가장 직접적인 존재 단계이다. 우리의 현존재는 오늘날 평균화된 대중의 일원으로서 집단 안에 파묻혀 있으며, 개성도 창의도 잃고 그 누구와도 대체될 수 있는 한 단위가 되어버렸다. 실존이 단순한 생존으로서의 현존재 안에서 사라져 가는 데에 현대의 위기가 있다.

그런데 다자인(Dasein)을 '현존재'라는 낯선 말로 번역한 것은 아까도 말한 바와 같이 하이데거가 이 Dasein으로 인간존재의 특수한 존재 양식을 나타내려고 했기 때문이다.

Dasein은 문자 그대로 분석하면 '거기에-있다'이지만, 하이데거는 이 da가 '존재가 거기에서 개시(開示)되는 곳' '존재가 나타나는 곳'이라는 뜻으로 받아들여지길 바랐다. '존재가 나타나는 곳으로서의 존재자', 즉 '현존재'는 물론 인간 존재이다. 앞에서 지적한 바와 같이 프랑스어에서는 Dasein도 Existenz도 다 같이 existence로 나타내므로 하이데거가 말하는 특수한 의미의 Dasein은 따로 말을 만들어 내지 않으면 안 된다. 그래서 원어 그대로의 번역어 être-là가 거기에 자리를 잡게 되었다.

이 말은 아직 프랑스어 사전에 들어가지는 못하고 있으

JEAN-PAUL SARTRE

LA NAUSÉE

ROMAN

nrf

GALLIMARD

S. P.

《구토》(1938) 일기 형식인 이 작품은, 주인공이 자기 육체를 포함한 물질세계와 직면했을 때 경험하는 결렬한 혐오감을 그려낸 것이다.

나 젊었을 때 하이데거의 영향을 받은 사르트르의 소설 《구토》나 주요 저서인 《존재와 무》에는 자주 이 être-là가 사용되고 있다. 단, 사르트르의 경우에는 이 말에 포함시키는 의미가 하이데거와 매우 큰 차이가 있다. 사르트르의 용법에서 être-là의 là는 '갖가지 사물이 결과에 이르도록 하는 나의 장소'라는 뜻이 강하게 나타나 있는 것으로 여겨진다. 그래도 '현존재(Dasein)'는 하이데거의 경우에도 실질적으로는 '인간적 현존재(menschliches Dasein)'이므로 사르트르는 이 실질적인 의미 내용 쪽을 '인간존재(réalité humaine)'로 바꾸어 말한다. 하이데거 식 '말의 함축'을 그대로 다른 국어로 옮긴다는 것은 이웃인 프랑스에서조차도 곤란하다. 아니 거의 불가능에 가깝다.

하이데거가 '실존'과 '현존재'를 어떻게 구별하고 어떻게 규정하는가를 보기 위해서는 먼저 하이데거가 말하는 '존재(있다)'와 '존재자(있는 것)'의 구별을 분명히 머릿속에 넣지 않으면 안 된다.

우리가 평소에 '존재(Sein, être)'라고 말하는 것은 거의 모든 경우 '존재' 그 자체를 가리키는 것이 아니라 '존재하는 것' '존재자' '존재물'을 가리켜서 그렇게 부르고 있는 데에 지나지 않는다.

본디 '있는 것'의 '있는'이 문제인데 우리는 '있는'을 잊고 '있는 것'만을 문제로 삼는다. 바꾸어 말하면 우리는 '존재자'를 '존재자'로 만들고 있는 '존재'를 잊고 '존재자' 쪽만으로 눈을 돌리고 있다. 그러나 '존재를 구하는 물음'에서 묻고 있는 것은 바로 '존재'이며 또한 이 물음에 의해서 구하는 것은 바로 '존재의 의미'이어야 한다.

하지만 '존재를 구하는 물음'을 우리는 누구를 향해서 물으면 되는가? 묻는 사람이나 물음을 받는 사람이나 존재를 이해하는 존재자이어야 한다. 그와 같은 존재 이해를 이미 가지고 있는 존재자는 사실 우리 인간 말고는 없는데, 하이데거는 그러한 의미에서의 인간을 특히 '현존재'라고 부른다. 현존재는 '존재를 구하는 물음'을 하는 것이면서 이 물음을 추진해 가는 단서가 된다. 왜냐하면 현존재라고 하는 이 존재자에게는 자기 존재에서 이 존재 자체가 문제가 되며, 현존재는 그 어떤 방법으로 자기 존재에서 자기를 이해하기 때문이다. 다시 말하면 현존재라고 하는 이 존재자에게는 자기 존재와 함께, 또 자기 존재를 통해서 존재 그 자체가 나타나기 때문이다. 앞서 '현존재'의 '현'은 하이데거의 경우에는 '존재가 나타나는 곳'을 의미한다는 것을 지적했지만 요컨대 암묵의 존재 이해로 존재하는 현존재는 '존재를 구하는 물음'의 통로임과 아울러 '존재가 나타나는 곳'이기도 하다는 것이다.

그런데 이 현존재는 존재 그 자체에 대해서 이러저러한 태도를 취할 수가 있고, 또 언제나 그 어떤 태도를 취하고 있는 셈이다. 그 경우의 '존재 그 자체'를 하이데거는 '실존(Existenz)'이라 부른다. 현존재는 자기 자신을 늘 자기의 실존에서 이해하고 있다. 다시 말하면 자기 자신일 수도 있지만 자기 자신이 아닐 수도 있다는 자신의 가능성에서 스스로를 이해하고 있다.

여기서 문제는 현존재가 실존을 파악하는가 등한시하는가인데, 실존하는 일이 중요하므로 실존의 존재론적 구조를 이론적으로 전망하지 않아도 지장이 없다. 그러한 전망 없이 실존하는 경우에는 '실존적(existenziell)'이라고 불리지만, 이론적인 전망에 의해서 명백해진 실존의 구조연관은 '실존성 (Existenzialität)'이라 불리고, 또 거기에서 규정되는 현존재의 존재 성격은 '실존범주(Existenzialien)'라고 불린다.

하이데거는 그와 같은 '현존재'의 해석에서 출발해 '현존재'의 존재 양식을 '관심'으로까지 환원하여, 거기에서 다시 '현존재'를 '시간성'으로까지 환원한다. 그리고 이 '시간성'의 시야 아래 존재 그 자체의 해석으로 옮아가는데 하이데거의 철학 내용은 나중에 다시 말하기로 한다.

요컨대 실존이란 무엇인가

사르트르가 '현존재'에 어울리는 말로 '인간존재'를 사용한 것처럼 하이데거의 '현존재'는 다른 많은 존재자와는 다른 존재 양식을 갖는 인간이라고 하는 존재자를 가리키는 존재론적 개념이다. 그렇다면 다른 많은 존재자 쪽은 어떠한 존재 양식을 갖는가?

하이데거에 따르면 '현존재'의 근본적 구조는 '세계-내-존재(In-der-Welt-sein)'로 특징지을 수가 있는데, 그 '현존재'가 환경 세계 안에서 배려함으로써 맨 처음에 만나는 것은 도구라는 존재자(존재물)이다. 이 존재자의 존재 양식은 '……무엇무엇을 위해 있는 것(etwas, um zu……)'이라고 하는 존재 성격을 가지고 있으며 그러한 존재 성격을 갖는 존재자는 '가까이에 있는 존재' '사용되는 존재'라는 의미로 Zuhandensein이라고 불린다. 이것은 단순히 '도구존재'라고 해도 된다.

장 바르는 그 반대의 장애를 한데 묶어서 이것을 '도구 및 장애로서의 존재'라고 부른다. 요컨대 '현존재'가 배려를 함으로써 그것과 어떤 교섭을 가지는 존재자의 존재 양식이다.

사르트르에 따르면 인간존재를 둘러싼 갖가지 '도구-사물'은 저마다 유효율(有效率) 또는 역행율(逆行率)을 가지고 있다. 나라고 하는 인간존재가 존재하자마자 온갖 존재는 나의 주위에, 나를 위해, 또는 나를 거슬러서 저마다의 잠재성을 전개한다. 그런데 그러한 도구존재의 배경에 단순히 바라볼 수 있을 뿐인 존재, 현존재와 교섭이 없는 존재가 있다.

하이데거는 그 단순한 사물존재를 그 존재 양식에 따라 '눈앞에 있는 존재' '그냥 거기에 우연히 있는 존재'라는 뜻으로 Vorhandensein(손안에 있다)이라고 부른다. '도구존재'에 대해서 이것은 단순히 '사물존재'라는 이름으로 나타내도 좋다.

사르트르가 '단순한 사물(choses brutes)'이나 '단순한 존재물(existants bruts)' 등이라고 부르는 것은 이것에 상응한다고 보아도 좋다.

사르트르도 하이데거를 본떠서 '인간존재'의 근본적인 특징을 '세계-내-존재'로서 파악하지만 '도구존재'나 '사물존재' 쪽은 이를 한데 묶어서 그 특징을 '세계-한가운데에-있어서의-존재'로서 파악한다.

알기 쉽게 하나의 예를 들어보기로 한다. 길가에 크고 작은 여러 가지 돌이 있다고 하자. 내가 무관심한 채로 그것을 바라보고 그대로 지나가면 그것은 완전히 길가의 돌에 지나지 않는다. 이것들은 '단순한 사물' '단순한 존재물'이다.

그런데 이 돌 중에서 하나를 골라 망치 대신으로 사용한다고 하자. 선택된 돌은 '단순한 사물존재'가 아니라 '가까이 있는 존재' '도구존재', 따라서 '무엇무엇을 위해 있는 것'이 된다.

그렇다면 무엇을 위한 것인가? 판자를 붙이기 위한 것이다. 판자는 무엇 때문에 붙이는가? 집수리를 위해서이다. 집수리를 왜 하는가? 비바람을 막기 위해서이다. 그리고 그것은? 우리의 생존을 위해서이다. 이렇게 해서 모든 '목적이 되는 그 무엇'은 연쇄를 거쳐 '목적이 되는 무엇인가'로 귀착된다. 이 귀착된 지점이 인간의 '현존재'이다. 따라서 '현존재'는 다른 모든 도구존재가 그것을 위해 있는 존재가 된다.

이에 대해서 사르트르는 도구 복합이 '인간존재'에 이르러 멈추는 것이 아니라는 사실을 지적한다. 인간이라고 해도 그것이 풍경 속의 한 점이라면 '사물존재'와 다를 바가 없다. 또 인간은 대부분의 경우 다른 사람을 위한 '도구존재'에 빠져 있다, 우리는 도구 복합의 무한 지향으로부터 빠져나올 수가 없다. 그렇기 때문에 '사물존재' '도구존재' '인간존재(현존재)'는 존재자의 존재 영역을 말하는 것이 아니라 존재자의 그때그때의 존재 양식을 나타내는 구별에 지나지 않는다.

'사물존재'나 '도구존재'의 존재 양식과 다른 '인간존재'의 특수한 존재 양식을 우리는 '존재'라고 불러도 괜찮다고 생각한다. 사실 사르트르는 '인간존재'를 그대로 '실존'으로 파악하고 있다. "실존은 본질에 앞선다"는 인간존재의 경우뿐이다.

앞서 지적한 바와 같이 현실존재, 즉 실존은 인간존재에서 비로소 커다란 비중을 갖는다. 인간존재는 개념에 의해 규정되는 것보다 먼저 실존한다. 인간성 일반이나 인간의 본질 등은 인간을 창조한 신의 생각 안에 있다고 가정하는 것 말고는 그 어디에도 존재하지 않는다. 오히려 인간은 무엇보다도 먼저 실존한 다음에 스스로 생각하고 실존으로 출현한 뒤에 스스로 욕망을 할 수가 있다.

사르트르는 "행동한다. 행동함으로써 자기를 만든다"는 쥘 르퀴에의 말을 즐겨 인용한다. "인간은 그가 스스로 만드는 것 이외의 아무것도 아니다." 이것이 실존주의의 제1원리라고 사르트르는 말한다.

우리가 '주체성'이라고 부르는 것은 바로 이것이다. 그리고 이것이 돌멩이나 나뭇조각과 다른 인간의 무게이다. 인간은 먼저 실존한다는 것, 인간은 스스로 자기를 만든다는 것은 달리 말한다면 인간은 미래를 향해서 자기를 던지는 사람이며, 장래 안에 자기를 던지는 것을 의식하고 있는 자라는 것이다. 사르트르에 따르면 인간의 실존은 하나의 기획이다. 기획한다(projeter)는 것은 그 말의 뜻이 나타내는 바와 같이 앞으로 내던진다는 뜻이다. 인간은 자기가 현재에 있는 것이 아니라 다시 말하면 앞을 향하여 언제나 자기를 던지는 존재이다. 인간은 단지 존재하는 그러한 사물존재와는 달라서 늘 자기 밖으로, 아직 있지 않은 저편을 향해서 현재 있는 자기로부터 탈출해 가는 존재이다. 기획은 자기로부터 이와 같은 탈출 안에만 있다. 앞서 실존의 어원은 '……으로부터 밖으로 나가서 서다'는 뜻이라고 했는데 인간적 실존은 본질이나 개념에 의한 규정을 깨뜨리고 밖으로 나갈 뿐 아니라 무엇보다도 먼저 자기로부터 밖으로 탈출하는 존재이다.

실존의 이러한 존재 양식을 사르트르는 '탈자(脫自)'라고 말한다. 일반적으로 엑스타시스(ekstasis)라고 하면 '황홀' '망아(忘我)' '우쭐함' 등의 뜻이지만 이 엑스타시스도 '밖으로 나가서 서다'라는 어원으로부터 온 것이다. '황홀'이든 '망아'든 '마음이 여기에 있지 않다'는 것으로 자기가 있는 장소에서 밖으로 나가버린 상태가 엑스타시스인 것이다. 실존의 존재 양식으로서의 엑스타즈(ek-stase)는 결코 황홀도 망아도 아니지만 '자기로부터의 탈출'이라 하는 점에서 공통되는 구조를 나타낸다. 이 탈출, 이 이탈은 '초월'이나 '초출'이라는 말로 대치할 수도 있다. 탈자적으로 존재한다는 것, 자기로부터 벗어나는 것, 자리를 뛰어넘은 것, 이것이 인간이 실존하는 존재 양식이며 인간이 자유라는 근거이다.

하이데거 자신도 말하는 것처럼 실존이라는 존재 양식으로 존재하는 존재자는 인간이다. 오직 인간만이 실존한다. 바위는 존재하지만 실존하지 않는다. 나무는 존재하지만 실존하지 않는다. 말은 존재하지만 실존하지 않는다. 천사는 존재하지만 실존하지 않는다. 신은 존재하지만 실존하지 않는다. "인간만이 실존한다"는 표현은 결코 인간만이 현실적 존재자이고 다른 것은 모두 표상에 지나지 않는다는 뜻으로 받아들여서는 안 된다. "인간만이 실존한다"는 표현은 인간만이 존재 가운데 유난히 뚜렷하게 드러나는 존재, 특히 눈에 띄는 존재자라고 하는 뜻으로 해석해야 한다.

'요컨대 실존이란 무엇인가'는 여기에서 다시 한 번 되풀이한다면 '실존'이란 '사물존재'나 '도구존재'와 다른 '인간존재'의 특수한 존재 양식이다. 그리고 실존주의란 '인간존재'의 그와 같은 존재 양식을 여러 각도에서 강조하여 이 독자적인 존재 양식을 어디까지나 지켜 나가려고 하는 사상적, 문학적 움직임이다.

실존주의의 생성

실존주의의 계보

오늘날에는 실존주의라는 이름으로 하이데거, 야스퍼스, 가브리엘 마르셀, 사르트르 등 현대의 가장 대표적인 철학자들의 사상을 총칭하는 것이 일반적이지만, 처음에 사르트르가 그 통속적 강연에서 실존주의라는 말을 확대 적용했을 때 하이데거도 야스퍼스도 마르셀도 자기 철학이 이런 이름으로 불리는 것을 반가워하지 않았다.

실존주의는 현대에 이르러 꽃을 피우고 열매를 본 사상이기는 하지만 그 뿌리와 줄기가 되는 사상은 철학이나 종교의 역사에서 찾아볼 수 있다.

실존주의의 뿌리는 한편으로는 구약성경 이야기, 이를테면 신과 다투어서 이스라엘의 다른 이름을 받은 '야곱', 절망 속에서 신 앞에 자기의 실존을 끝까지 고집한 '욥', 십자가 위에서 "나의 신, 나의 신, 왜 저를 버리시나이까" 외친 '예수', "하지만 그때에는 얼굴을 마주대고 볼 것이다" 하는 희망에 모든 것을 건 바울', 이어 "불합리이기 때문에 나는 믿는다" 말하고 역설 저편에 자기를 둔 '아우구스티누스' 등의 사상으로 자라났다. 다른 한편으로는 델포이의 아폴론 신전 기둥에 새겨진 "너 자신을 알라"라는 말을 살려 '영혼의 돌봄'을 사명으로 삼은 '소크라테스', 그리고 다시 그 뒤의 스토아파나 에피쿠로스파의 인생철학으로 길러졌다. 또 생각에 따라서는 개체로서의 현실존재를 강조한 아리스토텔레스에서 실존주의에 이르는 맥락을 지적할 수도 있다.

근세에서는 파스칼, 키르케고르, 니체 세 사람을 중심으로 실존의 사상은 크게 성장한다. 파스칼 앞뒤로 이어지는 프랑스의 모럴리스트들은 인간의 있는 그대로의 모습을 파악하려는 노력으로 실존 사상의 성장에 커다란 양분(養分)을 공급한다.

멘 드 비랑은 데카르트의 "나는 생각한다. 고로 나는 존재한다"에 대해서 "나는 의욕한다. 고로 나는 존재한다"를 대치함으로써 인간의 주체성을 강조한다. 또 장 바르는 키르케고르의 선구자로서 체험의 철학자 하만을 들고 있다. 키르케고르는 언제나 헤겔과의 대결을 통해서 생각을 한 사람으로, 헤겔이 체계적, 객관적, 보편적 진리를 구한 반면 키르케고르는 실존적, 주체적, 개별적인 진리를 고집했다.

그런 뜻에서는 헤겔은 실존주의와 반대되는 위치에 서 있는 것처럼 보이지만 '정신현상학' 안에서 시도하는 것과 같은 인간 정신의 구체적 발전을 추구하는 헤겔의 노력은 실존주의로 향하는 가능성을 포함한다.

사실 사르트르와 메를로 퐁티 두 사람은 헤겔의 《정신현상학》에서 많은 영향을 받았다. 인간은 자기 자신의 모든 사상을 소유하고 있는 하나의 의식이 아니다. 인간은 스스로 자기 자신을 되돌리려고 하는 하나의 기획이다. 헤겔의 《정신현상학》은 이 인간적인 기도의 전개이며 그런 뜻에서 거기에는 헤겔 그 사람의 실존주의가 있다.

헤겔에서 출발해서 《유일자와 그 소유》에서 극단적인 개인주의를 주장함으로써 무정부주의로 향하는 길을 연 막스 슈티르너, 마찬가지로 헤겔의 영향 아래 그리스도교를 인간학적으로 해석해서 유물론에 이르는 길을 연 포이어바흐 등도 실존주의 줄기의 한 자리를 차지할 수 있을 것이다. 또 최근에는 초기 마르크스의 연구가 진행됨에 따라서 마르크스의 '소외된 노동' 이론 안에 실존주의의 숨결을 읽으려고 하는 사람도 있다.

사르트르가 플로베르에게 특별한 관심을 가지고 있었다는 것은 그의 이제까지의 작품에서 엿볼 수가 있는데, 《보바리 부인》의 주인공 엠마 보바리에게서 볼 수 있는 성격, 자기를 실제 있는 그대로의 것과는 다른 것으로 생각하는 인간의 의식 구조를 여실히 나타낸 것으로, 실존주의가 파악하는 인간존재의 구체적인 실례로서 들 수 있다.

현대에서 실존주의는 두 개의 커다란 가지로 나뉜다. 한편으로는 방법론적으로 후설의 현상학을 거친 다음 모든 방향으로 가지가 나뉘어 잎을 무성하게 한 실존주의의 주맥이다. 그 주요한 가지는 하이데거, 야스퍼스, 마르셀, 사르트르, 카뮈, 메를로 퐁티 등이지만 사르트르에 이어지는 시몬 드 보부아르, 조르주 바타유 등의 이름도 빼놓을 수가 없다.

한편 현상학적 방법을 거치지 않은 다른 가지로는, 자유 속에 놓인 인간존재의 분열을 철저하게 추구함으로써 인간성의 참다운 회복을 바란 도스토옙

스키가 니체와 함께 큰 가지
를 이룬다.

더 나아가 도스토옙스키나
솔로비요프의 계통을 잇는 사
람으로 망명의 철학자 셰스토
프, 베르자예프가 있다.

또 어떤 뜻으로는 제1차 대
전 뒤의 바르트, 브루너, 투르
나이젠, 고가르텐, 불트만 등의
변증법 신학도 실존주의의 한
가지로 볼 수 있다.

사실 바르트는 키르케고르
의 실존주의적 신학을 계승하
여 시간과 영원 사이의 무한한
질적 차이를 원리로 출발했다.
투르나이젠은 도스토옙스키의
실존주의적 해석에 선구적인

메를로 퐁티(1908~1961)

시사를 주었다. 불트만은 신약성경의 비신화화를 주장해서 성경의 실존주의적
해석의 방향을 제시했다. 이미 신약성경 안에서 바울은 그리스도의 십자가에
대해서 실존주의적인 해석을 하고 있다는 것이다.

프랑스에서는 19세기의 기계적인 결정론에 맞서 생명의 자유로운 자발성을
강조한 베르그송의 영향 아래, 페기, 브롱델, 무니에 등의 가톨릭 계통의 사상
가가 실존주의의 하나의 가지를 이룬다.

또 다른 가지로는 그 어떤 세계에도 속하지 않은 이방인으로서의 자기의식
으로부터 세계의 부조리를 폭로한 카프카, 유대교적 종교적 실존을 문제 삼은
마르틴 부버가 있고, 사르트르에 앞서 "인간은 그 자신이 스스로 만드는 것이
다"라는 주제를 작품 안에서 전개하여 '신의 죽음' 시대를 선언한 말로도 잊어
서는 안 될 것이다.

불안의 시대

인간의 실존을 강조하는 이들 사상이 특히 우리 시대에 '실존주의'라는 형태로 꽃을 피운 이유는 무엇일까?

이 개화를 앞당기게 된 직접적인 이유는 20세기의 두 번에 걸친 대전에 의해서 인류의 진보라는 우상이 무참하게도 파괴되었다는 사실이다. 인류는 시대와 함께, 비록 내버려 두어도 진보하고 향상해 가는 것이라는 안이한 신념이 근본적으로 흔들린 것이다.

제1차 세계대전이 한창일 때 사람들은 아직 꿈을 품고 있었다. 독일인도 프랑스인도 유럽의 어느 나라 사람들도 전쟁 이전의 생활이 얼마나 평온한 것이었는가를 끊임없이 떠올리면서 '이 전쟁만 끝나면' 하는 데에 모든 희망을 걸었다. 그런데 휴전일로부터 2년이 지나고 5년이 지났음에도 어제의 생활은 다시 돌아오지 않는다는 것이 더욱더 결정적으로 되어갈 뿐이었다. 사람들은 평화의 도래와 낡은 세계의 질서 회복을 같은 것으로 잘못 생각했던 것이다.

폴 발레리가 1922년 11월 15일에 취리히 대학에서 한 강연은 그 무렵 유럽의 정신적 상황을 나타냈다. "여러분, 폭풍우는 끝났습니다. 그럼에도 우리는 폭풍우가 몰아치기 바로 전처럼 불안합니다."

프랑스, 영국, 러시아 등등의 이름도 엘람, 니네베, 바빌론과 마찬가지로 막연한 과거의 이름이 되어버릴지도 모르며, 역사라는 심연은 우리의 모든 것을 삼켜버리기에 충분한 넓이와 깊이를 가지고 있다는 것을 사람들은 예감했다.

영속성은 중단되었다. 존재 안에 무(無)가 파고들어 왔다. 그 무엇도 영속되는 일이 없다. 아니, 그 무엇도 존재하는 일이 없지 않은가? 그러한 불안이 사람들의 의식을 차지했다. 불안은 새로운 세기병(世紀病)이 되었다. 불안 없이는 아름다운 영혼도 없다. 불안 없이는 시(詩)도 사상도 생겨나지 않는다. 존재 한가운데로 침입하는 무에 대한 이 불안을 굳게 지키고 언제나 그것을 되새김으로써 살려고 한 것이 다다이즘이었다. 초현실주의의 성명서를 쓴 다다의 시인 앙드레 브르통은 말했다. 어떠한 인간이라도 평생 한 번쯤은 바깥 세계의 모든 것을 부정하고 싶은 기분에 빠질 것이다. 그때 사람은 이것이야말로 결정적인 순간이 아닌가 하는 예감을 갖는다. 그럼에도 많은 사람들은 이윽고 애초의 일반성으로 되돌아간다. 그러나 이 투명한 순간을 끊임없는 고뇌로 계속할 수 있는 사람만이 로트레아몽, 랭보라고 불리는 시인이 된다. 다다이스트에게는 누구나가 속해 있는 인간의 유형으로부터 탈출하는 일만이 그 수고의 가치에 해당하는 유일의 시도였다.

전쟁과 그 결말에 의해서 무(無)에 대한 불안이 이토록 뚜렷해지기 이전에 이미 이 인간성의 위기를 예감했던 몇몇 시인이나 철학자가 있었다. 하지만 그들은 모두 시대의 조산아였다. 예언자는 자기 고향에서는 환영받지 못한다고 하는데, 같은 세대 사람들은 그들을 이해하지 못했고 그들 안에서 앞으로 올 징조를 받아들이지 않으려고 했다.

19세기의 빛나는 성과인 실증주의적, 진화론적인 세계상 또는 관념론적, 통일적인 역사 체계를 향해서 때아니게 두서너 영혼이 반역을 꾀해 항의를 한다고 해서 무슨 소용이 있단 말인가? 돌벽에 머리를 부딪치는 것과 같이 사람들은 보들레르 안에서 병적인 감수성을 읽어내기는 했지만 죽음에 대한 인간적 노력의 허무함을 보려고는 하지 않았다. 니체는 비과학적이라는 결정적인 낙인을 받았고 그 무렵의 대학 강단으로부터는 완전히 외면당했다. 니체 이름의 유행은 '힘에의 의지'를 영웅 숭배의 철학적 표현으로 해석하는 피상적인 해석에 머물렀으며, 차라투스트라에 의해서 계시된 무의 심연은 같은 시대 사람들이 알아차리지 못하는 것이 되었다.

그런데 시대는 크게 변했다. 사람들은 이 시대를 정확하게 진단해 주는 말을 찾기 시작했다.

오스발트 슈펭글러의 《서구의 몰락》이 나온 것은 1918년이었다. 1922년에는 이어서 제2권이 발표되었다. 이 책은 문화 전반에 걸치는 풍부한 자료와 관찰을 구사하면서 문화 형태적 법칙에 따라서 유럽의 몰락을 필연적이라고 주장했다. 식물에 성장이 있고 개화가 있고 쇠퇴가 있듯이 문화도 그 발생지에서 그러한 과정을 거치게 된다.

유럽 문화는 한때 그 자연적 생명의 생성과 소멸을 거친 이집트, 바빌론, 인도, 그리스, 로마 등의 문화와 같은 유형 아래 이미 종말기를 향하고 있다.

역사를 자연과의 비교에서 파악하려고 하는 이와 같은 시도는 이전에도 막연하게 이루어진 일은 있었지만, 슈펭글러의 이 단정만큼 대담한 결론에는 이르지 못했다. 대전을 계기로 유럽 전체 위에 황혼의 안개처럼 뒤덮은 몰락의 예감과 위기의식을 슈펭글러는 하나의 역사철학을 가지고 명확하게 긍정했다. 인간이 허무 앞에 서 있다는 것이 더욱더 뚜렷한 것이 되었다.

불행하게도 유럽 대전은 전쟁을 뿌리 뽑기 위한 마지막 전쟁은 되지 못했다. 그로부터 고작 20년 뒤에 일어난 제2차 세계대전은 그 규모나 전술에서도 차원을 달리했다.

거기에서는 갖가지 잔학이 자행되고 전투원과 비전투원의 구별도 무시되었다. 전 세계 인구의 5분의 4가 전쟁에 말려들었으며 1억이 넘는 사람들이 병사로 동원되어 4000만의 목숨이 희생되었다.

전쟁 종결 그 이튿날부터 세계는 원자 무기의 위력을 경쟁하는 새로운 군비 시대로 들어갔다. 오직 불안만이 평화를 바라는 목소리를 힘겹게 지탱하고 있었다.

실존주의는 자주 염세주의라고 말해진다. 그러나 역사의 진행이 전차 바퀴처럼 사정없이 모든 사람을 짓누르는 이 시대, 인간이 낳은 원자력이 우리 자신이나 우리가 사랑하는 이들의 생존을 위협하는 이 시대에 도대체 누가 낙관주의자가 될 수 있단 말인가?

"인간은 어디로 가는가?" 새삼 다시 묻지 않을 수 없게 되었다. 앙드레 말로는 《희망》의 어떤 인물을 통해 "자네들은 인간 안에 있는 기본적인 것에 매혹되고 있다" 말하는데, 바로 현대는 기본적인 물음이 다시 시작된 시대이다. 인간은 인간에게 이제까지는 원초적인 소재 말고는 아무것도 되지 않는다. "인간이란 자기 존재에 있어서 자기의 존재가 문제가 되는 존재이다." 사르트르는 이렇게 말한다. 거기에 실존주의의 출발점이 있다.

인간 소외의 시대

현대의 실존주의 전개를 촉진한 또 하나의 이유는 근대 기계 문명이 인간을 평균화 및 집단화한 것에 대한 반항이며, 인간 실존의 억압에 대한 반역이다.

이미 한 세기도 전에 키르케고르는 그것을 내다보았다. 인간이 군중 안에 파묻혀 단지 하나의 수가 되어버린 비참한 상태를 키르케고르는 한 인간이 하나의 음 이상도 이하도 아니게 된 러시아 농노의 음악에 비유했다.

19세기 초에 러시아를 여행한 스탈 부인에 따르면, 그 음악에서는 연주자 스무 명이 저마다 '도'면 '도', '레'면 '레'의 하나의 음만을 내도록 정해져 있고 자기 음을 낼 차례가 왔을 때 그 음을 낸다. 각자는 자기에게 주어진 소리에 의해서 불린다. 그들이 지나가는 것을 보면 사람들은 저기에 나리쉬킨 씨의 '솔'

이 지나간다, '미'가 지나간다 하는 식으로 말한다. 이것은 러시아의 대주주와 농노 사이의 전형적인 관계로 거기에서 음악은 더 이상 각자의 것이 아니다.

기계 문명에 의한 노동의 합리화는 이것을 한결 대규모로 확대한 것에 지나지 않는다. 지주와 농노의 관계는 자본가와 노동자, 조직과 구성원으로 바꾸어 놓아도 한 인간이 하나의 도구 이상도 이하도 아닌 사태는 더욱더 결정적인 흐름이 되어가고 있다. 언제나 '솔' 음만 내고 있는 농노와 마찬가지로 현대의 노동자는 같은 부서에서 같은 조작을 하루에 수백 번이나 되풀이하는 도구적인 존재가 되어버렸다. 마르크스도 인간이 개성을 빼앗겨 단순한 생산 도구가 되어 있다는 점을 지적하여 현대의 노동자를 특징짓는 것은 인간 상호간의 교환 가능성이라고 말했다. 노동자가 하는 일은 이미 그 질에 의해서 평가되지 않고 단지 양에 따라서만 평가된다. 마르크스가 헤겔의 술어를 전용해서 '인간의 자기 소외' 또는 '소외된 노동'이라고 부른 것도 이런 뜻에서이다.

헤겔에 따르면 '정신'은 자기를 자기 의식의 대상이 되게 함으로써 자기의 다른 사람, 즉 대상을 낳는다. 자기를 대상화하는 이 과정은 '자기 소외'나 '자기 외화(外化)'라고 불린다. 그러나 '정신'은 외화로써 생긴 대상을 다시 자기 자신으로서 확인한다. 이것이 외화의 아우프헤벤(aufheben, 지양)이다. 변증법이란 '정신'의 그와 같은 자기 산출, 자기 발전의 논리이다.

헤겔은 구체적인 노동에 대해서도 이 변증법 논리를 적용한다. 노동은 '정신'의 자기 산출의 한 단계이다. 인간은 노동함으로써 대상에 작용하여 이 대상을 가공하거나 변질시킴으로써 물건을 만든다. 이 생산물 안에는 노동하는 인간의 욕구가 대상화되어 있다. 따라서 생산물은 '정신'의 자기 소외, 자기 외화의 형태에 놓여 있다. 그러나 '정신'은 자기 밖으로 나간 자기를 다시 자기 안으로 되돌림으로써 자기를 확인한다. 노동은 오로지 자기의 다른 사람으로서의 사물을 생산하는 것만이 아니다. 생산된 것을 사용하고 소비함으로써 생산물의 대상을 지양한다.

그러나 마르크스가 지적하는 '소외된 노동'은 결코 '정신'의 자기 소외가 아니다. "노동자가 자기의 생산물 안에 외화된다고 하는 것은 단순히 그의 노동이 하나의 대상이 되어 하나의 외적 존재가 된다는 뜻이 아니라, 그의 생산물이 그의 외부에 그로부터 독립해서 다른 사람의 것으로 존재하며 그에게 하나의 자립적 세력이 된다는 뜻이다."

마르크스의 《경제학—철학 수고》의 한 구절에서도 읽을 수 있는 바와 같이, 마르크스에게 '소외'란 '다른 사람의 것이 되는 일' 즉 '타유화(他有化)'이다. 자본주의 제도 아래서는 자기의 노동이 '타인의 것'이 되어 있을 뿐만 아니라 자기 노동의 생산물까지에 '타인의 것'이 되어 있다. 이것이 '소외'의 본질적인 의미이다. '소외'나 '외화'라는 말은 본디 헤겔이 영국 경제학 용어 에일리어네이션(alienation)을 독일어로 옮긴 것으로, 자기 재산을 다른 사람에게 '양도한다'는 것이 본디 뜻이다.

그러나 '타유(他有)가 된다'는 의미로서의 인간 소외는 과연 제도의 변혁에 의해서 지양되었을까?

20세기의 인간은 조직 아래에서, 집단 안에서, 곳곳에서 소외되고 타유화되고 있다. 조직의 일원으로서 인간은 그 기능의 한 단위밖에 되지 않는다. 집단의 한 사람으로서 인간은 '누구라도 좋은 누구'일 뿐이다. 기계 문명의 거대한 구조 안에 한 부품으로서 기계 장치의 움직임에 순응함으로써만 인간은 살아갈 수가 있다. 한 인간을 지시하기 위해서는 단지 알파벳과 숫자만 있으면 된다. 개개의 인간은 모두 통계국의 한 장의 카드로 환원된다. 우리는 누구나가 같은 시간에 같은 방송을 보고 수백 만 발행 부수의 신문을 읽는다. 날마다 기계적인 구조가 곳곳에서 우리를 기다리고 있다. 그러나 그런 구조 쪽에서는 우리의 사정을 고려해 주지 않는다. 그것에 맞추어야 하는 것은 우리 쪽인 것이다.

이렇게 해서 인간의 평균화, 기계화, 집단화는 자본주의 제도나 사회주의 제도 아래에서 차별 없이 더욱더 불가피하게 되어 인간의 교환 가능성, 인간의 기계 구조에 이르는 예속은 한층 심각한 것이 되어간다.

이것은 사회 제도의 변혁만으로는 도저히 해결할 수 없는 문제이다. 한때 인간은 기계 문명의 발달을 입 모아 칭송하고 기계를 발명하는 인간의 위대함에 경탄하며 미래의 이상적인 세계를 꿈꾸었다. 하지만 오늘날 인간이 만든 기계와 그 생산물이 반대로 인간을 괴롭히고 인간을 위협한다. 뿐만 아니라 인간 그 자체가 기계의 일부분이 되어 하나의 톱니바퀴가 되었다. 하이데거가 말하는 인간의 '존재 망각' '고향 상실'은, 뒤집어 말하면 인간의 '자기 망각' '자기 상실'이 될 것이다.

인간 실존을 집단의 한 단위, 기계의 한 부품으로 만들어 버리는 이 위험, 그와 같은 비인간적인 생존 조건에 대해서 마지막 반항을 시도하려는 것이 실존주의이다. 종래의 관념론적 철학에서는 돌보지 않았던 '실존'의 사상이 현대 철학이나 문학에서 새로운 우위를 얻었다.

실존은 결코 이념에서 도출되는 것도 아니고, 개념 안에 포섭되는 일도 없다. 실존은 먼저 거기에 있다. 실존은 본질을 앞선다. 실존은 절대적인 출현이다. 이 출현은 그 어떤 것을 가지고서도 이유를 부여할 수가 없다. "실존하는 것은

마르크스(1818~1883)

모두 이유 없이 태어나서 약하게 살아남고 만남에 의해 죽어간다"고 사르트르의 주인공은 말한다. 카뮈라면 그것을 '인생의 부조리'라 부를 것이다.

파스칼은 무신론자의 입을 빌려 이 피투성(被投性)의 감정을 다음과 같이 표현한다. "내 일생의 짧은 기간이 그 앞뒤로 이어지는 영원 안에 파묻혀 내가 차지하는 이 작은 공간이 나를 알지도 못하고 내가 알지도 못하는 무한한 공간 안으로 가라앉는 것을 생각할 때 나는 내가 여기에 있고 저쪽에 있지 않다는 것에 두려움과 놀라움을 느낀다. 무엇 때문에 내가 저쪽에 있지 않고 여기에 있는가, 무엇 때문에 내가 그때에 있지 않고 이때에 있는가 전혀 그 이유가 없기 때문이다. 누가 나를 여기에 놓았는가? 누구의 명령, 누구의 지시에 의해서 이때 이곳이 나에게 주어졌는가?"

하지만 이처럼 이유 없이 내던져진 자기를 떠맡고 있는 것은 누구나 그렇지만 다름 아닌 '나 자신'이다. 인간은 저마다가 자기 생존을 의식하면서 독자적인 방식으로 자기의 생존을 결정해 가는 실존이며, 그런 뜻에서 실존은 그때마

다 나 자신이다. 그 누구도 나를 대신해서 결의할 수 없고, 그 누구도 나 대신에 죽어주지 않는다. 실존주의가 인간의 교환 가능성과 인간의 구속에 대해서 격렬하게 저항하는 것은 그 때문이다.

그리스도는 전 인류 대신에, 다시 말하자면 나 대신에 죄를 안았다고 하는 것이 그리스도교의 핵심이며 이 교의를 빼놓고 그리스도교는 성립되지 않는다. 그러나 실존주의 관점에서 보자면 나는 나의 죄이고 그 누구도 나 대신에 벌 받지 못한다. 마찬가지로 나는 아무런 이유 없이 이 불안과 절망의 시대, 이 인간 상실의 시대에 내던져 있다고 해도 나는 이 시대, 이 상황을 나 자신의 것으로 살지 않으면 안 된다. 그 누구도 나를 대신해서 나의 상황을 살아주지 않기 때문이다.

불안과 절망과 인간 상실을 예감했던 세 사상가가 있었다. 이 세 사람은 심연에서 심연으로 울림이 전달되는 것처럼 서로 호응한다. 파스칼, 키르케고르, 니체. 현대의 실존주의는 이제 새삼스럽게 이들의 이름을 다시 불러낸다.

생각하는 갈대―파스칼

"파스칼의 격언은 낡았다. 아주 낡아서 없어졌다"고까지 전 세기에 단정지어 졌던 그의 《팡세》가 오늘날 새롭게 정신의 굶주림을 채우는 양식으로서 탐독되고 있다.

"사람이 소유하는 모든 것이 흘러서 사라짐을 느끼는 것은 무서운 일이다"라는 파스칼의 말을 사람들은 지금 처음 듣는 것처럼 받아들였다. 불안과 절망의 병상에서 그 병의 원인을 파헤치는 메스의 아픔을 사람들은 이 말에서 느꼈다.

18세기의 합리주의가 갖춘 바탕 위에 19세기의 사변철학과 실증철학이 협력해서 세운 연속적 진보의 세계관에 안주하던 사람들에게는 그것은 꿈에도 생각하지 못했던 사상이었을 것이다. "우리는 아득히 흐르는 중간의 파도에 정처 없이 움직이면서 한쪽 끝에서 다른 한쪽 끝으로 밀리고 있다. 우리는 어느 쪽엔가에서 내 몸을 안정시키고자 해도 그것은 흔들려서 우리를 떠난다. 우리가 그것을 붙잡으려 해도 그것은 우리의 손을 벗어나 미끄러져 영원히 도망친다. 그 무엇도 우리를 위해 머물러 주지 않는다. 이는 우리에게 자연스러운 상태이지만 그것은 우리가 바라는 것과는 반대되는 상태이다. 우리는 단단한 지반과 흔들림 없는 바탕을 얻어 그 위에 하나의 탑을 우뚝 세우기를 열망한다. 그러나 우리의 모든 바탕은 금이 가고 대지는 갈라져서 심연이 된다." 18세기 유물론자로 하여금 파스칼의 머리에 무슨 결함이 있는 것이 아닌가 하고 의심하게 만들었던 심연의 공포가 20세기 햄릿들에게는 생생한 실감을 가지고 되살아났다.

파스칼(1623~1662)

파스칼은 실존이라는 개념은 파악하지 않았지만 모든 실존적인 문제를 제기한 첫 번째 사람으로서 실존주의의 아버지라고 불려도 좋으리라.

데카르트에서 시작되는 근세 철학사의 일반적인 서술이 언제나 파스칼을 제외하고 있는 것은 파스칼에게는 오히려 정당한 평가라고 할 수 있다. 왜냐하면 17세기 처음부터 19세기 끝에 이르는 철학의 큰 흐름은 데카르트의 코기토 에르고 숨(cogito ergo sum : 나는 생각한다, 고로 나는 존재한다)으로 시작하여 결국 코기토 에르고 숨의 변형으로 끝났다고 해도 과언이 아니기 때문이다.

데카르트는 사고라는 작용을 가지는 '이성'을 철학의 유일하고 확실한 출발점으로 보고 그 어떤 경우에도 여기에서 떠나는 것을 허용하지 않았다.

데카르트 이후에 되풀이해서 논의된 철학의 주요 문제는 모두 이 이성의 음역에 한정되어 있었다. 적어도 거기에서 벗어나는 사상은 음율이 맞지 않은 거친 방울처럼 철학자들의 이마를 찌푸리게 했다. 이성이 부여된 주관은 어떻게 해서 객관이 되는가, 다시 말하면 이성은 어떻게 해서 존재가 되는가 하는 것이 그 음폭 안의 시작이자 끝이었다. 데카르트 자신뿐만 아니라 그를 잇는 철학자들은 모두가 이 문제를 해결하는 데 있어 영원의 진리는 논리적인 것이든 윤리적인 것이든 또는 종교적인 것이든 인간의 이성 안에 본디 뿌리를 내리고 있다 가정했다. 우리가 태어날 때 신으로부터 받은 자연의 빛은 인간을 이들 진리로 이끄는 데에 충분하며 인간은 그 자연의 빛, 즉 자기 본성의 빛에 따라서 진리를 재구성할 수 있다는 것이다. 스피노자의 철학이든 말브랑슈의 철학이든 라이프니츠의 철학이든 모두 이성만을 근거로 세워진 세계관이다.

이러한 이성 중심의 사고방식에 대해서는 영국의 경험론에 호된 비판이 가해졌지만 칸트는 오성(悟性)을 완전히 형식화함으로써 오성을 구(救)하려고 하는 커다란 시도를 완성했다. 오성은 선험적으로 타당한 직관 및 사고의 형식을 자기 안에 가지고 있으며, 말하자면 그 자신이 세계의 형식적 원리이다. 확실히 이 형식이 적용되어야 할 잡다한 소재는 미리 거기에 주어진 셈이지만 오성은 이들 소재를 자기 안에 있는 형식적 원리에 따라서 인식으로까지 구성하여 질서를 세울 수가 있다. 그 경우 이성은 오성보다도 한결 근원적인 지위에서 오성과 관계하여 오성의 인식에 통일과 체계를 준다. 그래도 칸트의 경우 이성은 인식에 관한 한 현상의 세계에 묶여 있으며, 그런 뜻에서 이성은 세계에 대해서 수용적이었다.

그런데 독일 관념론은 칸트를 넘어 한 걸음을 더 내디디었다. 질서를 부여했던 오성, 통일을 줄 뿐이었던 이성은 이윽고 소재나 외계를 자기 안에서 낳는 창조적이고 자발적인 원리가 되었다. 피히테는 이성을 신의 생각과 같은 것으로 보고, 자기가 아닌 것을 자아의 소산이라고 보았다. 헤겔에 이르러 이성은 세계 그 자체의 창조적 원리가 되어 절대 이성, 세계 이성으로까지 확대되었다.

파스칼은 데카르트의 철학 맨 끝이 앞으로 어떠한 방향으로 나아갈 것인가를 이미 알고 있었던 것 같다. 그는 데카르트를 용서할 수가 없었다. 그에게 데카르트는 쓸데없고 불확실한 것이었다. 그 정도로 확실한 것을 그 정도로 확실한 방법으로 파악한 것에 대해 모두가 용서했던 데카르트를 파스칼은 불확실하게 여겼으며 용서할 수 없었다. 그것은 데카르트의 코기토 에르고 숨으로 시작하여 끊임없이 그 변형을 되풀이하는 데에 지나지 않은 근세 사변철학 자체에 대한 비웃음이라고도 받아들일 수가 있다. "철학을 멸시하는 일이야말로 진정으로 철학하는 일이다" 파스칼은 선언한다.

파스칼은 자기가 자연 안에서 가장 약한 '하나의 갈대'밖에 되지 않는다는 것을 알고 있었다. 그러나 이 갈대는 '생각하는 갈대'임을 파스칼은 알고 있었다.

파스칼의 말에 따르자면 인간은 확실히 생각하기 위해 만들어졌다. 생각한다는 것은 인간 모두의 존엄이며 진가이다. 하지만 사람들은 무엇을 생각하고 있을까? 춤을 추는 일, 악기를 연주하는 일, 싸우는 일 등을 생각하지만 인간됨이 무엇인가는 생각도 하지 않는다. 우리는 자기 존재에서 우리가 가지고 있는 생활에 만족하지 않는다. 우리는 타인의 관념 속에서 가공의 생활을 영위하기를 바라고 그것으로 남의 인정을 받으려고 애쓴다. 우리는 끊임없이 자기의 가공 존재를 장식하여 그것을 유지하려고 애쓰되 자기의 참다운 존재를 등한시한다.

파스칼이 《팡세》를 쓴 목적은 자기 자신에 관한 무지와 무관심의 이 두 부드러운 베개를 베고 나태하게 졸고 있는 사람들을 흔들어 깨워서 자기 자신의 존재에 관한 불안과 걱정으로 눈뜨게 하는 데에 있었다.

인간에게 자기의 상태만큼 중대한 것은 없으며 영원만큼 두려운 것은 없다. 그것은 다른 사람과의 사사로운 이해에 관한 것이 아니라 자기 자신의 존재에 관련된 문제이다. 이리하여 파스칼은 인간을 자기 심정으로 되돌아가게 해서 자기의 인간적 조건을 아는 것으로부터 시작하게 하려고 한다. 거기에 파스칼의 방법이 있다.

그는 정의나 논증의 길에 따르려고 하지 않는다. 그렇게 하려고 생각하면 데카르트나 스피노자 못지않게 기하학적인 방법을 쓸 수 있었음에도 그는 그러한 방법의 한계를 알았다. "신에 대한 형이상학적 증거는 너무나 인간의 생각으로부터 동떨어져 있으므로 거의 아무런 감명도 주지 않는다. 그것이 어떤 사람들에게 쓸모가 있다고 해도 그 논증을 듣고 있는 잠깐 동안이다. 한 시간쯤 지나면 그들은 속은 것이 아닐까 걱정한다".

파스칼은 인간의 심정을 울려 그것을 움직이는 일밖에는 생각하지 않았다. 이것은 질베르 페리에가 쓴 《블레이즈 파스칼의 생애》에 의해서도 알려져 있다. 그의 이 방법은 실존에서 실존을 향한 호소라고 할 수 있을 것이다. 파스칼은 《팡세》의 가장 긴 토막글의 하나로 우리의 눈을 우주 속 인간의 위치로 향하게 하고 다른 한편으로는 우리를 둘러싼 소우주의 무한대와, 다른 한편으로는 우리를 빠져나가는 소우주의 무한소의 두 가지 무한, 다시 말하면 무한과 허무의 두 심연 가운데 걸쳐 있는 우리 자신의 존재를 생각하게 한다.

거기에서 파스칼은 우리에게 하나의 수수께끼를 던진다. "도대체 인간은 자연 속에서 무엇인가? 무한에 비하면 허무, 허무에 비하면 전체. 무(無)와 전체 사이의 중간자. 양극을 파악하는 것으로부터는 무한히 멀리 떨어져 있으므로 사물의 마지막이나 그 시작은 인간에게는 기껏해야 바닥을 알 수 없는 신비 속에 감추어져 있다. 그는 거기에서 끌어낸 허무도, 거기에 삼켜지는 무한도 다 같이 볼 수가 없다."

인간은 무한을 잘 생각해 보지 않았기 때문에 우리와 자연 사이에 그 어떤 균형이 유지되어 있는 것처럼 대담하게도 자연의 탐구에 들어갔다. 그러나 거기에 나타나는 것은 불안정한 중간자로서의 인간 모습밖에는 없다. 파스칼의 자연은 야스퍼스의 표현을 빌리자면 이미 하나의 암호이다. "자연은 압도적으로 나를 감싸는 것이지만 나의 현존재의 이 지점에서 나를 향해 집중하고 가능적 실존으로서의 나에게 초월의 암호가 된다"고 야스퍼스는 말한다.

"이 무한한 공간의 영원한 침묵은 나에게 공포를 자아내게 한다"는 파스칼의 한 마디는 그와 같은 초월의 암호를 읽으려는 순간의 두려움으로부터 나온 말인데, 너무나 지성인이었던 발레리에게는 하나의 좌절이 되었다.

인간이 불안정한 중간자라고 하는 것은 우리의 모든 능력, 모든 사상, 모든 행위 안에서 찾아볼 수 있다. 우리의 감각은 극단적인 것을 받아들이지 않는다. 너무나 큰 소리도, 너무나 작은 소리도, 너무나 강한 빛도, 너무나 약한 빛도 우리의 감각에 알맞지 않다. 극단적인 사물은 우리에게 존재하지 않는 것과 같고 우리도 그것에 대해서 존재하지 않는다. 상상은 우리를 행복하거나 불행하다고, 건강하거나 병이 들었다고, 부자라거나 가난하다고, 지혜롭거나 어리석다고 여기게 한다. 인간은 타고나면서부터 잘 믿고 의심이 많으며 겁이 많고 대담하다. 중간자로서의 인간은 동시에 상반, 모순, 이중성으로 나타난다. 인간은 한 줄기 갈대에 지나지 않으나 생각하는 갈대이다. 인간은 비참하지만 자기의 비참함을 알고 있다는 점에서 위대하다. 인간은 자신을 짐승과 같다고 생각해도 안 되며 천사와 같다고 생각해도 안 된다. 그 어느 쪽을 몰라도 안 된다. 둘 다 알아야 한다. 인간은 늘 절망과 교만이라는 이중 위험에 노출되어 있다. 그가 스스로 자랑한다면 나는 그를 겸손하게 만들고 그가 겸손하면 나는 그를 칭찬한다. 이렇게 해서 그가 자기를 알 수 없는 괴물이라고 인정할 때까지 나는 언제까지나 그에게 저항한다. 이것이 파스칼이 하는 방법이다. 인간을 마음속으로부터 감동시켜 자기에 대해서 불안과 관심을 눈뜨게 하는 것이 목표인 것이다.

그러나 우리는 자기의 인간적 조건을 똑바로 보려고 하지 않는다. 정념도 없고 일도 없고 기분 전환도 없고 전념해야 할 일도 없이 언제나 자기 자신과 직면하는 것처럼 인간에게 견디기 어려운 일은 없다. 곧 권태, 비애, 고뇌, 후회, 절망이 우리 내부에서 솟아오른다. "인간은 죽음, 비참, 무지를 다스릴 수가 없었기 때문에 자기를 행복하게 하기 위해서 그것들을 감히 생각하지 않도록 연구했다."

우리는 일상생활에서는 기분 전환에 따라서 인간적 조직으로부터의 탈출을 시도한다. '기분 전환'은 '방향을 바꾼다' '마음을 돌린다'라는 동사에서 나온 말이다. 우리는 죽음이나 허무 앞에 서서 그것을 물끄러미 바라볼 수가 없다. 우리의 일상생활(하이데거가 말하는 현존재)은 인간적 조건으로부터 눈을 돌려 그것을 잊으려고 애쓴다. 유희나 교제는 우리 관심의 방향을 바꾸어 기분을 전환시켜 준다. 놀이뿐만이 아니다. 나날의 바쁜 일이 바로 가장 큰 기분 전환이다. 우리는 움직임을 찾아서 온종일 뛰어다닌다. 인간에게는 전쟁까지도 기분 전환이다. 그 무엇도 싸움만큼 우리를 열광시키는 것은 없기 때문이다. 죽음은 그 위험 없이 그것을 생각하는 것보다도 그것을 생각하지 않고 태연하게 받아들이는 편이 훨씬 손쉽다. 낭떠러지가 보이지 않도록 무엇인가로 눈을 가리고 나서 태연하게 그 속으로 뛰어든다. 기분 전환의 가장 큰 효과는 거기에 있다. "우리는 우리와 같은 동료와의 교제에 안주하는 일을 즐거움으로 삼고 있다. 그들은 우리와 마찬가지로 비참하며 우리와 마찬가지로 무력하다. 그들은 우리를 도와주지 않을 것이다. 사람은 혼자서 죽을 것이다." 파스칼이 아무렇지도 않게 하는 이 말은 인간을 실존의 한계 상황 속에 혼자 내던지는 것과 비슷한 말이다. '그 누구도 나 대신에 죽어주지 않는다'는 깨달음으로부터 실존주의는 출발한다.

자기 밖으로 마음을 빼앗겨 기분 전환에서 기분 전환으로 헤매어 돌아다니는 것이 아니라 인간적 조건을 바로 자기 것으로 떠맡고 자기 존재에 무한한 관심을 가지면서 사는 것, 그것이야말로 파스칼의 경우 실존의 존재 양식이라고 말할 것이다. 하지만 한때 신의 존재에 표현할 수 없는 환희를 체험한 파스칼에게는 이 자기는 신에 의해서 거기에 놓인 자기이다. 이것은 추리나 논증에 의해서 세워진 원리가 아니라 야스퍼스식으로 표현하자면 파스칼 자신의 실존적 인지로써 확인된 확신이다. 따라서 그것은 신을 찾아 만날 때까지는 편안함을 얻을 수 없는 자기이다. "만약에 인간이 신을 위해 만들어진 것이 아니라면 무엇 때문에 인간은 신에 의해서만 행복한가?" 신에게서 떨어져 나온 자기, 자기만을 사랑하는 자기, 그것은 파스칼에게 미워할 자기이다. 자기는 자기 자신에 대한 관계로 존재하는 동시에 신에 대한 관계를 가진다. 자기는 말하자면 이중 관계에 있다. 그렇기 때문에 단지 "너 자신 안으로 돌아가라. 너는 거기에서 평안을 찾을 것이다" 말하는 것은 참이 아니다. 하지만 "밖으로 나가라. 기분 전환에서 행복을 찾아라" 말하는 것도 참이 아니다. "행복은 우리 밖이나 우리 안에도 없다 그것은 신 안에, 우리의 안이자 밖에 있다." 이것이 파스칼이 다다른 점이다. 그러나 우리의 안이자 밖에 있는 신은 과연 존재하는가? "신이 존재한다는 것은 이해할 수 없는 일이지만, 신이 존재하지 않는다는 것도 이해할 수 없는 일이다"라는 서로 모순되는 명제를 제출한 다음에 파스칼은 '내기에 의한 신의 논증'을 시도한다. "신은 존재하는가 존재하지 않는가? 우리는 어느 쪽으로 기울까? 이성은 그 경우 아무것도 결정할 수가 없다. 거기에는 우리를 떨어져 있게 하는 무한한 혼동이 있다. 이 무한한 거리가 끝나는 곳에서 하나의 내기가 이루어진다. 앞면이 나오는가 뒷면이 나오는가이다. 당신은 어느 쪽에 거는가?" 또다시 파스칼은 우리를 실존의 장으로 되돌린다. 실존은 그 누구도 나 대신에 고를 수 없는 내기이자 결단이다.

좌절의 철학—키르케고르

프랑스에서 파스칼의 이름이 되살아난 것처럼 독일에서는 오랫동안 잊었던 북유럽의 철학자 키르케고르의 이름을 찾았다.

사람들은 수천 년 역사를 돌아보고 인간이 종말에 처해 있는 것 같은 불안을 느꼈다. 그렇지 않다면 인간은 이제까지와는 다른 질서를 향한 출발점에 있는지도 모른다. 그러나 그렇다 하더라도 인간성 그 자체가 위기에 처해 있는 것이다. 사람들은 그러한 의식 아래 키르케고르의 작품들을 읽었다. 그것은 어제 쓴 것처럼 여겨졌다. "반복은 사람을 행복하게 해주지만 추억은 사람을 불행하게 만든다. (……) 만일 반복이 존재하지 않는다면 인생은 도대체 무엇인가?"

키르케고르(1813~1855)

전쟁 이전에 사람들은 반복을 즐기는 법을 몰랐다. 반복은 따분했고 오히려 추억이 감미롭게 여겨졌다. 반복이 어떠한 뜻을 갖는가 하는 것이 황폐한 땅 위에서 비로소 절실하게 사람들의 의식에 떠올랐다.

키르케고르는 살아 있는 동안 코펜하겐의 50만도 채 안되는 시민 사이에서는 분명히 하나의 돌풍을 일으켰을 것이다. 그러나 불꽃처럼 덧없이 그의 빛은 망각되었다. 독일의 강단철학은 오랫동안 근본적인 것의 탐구에서 멀어져 현실 생활에 대해서 아무런 책임을 지지 않는 탁상의 학설이 되어 있었다. 철학은 갖가지 과학의 보편타당성을 인식론이라는 이름 아래 기초 세우기를 자처했으며 그것을 좋은 일로 보았다. 개개의 인간적 실존 문제에는 무관심한 것이 철학의 자랑이기도 했다. 어느 학파나 문헌학적으로 엄밀하고 합리주의적으로 타당한 이론을 조립하는 것만을 자랑으로 삼았다.

그와 같은 철학계에서 이웃의 시인인지 철학자인지도 알 수 없는 키르케고르와 같은 존재가 무시당하는 것은 마땅한 일이었다. 그런데 그 키르케고르가 예기치 않은 결정적인 영향을 독일 철학계에 끼치기 시작했다.

키르케고르에 푹 빠져 혼자 힘으로 그의 저작 대부분을 독일어로 옮긴 목사 크리스토프 슈렘프는 키르케고르의 부흥에 앞장선 사람 가운데 하나이다. 그러나 부흥의 도화선에 불을 당긴 것은 신학자는 바르트, 트루나이젠, 엠마누엘 히르쉬, 철학자는 하이데거, 야스퍼스 등이다.

파스칼과 마찬가지로 키르케고르도 철학을 멸시함으로써 진정으로 철학을 하는 것이라고 생각한 사람이다. 파스칼의 비판 대상이 같은 시대의 데카르트였던 것처럼 키르케고르의 비판 대상은 헤겔이었다. 키르케고르가 코펜하겐 대학에서 배운 무렵은 헤겔이 죽은 직후이며 헤겔 철학이 북유럽의 대학을 풍미하던 때였다.

헤겔의 체계는 개별적, 현실적인 인간을 문제 삼지 않는다. 체계적 사고는 현실의 존재를 생각하기 위해서 그것을 지양된 것, 따라서 실제로 존재하지 않는 것으로 생각할 수밖에 없기 때문이다. 헤겔에게 철학이란 표상을 개념으로 바꾸는 일이었고 진리는 개념 안에만 깃들었다. 헤겔적 인간은 그가 자거나 코를 풀 때에도 영원한 모습 아래 개념으로서 존재한다. 그는 영원한 모습 아래 개념으로서 태어나 개념으로서 죽는다.

키르케고르는 이 베를린 대학 정교수의 사상에 무서운 허망이 숨어 있다는 것을 느꼈다. 헤겔의 절대자는 국토를 가지지 않는 국왕, 백성이 없는 지배자보다도 한층 우스꽝스러웠다. 현실의 개별적인 인간은 어디에도 없었다. 모두가 순수 개념의 화석이 되어 조용했다. 국왕은 어떠한 희극을 여기에서 연출하려고 하는가? 모든 사변철학은 공중누각에 지나지 않고 반드시 그것은 곧 절망이다. 철학의 시작은 놀라움이라고 그리스인은 말했으나 키르케고르에게 철학의 시작은 절망이었다.

실존이라는 것을 분명히 의식한 점에서 키르케고르는 실존주의의 개척자로 여겨진다. 그러나 키르케고르에 따르면 실존은 사고의 대상이 될 수가 없다. 만약에 우리가 실존을 사고의 대상으로 삼는다면 실존은 지양되어 추상적인 개념이 된다. 사고한다는 것은 현실에서 존재를 빼앗아 현실성을 단순한 추상적 가능성의 영역으로 밀어내는 일이다. 그렇기 때문에 사고할 수 없는 그 무엇, 그것이 실존이다.

실존은 모든 개념적 사고를 배척하는 데에 존재한다. "내가 사고하면 할수록 나는 존재하는 일이 적어지고 반대로 내가 존재하면 할수록 나는 사고하는 일이 적어진다"고까지 키르케고르는 말했다. 어쨌든 실존적인 문제에 대해서는 정의를 피하려고 하는 것이야말로 그 증거이다.

하지만 실존자는 사고하는 자로서만 실존한다. 이 또한 마찬가지로 진실이다. 다만 실존자는 이 현실적, 구체적, 개별적인 자기 존재에 대해서 관심을 가지면서 사고한다.

장 바르가 지적하는 바와 같이 사고와 실존 사이에는 하나의 싸움이 있다. 그러나 이 싸움이야말로 바로 실존을 이룬다. 그렇기 때문에 키르케고르는 또한 이렇게도 말한다. "내가 실존을 사고한다면 나는 실존을 없앤다. 하지만 실존을 사고하는 자가 실존한다. 실존은 사고와 동시에 놓여 있다."

하이데거는 키르케고르의 철학은 실존적이었다고 말할 수는 있어도 실존론적이지는 않았다고 평가했는데 이는 어디까지나 존재론의 관점에서만 할 수 있는 일이다. 실존자 키르케고르의 경우에 인간 존재의 양식을 실존 범주로 파악하는 것보다도 실존자로서 실존적으로 사는 편이 훨씬 근원적이다. 실존철학은 실존에 대한 철학이기보다는 먼저 실존으로부터의 철학이어야 한다.

키르케고르는 《죽음에 이르는 병》의 첫머리에서 인간 존재를 단적으로 다음과 같이 규정한다. "인간은 정신이다. 정신이란 무엇인가? 정신이란 '자기'이다. '자기'란 무엇인가? '자기'란 자기 자신에 관련되는 하나의 관계이다. 다시 말하면 이 관계 안에는 관계가 그 자신과 관련된다는 것이 포함된다. 따라서 '자기'는 단순한 관계가 아니라 관계가 그 자신에 관련되는 일이다." '자기'가 끊임없이 자기 자신에게 관계하는 일, 다시 말하면 '자기'가 무한히 자기 자신에 관련하는 것, 그것이 키르케고르에 따르면 실존의 본디 존재 양식이다. 이 '자기'에 관련을 잊은 '자기'는 상실된 자기이며 정신의 상실이다.

그런데 이러한 '자기'는 '자기'가 스스로 '자기'를 놓은 것이든가 다른 사람에 의해서 놓인 것이든가 그 어느 것이어야 한다. 그러나 '자기'가 '자기'를 놓았다고 말하는 사람이 한 명이라도 있을까? 이 나의 존재는 내가 나의 힘으로 거기에 놓은 것이 아니다. 내가 이때 이곳에 이렇게 태어난 것은 나의 의지에 따른 것이 아니다. "자연이 나를 낳았다. 자연이 나를 이렇게 만들었다." 이것은 유물론자나 결정론자의 입버릇이다. 하지만 현대의 실존주의는 그 무엇을 가지고서도 나의 실존에 이유를 부여하거나 근거를 줄 수가 없다는 점에서 그것을 우연이라고 생각한다. 인간존재는 각자가 여기에 이렇게 내던져진 것이지만 그것에 굳이 이유를 부여하려고 한다면 신이나 자연 같은 다른 존재를 꺼내지 않으면 안 된다.

두말할 필요가 없는 일이지만 키르케고르에게는 이 '자기'를 이러한 자기 자신에 대한 관계를 가지고 여기에 놓은 것은 신이다. 따라서 자기를 자기 자신에 관계함과 동시에 이 자기를 놓은 다른 사람, 즉 신과 관계를 갖는다. 신이 인간을 정신으로서, 자기로서 여기에 놓았다는 것, 다시 말하면 인간을 자기 자신과 관계를 가지게 한 것은 신이 인간을, 말하자면 신의 손에서 해방을 한 것이다. 인간이 자기 자신이 되는가 되지 않는가, 자기를 얻는가 얻지 못하는가는 인간의 책임에 맡겨져 있으며 거기에 인간에 대한 무한한 가능성과 자유가 있다.

그러나 인간이 자기 자신이 된다는 것은 단지 거기에 내던져 있을 뿐인 유한적인 것이 되는 게 아니다. 인간이 단순히 하나의 수가 되고 천편일률적인 하나의 되풀이에 지나지 않는 것이 된다는 것은 오히려 자기 자신을 잃는 일이다. 세상 사람들은 이것을 조금도 알아차리지 못하고 작은 돌처럼 자기를 닳게 하여 무슨 일에도 통용이 잘되는 것을 자랑으로 삼는다. 사람들은 자신의 '자기'를 타인으로부터 고맙게 받고 그것으로 안심을 한다. 그러한 인간은 평소에 어떻게 자기적으로 행동하고 어떻게 자기적으로 계산하면서 살고 있다고 해도 실존적인 자기, 그것을 위해 모든 것을 걸어야 할 자기를 잃어버렸다. 그러나 그렇다고 해서 여기에 놓인 이 자기에서 탈출해서 무한한 것으로 발산해 간다는 것은 자기를 희박하게 만드는 일이다.

공상은 흔히 인간을 무한으로 꼬셔서 자기 자신으로부터 멀리하는 것이다. 우주와의 합일을 꿈꾸거나 자아 속에서 비아(非我)를 끌어내는 자기는 이미 인간적인 자기는 아니다. 그것은 자기 자신이 되기는커녕 반대로 자기를 상실하는 일이다. 인간의 자기는 단지 유한한 것도 아니고 단지 무한한 것도 아니다. 자기는 유한과 무한의 통합이며 또 시간과 영원과의 통합, 필연성과 가능성과의 통합이다. 이 통합을 어떻게 해서 현실적인 것으로 만드는가 하는 데에 키르케고르가 말하는 실존자의 자유에 맡겨진 과제가 있다.

키르케고르는 인간의 이 자기 생성 문제를 세 가지 실존 단계로 전개하려 시도했다. 첫 번째 실존 단계는 인간이 자기 실존의 의의와 과제를 아직 의식하지 않은 직접적인 생존의 단계이며, 이것을 '미적 실존'이라고 불렀다. 미적으로 산다는 것은 인간이 직접적으로 자기의 있는 그대로 사는 삶이다. 우리는 인생을 누리지 않으면 안 된다. 이것이 이 실존 단계의 표어이다. 향락만이 인생의 최고 목표가 된다. 인간은 무한한 가능성과 노니면서 마치 돈 후안처럼 차례로 향락을 쫓아서 산다. 건강이 최고의 선이라는 인생관도 이 단계에 속한다. 건강을 아름다움으로 바꾸어 놓는다면 이 인생관은 한층 시적인 것이 된다.

그러나 누리기를 기다리는 것은 권태이며 따분함이다. 또 건강은 불안정하고 아름다움은 너무나 변하기 쉽다. "인간적으로 말하자면 무엇보다도 아름답고 사랑스러운 여자의 젊음, 오직 조화롭고 평화로우며 기쁨인 이 젊음조차도 절망일 수밖에 없다."

평생을 건강과 아름다움의 직접성을 가지고 통과하는 행운은 좀처럼 있는 것이 아니고, 만일 그러한 행운을 만난다 해도 그것은 아무런 쓸모가 없다. 미적 실존 단계는 그 자체가 모순이기 때문에 목표의 추구는 마침내 좌절과 절망으로 빠져 한결 높은 실존 단계로 가는 길을 연다.

두 번째 실존 단계는 인간이 자기 실존의 의의를 깨닫고 있으며, 인간이 실존하면서 이루어야 할 보편적 인간적인 것, 즉 윤리적인 것을 의무의 이름 아래 이해하고 있는 단계이다. 이것은 '윤리적 실존'이라고 부를 수 있다.

윤리적으로 산다는 것은 인간이 자기가 이뤄야 하는 방향으로 된다는 뜻이다. 그러나 이 실존 단계도 결국은 단순히 윤리적인 행위의 영역에서는 해결할 수 없는 모순에 부딪친다. 실존자가 아무리 자기의 윤리적 사명에 충실하려고 해도 완전성의 목표는 언제나 저편에 있다. 윤리적 실존은 그 자체로 완결되는 단계일 수가 없다. 본디 윤리의 바탕에는 인간은 누구나 보편적, 인간적인 것을 이 개별적인 '자기' 안에서 실현할 수 있다는 전제가 숨어 있다.

하지만 이 전제는 그대로 받아들일 수가 있을까? 개개의 인간은 누구나 언제라도 윤리적인 것, 즉 보편적인 것을 자기에게 실현할 수 있을까? 윤리적 실존의 철저한 추구에 따라 그와 같은 전제의 부조리가 폭로된다. 인간은 율법의 행위에 의해서는 마침내 의로운 것이 되지 못한다. 이것은 바울이나 루터 등 예로부터 뛰어난 윤리적 실존자의 노력과 체험이 나타내고 있는 바와 같다. 이 좌절은 불안과 절망을 통해서 윤리적 실존으로부터 종교적 실존으로의 도약을 가능하게 한다.

종교적인 실존을 향한 이 새로운 정열과 함께 개별적인 자기의식은 한결 강화된다. 실존자는 자기 자신과의 변증법적인 싸움을 통해서 비로소 신과의 관계로 들어간다.

그러나 종교적 실존 단계에는 종교 A와 종교 B와의 차별이 있다. 종교 A는 단순히 보편적 종교적인 것을 지향하는 종교적 실존이며, 개인이 신 앞에서의 자기 부정에 의해서 내면을 향하여 변증법적으로 규정되는 경우이다. 이것은 내면화의 변증법으로 특징지워진다. 키르케고르는 이 단계를 '내재의 종교'라고도 부른다.

그런데 종교 B는 모든 내재적 관점으로부터의 단절이며 역설 변증법으로서 특징지워진다. 여기에서는 믿는다는 것이 다른 모든 내면적인 습득이나 수행과는 전혀 다른 뜻을 갖는다. 신앙이란, 영원한 신이 시간 안에서 성육신했다고 하는 이 역설에 의해 이해가 가지 않으면서도 객관적으로는 불확실한 이 역설을 주체성의 정열에서 고수하는 일이다. 왜냐하면 종교 B에서는 인간이 단순히 일반적인 신과의 관계에 있는 게 아니라 개별적인 실존자 한 사람 한 사람인 자기가 그리스도와의 관계에 놓여서 그리스도와의 대결 앞에 세워지기 때문이다. 여기에 좌절의 가능성이 생기게 된다. "그대는 좌절하든가 그렇지 않으면 믿든가 그 어느 쪽을 결단해야 한다." 그리스도는 그 이상 할 말을 가지지 않는다.

키르케고르는 인간을 개별적으로 신 앞에 세운다. 더욱이 이 신은 이념으로서의 신이 아니다. 우주나 자연과 같은 뜻의 신이 아니다. 이 신은 천한 하인의 모습으로, 실제로 역사적으로 이 세상에 태어난 신, 성육신의 신이다.

때때로 그리스도를 표현한 그림에서 그의 머리 주위에는 반드시 후광이 비치고 있다. 그러나 실제로 생존한 그리스도에게서는 후광이 비치지 않았다. 그리스도는 우리와 마찬가지 인간으로서 생활하고 다시없는 비참한 죽음을 맞았다. 그 인간 그리스도가 신이라고 한다. 이것이 좌절의 가능성이다. 그리스도에게 좌절하는가 좌절하지 않는가는 각 인간의 자유와 결단에 맡겨져 있다.

하지만 신-인간의 교리는 그것이 그리스도교적 세계에서 설교의 제목이 되는 동안에 공허한 것이 되어 그 결과 신과 인간 사이의 질적인 차이가 범신적으로 지양되고 말았다. 이 위험에서 신을 지키는 것이 발에 걸리는 돌, 다시 말하면 그리스도 그 사람이다. 키르케고르는 인간이 무한한 심연에 의해서 신으로부터 단절되어 있다는 점을 강조한다.

이 사상은 20세기의 신학, 특히 바르트 투르나이젠, 불트만, 고가르텐, 브루너 등의 '위기 신학' '변증법 신학'에 큰 영향을 주었다.

슐라이어마허에서 시작한 근대의 사변적 교의학, 또는 하르나크, 트뢸치 등에 의해서 대표되는 역사주의에 거슬러 위기 신학은 신과 인간의 절대적인 차이를 주장하여 신학의 과제를 그리스도에게서 계시된 신의 말의 반성과 해석으로 되돌아가게 했다.

바르트의 예언적인 저작 《로마서 주해》가 나온 것은 1919년이다. 이 책은 제1차 대전 직후 유럽 사상계에 큰 반향을 일으켰다. 모든 인간적인 일을 신의 심판 아래 생각하는 위기 신학은 그 반시대적인 사상을 키르케고르 안에서 파악했다고 말할 수 있다.

신은 죽었다―니체

확실히 현대의 실존주의는 이상한 종교 체험에 기초해서 자기 실존을 명확하게 의식한 파스칼이나 키르케고르를 그 사상적 원류로 삼고 있는데도, 파스칼이나 키르케고르가 지향하는 그리스도와의 인격적 교류로부터 더욱더 멀어져서 오히려 그리스도를 질투한 니체에게 공감을 구하고 거기에 무신성의 깊이를 탐색하려는 경향이 있다.

니체는 유고(遺稿)가 된 《힘에의 의지》 머리말에서 말한다. "내가 이야기하는 것은 다음 두 세기의 역사이다. 나는 앞으로 올 것, 이미 그 밖의 방식으로는 올 수 없는 것, 즉 허무주의의 도래를 기술한다." 더욱이 스스로 "유럽에서 최초의 완전한 허무주의자로서, 바로 이 허무주의 자체를 이미 극한에까지 자기 안에서 산 자로서 허무주의를 자기 뒤, 자기 아래, 자기 밖에 가지는 자로서" 이야기하는 것이라 덧붙이고 있다.

그렇다면 허무주의란 무엇인가? 니체의 정의는 분명하다. "가장 높은 여러 가치가 가치를 잃는다는 것, 거기에는 목표가 결여되어 있다. 무엇을 위해라는 물음에 대한 대답이 결여되어 있다."

그렇다고는 하지만 허무주의도 두 가지 의미이다. 염세주의도 강하다는 뜻의 염세주의와 퇴폐로서의 염세주의가 있는 것처럼 허무주의도 고양된 정신력의 표지로서의 허무주의, 즉 능동적 허무주의와 정신력의 하강 후퇴로서의 허무주의, 즉 수동적 허무주의가 있다. 정신력의 하강 후퇴로서의 허무주의를 니체는 퇴폐주의라고도 부른다.

니체는 19세기 끝 무렵 세기병이라고도 할 수 있는 모든 퇴폐주의의 병원(病原)을 그리스도교 안에서 발견했다. 그러나 그리스도교에 대한 공격은 니체 자신 안에 있는 그리스도교적인 것과의 싸움이었다. 십자가 위의 그리스도에 대한 디오니소스의 싸움은 그리스도에 대한 십자가 위의 디오니소스의 싸움이기도 했다. 거기에 니체의 비극이 있었다. 그것은 그에게 자기 부정의 부정이며 내재의 초월이었다. 《선악의 피안》에서 니체는 인간의 역사 세 단계를 되돌아보고 말한다. "이전에 사람들은 자기의 신에게 인간을 희생으로서 바쳤다. 더욱이 아마도 가장 사랑하는 사람을 바쳤다. (……) 이어 인류의 도덕시대에는 사람들은 자기가 소유하는 가장 강한 본능, 자기의 자연을 신에게 바쳤다. (……) 마지막으로 희생으로서 바칠 것이 무엇이 남아 있는가? 모든 위안이 되는 것, 성스러운 것, 치유하는 것, 모든 희망을, 눈에 보이지 않는 조화나 앞으로 올 행복이나 정의에 대한 모든 신앙을 우리는 마침내 희생으로서 바쳐야만 하지 않았는가? 우리는 신 그 자체를 희생으로 제공하고 자학 끝에 돌을, 어리석음을, 중압을, 운명을, 무(無)를 예배해야만 하지 않는가? 무(無)를 위해 신을 희생으로 한다―잔혹하기 짝이 없는 이 역설적 비밀 종교 의식이 이제 앞으로 오려고 하는 세대를 위해 남겨져 있는 것이다. 우리는 모두 그것에 대해서 무엇인가를 알고 있다."

무를 위해 신을 희생한다. 거기에 "신은 죽었다"고 하는 니체 말의 차가운 비밀이 있다. "모든 신은 죽었다. 이제 우리는 초인이 나타나기를 바란다―이것이야말로 언젠가 위대한 한낮에 우리의 마지막 의지가 될 것이다!" 차라투스트라는 이렇게 말하고서 다시 동굴로 혼자 돌아간다.

"신은 죽었다"고 하는 것은 "인간이 무(無)를 위해 신을 희생으로 제공했다"는 뜻이다. 인간은 피안(彼岸)이나 이상이라는 이름 아래 신을 죽였다. 더욱이 인간은 그것을 알아차리지 못하고 있다. 《즐거운 지식》 안에 나오는 광인은 한낮에 등불을 들고 외치며 다닌다. "우리는 신을 죽였다―당신과 내가. 우리는 모두 신을 죽인 사람들이다."

신을 이상이나 도덕이나 가치와 바꾸는 일은 신을 죽이는 일이다. 신은 이미 옛날에 죽었다. 그럼에도 우리는 가공의 신을 의지 삼아 거기에 머물고 있었다. 지금은 신이 무 때문에 희생되었으므로 우리를 지탱해 주는 것은 '무' 밖에 없다. 이 진실을 폭로하는 것이 신의 죽음의 선언이며 능동적 허무주의의 뜻이다. 그것이 불러오는 것은 모든 가치의 전도이다.

우리가 의지했던 가치의 근거는 모두 허망한 것이었다. 우리는 이제 무 안에 내던졌으며 이 무를 채워주는 것은 아무것도 없다. 목적도 없고 의미도 없는 이 심연을 들여다본 자만이 '영겁 회귀'라고 하는 눈부신 계시를 이해할 수가 있다.

《힘에의 의지》 한 구절에서 니체는 이렇게 요약한다. "우리는 이 사상을 가장 가공할 형식으로 생각해 보자. 의미도 목표도 없고 그렇다고 무(無)에 이르는 피날레도 없이 불가피하게 회귀해 오는 있는 그대로의 생존, 즉 '영겁 회귀'. 이것이 허무주의의 극한적인 형식이다. 무(즉 무의미)가 영원히!"

니체는 《즐거운 지식》에서 이미 이 영겁 회귀 사

니체(1844~1900)

상을 데몬의 속삭임으로 보여주고 있다. "네가 실제로 살고 또 살아온 이 인생을 너는 다시 한 번, 아니 무한히 되풀이해서 살지 않으면 안 될 것이다. 거기에는 새로운 것이란 아무것도 없다. 그 어떤 고통, 그 어떤 쾌락, 그 어떤 사상이나 탄식도, 네 인생의 모든 것이 하나도 빠짐없이 다시 오지 않으면 안 된다. 더욱이 모든 것이 같은 순서로―이 거미도, 이 나무 사이의 달빛도, 이 순간도 나 자신도 마찬가지로. 존재의 영원한 모래시계는 늘 되풀이해서 회전된다―그와 함께 먼지 중의 먼지인 너 또한! (……) 이 사상이 너를 압도한다면 이 사상은 지금 있는 너를 변화시켜서 아마도 너를 부스러뜨릴 것이다. 매사에 '다시 한 번 더 무한히 되풀이해서 너는 이것을 원하는가?'라는 물음이 가장 큰 무게를 가지고 너의 행위에 얹힐 것이다!" 너는 그것을 원하는가? 이 물음이 지금 우리에게 주어지고 있다. 목표도 의미도 없는, 요컨대 무엇 때문도 아닌 모든 것을 너는 있는 그대로 바랄 수가 있는가? 모든 것이 이미 이루어진 것의 영겁 회귀라면 모든 것은 과거이며 '있었다'이다. 과거는 의지에게 '굴릴 수 없는 바위'이며 '있었다'는 의지의 원통함을 나타내는 데에 지나지 않는다. 그럼에도 '있었다'를 '나는 그렇게 원했다'로 다시 만드는 일, 그것이야말로 차라투스트라에게는 구원이 되는 유일한 창조적 행위이다. 모든 '있었다'를 향해서 "나는 그렇게 원한다" "나는 그렇게 원할 것이다" 말할 때 의지는 운명을 자기 것으로 떠맡는다. 거기에 생기는 것은 운명에의 사랑이며 '그렇다면 다시 한 번'하고 영겁 회귀를 긍정하는 용기이다.

근대의 인간은 사실상 신을 잃고 있음에도 신을 믿는 것처럼 자기기만에 빠져 있다. 니체는 이 자기기만을 가차 없이 폭로했다. 사람들은 신을 말살하면서 이상이나 도덕을 신으로서 예배하고 있다. 때로는 인간의 정념이나 원한조차도 신의 위치로 끌어올려 놓고 있다. 그러나 그것을 지탱하고 있을 신은 이미 죽었다. "그리스도교를 변호하는 것을 그리스도교계 안에서 최초로 생각해 낸 사람은 사실상 제2의 유다이다." 이렇게 키르케고르는 말했는데 파스칼이 그리스도교의 격언을 쓰려고 기획했을 때, 또 키르케고르 자신이 요한네스 클리마쿠스나 안티 클리마쿠스 등의 익명으로 그리스도 사람이 되는 것이 곤란하다고 나타냈을 때 그것이 오히려 허물이 되어 제3의 유다 역할을 다하게 되지는 않았을까? 왜냐하면 회의 끝에 '앞이 나오느냐 뒤가 나오느냐'의 내기에 신앙을 맡기고 신앙의 깊이를 절망의 깊이에 비례시킨다는 것은 이미 무신론에 이르는 발판을 주는 것이 되기 때문이다.

사실 알베르 카뮈는 "부조리의 정신은 허위에 몸을 맡기는 것보다는 키르케고르의 대답, 즉 절망을 두려워하지 않고 고르는 일이다" 하여 감히 이 비약을 시도했다. "숯 굽는 사람의 신앙 말고는 모두 이단이다" 알랭은 말했는데, 그런 뜻으로는 '부조리이기 때문에 믿는다'고 하는 사상 그 자체가 이단의 시작일지도 모른다.

종교의 가장 좋은 시대는 사람들이 태어나면서 그리스도교도라고 하는 보증에 안주할 수가 있었던 시대일 것이다. "우리가 그리스도교도인 것은 사람이 페리고르인 또는 독일인과 같은 자격에 있어서이다"라고 몽테뉴는 말했다.

그런데 각 인간에게 신과의 대결을 요구하는 키르케고르의 말에 따르면, 사람이 네덜란드에서 태어나 네덜란드인과 같은 의미로 그리스도교국에서 태어나 그리스도교도인 사람은 이미 그리스도 사람이 아니다. 이것을 뒤집어서 말하면 사르트르가 보는 것처럼 우리는 누구나 모두 무신론자라는 것이 된다. "오늘날 신은 죽었다. 신자의 심정 안에서까지도……" 이것이 사르트르의 냉정한 판단이다.

젊은 날의 앙드레 말로는 《서구의 유혹》에서 신과의 결별을 다음과 같이 말한다. "신을 파괴하기 위해서, 또 신을 파괴한 뒤에 유럽의 정신은 인간에 대립하는 모든 것을 없앴다. (……) 확실히 한층 고차적인 신앙이 있다. 그것은 여러 마을의 십자가가 나타내고 있는 신앙이다. 사랑이며 편안함이 그 안에 있다. 나는 결코 그것을 받아들이지 않을 것이다. 나의 연약함은 나를 그쪽으로 끌고 가지만 나는 편안함을 구하기 위해 이 신앙에 굴복하지 않을 것이다."

신을 지향하는 실존주의

황야에 외치는 소리—도스토옙스키와 셰스토프

신에 대한 인간의 반역적인 자유와 거기에서 생기는 비극적인 갈등을 작품 안의 여러 인간을 통해서 철저히 추구한 도스토옙스키는 "신을 찬미하는 나의 찬가는 회의의 연옥을 지내왔다" 고백하는데, 이 도스토옙스키의 계통을 잇는 두 망명 사상가가 현대 실존주의의 개화에 선구적인 역할을 다했다.

레프 셰스토프와 니콜라이 베르자예프 두 사람은 도스토옙스키의 작품과 마찬가지로 혁명 뒤의 러시아에서는 받아들여지지 않는 운명을 지니고 있었다. 두 사람은 만년을 파리에서 보냈는데 제2차 세계대전의 전야라고 할 수 있는 1938년 11월 20일 아침, 셰스토프는 파리의 한 병원에서 죽었다. 이해에 출판된 《아테네와 예루살렘》이 그의 마지막 저작이 되었다.

12월 18일 추도회가 열려 베르자예프가 강연을 했다. 베르자예프도 셰스토프의 실존 사상에 매우 가까운 동방 그리스도교회를 배경으로 하는 종교적 실존철학을 수립하여 금세기 철학계에 특이한 존재였는데 1948년 3월 파리 근교 클라마르에서 죽었다.

셰스토프는 1936년에 《키르케고르와 실존철학》을 발표했다. 그의 고백에 따르면 셰스토프가 키르케고르의 사상을 접한 것은 만년이 되어서였다.

셰스토프는 본명이 레프 이자코비치 슈바르트스만이었고 1866년에 키예프에서 태어났다. 유대계로 서른 살 무렵부터 철학에 몰두하여 1898년 레오 셰스토프라는 필명으로 처녀작 《셰익스피어와 그 비평가 브란데스》를 발표했다. 이어 《톨스토이와 니체의 선의 개념》 《도스토옙스키와 니체—비극의 철학》 《허무로부터의 창조》 《시작과 끝》 《위대한 전야》 등의 철학적 평론을 잇달아 발표하여 근대의 합리주의와 실증주의가 인간을 뼈대만 남게 한 것에 대해서 격렬하게 항의했다.

대전 뒤 그는 혁명 정부에 받아들여지지 않자 1920년 제네바에 정착했다가 이어 파리로 옮겼다. 망명 후 셰스토프는 《열쇠의 힘》《욥의 저울로》의 두 저서를 간행했으나 두 작품 다 이성의 전능에 대한 실존의 절망적인 저항을 나타냈다. 그의 사상은 필연성이라는 돌벽에 스스로 머리를 부딪치는 비극철학으로서 두 대전 사이 불안한 시대에서 환영을 받았다. 그러나 《키르케고르와 실존철학》이 나타남에 따라서 비로소 셰스토프의 이제까지의 절망적, 역설적인 항의가 '신에게 모든 것이 가능하다'는 신앙의 모험에 의해 뒷받침되어 있음이 분명해졌다.

수천 년 전부터 그리스 철학, 인도 철학도 포함해서 모든 인간적인 지혜는 인간의 실존을 위협하는 죽음, 악, 죄의 존재에 어떻게 이유를 부여할 것인가에 노력을 기울여 왔다. 그러나 그 해결은 이미 아낙시만드로스의 단편 안에 소박한 형태로 발견된다. "개개의 존재자에게는 자기의 존재가 유래된 근원에서 반드시 또 자기의 멸망이 유래한다. 정해진 때에 벌이 내려지고 그들은 저마다 자기 죄의 보답을 받는다." 살아 있는 개개의 존재자 출현은 이미 그 자체가 죄이며 악이어서 그 죽음과 그 소멸은 존재에의 출현에 대한 마땅한 보답이다.

생성과 소멸의 관념은 그리스 철학의 출발점이었다. 인간이라는 존재자도 결코 예외는 아니다. 죽음, 악, 죄 등은 인간존재 그 자체 안에 깊이 뿌리를 내리고 있다. 그 뿌리를 잘라내기 위해서는 인간이 개별자로서의 실존을 버리지 않으면 안 된다. 왜냐하면 개개의 존재자는 시작이 있음으로써 반드시 끝도 있도록 정해졌기 때문이다.

삶과 죽음의 근원은 하나이다. 문제는 이 근원을 파악하는 일이다. 이미 태어나는 일도 죽는 일도 없는 영원불멸의 진리를 발견한 자만이 개별적인 존재자의 생성 소멸에 이유를 부여할 수 있다. 거기에 사변철학이 생겨나는 장소가 있다. 삶을 받은 자, 만들어진 모든 것에 피할 수 없는 규율은 본디 존재자에 속해 있다고 체념하는 것, 그것이 인간적인 지혜가 이르는 마지막 지점이었다. 개개의 실존을 버리고 이미 생성도 소멸도 없는 영원 아래에 인간을 놓으려고 하는 모든 지혜, 모든 사변철학의 대표적인 모습을 셰스토프는 헤겔 철학 안에서 인정했다. 그리고 그것에 대한 결정적인 반역의 정신을 키르케고르와 도스토옙스키 안에서 보았다.

도스토옙스키는 헤겔의 저작을 단 한 줄도 읽은 흔적이 없으나 그는 그 나름대로 사상에 대한 남다른 감각이라 할 수 있는 것을 가지고 있었다. 도스토엡스키는 벨린스키의 동료 가운데 그 무렵 베를린에 유학을 다녀온 사람들로부터 간접적으로 헤겔 철학 이야기를 들은 것만으로 이 철학의 문제와 해결을 충분히 이해할 수 있었다.

벨린스키 자신도 헤겔의 학설 중에는 이해하기 어려운 것이 포함되어 있음을 감지했다.

셰스토프는 벨린스키의 편지 일부를 인용한다. "비록 내가 발전의 최고 위치에 다다를 수 있다고 해도 나에게는 아직 이해되지 않는 문제가 남아 있다. 생존과 역사의 조건인 모든 희생의 문제가 그것이다. 우연의 희생, 종교 재판의 희생, 필립 2세를 위한 희생, 그러한 낱낱의 모든 희생에 대해서 하나도 남기는 일 없이 해명해 주기를 바라는 것이다. 그것이 밝혀지지 않는다면 나는 차라리 최고 단계에서 거꾸로 몸을 던질 것이다. 피를 나눈 형제들의 운명에 대해서 안심할 수 없다면 비록 거저 준다고 해도 행복 같은 건 바라지 않는다."

만일 헤겔이 벨린스키 편지의 이 한 구절을 읽었다면 무엇이라고 말할 것인가? 아마도 멸시하는 투로 이렇게 말할 것이다. 벨린스키라는 사람은 지혜의 나무 열매를 맛본 일이 없다. 시작을 갖는 것은 모두 끝도 있어야 한다. 이 사람이 정식으로 편을 들고 있는 이들 희생자라 해도 예외일 수는 없다. 현실의 존재자는 한계가 있는 것으로 그것에 대해서는 아무도 보호를 요청할 수 없는데도 이 사람은 그러한 존재자 각자에 대해서 해명을 요구한다. 어리석기 짝이 없는 일이 아닌가? 누구라고 말할 수는 없지만 우연의 희생 등은 물론 이를테면 소크라테스나 조르다노 부르노 등 그 어떤 영웅, 현자, 의인의 경우에도 그 현실존재에 한한 어떤 보호를 요구할 권리는 주어져 있지 않다. 역사의 진행은 모든 사람을 가차 없이 짓누른다. 전쟁의 희생이 몇 백만에 이르더라도, 또 그 저마다가 바꿀 수 없는 자기 생존을 전쟁 때문에 빼앗기더라도 정신철학은 그것을 일일이 들출 수는 없다. 이들이 세계정신의 변증법적 발전에 그 어떤 역할을 다하고 거기에 세계정신의 하나의 발전 단계가 인정된다면 그러는 한에 있어 이들 희생도 전체로서 어느 정도의 의미를 가질 수가 있다. 소크라테스의 죽음에서 부정된 것은 오로지 개인이지 원리가 아니다. 원리는 나중에 한층 보편적인 형태로 높여져서 세계정신으로서 실현된다. 좋지 않은 점이 있다면 그것은 원리가 한 개인만의 소유로서 나타난 점이다.

헤겔의 관점에서 보자면 그리스도교 신앙의 내용은 철학에 의해서 비로소 승인되는 것이지 교회의 역사에 의해서 세워지는 것이 아니다. 성경이 이야기하는 것은 정신이 자기 자신으로부터 끌어낸 진리에 합치하는 한에서 받아들여지는 데에 지나지 않는다. 세계정신의 철학으로 보자면 뱀은 아담을 그르치게 한 것이 아니라 오히려 인간의 눈을 세계를 향해서 열리게 한 것이 된다. 금단의 열매가 우리에게 준 것은 세상에 있는 최선의 것, 즉 '안다'는 것이었다. 정신철학은 이성 앞에 '몸의 증거가 서는' 한에서만 선언의 진리를 인정한다. 헤겔에게 계시된 진리란 자기의 정신에 의해서 제시된 진리를 말한다. 그리스어의 알레테이아(진리)는 '열어 보이다' '덮개를 제거하다'라는 뜻의 동사에서 유래하는데 '모든 진리는 계시된 것'으로 해석한다면 현대인은 그리스도교 계시의 무거운 짐으로부터 해방될 것이다. 이전에 덮이고 숨겨진 것이 이제 구체적으로 개시(開示)된다. 이것이 진리의 본질이다. 헤겔이 '종교철학' 안에서 말하는 바에 따르면 그리스도교의 근본 이념은 신의 본성과 인간 본성의 합일(合一)이다. 신은 사람이 되었다. 그리스도에 대한 신앙으로 도달되는 진리는 이 진리이다. 헤겔이 말하는 절대 종교는 그러한 종교이다. 셰스토프의 말을 빌리자면 그것은 아담을 향해서 "지혜는 그대를 신과 동등하게 만들 것이다" 약속한 뱀의 사상의 수준에 서는 것이다. 뱀의 약속으로 인간의 로고스는 그대로 신의 로고스가 되었다.

도스토옙스키와 키르케고르가 절망적으로 시도한 노력은 유럽 사상의 귀착점이라고 할 수 있는 헤겔주의 안에 제시된 필연적 진리에 대해서 철저하게 반항하려고 한 것이었다.

키르케고르는 이 영광스러운 대철학자와 손을 끊었다. 그리고 그는 자기의 유일한 친구인 욥에게로 갔다. 재 속에 앉아서 부스럼 딱지를 쥐어뜯으면서 재빠른 눈짓과 반성을 던지는 욥에 따른다면 진리를 묻고 이를 만나기를 바라는 자는 "심연의 바닥에서 주여 그대를 향하여 나는 호소합니다"는 것이어야 한다.

헤겔에게는 모든 현실적인 것은 이성적이며 이성적인 것은 현실적이었으나 키르케고르에게는 개별적인 것만이 현실적이며 현실적인 것은 개별적이었다.

사변철학으로부터 버림받고 등한시된 현실의 인간에게 그 본디 권리를 되돌려 주려고 하는 것이 실존철학의 문제이다.

사변철학이 코기토 에르고 숨의 변형이라고 한다면 실존철학은 〈욥기〉 주제의 변주이다. 실존자는 사변철학이 주는 안이한 위로에 대해서 철두철미 자기의 실존을 지키려고 한다. 욥은 일반적인 윤리 안에 숨어 있는 함정을 알고 있었다. 그는 그것을 완강하게 거부했다. 욥의 세 친구가 그에게 하는 말은 그대로 사변철학이 우리를 유혹할 때 하는 말이다. 하지만 욥에게 신앙의 긴장은 그럴듯한 약속에 의해서 조금도 늦춰지지 않았다. 욥이 지키려고 했던 '자기'는 실존으로서의 자기이며 더욱이 신과 대치하는 자기였다. 그는 신에게는 모든 것이 가능하다는 것을, 이성에 거슬러 믿는 용기를 가지고 있었다. 이리하여 마침내 욥은 축복이 주어졌다. 그의 모든 소유는 두 배가 되어 돌아왔다. 그것이야말로 키르케고르가 반복이라고 부른 것이었다. 반복은 도대체 언제 일어나는가? 사변적으로 생각되는 한의 모든 확실성과 개연성이 난파했을 때 비로소 그것은 가능하다.

그런 점에서 도스토옙스키는 키르케고르의 이웃이라고 셰스토프는 말한다. 도스토옙스키의 장편소설에 들어 있는 이야기—예를 들면 《백치》에서의 이폴리트 고백, 《카라마조프 형제》 이반의 반성, 《악령》에서의 키릴로프 사상, 《지하생활자의 수기》, 만년에 《어느 작가의 일기》에 발표한 두 개의 단편 《이상한 인간의 꿈》 《얌전한 여자》—들은 모두 키르케고르의 경우와 마찬가지로 〈욥기〉의 주제를 변주했다. 《얌전한 여자》에서 그는 이렇게 쓴다. "세상에 유례가 없는 귀중한 것을 애처로운 무위무능이 파괴해 버린 이유는 무엇인가? 나의 마음은 이리저리 흩어져 갈피를 잡지 못하는 상태이다. 나 자신이 나를 어찌할 수 없다니! 아, 자연이여, 인간은 지상에서는 저마다 혼자이다. 거기에 불행이 있다."

키르케고르와 마찬가지로 도스토옙스키도 일반적 보편적인 것을 꿰뚫고 밖으로 삐져나온 인간, 예외자, 아웃사이더였다.

도스토옙스키는 보편 속으로 다시 돌아가려고 해도 불가능하다는 사실을 알고 있었다. 모든 사람이 참이라고 생각하는 보편이 실은 허망한 것이고 가공한 저주라는 것을 그는 느꼈다. 《이상한 인간의 꿈》에서 도스토옙스키는 뱀이 아담을 유혹했을 때의 말뜻을 까발려 보여준다. 이성은 어디까지나 일반적이고 필연적인 것으로 향한다. 그러나 도스토옙스키는 온 힘을 기울여 무차별, 무자비한 필연적 진리의 지배로부터 빠져나가려고 한다. 그는 계시를 지식으로 환원하는 사변철학과 그 변증법에 대해서 절망적으로 싸움을 건다. 헤겔이 사랑을 이야기할 때 도스토옙스키는 거기에 신의 말이 배반당하고 있다는 것을 알아낸다. 그는 만년에 《어느 작가의 일기》에서 말했다. "괴로워하는 인류를 위해 도움이 되고 싶다거나 최소한 그 어떤 수단으로 도움이 되기를 바라면서도 그것에 대해 우리가 완전히 무능하다는 생각이 미칠 때 우리는 인류의 고뇌를 뼈저리게 느끼고 있는 만큼 우리의 마음속에서 인류에 대한 사랑이 오히려 인류에의 미움으로 모습을 바꾸는 일도 있을 수 있다고 나는 주저 없이 단언하는 바이다." 도스토옙스키 또한 베린스키와 함께 역사나 우연에 따른 개개의 희생에 대해서 이해가 가는 해명을 요구하고 있는 것이다.

도스토옙스키가 《지하생활자의 수기》 한 구절에서 절망적으로 사변철학의 공허함을 선고할 때 그의 어조는 격렬하다. "인간은 불가능에 부딪치면 곧 체념하는 것이 보통이다. 불가능—그것은 돌벽이라는 것이다. 돌벽은 무엇인가? 그것은 자연의 법칙이며 자연과학의 법칙이다. 그것은 바로 수학이다. 당신들 인간은 원숭이로부터 진화했다는 증거를 보여줄 때 얼굴을 찌푸려도 소용없다. 아 그러냐고 고개를 끄덕일 수밖에 없다. 그것이 수학이다. 경솔하게 대답이라도 하면 무슨 말이냐고 반박이 돌아온다. 말대꾸는 소용없다. 그것은 '이 곱하기 사'인 것이다. 자연은 당신에게 묻고 있지 않다. 자연은 당신의 바람 같은 것은 무시하고, 법칙이 당신의 마음에 들든 안 들든 자연이 알 바가 아니다. 당신은 오로지 자연을 있는 그대로 받아들이지 않으면 안 된다. 따라서 그 결과도 모두 달갑게 받아들여야 한다. 벽은 바로 벽이다."

이성이 나타내는 논리적 필연성은 도스토옙스키의 내부에 커다란 불안을 자아낸다. 무엇이 인간을 그러한 필연의 지배에 따르게 했는가? 살아 있는 이 인간, 이 인간적 실존이 돌벽에 예속되어야만 하는 이유는 어디에 있는가? 그러한 것은 인간과 아무런 관계가 없는 것이 아닌가?

도스토옙스키는 이어서 이렇게 적고 있다. "어쩐지 나는 이 법칙이 마음에 들지 않는다. 그럼에도 자연의 법칙이나 수학이 나와 관계가 있다니 어찌 된 일인가? 물론 나는 나의 이마로 이 벽을 뚫고 나갈 수는 없을 것이다. 그런 힘이 있을 리가 없다. 하지만 나는 그것이 돌벽이고 나에게는 그것을 뚫고 나갈 힘이 없다는 오직 그 이유만으로 모든 일을 단념하고 그것을 받아들이는 일은 결코 없을 것이다. 돌벽에 무슨 위로가 있는 것처럼, 또 거기에 평화의 주문 따위가 깃들어 있는 것처럼 생각하는 일은 얼마나 어리석은가?" 사변철학이 진리를 찾아내는 곳에서 도스토옙스키는 어리석음의 표본밖에 보지 않는다. 그는 논리적, 필연적인 진리를 받아들이는 일을 인정하지 않는다.

그런데 신앙이란 키르케고르에 따르면 가능한 것을 향한, 하지만 우리가 흔히 말하는 불가능한 것을 향한 절망적인 모험이다. 그러나 이 모험을 감히 하지 않고서는 인간적 실존은 무차별적인 필연성 속에 매몰되고 만다.

신앙은 실존자의 모험으로써 열려질 사상의 새로운 차원이다. 모든 가능성의 품 안으로, 다시 말하면 가능과 불가능 사이의 한계를 모르는 창조자의 품 안으로 우리를 이끄는 것 신앙이다.

"이성을 거스르고 믿는다는 것은 순교이다"라는 키르케고르의 말이 좀처럼 이해되지 않는 '황야의 외침'이라고 한 셰스토프의 말도, 우리에게는 '황야가 외치는 소리'로 들릴 것이다.

망명의 실존주의자—베르자예프

셰스토프와 나란히 자주 이야기되는 베르자예프도 키예프 태생이지만 그의 생애는 러시아 혁명 전후에 걸치고, 또 두 번의 세계대전 앞뒤로 이 고난의 시대를 산 증인으로서의 자격을 저작에 부여하고 있다. 젊은 시절에는 혁명적인 정치 운동에 몸을 던진 일도 있었으나 차츰 마르크시즘으로부터 멀어져 종교 사상으로 다가갔다.

10월 혁명 뒤 볼셰비키 정부에 의해서 한때 모스크바 대학의 교수로 임명되었지만 유물론자가 되지 못한 그는 곧 망명의 길을 선택해야만 했다. 처음에는 베를린에 살면서 철학 종교 학원을 운영했으나 1925년 파리 근교 클라마르로 옮겨 학원을 운영하는 한편 왕성한 사색을 통해 '자유정신의 철학'을 만들어 나갔다.

파리에서는 셰스토프, 메레지코프스키, 세르게이 불가코프 등의 망명 사상가들과 교제했고 만년에는 엠마누엘 무니에나 장 바르 등 프랑스의 실존주의적 경향의 철학자들과도 가까이 지냈다. 1939년에 소르본으로 초청되어 강좌를 맡은 일도 있다.

《도스토옙스키의 세계관》 머리말에서 다음 사실을 알 수 있다. "도스토옙스키는 나의 정신 생활에서 결정적인 의미를 가지고 있다. 나는 소년 시절에 그로부터 우두를 맞은 셈이다. 작가나 사상가 중에서 그만큼 강하게 나의 영혼을 흔든 사람은 없다. 나는 언제나 인간을 도스토옙스키적인 인간과 그의 정신과 인연이 없는 인간으로 크게 나누었다. (……) 자유라고 하는 관념은 내 세계관의 기초가 되어 있고, 이 자유의 원초적인 직관에서 나는 도스토옙스키와 만났으며 거기에서 나의 정신적 고향을 발견했다."

그러나 부조리의 철학을 문학 작품의 해석을 빌려 이야기한 셰스토프에 비해서 베르자예프는 훨씬 본격적인 철학자이며 더욱이 예언적인 풍격을 가진 철학자였다. 그의 철학적 관심은 인간의 문명 문제, 역사 문제, 자유 문제로 향하고 있었다.

베르자예프(1874~1948)

이들 문제에 대한 그의 사색을 뒷받침하는 것은 종말론을 기본 방향으로 하는 독자적인 그리스도교적 역사 철학이다. 두 세계 대전 사이에 세계의 사상적 흐름에 큰 영향을 준 사람으로 바르트와 하이데거가 있는데, 베르자예프도 이 두 사람에 못지않은 영향을 주고 있다. 특히 역사는 영원과 시간의 상호 침투이며 영원이 시간 속에 뿜어져 나오는 일이라고 말하는 그의 역사관은 초기의 바르트 신학과 많은 공통점을 가지고 있다.

영원함은 시간 안으로 침입하고 시간은 영원함으로 침투한다. 그리스적인 사상으로 말하자면 시간은 하나의 순환이다. 그러나 그리스도교는 시간 안의 역사와 완성을 주장하여 역사의 의미를 내보였다.

종말론이란 세계의 종말에 대한 신화가 아니라 역사의 목표, 역사의 종말과 해결에 대한 그리스도교의 교설이다. 더욱이 역사는 단순히 신으로부터의 일방적인 계시가 아니라 신적인 계시에 대한 자유로운 인간의 응답이라는 것이

베르자예프가 역사철학을 꿰뚫는 기본 태도이다.

신적인 자유에도 신적인 필연에도 환원되지 않는 독립의 원리, 즉 인간 정신의 자유가 없다면 역사는 없을 것이다. 그런 뜻에서 자유는 역사의 형이상학적인 근원이다.

정신이 자유로운 인간은 역사를 밖으로부터 자기에게 강제된 것으로 받아들이지 않고 역사를 자기 자신의 자유에서 산다. 인간은 역사 안에 있고, 또 역사는 인간 안에 있다. 따라서 우리는 역사를 '나의 것'으로서, '나의 운명'으로서 떠맡지 않으면 안 된다. 그런 점에서 베르자예프가 말하는 자유의 철학은 두드러지게 실존주의에 접근한다.

사실 베르자예프의 말을 빌리자면 자유로운 정신의 철학만이 진정으로 실존주의 이름을 가질 가치가 있다. 실존철학은 존재론에 바탕을 둔 정적인 철학이어서는 안 된다. 인간은 정신이며 영혼이며 신체이다. 그러나 영혼과 신체는 한결 높은 차원, 즉 정신의 차원에 포섭된다. 정신은 사고와 존재의 대립을 넘어서 오직 주체로서만 존재한다. 정신은 신의 숨결처럼 약동하는 창조적인 행위이며 인간적 존재에 그 존엄성을 주는 것이다. 실존이란 정신이며 정신이란 자유이다.

현대 사회에서 이 자유가 위기에 처해 있다고 베르자예프는 지적한다. 그는 부르주아 사회 안에 자유가 아니라 노예 상태를, 진리가 아니라 인습밖에 인정할 수가 없다.

그렇다면 공산주의가 인간의 구원이 될까? 공산주의는 고도로 조직된 사회적 집단 안에 개인을 완전히 흡수하여 인간이 더는 자유를 원하지 않도록 하는 것을 목적으로 한다고 베르자예프는 말한다.

그가 두려워한 것은 재산의 사회화가 아니라 정신의 사회화였다. 그는 현재 사회를 지배하는 안이한 진보주의에 대해서 본질적 경고를 던진다.

18세기에 시작 19세기를 통해서 결정적으로 작용하여 현대에도 우리의 소박한 종교적 귀의를 촉진하는 '진보의 개념'은 모든 인간과 모든 시대를, 설정된 하나의 목표를 위한 하나의 수단과 하나의 도구로 바꾸고 만다. 거기에 현대의 가공할 만한 덧없음이 숨어 있다.

오히려 우리는 좀더 겸손하게 역사의 의미를 생각하지 않으면 안 된다. 역사의 의미를 생각한다는 것은 역사의 심연 앞에 서서 교훈을 얻는 일이다. 인간의 기획인 한에 있어서는 2000년에 걸치는 그리스도교의 역사까지도 실패와 좌절의 역사였음을 솔직하게 인정하지 않으면 안 된다. 하물며 필연과 강제에 따른 사회화의 모든 시도는 자기모순에 의해 좌절되지 않을 수 없을 것이다.

그러나 정신은 결코 반사회적인 것은 아니다. 오히려 반대로 사회적이기 때문에 정신은 자유가 되고 인격적인 창조에 참여할 수 있다. 모든 사람의 구원은 '나'와 '너', '나'와 '우리'라고 하는 이 연결, 말하자면 인간의 공동과 형제애가 이루어졌을 때만이 가능하다.

베르자예프는 단순한 집단으로서의 스보르노스티(Sbornosti)에 대립시켜, 말하자면 '영(靈)의 왕국'이라고 할 만한 자유로운 정신의 공동체를 소보르노스티(Sobornosti)라 부르고 있다. "마르크시즘 안에는 두 가지 경향이 있다. 그 하나는 인간을 집단 안에 객관화하여 소외화하는 경향이며 다른 하나는 노동 및 노동자를 사회 권력으로부터 해방하여 사회를 인간화하려는 경향이다. 마르크시즘의 이 두 경향 가운데 진정으로 우리가 따를 수 있는 것은 두 번째 경향뿐이다." 베르자예프가 망명의 길을 선택해야만 했던 이유는 이로써 이해될 것이다.

존재의 철학―하이데거

하이데거의 철학이 사르트르에 의해서 '무신론적 실존주의'로서 분류되었을 때 그가 그것을 뜻밖의 일로 여긴 것은 마땅하다. 왜냐하면 하이데거는 가톨릭적인 신앙을 가진 가정에서 자랐으며, 지금도 여전히 그러한 가톨릭적 분위기 안에서 생활하고 있기 때문이다. 그의 아버지는 바덴 주의 작은 도시 메스키르히의 성 마르틴 교회 관리인이었다.

젊은 날의 하이데거는 철학에 전념하고자 결심하기 전에 신학 연구에 몰두한 일이 있다. 특히 그가 1916년에 프라이부르크 대학에 제출한 취업 논문은 스콜라철학자 던스 스코터스에 관한 연구였다.

또 하이데거가 수십 년 동안 친구로 지낸 프로테스탄트 신학자로 마르부르크 대학 교수 불트만, 가톨릭 신학자로 뮌헨 대학의 교수 과르디니가 있는데 이 두 사람은 오늘날 프로테스탄트와 가톨릭의 두 거두라고 할 수 있는 사상가이다.

그러나 하이데거가 《존재와 시간》 이래 결코 그리스도교의 신의 문제에 적극적으로 관여하지 않으려고 한 것도 사실이다. 이것은 하이데거가 철학과 신학의 구별을 분명히 알고 있음을 나타내는 것이다.

'철학이란 무엇인가'라는 제목의 강연에서 "철학은 그 본질에서 그리스적이다" 말한다. '철학이란 무엇인가'라고 물었을 경우 그 물음의 성격으로 보아 마땅히, 즉 철학이 유래로 보아 그리스적일 뿐만 아니라 그 '무엇인가?'라고 묻는 자체가 이미 그리스적이다.

또 《형이상학 입문》에서도 지적되듯이 철학과 신학은 근본적으로 탐구의 가닥을 달리한다. 성서가 신적인 계시이자 진리라고 믿는 사람은 "도대체 존재자가 존재하고 오히려 무(無)가 존재하지 않는 것은 무엇 때문인가?" 하는 물음에 이미 대답을 가지고 있다. "존재자는 그것이 신 자신이 아닌 한 신에 의해서 창조된 것이다. 신 자신은 창조되지 않은 창조자로서 존재한다." 이것이 그 대답이다.

그러한 신앙의 바탕에 서 있는 사람은 우리의 철학적인 물음을 어느 정도까지 함께 해갈 수 있지만 신앙자로서의 자기 자신을 버리고 여기에서 생기는 모든 결과를 떠맡지 않는 한 이 물음을 본디 뜻대로 물을 수는 없다. 요컨대 철학이 묻는 것은 신앙의 관점에서 보자면 '어리석은 일'이다. 바울이 신앙을 그리스의 지혜로 보자면 '어리석은 일'이라고 말한 것과 바로 표리 관계를 이룬다. 철학과 신학은 유래를 달리할 뿐만 아니라 결코 합류할 수 없는 두 가지 흐름이다. 하이데거가 물어서 구하는 존재는 신적인 존재일지도 모르지만 신앙의 대상이 되는 신은 아니다. 하이데거 자신도 존재의 사고는 무신론도 유신론도 아니라고 분명히 밝혔다.

하이데거의 주요 저서인 《존재와 시간》이 발간된 것은 1927년이다. 그 뒤 많은 시간이 지났지만 이 책의 가치는 여전하다.

사르트르는 이 책을 충분히 이해한 데서 출발해 자기의 생각을 펼쳐 나가 《존재와 무》에서 그 결실을 보았다. 《존재와 시간》이라는 책이 후설에 바쳐진 것으로도 알 수 있는 바와 같이 하이데거가 근거로 삼는 방법은 현상학적 방법이다. 또 사르트르의 《존재와 무》도 그 부제가 '현상학적 존재론의 시도'라고 되어 있는 것처럼 방법적으로는 후설의 현상학에 그 근거를 둔다.

현상학은 그 자체만으로는 결코 실존주의도 실존철학도 아니지만 실존의 사상을 엄밀한 뜻에서 철학으로 표현하려고 하는 한 아무래도 현상학을 통과하지 않으면 안 된다. 실존주의 사상가 중에는 셰스토프처럼 역설을 무기로 삼아 자기의 격렬한 감정을 있는 그대로 드러내는 경향을 볼 수 있는데, 하이데거나 사르트르의 경우에는 사고도 표현도 그와 같은 흐름에서 완전히 벗어나 있다. 이것은 두 사람 모두 방법으로서의 현상학을 받아들이고 있기 때문이다.

하이데거(1889~1976)

후설은 본디 '엄밀한 학문으로서의 철학'을 세우려고 한 사람이었고 모든 선입견을 배척하고 '사물 그 자체로(Zu den Sachen selbst)' 되돌아가 소여(所與)를 직관함으로써 그것을 충실하게 기술하는 태도를 취했다.

그렇다면 기술될 직관적 소여는 어디에서 찾아볼 수 있을까? 우리의 일상생활이나 모든 과학이 채용하는 자연적 태도는 흔히 의식에서 독립한 존재에 대해서 이러저러한 판단을 내린다. 그러나 근원적인 것으로까지 거슬러 올라가기 위해서는 그러한 외적 세계의 초월적인 존재에 관한 모든 정립에 대해서 판단을 멈추어 그 모든 정립을 '괄호 안에 넣어' 배제하지 않으면 안 된다. 이것이 이른바 현상학적 환원(또는 선험적 환원)이다. 이 배제에 의해서 여전히 뒤에 남은 현상학적 잔여로서의 순수 의식이야말로 현상학의 고유 영역이다. 그러나 그와 함께 사실 영역에서 본질 영역으로 향하는 형상적 환원으로써 순수 의식의 사실에서 순수 의식의 본질에까지 이르지 않으면 안 된다.

그렇게 해서 다다른 의식의 본질이란 무엇일까? "의식은 늘 그 무엇인가에 대한 의식이다"라는 것이 그 본질이다. 당연한 일이지만 그 무엇에 대한 의식이 아닌 의식은 존재하지 않는다. 이 '무엇인가에 대한'이라고 하는 특성이 후설이 말하는 '지향성'이다. 그런 점에서 후설의 현상학은 어디까지나 의식에 대하여 내재적인 견해이다.

그 자체만으로서는 아무것도 아닌 이 순수 의식을 어떻게 해서 구체화하는 지가 후설의 문을 지나온 사람들의 과제가 되었다.

막스 셀러는 이 순수 의식을 '인격'으로서 구체화하여, '세계'를 그 상관자로서 파악했다.

하이데거는 다시 한 걸음 더 나아가 그것을 '현존성'이라고 구체화한다. '현존성'은 이미 '세계'와 서로 다른 것이 아니고 자기 상관자로서의 '세계'를 발견하는 것도 아니다. '현존재'는 '세계 안에' 있다. '현존재'의 이 근본의 구조를 하이데거는 '세계-안-존재'로서 특징지운다. 쉽게 말하자면 우리 인간 존재는 처음부터 '세계 안에 있다'는 구조를 가지고 있다.

장 바르는 이에 대해서 좋은 말을 한다. "우리의 의식은 자기 집(chez soi) 밖에 있는 것이 아니다. 왜냐하면 의식의 경우 처음부터 자기 집 같은 건 존재하지 않기 때문이다." 다시 말하면 우리는 이미 언제나 세계 안에 있고 말하자면 거리에(dans la rue) 있다.

라이프니츠의 모나드*¹는 자기 자신 안에 틀어박히기 위해 창을 가지지 않았던 것인데 인간존재는 그것과는 아주 반대 의미로 창을 갖지 않는다. 창뿐아니다. 문도 벽도 기둥도 지붕도 필요가 없는 것이다. 인간에게는 세계에서 떨어져 자기 자신 안에 틀어박힐 나의 집은 그 어디에도 없다.

인간은 어떤 상태로 존재하는가

'세계-내-존재(In-der-Welt-sein)', 이것을 좀더 알기 쉽게 '세계-안에-있다'고 말해도 좋지만 현존재의 이 구조를 세 계기에 따라서 분석해 가지 않으면 안 된다. '세계-안에'라고 말할 때의 '세계'란 무엇인가? '세계-안에-있다'는 상태로 '존재하는 것'은 무엇인가? '안에-있다'란 어떠한 상태인가? 세 계기라고 해도 그것들은 저마다 분리된 요소는 아니다. 하이픈으로 이어져 있는 것으로도 알 수 있듯이 처음에 있는 것은 '세계-내-존재'라고 하는 하나의 정리된 존재이기 때문이다.

---

*1 라이프니츠의 철학 용어. 넓이나 형체를 가지고 있지 않으며, 무엇으로도 나눌 수 없는 궁극적인 실체.

먼저 '안에-있다(In-sein)'란 어떠한 존재 양식인가? '물이 유리잔 안에 있다' 거나 '옷이 장롱 안에 있다'고 말할 때와 같은 '안에 있다'의 상태는 현존재가 아닌 존재자의 범주적인 상태이다. 현존재, 즉 인간존재가 '세계-안에-있다'고 말할 때의 '안에-있다'는 어떤 것과 관계하거나 어떤 것을 만들거나 사용하거 나 잃거나 계획하거나 관찰하는 등의 방식으로 '세계-안에-있다'는 것이다. 그 것을 한 마디로 나타낸다면 '배려한다'는 상태가 현존재의 '세계-안에-있다'는 상태이다.

'세계-안에-있다'고 할 때의 '세계'란 가장 쉬운 뜻으로 '환경'을 말한다. 현존 재가 환경 안에서 배려를 함으로써 맨 처음에 만나는 것은 도구존재이다. 도구 존재는 '무엇무엇을 위해 존재하는 것'이라는 성격을 가지는데 이 '목적이 되는 그 무엇'을 추구하면 여러 연쇄 끝에 '목적이 되는 그 누군가'에 다다른다. 이 도달 지점이 인간의 현존재이며 현존재에 이르러 멈추는 모든 도구 연관이 '세 계의-안'의 '세계'이다.

'세계-안에-있다'는 상태로 '존재하는 것'이 무엇인가는 저절로 분명해질 것 이다. 그것은 '무엇이?'라는 물음으로 물을 수 있는 게 아니라 '누군가?'라는 모 양으로 묻는 인간의 현존재이다. 현존재는 나 자신이라고 하는 존재자이다.

그러나 나 또는 자기라고 해도 세계에서 떠난 단순한 주관이 아니다. 현존 재는 그 근본적인 구조로 보아 '세계-안에-있다.' 그 밖의 존재 양식을 가지지 않는다. 다른 사람으로부터 고립된 자기는 생각할 수가 없다. 자기는 '세계-안 에-있는' 한, 다른 사람과 함께 있다. 아무리 깊은 산속에서 숨어 살고 있다 해 도 그것은 '다른 사람과 함께 있는' 한 존재 양식일 수밖에 없다. 현존재가 '세 계-안에-있다'고 할 때의 '세계'는 단순히 도구와 연관되는 환경일 뿐만 아니 라 다른 사람과 '함께 있는 세상'이다. 따라서 현존재의 존재는 '함께 있는 존재' 이다. 요컨대 환경에 대해서는 '배려하고' 다른 사람들에 대해서는 '신경을 쓰 고', 스스로에 대해서는 '관심을 가지는 것'이 현존재의 존재 양식이다. 그러나 현존재가 세상에 있으면서 함께 존재하는 타인은 누구로서 지명되는 사람이 아니라 누구라도 좋은 사람이다.

'세계-안에-있다'는 상태는 현존재(Dasein)의 'da'를 음미해도 명백해진다. 'da' 는 '여기' 또는 '거기'를 가리키는 말이고 'Dasein'이란 글자 그대로 말하면 '거기 에 있다'는 것인데 그것은 현존재라는 존재자가 어디에서 와서 어디로 가는 것인지도 알려지지 않고 거기에 내던져 있는 상태, 즉 피투성(Geworfenheit)을 나타내며, 거기에 넘겨져 있다는 사실성(Faktizität)을 암시하는 것이다.

'da' 안에 포함되는 이 계기는 실존 범주로서는 정태성(Befindlichkeit)이라고 불리는데 우리가 흔히 쓰는, 어떤 자리에서 느끼는 기분이라는 말이 여기에 해당한다.

기분은 의욕이나 인식에 앞서서 현존재의 근원적인 상태를 이루는 것이다. 기분은 밖에서 오는 것도 안에서 오는 것도 아니며 현존재가 거기에 내던져진 상태에서 온다.

그러나 그와 함께 또 하나의 계기가 현존재의 상태를 구성한다. 현존재는 무엇인가를 위해 있는 모든 도구 연관을 배려하고 있다. 이 배려(Verstehen)는 하나의 실존 범주이다. '배려하고 있다' '알고 있다'라는 말 안에는 독일어나 프랑스어에서도 그렇지만 우리말의 경우에도 '할 수 있다' '이룩할 수 있다'는 뜻이 포함된다.

이해 안에는 존재 가능으로서의 현존재 상태가 나타난다. 현존재는 그때마다 자기가 있을 수 있는 것을 말한다. 따라서 현존재는 단지 내던져 있을 뿐만 아니라 거기에 내던져져 있으면서도 존재 가능으로서 스스로 자기를 내던지는 것이다.

내던진다는 것은 기획하는(Entwerfen) 일이다. 이해의 이 구조는 기획(Entwurf)으로서 특징지워진다. 현존재(Dasein)의 'da'는 그러한 두 계기로 이루어져 있다. 이것을 하이데거는 '던져진 상태에서 앞으로 내던진다'는 뜻으로 피투적 투기(被投的投企 : geworfener Entwurf)라고 부른다.

프랑스어에서도 기획(project)은 기획하다(projeter)라는 동사에서 온 말인데 이것은 문자 그대로 말하자면 '앞으로 던진다'는 뜻이다. '던져져서 던진다' 이 두 계기는 키르케고르식으로 말하자면 필연성과 가능성의 두 계기에 해당할 것이다. 던져져 있다는 것은 필연성이고 던진다는 것은 가능성이다. 이 두 가지는 질소와 산소와 같은 것으로 인간은 질소와 산소를 따로따로 호흡할 수는 없다. 두 계기의 통일이야말로 인간의 현실성이다.

현존재가 '세계-안에-있다'고 할 때의 '세계'는 '함께 있는 세계'이며 '사람의 세계'이다. 현존재는 많은 경우 '사람' 안에 몰입되어 있고 '사람'에 의해 영향을 받고 있다. 일상생활에서는 서로 남의 소문을 이야기하거나 호기심으로 눈을 두리번거리고 무책임한 말을 하면서 그날그날을 보낸다. 그러한 일상성 안에 있는 것은 현존재의 퇴락(Verfallen)이다. 현존재는 본래적인 존재 가능으로서의 자기 자신으로부터 언제라도 탈락해서 세계 속으로 들어간다. 이미 현존재가 거기에 내던져 있다고 하는 것이 '사람'의 세계 속으로의 퇴락이며 본래성을 잃는 것이다. 본래성은 현존재의 존재 가능, 즉 내던지는 기획 안에만 있다.

그래도 '세계-안에-있다'는 것은 하나의 전체적인 구조이다. 현존재가 그 전체적인 구조에서 나타내는 것은 무엇인가? 그것은 불안(Angst)이다.

본디 불안은 현존재의 근본적인 상태이다. 현존재가 '사람'의 세계 안에 퇴락하는 것은 현존재가 본래적인 자기로부터 벗어나 있다는 것이다. 왜 자기로부터 벗어나는가? 그것은 현존재가 불안하기 때문이다. 그렇다면 무엇에 대한 불안인가? 현존재는 거기에 내던져져서 세계 안에 있다는 것에 대한 불안이며 또 세계 안에서 스스로 내던지고 기획하는 일에 대한 불안인 것이다. 던진다, 기획한다는 면, 다시 말해 가능성의 면에서 본다면 현존재의 상태는 '자기에게-앞서-있다(Sich-vorweg-sein)'로서 파악되는데 내던져져 있다는 사실성, 필연성 쪽에서 본다면 현존재의 상태는 '이미-안에-있다(Schon-sein-in)'로서 파악된다. 더욱이 그 어느 쪽의 경우에도 환경에 신경을 쓰거나 다른 사람에게 신경 쓰는 점에서 보자면 현존재의 상태는 세계에서 만나는 여러 존재자의 '곁에-있다(Sein-bei)'로서 파악된다. 그리고 이들 세 계기를 한 마디로 말한다면 현존재의 상태는 '염려(Sorge)'이다.

비본래성에서 본래성으로

그러나 현존재는 한결 근원적으로 해석되지 않으면 안 된다. 근원적이라고 하는 것은 전체성과 본래성에서라는 뜻이다.

먼저 전체성의 면에서 생각해 보자. 현존재는 탄생과 죽음 사이에 있다. 하지만 죽음은 현존재 동안에 체험할 수가 없다. 다른 사람의 죽음은 비록 그것이 가까운 이의 죽음일지라도 자기 죽음이 아니다. 그 누구도 자기 죽음을 현존재에서 시험해 볼 수는 없다. 그럼에도 죽음은 언제나 자기의 죽음이다.

현존재는 실존 범주적으로 말하자면 종말에 이르는 존재(Sein zum Ende)이다. 이것을 '염려'의 세 계기에 비추어 본다면, 첫째로 죽음은 현존재가 자기에 앞서서 그것에 관여되는 것이다. 다시 말하자면 현존재는 '죽음에 이르는 존재

(Sein zum Tode)'이다. 죽음은 현존재가 그때마다 자기 한 몸에 떠맡아야 할 존재 가능이지만 앞지를 수 없는 가능성이다.

둘째로 현존재는 결말이 나지 않은 채 이미 전체로서는 결말이 나 있다. 현존재는 이미 죽음의 가능성 안에 있다. 바꾸어 말하자면 죽음은 이미 현존재 안에 있는 가능성이다. 내 탄생의 첫날은 나의 죽음에 이르는 첫날이다.

셋째로 '곁에-있다'는 계기로 말하자면 현존재는 죽음에 대한 불안에서 벗어나 세상 사람들 곁에 안주한다. 그러나 죽음의 불안을 아무리 덮어서 감추려 해도 죽음은 현존재의 촉박한 가능성임을 그만두지 않는다. 현존재에게 언제 죽는가는 확정되지 않고 있지만 언젠가 죽는다는 것은 확정적이다.

현존재를 그 본래성으로 생각한다면 일상적인 현존재, 즉 '사람'의 세계 안에 퇴락하고 있는 현존재는 죽음에 이르는 비본래적인 상태에 있다. 이와 달리 '죽음에 이르는 존재'의 본래 상태는 앞질러서 죽음의 가능성에 가장 가깝게 다가간다는 것을 말한다.

하지만 그러기 위해서는 '사람'의 세계에 퇴락하고 있는 현존재에 대해서 자기의 비본래성을 까발려 보이고 본래의 자기로 되돌아가기를 서두르지 않으면 안 된다. 이것을 생기도록 하는 것은 '염려'에 근거를 둔 양심의 자기를 향한 호소이다. 양심은 현존재 안에 불안을 눈뜨게 하고 현존재를 자기의 본래적인 존재 가능으로 되돌아오게 한다.

현존재의 '현'은 '존재가 거기에 나타나는 곳'을 의미하는 것인데 현존재가 자기의 본래성으로 되돌아가 현존재의 '현'에 나타난 존재 그 자체에 관련을 가지는 것이 '실존'이다.

비본래성에서 본래성으로의 이 이행, 이 탈출은 현존재에게 하나의 결의이며 하나의 해탈이다. 그렇기 때문에 양심의 호소에 따른 본래성의 드러남은 '결의'라고 불린다. 현존재는 자기에 앞서 죽음에 관한 존재이지만 바로 그 점으로 해서 현존재는 비본래성에서 본래성으로 결의하여 해탈한다. 따라서 현존재는 그 전체성과 본래성에서 '앞서가는 결의'로서 특징을 가진다. 그리고 이 일로 해서 현존재의 존재 의미가 시간성으로 뚜렷해진다. '앞서가는 결의'에서 현존재는 가장 자기적인 존재 가능 안에서 자기 자신으로 도래한다. 그러므로 거기에는 '장래'라는 뜻이 포함된다. 또 '앞서가는 결의'에서 현존재는 거기에 내던져진 대로의 자기를 떠맡음으로써 본래적으로 존재한다. 다시 말하면 현존재는 이미 언제나 자기가 있었던 그대로의 모습으로 본래적이 된다. 따라서 거기에는 '현재(Gegenwart)'라는 뜻이 포함된다.

이들 세 의미를 일관해서 표현한다면 '이미 있는 그대로 현전하면서의 장래'라는 것이 된다. 즉 미래, 과거, 현재라는 보통의 시간 개념에 대응하는 이들 세 가지 뜻의 통일은 바로 시간성이다.

'관심'의 세 계기도 현존재의 존재 의미인 이 시간성에 비추어 비로소 활용된다. '자기에 앞서서-있다'는 자기에 이르는 도래로서의 '장래'이며 '이미-안에-있다'는 '현재'이며 '곁에-있다'는 '현전'이다.

그렇기 때문에 하이데거가 파악하는 시간성의 특징은 장래의 우위라고 하는 점에 있다. 현존재는 종말을 먼저 가짐으로써 본래의 자기에 이른다. 따라서 또 시간성의 특징은 그것이 자신을 벗어남이기도 한 것이다. 시간은 언제나 그것이 자기의 밖에 있다. 자기가 자기 밖으로 나감으로써 거기에 시야가 펼쳐진다. 시간성은 자기를 벗어나는, 시계적인 성격을 가지고 있다.

본디 실존이라는 말은 '밖으로 나가서 서다'의 어원을 가지고 있다. 그렇다면 어디에서 나가서 어디에 서는가? 현존재로서의 우리 인간은 '관심'을 통해서 존재 그 자체에 관련을 가질 때 비로소 실존한다. 따라서 실존이란 자기로부터 탈출해서 밝은 존재 안에 서는 일이다. 다시 말하면 실존이란 밝은 존재 안에 나가서 서는 '탈자 존재'이다. 존재 자체로부터의 이 탈출이 그대로 우리에게는 초월이다. 이와 같은 의미의 초월은 세계 밖의 신적인 초월자도 아니고 또 그것을 향한 우리 쪽으로부터의 초월도 아니다. 우리는 결코 '세계-안에-있다'의 현존재로부터 이탈할 수는 없다. 우리는 현존재로서 존재 그 자체에 관여함으로써 반대로 현존재로서 실존한다. 인간은 인감됨을 존재로부터 선물로 받고 있다. 다시 말하면 인간은 존재에 종속되어 있다. 그렇기 때문에 존재가 부르는 소리를 듣고 따름으로써 비로소 인간은 자유이다. 하지만 하이데거가 말하는 존재가 신앙의 대상인 그리스도교의 신과 똑같이 여겨져서는 안 된다고 하면 존재란 도대체 무엇인가? '그것은 그 자체이다(Es ist Es selbst).' 《휴머니즘에 대하여》에서 하이데거는 이렇게밖에 대답하지 않는다.

그러나 시간성이 존재에 귀속되어 있다는 것을 보아도 존재는 우리 역사가 그것에 따라서 거기에서 생기는 근원이라고 생각해도 좋을 것이다. 우리가 운명이라고 말하는 것은 존재 그 자체를 근원으로 해서 생기는 역사이다. 우리는 그와 같은 역사적 운명의 근원으로서 존재 그 자체로 되돌아갈 수 있다.

실존에서 출발하는 철학—야스퍼스

제2차 대전이 끝난 뒤, 첫 국제문화회의가 제네바에서 열려 각국에서 모인 사상가나 문학자들에 의해서 '유럽 정신' 문제가 논의되었을 때 마르크스주의 이론을 대표하는 루카치와 실존철학 관점을 지키면서 조금도 양보하지 않는 야스퍼스 사이에 있었던 논쟁은 지금도 우리 기억에 새롭다. 이 둘의 평행선은 전후 10여 년에 걸친 정치의 평행선을 암시한다고 할 수 있다.

"유럽 정신의 위기는 자본주의적 경제 기구가 인간을 개인화하여 고립시킨 데에 그 원인이 있다. 먼저 전체에 눈을 돌려라. 정치와 세계관을 분리해서는 안 된다" 말하는 루카치에게, 야스퍼스는 다음처럼 대답했다. "전체는 언제나 우리가 이해하는 모든 것보다도 크다. 전체를 이해한 다음에 산다는 것은 불가능하다. 우리가 알 수 있는 것은 일부분에 지나지 않는다. 헤겔은 전체를 미리 알았다. 그러나 역사의 전체적인 전망이 불가능하다는 깨달음은 랑케, 부르크하르트부터 막스 베버에 이르는 위대한 역사가의 사관의 바탕을 이루고 있다."

우리가 전체를 알고 있다고 생각하는 것은 잘못이다. 실존주의는 인간의 실존에 관한 철학이며, 실존에서 출발하는 철학이다. 실존철학은 역사적, 사회적인 전체를 인식한 뒤에 정치적인 행동으로 나가려고 하는 것이 아니다.

인간은 자칫하면 바라보는 신의 위치에 몸을 두고 전체의 그림을 그리려고 한다. 그러나 우리는 인류 전체의 역사 속에서 현재 이 한정된 위치를 차지하고 있는 데에 지나지 않는다.

전체는 절대로 우리에게 인식의 대상이 될 수가 없다. 비록 내가 놓인 이 시대, 이 장소를 둘러보고 하나의 정신적 원리, 하나의 사회적 기구, 경제 질서라고 하는 것을 인정했다고 해도 그것만으로는 내가 전체를 그 근원으로부터 이해했다고는 말할 수 없다. 어떠한 의미로도 내가 스스로 걸어 나올 수 없는 이 시대, 이 장소는 유리를 끼운 상자를 밖에서 바라보는 식으로는 바라볼 수 없다.

세계를 닫힌 전체로서 생각하는 식으로 바라본 고대의 자연학은 무너졌다. 우리는 통일적인 완결한 하나의 세계관을 가지는 것은 불가능하다.

인류 전체라는 이념에 대해서도 마찬가지이다. 전체를 파악하려는 유혹에 굴복하자마자 우리는 우리의 가능적 실존을 잃지 않으면 안 된다. 우리가 이 세계에서 파악하는 것 저편에는 언제나 하나의 지평선이 있다. 이 지평선은 늘 옮겨가 언제나 펼쳐지는데 지평선 그 자체는 끊임없이 달아난다.

전체는 우리에게 존재하지 않는 것과 같다. 우리가 어느 날엔가 거기에 이를 것이라고 여기는 일은 하나의 환상에 지나지 않는다. 모든 전체성은 우리 앞에 산산이 부서져서 흩어질 것이다. 그것으로서 우

야스퍼스(1883~1969)

리는 현실적인 상황 속으로 다시 내던져진다.

우리는 지금 여기에서 우리가 할 수 있는 일로 되돌아가지 않으면 안 된다. 하나의 전체성을 세우는 것이 정치의 목표가 아니다. 정치의 과제는 정치 밖에서 인간적 실존의 자유로운 교류가 가능하도록 바탕을 마련하는 것이다.

하이데거의 철학이 인간존재를 '세계-안-존재'로서 파악한 데 대하여 야스퍼스의 철학은 인간존재를 말하자면 '상황-안-존재'로서 파악한다.

인간은 가능적 존재로서 저마다 독자적인 상황 안에서 살고 있다. 이 상황 안에서 존재를 추구해 가는 것이 바로 철학하는 일이다. "존재란 무엇인가?"라는 물음도 내가 실존하는 상황을 떠나서는 대답할 수가 없다. 상황은 환경보다도 한층 현실적이며 개별적이다. 그것은 한 사람 한 사람을 그때 그 장소에서 둘러싸면서 이 사람의 실존에 깊은 내면적인 관계를 가지고 있다.

상황은 단순히 자연적인 것이 아니라 역사적 사회적인 것이며 정치, 경제, 문화 등의 요소를 포함한다. 내가 놓여 있는 현재 상황은 나의 과거를 이루는 것

으로서 나를 제한하는 필연성이지만, 그 반면 나는 미래를 향해 나의 상황을 바꾸어 갈 수 있고 새로운 상황으로 나아갈 수도 있다. 그런 뜻에서 상황은 나에게 무한한 행동의 장면을 제공해 주는 것이며 나의 가능성이 성립하기 위한 조건이다.

우리는 단순히 수동적으로 상황에 의해서 좌우되는 것이 아니라 자유로운 결단과 선택에 의해서 적극적으로 새로운 상황에 몸을 던져 그 안에서 존재의 의미를 탐색해 갈 수가 있다. 다시 말하면 우리는 상황 안에서의 가능적 존재로서 철학할 수 있는 것이다.

철학적 사고의 과정은 야스퍼스에 따르면 초월해 가는 일이다. 그와 같은 철학은 단순히 철학자에게만 맡겨진 일이 아니라 실존하는 인간 모두에게 주어진 임무이다. "철학한다는 것은 그때마다 개별적인 생활의 충실 속에 현실적으로 존재한다. 인간은 가능적 실존으로서 사고하는 철학자인 것이다." 야스퍼스는 이렇게 말한다.

존재의 탐구에서 우리는 무한히 다양한 존재에 부딪치게 되는데 야스퍼스는 이들 존재의 방식을 형식적으로 나누어서 객관존재, 자아존재, 자체존재 셋으로 구별한다. 이 세 개 가운데 철학하는 일에 중심적인 계기가 되는 것은 물론 자아존재이다. 왜냐하면 자아존재는 한편으로 객관존재에 관계하면서 다른 한편으로는 자아존재를 확인할 수 있는 포괄자이기 때문이다. 포괄자란 반드시 전체자라는 뜻은 아니다. 포괄자는 우리에게 존재 탐구의 여러 지평선을 제공하는 영역이다.

그런데 자아존재는 먼저 경험적 현존재로서 존재한다. 여기에서는 현존재, 즉 우리의 생존에 대하여 유용한 것과 유익한 것이 진리로 간주된다. 또 자아존재는 의식 일반으로서 존재한다. 여기에서는 현존재가 가지는 내적인 명증(明證)이 진리이다. 그러나 의식 일반은 말하자면 사고 일반의 존재이며 내 현존재의 개별성을 나타내는 것은 아니다. 따라서 의식 일반으로서의 자아존재는 언제라도 다른 자아존재로 바꿀 수 있는 것이다.

자아존재의 한결 고차적인 단계는 정신으로서의 존재이다. 정신에게 진리는 이념이라는 전체성 안에서 구할 수 있다. 그러나 자기의 자유로운 결단이나 선택으로써 진리가 추구되는 것은 가능적 실존의 경우뿐이다. 여기에 이르러 비로소 나의 자아존재는 다른 자아존재와 바꿀 수 없는 것이 된다. 가능적 존재는 우리가 포괄자로서 가지는 가장 고차적인 단계이다.

이 자아존재의 각 단계에서 진리와 비진리의 대립이 나타나고, 따라서 또 거기에 각 단계의 불만족이 생긴다. 경험적 현존재에서는 자기의 삶을 완성하는 생존의 기쁨에 대해서 상실의 한탄이 나타난다. 그리고 이 둘에 관해서 단순한 현존재에 대한 불만이 생긴다.

일상적인 생활의 반복은 우리에게 권태를 불러오지만 일상적인 생존의 중단은 무서운 실패이자 멸망이다. 그런 뜻에서 모든 현존재는 그 안에 이미 파멸을 포함하고 있다. 현존재의 행복은 단순한 행복이자 대행이지 축복된 행복의 영속은 아니다.

다음의 의식 일반에서는 타당이나 정당만이 우리를 이해시키지만 그와 함께 오류나 부정확이 그 사이에 끼어드는 것을 우리는 피할 수가 없다. 거기에서 의식 일반에 대한 불만족이 생긴다. 의식 일반은 사막과 같은 황량한 지역이다.

더 나아가 정신의 경우 전체성의 깊은 만족을 느낄 수 있음과 동시에 미완결의 초조가 우리를 괴롭힌다. 정신의 조화에 대한 우리의 불만은 우리 내부에 가능적 실존을 눈뜨게 할 것이다.

그러나 여기에서도 새로운 대립이 우리를 기다린다. 가능적 실존에서는 신앙과 함께 절망이 나타난다. 그리하여 우리의 포괄자로서의 자아존재는 처음부터 궁극적인 포괄자가 아니라는 것이 명백해진다. 가능적 실존은 자아존재와는 전혀 다른 한쪽에서 세계를 발견하고 다른 한쪽에서 초월을 발견한다.

세계란 객관존재의 포괄자이며 초월이란 자아존재의 포괄자이다. 세계와의 대립에서 자아존재는 이미 하나의 초월자라고 할 수 있지만 이 자아존재는 현존재, 의식 일반, 정신을 거쳐 마침내 가능적 실존에 도달함과 동시에 거기에서 다시 초월이라는 마지막 포괄자를 향해서 뛰어오르도록 독촉된다. 이렇게 해서 끊임없이 한 단계에서 다른 단계로 초월해 가는 것이 야스퍼스가 말하는 철학이다.

초월은 일반적으로 대상적인 것을 넘어서 비대상적인 것으로 나아감을 말한다. 우리가 주체성이라 말하는 것은 이처럼 끊임없이 초월에 직면하는 실존의 태도이다.

이 경우 야스퍼스는 결코 이성을 멸시하지 않는다. 그에게 이성은 단순히 이

넘적인 것에만 관련을 갖는 것이 아니라 실존자가 생각하는 인간인 이상 버릴 수 없는 것이다. 자아존재가 경험적 현존재로부터 의식 일반, 정신, 실존으로 상승하여 마지막으로 비약적으로 초월을 가능하게 하는 것, 그것이 이성이다.

철학하는 일, 초월해 가는 일의 충동은 실존 안에서 생기는 것이지만 그때 이성은 이 움직임에 언제나 장소를 비어주게 되며 시도되는 모든 해결에 늘 불만을 발견하는 것이다.

초월로 향하는 철학

야스퍼스에게 철학한다는 것, 초월해 간다는 것은 세 단계를 거쳐 이루어진다. 1932년에 발표한 《철학》 3권의 구성이 나타내는 바와 같이 '철학적 세계 정위(定位)' '실존 조명' '형이상학'의 세 가지가 그것이다. 이 셋은 철학이 존재의 탐구인 한, 그 목표로서 나타나는 세계, 실존, 초월에 대응한다.

존재 탐구의 길은 세계 안에서 위치를 정하고, 가능적 실존으로서의 자기에 대한 호소로 세계를 넘어 나아가, 초월을 향해 자기를 여는 데에 있다. 정위한다는 것은 일반적으로 방향을 정한다거나 가늠을 잡는다는 뜻을 가진 말인데 세계는 결코 닫힌 일이 없는 무한의 과정이므로 경험적인 여러 과학은 각 대상 영역에 대해서만 정위할 수가 있다. 따라서 경험적 세계 정위가 여러 인식을 통일적으로 파악해서 이것을 하나의 세계 인식이나 세계상에 가져오려고 해도 실패로 끝날 수밖에 없다. 철학적 세계 정위는 오히려 그러한 단 하나의 세계상이 불가능하다는 것을 나타내려고 한다.

야스퍼스가 말하는 철학적 세계 정위는 실증주의나 관념론처럼 전체에 대한 완결적인 인식에 이르려고 하는 것이 아니라 오히려 여러 과학을 그 한계까지 이끌고 감으로써 실존의 자유에서 비약을 노린다. 세계 정위는 실존 조명을 예상하고 실존 조명은 형이상학을 예상한다. 실존 조명을 지향하지 않는 세계 정위는 무의미하며 세계 정위를 거치지 않은 실존 조명은 공허하다. 더욱이 세계 정위가 그 가능적인 깊이를 나타내고 실존 조명이 본래적인 자기 존재를 발견하는 것은 초월, 즉 형이상학에 있어서이다.

실존 조명이란 실존이 스스로 자기를 명백히 비추어 감으로써 참다운 자기 존재를 파악하는 일이다. 인식한다는 것은 대상과 관련된 것에 대한 의식 일반 작용이지만 조명한다는 것은 어떻게 해서도 대상이 되지 않는 실존이 자기 자신 안으로부터 실존 의식을 낳아가는 일이다.

이것은 실존의 근본 과제이며, 자기 자신이 된다거나 자기 자신을 의식한다거나 자기를 확인한다고도 말할 수 있다. 또 어떤 실존에서 다른 실존으로의 대화로 이것이 생길 경우에는 호소한다, 눈뜨게 한다 등으로도 말할 수 있다. 어쨌든 실존 조명은 실존으로 하여금 대상적인 것에서 비대상적인 것으로 초월하는 것을 노린다. 다시 말하면 진정으로 자기 자신이 되기를 바라는 욕구를 실존 안에 눈뜨게 하는 것이 실존 조명의 과제이다.

그렇다면 자기 자신이라고 말할 때의 이 '나'란 무엇인가? 누구나 '나'처럼 명백한 것은 없다고 생각한다. 그러나 새삼 그것을 따진다면 "나는 모른다"고 대답할 수밖에 없다. 나의 의식을 나라고 생각한다면 그 경우의 나는 의식 일반으로서의 나이지 이 나 자신은 아니다. 그렇다고 해서 이 몸이 나 자신이라고도 말할 수 없다. 내가 다리를 잃어도 나는 여전히 나이다. 그것 때문에 나의 의식이 전혀 다른 의식으로 바뀌지 않는 한 나는 맨 처음의 나이다. 나의 몸을 이루는 물질은 신진대사에 의해서 끊임없이 변하지만 나는 늘 나이다. 그렇다면 사회생활의 여러 관련 안에서 사람들이 보는 내 모습이 이 나일까? 나의 사업, 나의 이력이 이 나일까? 그것은 내가 현재 있는 모습, 내가 이전에 있었던 모습을 비추는 거울일지 모르나 결코 나 자신은 아니다.

내 성격 또한 마찬가지이다. 그것은 나에 대한 간접적인 지식에 지나지 않는다. 자기는 알려지는 한의 모든 것 이상이다. 그렇다면 나 자신을 무한히 반성해 감으로써 나 자신을 얻을 수가 있을까? 무한한 자기반성은 단지 소극적인 것이므로 거기에서부터는 아무것도 생기지 않는다. 나는 이 현실의 역사적이고 시간적인 존재 안에 나 자신을 실현하려고 하지 않는 한, 다시 말하면 나 자신임을 바라지 않는 한 자기 자신을 얻을 수는 없다.

그러나 그것만으로는 충분하지 않다. 나는 나만으로 고립해서 존재하는 것이 아니라 다른 '나'와 함께 존재한다. 나는 다른 '나'와의 관계에서 나를 확인할 수 있다. 내가 나 자신을 얻는 것은 교류에 의해서이다. 하지만 현존재에서의 교류는 실존에서의 교류의 말하자면 이전 단계에 지나지 않는다. 이를테면 풍속 습관의 점에서 성립하는 교류, 인식이나 이념에서 일치되는 교류는 아직 실존의 교류는 아니다. 실존의 교류는 이들 모든 교류의 한계에서 시작된다.

"철학한다는 일이 놀라움과 함께 시작되고 세계의 지식이 의심과 함께 시작되는 것처럼 실존 조명은 이들 교류의 불만과 함께 시작된다"고 야스퍼스는 말한다. 실존적인 교류에서는 진정으로 바꿀 수 없는 자기와 그 밖의 마찬가지로 바꿀 수 없는 자기가 서로 관계를 갖는다. 이 교류에서 자기는 참다운 자기를 의식하고 자기의 확실성을 얻는다.

이렇게 내가 나 자신을 확인할 때 이 교류 안에는 두 가지 존재가 포함된다. 나의 존재와 다른 사람과 함께 있는 존재가 그것이다. 이 두 가지는 서로 긴장되는 관계이다. 실존의 교류는 서로 고독한 사람 사이에서만 성립된다. 내가 이 교류를 가지지 않다면 나는 나 자신이 될 수가 없고, 내가 고독하지 않는다면 나는 이 교류를 가질 필요가 없다. 고독에 이르는 충동은 실존의 징후라고도 말할 수 있다. 이러한 실존의 교류를 야스퍼스는 '사랑의 싸움'이라고 부른다. 이 싸움은 자기의 실존을 위한 싸움이면서 자기의 실존과 다른 실존을 하나로 맺으려는 싸움이기도 하다.

그러나 자기 존재나 실존의 교류는 현실 상황으로부터 떨어져서 생각할 수 있는 것이 아니다. 나는 나에게 독자적인 상황 안에 존재하며, 이때 이곳에 단 한 번 존재한다는 의미로 자기 자신의 역사성이 문제가 된다. 이것은 결코 역사에 대한 지식이 아니다. 역사적 의식이란 내가 두 번 다시 되풀이할 수 없는 이 역사적 상황 안에 내던져져 살고 있다고 하는 현실적인 의식이다.

자기 존재도 실존의 교류도 결코 역사성을 벗어나거나 초현실적인 것이 아니다. 나는 나 자신의 역사성을 짊어지면서 마찬가지로 역사적인 다른 자기 존재와의 교류 안에서 나 자신을 의식한다. 이러한 역사성은 먼저 현존재와 실존의 통일로서 규정된다. 왜냐하면 나의 실존은 근본적으로 나의 현존재에 묶여 있고 나의 현존재는 역사적 상황 안에 뿌리를 뻗고 있는 것이지만 가능적 실존은 그와 같은 현존재를 바탕으로 설립되기 때문이다.

또 역사성은 필연성과 자유의 통일이기도 하다. 경험적 현존재는 단순히 주어진 것으로서 필연성의 계열 안에 들어 있는 것이지만 실존은 자유의 가능성으로서 그것을 깨뜨린다. 선택의 가능성과 결단은 본디 실존에만 속한다. 역사적 의식은 필연성과 자유가 대립하는 긴장의 장면에만 나타난다. 더 나아가 역사성은 시간과 영원의 통일로서 규정된다.

실존은 단순히 시간이 없는 것도 아니도 또 단순히 시간적인 것도 아니다. 그것은 과거를 짊어지고 미래를 품은 현재 순간의 충실이다. 야스퍼스는 이것을 '영원한 현재'라고 부른다. 실존은 그러한 역사성의 깊이에서 다른 실존과 교류할 수가 있으며 또 교류의 단절을 만나 비로소 초월에 직면해서 설 수가 있다. 영원한 현재란 바로 실존의 결단 순간이다.

실존의 이 가능성은 또한 실존의 자유이다. 자유는 특히 실존에만 속해 있고 자유의 문제는 실존 조명의 처음이자 마지막 문제이다. 세계의 정위(定位) 안에는 아직 자유는 없다. 그리고 초월에서도 이미 자유는 없다. 자유는 어떤 의미로는 지식 안에 있다고 생각할 수도 있을 것이다.

나는 언젠가는 죽지 않으면 안 된다. 하지만 나는 그것을 알고 있다. 이 지식은 확실히 나를 높여준다. 지식은 자유에 없어서는 안 될 계기를 이루는 것이다. 그러나 지식만으로는 아직 실존적인 자유에는 이를 수가 없다. 더 나아가 자유는 자의(恣意 : Willkür)라고 이해할 수가 있다. 확실히 자의라는 말이 없으면 자유는 없다. 하지만 그것은 아직 실존적인 자유는 아니다.

또 한층 높은 뜻으로는 자유는 법칙(Gesetz)과도 동일시된다. 이것은 자율이나 규범이라는 뜻의 자유이다. 분명히 법칙으로서의 자유와는 단순한 지식의 수동적인 자유는 달라서 의지의 자율적, 능동적 자유이다. 법칙 없이 자유는 없다. 그러나 그것은 아직은 실존적인 자유는 아니다.

더 나아가 이념(Idee)으로서의 자유는 자기 존재의 역사성을 잊은 정체성이며, 실존의 자유와 대극을 이룬다. 실존적인 자유(existentiell Freiheit)는 자기가 그 개별적 현실적인 상황 안에서 자기 자신이기 위해 선택하고 결단하는 곳에서만 발견할 수가 있다. 다른 모든 자유의 여러 계기는 단지 실존의 자유에 이르는 전제밖에 되지 않는다. 이 자유에서 비로소 우리의 자유 의식은 충족될 수 있다. 내가 실존으로서 초월에 관계할 수가 있는 것은 이러한 자유에 의해서이다.

그러나 결단에서의 실존의 자유는 내 안에 책임을 느끼게 한다. 이 책임은 자기가 본래의 자기 자신이 되지 않으면 안 되는데도 언제나 그것이 과제로서 남겨진 데에서 생긴다. 자유와 책임, 의존과 자립 사이의 긴장에서 나는 나 이상의 그 무엇에 부딪치게 된다.

실존이 초월에 부딪치지 않으면 안 되는 상황에 있을 때 이 상황을 특히 한계 상황이라고 부른다. 현존재에서 한계는 그 저편에 이미 아무것도 없음을 나타내는 데에 머물지만, 실존의 경우에 한계는 그것을 넘어서 저편에 무엇인가 다른 사람이 있음을 나타낸다.

야스퍼스는 한계 상황으로서 일반적으로는 실존의 역사적 확정을 지적한다. 이것은 우리가 운명이나 숙명이라고 부르는 말에 해당할 것이다. 현존재의 의식에서 우리는 운명이라고 하는 한계 저편으로 눈을 돌리려 하지 않는다. 한계는 단지 무(無)를 의미할 뿐이기 때문이다. 그런데 우리의 실존은 이 한계에서 하나의 다른 방법을 만난다. 그것이 초월이다. 그 밖에 야스퍼스가 개별적인 한계 상황으로서 들고 있는 것으로 죽음(Tod), 고민(Leiden), 싸움(Kampf), 책임(Schuld)의 네 가지가 있다.

객관적인 사실로서의 죽음은 아직 한계 상황으로서의 죽음이 아니다. 가까운 사람의 죽음에서, 또 나 자신의 죽음에 대한 실존적인 불안에서 죽음은 비로소 한계 상황이 된다.

고민의 경우에도 마찬가지이다. 사실적인 고민, 이를테면 육체적인 고통이나 병 등은 아직 한계 상황으로서의 고민이 아니다. 다른 사람의 고민을 내 고민으로 받아들이고 그것을 함께 고민할 때 이 고민은 실존을 초월로 눈뜨게 한다.

또 싸움은 실존을 위한 사랑의 싸움으로서 비로소 한계 상황이 된다.

책임은 싸움과 마찬가지로 적극적이다. 내가 무엇인가를 결단할 때 그 결과는 내가 모르는 세계에까지 파급해 간다. 거기에 나의 한계 상황으로서의 책임이 있다. 이 책임을 떠맡는 일이 실존의 정열이다.

세계 정위에 그 가능적인 깊이를 주고 실존 조명에 본래의 자기 존재를 얻게 하는 것은 철학적 형이상학이다. "존재란 무엇인가?"라는 물음은 우리가 철학을 하는 한, 한없이 되풀이되는 물음이지만 가능적 실존에서 초월로 향해서 이 물음을 추진해 가는 곳에 형이상학 성립의 근거가 있다.

야스퍼스가 말하는 철학적 형이상학은 다음 세 가지 길을 따라서 추진된다. 그 첫째는 '형식적으로 초월하는 일'이다. 형식적으로 초월한다는 것은 먼저 대상적인 것 일반의 범주에서 초월하는 일이다. 이를테면 '존재와 무', '일(一)과 이(二)', '형식과 소재', '가능성과 현실성', '필연과 우연', '존재와 근거', '일반 사람과 개체' 이들 모든 범주의 대립이 초월의 존재에서 같다는 것은 우리의 생각을 넘어서는 일이다.

다음에 현실성의 범주에서 초월하는 일이 과제가 된다. 이를테면 '시간과 영원', '공간과 비공간', '삶과 죽음', '의식과 무의식' 등의 대립의 똑같음에 우리의 생각이 부딪치는 경우이다.

더 나아가 자유의 범주에서 초월하는 일이 문제가 된다. '선택에서의 가능성과 필연성' 대립의 똑같음에 우리의 생각이 부딪치는 경우이다. 그러나 형이상학의 첫 번째 길로 제시된 이들 형식적 범주는 초월이 존재한다는 것을 확인하게 해주지만 초월이 무엇인가는 가르쳐 주지 않는다.

철학적 형이상학의 두 번째 길은 '초월을 향한 실존적인 관계'이다. 이 경우 먼저 생각할 수 있는 일은 '교만과 복종'이다. 야스퍼스는 지식을 원하는 교만의 예로서 프로메테우스 신화와 아담 이야기를 인용한다. 지식을 욕구하는 교만은 이미 그 자체가 신적인 것에의 호소이다. 이에 반해서 복종은 지식에 대한 체념이고 신적인 것으로 돌아가는 일이다. 교만과 복종이 동시에 대립해서 존재하는 것이 우리의 실존이며 이 긴장 안에 신적인 것이 나타난다.

이어 '몰락과 상승'이라는 두 방향은 우리의 실존 안에서 불가분하게 결부되어 있다. 인간의 역사 안에서도 두 방향이 엇갈려 나타난다. 또 야스퍼스는 '낮의 법칙과 밤에의 정열'이라는 대립을 든다. 한쪽은 질서이고 광명이며 성실이고 건설이지만 다른 한쪽은 혼돈이고 암흑이며 허위이고 파괴이다. 더욱이 배반되는 이 둘의 중간에 우리는 존재한다. 그러나 그 어느 것이 결여되어도 우리는 초월에 이르는 길을 잃는다. 마지막으로 '다자와 일자(一者)'의 대립이 나타난다. 야스퍼스는 다신교의 바탕에 일자가 예상되고 일신교의 배후에 다자가 생각된다는 것을 지적한다.

철학적 형이상학의 마지막 길은 '암호를 읽는 것'이다. 형이상학적인 대상은 모두 암호의 성격을 갖는다. 암호란 상징이다. 상징의 배후에는 그것에 의해서 상징되는 그 무엇이 있는 것과 마찬가지로 암호의 배후에도 그것으로서 암시되는 초월의 존재가 있다. 따라서 암호 그 자체는 초월을 말하는 언어이다.

그와 같은 말에는 세 종류가 있다. 첫 번째는 초월이 직접 하는 말이다. 두말할 필요도 없이 이 말은 실존의 절대적인 의식에서만 들을 수 있는 것이고 저마다의 실존이 일회성의 순간에 들을 수 있는 것이다. 두 번째는 직접적으로는 다른 사람에게 전달할 수 없는 첫 번째 말을 이야기, 상징, 표정 등에 의해서 실존에서 실존으로 전하는 말이다. 세 번째는 철학적인 말이며 사색적인 말이다.

첫 번째의 직접적 말로서는 자연 그 자체가 하나의 암호가 되는 경우가 있다. 더 나아가 역사가 그러한 암호가 된다. 우리는 시작과 끝의 중간에서 전체를 알 수가 없음에도 역사를 암호로 읽음으로써 역사의 시작과 끝을 묻는다. 두 번째의 전달을 위한 언어로서는 예술이 있다. 셰링은 예술을 철학의 기관이라고 했는데, 미술도 음악도 문학도 바로 초월의 언어를 전달하기 위한 기관이며 수단일 수 있다. 세 번째의 언어는 본디 형이상학적이라고 할 수 있는데, 암호를 사색적으로 읽기 위한 언어이다. 그런 경우의 하나로서 '초월이 있다는 것', 즉 '신의 존재의 증명'을 생각할 수 있다. '신의 존재론적 증명'도 이것을 형이상학적 암호로 읽는다면 단순히 공허한 논리의 장난이라고 할 수 없다. 왜냐하면 거기에서 문제가 되는 것은 바로 실존적 인지이기 때문이다.

이리하여 마지막으로 실존은 암호를 읽음으로써 오직 한 사람 초월을 향해 서게 된다. 그것은 실존이 무(無)의 심연으로 가라앉느냐, 아니면 존재가 선물처럼 나 자신에게 주어지느냐의 최대 위기이다.

키르케고르는 자기 자신과 관련하여 자기 자신이 되기를 바랄 때 자기가 이 자기 자신을 놓은 힘 안에 분명히 자기 자신의 근거를 발견하는가의 여부를 신앙이냐 절망이냐의 분기점으로서 제시했는데, 야스퍼스도 '실존철학' 안에서 거의 같은 말을 한다. "실존은 그 자신에 관련함으로써 동시에 초월에 관련하는 자기 존재이다. 이 자기 존재는 그 자신이 초월에 의해서 보내진 것임을 알고 그 자신의 근거를 초월 안에 둔다."

그러나 야스퍼스는 초월하는 길을 어디까지나 방법으로서 제시하는 데에 머물고 초월의 내용을 이야기하는 것을 새삼 피하고 있다. 왜냐하면 이 한계를 넘으면 실존철학은 철학임을 포기하게 될 것이기 때문이다.

신을 배반하는 실존주의

존재는 신이 아니다—사르트르

야스퍼스는 그리스도교적 실존주의의 대표로 여겨지고, 반대로 하이데거는 사르트르로부터 무신론이란 말을 들었지만 존재의 초월성, 존재에 대한 향수라고 하는 점에서는 둘 사이에 그다지 거리가 있지는 않다.

하기야 야스퍼스의 실존철학에는 일반적으로 말하는 바와 같이 프로테스탄트적인 색채가 강하게 나타난다. 그러나 그는 새삼 신이라는 표현을 피하고 그 대신 '초월'이라는 말로 이를 대치한다. 세계가 하나의 포괄자이며 자아존재가 하나의 포괄자임과 동시에 초월은 하나의 포괄자이다. 더욱이 초월은 우리가 철학을 함으로써 그것으로 향하는 최고의 존재이다.

또 하이데거의 경우 《존재와 시간》 《형이상학이란 무엇인가》 시대의 그의 사상으로부터는 신에 대한 적극적이고 긍정적인 말을 들을 수 없는 것도 틀림 없지만, 후기 저작에서 볼 수 있는 그의 철학은 한때 그의 종교적 전향이 거론 될 정도로 두드러지게 종교적인 경향을 보이고 있다.

우리는 존재의 빛에 대한 깊은 내성 또는 회상을 통해서 인간의 고향을 되 찾아 거기에서 성스러운 발자취를 발견할 수 있을 것이라고까지 암시된다. 하 이데거 철학의 이 도달점은 가톨릭시즘도 프로테스탄티즘도 아니고 멀리 독일 신비주의로 일맥상통하는 것을 포함한다. 그렇기 때문에 하이데거의 철학을 '존재신비주의'라고 평가하는 사람이 있을 정도이다.

또 프랑스의 그리스도교적 실존주의를 대표하는 마르셀 철학은 그 배후에 가톨릭적인 신앙을 예상하여 그것을 향해서 철학적인 길을 열려고 한 것이지 만 그 주요 과제는 어떻게 해서 존재로까지 자기를 높일 수가 있는가 하는 점 이었다. 이러한 존재는 실존과 실존의 교류를 가능케 하며, 실존과 실존의 교류 에 의해서 드러나게 된다.

"신이 나에 대해서 존재하는 것만큼 나는 더욱더 존재한다"고 마르셀은 말한다. 그는 '너'라는 실존 범주에 따라서 신을 표현하고 또한 실존과 실존의 교류를 분명히 코뮈니옹(교단, 종파)이라 이름짓고 있다. 그러나 그와 같은 종교적 경향에도 마르셀의 철학에는 역사적인 그리스도교 교의는 포함되어 있지 않다.

요컨대 마르셀이나 하이데거나 야스퍼스도 그 함축성에 얼마쯤의 차이가 있기는 하지만 존재라는 말로 최고의 초월적인 존재를 지향한다. 이 최고의 초월적인 존재는 분명히 신적인 것이기는 하지만 그리스도교 신앙의 대상인 신과는 본질적으로 다르다. 이들 철학에 공통되는 점은 '존재'를 가지고 '신'을 대치하고 있다는 점이다. 존재를 신의 위치에 둔다는 것은 그리스에서 시작된 철학의 전통적인 생각이다.

한편 구약성경에서는 여호와는 모세에게 "나는 존재해서 존재하는 것이다" 말한다. 사실 여호와라는 이름은 일어나다, 되다, 있다는 동사에서 유래된 말로 '절대적으로 존재하는 것'이라는 뜻이다. 물론 이 사상이 철학의 전통에 받아들여지기는 쉬웠다.

중세 스콜라 철학에서 존재라는 개념은 철학적인 의미로 가장 보편적인 초월 개념일 뿐만 아니라 신학적인 의미에서도 신의 술어로서 가장 어울리는 개념으로 여겨져 왔다. 다시 말하면 존재는 완전성 또는 진리와 같은 뜻으로 쓰였다. 존재라는 말에 최고의 초월적인 뜻을 가지게 하려는 이 경향이 현대에 이르러서도 결코 시들지 않고 있음은 마르셀, 하이데거, 야스퍼스 등의 철학에 뚜렷이 나타난다.

그런데 무신론적 실존주의를 내세우는 사르트르의 경우 존재 개념의 이 우위가 완전히 뒤집힌다. 거기에서 볼 수 있는 것은, 니체가 말하는 것 같은 의미로서의 모든 가치의 전환이다.

사르트르 존재는 이미 신적인 것도 최고의 초월자도 아니다. 존재 안에는 완전성도 없고 진리도 없다. '존재는 있다(L'être est).' 이것이 우리가 말하는 모든 것으로 그 이상도 그 이하도 아니다. 존재는 결코 그 자신과의 관계는 아니다. 존재는 그 자체이다. 존재는 그 자체를 실감할 수 없는 내재(內在)이며 그 자체를 긍정할 수 없는 긍정이고 작용할 수 없는 능동성이다. 왜냐하면 존재는 그 자체에 밀착하고 있기 때문이다. 존재는 그 자체로 존재한다(L'être est en soi). 존재란 있는 그 자체이다(L'être est ce qu'il est). 존재는 덩어리로서 있고 그 어떤 부정도 포함하고 있지 않다. 존재는 완전히 긍정성이며 따라서 그것은 다른 존재를 모른다. 다시 말하면 그것은 어떤 다른 존재와는 별개의 것으로 자기를 세우는 일을 하지 않는다. 그것은 무규정적으로 그 자체이며 그 자체로서 끝난다. 창조도 되지 않고 존재 이유도 없으며 다른 존재와의 그 어떤 관계도 갖지 않는 이와 같은 '그 자체로 있는 존재'는 영원히 덤인 것이다.

사르트르의 소설 《구토》 주인공이 마로니에 뿌리를 본 순간의 체험을 말하는 것은 그와 같은 '존재'의 발견이다. 그 한 구절을 읽어보자. "괴물 같은 부드러운 무질서한 덩어리가⋯⋯ 무서운 음란하고 방탕한 알맹이 덩어리만 남았다. (⋯⋯) 부조리한, 어찌할 수 없는 것, 그 무엇도 그것을 설명할 수가 없었다. (⋯⋯) 존재한다는 것은 단지 거기에 있는 것이다. 존재하는 것은 나타나고 만나는 대로 되지만 결코 그것을 연역(演繹)할 수는 없다. 이것을 이해한 사람은 있다고 나는 생각한다. 다만 그들은 필연적 존재나 자기 원인과 같은 일을 생각해 내서 이 우연성을 뛰어넘으려고 했다. 그런데 그 어떤 필연적 존재도 존재하는 것을 설명할 수는 없다. 우연성이란 지울 수 있는 겉치레나 가상(假像)이 아니다. 이 우연성은 절대적인 것이며 그렇기 때문에 완전히 이유를 가지지 않는다. (⋯⋯) 홀연히 그것들이 존재하고 마침내 홀연히 그것들이 존재하지 않게 되었다. 존재란 기억을 가지지 않는 것, 행방불명된 것이며 그것은 무엇 하나 추억까지도 간직해 두지 않는다. 곳곳에 무한히 있고 여분의 것이며 늘 어디에나 있는 존재, 그것은 존재에 의해서만 한정된다. (⋯⋯) 그것은 혐오스러운 것이었다. 나는 이 부조리한 덩치 큰 존재에 대한 노여움으로 숨이 막힐 것 같았다. (⋯⋯) 나는 외쳤다. '얼마나 더러운가. 얼마나 더러운가.' 나는 몸에 눌어붙은 오물을 떨쳐버리기 위해 몸을 흔들었다. 하지만 그것은 꿈쩍도 하지 않았다. 여러 톤에 이르는 존재가 거기에 있었다. 나는 이 헤아릴 수 없는 권태의 바닥에서 숨이 막힐 것 같았다."

이것이 존재라는 최고 초월자에 대해서 사르트르가 내린 규정이다. 그리고 이것이 《구토》 주인공의 존재 체험이다. 존재는 사르트르에게 무의미한 것, 덤, 더러운 것, 구토를 일으키는 것이다. 이러한 말투는 존재를 신의 대신(代身)으로서 받드는 철학의 전통적인 사제들의 눈으로 보자면 철학의 성소(聖所)를 향해 던져진 모독의 말이 아니고 무엇인가?

인간의 말은 존재가 거는 말에 대해서 인간이 겸허하게 응답하는 데에 있다고 주장하는 하이데거의 말을 빌리자면 그야말로 근대의 인간주의가 다다른 교만의 극치일 것이다. 그래도 사르트르가 철학의 제단을 끌어내려 존재에 얽히는 신성감의 허망을 폭로한 것은 철학의 한 혁명이며, 그가 선언하는 무신론도 존재의 이러한 가치 전환의 귀결이라 할 수 있다.

인간은 존재하는 것이 아니다. 인간은 실존한다

존재는 있다. 존재는 그 자체로 있다. 마찬가지로 마로니에 뿌리는 존재한다. 공원의 울타리는 존재한다. 잔디는 존재한다. 분수의 속삭임은 존재한다. 벤치에 앉아 있는 붉은 털의 사나이는 존재한다. 공기 안에 떠도는 엷은 안개는 존재한다. 더욱이 이 모든 것은 그 자체로 존재한다. 이 모든 것은 어느 것이나 그 자체로 존재이다.

그러나 나는 도대체 존재하고 있는가? 아마도 나 또한 다른 사람의 눈으로 본 대상, 다른 사람이 보는 풍경 안의 한 점으로서 존재할 것이다. 하지만 적어도 이렇게 묻고 있는 나는 존재하는 것이 아니라 실존하는 것이다. 인간은 존재하는 것이 아니다. 인간은 실존한다.

그렇다면 '실존한다'는 것은 무슨 뜻인가? 인간은 존재 그 자체로 존재하는 방식으로 단지 존재하는 것이 아니다. 인간은 존재에 대해서 "그것은 무엇인가?" 물을 수 있다. 존재에 대해서 묻는다는 그 자체가 이미 존재와는 다른 어떤 작용을 가리킨다. 이 '어떤 작용'도 존재에서 벗어날 수가 없다고 한다면 적어도 그것은 존재 안에 '분리' 또는 '틈'이 숨어 있음을 보여준다. '……에 대해서'는 본디 존재 분열의 첫 징후이다.

그렇다면 존재에 대해서 묻고 존재에 대해서 무엇인가를 긍정하거나 부정하거나 하는 작용은 무엇인가? 그것은 인간의 의식 작용이다. 만일 인간의 의식이 존재의 품 안에 나타나지 않았다면 그 누구도 존재에 대해서 묻지 않았을 것이다.

의식은 늘 '무엇인가에 대한 의식'이며, 그 무엇인가와 의식 사이에는 넘을 수 없는 절대적인 틈이 있다. 의식은 끊임없이 무엇인가의 위를 움직여 가지만 그 무엇인가일 수가 없고, 그 무엇인가는 의식을 메울 수 없다. 만일 그 무엇인가를 존재라고 부른다면 의식은 그 어떤 존재도 아니다. 의식은 자기가 존재에 대해서 의식하는 한, 존재에서 떨어져서 존재와는 별개의 것으로 존재가 아닌 것으로서 작용한다.

그렇다면 의식이 존재에 대해서 의식할 때 의식은 전적으로 존재의 바깥에 설 수가 있을까? 그것은 불가능하다. 의식이 아무리 존재로부터 탈출하려고 해도 존재는 의식을 감싸고 있다. 의식은 존재와의 결부에서 떠날 수 없을 뿐만 아니라 존재의 품 안에만 나타난다. 왜냐하면 의식은 의식이기 때문이며 그러는 한에 있어 의식 또한 하나의 존재이기 때문이다. 의식이 존재에 대해서 의식하는 것은 존재의 이전도 이후도 아니며 바로 존재 그 자체 안에서이다. 그래도 의식이 존재에 대해서 의식하는 한 의식과 존재 사이에는 '틈'이 있지 않으면 안 된다.

여기에 나타나는 이 틈은 무엇인가? 존재의 틈이니까 적어도 그것은 존재는 아니다. 이 틈은 존재 그 밖의 것이지 않으면 안 된다. 그렇다면 그것은 아무것도 아니다. 다시 말하면 이 틈은 '무(無)'일 수밖에 없다. 이 틈, 이 무는 어디에서 오는가? 적어도 그것은 존재로부터는 아니다. 왜냐하면 존재로부터는 존재 밖에 나오지 않기 때문이다. 그렇다고 한다면 이 무는 의식에서 유래되는 것이어야 한다. 의식은 존재의 품 안에 출현하면서 존재에 대해서 의식함으로써 존재 안에 무를 잠입시켜 존재의 품 안에 무를 분비한다.

그렇기 때문에 존재와 의식은 다 같이 '존재한다' '있다'는 말을 할 수 있어도 서로 다른 존재 영역이어야 한다. 앞서 잠정적으로 "존재는 바로 그 자체로 존재한다", "존재는 바로 그것이 있는 그 자체이다"라고 한 것은 무(無)의 틈에 의해서 의식으로부터 떨어져 있는 존재를 말한다. 그와 같은 존재의 존재론적 구조를 우리는 사르트르에 따라서 '즉자(卽自 : en-soi)' 또는 '즉자존재(être-en-soi)'라고 부르자.

이와 달리 의식은 언제나 '그 무엇인가에 대해서'라는 구조를 가지고 있으며 존재 한가운데에 이르는 곳에 틈을 가져옴으로써 말하자면 '자기에게', '자기에 대해서' 그 무엇인가가 존재한다는 형태로 존재한다. 이와 같은 의식의 존재론적 구조를 우리는 사르트르에 따라서 '대자(對自 : pour-soi)' 또는 '대자존재(être-pour-soi)'라고 부르자. 본디 존재라는 말에 어울리는 것은 '즉자'이지만, '대자' 쪽 또한 마찬가지로 존재라고 부를 수밖에 없으므로 이를테면 대자존재라고 이름 붙일 수 있지만 실은 존재하는 그 무엇도 아니다. 사르트르의 표현에 따르면 즉자존재는 '그것은 있는 그 자체이며 존재하지 않는 것 같은 존재(l'être qu'il est ce qu'il est et qui n'est pas ce qu'il n'est pas)'로 규정된다.

이것은 매우 당연한 것 같지만 A=A 또는 A≠nonA라고 하는 동일률적, 모순율적인 존재 양식이다. 이에 반해서 대자존재는 '그것이 존재하는 것처럼이 아니라 그것이 존재하지 않는 것과 같은 존재(l'être qui n'est pas ce qu'il est et qui est ce qu'il n'est pas)'로 규정된다. 이는 묘하게 들리는 말투이지만 요컨대 스스로가 존재하지 않는, 초월적인(ek-statique et transcendant) 존재 양식을 나타내려고 한 것이다. 다시 말하면 대자는 단순히 무엇인가에 대해서뿐만 아니라 자기 자신에 대해서까지도 언제나 무(無)를 개입시켜 끊임없이 거리를 두는 방식으로 존재한다.

그런 까닭으로 실존한다는 것은 탈자적, 초월적인 존재 양식으로 자기가 아직 존재하지 않는 것처럼, 또 자기가 현재 있는 것이 아닌 것처럼 자기를 형성해 가는 일이다. 인간은 존재하는 것이 아니라 실존하는 것이다 하는 뜻은 거기에 있다.

인간은 끊임없이 자기 자신 밖으로 자기를 던져, 미래를 향해서 현재를 넘어가는 하나의 기획이다. 초월한다는 것은 자기를 넘어서 간다는 뜻이다. 이와 같은 초월은 결코 신적 존재의 초월성이 아니라 인간의 자기 초출(抄出)이다.

니체가 《차라투스트라는 이렇게 말했다》에서 초월이나 몰락이라고 말하는 것도 이런 뜻으로 해석할 수 있을 것이다. "인간은 동물과 초인 사이에 놓인 하나의 밧줄이다. 넘는 것은 위험하다. 그 위에 있는 것도 위험하다. 뒤돌아보는 것도 위험하다. 멈추어 서는 것도 위험하다. 인간이 위대한 것은 그가 하나의 다리이지 목적이 아니라는 점이다. 인간이 사랑받는 것은 그가 바뀌어 가는 도중에 있고 몰락하는 점이다."

사르트르는 "인간은 인간의 미래이다"라는 프랑시스 퐁주의 아름다운 한 구절을 들고 거기에서 인간의 자기 초출을 보고 있는데, 더 나아가 그 자신도 "나의 미래는 처녀이다. 모든 것이 나에게 허용되어 있다"는 말을 한다.

인간은 언제라도 그가 스스로 자기를 그것으로 만들 수 있는 것밖에 되지 않는다. 인간은 죽음의 순간에 이를 때까지 늘 길 위에 있으며 결코 어떤 곳에 있는 존재는 될 수가 없다. 더욱이 죽음의 순간에 다다르면 인간은 더 이상 아무것도 아니다. 그 순간에 이르러 비로소 인간은 실존하기를 그만두고 사물과 마찬가지로 존재한다는 말을 들을 것이다.

그렇기 때문에 이를테면 대자가 대자존재라고 불린다 해도 그 자신은 언제나 무(néant)이다. 인간에게 결여된 것, 그것은 존재이다. 인간은 존재의 무(無)이며 존재의 구멍이며 단단한 바위 안의 틈과 같다. 만약에 존재 일반을 열매로 비유한다면 인간은 그 내부를 갉아먹는 벌레이다. 더욱이 자기가 벌레라는 것을 알고 벌레라는 조건을 떠맡을 수밖에 없는 벌레이다. 파스칼의 '생각하는 갈대'가 자신을 한 줄기 갈대로서 의식하는 갈대인 것처럼 대자는 자기를 무로 인식하는 무이다.

그러나 단순한 대자로서의 의식은 이거라고 지목될 만한 '그 무엇인가'로는 그 어디에도 존재하지 않는다. 구체적, 현실적인 인간존재는 대자로서의 의식이 신체나 상황 등의 사실성에 의해 지탱되어 세계 안에 내던져진 상태에서 '이 나'로서 실존한다.

따라서 인간존재는 하이데거가 말한 바와 같이 세계와의 특수한 결합을 갖는 '세계-안-존재'이다. 사르트르도 그것을 그대로 이어받아 인간존재의 존재론적 구조를 '세계-안-존재'로서 파악하여 그것과 구별해서 도구존재나 사물존재의 양식을 '세계-한가운데-있는-존재'라고 불렀다.

구체적, 현실적인 인간존재는 즉자가 따라붙고 있는 대자이며 존재에 의해서 지탱되어 있는 무이다. 대자가 존재한다고 말해지는 것은 대자가 인간존재에서 즉자와 떨어질 수 없이 굳게 결부되어 있기 때문이다.

사르트르는 인간존재의 이 구조를 인어(人魚)의 예를 들어 설명한다. 세이렌의 상반신이 인체이고 하반신은 물고기 꼬리로 되어 있는 것처럼 대자는 자기 하반신이 세계 한가운데의 즉자존재로 끝나 있다. 인간은 세상에 태어난 날부터 그러한 두 가지 뜻을 짊어지고 살아간다.

실존한다는 것은 자유라는 뜻이다

인간이 '세계-안-존재'이지 사물존재나 도구존재와 같은 '세계-한가운데-있는-존재'가 아닌 것은 인간이 존재를 향해서 또 자기 자신에 대해서 끊임없이 무(無)를 분비하는 대자이기 때문이다. 인간은 그가 있는 곳곳에 무를 뿌리고 무를 개입시킨다. 거기에 인간의 자유가 있다. 이미 그 무엇인가에 대해서 의식한다는 것이 존재의 품 안으로 들어오는 최초의 침입이었다. 예를 들어 내가 세계 안의 그 무엇인가에 대해서 의식할 때 나는 그 무엇인가를 '그것밖에 되지 않는 것'으로서 또 '내가 아닌 것'으로 의식하면서, 나 자신을 '그것이 아닌 것'으로 의식한다.

　지각의 경우에도 마찬가지 일이 생긴다. 내가 어떤 것을 지각할 때 나는 다른 모든 존재로부터 분리시켜 그것만을 두드러지게 함으로써 다른 모든 존재를 무로 만든다. 나에게 존재하지 않는 것으로 간주하고 내 주의 밖에 둠으로써 무차별적인 배경 안에 파묻는 일이다.

　더 나아가 그러한 무화(無化)는 상상의 경우에 가장 잘 나타난다. 상상한다는 것을 본디 존재하지 않는 것(이를테면 신화나 작품 속 인물), 이미 존재하지 않는 것(이를테면 역사상의 인물, 과거 사건, 추억에 떠오르는 사람), 여기에 존재하지 않고 다른 곳에 존재하는 것(이를테면 고향의 부모, 머나먼 산천)에 대해서 사상적인 의식을 작용하는 일이다. 다시 말하면 대상을 무로서 세우고 그것을 비현실로서 직관하는 일이다.

　더욱이 지각하는 의식과 상상하는 의식은 나란히 하지 않는 두 개의 이질적인 의식 작용이며 한쪽을 멈추지 않고서는 다른 한쪽을 시작할 수가 없다. 이를테면 내가 현실적인 대상을 눈앞에 두고 그것에 기초해서 상상하는 의식을 작동시키려 할 때에도 상상이 시작되기 위해서는 그 현실적인 대상을 지각 대상으로 삼는 한 일단 없는 것으로 간주하지 않으면 안 된다. 사상에서 의식은 이중 삼중으로 무화하고 가장 자유롭게 날아다닌다.

　인간적 행위의 경우에 자유는 선택이라는 형태로 나타난다. 우리는 언제나 순간마다 사소한 일에서 중대한 일에 이르기까지 여러 정도에 따라서 무엇인가를 선택해야 하고 그때마다 '네', '아니오'의 방식으로 거기에 무(無)를 뿌리고 있다. 왜냐하면 '네'라고 해서 하나의 길을 선택할 때 나는 다른 모든 가능성을 선택하지 않는 것으로 해서 이것을 무화하기 때문이다. 자유란 선택하지 않는 자유가 아니다. 선택하지 않는다는 것은 결국 선택하지 않는 것을 선택하는 것으로 귀착된다.

　하지만 자유라는 말처럼 자유로운 사용에 맡겨진 것은 없다. '실존의 자유'를 뚜렷이 하기 위해서도 자유라는 개념의 여러 의미를 하나의 관점에서 정리해 둘 필요가 있을 것이다.

　본디 자유로운 인간이란 노예나 죄수가 아닌 사람을 뜻한다. 그리스어의 엘레우테로스(eleutheros : 자유로운 인간)는 두로스(doulos : 갇힌 사람)와 대치되는 말이다. 따라서 일반적으로 자유란 자기 이외의 다른 사람이 원하는 대로가 아니라 자기가 바라는 대로 행동할 수 있는 상태이다.

자유라는 말은 어떤 행동을 할 때 외부적인 강제나 구속이 가해지지 않는 뜻으로 사용된다. 세계 역사를 자유 의식의 발전으로 파악한 헤겔에 따르면 고대 아시아의 전제 국가에서는 한 사람의 황제만이 자유였다. 그리스, 로마 사회에서는 노예 제도 위에 선 소수의 시민만이 자유였다. 그런데 근대 시민 사회에서는 모든 사람이 자유로워졌다.

헤겔(1770~1831)

이러한 대체적인 자유 발전 단계설의 바탕에는 자유인과 노예의 대립이 고려된다.

"인간은 자유로운 존재로 태어났다. 그런데도 곳곳에서 인간은 쇠사슬에 묶여 있다." 이는 루소의 《사회계약론》 처음에 나오는 유명한 말인데 여기에서도 자유는 갇힌 상태와 대립해서 나타난다. 여기에서 출발해 자유의 의미는 주로 세 가지 다른 방향으로 나뉜다.

먼저 자기의 의지 또는 자기의 자연성을 유지하며 운동할 수 있어서, 그 어떤 강제를 받지 않는 상태가 자유라고 불린다. 이 의미는 인간 이외의 것에도 적용된다. 동물, 식물뿐 아니라 때로는 무생물이라도 좋다. 이를테면 돌이 저절로 떨어지는 것을 자유 낙하라고 한다. 어떤 물체가 그 자연성에 따라서 지구의 중심을 향해 일정한 가속도로 낙하하므로 자유인 것이다. '자연성에 따라서' '본성에 따라서'라는 점이 자유라고 일컬어지는 이유이다. 물이 낮은 곳으로 흐르는 것은 자유이다. 식물은 내버려 두면 자유롭게 가지를 뻗는다. 새는 자유롭게 하늘을 난다. 산림에 자유가 있는 것도 바다가 자유인 것도 그러한 의미에서이다.

'자유 방임'이라는 말은 본디 경제학 용어이지만, 이것을 교육에 적용하면 모든 인위적 구속을 가하지 않고 당사자의 자연성대로 성장하도록 맡기는 자유 방임주의가 된다. 그러나 그러한 의미로서의 완전한 자유방임은 있을 수 없다. 자유롭게 가지를 뻗은 것처럼 보이는 식물도 바람이나 눈, 땅의 자연적 조건에 따라서 엄격하게 제한된다. 하물며 인간의 경우에는 자연적인 조건뿐만 아니라 역사적, 사회적 조건에 의해서 언제나 제약을 받는다.

둘째로 자유라는 개념은 사회적, 정치적이다. 보통 우리가 자유를 문제 삼는 것은 이 장면에서이다. 인간이 자기가 속하는 국가나 사회에서 그 역사적 사회적 조건 아래에서 자기가 바라는 대로 행동하는 데에 외면적인 강제나 구속이 가해지지 않은 상태, 이것이 이 경우의 자유이다. 우리는 법으로써 금지되지 않은 모든 일을 하는 데에 자유이며 법이 명령하지 않는 모든 일을 거부하는 것도 자유이다.

"자유는 법에만 의존하지 않는 곳에 존재한다"고 볼테르는 말한다. 그러나 신체의 자유, 노동의 자유, 양심의 자유, 언론의 자유, 집회의 자유, 결사의 자유 등등 여러 이름으로 불리는 자유를 어느 정도까지 '필요한 자유'로서 법이 인정하는가는 각 국가의 조직 형태나 정치 체제가 달라서 한결같지 않다.

자본주의 국가에서는 기업의 자유나 경제 경쟁의 자유가 원칙적으로 인정되고 있는 데에 반해 사회주의 국가에서는 이들 자유는 착취의 조건이 되는 것이므로 금지된다. 사회주의 국가에서는 집단의 자유, 노동자 대중의 자유가 자유에 맞서는 자유로 여겨져 착취로부터의 자유가 새로운 가치가 된다. 공산주의 국가에서는 언론, 집회, 결사의 자유 등은 혁명의 방향에 대해서 건설적으로 기여하는가의 여부에 따라서 때로는 엄격하게 제한된다. 하나의 지도 이념에 근거하는 사회를 인위적으로 만들기 위해서는 법의 이름으로 필요한 자유가 제한되는 일도 있을 수 있다.

셋째로 철학적인 의미의 자유가 있다. 앞서의 두 자유가 외적인 강제나 구속의 부재를 의미하는 데에 비해서 세 번째 자유는 자기 내면의 강제나 구속을 배제하는 곳에 성립한다. 자기의 정념이나 욕망에 얽매여 흔들리는 한 그 사람은 자유가 아니다. 쾌락과 고통, 기쁨과 노여움, 사랑과 미움 등 한계를 모르는 정념의 폭풍을 의지 또는 이성의 힘으로 자제하는 일, 이것이 예부터 많은 철학자들이 다루었던 자유이다.

플라톤은 《파이드로스》에서 인간의 영혼을 성질이 다른 두 마리 말을 모는 마부에 비유했다. 한 마리의 말은 혈기 왕성한 거친 말, 다른 한 마리는 탐욕스러운 말이다. 마부가 이 두 마리 말을 잘 다스리는 것은 이성에 의한 정념의 통제, 즉 자유를 나타내는 것으로 생각해도 좋다.

또 스토아파 철학자들이 인간 생활의 이상으로 내건 아파테이아는 내적인 자유의 전형이다. 아파테이아란 파토스, 즉 정념을 부정한 무감동의 상태이다. 이 상태는 니힐 아드미라리(무슨 일에도 놀라지 않는)라는 말로도 표현된다.

또 피론이나 에피쿠로스파가 이상으로 하는 아타락시아(마음의 평정)에 대해서도 마찬가지이다.

나중에 라이프니츠도 이렇게 말했다. "오직 신만이 참으로 자유이다. 피조물인 인간 정신은 정념을 초월하는 데에서만 자유이다."

데카르트는 사고 안에서만 자유를 인정하고 사고를 인간의 자유 의지에 귀착시켰다. 우리의 행위는 우리 판단으로써 결정되는데 우리의 판단은 자유의사에 따른다는 것이다.

칸트는 자연의 필연성에 따르는 여러 현상의 연쇄에 속하지 않는 가상계의 원인을 '자유'라고 부른다. 실천이성이 자기의 요청으로서 자유를 세우는 것은 의지의 자율을 가능하게 하는 조건으로서이다. 자율의 원리는 "그대 의지의 격률이 언제나 동시에 보편적 입법의 원리로서 타당할 수 있도록 행위하라"는 정언적 명령 안에 포함된다. 왜냐하면 이 경우에는 의지가 스스로 세운 법칙에 스스로 따르기 때문이다.

베르그송은 인간의 의식 상태가 양적으로 잴 수 없는 질적인 다양성이며 공간적 말로는 파악할 수 없는 순수 지속이라는 데서 거기에 자유를 인정했다. 흘러간 시간은 필연적이지만 흐르는 시간은 자유이다. 베르그송식의 이 자유는 이성이나 의지의 자율과는 다르지만 마찬가지로 내적인 자유의 계열에 들어가는 것으로 여겨진다.

이렇게 보면 철학자들이 말하는 내적인 자유는 어느 것이나 관념적인 자유로, 현실적인 인간존재의 자유를 가리키기에는 지나치게 이상적이다. 실제로 살아 있는 우리 인간은 그 무엇에도 놀라지 않는다는 스토아파의 이상에도 칸트적인 자율에도 도저히 다다를 수가 없을 것이다. 만약에 자유가 진정으로 인간적인 것이라면 데카르트가 말하는 '양식(良識)'과 마찬가지로 자유는 모든 사람에게 공평하게 분배되어 있어야 한다.

성자나 현자에게만 허용된 자유, 극단적으로 말하자면 라이프니츠가 말하는 것처럼 신에게만 돌려지는 자유는 우리에게는 도저히 손이 닿지 않는 곳에 있다. 인간은 살아 있는 동안에는 붙잡힌 몸이지만 죽은 뒤에 비로소 자유가 된다는 현세 부정적 생각은 단순히 희망하는 것만으로도 받아들여지지 않는다. 살아 있는 한 우리 저마다의 자유야말로 우리는 붙잡지 않으면 안 된다.

뿐만 아니라 인간존재에서 정념과 의지는 결코 한쪽이 자기에게 외적인 것, 다른 한쪽이 내적인 것으로 놓여 있는 것은 아니다. 정념은 무질서와 혼란, 의지는 질서와 통일을 뜻하는 것도 아니다. 실제로 살아 있는 인간은 정념도 의지도 하나의 행위 안에 나눌 수 없도록 굳게 결부되어 있다. 사람들은 곧잘 자기 마음속에서 정념과 의지, 이성과 감정이 서로 싸우고 있다고 고백한다. 그리고 어느 한쪽이 다른 한쪽을 이길 때 자유가 필연성에 굴복했다거나 반대로 자유가 필연성을 극복했다고 말한다.

그러나 정념도 의지도 다 같이 자기에게는 내적인 것이며 단지 우리 의식의 내적인 부정을 통해서 비로소 그 둘이 대립하는 모양으로 나타나는 데에 지나지 않는다. 그렇기 때문에 문제는 나눌 수 없는 전체로서 나타나는 인간적 행위의 조건을 자유 안에서 발견하는 일이다. 요컨대 인간의 존재론적 구조로서의 자유, 인간존재의 양식으로서의 자유가 문제인 것이다.

대자존재인 한, 인간은 "자기가 있어야 할 곳의 자기가 아니고 자기가 있지 않은 것"이라는 방식으로 실존한다. 다시 말하면 인간은 탈자적, 초월적인 방식으로 실존한다. 사물도 도구도, 그 어떤 대상 존재도 그러한 존재 양식을 가지지 않는다. 인간만이 곳곳에 자기 자신에 대해서까지도 무(無)를 분비하면서 실존한다. 자유란 이와 같은 방식으로 실존하는 것을 바꾸어 말한 데에 지나지 않는다. 그렇기 때문에 자유는 모든 인간의 기본 존재 양식이지 소수의 인간만이 가지는 특권이 아니다.

인간은 누구나 자유 말고 그 어떤 존재 양식도 가지지 않는다. 자유와 인간은 같은 것이다. 많은 경우 사람들은 자유를 앞으로 얻게 될 그 무엇, 언젠가는 다다를 그 무엇인 것처럼 생각해서 '자유를 위해서'라고 하는데 그것은 자유가 무엇인지를 모르는 사람들의 말이다.

인간은 먼저 실존하고 그런 다음에 자유인 것은 아니다. 실존은 자유라는 것이다. 만약에 인간이 그 밖의 것으로는 있을 수 없는 의미의 필연성을 짊어지고 있다면 그것은 인간이 자유인가 아닌가에 관한 한 자유가 아니라는 뜻이다. 인간은 자유로운 존재임을 그만둘 수는 없다. 거기에 그 밖의 것은 될 수 없다는 의미로서의 자유의 필연성이 있다. 인간은 어떤 때에는 어느 정도의 자유를 가지지만 어떤 때에는 또 어느 정도까지 그것을 잃는다는 것은 있을 수 없다. 앞서 제시한 자연성에 따른 자유는 본디 자유라고는 말할 수가 없다. 왜냐하면 거기에서는 모든 것이 자연적 요소에 의해서 결정되기 때문이다.

두 번째의 정치적, 사회적 자유의 경우 어떤 때에는 자유이고 어떤 때에는 부자유일 수도 있다. 그러나 그와 같은 자유는 인간의 실존과는 아무런 관계가 없다. 인간은 그 어떤 사회에서도 더 많이 실존하거나 더 적게 실존할 수 없는 것과 마찬가지로 한결 더 많이 자유이거나 한층 적게 자유일 수는 없다. 오히려 인간은 정치적, 사회적 의미에서 한결 부자유한 환경에 처해도 좀더 강하게 실존의 자유를 의식할 수가 있다.

세 번째의 철학적 자유는 너무나 초인간적이다. 신만이 완전히 자유인 곳에서는 인간은 완전한 자유에 다다를 수가 없다. 이에 반해서 실존의 자유는 언제 어느 때에도 인간이 완전히 자유일 것을 요구한다. 그렇지 않으면 본디 자유 같은 것은 존재할 수가 없다.

자유라는 무거운 짐

사르트르가 《존재와 무》에서 되풀이해 말하는 것처럼 "자유롭다는 것은 자유로운 상태로 있도록 저주된 상태이다." 우리는 자유 속으로 내던져져 있으며 자유 안에 버림받고 있다. 그는 소설 《자유의 길》 주인공으로 하여금 이렇게도 말하게 한다. "나는 아무것도 아니며 아무것도 가지고 있지 않다. 빛과 마찬가지로 세계로부터 떠날 수는 없지만 빛과 마찬가지로 떠도는 몸이며 돌이나 물 위를 미끄러져 간다. 그리고 무엇 하나, 절대로 무엇 하나 나를 거부하지도 않고 나를 파묻지도 않는다. 밖이다, 밖이다. 세계의 밖, 과거의 밖, 나 자신의 밖, 자유란 유랑이다. 나는 자유이도록 저주당하고 있는 것이다."

또 오레스테스 전설을 재해석한 사르트르의 상징극 《파리 떼》 주인공 오레

스트와 신들의 왕 주피터와의 문답은 그대로 무신론적 실존주의의 그리스도
교에 대한 자유 선언이라고도 받아들일 수 있다.

　—나는 그대를 창조했다. 나는 만물을 창조했다. 천체의 운행, 우주의 질서,
생물의 번식과 성장, 이 모두는 내가 전한 것이다. 이 세계는 그대가 살 곳이 아
니다. 이 세상에서 그대의 존재는 육체의 가시, 숲의 밀렵자이다. 그대는 우주
안에서 한 마리의 벌레에 지나지 않는다.
　—주피터여, 그대는 신들의 왕이다. 그러나 그대는 인간들의 왕은 아니다.
　—그렇다면 누가 그대를 만들었는가?
　—그것은 그대다. 하지만 그대는 나를 자유로운 인간으로 만들지 말았어야
했다.
　—나는 그대가 나에게 봉사하도록 그대에게 자유를 준 것이다.
　—그것은 그럴지도 모른다. 그러나 그 자유가 그대에게 반항하는 것이다.
(……) 갑자기 자유가 나에게 달려들어 나를 전율케 했다. (……) 나는 이제 나
의 길을 갈 수밖에 없다. 왜냐하면 나는 인간이기 때문이다. (……) 그대와 나
사이에 도대체 무엇이 있다는 것인가? 그대와 나는 두 척의 배처럼 서로 맞닿
지 않고 스쳐 지나갈 것이다. 그대는 신이다. 그리고 나는 자유이다.

　그러나 인간은 이와 같은 자유의 무거운 짐을 견딜 수가 있을까? 끊임없이
자유로운 선택 앞에 서 있는 자기를 발견한다는 것은 인간에게 더없이 불안한
일이다. 왜냐하면 자유로운 선택은 무엇인가에 지시를 요청하거나 무엇인가에
의지하는 것을 허용하지 않기 때문이다. 거기에서는 하나하나의 결단이 자기
책임에 달려 있다. 불안은 외적인 대상에 대한 공포와는 달리 자기 자신 앞의
자유로운 의식에서 온다.
　선택한다는 것은 저편으로 자기 자신을 내던지는 일, 달리 말하면 기획을
한다는 것이다. 하지만 저편에 내던져진 자기 자신은 내가 아직 그것이 아닌
나 자신이다. 나는 아직 존재하지 않는 저편의 나를 과연 만날 수가 있을까?
이 생각에서 불안이 싹튼다. '아직 있지 않은' 양식으로 내가 나의 미래라고 하
는 의식, 그것이 바로 불안이다. 우리는 가끔 이 불안에서 벗어나고자 한다. 자
기가 자유일 수밖에 없다고 느끼는 일은 오히려 우리에게 고통이다. 우리는 자

기가 자유가 아니라는 것을 자기에게 입증하려고 한다.

인간은 자기를 둘러싼 무의식적인 즉자존재를 향한 기묘한 향수를 가지고 있다. 인간에게는 자유가 아닌 상태가 오히려 편하며 사물존재나 도구존재와 같은 편이 속이 편하다. 한때 〈케 세라 세라〉라는 노래가 유행했다. 이것은 '될 대로 되라' '내일은 내일의 바람이 분다' 정도의 뜻이다.

그러나 그것은 바로 즉자존재의 양식이며 자유의 포기이다. 자기 자유를

프로이트(1856~1939)

포기함으로써 불안에서 벗어나려고 하는 이 경향은 하나의 자기기만이다. 왜냐하면 자기가 불안하다는 사실을 누구보다도 자기가 알고 있으면서 자기는 불안하지 않다고 자기에게 타이르려고 하기 때문이다. 자기기만이란 자기가 누구보다도 진실을 잘 알고 있으면서 다름 아닌 자기 자신에게 감추려고 하는 일이다.

프로이트는 인간이 출생 이전 황금시대의 행복을 동경한다는 것을 지적했는데 인간은 그와는 다른 뜻으로 불안의 염려가 없는 즉자존재의 상태를 동경한다. 이 남모를 자기기만에 의한 소원은 새삼 자기의 자유에 눈을 가리고 기성의 가치에 자기를 복종시킴으로써 이루어진다.

그 어떤 질서, 그 어떤 의무를 신으로부터 주어진 것으로 자기 자신에게 설정한다면 우리는 자유라고 하는 불안에서 벗어날 수 있다. 또는 커다란 구조나 체제의 한 부품으로서 자기를 소외한 채, 다시 말하면 타유화(他有化)된 채

로 맡길 때 우리는 자유의 무거운 짐을 느끼지 않고 지낼 수가 있다.

하지만 그때마다 스스로 선택하고 스스로 결의하는 자유를 견딜 수가 없어서 무엇인가에 의존하거나 무엇인가를 핑계로 삼거나 무엇인가로 도피하거나 무엇인가에 지시를 구하거나 무엇인가에 결정을 떠넘긴다는 것은 모두 자기기만일 수밖에 없다. 하이데거의 용어를 빌리자면 그러한 생존 방법은 모두 비본래적이다.

지드는 모든 우상을 파괴한 뒤 성실하게 의지할 곳을 구했는데 만약에 성실이 속마음의 우상이 된다면 그것조차도 자기기만이다. 그렇기 때문에 인간은 자유이도록 운명지워졌으면서도 진정으로 자유가 된다는 것은 니체의 말대로 줄을 타는 것처럼 어려운 일이다. 그러나 자유로운 존재로 시작한 바에는 우리는 끊임없이 현재의 한 걸음을 자기 책임으로 내딛지 않으면 안 된다. 인간이 살아 있는 한 내기는 결코 끝나는 일이 없다.

부재로서의 가치

인간은 존재하는 것이 아니라 실존한다. 우리가 자기를 실존으로 파악하는 것은 자기를 존재 결여로서 파악하는 일이다.

그렇다면 결여(manque)란 무엇을 말하는 것인가? 본디 부정은 그 무엇인가에 대해서 무엇인가를 부정하는 것인데 이 경우의 '그 무엇인가'와 '무슨 일이' 하나로 포함되어 있는 듯한 부정이 결여이다. 그와 같은 결여는 즉자존재에서는 생각할 수가 없다. 왜냐하면 부정은 대자의 경우에 비로소 존재 안에 개입해 오는 것이기 때문이다.

그러므로 결여는 대자로서의 인간의 출현과 함께 세계 안에 나타난다. 인간은 세계 안에 결여를 나타나게 할 뿐만 아니라 자기 자신 또한 하나의 결여이다. 다시 말하면 인간은 살아 있는 한 존재하는 것이 아니라 실존할 수밖에 없는 것이므로 인간에게 결여된 것은 바로 존재이다.

인간은 즉자존재와 마찬가지 방법으로 무엇인가 될 수 없음에도 이 돌이 존재하는 것처럼 무엇인가로 존재하기를 바라지 않고는 존재할 수가 없다. 나는 학생에게는 교사로서, 어린이에게는 아버지로서, 아내에게는 남편으로서, 또 거리에서 만나는 사람들에게는 시민의 한 사람으로서 존재하고 싶어한다.

그러나 누가 즉자적으로 교사이고, 즉자적으로 아버지이며, 즉자적으로 남

부빌의 모델이 된 항구 도시 르아브르

편이고, 즉자적으로 시민일 수 있을까? "나는 평화주의자이다", "나는 휴머니스트이다" 스스로 말할 때 그렇게 말하는 나는 그렇게 말해지고 있는 나로부터 언제나 탈출하고 있다. 파악하는 나는 파악되는 나로부터 빠져나가 이미 늘 그 바깥에 서 있다.

이를테면 내가 나 자신을 돌아보고 "나는 이기주의자이다" 말했다고 하자. 이 반성은 "이제까지 나는 이기주의자였다"는 것을 말하고 있다. 이 반성을 계기 삼아 앞으로 나는 이기주의자가 아닐 수도 있고, 또 현재 "나는 이기주의자이다" 고백하고 있는 나는 적어도 '이기주의자인 나'는 아니다.

그럼에도 우리는 자기를 존재로서 안정시키기를 바란다. "인간은 신의 모습을 닮도록 만들어졌다. 그러므로 인간은 타고나면서부터 존엄과 피조물에 대한 권리를 가지고 있다"고 하는 사상만큼 우리를 안정되게 만들어 주는 것은 없다. 그것을 믿고 의심하지 않는 한 우리는 존재일 수 있기 때문이다.

본디 아무것도 아닌데 스스로를 그럴듯한 존재라 여기고 있는 속물들의 자기기만을 사르트르는 소설 《구토》에서 보기 좋게 폭로한다.

'부빌'의 시민들은 자기들이 충분히 이유가 주어진 존재라고 믿는다. 다른 사람에 대해서는 위엄을 갖추고 자기를 하나의 그럴듯한 인물로서 다른 사람의 눈에 비치게 하는 것만이 그들의 유일한 관심사이다. 식당에서 그들은 진지하게 식탁에 앉아 자기가 세상에서 없어서는 안 될 인물인 양 엄숙하게 식사를 한다. 이러한 속물은 우리 주위에서 얼마든지 볼 수 있다. 한심하게도 나 자신이 가끔 그러한 속물에 끼어 자기가 무엇인가 되는 것처럼 행동하고 있음을 알아차린다. 다만 이 자기기만을 알아차리고 있는가 아닌가에 차이가 있을 뿐이다. 때때로 살아 있는 동안에 스스로 자기의 동상을 만들게 하여 그것으로 자기 존재를 확보했다고 생각하는 인간도 있다. 그러고 보면 초상화를 그리게 하는 것이나 기념사진을 찍는 것도 자기를 존재로서 안정시키려고 하는 헛된 시도에 지나지 않는다.

자기를 존재하게 하는 것은 움직이지 않고 무감각한 석불이 되는 일이다. 그렇게 되면 기획도 필요 없고 불안도 생기지 않는다. 인간은 아무것도 아닌 자기의 자유를 포기해서 무엇인가가 될 수만 있다면, 반드시 그 무엇인가가 위엄이 있는 존재가 아니라도 된다. 비록 그것이 저주받은 존재, 부끄러워할 존재일지라도 그것으로 자기에게 이유를 부여하는 데에 충분하다.

사르트르는 보들레르 안에서 그와 같은 기획의 전형을 발견한다. 보들레르는 두 번 다시 뒤로 돌아가지 않는 그 무엇인가가 되기 위해서, 다시 말하면 그때마다 자기를 의문 속으로 던져 넣는 것을 피하기 위해 감히 자기를 '저주받은 인간'으로 만든 것이다. 보들레르는 자기의 인간적 조건을 가장 심각하게 체험하면서도 모든 정열을 기울여 그것을 자기에게 감추려고 했다. 그는 자기 본질을 다른 사람의 눈 안에 고착시키려고 했다. 그는 자기를 '저주받은 인간'으로 만듦으로써 자기는 존재한다는 착각을 손에 넣은 것이다. 보들레르는 스스로 자기 존재에 이유를 부여할 수가 없기 때문에 자기를 다른 사람에 대한 걸림돌로 만들어 그것으로 비로소 그는 존재하고 불안에서 벗어난 것이다. "이 사나이는 평생 거만과 원한에 의해서 다른 사람의 눈에 대해 또 자기 자신의 눈에 대해서 자기를 사물로 만들려고 했다. 그는 사교적인 축제 기분을 거들떠보지도 않고 조각상과 같은 모습으로 결연히 불투명하게 어깨를 견줄 사람이 없을 만큼 우뚝 서고 싶었다. 요컨대 그는 존재하기를 바랐다고 할 수 있다." 사르트르는 이렇게 말한다.

확실히 다른 사람이 그 무엇인가로 보아준다는 것, 따라서 자기 자신을 그 무엇인가로 느끼는 마음에는 어떤 편안함이 있다. 버스 승무원은 자기가 승무원이라는 것을 남들 앞에서 보이고 있으며 사람들 눈에 비치는 자기 모습에 편안함을 느낀다.

이런 종류의 존재감이 모든 직업을 지탱한다. 모든 사람은 타인이 자기를 보고 있는 대로의 것으로 자기가 자기 자신을 보는 것에 만족한다. 다른 사람의 시선은 거기에서 내가 나의 모습을 찾는 거울이다.

만일 이 거울에 내가 그 무엇인가로 비치지 않았다면 나는 그림자를 잃은 사람처럼 불안해서 견딜 수가 없을 것이다. 다른 사람의 시선은 나를 하나의 사물로서 응고시키고 돌로 만드는 메두사의 시선이다.

장 주네는 그와 같은 메두사의 시선으로 도둑을 연출한 것이다. 《자유의 길》에 나오는 다니엘은 신의 눈동자 아래 자기를 '남색한(男色漢)'으로 존재하게 하여 그에 따라서 자기 자신에 대한 걱정으로부터 벗어난다. 이 남자는 중얼거린다. "이제 자신을 바라보지 않아야 한다. 오직 존재해야 한다. 떡갈나무가 떡갈나무인 것처럼 남색한이어야 한다. 나를 대신해서 신의 눈동자가 나를 향해 나를 그 무엇인가로서 고정시켜 줄 것이다. 예술가나 작가가 그의 작품에 의해서, 실업가가 그의 사업으로, 정치가가 그의 공적으로, 운동선수가 그의 기록으로, 과학자가 그 발견으로 노리는 것은 자기를 존재케 하는 일이다. 어떤 사람은 불후의 명작으로 자기를 존재케 하고 어떤 사람은 시멘트로 자기를 존재하게 하며 어떤 사람은 캐러멜로써 자기를 존재하게 하고 어떤 사람은 라듐으로 자기를 존재시킨다. 소유도 행동도 창작도 발견도 모두 존재 결여자인 인간의 존재 욕구가 아닌 것이 없다.

이들 소유나 행동이나 창작의 발견에 의해서 사람이 지향하는 존재는 무엇일까? 그것은 존재 결여자와 이 존재 결여자가 가지고 있지 않은 무엇인가를 하나로 종합하는 완전성이다. 우리가 보통 '가치'라 부르는 것은 이러한 의미로서의 완전성이다.

존재 결여로서 실존하는 인간은 자기 자신의 무의 근거는 될 수 있어도 자기 자신의 존재 근거는 될 수 없는데도 '자기 자신의 무의 근거일 뿐만 아니라 자기 자신의 존재 근거이기도 한 존재', 즉 완전성을 이루려고 한다.

하지만 이러한 완전성은 결코 주어지거나 실현되지 않는 영원한 '저편'밖에 되지 않는다. 왜냐하면 실현된 것은 시멘트든 캐러멜이든 단순한 즉자존재에 지나지 않으나 이러한 완전성은 자기 안에 즉자와 대자라고 하는 나란히 하기 불가능한 성격을 아울러 가진 것이 되지 않으면 안 되기 때문이다. 영원한 저편으로서 지향되는 이 완전성, 이 가치는 그렇기 때문에 미래영겁, 결코 현실로 나타날 수 없는 부재이지만 그럼에도 이 부재로서의 가치가 결여자인 인간의 대자를 쉼 없이 따라다닌다.

이 절대적인 부재가 인간의 명상에 의해서 실체화될 때 신이라는 이름이 생긴다. 신은 그것이 완전한 긍정인 한에서 '있어야 할 즉자'이면서도 그것이 자기의식인 한에서 '있지 않는 대자'여야 한다. 그와 같은 부재로서의 가치를 지향하여 인간은 자기를 초출해 간다. 인간은 스스로 대자인 채로 즉자이려고 한다. 그런 뜻에서 인간의 자기 초출 목표로서의 가치는 바로 '즉자—대자'라는 형태로 나타난다.

가치라고 하는 말을 신으로 대치한다면 인간은 절망적으로 신이 되려고 하는 실존자이다. 인간은 스스로 존재를 근거지우기 위해서, 또 부재의 가치를 영원한 저편에 두고 지향하기 위해서 감히 자기를 잃는 것을 기획하는 한에서 하나의 수난이다.

인간의 수난은 그리스도의 수난과 반대로 간다. 왜냐하면 신을 태어나게 하기 위해 인간은 자기를 잃기 때문이다. 그러나 본디 신이라는 개념은 모순이다. 우리는 허망하게 자기를 잃는다. "인간은 하나의 무익한 수난이다" 하는 것이 사르트르의 《존재와 무》를 맺은 말이다.

무화(無化)의 무화로서의 죽음이 인간을 기다린다. 죽음은 부조리하게도 대자를 영원히 단순한 즉자로 변화시킴으로써 인간의 불손한 기도를 좌절시킨다. 죽음에 대해서 말하는 《존재와 무》의 한 구절을 여기에 인용하는 것도 헛된 일은 아니리라.

—극한까지 가서 나와 나의 죽음 사이가 무한히 작게 된 순간에는 나는 이미 나의 과거밖에 되지 않을 것이다. 나의 과거만이 나를 한정시킬 것이다. 바로 이것이 소포클레스가 《트라키스의 여인들》 안에서 데이아네이라의 다음과 같은 말로 전하려고 한 것이다. "예부터 세상에 통용되는 속담이지만 사람이 죽을 때까지는 그 사람의 일생에 대해서 판단을 내릴 수 없고 그 사람의 일

생이 행복했는가 불행했는가를 말할 수 없을 것이다." 그것은 또 "죽음이 삶을 운명으로 바꾼다"고 하는 앙드레 말로의 구절 의미이기도 하다. 신자가 죽음의 순간에 "내기는 끝났다. 이제 패는 없다" 말할 때 그를 때려눕히는 것도 결국 그것이다. 영원이 우리를 우리 자신으로 바꾼 것처럼 죽음은 우리를 우리 자신으로 합체시킨다. 죽음의 순간에 우리는 존재한다. 우리가 존재하는 것에 대해서 사람은 진정으로 결정을 내릴 수가 있다. 이제 우리는 전지(全知)한 하나의 이치를 꿰뚫는 지혜가 할 수 있는 모든 계산으로부터 탈출하는 그 어떤 기회도 가지지 않는다. 또한 죽음을 맞이하는 순간의 후회는 우리에게 서서히 굳어 고체화된 이 모든 존재를 뒤흔들려고 하는 온갖 노력이며 나의 연대를 끊으려는 마지막 도약이다. 그러나 그러한 보람도 없이 죽는다면 이 도약을 그 밖의 것들과 함께 응고시킨다. 죽음으로써 대자가 그대로 과거로 흘러간 한에 있어서 대자는 영원히 즉자로 변한다.

이리하여 죽은 자는 산 자의 먹이가 된다. 산 자는 죽은 자를 어떻게든 대우할 수도 있다. 죽는다는 것은 이미 다른 사람의 자유 앞에만 존재하도록 운명 지워지게 되는 것을 말하며, 내 실존의 영원한 타유화이고 회복할 수 없는 절망적인 소외이다.

자유와 상황—앙가주망

인간은 자유라고 해서 아무런 저항도 없는 곳에서 공중에 뜬 채 살고 있는 것이 아니다. 사르트르가 《파리 떼》의 주인공 오레스트에게 말하도록 한 대사를 빌리자면 우리의 자유는 '지상 3미터인 곳에 떠도는 거미줄'과 같은 자유가 아니다. 우리는 이러저러한 시대, 이러저러한 장소, 이러저러한 환경에서 이러저러한 과거를 짊어지고 이러저러한 몸을 가지고 이러저러한 사람들과 함께 죽음의 부조리의 위협을 받으면서 살아간다.

그러한 모든 사정의 복합이 우리 각자의 '상황'을 만든다. 상황이라는 말은 단순히 객관적인 세계의 추이를 뜻하는 것으로 받아들여서는 안 된다. 상황은 대자와 관계없이 즉자로서 존재하는 객관적 정세와 같은 것이 아니다. 상황은 저마다의 실존에 대해서 개별적인 모습으로 나타난다. 나의 상황은 그 누구도 나 대신에 맡을 수가 없다. 이 상황은 나만을 위해 만들어진 것처럼 보인다. 그러나 그렇다고 해서 상황이 단순히 주관적인 것은 아니다. 상황은 즉자의 우연성과 자유와의 관계로서 규정된다.

내가 자유로운 선택에서 자기를 고르는 것은 그와 같은 상황에서이다. 나는 나의 상황에서, 거기에 구속되어 있기는 하지만 자기를 던지는 행위로 현재 있는 상황에서 자기를 해방시키고 나의 목적을 향해서 새로운 상황 안에 자기를 구속한다.

인간의 자유로운 기도가 없었다면 시대도, 장소도, 환경도, 나의 과거도, 나의 몸도, 나의 이웃도 단지 단순한 객관적인 형상이자 흩어진 즉자존재를 가지는 데에 지나지 않을 것이다. 이들 여러 현상은 내가 기획하는 목적의 빛을 비춤으로써 비로소 나의 상황이 된다. 자유로운 대자는 자기를 만듦으로써 상황을 만들고 또 반대로 자유로운 대자는 상황을 만듦으로써 자기를 만든다.

여기에서 사르트르가 즐겨 사용하는 자유와 상황의 역설이 생긴다. "자유는 상황 안에만 존재하고 상황은 자유에 의해서만 존재한다." 상황 안에는 대자의 부담액과 나눌 수 없이 조합되어 있어서 어디에서 어디까지라고 둘을 구별할 수가 없다.

같은 대상이 기획이 달라짐에 따라 서로 다른 상황을 만든다. 자유는 언제나 상황 안에서 만나는 저항과 곤란과 장해를 예상한다. 그러나 이들 저항이나 장해는 자유에 대해서 위험하기는커녕 오히려 자유로서의 출현을 자유에 대해서 가능하게 하는 조건이 된다. "저항하는 세계 안에서 구속된 것 말고는 자유로운 대자는 존재하지 않는다. 이 구속을 등한시하면 자유의 관념은 의미를 잃는다." 여기에도 사르트르가 지적하는 역설이 있다.

하지만 이 구속은 인간의 자유로운 기획을 가진 뜻인 한, 자기 구속이다. 즉 자존재의 경우에는 단순히 속박된 상태, 진퇴양난의 상태까지 구속되는 것이지만 인간은 장래를 향해서 자기를 구속한다. 사회문제나 정치문제에 '관련되고' '참가하는' 의미로 앙가주망이 입에 오르내린 것도 인간의 자유로운 기획을 전제로 한다. 자기의 저편으로 자기를 내던지는 것은 말하자면 불확실한 것에 대해서 자기를 거는 것이다.

그런 의미에서 인생은 끊임없는 내기라고 해도 좋을 것이다. 프랑스어로 가제(gager)는 '걸다'라는 뜻이지만 그것은 결국 현재 있는 것을 확실히 제공해서 아직 있지 않은 불확실한 것을 자기 책임 아래에서 걸고 보증하는 일이다. 이 보증으로서 거기에 제공된 것, 즉 저당이 가주(gage)이다. 따라서 앙가주망은 내기를 하는 것과 결코 무관치 않다.

앙가제(engager)는 영어의 인게이지와 마찬가지로 저당 잡히는 일, 서약하는 일, 약속하는 일, 자기를 구속하는 일이다. 앙가주망에 대해서 데가주망 (dégagement)이라는 말이 가끔 쓰이는데 이것은 새로운 자기 투기에 의해서 앞서의 자기 구속에 다시 자기를 해방하는 일이다.

나는 내가 거는 것, 저당 잡힌 것, 전부 또는 일부를 잃는 것을 알고서 나의 내기를 멈출 수가 있는데 우리 인생의 행동에서도 지금의 자기 투기를 중지하고 새로 다른 하나의 자기 투기를 하는 일이 자주 있게 된다. 그런 경우에는 앞서의 자기 구속(앙가주망)으로부터의 자기 해방(데가주망)이 다른 자기 구속이 되어 나타난다. 일단 자기 구속을 하면 그다음은 저절로 조직의 힘이 목표로 데려다 주리라고 생각하는 것은 자유의 포기이자 즉자로의 전락이다. 자기 구속을 유지하기 위해서는 그때마다의 새로운 상황 아래 새로운 문제에 대해서 앞서의 자기 구속을 다시 확인하지 않으면 안 된다.

더 나아가 나는 자기를 구속함으로써 동시에 다른 사람도 구속한다. 나는 나의 자기 구속이 미치는 영향과 결과에 대해서 모든 책임을 지지 않으면 안 된다. 다른 사람 또한 그 자신을 구속함으로써 자기 구속의 영향을 또 다른 사람에 미친다. 이와 같은 자기 구속의 총체가 바로 의무이다. 그러나 그것은 신의 율법으로서 주어진 의무가 아니라 인간 스스로 끊임없는 자기 구속에 의해 형성해 가는 의무이다.

자유와 자유의 상극

내가 상황 안에서 만나는 것은 나와 마찬가지로 자유로운 다른 사람의 존재이다. 나의 의식은 다른 사람이 들여다볼 수 없는 초월이지만 그와 마찬가지로 다른 사람의 의식도 나로서는 들여다볼 수 없는 초월이다.

내 앞에 있는 많은 사람들은 지금 나를 주시하고 내 이야기에 귀를 기울이는 것처럼 보인다. 그러나 이들이 이 순간 정말 나의 이야기를 이해하고자 주의를 집중하고 있는지는 의심스럽다. 그들의 의식은 전혀 다른 방향으로 가고 있는지도 모른다. 아무리 낙관적인 사상도 자유로운 의식의 다수성이라는 사실을 부정할 수는 없을 것이다.

자유로운 다른 사람의 존재는 나의 자유로는 어찌할 수 없는 필연성이다. 나는 다른 사람을 만나는 것이지 내가 다른 사람을 구성하는 것은 아니다. 다른 사람의 실존은 말하자면 내 실존의 조건이기도 하다. 나는 다른 사람이 나를 그 무엇인가로 인정해 주지 않는 한 아무것도 아니다. 또 내가 어떠한 성격의 인간인지도 나는 다른 사람의 말을 통하지 않으면 알 수가 없다.

모든 다른 사람은 내가 생각하는 주체임과 마찬가지로 생각하는 주체이며 내가 바라는 주체임과 마찬가지로 욕구하는 주체이다. 요컨대 내가 자유로운 초월임과 마찬가지로 다른 사람도 자유로운 초월이다. 나의 자유는 다른 사람의 자유에 의존하고 다른 사람의 자유는 나의 자유에 의존한다. 실존의 자유는 그와 같은 자유의 연대성 위에 세워져 있다.

따라서 동시에 다른 사람의 자유를 인정하지 않는 한 나는 나의 자유를 인정할 수가 없다. 그러나 이것은 저마다의 자유로운 주체가 조금도 손상되지 않고 그대로 공동 주체 안에 포섭되는 사회가 가능하다는 뜻이 아니다. 오히려 자유의 연대성은 한쪽의 자유가 다른 쪽 자유를 초월하여, 다른 쪽 주체를 단순한 대상으로 바꾸어 다른 쪽의 대자를 즉자존재로 만들어버리는 그와 같은 상극적인 교차가 있다는 것을 나타낸다.

자유로운 주체는 무한히 많고 그 각자는 대자적으로 말하자면 마찬가지로 자유이지만 대타적으로는 언제나 다른 사람에 의해서 즉자존재로 바뀔 가능성을 가지고 있다. 나의 자유와 다른 사람의 자유 사이의 근본적인 관계는 결코 융화적이지 않다.

다른 사람은 단순한 사물존재와 달라서 시선을 갖는다. 다른 사람의 시선은 언제나 나로부터 주체성을 빼앗아 나를 대상의 지위로 이끄는 힘을 가지고 있다. 다른 사람은 무엇보다도 먼저 나에게 '내가 누군가에게 대상'일 때의 그 '누군가'의 존재이다.

다른 사람과의 만남을 최초의 체험으로 말하자면, 다른 사람은 나에게 시선을 보내고 있는 사람이다. 다른 사람은 대상이 아니라 주관이며 반대로 나는 주관이 아니라 대상이다. 시선을 받고 있는 대상은 나이다. 나는 다른 사람의 시선 아래에서 내가 대상이자 주관이라는 것을 체험한다. 다른 사람은 초월하는 초월이지만 나는 초월되는 초월이다.

만약에 이 세계가 단지 나 한 사람의 것이고 거기에 다른 사람이 존재하지 않는다면 세계는 나의 것이고 나는 세계에 의미를 부여하며 이것을 세계로서 성립시키는 유일한 주인공일 것이다. 또 만일 다른 사람이 나타났다 하더라도 다른 사람이 나에게 등을 돌리고 서 있는 한, 다른 사람은 나의 대상으로서 사물존재와 마찬가지로 나의 세계 안에 사소한 지위를 차지하는 데에 지나지 않을 것이다.

그러나 다른 사람이 나에게 등을 돌려 그의 시선이 나의 세계 안에 나타나자마자 형세는 돌변한다. 일단 다른 사람의 시선이 나에게 향한다면 나의 세계는 무참히도 무너져 구멍이 뚫린다. 나의 세계는 말하자면 내출혈 상태에 빠져 다른 사람 쪽으로 한없이 흘러 나간다.

다른 사람은 이제는 나의 대상이 아니라 반대로 내가 다른 사람의 대상이다. 나는 다른 사람에 의해 타유화되고, 다시 말하면 소외되어 즉자존재까지 응고한 대상으로서 다른 사람의 세계 안에 자리를 잡는다. 동시에 내 쪽으로 얼굴을 돌리고 있던 세계 안의 갖가지 대상은 방향을 바꾸어 다른 사람을 중심으로 배치된다.

대타(對他)존재의 체험에서는 다른 사람의 시선이 반드시 나에게 향하지 않아도 된다. 나는 언제나 보이지 않는 무수한 시선으로 내던져져 있다. 그 증거로는 아무도 시선을 돌리고 있지 않을 때에도 나는 사건마다 다른 사람의 시선을 느끼고 누군가가 보고 있지 않은가 하고 신경을 쓴다.

사르트르는 《닫힌 방》이라는 기묘한 희곡 안에서 한 등장인물에게 "지옥은 바로 다른 사람이다" 말하게 한다. 또 《존재와 무》에서도 "원죄란 다른 사람이 있는 하나의 세계에 대한 나의 출현이다"라고까지 말하고 있다.

나에 대한 주관으로서의 다른 사람의 그와 같은 출현에서 출발하여, 나는 대타존재의 또 하나의 계기를 파악할 수가 있다. 나는 결연히 다른 사람 쪽으로 돌아서서 이번에는 반대로 다른 사람을 대상으로 파악하려고 시도한다. 그러면 주관으로서의 다른 사람은 사라지고 대상으로서의 다른 사람이 출현한다. 그렇게 되면 다른 사람은 이제 초월하는 초월이 아니라 초월되는 초월에 지나지 않는다.

그러나 초월되는 초월, 대상이 된 다른 사람은 언제 어느 때 다시 방향을 돌려 주관으로서의 다른 사람으로 변할지도 모르는 폭발물과 같은 것이다. 그렇기 때문에 만일 내가 나에게 쏠리고 있는 다른 사람의 시선을 통해 명증적으로 다른 사람의 존재를 체험한다면, 그때의 다른 사람은 주관이며 초월하는 초월이어서 나는 그를 인식할 수가 없다.

반대로 만약에 내가 다른 사람을 인식한다면 그때의 다른 사람은 단순한 대상존재이며 초월되는 초월이지 주관으로서의 다른 사람이 아니다.

이리하여 대타존재의 근본적인 구조는 시선을 돌리는 자가 되느냐, 시선을 받는 존재가 되느냐의 상호변환적인 관계이며 한 마디로 말하자면 상극이다. 이 상극은 다른 사람에 대한 두 가지 태도가 되어 나타난다. 첫 번째는 다른 사람의 자유로운 주관 앞에 자기를 대상으로서 내줌으로써 다른 사람의 주관에 작용하는 태도이다. 자유로서의 다른 사람이 나를 대상으로 만드는 한 나는 다른 사람의 자유를 그대로 있게 하면서 이 자유를 고스란히 나의 것으로 시도해 볼 수가 있다. 이것은 다른 사람을 초월하는 초월인 채로 두고 내 안에 가지려고 하는 것이며, 다른 사람의 자유를 그 사람 안에서 그 사람의 것이 아닌 것으로 변하게 하는 일이다.

사랑은 이 태도의 전형이지만 이 기도는 상대의 주관 앞에 나의 주관성을 완전히 무(無)로 만들려는 헛된 노력이므로 좌절하지 않을 수가 없다. 사랑은 이쪽에서 아낌없이 줌으로써 상대를 그대로 이쪽으로 가지려고 하는 모순을 포함한다.

두 번째 태도는 반대로 내 쪽에서 다른 사람에게 시선을 돌림으로써 다른 사람을 초월되는 초월로 만들어 나의 대상으로 소유하려는 태도이다. 그러나 이 기획은 다른 사람의 자유로운 주관성을 없애려고 하는 시도이므로 또한 좌절하지 않을 수가 없다. 대타존재에서 기본적인 이 두 가지 태도는 서로 순환하여 나의 대자는 한쪽에서 다른 쪽으로 끝없이 내몰린다.

요컨대 나의 실존과 다른 사람의 실존은 주체성을 둘러싼 상극에서 서로 부딪친다. 다른 사람에게 나의 주체성을 빼앗기느냐 아니면 다른 사람으로부터 나의 주체성을 다시 찾는가 하는 데에서 불꽃이 튀긴다. 실존과 실존의 교류도 이러한 대타존재의 존재론적 구조를 무시하면 피상적인 교류로 끝나버리고 말 것이다. 오히려 이 상극이라고 하는 구조를 바탕으로 핵심에서 핵심으로 울리는 실존의 교류가 가능해진다. 실존의 교류를 성립시키는 것은 일원적인 꿈꾸는 사랑이 아니라 사랑으로서의 싸움, 싸움으로서의 사랑이다.

자유의 공동존재는 가능한가?

다른 사람과 함께 있는 존재, 즉 공동존재는 어떻게 해서 성립하는가? 또 그것은 어떠한 구조를 갖는가? 분명히 '우리'라는 말로 단적으로 표현되는 공동존재는 그 누구도 의심할 수 없는 경험적인 사실이다.

하지만 '우리'라는 이 경험적인 사실은 상극을 근본 구조로 하는 대타존재 위에 근거로 해서 비로소 성립된다. 따라서 대타존재의 구조는 공동존재 안에 반영되고 '시선을 돌리는 자'와 '시선을 받은 자'의 대립, 즉 '초월하는 초월'과 '초월되는 초월'의 대립은 그대로 공동생활 안에 반입된다. 사르트르는 이 둘을 '주체-우리'라는 모양으로 나타내고 있다.

먼저 '대상-우리'는 제3자의 시선을 돌리고 있는 '우리'이며 내가 다른 '우리'와 함께 제3자에 의한 공동의 타유화, 공동의 소외로 빠져 있을 때의 상태이다.

그 가장 두드러진 경우가 계급의식이다. 계급의식은 어떤 집단 상황을 기회로 하여 특수한 '대상-우리'를, 다른 '우리'의 연대성을 내가 떠맡는 데에서 생긴다.

그 경우 압박하는 계급은 압박을 받는 계급을 외면하는 제3자로서 나타난다. 무엇보다도 부르주아나 자본가는 이러한 제3자이며 압박받는 공동체 밖에서 존재하는 사람이다. 이러한 제3자에게 그들의 자유에 대해서 피압박계급이라고 하는 '대상-공동체'가 존재한다.

나는 다른 '우리'와 함께 나 자신이 거기에 포함되어 있는 '우리'라는 계급을 이 제3자의 시선 안에서 발견한다. 계급의식으로서의 '우리'를 떠맡는다는 것은 이 '대상-우리'를 '주관-우리'로 변화시켜 '우리' 전체를 대상존재에서, 다시 말하면 소외의 상태에서 해방시키려고 계획하는 일이다.

이제까지 시선을 돌리고 있던 제3자는 이번에는 반대로 '대상-그들'로 변화될 것이다. 거기에 사회 혁명의 존재론적 근거가 있다. 계급 투쟁은 그런 뜻에서 프롤레타리아가 주체성을 되찾아 초월하는 초월로서 역사의 주도권을 쥐기 위한 투쟁이다. 이 경우 프롤레타리아와 부르주아라고 하는 닫힌 계급의 바탕에 인류라는 열려진 '공동존재'를 인정할 수는 없는 것일까?

사르트르에 따르면 우리는 제3자의 시선 밖에서만 '대상-우리'일 수가 있으므로 인류를 하나의 전체로서 회복하려고 하면 다른 존재의 권한 개념으로서의 제3자, 즉 신의 눈동자를 상상하지 않으면 안 되게 된다.

신이란 그 사람의 눈에는 인류가 전체로서 대상이 되는 제3자이며 결코 시선을 돌리는 일은 있을 수 없는 일방적인 '시선을 돌리는 존재', 절대로 초월될 수 없는 일반적인 '초월하는 초월'이다.

그러나 그와 같은 신은 철저하게 있지 않으므로 인류 전체를 '우리'로서 실현시키려고 하는 노력은 끊임없이 갱신되어 끊임없이 좌절로 끝난다.

다만 여기에서 간과된 문제가 역사의 움직임과 함께 차츰 앞쪽으로 거창하게 밀려나온다. 그것은 계급으로서의 주체성을 회복하여 초월하는 초월로서 역사의 주도권을 쥔 공산주의 국가들이 그 내부에서 실존의 자유를 어떻게 살리느냐 하는 과제이다.

인간은 자유 말고는 존재 양식을 가질 수 없는 존재이므로 실존의 자유는 끊임없이 새로 끓어올라 뿜어져 나올 것이다. 그리고 자유와 자유의 상극은 주체성을 되찾아 이제는 '대상-우리'가 아니라 '주체-우리'가 된 공동체의 내부 구조로서 모순을 안으면서 발효할 것이다. 거기에서 어떻게 참으로 인간적인 교류까지 이르는가? 이것이 타유화로부터의 해방, 소외로부터의 해방과 동시에 시작되는 새로운 탐구의 방향이 될 것이다.

"실존주의와 마르크스는 같은 대상을 지향한다. 마르크스주의가 인간을 관념 안에 흡수하는 데에 반해서 실존주의는 인간의 노동에서도, 자택에서도, 거리에서도 인간이 존재하는 곳 여기저기에서 인간을 찾는다." 《변증법적 이성비판》에서 사르트르의 이 말은 자칫하면 인간을 상실하기 쉬운 마르크스주의의 동맥경화증에 대해서 정수리의 일침이 될 것이다.

한편 '주체-우리'는 사르트르에 따르면 실리적인 질서에 속하는 경험으로 존재적 근거를 가지지 않는다. 우리가 하나의 주체-공동체에 속해 있는 것을 스스로에게 알리는 것은 세계이며 특히 세계 안의 제조품 또는 기성의 도구류이다.

그러나 그 경우 제조품과 도구를 사용하는 '주체-우리'는 임의의 초월로서의 '사람'이다. '사람'은 '누구라도 좋은 그 누구'이며 나의 비본래적인 존재 양식이다. 그렇기 때문에 '주체-우리'는 대타존재에 기초해서 구성되는 이차적, 종속적인 경험밖에 되지 않는다.

공통된 리듬에 맞추어서 행진하는 군대의 대열에 참가할 때 또는 보트의 율동적인 작업에 참가할 때 나는 동료의 리듬이 나의 리듬이고 전체로서 우리의 리듬인 것 같은 느낌을 받는다. 이것도 사르트르에 따르면 단순히 심리적인 공감일 뿐으로 '주체-우리'를 성립하는 존재론적 근거는 될 수가 없다. 모든 자유로운 주체를, 그 상극은 그대로 두고 안에 포함하는 것 같은 절대적인 통일은 단지 상징으로서 바라는 데에 지나지 않는다.

'주체-우리'라는 경험은 자의적으로 나타났다가 사라져 우리는 다른 사람의 눈앞에 남게 된다. '주체-우리'의 경험은 대자존재에서 볼 수 있는 상극의 결정적인 해결이 아니라 이 상극 자체 안에 생기는 잠정적인 완화에 지나지 않는다. 상호 주체적인 전체가 단일의 주체로서 자기를 의식하는 하나의 인간적인 '우리'를 꿈꾸어 보아도 헛수고이다.

하지만 여기에서도 예기치 않았던 사태가 발생하고 있다. 주체-공동존재를 우리에게 알리는 제조품이 단순히 통조림이나 TV, 자동차 등이라면 분명히 '우리'라고 하는 공감의 사실은 실리적인 것이지 '주체-우리'를 성립하는 존재론적 근거는 아닐 수도 있다. 그러나 제조품은 이제는 원자무기이며 원자력이고 인공위성이며 우주선이다. 이들은 같은 제조품이지만 전혀 차원을 달리한다. 우리가 주체인 한 이들을 통제할 수 있는가의 여부는 내일의 우리 운명을 무차별적으로 좌우한다.

인간의 운명이 인간의 손에 쥐어져 있다는 것이 오늘날만큼 강하게 의식된 일은 없다. 지금 아직은 있지 않은 장래의 자기 자신을 앞에 두고 이 불안은 운명 공동체로서의 '주체-우리'를 지향하지 않을 수는 없을 것이다.

불안은 인간존재 자체의 존재 양식에 속하는 것이므로 대타존재의 상극성을 포함한 채로 '주체-우리'를 성립시키는 존재론적 근거가 될 수 있을 것이다. 우리가 자유의 공동존재를 가능하게 하기 위해서 세계 곳곳에 방사선과 마찬가지로 눈에 보이지 않는 불안을 뿌리는 데에 전념하는 것은 헛된 일은 아니리라. "대지가 무너지려고 할 때 인간은 하늘을 쳐다보면서 쓰러질 것이다." 비록 파스칼이 이렇게 말하긴 했지만 절망적인 국면이 왔을 때에조차 인간은 '저편'을 향하여 기획하는 것을 그만두지 않을 것이다.

인간 사르트르

사람들이 사르트르 사상을 가까이하게 된 이유는 크게 두 가지로 나눌 수 있다. 그 하나는 사르트르가 20세기를 살았던 사상가이며 우리가 살고 있는 이 시대를 철학적으로 잘 그려냈기 때문이다. 또 다른 이유는 사르트르뿐만 아니라 그의 반려자인 보부아르 또한 철학가이자 문학자로서 그리고 예술가로서 삶을 살아갔으며 많은 사람들이 그들의 인간적인 개성에 공감했기 때문이다.

철학은 시대의 아들

헤겔은 《법철학》에서 "본디 모든 사람은 시대의 아들이다. 철학 또한 마찬가지이며 사상 속에서 파악된 그 시대이다" 말했다. 사르트르의 철학도 같은 의미에서 '시대의 아들'이다. 우리 또한 넓은 의미에서는 사르트르와 같은 시대 사람이며 같은 관심 안에 살아왔다. 그렇다면 사르트르가 파악한 현대란 무엇이며, 또 사르트르 철학과 문학은 어떤 의미에서 20세기에 중요한 개념으로 평가될 수 있었을까?

사르트르가 태어난 시대

사르트르가 태어난 날은 1905년 6월 21일이다. 그러니까 20세기가 막 시작되었을 때이고, 1870년 무렵부터 서서히 진행되기 시작한 자본주의의 독점화가 궤도에 오르며 이른바 '제국주의' 단계에 이르는 시기이다. 한편으로는 마르크스 엥겔스 사상을 이어받은 레닌 사상이 그 힘을 발휘하기 시작한 시대이기도 했다.

다른 한편으로는 사회와 조직에 절망한 지식인들이 "이 세상 밖이라면 어디라도"(보들레르) 좋다는 식으로 사회에서 달아나거나 떨어져 나와서 소비와 향락의 개인주의로 무너져 가는 두 흐름이 뒤섞인 시대였다. 이 사회에서 떨어져 나온 개인은 '저주받은 시인들'이라 불리며 이른바 '세기말'의 퇴폐주의 예술을 저녁놀처럼 드리우고 있었다.

마르크스주의인가 실존주의인가

그러나 하룻밤이 지나고 세기가 바뀌자 세계에서는 암묵적으로 전쟁을 일으키려는 불길한 준비가 진행되어 조금씩 두려움을 느끼기 시작한다. 문명이라는 이름으로 선진 자본주의 국가가 식민지를 야만적으로 수탈하는 '보어 전쟁'에서 영감을 받아 로맹 롤랑이 희곡 《때는 올 것이다》를 써서 시대에 항의하는 목소리를 높인 것은 1902년이었다. 사르트르가 태어난 때는 마침 조직 대 조직의 수탈과 계급 투쟁이 심해지기 시작한 단계이며, 그와 함께 자본주의 사회와 더불어 살아가면서도 이를 저주하고 이곳에서 달아나는 '저주받은 시인', 이 사회가 낳은 사생아가 절정에 이른 생활을 누린 시기이기도 했다.

사회 발전을 필연성으로 그리는 마르크스주의와 개인을 그 개별성으로 파악하는 실존주의가 시대를 크게 갈라놓고 있었다.

타고난 실존주의자

사르트르가 태어난 상황은 실존주의자 사르트르를 만들기에 좋은 조건을 두루 갖추고 있었다. 사르트르는 일찍 아버지를 여의고 어머니와 함께 외할아버지 집에서 살았다. 사르트르는 가족 모두에게 남다른 사랑을 받았지만 조금이라도 우쭐대는 행동을 하면 어머니가 "여기는 우리집이 아니니 조용히 하거라" 주의를 주었다. 사르트르 자신은 늘 외딴 사람이며 쓸모없는 사람이라고 느꼈다. 이 마음은 부르주아 사회에 더불어 살아가는 '저주받은 시인'의 마음과 아주 똑같았다. 즉 사르트르는 19세기 부르주아 문화의 성과를 자신의 출생 조건으로 하는 불가사의한 운명 속에 내던져진 것이었다.

개인에서 집단으로

자라면서 사르트르의 모습은 바뀌어 간다. 이제까지의 사르트르 인생은 저주받은 개인에서 출발하여 개인이 어떻게 조직과 사회와 하나가 될 수 있을지 그 방법과 이념을 뒤쫓은 시간들이었다. 이것이 실존주의자 사르트르가 마르크스주의에 가까워지도록 이끌었다. 물론 사르트르의 조직론과 혁명관에는 비판해야 할 점이 많지만 개인에서 출발하면서도 이것을 조직의 시대, 계급 투쟁

시대라 부르는 현대로 이끌어 가려는 그 방향 때문에 사르트르 철학은 현대의 철학이며 시대의 철학일 수가 있다.

20세기 끝 무렵은 조직의 시대, 계급 투쟁 시대가 이어지면서 개인의 문제에 해답을 요구하는 시대였다. 조직 문제와 개인 문제 사이에 올바르고 통일된 해답을 내밀 수 있는 철학이야말로 현대를 이끄는 철학이 아닐까? 이런 의미에서 사르트르 철학은 현대 사회가 던진 문제에 대한 해답으로서 하나의 중요한 지위를 차지한다.

보기 드문 정직함

우리가 사르트르와 보부아르에게 공감하는 두 번째 이유인 그들의 인간적 개성 가운데 가장 먼저 말하고 싶은 점은 개인적 태도에서 볼 수 있는, 자기를 속이지 않는 보기 드문 정직함이다. 보부아르는 그녀의 자전적인 소설 《아주 편안한 죽음》에서 "내가 줄곧 소중히 지키려 한 장점 하나를 많은 사람들이 인정해 주었다. 그것은 자랑과도 자기 학대와도 거리가 먼 정직함이다. 나는 30년도 더 전부터 사르트르와 대화를 나누며 그 수련을 쌓아왔다" 말한다. 대부분의 사람들은 현대를 자기 홍보 시대라고 생각하여 어느덧 스스로를 거짓으로 꾸미기도 하며, 대의명분을 내세워 자신을 정당화하기도 한다. 반면 세상 사람들이 '겸손한 사람'이라고 평가하는 인물은 뜻밖에도 비굴하게 살고 모든 일이 신의 탓이라고 원망한다.

그러나 사르트르와 보부아르는 자기를 속이는 일과 비굴함과는 거리가 멀다. 그들은 성자도 영웅도 위인도 아니다. 그들은 단지 있는 그대로의 인간으로 온 힘을 다해 살아간다.

허물없음

어릴 때부터 사르트르는 명작이라 불리는 작품들을 가까이했다. 그러한 이유에서 사르트르에게는 "역사 위인들을 배움의 벗처럼 대하며 보들레르와 플로베르에 대해서 생각하는 바를 솔직히 말한다"는 허물없는 태도가 남아 있다. 연구자의 자세로서 이러한 '허물없음'이 좋다. 지나치게 겸손하다고 해서 빨리 이해할 수 있는 것은 아니다. 친구처럼 거리낌 없이 의견을 주고받는 것이 먼저이다. 어느 쪽이 위인이고 능력이 있는지는 다음 문제이고 먼저 '허물없이'

맞서야 하지 않을까?

애정에 신화는 필요 없다

괴테는 《파우스트》에서 "무릇 생활에서도 자유에서도 날마다 이것을 얻고 나서야 비로소 이것을 누릴 권리가 생긴다"고 말한다. 보부아르는 그녀의 연애 론에서 한 번 얻고난 뒤에는 그에 의지하기만 하면 된다는 '영원한 사랑'의 자 세를 단호하게 거부한다. 보부아르는 무언가 신이 내린 '사랑의 신화' 같은 것을 딱 잘라 멀리한다. 인간의 애정은 끝없이 창조되어야만 한다. 이 창조적 열정이 가득한 나날에서 새로이 얻게 되는 결합에 바로 참된 애정이 있다. 그들은 신 이 주신 종교적 진실함보다도 끊임없이 창조에 전념하는 예술적 열정을 더욱 중요하게 여겼다.

살롱 철학자

사르트르는 그의 원고를 살롱이나 식당 한구석에서 쓰기도 했다. 그래서 그 를 살롱 철학자라고 낮추어 말하는 사람들도 있다. 극작가로서는 일류이고 철 학자로서는 이류라면서 칭찬하거나 깎아내리기도 한다. 아주 재미있는 비평이 지만 어쨌든 고대 철학자 가운데에는 소크라테스와 디오게네스처럼 학교 강단 에서만 철학을 설파하는 철학자와 거리에서 철학 이론을 설파하는 철학자 두 유형이 있었다. 어느 쪽이 일류이고 어느 쪽이 이류인지는 모르지만 사르트르 는 확실히 살롱 안에서뿐만 아니라 때에 따라서는 화장실 안으로까지 철학을 가지고 들어가는 철학자였다. 학문적인 철학에 사생활 모두를 쏟아붓겠다는 의미에서 철학에 충실한 사람과, 생활의 모든 곳으로 철학을 가지고 들어가 그 런 의미에서 가는 곳마다 철학으로 가득함을 추구한 사람은 정반대이다. 어느 쪽을 선택할지는 개인의 취향이리라.

출생

장 폴 사르트르는 1905년 6월 21일 파리에서 태어난다. 1907년에 해군기술장 교였던 아버지 장 바티스트 사르트르가 인도차이나 반도에 파병되었을 때 걸 린 열병의 후유증으로 죽자 그 뒤 어머니와 함께 외가에서 지낸다. 할아버지는 뛰어난 독일어 교사였고, 알베르트 슈바이처는 외할아버지의 조카였다. 외할

아버지는 독서가이며 엄청난 도서 수집가였기에 어린 사르트르는 자연스럽게 책을 가까이하는 습관이 들어서 어려서부터 이야기를 짓기도 했다. 1917년 어머니는 재혼을 하는데, 의붓아버지는 친아버지와 마찬가지로 배를 만드는 기술자였다. 어려서 아버지를 잃고 어머니가 재혼했다는 점에서 시인 보들레르와 비슷한 유년 시절을 보냈다. 뒷날 사르트르가 보들레르에 관한 글을 쓰면서 어린 시절의 체험이 보들레르를 만드는 데 큰 역할을 했다고 강조하는 이유를 알 수 있다.

1915년 앙리 4세 고등중학교에 입학했다. 같은 반 친구 가운데 뒷날 공산주의 작가가 된 폴 니장이 있다. 사르트르는 그에게 정신적으로 큰 영향을 받는다. 의붓아버지의 근무처 관계로 라 로셸로 이사를 가게 되어 그곳 고등중학교로 전학한다. 1924년 파리고등사범학교(에콜 노르말)에 입학했다. 파리고등사범학교는 프랑스에서 가장 우수한 문과계 학교였으며 외교관, 철학가 등 우수한 인물들을 배출했다. 로맹 롤랑도 같은 학교 졸업생이다. 사실 사르트르의 동기 중에는 뛰어난 인재가 많은데, 폴 니장(작가), 레이몽 아롱(파리대학 사회학 교수), 모리스 메를로 퐁티(20세기 프랑스 대표 철학자. 리옹 대학, 소르본 대학, 콜레주 드 프랑스의 교수), 조르주 폴리체르(마르크스주의 철학자. 프랑스 유물론 철학의 지도자적 사상가), 시몬 드 보부아르 등이다.

파리고등사범학교 시절

사르트르는 열아홉 살 때 세 살 더 많은 신비로운 미녀 카미유(시몬 졸리베)와 열렬한 사랑에 빠진다. 열정이 넘치는 사랑이라기보다 집착이었다고 하는 편이 맞을 것이다. 세상에는 창녀인지 문학소녀인지 문학적 천재인지 그 정체를 알 수 없는 많은 여성들이 존재한다. 아마 카미유도 그런 사람이었을 것이다. '탐스러운 금발, 푸른 옷, 고운 피부, 매력적인 몸매, 완벽한 복사뼈와 손목'을 가진 미녀. 카미유는 고급 창녀처럼 사람을 가리지 않고 사귀었다. 그녀는 긴 머리카락을 풀어헤치고 알몸으로 난로 앞에 서서 니체의 책을 읽었다. 물론 그녀도 평생 이 남자 저 남자 가리지 않고 사귀며 지낼 생각은 없었지만 다소곳한 가정주부가 될 생각도 없었다. 그때 사르트르가 나타난다. 사르트르는 "오직 자신만이 그녀를 시골 지루한 생활에서 구해 낼 수 있다고 설명하며 카미유에게 자신의 지성을 믿고서 교양을 쌓고 글을 쓰라고 권유하며 스스로 길

사르트르의 가족
소풍 갔을 때, '모범적인 손자'라는 역할을 연기한다.

을 열어나가도록 도와주겠다" 말했다(보부아르 《여자 한창때》). 사르트르는 자주 카미유를 찾아갔고, 잠에서 깨보면 그녀는 니체의 《차라투스트라》 한 구절을 큰 소리로 읽고 있었다. 하지만 카미유는 "자신이 조르주 상드처럼 살아가는 날을 기다리면서 이제까지의 삶의 방식을 조금도 바꾸려 들지 않았다."(보부아르 《여자의 한창때》)

세상에는 형식적인 어떤 정념보다도 눈부시게 아름답고 매력 넘치며 생생한 활력이 샘솟는 열정이 있다. 이것이 미녀의 몸 안에서 반짝일 때 거기에 본능을 조금만 더하면 무엇이 지성이고 무엇이 향상심인지 알 수 없게 된다. 니체는 살아가는 것, 움직이는 것에서 정념을 발견했다. 그것이 파괴이든 혼란이든 상관없다. 색다른 것 가운데에서 빛나는 지성, 부정한 정념이 만드는 운동은 진주보다도 베아트리체보다도 숭고하게 보인다. 사르트르는 색다른 것을 꽤 좋아하고, 구세주를 자처한 여성해방론자이다. 그러나 카미유는 연출가 뒤랑과 결혼했고 사르트르와는 친구로 지냈지만 사랑은 끝을 맞이했다.

보부아르와의 연애

아주 훌륭한 여성, 자신과 동등한 지성을 가지고 자신에게 어울리는 정념을 가진 여성, 사르트르는 보부아르가 이런 여성이기를 바랐다. 그들은 파리고

등사범학교에서 철학을 공부하는 사이좋은 동창생이었다. 사르트르는 특히 니장, 에르보와 친했으며 거기에 보부아르를 더한 모임에서는 모두가 보부아르에게 친절했다. 물론 니장도 에르보도 이미 결혼했기 때문에 결국 사르트르만 보부아르를 상대할 수 있었다. 하지만 보부아르에게 '카스토르'라는 별명을 붙인 사람은 에르보였다. 보부아르 'Beauvoir'를 영어로 발음하면 'Beaver'가 되어 영어로는 '비버'라는 의미가 된다. 이 '비버'를 프랑스어로 바꾸면 '카스토르'가 된다. 사르트르는 평생 보부아르를 '카스토르'라고 불렀고, 그의 첫 작품 《구토》에는 '카스토르에게 바친다'는 헌사를 붙이기도 했다.

보부아르는 그녀의 대표작 《제2의 성》에서 자신이 직접 정한 사랑의 원칙을 이야기하는데, 그 모든 내용은 그녀와 사르트르 사이에서 만들어 낸 애정 생활을 이론화한 것이다. 그녀의 연애론에서 이상으로 삼은 모습은 《제2의 성》에서 스탕달의 로마네스크를 논한 부분에 요약해서 설명했다. 보부아르가 스탕달을 높이 평가한 이유는 스탕달이 열정에 있어 남녀는 평등하다는 견해를 실천했기 때문이다. 보부아르는 이렇게 말했다. "여자를 가장 소중하게 생각한 시대는 남자가 여자를 동등한 사람이라고 생각한 시대이다. 여자를 하나의 인간적 존재로 인정한다고 해서 남자의 생활 경험이 빈곤해지지는 않는다. 그것이 주체와 주체 상호 관계에 일어나면 풍부함과 강인함도 절대 잃어버리지 않는다." 게다가 보부아르는 참된 열정은 개인의 자유 한복판에서 파악해야만 한다고 주장한다. "진정한 사랑 또는 고귀한 열정은 사랑하는 사람의 자유로운 투기(投企) 속에서 비로소 나타난다. 즉 연인들이 그들의 자유를 서로 깨닫고 주고받는 기쁨에서 생리적인 사랑은 그 힘과 품위를 발휘한다." 보부아르는 열정이 참으로 자유로울 때만 자신을 높이고 또 상대의 열정을 자유롭게 높일 수 있다고 주장한다. 열정은 자유와 일치할 때 순수해진다. "자기 자유를 순수하게 지켜온 여성들은 자신에게 어울리는 상대를 만나면 열정으로 영웅주의까지 치닫는다."

여기에 덧붙이고 싶은 것은 보부아르의 자유를 향한 투기는 매우 열정적인 행위였기에, 자유는 단순히 이성적 인격 만족에 그치지 않고 늘 행복과 일치하는 것을 이상으로 삼았다는 점이다. 보부아르는 《여자 한창때》에서 "평생 나만큼 행복의 본능을 타고난 사람을 만난 적이 없다. 또 나만큼 꿋꿋하게 행복으로 마구 돌진하는 사람도 본 적이 없다. 만약 누군가가 영광을 나에게 돌린다고 해도 그것이 행복의 상실이라면 나는 그 영광을 거부했을 것이다" 말한다. 보부아르의 자부심은 땅 위에 사는 자가 숨 쉬는 동안 땅 위의 모든 기쁨을 누리고 다음 세상의 행복 따위는 거들떠보지도 않으며 땅 위를 꽃으로 장식하면서 죽어간다는, 지금 이 세상과 인간을 찬미하는 마음의 발현이다. 한편 명예보다는 행복이라는 보부아르의 생각은 그녀 특유의 여성스러운 집착과 함께 솔직한 여자의 마음을 느끼게 한다.

보부아르는 문학에서 명성을 얻었을 때, 그 명예에 따른 기쁨보다 이 일이 계기가 되어 보통 때라면 도저히 얻을 수 없는 친구를 얻게 된 기쁨이 더 크다고 말한다.

한편 사르트르는 보부아르와 미묘하게 달랐다. 먼저 그는 문학적 야심으로 불타올라 자신의 작품을 마음속으로 미래 문학사에 자리매김해 두었다. 훌륭한 작품일수록 살아 있는 동안에는 평가받지 못하고 죽은 뒤에야 명성을 얻으리라 굳게 믿었던 사르트르는 생각보다 빨리 찾아온 명성 앞에서 오히려 망설이고 불안해한다. 명성을 얻었다는 것은 작품이 속된 유행성을 띠고 있다는 의미가 아닐까 생각했다. 뜻밖에 찾아온 행운 덕분에 '죽음의 밑바닥에서 영광에 휩싸이는' 이런 '저주받은 시인'의 이미지를 잃어버린 사르트르는 이 상실을 바꾸어 '일시적인 것 속에 절대성을 두기로' 결심했다. "자기 시대에 갇혀버린 그는 영원을 받아들이지 않고 이 시대를 선택하여 시대와 함께 완전히 멸망할 것을 받아들였다." 보부아르와 사르트르의 공통적인 태도는 단순히 세상의 영광과 명예에 안주하지 않고 그것을 늘 인간다운 충실로 뒷받침하여 이 인간다운 충실함으로 이 땅 위와 현재를 긍정한다는 현세주의자의 자세이기도 하다.

자유로운 남자와 여자 두 주체가 때때로 열정의 투기에 애정의 발현을 내걸게 된다는 사르트르 보부아르의 연애론은 결혼이라는 형태를 거부하는 결과에 이른다. 그들의 애정론은 영원한 연인을 바라는 것이다. 두 자유로운 주체가 열정적으로 투기를 계속할 때만 애정 관계는 존재할 수 있다. 연애와 결혼이 양립할 수 없다고 결론짓는 그들의 애정론은 허위로 가득 찬 부르주아 결혼 제도를 비판 동기로 삼는다고는 하지만 또한 그 점에 가장 크고 하나뿐인 결점을 찾을 수 있다. 남성과 여성이 자유롭고 평등한 채로 하나의 공동체를 형성하는 일은 불가능하지만은 않기 때문이다.

사르트르와 보부아르 결혼론

그렇다면 왜 사르트르와 보부아르는 결혼이라는 형태를 거부했을까? 그 이유는 그들의 자유론에서 비롯한다. 그들의 자유는 어떠한 사물이나 자연을 초월해 가는 인간적 투기 속에서만 인정된다. 사물과 자연에 의존해 살아가는 태도를 내재적 태도라고 부르며 이를 매몰차게 걷어찬다. 자유란 이 내재를 초월하고 내재를 지배하는 반자연적 행위에서만 성립한다고 그들은 생각한다. 따라서 애정 또한 내재를 넘는 열정적 투기 말고 다름일 수는 없다. 애정은 그것이 진정으로 자유와 일치한다면 내재적 공동체를 멀리하고, 초월하는 두 자유의 열정적 투기의 합치점에서만 성립한다. 그러므로 남녀는 저마다 하나의 개인, 자유인으로서 단독으로 생활하며 열정적 투기로 공동성에 이르게 된다.

사르트르와 보부아르에게 결혼 부정론의 근거가 될 만한 이유는 크게 나누어 두 가지가 있다. 첫째로, 일방적인 자유는 상대의 지배를 초월하고 한쪽이 자유라면 다른 한쪽은 사물이 된다. 사르트르와 보부아르는 서로를 존경했으며 실천적으로는 서로 인정했으므로 이 이유는 그다지 두 사람에게 적절치 않다. 둘째로, 초월하는 투기를 강조한 나머지 내재적 공동생활을 소홀히 하는 결과를 낳았다. 이 이유가 두 사람 경우에 꼭 들어맞는다.

확실히 보부아르의 애정론에는 가정을 우선하는 부인들의 내재주의에서 나오는 반사회적 자세를 매섭게 공격하는 경향이 있다. 또 여성 천직론이라고도 할 수 있는, 여성을 혈연 마을에 묻어버리는 일을 거부한다는 점은 지지할 만하다. 그러나 열정의 자유는 모두 반자연적 투기로만 인정된다 하고 내재적 자연 충족 모두를 부정한다면 어떨까? 연애할 때는 서로 바라는 두 주체의 열렬한 투기가 모두이다. 그러나 결혼에서는 서로 바라는 남성과 여성이 일치하는 점은 활활 불타올라 추구하는 노력 저편에 존재하는 것이 아니라 일상생활에서 날마다 일어나는 일로 실재하게 된다. 그때 남성과 여성의 합치점은 이미 바라고 추구하는 대상이 아니라 그 속에 살고 머무는 출발점이다. 결혼에서 정념이란 바로 인간적 자연을 깊게 충족하는 공동성이다. 이 인간적 자연을 충족하는 내재성이 결혼한 사람에게는 다양한 인간적 투기·행동 에너지의 원천이 된다. 이 충족하는 감정은, 표면은 고요할지라도 참으로 깊고 격렬한 열정이 넘쳐난다. 이 인간적 자연을 충족하는 결혼의 열정을 모두 내재주의로서 거부하는 보부아르의 생각에 무조건 찬성하기는 어렵다.

사르트르와 보부아르

그렇다고 해서 내재적 공동성 자체까지 거부할 필요는 없다. 저마다 개체로서의 독자성과 주체성을 가진 그대로, 두 개체의 개성이 충족되는 연대 관계를 만들어 낼 수 있지 않을까?

계약 결혼

사르트르와 보부아르는 인간적으로도 학문적으로도 서로 친밀한 정을 돈독히 쌓아 나갔다.

1929년 어느 날, 그들은 영화를 보고 나서 정겹게 산책을 하며 루브르 박물관 한쪽 긴 의자에 앉았다. 그때 사르트르는 "2년 동안 계약 결혼을 하자" 제안했다. 2년 동안 함께 파리에서 살고 그 뒤에는 외국에서 일을 구해도 좋고, 어딘가 세계의 한 모퉁이에서 다시 만나 잠시 공동생활을 하자는 이 제안에 보부아르는 찬성한다. 그녀는 '사르트르가 나보다 먼저 죽지 않는 한, 나에게는 그로 말미암은 어떤 불행도 찾아올 리가 없으리라' 생각했다.

이 계약 결혼은 말할 것도 없이 부르주아 법에서는 정식 결혼이라고 인정하기는 힘들었다.

1931년 보부아르가 교직을 결정할 때가 왔다. 근무지는 파리에서 800킬로미터나 떨어진 마르세유였다. 보부아르는 정신이 아찔해졌다. 사르트르와 이별을 각오해야만 했다. 슬픔에 잠긴 보부아르의 모습을 보고 사르트르는 그들의 계획을 한 번 더 검토하고 정식 결혼 이야기를 꺼냈다. 분명히 결혼은 그들의 주의에 어긋났다. 그러나 사르트르는 이런 불안한 상황에서 "주의를 위해 희생하는 일은 바보 같으리라" 덧붙였다. 보부아르는 곰곰이 생각한 끝에 사르트르의 이 제안을 받아들이지 않고 지금 이대로 계약을 이어가기로 했다. 사르트르는 같은 해 북프랑스 항구 도시 르아브르 고등학교 철학 교사로 부임한다. 르아브르와 마르세유, 저마다 근무지는 달라도 자주 만날 수도 있고 함께 여행할 수도 있었으므로 그들의 '계약 결혼'은 이어졌다. 그리고 그 계약은 51년 동안 변함없었다.

보부아르는 사르트르의 결혼 제의를 받아들이지 않았던 이유를 다음과 같이 말한다. "우리의 무정부주의도 견고하고 과감하며 사회가 서로의 사생활에 개입하는 것을 거부하고 싶었다. (……) 독신은 우리에게 자연스러운 일이다. 어지간히 중요한 이유가 없다면 혐오하는 사회의 여러 관습에 양보할 마음은 들지 않았다. (……) 공동의 습관으로 서로를 속박하려고 생각한 적은 없었다." 그러나 보부아르는 자신의 자유를 지키고자 하는 마음보다 사르트르라는 사람은 여행, 자유, 청춘, 이 모든 것을 가장의 의무에 빼앗긴 채 살아가야 할 사람이 아니라고 생각했다.

사르트르라는 사람

1964년 사르트르는 노벨 문학상 수상자로 뽑히지만 수상을 거부한다. 거부 이유는 여러 가지로 해석할 수 있다. 만약 알제리 독립전쟁에 반대하는 공동의 노력에 수여하는 평화상이었다면 받았을지도 모른다. 하지만 개인에게 수여하는 문학상의 성격도 물론이거니와 노벨상 자체가 이미 서구 한쪽으로 쏠림 경향이 있어 공평성을 잃어버렸다고 할 수 있었다. 사르트르는 노벨 문학상이 서구 작가를 우선하는 경향을 비난하며 스웨덴 기자에게 "이보다 더 나은 승리, 즉 사회주의가 승리하기를 기대한다"고 똑똑히 말한다.

또 사르트르 직업의 본질로 보아 이제 와서 노벨상이 무슨 의미가 있냐고

1964년, 노벨문학상 수상 거부를 발표하는 사르트르

생각할 수 있다. 그러나 사르트르의 진정한 뜻은 오히려 세상의 영광보다 개인의 충족으로 살아간다는 자기 삶의 방식을 표명한 것이라 여겨진다. '노벨 문학상 수상자 사르트르'보다 '평범한 장 폴 사르트르'가 자신에게 더 어울린다고 생각한 것이다.

사르트르의 생활은 어떤 이익을 탐하지 않는 간소함으로 가득 차 있었다. 현세주의자가 인생에 거는 기대가 가장 본질적인 인간다운 충실이라는 점에 집중할 때, 현세를 겉으로 꾸미는 재산과 영광은 쓸모가 없다. 개체의 충실과 행복에 거는, 현세를 긍정하는 생활이 사르트르에게 있다. 물론 사르트르의 사상이 개체적 미래 지향에 건 기대가 너무 크다는 비판을 듣는 것도 사실이다. 하지만 마르크스주의가 어떻고 실존주의가 어떻다는 논의는 제쳐 놓고, 노년에 이르기까지 끊임없이 개체로서의 자기 개발에 몰두한 그의 삶의 방식은 한 사람이 만들어 가야 하는 인생의 전형을 보여주기에 충분하다고 말할 수 있지 않을까.

사르트르 연보

1905년   6월 21일 파리에서 태어나다. 아버지는 이공과대학 출신의 해군 기
             술장교. 어머니는 독일어 교사의 딸로, 노벨 평화상을 받은 알베르
             트 슈바이처는 어머니의 사촌이다. 생후 15개월 때 아버지를 열병
             으로 잃고 어머니와 함께 외할아버지가 사는 파리 근교 남서부 뫼
             동으로 이사하여 그곳에서 자라다.

1911년(6세) 외갓집이 파리로 이사하여 사르트르와 어머니도 함께 옮겨가다.
             이때부터 책 읽기와 글쓰기를 시작하다.

1915년(10세) 앙리 4세 중고등학교에 입학하여 폴 니장을 알게 되다.

1917년(12세) 어머니가 아버지와 같은 학교 출신의 조선기사와 재혼하다. 의붓
             아버지의 근무지인 라 로셸로 전학하다.

1920년(15세) 파리로 돌아가다.

1921년(16세) 6월, 제1차 대학입학자격시험에 합격하다.

1922년(17세) 6월, 제2차 대학입학자격시험에 합격하다.

1923년(18세) 니장과 함께 〈이름 없는 잡지〉를 만들고 첫 두 작품 《병자의 천
             사》와 《시골 선생, 올빼미 예수》 발표하다.

1924년(19세) 6월, 파리고등사범학교(에콜 노르말 쉬페리외르) 입학하다.

1928년(23세) 교수자격시험에 떨어지다.

1929년(24세) 시몬 드 보부아르를 알게 되다. 7월, 교수자격시험에 1등으로 합격
             하다. 보부아르와 2년간 계약 결혼을 하다. 11월, 병역에 복무하다.

1930년(25세) 톨스토이의 《나의 신앙》, 생텍쥐페리의 《야간 비행》, 클로델의 《비
             단 구두》 등을 읽다.

1931년(26세) 병역을 마치다. 지난해부터 쓰기 시작했던 《진리와 실존》 일부를
             발표하다. 프랑스 북부의 항구 마을 르아브르 고등학교에 철학교
             사로 부임하다.

1933년(28세) 베를린에 유학해서 후설과 하이데거를 알게 되다.

1934년(29세) 유학을 마치고 르아브르 고등학교로 복직하다.

1935년(30세) 보부아르와 함께 이탈리아, 스위스 등을 여행. 포크너의 《8월의 햇빛》 등을 읽다.

1936년(31세) 라옹 고등학교로 옮기다. 최초의 철학논문 《자아의 초월성》을 〈철학연구〉지에 발표하다. 《상상력》을 P.U.F. 사에서 펴내다. 단편 《에로스트라트》를 쓰다.

1937년(32세) 파리의 파스퇴르 고등학교로 옮기다. 〈N.R.F.〉지에 단편소설 《벽》을 발표하다.

1938년(33세) 소설 《구토》 펴내다.

1939년(34세) 《후설 현상학의 기본 이념—지향성》, 《프랑수아 모리아크와 자유》, 《'음향과 분노'에 대하여—포크너의 시간성》을 발표하다. 제2차 세계대전이 일어나고, 사르트르도 동원되어 포병대에 배속받아 알자스에 주둔하다.

1940년(35세) 《장 지로두와 아리스토텔레스 철학—'선민들의 선택'에 대하여》를 발표하다. 6월 1일 프랑스군이 항복하고, 사르트르도 포로가 되다.

1941년(36세) 3월, 석방되어 파리로 돌아와서 파스퇴르 고등학교에 복직하다. 희곡 《파리 떼》를 쓰다. 레지스탕스에 참가하다. 9월, 콩도르세 고등학교로 옮겨가다.

1942년(37세) 《자유의 길》 제1부 《철들 무렵》을 탈고하다.

1943년(38세) 카뮈를 알게 되어 《이방인》에 해설을 쓰다. 《닫힌 방》 발표, 시나리오 《내기는 끝났다》를 쓰다. 대표작 《존재와 무》를 펴내다.

1944년(39세) 장 주네를 알게 되다. 〈침묵의 공화국〉을 쓰다.

1945년(40세) 콩도르세 고등학교를 휴직하다. 〈피가로〉지 특파원으로서 미국에 건너가 《미국의 개인주의와 순응주의》, 《미국의 도시들》을 쓰다. 메를로 퐁티와 함께 잡지 〈현대〉를 펴내고 창간호에 창간사를 쓰다. 《데카르트적 자유》를 쓰고, 〈실존주의는 휴머니즘이다〉 제목으로 강연을 하다. 《자유의 길》 제1부 〈철들 무렵〉, 제2부 〈유예〉를 펴내다.

1946년(41세) 《실존주의는 휴머니즘이다》, 《유물론과 혁명》을 발표하다. 다시 미국에 건너가 미국에 관한 몇 개의 논문을 발표하다. 희곡 《무덤 없는 주검》, 《공손한 창부》가 초연되다. 시나리오 《톱니바퀴》를 쓰다.

1947년(42세) 《문학이란 무엇인가》를 발표하다. 《보들레르》, 평론집 《상황》을 펴내다.

1948년(43세) 희곡 《더러운 손》이 초연되다. 《절대의 탐구(자코메티론)》를 발표하다. '민주혁명연합'이란 단체를 몇몇 지성인과 함께 결성. 《상황 Ⅱ》, 《톱니바퀴》를 펴내다.

1949년(44세) 《자유의 길》 제3부 '상심' 간행. 제4부 '마지막 기회'는 예고만 해놓고 그 일부를 '야릇한 우정'이라는 제목으로 〈현대〉지에 발표, 오늘날까지 미완성으로 남아 있다. 《상황 Ⅲ》를 펴내다. 파리를 방문한 루카치와 논쟁하다. 사르트르도 일시적으로 참가했던 민주혁명연합이 해산하다.

1950년(45세) 기고문 〈모험가의 초상〉을 쓰다.

1951년(46세) 희곡 《악마와 선한 신》이 초연되다. 《더러운 손》이 영화화되다.

1952년(47세) 《공산주의자들과 평화》를 발표하다. 알베르 카뮈와 논쟁하다. 빈 평화회의에 출석하다. 《성자 주네론, 배우와 순교자》를 발표하다. 《공손한 창부》가 영화화되다.
반(反)리지웨이 데모로 지도자 뒤클로 공산당 부서기장이 체포되고 항의 총파업이 행해지다. 앙리 마르탱 사건이 일어나다.

1953년(48세) 《공산주의자들과 평화》를 둘러싸고 르포르와 논쟁하다. 희곡 《킨》을 발표하다. 《앙리 마르탱 사건》을 펴내다.

1954년(49세) 베를린 평화회의에 참석하다. 《닫힌 방》이 영화화되다. 보부아르와 소련 여행을 하다. 《자코메티의 그림들》을 발표하다.

1955년(50세) 희곡 《네크라소프》가 초연되다. 보부아르와 함께 소련과 중국을 방문하다.

1956년(51세) 베네치아의 유럽 문화회의에 참석하다. 헝가리 사태에 대한 소련군의 개입에 반대하는 항의성명을 지식인들과 공동으로 발표하다.

1957년(52세) 기고문 〈스탈린의 망령〉, 《방법의 문제》를 쓰다.

1958년(53세) 알제리 현지 주둔군의 쿠데타에 항의. 드골 정권의 위험성을 경고하다. 알제리의 독립운동 지원하다.

1959년(54세) 희곡 《알토나의 유폐자들》이 초연되다.

1960년(55세) 카뮈의 급작스러운 죽음에 추도문을 보내다. 《변증법적 이성비판》을 펴내다.

1961년(56세) 《메를로 퐁티》를 쓰다. 이폴리트, 가로디와 토론하다. 우익 테러의 표적이 되다. 알제리 독립운동의 이론적 지도자 프란츠 파농의 저서 《이 땅의 저주받은 사람들》에 머리말을 써주고 알제리 민족해방전선의 현지 관계자들과 접촉하다.

1962년(57세) 보부아르와 모스크바 평화대회에 참석하여, 우익의 플라스틱 폭탄에 의해 방이 파괴되다. 폴란드의 주간지에 지식인의 임무에 대해 이야기하다.

1963년(58세) 《말》, 《상황 V》, 《상황 Ⅵ》을 펴내다.

1964년(59세) 노벨문학상 수상을 거부하다.

1965년(60세) 《상황 Ⅶ》을 펴내다. 아를레트 엘카임을 양녀로 삼다.

1966년(61세) 보부아르와 함께 일본을 방문하다. 러셀의 제안을 받아들여 베트남 전쟁범죄 국제법정 재판장이 되다.

1967년(62세) 이집트와 이스라엘 방문하다.

1968년(63세) 인터뷰 〈1968년 5월의 새로운 사상〉 등 발표하다.

1969년(64세) 인터뷰 〈덫에 걸린 청춘〉을 발표하다.

1970년(65세) 노벨문학상 수상작가 솔제니친에 대한 소련정부의 탄압에 항의하여 전세계 지성인들에게 호소하다. 프라하 2천어선언(二千語宣言)에 적극 동조함으로써 소련정부로부터 입국을 거절당하다. 〈인민의 소리〉를 직접 발간하여 저소득층 권익 옹호에 적극 행동으로 나서다.

1971년(66세) 《집안의 천치》 제1·2권을 펴내다.

1972년(67세) 《상황 Ⅷ》, 《상황 Ⅸ》, 《집안의 천치》 제3권을 펴내다.

1974년(69세) 《반항에 이유 있다》를 펴내다.

1975년(70세) 담화 《70세의 자화상》 펴내다.

1980년(75세) 대담 〈이제는 희망을〉을 발표하다.
　　　　　　4월 15일 사르트르, 파리에서 세상을 떠나다.

1986년　　　4월 14일 보부아르(1908년 1월 9일생), 파리에서 세상을 떠나다.

이희영(李希榮)

성균관대학교 국사학과 졸업. 성균관대학교 대학원 사학과 졸업. 파리사회과학고등연구
원 EHESS 역사인류학 박사과정 수학. 지은책 《솔로몬 탈무드》《바빌론 탈무드》《카발라
탈무드》 니체 《삶을 위한 지혜》, 옮긴책 베르그송 《웃음》《창조적 진화》《도덕과 종교의
두 원천》 아미엘 《아미엘 일기》 시몬 드 보부아르 《처녀시절》《제2의 성》 등이 있다.

World Book 269

Jean Paul Sartre

L'EXISTENTIALISME EST UN HUMANISME

실존주의란 무엇인가

사르트르/ 이희영 옮김

1판 1쇄 발행/1993. 7. 1
2판 1쇄 발행/2017. 12. 10
2판 2쇄 발행/2020. 10. 1

발행인 고정일
발행처 동서문화사
창업 1956. 12. 12. 등록 16-3799
서울 중구 마른내로 144(쌍림동)
☎ 546-0331~6 Fax. 545-0331
www.dongsuhbook.com

사업자등록번호 211-87-75330
ISBN 978-89-497-1652-7 04080
ISBN 978-89-497-0382-4 (세트)

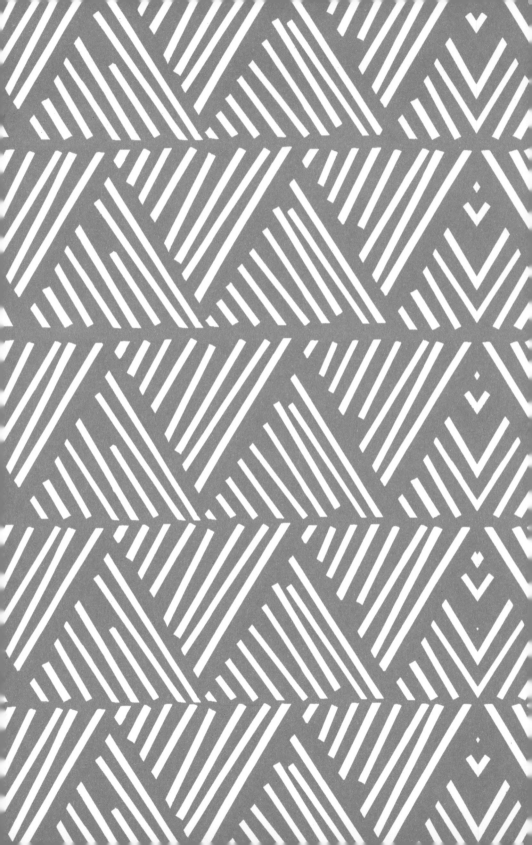